ZHONGGUO FANGZHI GONGYE FAZHAN LICHENG YANJIU

中国纺织工业发展历程研究

（1880～2016）

吴鹤松　陈义方
张国和　薛庆时　等编著

中国纺织工业联合会　编

国 家 一 级 出 版 社
全国百佳图书出版单位

中国纺织出版社

2018 年 · 北京

内 容 提 要

《中国纺织工业发展历程研究（1880~2016）》是一部中国纺织工业的全史。全书共八篇。第一篇为总论，第二篇至第四篇为编年史，全面、系统地阐述了机器纺织工业自清末洋务运动时期发生、发展以来一个半世纪的历程；第五篇至第八篇采取纪传体方式，分别就纺织工业产业链、纺织原料和市场、工业布局、企业结构和产业集群、科教兴业等进行了翔实阐述。书中还对从黄帝时代开始的手工纺织业的发展，以及古代"丝绸之路"的辉煌做了简要回顾。为便于读者查考，书末附有中国纺织工业大事记和统计资料。

本书主要面向纺织行业广大从业人员和纺织服装院校相关专业的师生，也可供工业、农业及经济研究等领域的管理人员、技术人员阅读参考。

图书在版编目（CIP）数据

中国纺织工业发展历程研究 . 1880-2016 / 吴鹤松等编著；中国纺织工业联合会编 . -- 北京：中国纺织出版社，2018.6

国家出版基金项目 "十三五"国家重点图书

ISBN 978-7-5180-4319-4

Ⅰ．①中⋯ Ⅱ．①吴⋯ ②中⋯ Ⅲ．①纺织工业—工业发展—中国—1880-2016 Ⅳ．① F426.81

中国版本图书馆 CIP 数据核字（2017）第 282013 号

策划编辑：孔会云 李炳华
责任编辑：孔会云 范雨昕 符 芬 朱利锋 沈 靖
责任校对：陈 红 楼旭红 王花妮 责任印制：王艳丽

中国纺织出版社出版发行
地址：北京市朝阳区百子湾东里 A407 号楼 邮政编码：100124
销售电话：010 — 67004422 传真：010 — 87155801
http://www.c-textilep.com
E-mail:faxing@c-textilep.com
中国纺织出版社天猫旗舰店
官方微博 http://weibo.com/2119887771
北京利丰雅高长城印刷有限公司印刷 各地新华书店经销
2018 年 6 月第 1 版第 1 次印刷
开本：889×1194 1/16 印张：41.75
字数：812 千字 定价：680.00 元

1956 年 4 月 12 日，毛泽东、周恩来等党和国家领导人接见纺织工业先进工作者，钱之光陪同。

1955 年初，毛泽东在钱之光陪同下在中南海瀛台参观纺织工业展。

1955 年夏，周恩来在钱之光陪同下，视察北京第一棉纺厂。

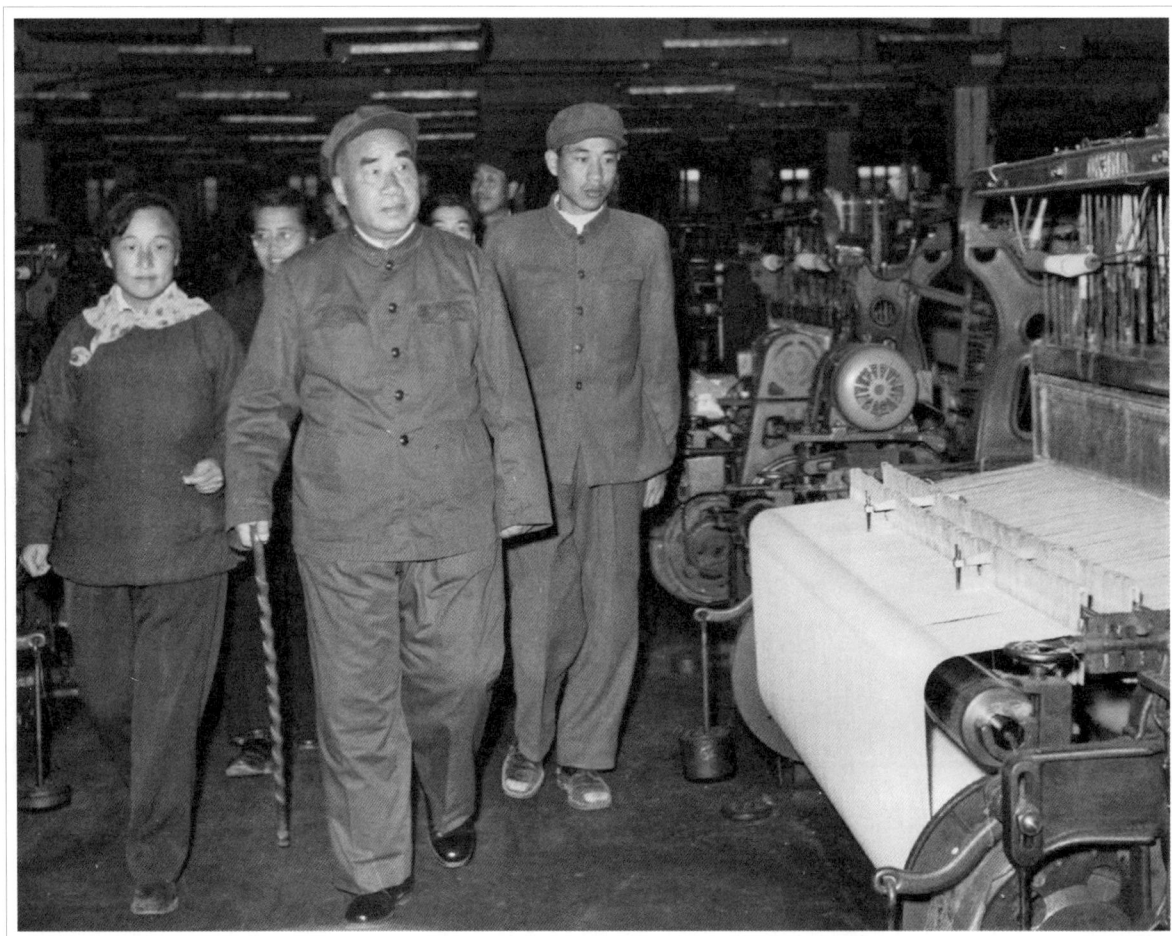

1960 年 11 月 10 日，朱德考察北京毛纺厂。

1960 年 3 月 27 日，刘少奇视察天津针织技术研究所。

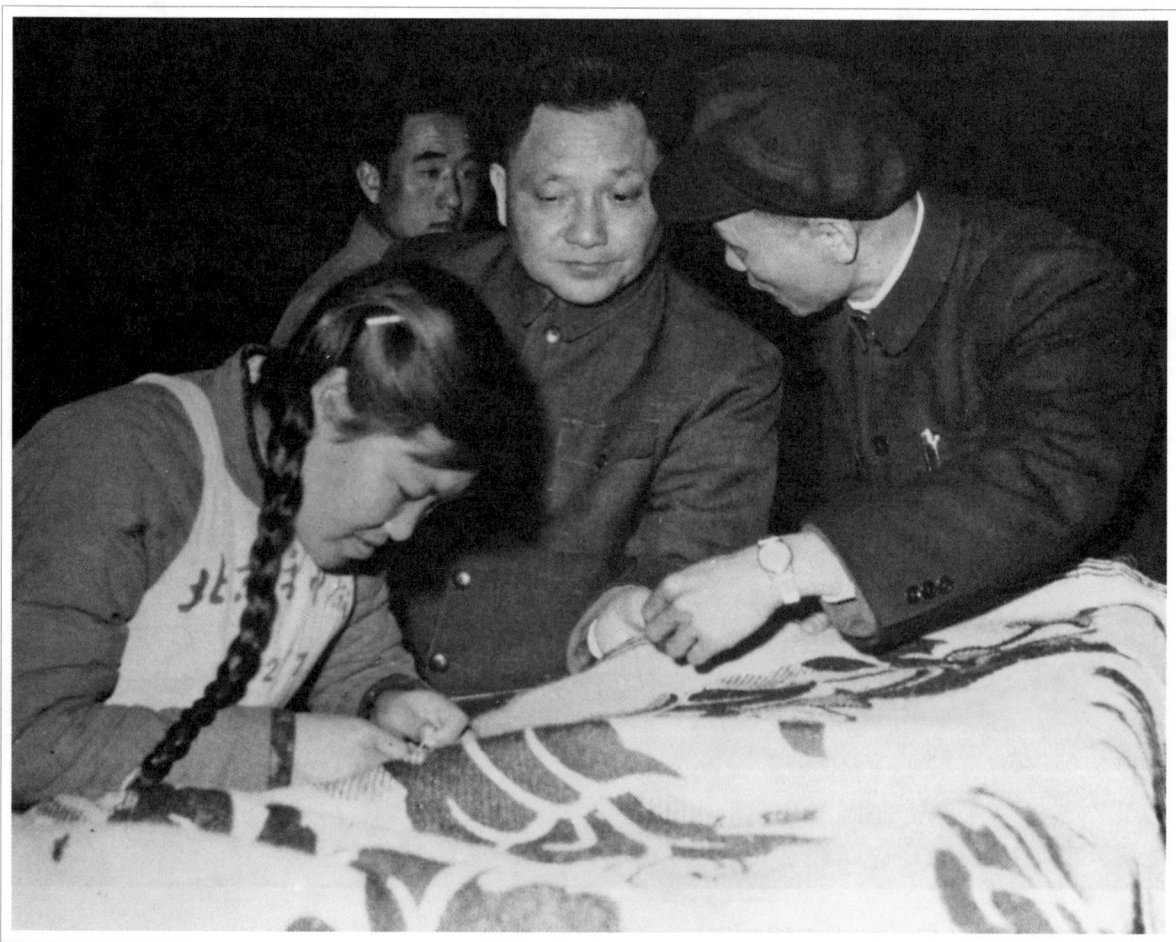

1960 年 3 月 15 日，邓小平考察北京清河毛纺厂毛毯车间。

纺织出伟业

顾秀莲

二〇一六年二月八日

纺织机械和纺织科技是
纺织工业发展的支撑，须
努力创新升级！

谢红樵 二〇一六年十二月

坚持求实窒创新
建设勃识强国

二三夏元月
龙松山

主持单位　中国纺织工业联合会

总 顾 问　杜钰洲　许坤元　王天凯
学术顾问　高　勇　孙瑞哲　陈树津　陈伟康　徐文英　孙淮滨
　　　　　端小平　郑植艺　李陵申　华用士　韩恩业　丁增熙
　　　　　吴永升　孙燕谋　梅寿椿　施颐馨　平茅芦　张耀华
　　　　　林庆生　戴大鸣　刘燕宁

编　　著　吴鹤松　陈义方　张国和　薛庆时　任小犀
图片编辑　张迈建
图片提供　徐国营
审　　稿　陈树津　罗瑞林

支持单位　中国纺织经济研究中心
　　　　　中国纺织工业企业管理协会
　　　　　中国纺织企业家联合会
　　　　　纺织之光科技教育基金会

编　　务　周佳萍　吕　燕　邓应华　杨　林　易书华　段伏新
　　　　　冀　林

前　言

纺织工业作为国民经济中传统的支柱产业、重要的民生产业，在中国社会"全面小康"的建设中，担负着实现人民丰衣足食乃至"美衣美居"、圆美丽中国梦的历史使命。

纺织工业拥有辉煌的历史。早在汉代，中原地区发达的桑麻生产和手工丝织业就以其精湛的技术和规模化的商品生产方式，领先于中亚、西亚、东南亚、南亚和南欧、西欧许多国家，到19世纪中后期，东南沿海地区出产的高品级生丝，仍然是中国对外贸易最重要的出口商品。中国纺织业由手工业生产方式转向机器生产，最早发生、发展于缫丝业并非偶然。彪炳史册的古"丝绸之路"，在两千多年后的今天，随着"一带一路"的倡议，推进了亚欧各国的合作共赢。

中国近代机器纺织业落后西方发达国家整整一个世纪。在"实业救国"思潮的影响下，从1880年起，直到20世纪中期，经过70年艰辛、曲折的历程，中国纺织工业初步打下了基础，但总体而言仍远远落后于美国、英国、法国、德国、意大利、俄罗斯、日本和印度。1950年，中国人口在全球占比22%，而此时中国纺织工业的棉纺锭（513万锭）在全球占比仅为5%，棉纱年产量（43.7万吨）在全球占比仅为7.8%。

中国是个人口大国，纺织工业作为最重要的民生消费品工业，进入社会主义时期，1950～2015年，在中央高度重视下，奋起直追，并在若干年后在世界范围后来居上，是很自然的事。但在中华人民共和国成立后的60多年间，中国纺织工业在世界范围的地位变化，远远超过了国人乃至世人的预期。2011～2015年，在中国人口占全球19%左右的情况下，纺织工业的总体规模在全球占比50%以上。棉纺织工业的设备规模（棉纺锭）在全球占比57%左右。2015年，棉型纱产量3538万吨，棉型织物产量893亿米，在全球占比都在55%以上。更具可比性的"纺织产业纤维加工量"，从1978年的276万吨（全球占比10%），逐步发展到2000年的1360万吨（全球占比25%）、2010年的4130万吨（全球占比55%）和2015年的5300万吨（全球占比55%以上）。欧洲是机器棉纺织工业的发源地，中国机器棉纺织工业直到1989年才以3566万棉纺锭的总规模开始赶上欧洲棉纺织业。其后20年间，中国棉纺织工业突飞猛进，到2010年已发展为欧洲棉纺织工业的8.9倍。

大纺织产业链的另一个重要领域——化纤制造业，在世界范围后来居上的过程更是堪称奇迹。直到20世纪50年代后期，中国化纤年产量还不足1万吨，因而在全球经济统计中被忽略不计。直到1960年才以年产量1.06万吨进入"世界化纤产量统计"，1985年以"年产量破百万吨（101.7 万吨）"和"全球占比 6.3%"，进入化纤制造业"世界主要国家"行列。而在此后的 30 年间，中国化纤制造业的大发展势头就更加明朗。2000 年产量 695 万吨，2005 年产量 1655 万吨，2010 年产量 3090 万吨，2015 年产量 4831 万吨，在全球占比已高达 67%。由化纤工业衍生的非织造布和化纤长丝织物的产量，到 2015 年也已分别发展到 443 亿米和 433 亿米。美国曾经长期引领世界化纤制造业，直到 1995 年美国化纤产量仍居世界首位，中国化纤制造业在 1996 年反超美国开始居世界首位，其后 20 年间继续高速发展，到 2010 年，中国化纤产量已是美国的 10 倍。

中国制造业经过 60 多年快速、持续的发展，近年已成为举世公认的"世界工厂"，纺织工业更是如此。

"衣食住用行"五大民生问题，衣食当先。中国社会历朝历代，受制于生产力发展水平和生产关系，都没有解决好老百姓普遍的丰衣足食问题。新中国成立之初，1950 年，全国棉布产量人均仅 4.5 米，确确实实是"人民衣被甚少"的局面。

令人欣慰的是，进入社会主义时期，纺织工业快速、持续发展，终于解决了这个重大民生问题。1950~2015 年，棉型织物年产量由 25 亿米发展到 893 亿米，在全国人口增加 1.5 倍的情况下，人均棉型织物产量增长 13.5 倍，发展到 71.5 米，扣除棉型织物直接出口和棉型机织服装出口用布后，2011~2015 年，每年可供国内城乡市场的棉型织物总量在 600 亿米以上，即人均 44 米左右，足可适应小康社会较高水平的衣被消费需求。此外，主要用于制作家用纺织品和服装的化纤长丝织物，2013~2015 年，已发展到年产 420 亿~430 亿米，扣除出口后供应国内市场 300 亿米左右，数量也颇可观。

至于涵盖棉、毛、麻、丝、化纤等全部纺织品的"人均纤维消费量"，从 1950 年不足 1 千克，1978 年的 2.5 千克，发展到 2010~2015 年的 18 千克左右（2010 年全球平均 11.8 千克），更能说明当代中国纺织品消费水平的小康局面了。

由纺织工业主导的服装、家用纺织品等民生用品的生产和供应，是中国社会最先告别短缺经济、最先由卖方市场转变为买方市场的工业经济领域。新中国成立以来，党中央致力于保障和改善民生，中国社会诸多重大民生问题都在逐步解决，穿衣问题是解决得最好的民生问题。特别是进入改革开放新时期以来，随着温饱问题的解决，城乡人民服饰"蓝、黑、灰一抹色"的情景消失了，取而代之的是服饰多样化以及时尚化，反映时代精神、时代风貌的时装和华丽的家用纺织品进入城乡普通人家。人民群众衣被的普遍改善，已成为"全面小康"和"时尚中国"的一个重要元素。

第一次工业革命发源于纺织机器发明加蒸汽机，第一次工业革命以来的 200 多年间，纺织品历来都是世界范围货物贸易最重要的商品。"二战"后的 70 年间，从关贸总协定（GATT）到世界贸易组织（WTO），都把制定纺织品服装贸易规则放在重要地位。20 世纪 80 年代以来，中国社会在国内市场纺织品供应有充分保障的情况下，开始大举进入纺织品服装国际市场。从那时起仅十几年时间，就在 1996 年以纺织品服装出口总额 371 亿美元开始跃居世界首位（全球占比 11.7%）。

进入 21 世纪以来，随着经济全球化和中国加入世贸组织，中国纺织工业在世界市场上所占份额进一步上升。2000～2015 年，以欧美发达国家为主要市场，年出口额由 530 亿美元（全球占比 15%）发展到 2912 亿美元（全球占比 37% 左右）。相应地，纺织工业的贸易顺差，由 2000 年的 391.5 亿美元（同年全国进出口贸易总顺差为 241 亿美元）上升到 2015 年的 2646 亿美元（同年全国进出口贸易总顺差为 5945 亿美元）。纺织工业在国家平衡国际收支、增加外汇储备中的重大作用越来越明显。

中国纺织工业在世界范围后来居上发展成为"世界工厂"，形成"衣被天下"的大格局，来之不易。这是多种因素、多种历史条件共同作用的结果，而其中最重要的一个因素是：中国共产党秉持"执政为民"的社会主义理念，始终把发展纺织工业列为"保障和改善民生"的重要一环，并在推动纺织工业发展中，充分发挥了社会主义制度的优势。

新中国成立初期，在国家百废待兴且财政十分困难的情况下，党中央就果断决策，集中财力物力安排一系列纺织工业新基地和大型纺织工厂的建设。

大规模建设纺织工业，必须解决数量巨大的纺织机器供应问题。党和国家领导人一致肯定纺织系统自力更生、自己造纺织机器的发展战略。

发展纺织工业不能搞"无米之炊"，为落实棉花播种面积，解决工业、农业、商业协调一致的问题，20 世纪 60～70 年代，国务院连续多年直接召开全国棉花会议。

为从根本上解决纺织原料问题，党中央、国务院在 20 世纪 60～70 年代，直接作出建设一系列大型化学纤维工厂的战略部署。

进入改革开放新时期以来的 30 多年间，党中央、国务院又先后作出加快发展纺织工业的一系列顶层设计：引进设备、技术，加速纺织工业现代化进程；抓住经济全球化的历史性机遇，用好国内国际"两种资源、两个市场"，扩大纺织品服装出口；将服装工业从手工业系统划归纺织工业部管理，振兴服装工业；改革外贸管理体制，支持纺织企业自营出口，直接面向国际市场……

在党中央、国务院的高度重视下，新中国成立后的"前 30 年"，中国纺织工业发挥社会主义的制度优势，办成了许多大事，奠定了"纺织大国崛起"的基础。接着在"后 30 年"，抓住改革开放和经济全球化的有利条件，以更加广阔的视野，更有力度的战略决策，推动纺织工业加速发展，形成"纺织强国在望"的新局面。

纺织工业是第一次工业革命的源头，是欧美一些发达国家实现工业化的先导产业。马克思、恩格斯当年通过深入研究欧洲各国纺织工业的发展历程，概括、提炼出商品生产、商品经济的一系列学说以及政治经济学的许多重要原理，不是偶然的。

中国纺织工业的发生、发展，迄今已有一百三四十年的历史，作为中国近代工业的先导产业，其早期（1880～1949年）创业历程可谓举步维艰，历尽磨难。洋务运动时创办的第一批纺织工厂没有一家寿命超过十年，幸亏"实业救国"这面旗帜激发出一批有识之士投身纺织工业建设，并在不同程度上取得成功，才能在20世纪中期以"中国最大的传统产业"作了差强人意的历史终结。进入社会主义时期以来，中国纺织工业走上了兴旺发达之路，但并非就此进入坦途，同样历尽艰辛，也是许许多多有识之士为之殚精竭虑，才能在"前30年"总体上实现快速、持续发展，奠定"纺织大国崛起"的坚实基础。进入21世纪以来，中国纺织工业顺利完成"纺织大国崛起"的伟业，这当然是纺织系统奋斗多年的结果，其中，凝聚了几代纺织人的艰辛和智慧。应该看到，其中也有经济全球化和中国加入世贸组织等外部发展环境的有利因素；同时也应该看到，在这一顺利的发展时期，又出现了一系列行业产能过剩、市场竞争过度、平均利润率过低和环境保护难以决策等新的棘手问题。中国纺织工业一百三四十年的发展历程，典型地反映了一个人口大国解决重大民生问题之不易，一个发展中国家实现工业化之不易。新中国成立后的60多年间，纺织工业在国家高度重视下出现的繁荣局面，则又典型地反映了社会主义治国理政之道和社会主义的制度优势。总之，如果讲以史为鉴，一部《中国纺织工业发展历程研究（1880～2016）》，实则是工业发展以及国民经济发展的历史经验的宝库。

系统回顾中国纺织工业百年发展历程和成就，全面总结中国纺织工业百年历史经验，对于更好地向纺织强国努力，建设中国特色社会主义全面小康社会，无疑是很有必要的。期望《中国纺织工业发展历程研究（1880～2016）》的出版，有助于我国各级经济领导机关、纺织系统各级各类行业协会、大纺织各行各业的广大企业界、纺织院校师生、纺织科研院所以及关心中国实体经济、关心中国制造业、关心中国纺织工业发展问题的社会各界人士，更多地了解我国纺织工业的历史和现状，借鉴纺织工业的历史经验。

中国纺织工业的大发展局面，足以使国人自豪，正在参与或曾经参与中国纺织工业宏伟事业的数以百万计的纺织工业者，更当引以为豪。

本书的出版获得纺织之光科技教育基金会支持，谨在此表示衷心感谢。

编著者
2017年7月

目 录

第四篇　深化改革开放，实现纺织大国崛起

第五篇　纺织工业产业链的演化

导　言

杜钰洲

纺织工业，是中国工业化的先导产业，中国最大的民生产业、最大的实体经济之一。

纺织工业作为中国历史最悠久的传统制造业，可以上溯到新石器时代，以骨针和石制纺轮的出现为开端，距今已有一万两千多年历史；同时，纺织服装制造业与人类文明共生并相互依存的产业本质，决定了它始终保持着与时俱进的历史创造力。

中国纺织工业的兴衰历史与中华民族的命运紧紧地联系在一起。

始于公元前 2 世纪并延续到明清时代的丝绸之路，曾经是中华民族古代繁荣昌盛的历史见证，又是当代中国积极促进"一带一路"倡议的历史标志。

纵观历史，从 18 世纪 60 年代第一次工业革命开始，以英国为代表的西方资本主义国家逐渐强盛。与此同时，世界最大的经济体——中国，正处在强化封建专制和闭关锁国的清代王朝，清代统治者竭力维护自然经济，却错过第一次工业革命的时机。中国从康乾盛世（1681～1796 年）之后，转向日趋衰落，最终导致 1840 年第一次鸦片战争失败；并随后在 1842 年被迫与英国殖民侵略者签署不平等的《南京条约》，从此中国逐步沦为半殖民地半封建社会。中华民族陷入了长达一个世纪的漫长耻辱、苦难和艰难抗争的岁月。这期间中国虽然出现了"洋务运动"和近代民族纺织工业先驱们"实业救国"的顽强拼搏，但终因受封建体制和侵略势力的双重压迫而举步维艰，始终难以摆脱被殖民者强占瓜分、掠夺资源和抢占市场的历史悲剧。在 1840 年之后的一百多年间，中华民族的英雄儿女流血牺牲、前仆后继，经历艰苦卓绝的长期斗争，终于在 1911 年，由孙中山领导的资产阶级民主革命推翻了帝制，宣告了中国封建社会的结束，为中国民族资产阶级"实业救国"创造了有利的国内条件，使纺织工业出现过短暂的较快发展，但由于在"一战"结束后帝国主义经济势力重新入侵，在"三座大山"的压迫下，尤其受日本侵华战争（1931～1945 年）的严重破坏，造成中国纺织工业始终未能得到应有的发展和壮大。直到 1949 年由中国共产党领导的新民主主义革命彻底推翻"三座大山"，取得民族独立与解放，成立了新中国，才雪洗了中华民族百年屈辱。中国人民真正站起来了，中国的纺织工业才重新走上复兴之路。

1840 年之前，中国的 GDP 曾占世界 GDP 总量的三分之一，超过整个欧洲与美国的总和（托马斯佛利德曼《世界是平的》）；而到了 1949 年，中国的 GDP 已下降到世界 GDP 总量的 6%。昔日的纺织大国——丝绸之路发源地，在 1949 年仅能生产 18.9 亿米棉布，全国平均每人仅 3.5 米。

新中国诞生和社会主义制度的建立，是我国历史上最深刻、最伟大的社会变革，标志着中华民族开始走向新的复兴，它为中国纺织工业带来了勃勃生机。新中国成立以来，伴随中国的和平崛起，已发展成世界最大的纺织服装生产国、消费国和出口国，中国纺织工业再现昔日的辉煌。今天的中国纺织工业早已不是原来意义上的传统制造业，现在已成为包括服装用纺织品、家用纺织品、产业用纺织品这三大类终端产品制造以及纤维材料制造业、纺织服装机械制造业于一体的"大纺织工业"。2016 年与 1950 年相比，中国纤维加工总量从 88.5 万吨增加到 5420 万吨，增长了 61.2 倍，占世界的比重从 9.4% 增长到 55%。

中国从 1950 年到 2016 年人口增长了 1.5 倍，城乡人均收入按可比价提高了 21 倍；随之，中国布产量从 25.2 亿米增加到 906.8 亿米，增长了 35 倍。中国城乡百姓的装束丰富多彩，已成为人民过上更加殷实的小康生活的重要标志，这是中国纺织工业作为民生产业的最大贡献。中国纺织工业作为民生产业的另一个重大贡献是扩大就业。1952 年，纺织工业系统从业人员达 100 万人，占当年全国工业从业总人数的 20%；2015 年，年销售收入达 2000 万元以上的企业就有 38480 户，加上数以十万计的小微企业，全部从业人员约 2100 多万，约占全国工业就业总人数的 10%，是名副其实的富民产业。

中国纺织工业作为国民经济的传统支柱产业，不仅为经济社会每时每刻创造日益增多的民生和产业用的物质财富，而且始终为社会主义建设积累大量资金，纺织工业上缴利税占全国比重 1952 年为 19.3%、1962 年为 16.4%、1982 年为 15.3%，在我国国民经济持续高速和中高速增长、产业结构不断扩展和升级的趋势下，纺织工业利税总额至今仍保持在占全国 5% 左右。

中国纺织工业作为国际竞争优势明显的产业，始终对我国国际收支平衡发挥着重要支柱作用。中国 1965 年纺织服装出口额为 4.95 亿美元，占当年世界的 4.37%；半个世纪后的 2015 年，纺织服装出口额达到 2829 亿美元，占当年世界的 38%；2001 年以来，随着我国各行业产业升级加快，特别是新兴产业和机电产业出口增长较快，纺织工业出口额占全国的比重下降到 14% ~ 15%，但从贸易顺差来分析，纺织工业在国际收支平衡方面的支柱作用仍然功不可没。在 1981 ~ 2000 年这四个"五年规划"期间，纺织服装净创汇 3010 亿美元，是全国货物贸易净创汇 1381 亿美元的 2.1 倍；在 2001 ~ 2015 年全面建设小康社会的三个"五年规划"期间，纺织服装净创汇 24155.87 亿美元，是全国货物贸易净创汇 29526.62 亿美元的 81.8%。与中国纺织工业相对照，排在世界纺织服装出口第二位的是印度，2015 年，印度纺织服装出口只占世界的 4.8%。如今，标注"中国制造"的纺织品服装已遍布国际市场。2015 年中国出口服装 304.3 亿件，相当于全世界（73.46 亿人）平均每人 4 件。纺织工业不仅是我国最大的出口产业之一，而且是第一大净出口创汇产业，为当今"一带一路"战略奠定了重要的国际市场份额和外汇储备基础。

中国纺织工业的加工技术已从新中国成立之初处于 20 世纪 30 年代水平，跃升到当代世界较先进或最先进水平。在纤维材料领域、服用、家居和产业应用领域的科研与制造技术已取得长足进步；各类工业、交通、环境保护、医药卫生、航天、建筑、水利以及国防等领域的技术纺织品的纤维加工量，已占全部纤维使用量的四分之一。

中国
纺织工业
发展历程研究
（1880~2016）

中国纺织工业自主开发能力已大幅提高。每年申报的发明专利和实用新型专利层出不穷。各行业都有一大批骨干企业采用了世界最先进技术。技术创新、文化创意、品牌打造、绿色生态正全方位提升，全行业正在抓住"工业革命4.0"和"中国制造2025"的有利时机，进一步深化产业转型升级。高新技术、智能制造、互联网＋、大数据应用技术正在纺织、服装、化纤、纺机等多个领域迅速兴起。

以纺织科技强国、纺织品牌强国、纺织可持续发展强国、纺织人才强国四位一体的中国纺织强国建设，正在以全面建成小康社会的"第一个百年"目标，全方位推进。

中国纺织工业作为新中国经济社会发展的重要实体经济，取得今天这样辉煌的成就来之不易，其发展历程并非一帆风顺，经历了几代人艰苦卓绝的探索、拼搏、创造，战胜了无数困难和挑战。其间主要经历了两个大的历史时期。

第一个时期，从1949年新中国诞生到1978年底党的十一届三中全会召开。在新中国成立之后的三十年中，中国纺织工业的时代主题是：在社会主义过渡时期和建立社会主义制度条件下，独立自主、艰苦创业，基本建成比较完整的纺织工业体系；努力增产，不断改善人民群众衣被甚少的生活状况。

第二个时期，从1978年底党的十一届三中全会至今（2017年）。在这39年中，纺织工业的时代主题是：走中国特色社会主义道路，解放思想，改革开放，建成世界最大的纺织生产国、消费国、出口国；并从新世纪开始，从纺织大国向纺织强国迈进，适应人民群众对美好生活的新期待，创造参与国际合作与竞争的新优势。

第一时期（1949～1978年）：
独立自主、艰苦创业，建立较完整的纺织工业体系

1949～1978年，是中国人民在中国共产党的领导下，为改变新中国成立前的落后面貌而独立自主、艰苦创业、开展大规模社会主义建设的三十年，同时也是探索社会主义建设规律、不断战胜困难和挫折、曲折发展的三十年。这三十年，纺织工业取得了巨大成就。

新中国成立的时候，世界以原子能技术、航天技术、电子计算机的应用以及人工合成材料、分子生物学和遗传工程等高技术为标志的第三次科技革命正在兴起，而当时的中国还停留在20世纪30年代的工业水平，工业总产值只占工农业生产总值的30%（1949年纺织工业占工业总产值的36.74%），是一个典型的落后农业国。

鉴于纺织工业事关国计民生，又是当时全国工业的主要成分和中央财税收入的主要来源，党中央和中央人民政府于1949年10月19日选派钱之光任纺织工业部党组书记和主持常务工作的副部长（曾山任部长，但从未到任）。钱之光一上任，就以老一辈无产阶级革命家的政治责任感和远见卓识，全身心投入新中国发展纺织工业的伟大事业中。钱之光执行中央决策，高瞻远瞩，始终坚持实事求是，调查研究，审时度势，抓住时机制定了一系列重大战略

决策，率领全行业干部和职工迎难而上，夺取了一个又一个胜利；从而保持了纺织工业在前三十年正确的发展大方向，实现了纺织品生产大幅增长；建成了一大批新兴纺织基地，改善了全国纺织战略布局；在国家工业基础十分薄弱、优先发展重工业的历史条件下，及早地确立了由纺织行业自己创建纺织装备制造体系以及确立天然纤维和化学纤维并举这两大发展战略。终于在前三十年基本建成了新中国的纺织工业体系，为纺织工业持续高速发展奠定了坚实的基础。陈云曾亲笔书写条幅赠予钱之光，条幅上写的是"不唯书，不唯上，只唯实"九个大字，这是对钱之光一生作为无产阶级革命家的品格和思想作风的高度评价。

钱之光把一生都奉献给了中国革命和社会主义建设事业。他忠于党、忠于人民、谦虚谨慎的执政理念和在社会主义纺织工业事业中一贯遵循独立自主、艰苦创业的革命精神，以及一贯坚持实事求是、一切从实际出发的科学作风，已成为中国纺织工业的制胜法宝。

新中国纺织工业在前三十年，大体经历了五个阶段。

一、从 1949 年至 1952 年经济恢复时期

新生政权面对人民群众衣被甚少的困难以及恢复国民经济的急需，必须尽快稳定纺织生产，稳住棉布市场，打击投机活动。纺织工业部主要依靠发动群众，挖掘现有生产潜力，总结推广郝建秀等劳模的先进工作法，成功地恢复和增加生产。早在新中国成立前夕，钱之光就由中央财政经济委员会（简称中财委）授权召开全国棉花会议，为争取棉花增产作出多项卓有成效的部署。同时从全国召集 300 多名工程技术人员，着手自力更生设计生产新中国第一代纺纱机械（后来定型为 54 型棉纺成套设备），同时组建起第一支基本建设队伍，成立纺织工业部设计院和工程建设队伍。很快建成四座新的棉纺厂，取得了社会主义可以集中力量办大事的初步经验。到 1952 年，纺织工业生产总产值达 94 亿元，占全国工业总产值 27.4%；利税总额占全国 19.3%；生产棉布 38.3 亿米，比 1949 年增长 102.7%。

二、从 1953 年至 1956 年社会主义改造时期

党中央此时制定了过渡时期总路线：在一个相当长的时期内，逐步实现国家的社会主义工业化，并逐步实现国家对农业、对手工业和对资本主义工商业的社会主义改造。1956 年底，全国所有私营纺织业都纳入了公私合营的轨道，职工群众的主人翁积极性得到充分发挥。1953 年到 1957 年第一个五年计划顺利完成。1956 年提前一年实现了棉纱、棉布的发展目标：棉纱产量 84.4 万吨，比 1950 年增长 1.2 倍；棉布 50.5 亿米，比 1950 年增长 1.3 倍。到 1957 年，纺织工业部依靠自己的纺织机械制造的核心力量，自力更生建成了北京、石家庄、邯郸、郑州、西安五个新型棉纺基地，共建有 19 个棉纺厂，总规模达 161 万锭。此外还在中西部其他地区建成了许多新棉纺厂，全行业"一五"期间新增锭数超过了 300 万锭。实现了毛泽东在制定纺织工业"一五"计划时亲自确定的发展目标。1957 年，纺织工业总

产值达 173 亿元（按 1952 年不变价），实现了每年递增 9.5% 的高速发展。

三、1957 年至 1966 年 4 月大规模的社会主义建设

1957 年至 1966 年 4 月，这个历史时期，党和国家尚在探索如何以较高的速度来发展经济，是我国社会主义建设在曲折中发展且遭受严重挫折的十年。虽然如此，工业固定资产按原价增长了三倍，棉纱、原煤、发电量、原油、原钢和机械设备等主要工业产品，都有很大增长。石油全部自给。电子、石油化工等新兴工业初步建立起来。工业布局改善。农业基本建设和技术改造大规模展开，并逐渐收到成效。教育和科技也有比较突出的成果。这十年我国 GDP 年均增长 4.78%，人均 GDP 年均增长 3.07%。纺织工业在这十年受到困难时期的冲击很大。"二五"时期（1958～1962 年）主要由于"大跃进"和"反右倾"的错误，加上当时的自然灾害和苏联政府撕毁合同，我国国民经济在 1959～1969 年发生严重困难，国家和人民遭受重大损失。造成全国 GDP 年均负增长 1.02%，人均 GDP 年均负增长 2.89%；同期纺织工业总产值平均每年负增长 3.65%。全国棉花大幅减产，仅 1960 年、1961 年、1962 年这三年就减产了 193.9 万吨，相当于 1955 年产量的 1.28 倍。加上"大跃进"时期各地对纺织下达高指标，盲目扩张，浪费大量资源，致使纺织工业开工严重不足，全国棉布供应不得不从每人十几尺减到一丈以内以至 7 尺（约 2 米）。到 1962 年，纺织行业关停并转的企业占企业总数的三分之一，精简了 71 万人。1961 年 1 月，党的八届九中全会总结三年经济困难的教训，制定了"调整、巩固、充实、提高"的方针，消化"大跃进"带来的苦果。之后纺织工业形势逐年好转，1963～1965 年，年均增速恢复到 21.3%，1965 年，棉纱、棉布产量恢复到 1959 年的水平。1966 年，棉花产量 233.8 万吨，比 1960 年提高 119%；棉纱产量达 156.5 万吨，比 1960 年提高 43%；棉布产量达 73.1 亿米，比 1960 年提高 34%。这一时期，钱之光以高度的原则性，坚持从实际出发，领导纺织工业部坚持在指导方针上不"放卫星"，尽量阻止一些地方政府大搞土法上马、不讲质量，盲目扩规模，片面追求纺纱机器高速高产等不适当做法，努力缩小"大跃进"带来的的损失。同时，1960 年 8 月，中共纺织工业部党组向中央做了《关于纺织工业发展方针的请示报告》，重点提出的"实行天然纤维与化学纤维并举的方针"得到中央的批准。之后陆续开展了黏胶纤维和维纶化纤厂的大规模建设。

四、1966 年 5 月至 1976 年 10 月"文化大革命"时期

"文化大革命"的十年，中国人均 GDP 年均增长 2.32%。"由于全党和广大工人、农民、解放军指战员、知识分子、知识青年和干部的共同斗争，使'文化大革命'的破坏受到了一定程度的限制。我国国民经济虽然遭到巨大损失，仍然取得了进展。粮食生产保持了比较稳

定的增长。工业交通、基本建设和科学技术方面取得了一批重要成就……"❶纺织工业作为最重要的民生产业，由于一直受到党中央、毛泽东、周恩来的高度重视，纺织工业始终遵循中央关于"要为人民衣被甚少着想"和"必须把粮食抓紧，必须把棉花抓紧，必须把布匹抓紧"的指导方针，千方百计增加生产。在周恩来的直接关怀和领导下，纺织工业同粮食一样，保持了比较稳定的增长。1962年以后，中央每年都由国务院直接召开全国棉花会议，周恩来都亲自听汇报、作指示、制定政策，并亲自检查督促落实，他还多次接见产棉区代表，发表讲话。1966年5月，周恩来在视察纺织工业部科技成果展览时，就曾意味深长地嘱咐纺织工业部的工作人员：我国人口众多，什么时候都不要轻易说"满足"二字。1970年7月，纺织工业部、第一轻工业部、第二轻工业部合并为轻工业部，在国务院的一次会议上，周恩来宣布："全国重点抓轻工，轻工重点抓纺织，纺织重点抓化纤。"❷1970年，当周恩来第一次公布"中国已经成为世界上生产棉花、棉纱和棉布最多的国家"❸时，纺织战线的广大干部职工都无比激动。这个世界第一确实来之不易，但生产仍不能满足人民群众的需求。1969年，中国棉花产量207.9万吨、棉纱产量180.5万吨、棉布产量82.1亿米。从1960年到1969年按人口平均每年增产布只有19.6公分。1971年2月，国务院根据周恩来指示精神，要求1971～1975年（"四五计划"），人均布票16尺，1寸布票不准动，要动只能上动，不能下动。针对纺织工业纤维原料严重短缺的瓶颈，周恩来早就考虑到，中国6亿人口，人多耕地少，光靠天然的农产品要解决好温饱有困难，吃饱穿暖都有问题。于是早在1957年就派一个化工化纤代表团到日本去考察，探讨引进技术设备来建设中国的化肥厂增加粮食，建设中国的化纤厂发展化纤，解决温饱问题。1972年1月，由钱之光组织起草了给国务院的《关于充分利用我国石油、天然气资源，发展化纤化肥的报告》，周恩来借鉴国际上的成功经验，抓住中美关系解冻、西方国家急于同中国做生意的有利时机，经毛泽东同意，批准引进4套石油化纤和2套石油化肥的成套项目。从此总投资概算73亿元的现代化四大化纤项目正式启动。四大化纤项目建成后，可生产出35万吨化学纤维，按当时棉花单产水平相当于1069万亩棉田的棉花产量。四大化纤分别于1978年、1981年建成，成为中国发展国际先进技术、大规模、高质量化纤产业的开端。

　　钱之光没有辜负党和国家的信任和重托，领导纺织行业在处境十分困难的情况下，顶住压力，千方百计抓工作，一心一意谋发展，终于在"文化大革命"期间保住布票供应一寸没少，而且库存始终有富裕，维护了市场的稳定。

五、从1976年10月至1978年底国民经济恢复和发展

　　"文化大革命"结束后，广大干部和群众以极大的热情投入大生产。纺织工业产值平均

---

❶ 《中共中央文件选编》，中共中央党校出版社，1992年，第173页。
❷ 《钱之光传》，中共党史出版社，2011年，第440页。
❸ 《钱之光传》，中共党史出版社，2011年，第638页。

增速从 1966～1975 年的 5%，提高到 1977 年的 13.7% 和 1978 年的 15.8%。

中国纺织工业经过新中国成立后三十年的独立自主和艰苦创业，战胜了一系列来自外部的封锁、压力和来自内部的各种干扰、挫折以及自然灾害，基本建成了门类齐全、供应链完整的纺织工业体系，改善了全国纺织工业布局；基本建起了化学纤维生产体系和纺织机械设备制造体系，奠定了中国纺织工业长远发展的深厚基础。1978 年与 1952 年相比，全国棉纺锭增长了 2.1 倍，棉纱产量增长了 4.4 倍，布产量增长了 3.4 倍；化纤产量几乎是从无到有，发展到 28.5 万吨；丝织品产量增长了 10.7 倍，毛织物产量增长了 17.2 倍，苎麻、亚麻织物产量增长了 50 倍。在凭票供应条件下，使人民衣被甚少的状况得到明显改善。棉布产量按全国人口平均分得量从 1950 年的 4.57 米布增长到 1978 年的 11.46 米，增长了 4.5 倍。1978年，衣着类商品零售总额 278.5 亿元，比 1952 年的 50.8 亿元增长了 4.48 倍，比全部社会消费品零售总额增幅高出 67 个百分点。同时，1978 年纤维制品出口创汇 24.31 亿美元，占全国商品出口总额的 29.1%，有效缓解了 20 世纪 70 年代中期以来全国进出口贸易逆差的经济压力。1949 年，全国仅有 7 个以修配为主的纺机厂，产值仅 420 万元，到 1978 年增加到 153 个纺机厂，产值达到 8.27 亿元；依靠自主研发制造了总产值达 5.9 亿元的成套设备，建成了棉、毛、丝、麻纺织和化纤、印染等行业的新工厂。

回顾新中国成立后三十年间波澜壮阔的伟大历程，纺织工业取得了来之不易的巨大成就，确实令人欣慰。然而，社会主义建设的道路并没有像当初主观预想的那样笔直和顺利。"新中国成立的时间不长，我们取得的成就只是初步的。由于我们党领导社会主义事业的经验不多，党的领导对形势的分析和对国情的认识有主观主义的偏差，'文化大革命'前就有过把阶级斗争扩大化和在经济建设上急躁冒进的错误。后来，又发生了"文化大革命"这样全局性的、长时间的严重错误。这就使得我们没有取得本来应该取得的更大成就。"❶ 结果就错失了发端于 20 世纪中叶的"工业 3.0"技术革命的有利时机，造成中国制造业与发达国家差距有所拉大。

中国纺织工业经过三十年艰苦卓绝的奋斗，虽然与新中国成立前相比，在中华民族的纺织产业史上取得了翻天覆地的巨大变化，但却没能走出长期统购统销、凭票供应纺织品的短缺经济时代。

第二时期：
改革开放、产业振兴，全面推进纺织工业由大变强

1978 年 12 月，中国共产党召开的十一届三中全会是新中国成立以来党的历史上具有深远意义的伟大转折。这次会议果断地停止使用"以阶级斗争为纲"这个不适用于社会主义社会的口号，作出了把工作重点转移到社会主义现代化建设上来的战略决策。从此，开辟了中

---

❶ 《中共中央文件选编》，中共中央党校出版社，1992 年，第 154 页。

国特色社会主义道路，提出了改革经济管理体制的任务，揭开了改革开放的序幕。纺织工业在新形势下，随着渐进式改革开放的日益深入，迅速走出了人民衣被凭票供应的短缺经济时代，大踏步迈上建成世界纺织大国和建设世界纺织强国的宽广道路。

邓小平指出，"改革是中国的第二次革命"。从1978年12月至今（2017年）历时39年的改革开放，是中国共产党把马克思主义与中国实际相结合，以建立和完善社会主义市场经济体制为经济体制改革的总目标，"摸着石头过河"探索前进的过程。中国纺织工业在新时期的伟大成就，是中国改革开放成功的历史见证。

在党的十一届三中全会召开之后仅仅四年，终于在1983年底取消了运行三十年的布票制度。1981年初，钱之光从纺织工业部一线退下来，被国务院任命为国务院顾问，把领导中国纺织工业的重任交到郝建秀的肩上。钱之光给中国纺织工业留下了宝贵的物质财富、精神财富和领导经验。

一、从1978年12月至1984年，农村改革先行，城市改革开始探索

1. 农村改革取得巨大成功

农村家庭联产承包责任制体制取代"三级所有、队为基础"的人民公社制度，在全国农村普遍执行。政府从集体化农业退出，使农村的利益主体由过去的70万个生产大队480万个生产小队变成了2亿多农户，极大地调动了亿万农民的积极性，有力地促进了农业和农村经济的持续高增长。这样，也就为纺织工业快速发展创造了重要条件：棉花产量从1980年开始到1984年以年均23.2%的速度增长，1984年产量已达625.8万吨，是1979年（曾是历史最高产量）的2.84倍。农村劳动生产率提高以及大规模农村富余劳动力走出土地，成为中国加快工业化的重要人力资源基础。

2. 城市改革试点

虽然整个经济体制还是以计划经济为主导，但一些着手摆脱传统体制束缚的政策，如对国营企业"松绑""放权让利""经营管理自主权""利润留成""投资拨改贷""解决企业社会负担过重""利改税"等，已经产生了积极的生产推动力。纺织工业在1982年生产153.5亿米布，达到全国人均15米。于是国务院在1983年底宣布取消布票制度，市场完全放开。从此，中国告别了人民群众衣被供应短缺的历史。

国家经济委员会和财政部对上海纺织工业局以局为单位在1979~1983年试行全系统利润留成试点，并于1981年颁发了《关于国营公交企业实行利润留成和盈亏包干的若干规定》。

1984年，纺织工业部做出下放七项权限，扩大国营工业企业自主权：减少指令性计划指标扩大指导性计划指标和市场调节范围；小型基建项目的审批；质量指标的制定、考核；技改项目的审批；技术引进和技贸结合项目的审批；科研项目的管理；对经济特区、14个开放城市、海南岛实行特殊政策。

3. 乡镇企业异军突起

1978 年以后，国家和地方政府制定了一系列政策措施鼓励和扶持乡镇工业发展。乡镇工业迅速崛起，对容纳农村剩余劳动力，促进农村工业化、城镇化，发挥了重大作用，成为强农富民的支柱产业。纺织服装业就是乡镇工业十五大产业之一，其产值在"七五"末已达全国纺织工业总产值的 30%。

4. 开启对外开放战略

以 1979 年 8 月 6 日全国人大批准在深圳市境内划出 396 平方公里地域设置经济特区为标志，中国开始对外开放。此时，纺织工业部决定组织直属单位和全国 17 个省市厅局，与中信公司合资成立深圳华联纺织联合公司，"华联"成为中国纺织工业经济直接对外开放的最大窗口。

国务院于 1979 年 9 月颁布了《关于开展对外加工装配和中小型补偿贸易办法》。从此，补偿贸易的热潮风涌大地。

香港永新企业有限公司董事长曹光彪于 1978 年 8 月 31 日在珠海投资香洲毛纺厂，于 1979 年 11 月 7 日落成，成为中国内地第一家开展纺织"三来一补"业务的港资企业。1981 年，香港唐氏家族与上海纺织工业局在浦东合资开办"上海联合毛纺织有限公司"，上海纺织工业局投资 60%，港方投资 40%。这是全国第一家内地纺织行业地方局与港资企业开办的合资企业。

1979 年 3 月，国际服装大师兼商人皮尔·卡丹率领 12 个外国服装模特在北京民族文化宫举办改革开放以来第一场国际大牌服装表演会，为中国大众带来了时装和国际品牌形象的概念，开启了在时装领域对外开放的先河。

1982 年，由中信公司在日本发行 100 亿日元债券，将其募集资金的 80% 投资仪征化纤工程（占 30% 股份），使工程得以顺利开工，开启了借外债建设国家重点工程的先河。与此同时，纺织工业部组织行业科研、设计、制造、大学广泛参与的产学研大会战，攻破涤纶纺丝 1.5 万吨/年成套装备技术难关，与从国外引进的 PET 装置无缝衔接，建成 20 世纪世界最大的涤纶生产企业——仪征化纤总公司。这是中外技术合作建设特大工程的最早成功案例。1986 年 4 月 2 日，仪征国产 1.5 万吨/年涤纶纺丝成套设备在仪征生产现场经由国家权威鉴定，评价为"达到了国际先进水平"，并获得国家科技和工程建设项目一等奖，极大地鼓舞了全行业坚持改革开放、发扬自主创新和协同攻关精神，大踏步发展我国化纤产业的信心，为发展涤纶短丝、长丝装备和其他重大建设工程打下了坚实的基础。

二、1984 年至 1992 年，城市改革启动

1984 年 10 月，中国共产党十二届三中全会作出《关于经济体制改革的决定》，确定社会主义经济是"公有制基础上的有计划的商品经济"。1987 年 10 月，中共十三大进一步提出"新的经济运行机制，总体上来说是国家调节市场，市场引导企业"。这一时期改革的重

点有以下突破。

1. 国营企业变为国有企业

国有企业实行政企分开，所有权与经营权分离。全国人大颁布了《全民所有制工业企业法》，企业真正成为相对独立的社会主义商品生产者和经营者、成为具有一定权利和义务的法人。两权分离，极大提高企业活力和创造力。

2. 国有企业可依法破产

《中华人民共和国企业破产法（实行）》在 1986 年 12 月 2 日中华人民共和国主席令第四十五号公布。重庆针织总厂，1950 年建厂，有 4000 多万元资产，3000 名职工，曾为重庆发展立下过不可磨灭的功绩，然而，这座西南地区最大的一家国有针织企业，在市场大潮中因为历史积累的困难较重，加上经营管理不善，连续六年亏损，资不抵债，不得不在 1992 年 1 月 3 日宣布破产。这成为《企业破产法（实行）》颁布施行以来中国最大的一桩破产案，也是国有大型企业中的"破产第一家"。它提示人们：在市场经济中，国企并不是一劳永逸，"铁饭碗"原来并不"铁"。国企两权分离之后，企业法人既有广阔的驰骋空间，可以获取巨大发展，同时也面临着失败和倒闭的风险。

3. 生产资料正式成为商品，国企可以发行股票上市

两权分离以后，国家建设项目从拨款改贷款，国家不再给新建企业投入资金，国有企业进行股份制试点。上海、深圳先后建立了股票柜台交易市场，分别于 1990 年 12 月 19 日、1991 年 7 月 3 日开业。1991 年 12 月 10 日上海市人民政府批复同意组建上海第二纺织机械股份有限公司、上海嘉丰股份有限公司、上海联合纺织实业股份有限公司，并于第二年先后挂牌发行股票在沪深上市，为纺织企业股份制试点迈出了第一步。

4. 改革所有制结构，个体经济、外资经济、乡镇企业大发展

从此以后，纺织工业的所有制结构、生产及出口企业结构发生巨大变化。非国有经济逐渐成为纺织经济的主体。1984 ~ 1992 年，乡及乡以上独立核算的纺织服装企业从 4.3 万户增加到 5 万户，从业人数从 578 万人增加到 918 万人，占全国制造业总人数的 16.7%。

5. 落实轻纺优先政策和促进纺织品外贸体制改革

国家扩大对外开放，发展一系列经济特区，开放由点到线、由线到面，初步形成了沿海开放经济带。这一时期我国抓住了世界发达国家和地区产业结构升级、劳动密集型产业向外转移的机遇，发挥我国劳动力资源丰富的比较优势，大力发展劳动密集型出口加工业，中央制定优先发展轻纺工业，出台轻纺优先政策，大力支持传统纺织技术及装备更新改造。

1987 年，国营西北五棉投资 1 亿元人民币从日本、比利时引进 227 台 2.8 米及 3.6 米宽幅喷气织机，从德国、瑞士引进祖克浆纱机和贝宁格大卷装整经机，一举成为国内最大规模宽幅织物出口生产基地。为全行业大规模改造起到示范作用。

1991 年 11 月 1 日，朱镕基听取纺织工业技术进步工作汇报时指出，纺织工业的问题首先是纺织机械的问题，纺织工业部要把纺织机械制造工业摆在突出地位来抓。并明确宣布，国家技改资金将重点支持纺织装备技术进步。12 月 21 日，国务院生产办宣布成立"纺织机

械引进和国产化领导小组",以自动络筒机、无梭织机为重点开展技术引进和国产化、技贸结合工作。1992年,先后有德国的赐来福,日本的津田驹、丰田,瑞士的苏尔寿,意大利的萨维奥等公司与我国签署了转让设计制造合同。这批技术的国产化极大地改变了我国纺织机械制造业的产业面貌,大幅提高了纺纱织造业的生产质量和效率。

国家通过"两头在外、大进大出"方式推动沿海外向经济发展。纺织服装业以多种经济成分,首先在东部沿海地区迅速发展,通过吸引外资、三来一补、引进技术、发展三资企业,使中国纺织服装产业很快就成为中国国际竞争力最强的行业。但传统外贸体制是对纺织工业发展外向经济的最大束缚。国务院支持在青岛市进行"青纺联"工业企业联合经营纺织品进出口贸易的试点,并于1985年1月8日发出了《关于纺织品进出口若干问题的决定》,使工业企业直接走向国际市场的改革向前迈出了重要一步。之后"上海纺联""广纺联"等一些工贸公司相继成立。1984~1992年,全国纺织服装出口额增长了5.9倍,年均增长27.23%,中国占世界纺织服装出口比重从6.4%上升到10.2%;进出口贸易顺差增长了5.7倍,年均增长26.8%。全国从1990年开始扭转了货物贸易自1984年以来持续逆差的局面。1992年,纺织服装进出口顺差182.4亿美元,使全国货物贸易顺差达到43.9亿美元。这一时期,进口纺织原料从60万吨扩大到134万吨。

6.服装行业划归纺织部实行行业管理

根据国民经济发展战略部署,为适应人民群众对衣着日益提高的需求,特别是国家急需发挥纺织工业作为重点出口创汇产业的作用,国务院于1986年10月24日召开121次常务会议,专题讨论扩大纺织品出口,振兴纺织工业问题。会议指出,纺织品是我国今后一个时期增加出口创汇的重点行业。必须采取切实有效的政策和措施,进一步解决纺织行业的困难。同时决定把服装和丝绸归口纺织工业部实行行业管理。国务院办公厅1986年11月29日发出通知,决定从1987年开始服装行业划归到纺织部门。落实这一决策,实现了纺织服装协调发展,加速了服装行业从手工业向现代工业的转变,并不断增强中国纺织服装在国际市场上的竞争优势。

1987年,纺织工业部征得国家教委同意,将北京化纤学院调整并更名为北京服装学院,于1988年5月10日挂牌,建成中国第一所以服装与纺织工程相结合、艺术与科学技术相融汇为办学特色的服装人才培育最高学府。

三、1992年至2000年,初步建立社会主义市场经济体制

1992年,邓小平视察南方时,发表了一系列改革开放的大思路。根据邓小平理论,以中共十四大确立社会主义市场经济体制的改革目标为标志,经济体制改革进入以制度创新为主要内容的新阶段。1993年11月,中共十四届三中全会《关于建立社会主义市场经济若干问题的决定》指出,要使市场在国家宏观调控下对资源配置起基础性作用。1997年,中共十五大确立了以公有制为主体、多种所有制经济共同发展的基本经济制度,进一步落实了中

国特色社会主义思想理论上的一系列突破，推动改革向纵深发展。

1. 国有企业战略性改组与国有经济布局的战略调整取得重大成果

1995年9月，中共十四届五中全会指出，要着眼于搞好整个国有经济，通过存量资产的流动和重组，对国营企业实施战略性改组。要以市场和产业政策为导向搞好大的、放活小的，择优扶强、优胜劣汰。1997年9月，中共十五大进一步强调要调整国有经济布局，明确指出，国有经济起主导作用，主要体现在控制力上。对关系国民经济命脉的重要行业和关键领域，国有经济必须占支配地位。在其他领域，可以通过资产重组和结构调整，以加强重点，提高国有资产的整体质量。在各地都加快国有小企业改革放活的同时，一大批新型民营企业从自身发展的需要出发，参与国有企业改革。通过兼并、收购、投资控股、承包、租赁、委托经营等改革举措，将非公有制经济的管理理念和管理方式融入国有经济运行中，盘活了大量国有资产。中国纺织工业由于大量农村剩余劳动力和社会资本投入，其国际比较优势凸显。对提升纺织工业国际竞争力、加快农村工业化和城镇化、改善人民生活都发挥了重要作用。

1991～2000年，中国现代化建设第二步战略目标胜利实现，人均国内生产总值从1990年的5091元（按当年汇率348美元），到2000年达7942元（按当年汇率为959美元）。这十年里，纺织工业在国民经济中的支柱作用、改善民生作用和出口竞争优势作用日益突出。根据国家统计局2000年投入产出流量表分析，纺织服装行业每增长一个单位的最终使用，对国民经济各部门所产生的需求拉动程度，即影响力系数，比国民经济各部门影响力系数平均值高出19个百分点。这十年，城乡加权人均年衣着支出（现价）增长7.48倍，产业用纺织品销售额（现价）增长了3.5倍。2000年，纤维加工总量1360万吨，占世界25.83%，比1978年占世界的份额扩大了2.58倍。尽管长期遭受美国和西欧对中国纺织品服装极其苛刻的配额限制，但中国纺织工业大力开拓多元市场，出口额在1994年就已达355.39亿美元，占世界12.27%，已然成为世界第一大纺织服装出口国。到2000年，出口额已达530.4亿美元，占世界纺织品服装出口总额的14.7%。1991～2000年，这十年纺织服装出口额增长2.46倍，纺织品服装进出口贸易顺差总额2564.93亿美元，是同期全国贸易顺差总额的1.49倍，即全国除纺织服装之外的货物贸易逆差是699.35亿美元。

1995年第二次工业普查，纺织工业（包括纺织、服装、化纤、纺机制造）全部独立核算的村及村以上企业（年销售额100万元及以上的企业）76339户，乡及乡以上48515户，国有企业6045户。从业人员1430万人，其中乡及乡以上企业994万人，国有企业495万人，村办企业436万人。

1991～2000年，纺织工业的资本结构发生了巨大变化，2000年，全国国有及年销售收入500万元及以上的非国有企业，全部实收资本为2571.27亿元。其中国家资本占24.67%，集体资本占14.81%，法人资本占18.91%，私人资本占12.15%，港澳台资本占17.45%，外商资本占12.00%。在服装行业中，国家资本只占7.98%，集体资本占19.03%，法人资本占16.48%，私人资本占14.60%，港澳台和外商资本占41.99%。

2. 国有企业改革突破口

进入 20 世纪 90 年代中后期，与非公经济迅速发展形成鲜明对照的是，不少国有企业，由于在长期僵化体制下粗放发展、技术改造欠账多、高负债、冗员多、社会负担重、员工积极性受影响，陷入了发展的困境。城市纺织工业在规模高速扩张的同时，边际收益逐年下降；特别在棉花供应价格和工资持续上涨情况下，销售利税率以每年 16.5% 的平均速度下降。许多国有企业连年亏损。1997 年，党的十五届一中全会提出，"用三年时间使大多数大中型国有企业走出困境"，主要在控制总量、调整结构、兼并破产、减员增效、抓大放小、增资减债、技术进步、市场开拓、加强管理等方面采取措施。1996 年，纺织工业有 4758 户国有企业，亏损面 44.5%，亏损额达 106 亿元。朱镕基于 1997 年 10 月 29 日～11 月 1 日在上海召开上海、江苏、浙江等三省一市负责同志座谈会时指出，当前国有企业再不改革后果非常严重。国有企业的改革必须找一个突破口，这就是纺织行业。因为国有企业当中最困难的行业是纺织行业。随后在 12 月中央经济工作会议上正式确定"以纺织行业为突破口，推进国有企业改革"。要求纺织全行业从 1998 年到 2000 年淘汰 1000 万落后棉纺锭，一批国有纺织企业退出，一批纺织国企改革重组建立现代企业制度。中央动员各级政府制定并落实 120 万纺织职工下岗再就业政策和有关企业破产、兼并重组、土地置换等政策。决定对每销毁一万棉纺锭，中央财政补助 150 万元，地方财政补助 150 万元。经过三年艰苦努力，到 2000 年终于淘汰了近 1000 万落后棉纺锭。纺织国企与 1997 年相比，户数减少了 23%，从业人员从 417 万下降到 242 万人；销售额增长 44.59%，亏损企业数下降 1/3，增加值增长 61.34%。从全行业亏损转为盈利 69 亿元，扭转了连续 6 年亏损的困境。纺织工业全行业在 2000 年出口额已达 530.4 亿美元，比上一年增长 21%。

纺织工业战略性结构调整，国有企业的脱困，为迎接 21 世纪新的机遇、建设现代化纺织强国创造了重要条件。中国纺织工业在 2000 年行业工作会议上正式宣布：将在新世纪开启从世界纺织大国建成世界纺织强国新的征程。

四、从 2001 年至 2020 年，建设现代化纺织强国

2001～2020 年，是中国全面建成小康社会的重要历史时期。纺织工业落实中央关于在实施第三步战略的头二十年全面建设小康社会的战略部署，开启了从纺织大国建成现代化纺织强国的新征程。新时期纺织强国建设彰显着新时期的历史特征。

1. 全面建设小康社会为中国纺织工业由大变强创造了重要的历史条件

2002 年 11 月中共十六大提出，"21 世纪头二十年，对我国来说，是一个必须紧紧抓住并且可以大有作为的重要战略机遇期。"落实邓小平关于中国现代化建设"三步走"战略，要在 21 世纪中叶达到中等发达国家水平。"根据十五大提出的到 2010 年、建党一百年、和新中国成立一百年的发展目标，我们要在本世纪头二十年，集中力量，全面建设惠及十几亿人口的更高水平的小康社会，使经济更加发展、民主更加健全、科学更加进步、文化更加繁

荣、社会更加和谐、人民生活更加殷实。这是实现现代化建设第三步战略目标必经的承上启下的关键阶段，也是完善社会主义市场经济体制和扩大对外开放的关键阶段。"同时确定了全面建设小康社会的四大目标，其中第一条就是，"在优化结构和提高效益的基础上，国内生产总值到 2020 年力争比 2000 年翻两番，综合国力和国际竞争力明显增强。基本实现工业化，建成完善的社会主义市场经济体制和更具活力、更加开放的经济体系。城镇人口的比重较大幅度提高，工农差别、城乡差别和地区差别扩大的趋势逐步扭转。社会保障体系比较健全，社会就业比较充分，家庭财产普遍增加，人民过上更加富足的生活。"另外三大目标分别是关于社会主义民主、法制和依法治国的目标；全民族思想道德素质、科学文化素质和健康素质明显提高的目标以及可持续发展、生态环境、资源利用效率等的目标。这些全面建设小康社会的目标明显地传达出全面建设小康社会对中国纺织工业由大变强既是客观需要，也是重要机遇。接着，在 2003 年 10 月中共十六届三中全会作出《完善社会主义市场经济体制若干问题的决定》，第一次提出"建立现代产权制度""大力发展混合所有制经济"的改革方针，确认"股份制为公有制的主要形式""清理和修订限制非公有制经济发展的法律法规和政策，消除体制性障碍""把扩大就业放在经济社会更加突出的位置"。十六届三中全会进一步提出了科学发展观："坚持以人为本，树立全面协调可持续的发展观，促进经济社会和人的全面发展"。其后，2007 年 10 月，中共十七大又强调"坚持生产发展、生活富裕、生态良好的文明发展道路"，并为应对 2008 年国际金融危机的冲击，采取了一系列果断举措。2008 年 10 月中共十七届三中全会还决定推动"社会主义新农村建设，工业反哺农业，发展县域经济"，推动农村城镇化拉动内需，吸纳金融危机冲击造成的两千多万农民工回乡就业。这些都为纺织工业向中西部转移创造了有利条件。2013 年 11 月中共十八大对确保到 2020 年全面建成小康社会目标和全面深化改革提出新的要求。十八届三中、四中、五中全会确立了"国家治理体系和治理能力现代化的新目标"，把市场在资源配置中的"基础性作用"提升为"决定性作用"，要求更好发挥政府作用。明确"公有制经济和非公有制经济都是社会主义市场经济的重要组成部分，都是我国经济社会发展的重要基础。"2008 年世界金融危机之后，世界经济长期疲软，中国经济从持续高增长转入中高速增长的新常态。国际纺织品服装市场低迷，纺织工业出口首次出现负增长，2015 年比 2014 年下降 5.2%；但由于世界纺织品服装出口总额下降了 7.39%，中国占世界出口总额的比重反而从 2014 年的 37% 上升到 38%。世界纤维加工总量 2015 年比 2000 年增长 59%，同期中国纤维加工总量增长 289.7%，如扣除中国的增长量，那么世界在中国之外的区域纤维加工总量却减少了 421 万吨。正是在全面建设小康社会的大背景之下，纺织工业历经"十五""十一五""十二五"三个五年规划时期的持续大幅度结构调整、转型升级，日益彰显出新的国际竞争力，并为到"十三五"末——"第一个百年"的时候，建成世界纺织强国的大目标奠定了坚实基础。

2. 国家工业管理体制重大改革，产业协会承担起历史重任

2001 年 2 月 9 日，国家宣布撤销纺织、轻工、机械、石油化工、冶金、有色金属、煤炭、建材、国内贸易九个国家局；作为转变政府职能，建立和完善社会主义市场体制的重大决策，拉开了 21 世纪工业经济深化改革开放的序幕。中国纺织工业联合会（2001 年时称为"中国纺织工业协会"，2011 年更名为"中国纺织工业联合会"）从撤销国家纺织局开始，就以中国纺织工业现代生产力要素的身份，站到了全球化工业经济的大舞台上。

马克思、恩格斯在《德意志意识形态》一书中曾明确指出："一定的生产方式或一定的工业发展阶段始终是与一定的共同活动方式或一定的社会阶段联系着的，而这种共同的活动方式本身就是'生产力'。"产业协会正是现代工业产业共同活动方式的产物。当代世界早已进入经济全球化和世界第四次工业革命的时代，在"工业 4.0"推动下，生产高度社会化，通过充分利用信息通信技术和网络空间虚拟系统，推动制造业向智能化转型，全球配置资源，跨国构建企业。国家间经济实力的竞争，是在全球化条件下，科学技术的力量、生产过程内部联合起来的社会化力量、劳动者转移到物质生产要素上的智慧和技巧的综合竞争。现代产业在全球化条件下的共同活动方式，便必然形成各国林林总总的产业协会间的彼此联系，发挥着政府机构无法替代的作用。产业协会的性质决定，它必须以企业为主体，既代表和维护企业的共同利益，在产业内部发挥自我服务和自律的作用，又要在产业与政府间发挥桥梁纽带作用，还要在不同国家产业间发挥民间外交的作用。

中国纺织工业联合会作为产业的内在因素，本着发展先进生产力的自我服务宗旨，不同于以往政府部门自上而下、自外而内的行政性管理方式，它是立足于行业内部，调查研究，调动内生动力，协同创新，开拓市场，发展社会化生产力。联合会作为社团法人，在理念上继承发扬以钱之光为代表的老一代纺织人艰苦创业的优良传统，在运行机制上采取以企业为主体，以服务求生存的市场机制，行业性活动不是依赖于国家财政拨款，而是由各个协会依据章程充分发挥理事会和会员大会（或会员代表大会）的功能。中国纺织工业联合会第三、第四届理事会已邀请 16 位各行业领军企业的企业家出任特邀副会长；各专业协会都有一批本行业排头兵企业出任副会长，联合会内的 22 个协会总共有 448 个副会长企业。虽然中国纺织工业联合会接受国务院国资委授权，代管 22 个成员协会和 10 个成员事业单位，但联合会始终以社团法人及事业法人的联合体（联合会内部称之为"联合舰队"）的机制运行。在中国纺织强国建设过程中，协会体系发挥着无可替代的内生作用。随着协会作用的展开，协会队伍不断扩大，陆续吸收众多各类专门人才，现在已从当初的 473 人，发展成为 2000 多人的覆盖各专业的产业服务队伍。

3. 中国加入 WTO，纺织工业改革开放进入新阶段

中国自 1986 年 7 月 10 日申请恢复其关贸总协定创始国地位并开始谈判，终于在 2001年 11 月 10 日由世界贸易组织（WTO）第四届部长级会议审议通过加入 WTO。从此我国的对外开放扩大成为全方位、多层次、宽领域的开放。由政策性开放，转变为法律框架下的制度性开放；由被动接受国际经贸规则，转变为主动参与制定国际贸易规则；由过去只能依靠双边磋商机制协调经贸关系，转变为多边、双边机制相互结合和相互促进发展的经贸关系。从此，扩大了中国纺织工业的国际增长空间，使改革开放与结构调整进入快车道，促进了中国市场开放和国内外两个市场接轨，为中国产业提升了国际话语权。

（1）加入WTO，扩大了中国纺织工业的国际增长空间。中国纺织工业由于赶上WTO取消配额十年过渡期的最后四年，直到2005年贸易壁垒最终破除，争取到更大的国际贸易增长空间和更多的国际交流合作机遇。2000年世界纺织服装出口总额中，出口到设限国家（美国和欧盟）的比重是62%；而在中国纺织服装出口总额中，对设限国（美国和欧盟）出口的比重只有22.6%。2005年世界取消配额制度以后，美国、欧盟针对我纺织品贸易在2005～2008年实施"特保条款"，即对我国纺织品和服装一些重点产品继续设置数量限制措施。但中国纺织服装出口额到2015年依然达2911.48亿美元，比2000年提高4.5倍；其中出口美国、欧盟达1041.27亿美元，比2000年提高8.46倍，占全部出口比重增加到35.76%。

（2）加入WTO，使改革开放与结构调整进入快车道。

第一，企业获得自营进出口权。加入WTO，极大地促进了国内改革开放的深化。长期束缚纺织服装企业手脚的出口配额体制和对自营出口权的限制，终于被打破了。企业从外贸部门的附属物解放出来，成为平等参与两个市场竞争的市场主体，可以根据国际竞争与合作的需要和趋势抢占时机、整合两种资源、高效发挥中国纺织服装产业链综合竞争力、劳动力比较优势、企业创新潜力。中国纺织服装企业不仅在全球化竞争中可以不误时机自主决策、随机调整生产、自行博弈价格、学习先进理念、吸收先进技术、降低改造成本，从国际竞争的实际出发不断自我调整、自我发展、转变经营机制，完善现代企业制度。2001年以来，中国纺织工业的国际竞争力空前提高，国际市场份额迅速扩大。

第二，多种所有制经济大发展，结构调整加快。党的十六大针对21世纪前20年对"坚持和完善基本经济制度，深化国有资产管理体制改革"，确立了两个"必须毫不动摇"的方针，即"必须毫不动摇地巩固和发展公有制经济"和"必须毫不动摇地鼓励、支持和引导非公有经济发展""继续调整国有经济的布局和结构，改革国有资产管理体制"。

在20世纪末国企改革脱困的基础上，各地落实中央大政方针，纺织国有经济的调整和改革进一步深化，非公有经济迅速发展。一批国有企业以新型国有资本实现方式，或国有独资，或国有控股，继续有所发展。进入中国500强的国有控股集团企业，如新兴际华集团（2016年营业额2203亿元）、上海纺织集团（原上海纺织局所属国有企业，2016年营业额541亿元），广东丝绸纺织集团（原广东丝绸总公司，2016年营业额415亿元），中国恒天集团（原纺织工业部所属纺织机械总公司、中国化纤总公司、中国丝绸公司等重组而来，2016年营业额434亿元），天津纺织集团（原天津纺织局所属国有企业，2016年营业额392亿元），重庆轻纺控股集团（原重庆轻纺局所属轻纺工业企业，2016年营业额243亿元）等。还有许多著名老国有企业，如北京纺织控股集团、石家庄常山纺织集团、安徽华茂集团、无锡一棉集团、南通大生集团公司、西安纺织集团、山东德棉集团、潍坊帛方纺织公司、武汉一棉集团、华润纺织集团、无锡协新公司、浙江嘉欣丝绸、湖南华升集团、吉林化纤集团、神马实业股份等老国企经过现代企业制度建设，在中国纺织工业中继续发挥着国家资本的骨干作用。

我国人均 GDP 2001 年超过 1000 美元以后，居民衣着消费进入高增长期，中国加入 WTO 之后，中国纺织工业的比较优势充分释放，中国城镇化加快，释放出了大量农村富余劳动力，这些新因素吸引了中国社会资本和境外资本大量投入中国纺织服装业。民营企业、港澳台和外资企业快速发展。早在 20 世纪 80 年代产生的乡镇企业，已基本转制为民营企业。混合所有制经济发展，现代企业制度推进，使纺织工业企业的资本结构发生了很大的变化，法人资本和私人资本有较大幅度的增长。2015 年，纺织工业规模以上企业 38412 户（规模以上企业的标准在 2000 年时是年主营业务收入 500 万元以上，2011 年以后调整为年主营业务收入 2000 万元以上），实收资本 8870 亿元，比 2000 年提高 2.45 倍。其中国家资本比重已从 24.67% 下降到 2.18%，而非国家资本总额扩大了 4.48 倍。在非国家资本中，集体资本 100.24 亿元，比 2000 年时下降 73.69%，在全行业占比 1.13%；法人资本 3047.74 亿元，是 2000 年时的 6.27 倍，在全行业占比 34.47%；私人资本 3391.40 亿元，是 2000 年时的 10.86 倍，在全行业占比 38.36%；港澳台及外商资本 2138.49 亿元，是 2000 年时的 2.82 倍，在全行业占比 24.19%。

第三，扩大中西部对外开放，促进了中部崛起、西部大开发，纺织工业区域布局调整加快。根据邓小平关于中国现代化建设"两个大局"战略思想，2000 年 10 月，在中共十五届五中全会通过的"第十个五年计划的建议"中，把实施西部大开发、促进地区协调发展作为一项战略任务；2003 年 10 月，中共中央、国务院发布《关于实施东北地区等老工业基地振兴战略的若干意见》；2004 年 3 月，在国务院政府工作报告中首次明确提出促进中部地区崛起，2005 年 10 月 11 日，在中共中央关于"第十一个五年规划建议"中，提出中部地区"在发挥承东启西和产业发展优势中崛起"；2013 年 9 月和 10 月，习近平在出访中亚和东南亚国家期间，先后提出共建"丝绸之路经济带"和"21 世纪海上丝绸之路"（以下简称"一带一路"）的重大倡议，得到国际社会高度关注。随后"一带一路"倡议写入 2013 年 11 月中共十八届三中全会《中共中央关于全面深化改革若干重大问题的决定》。"西部大开发""振兴东北老工业基地""中部崛起""一带一路"倡议，为中国纺织工业加快区域结构调整带来重要历史机遇，东部地区纺织服装企业积极将产业链延伸到中西部和东北地区，增加了这些地区纺织服装业的发展活力。从 2000 年到 2016 年，全国纺织工业规上企业固定资产投资完成额从 309.31 亿元，增加到 12838.75 亿元，扩大了 41.5 倍，年均增长 26.2%，而同期东部 10 省（市）年均增长 24.8%（北京、天津、河北、上海、江苏、浙江、福建、山东、广东、海南），中部 6 省年均增长 31.4%（山西、安徽、江西、河南、湖北、湖南），西部 12 省（自治区、市）年均增长 27.1%（内蒙古、广西、重庆、四川、贵州、云南、西藏、陕西、甘肃、青海、宁夏、新疆），东北三省年均增长 17.5%（辽宁、吉林、黑龙江）。中西部地区规模以上企业主营业务收入占全行业比重，在十二五时期从 16.8% 上升到 23.2%。尤其是新疆纺织工业发展迅速，2016 年新疆规上企业完成纺织工业投资 480 亿元，是 2000 年的 71.86 倍，从 2014 到 2016 年这三年完成投资总额超过了从 1979 到 2013 年这 35 年的投资总额；新疆棉纺纱锭已达到 1360 万锭

（含气流纺），比 2000 年增长 4.8 倍；黏胶纤维达到 85 万吨（新疆从 2004 年开始生产黏胶纤维 2 万吨）；地毯达到 180 万平方米，比 2014 年增长 3.5 倍；服装产量达到 1.5 亿件，比 2014 年增长 2.75 倍；规上企业实现主营业务收入 377.99 亿元，比 2000 年增长 4.7 倍；新疆纺织服装产业就新增就业人数 24.8 万人，其中南疆四地州占比 63.9%，新疆全产业链共吸纳就业约 41.4 万人。

第四，产业集群成为全行业新型社会化生产方式。中国纺织工业联合会于 2002 年底对浙江省纺织工业组织大规模调查，发现浙江省 2001 年纺织工业每增加 1 元钱投入，就能拉动全省经济 4 元产出。全省纺织工业规模以上企业就业职工 94 万人，规模以下企业和家庭商户 25 万户，从业 140 万人。这些规模以下企业的大发展，得益于市场对配置资源的决定作用。成百上千户本地或外地小企业，依靠资源与就近专业市场优势，以同类产品生产为特征，聚集于某镇某村；为避免同质过度竞争，小区之间自发分工，专业化配套，于是产生对内对外规模效应。它们对市场变化敏感，吸收先进技术积极，流行趋势传递迅速，纵向集约生产降低成本，横向竞争瞄准趋势你追我赶，彼此学习，效率提高，生命力强，对资金和劳动力资源吸引力越来越大，自发形成纺织工业新型专业化生产基地。在国内外市场引导下，沿着产业链需求、资源优势和市场脉络，很快在东部沿海省市形成了密集的纺织、服装、化纤等产业集群网络。中国纺织工业联合会于 2002 年底，首次召集 19 个产业集群发达的市（县）和 19 个产业集群特色鲜明的镇到北京研讨，交流经验，总结规律，分析存在的问题，探讨发展方向。中国纺织工业联合会决定从以上 38 个市（县）、镇集群试点跟踪服务，试点很快在全国推开。截至 2016 年底，与中纺联建立试点关系的纺织产业集群达 199 个。分布在全国 20 个省区，以长江三角洲、珠江三角洲、海西地区和环渤海三角洲为主，其中地级区域 11 个，县级区域 92 个，镇级区域 96 个。试点集群统计显示，2016 年集群的纺织、服装、化纤企业总户数为 195400 户，其中规上企业 17051 户；工业总产值 42618.2 亿元，其中规模以上企业 33917.58 亿元；主营业务收入 40101.54 亿元，其中规模以上企业为 31721.56 亿元；利润总额 2210.06 亿元，其中规模以上企业 1797.1 亿元。2016 年集群内规模以上企业户数约占全行业规模以上企业户数 44.31%（17051 户 /38480 户），主营业务收入约占 43.28%（31721.56 亿元 /73302.26 亿元），利润约占 44.89%（1797.1 亿元 /4003.57 亿元）。截至 2016 年底，有 10 个产业集群试点地区年主营业务收入过千亿元，集群经济已经成为我国纺织产业转型升级以及强国建设的重要生产方式。产业集群与中心城市经济相互渗透、互为补充，已成为有利于推动农村城镇化，缩小城乡差别和东西部差别的现代生产方式。纺织产业集群已在中部崛起、西部大开发、振兴东北老工业基地的战略中，显示出它的生命力。目前，中国纺织工业联合会试点的纺织产业集群中，已有 44 个在中西部地区，成为连接东部与中西部和东北老工业地区纺织服装产业链的重要纽带。

实践证明，产业集群作为社会化生产方式，在市场机制的决定性作用下，具有产业升级的内生动力。以生产童装为主的湖州织里镇产业集群为例：本地人口原本 10 万人，形成童装产业集群后，增加了 30 万外来人口；注册 1.2 万户企业，9 千多户生产童装，近 3 千户生产面辅料。经过十多年的发展，大部分企业打造了自己的品牌，大量加工工作量已转到劳动力相对便宜的安徽、江西、河南等地，以及本地农户。中国服装协会和中国服装设计师协会在织里举办的童装设计大赛，每年吸引全国 2000 名左右设计人员参赛。织里虽有一些加工转出，但当地批发出货一年约达 1000 亿元。产业集群已成为纺织工业大型、特大型企业成长的生态环境。产业集群的一些"草根"企业，如今已长成参天大树。

全世界规模最大的纺织服装联合企业魏桥创业集团公司，拥有棉纺约 600 万锭。2016 年，集团公司营业额 3731 亿元，位列世界 500 强企业第 163 位，中国 500 强企业中排 36 位。该公司就是从山东省产棉区邹平县张士平在 1989 年创建的 1 万锭棉纺"草根"企业发展起来的。在 2016 年中国 500 强企业排行榜中，发端于吴江盛泽镇涤纶长丝和丝绸面料集群的化纤行业领军企业恒力集团（年营业额 2516 亿元）、盛虹集团（年营业额 880 亿元）、发端于杭州市萧山区益农镇的浙江荣盛集团（年营业额 868 亿元）、发端于杭州市萧山区衙前镇衙前针织厂的浙江恒逸集团（年营业额 752 亿元）、发端于江阴市周庄镇的江苏三房巷集团（年营业额 488 亿元）、发端于原桐乡县化纤厂的浙江桐昆集团（年营业额 391 亿元）、发端于张家港塘市公社织布厂的江苏澳洋集团（年营业额 288 亿元）都曾是江、浙纺织产业集群经济带的"草根"企业，它们在改革开放大潮中拼搏发展起来，都已成为化纤行业领军企业。

在 20 年前，一个纺织服装加工企业年营业额达到 10 亿元，是难以想象的；而在 2016 年，营业额超过百亿元的企业已经不下 30 户。如新兴际华集团（年营业额 2203 亿元）、南山集团（年营业额 936 亿元）、江苏海澜集团（年营业额 933 亿元）、山东大海集团（年营业额 652 亿元）、浙江雅戈尔集团（年营业额 563 亿元）、上海纺织集团（原上海纺织局所属国有企业，年营业额 541 亿元）、红豆集团公司（年营业额 525 亿元）、山东济宁如意科技集团（年营业额 519 亿元）、江苏国泰国际集团（年营业额 460 亿元）、天津纺织集团（年营业额 392 亿元）、浙江杉杉集团（年营业额 380 亿元）、江苏阳光集团公司（年营业额 365 亿元）、江苏华宏实业集团（年营业额 312 亿元）、江苏波司登集团公司（年营业额 305 亿元）、江苏华芳集团（年营业额 311 亿元）等民营企业，都进入了中国 2016 年 500 强企业（最低营业额 283 亿元）。

还有一批企业，2016 年虽然没入 500 强，但它们年营业额超过了 100 亿元，也是非常好的业绩。如宁波申洲针织（年营业额 150 亿元）、森马（年营业额 230 亿元）、维科控股集团（年营业额 214 亿元）、浙江太平鸟（年营业额 169 亿元）、金纶高纤集团（年营业额 182 亿元）、山东金茂集团（年营业额 175 亿元）、天虹集团公司（年营业额 172 亿元）、浙江三鼎控股（年营业额 161 亿元）、金昇集团公司（年营业额 160 亿元）、浙江兴惠化纤集团（年营业额 149 亿元）、宁波博洋控股集团（147 亿元）、浙江新凤鸣集团（年营业额 146 亿元）、福建永荣集团（年营业额 145 亿元）、杭州万事利集团（年营业额 136 亿元）、浙江航民实业集团（年营业额 128 亿元）、浙江法派集团（年营业额 125 亿元）、浙江天圣集团（年营业额 122 亿元）、浙江翔盛集团（年营业额 116 亿元）、福建安踏（中国）（年营业额 111 亿元）、浙江富丽达集团（年营业额 110 亿元）、苏州江南化纤集团（年营业额

109亿元）、山东即发集团（年营业额 105 亿元）、浙江古道新材料（年营业额 103 亿元）、浙江万安集团（年营业额 102 亿元）、浙江正凯集团（年营业额 102 亿元）。至于年营业额 10 亿～100 亿元的企业，在纺织、服装、化纤各个行业中已比比皆是。有些已是国际著名高端纺织服装品牌企业，如山东鲁泰集团曾获得国家科技进步一等奖、国家工业大奖，其鲁泰面料享有国际盛誉。

然而，即便有如此众多优秀的大型企业，中国纺织工业仍以中、小、微企业为主体。2015 年，中国纺织工业规模以上企业每户平均只有 248.7 人。2016 年，中国纺织服装出口 2701.2 亿美元，其中规模以上纺织服装企业出口交货值只占 51.5%；而服装业规模以上企业出口交货值只占全国服装出口总额的 43.45%。由此可见，规模以下企业同样做出了巨大贡献。

第五，纺织专业市场作为产业集群的孪生姊妹应运而生。在中国市场化改革以后，市场主体依照市场脉络、资源禀赋和劳动力比较优势和创新实力寻找机遇，必然产生相互交织的两种趋势，一是商品生产的集聚，二是商品交易的集聚，前者发展为产业集群，后者发展为专业市场。20 世纪 80 年代中期，绍兴县柯桥镇自发产生了一条连接全国纺织面料生产的布街。1993 年布街衍生为享誉全国的中国轻纺城，同年创建浙江中国轻纺城集团股份有限公司，主要经营业务以纺织产品、生产要素、三产服务业为主。1997 年，中国轻纺城股票上市，注册资本 61877 万元。轻纺城有 9000 多商户，从业人员 3.5 万人，其中本地人占一半。这个庞大的轻纺城还陆续拉动萧山、桐乡两地成为全国最大化纤生产基地，又扩展到绍兴印染业和织造业周边马桥和杨汛桥的经编业，大唐袜业、嵊州领带业、平湖服装业、织里童装、桐乡毛衫、天台针织业、许村和余杭的布艺业、新昌的纺机、台州的缝纫机制造……同时还派生出各地大小不同特色的专业市场。这些集群和专业市场的迅速扩张，使这一区域成为占全国总量 40% 的化纤长丝织造印染生产基地、化纤产业基地、各类服装服饰生产基地。浙江省纺织工业在 1978 年时居全国第八位，到 2000 年已上升到全国第二位。浙江省的现象，是中国市场化改革的缩影。

与浙江省同步，江苏、广东、福建、山东等东部沿海最早开放地区的纺织工业，形成了以城市、县域、镇、村产业集群和大小专业市场交织互动的、极富活力的纺织工业经济带，其生产总量现今已达到全国纺织工业的 80%。

进入 21 世纪以来，以发展中、西部产业集群和专业市场为结合点，落实中国中部崛起、西部大开发、振兴东北老工业基地战略，构筑东、中、西一体化的产业链和市场网络，开拓国际国内两个市场，已成为产业转移的重要路径。中国纺织工业联合会对全国各地纺织服装专业市场作了大量调查研究。于 2007 年初，中纺联流通分会组织全国各地 50 多家知名纺织服装市场代表，在广州成立中国纺织服装专业市场联盟。致力于资源整合、探讨新型经营模式、市场品牌培育、加强与产业链沟通、促进专业市场转型升级。截至 2016 年底，全国 1 万平方米以上的纺织服装专业市场 894 家，经营面积达到 7052 万平方米，商户 111.52 万个，年交易额 2.11 万亿元。其中被吸收为中国纺织工业联合会流通分会会员的专业市场共 410 家。专业市场与产业集群同步升级，目前专业市场的电子商务总额已达 9780 亿元，占市场总交易额的 46.35%。专业市场的升级还包括金融、物流、信用、知识产权保护、标准、发布市场指数、法律等第三方服务。专业市场的国际化越来越强，已成为国际采购商云集的重要场所。绍兴轻纺城、盛泽长丝面料、东部服装、家纺、化纤长丝等集群已成为"一带一路"沿线国家纺织品、服装市场的主要货源地。广东虎门镇女装、童装产业集群，年出口额已达30 亿美元。

（3）加入 WTO，促进了中国市场开放和国内外两个市场接轨。进入 21 世纪以来，中国很快发展成为世界最有吸引力的国际性纺织品服装和各种生产要素的国际市场。中国纺织工业联合会通过中国纺织贸促会在国内举办的全行业性国际纺织面料、服装、家纺、产业用纺织品、纺织机械等五大国际展览会，成为中国与世界各国纺织工业各领域的国际贸易大平台、搭建纺织工业各领域跨国供应链与发展各国广泛合作的联系纽带、考察当代世界纺织工业创新趋势与发展机遇的开放窗口。从 2000 年至 2016 年，这些国际性展会的展览面积从13.34 万平方米扩大到 104.56 万平方米，参展商从 543 户扩大到 1.5 万余户；其中海外参展商达四分之一左右，吸引世界各国大批采购商云集中国。同时，中国纺织贸促会每年组织企业参加海外同类展会，参展面积已达 3.4 万平方米，创造条件让中国企业自由选择出展国参加海外专业展览会、促销或采购。

世界金融危机以后，中国纺织、服装、化纤、纺机制造等品牌企业以多种方式投资、收购国外企业，或投资控股名牌名企，或引进发达国家的科研和经营管理人才。越来越多的中国品牌企业走出国门到东南亚、南亚、非洲等发展中国家投资办企业。还有许多品牌企业到欧盟、北美、澳大利亚等发达国家投资办独资或合资企业，发展跨国集团。在当前"一带一路"机遇中，中国纺织工业有了新的发展空间。

（4）加入 WTO，提升了中国产业的国际话语权。根据《WTO 纺织和服装协定（ATC）》制定的全球取消配额十年过渡期，到 2005 年 1 月 1 日，美国、欧洲以及其他发达国家必须废除配额制度。但在中国于 2001 年正式成为 WTO 成员后，美国、欧盟等大肆炒作关于纺织品服装贸易中的"中国威胁论"；同时散布：2005 年取消配额以后，中国对主要纺织服装出口国际市场的垄断威胁，将导致全球纺织产业损失 3000 万个工作机会。挑动 70 多个发展中国家开会，要求延长对中国的配额制度。当这一非法要求失败后，美国、欧盟就利用中国加入 WTO 协定中有关"接受特定产品过渡性保障条款"，对中国纺织品服装贸易采取过渡性配额限制。在这种形势下，中国纺织工业联合会立即行动，配合政府开展民间外交，加强国际对话，消除国际误解，化解贸易摩擦风险，扩大广泛合作，维护我国正当权益。中国纺织工业联合会自 2004 年到 2007 年，连续在北京召开四次国际纺织论坛，邀请美国、欧洲、日本主要发达国家和地区以及众多发展中国家和地区的行业组织及企业家代表、WTO主要官员、外国前政要、国际著名经济学家出席。邀请我国国家领导人和部门领导人出席论坛讲话，宣传我国大政方针和以平等互利原则发展国际贸易的基本国策。出席会议的各国著名企业家在论坛上开展公开、透明、坦诚交流和辩论。接着，在世界金融危机背景下，2009年利用世界纺织联合会在中国召开年会的有利时机，中国纺织工业联合会与其共同召开以

"后配额时代——创造共赢的未来"为主题的"国际纺织论坛"。这些论坛都产生了良好的国际反响，增进了相互了解、减少了贸易摩擦，同时增强了我国纺织企业的全局意识和对国家的责任感。中国纺织工业联合会在 2007~2009 年还专门与美国、欧盟、日本三方的行业组织，分别在东京、北京、罗马举行四方行业首脑会议，交换意见、相互沟通，改善了关系。2010 年，中国纺织工业联合会与欧盟纺织服装协会在布鲁塞尔举行双边会议，讨论双边自由贸易与合作问题，消除误会，探讨合作，取得了积极效果。此外，中国纺织工业联合会还利用各种国际舞台，宣传中国纺织工业与世界各国同行平等互利、合作共赢的方针。纺织工业联合会在这期间接受商务部委托，分三次为非洲多个国家培训纺织管理人才，为埃塞俄比亚编制纺织发展规划，发展了中非友谊。同时，中国纺织工业联合会组织有关企业到一些发展中国家和发达地区考察投资与合作环境。这一系列活动，提升了中国纺织服装业的良好国际形象。中国纺织服装出口额占世界的比重，2001 年为 14.83%、2005 年为 23.94%、2010 年为 34.11%、2015 年已达 38%。"十五"期间，纺织服装贸易顺差 3351.62 亿美元，是全国贸易顺差总额的 1.58 倍；"十一五"期间，纺织服装贸易顺差 8029.8 亿美元，是全国贸易顺差总额的 71.9%；"十二五"期间，纺织服装贸易顺差 12774.6 亿美元，是全国贸易顺差总额的 78.8%。一些骨干企业已成为国际标准制定的参与者。

4. 确立四大主攻目标，全面推进纺织强国建设

中国纺织工业在国家关于"走新型工业化道路""落实科学发展""实施五个统筹""建设现代产业体系""创新、协调、绿色、开放、共享"以及"中国制造 2025"等一系列发展理念和方针指引下，始终以建设纺织强国为主线；早在"十一五"期间就确定以"建设纺织科技强国、纺织品牌强国、纺织可持续发展强国、纺织人才强国"四大主攻目标体系，全面推进纺织强国建设。

（1）加快第一生产力升级，建设纺织科技强国。伴随第四次工业革命的兴起，"加速改造传统纺织工业"成为纺织强国建设的首要任务。纺织工业联合会在"十五"期间落实党的十六大指出的"新型工业化道路"和"用高新技术和先进适用技术改造传统产业，大力振兴装备制造业"的方针，重点考察高新技术在世界纤维材料、纺织、服装及产业用纺织品领域的应用状况，以及中国纺织工业用高新技术推进全方位改造的现实需要，于 2004 年 10 月向全行业推出新世纪第一个纺织工业《科技进步纲要》。重点组织开发十项先进成套技术装备，推进机电一体化进程、28 类涉及纤维材料、关键生产工艺、重点衣着和产业用纺织品、环境工程、信息化以及基础性研究攻关项目。

2010 年 10 月，中国纺织工业联合会落实中共中央对"十二五"规划的《建议》中所指出的"发展现代产业体系"的要求，向全行业推出第二个《科技进步纲要》。进一步组织 50 项重点攻关和产业化项目，涉及 266 个子项目，另有 110 项重点推广项目，主题是加大纺织全流程自动化、智能化以及绿色化的开发力度。

中国纺织工业联合会落实中共中央关于"十三五"规划的《建议》中关于"创新、协调、绿色、开放、共享"五大发展理念，于 2016 年 9 月向全行业推出第三个《科技进步纲要》。

这个"纲要"提出：在"十二五"基础上进一步组织突破 6 大类 30 项共性关键技术（245 个子项）攻关，推广 100 项先进适用技术。

前后三个"纲要"持续深入，接力实施，为国家实施纺织工业五年规划起到了重要引导作用。现在中国纺织工业的科技面貌已今非昔比。一方面化学纤维已经突破传统纺织应用领域，高性能纤维由于其独特的优异性能，已经广泛应用于国防军工、航空航天、交通运输、医疗卫生等领域，成为名副其实的战略性新兴材料的重要组成部分。生物质纤维等纤维材料生产、新型产业用纺织品生产，也已成为中国纺织工业的全新重要组成部分；另一方面依靠市场大规模淘汰了纺织传统落后加工技术，发展自动化、智能化纺纱织造及染整技术、创新型纺织品加工技术、开发绿色制造技术、广泛应用互联网＋、大数据，使现代高新技术的应用逐步成为纺织各行业产业升级的主攻方向。

加快国产技术装备升级。"各种经济时代的区别，不在于生产什么，而在于怎样生产，用什么劳动资料生产。劳动资料不仅是人类劳动发展的测量器，而且是劳动借以进行的社会关系的指示器"。生产工具作为生产力水平的客观尺度，是划分经济时代的重要标志。建立独立自主的中国纺织装备制造工业体系，始终是新中国历代纺织人求实创新的头等大事。扩大对外开放，为中国纺织工业吸收先进技术、引进先进生产力提供最有利时机，但这并非意味着可以全靠引进实现现代化。发展具有自主知识产权的先进技术装备对建设世界纺织大国和强国具有关键性意义。2000 年，中国纺织工业的技术改造主要依靠进口装备，当时纺织服装机械进口用汇 19 亿美元，出口仅 2.9 亿美元；到 2015 年，纺织服装机械进口 27 亿美元，比 2000 年提高 41.26%，出口 40.6 亿美元，比 2000 年提高 13 倍，充分反映出国产技术装备制造业有了大幅进步。纺纱设备 2000 年进口 5404 台，出口 7113 台；到 2015 年进口 3823 台，比 2000 年下降 29.26%，出口 30103 台，比 2000 年提高 3.23 倍。针织机械 2000 年进口 34046 台，出口 71835 台；到了 2015 年进口 9913 台，下降 86.2%，出口 173162 台，上升 1.4 倍。工业缝纫机 2000 年进口 24 万台，出口 164 万台；到 2015 年进口 4 万台，比 2000 年下降 83.33%，出口 316 万台，比 2000 年提高 92.68%，中国工业缝纫机产量（包括跨国生产）已达到全世界总产量的 75%～80%。2000 年，我国化纤产量为 694.2 万吨，占世界 20.3%，我国化纤使用量 830 万吨，占中国纤维总消耗量的 61.3%，需大量进口技术和装备。21 世纪以来，自主技术装备的研发及产业化取得了长足进步和扩展，我国已成为化纤技术和装备出口国。2016 年，我国化纤使用量达 4565 万吨，占纤维总使用量的 84.23%，比世界化纤使用比重 73.4% 高出十多个百分点。2016 年，中国化纤产量为 4944 万吨，比 2000 年提高 6.12 倍，基本上靠国产技术装备，其中聚酯纤维占 80% 以上，从聚酯纤维连同上游原料 PET 和 PTA 的生产都已国产化，而且在自主知识产权基础上实现了大容量、高起点、差别化、低成本。其中仅昆仑工程公司（中国纺织工业设计院）拥有自主知识产权的年产 20 万吨 PET 和年产百万吨级 PTA 成套技术和装备，建成的规模已占全国 21 世纪新增能力的 85% 左右，此外还通过国际竞标，在印度、巴基斯坦、阿联酋等国建设了约 800 万吨 PTA、PET 交钥匙工程。中国纺织科学研究院开发的化纤长丝机电一体化关键装置在全国建起了许多涤纶长丝厂，许多高功能、高性能特种化纤虽使用的数量相对较小，但对国民经济意义重大，有些曾遭到国外封锁，我国也取得了一系列突破，如碳纤维、芳纶、聚苯硫醚纤维、超高强聚乙烯纤维、玄武岩纤维、纳米纤维、生物基纤维等技术装备。"十二五"期间纺织行业共完成23种成套主机和新型基础件的攻关和产业化。现在国内骨干纺机企业经过改革改制，创新能力大幅提高，有的已发展成为跨国公司。如恒天集团经纬股份公司的一批原纺织工业部直属纺机企业，经重组改制而成为国家级高新技术企业，至今在国内纺机市场占有率达60%，现在已生产出全流程自动化、数字化、信息化和智能化纺纱车间、新型印染技术装备、针织机械、非织造布机械等高端纺机装备，成为国际著名跨国纺机集团，2016年营业额已达104亿元。新兴的民营纺机企业江苏金昇集团，兼并了世界顶级纺织机械跨国集团——有160年发展史的奥瑞康集团（原苏拉集团），又兼并了总部位于德国的埃马克集团（EMAG）——生产高端多功能加工中心和各类数控机床等国际名牌制造商，还兼并了总部位于德国的科普福齿轮公司（KOEPFER）——主要为世界著名汽车生产发动机等关键组件的制造商。目前金昇集团已成为生产自动化、智能化纺纱成套设备、高端加工中心、高端基础部件的跨国制造公司，年营业额已达160亿元。连云港鹰游纺机有限公司（中复神鹰碳纤维有限公司）是以生产9类纺织机械设备起家的国内著名纺机厂，21世纪以来，自主研发成功生产碳纤维的工艺技术和成套装备，打破国外的长期封锁，现已攻破千吨级干法湿纺高性能碳纤维技术和装备，建成万吨级碳纤维生产企业，为国家作出了重大贡献。日发集团生产转杯纺纱机，同时自主研发成功高端数控机床，被列入国家CIMS示范企业，有7个子公司，总资产超过100亿元。慈星集团自主研发制造成功电脑针织横机，可以生产无缝针织内衣，2010年收购了世界第三大电脑横机制造商——瑞士斯坦格集团，成为世界著名电脑横机跨国制造集团，升入国际一线品牌行列。山东康平纳集团和山东鲁泰集团都是生产纺织印染面料的企业，它们发明的筒子纱数字化自动染色成套技术和装备，曾获国家科技进步一等奖。华联宏华控股与浙江大学合作的"超高速数码喷印设备关键技术研发及应用"、愉悦家纺有限公司等单位完成的"高精度圆网印花及清洁生产关键技术与产业化"、浙江师范大学等单位完成的"支持工业互联网的全自动电脑针织横机装备关键技术及产业化"、以江南大学为主研发的"数字化经编装备"、东华大学等研发的"簇绒地毯织机"等都获得过国家科技进步二等奖，我国还有一大批生产各类新型纺机整机或纺机新技术专件、配件的大、中、小型企业，都在通过产学研结合自主研发，或大量吸收海内外人才、技术，或走出去配置优质资源，取得成果显著，纷纷获得广大用户认可。

"十三五"期间，纺织行业正在努力突破纺织机械设计制造集成化、模块化、数字化、信息化、智能化，以及离散工艺的连续化、自动化、数字化成套装备的制造技术。研究开发全自动转杯纺、喷气涡流纺等短流程纺纱以及智能化夜间无人值守纺纱成套设备等；自动传经机、高速剑杆与高速喷气织机等新型织机；立体成形电脑横机、一步法全成形袜机、高性能纤维多轴向经编机、细针距高速舌针等新型针织机械、无人值守针织成套设备；高功能、高性能化纤生产线、生物基纤维国产化成套设备；数字化、自动化、智能化绿色印染成套设备；高效高产环保非织造布机械；高效复合加工专用数控设备及生产线、专用基础件处理及检测技术等。

2016年，规模以上纺机生产企业693户，销售产值1158.73亿元。在实收资本中，国家资本占8.08%、法人资本占28.02%、个人资本占37.53%、港澳台和外商资本占26.01%。

加速工艺技术升级和基础研究深化。"十二五"期间对纺织工业的产业升级起到了重要作用。纺织行业授权专利达14.56万项，其中授权发明专利3.48万项，比"十一五"期间授权专利数增加了1.65倍。2015年，纺织行业规模以上企业专利申请数为32539项，其中发明专利6055项，分别是2010年的3.3倍和4.4倍；编制形成国家或行业级别的技术标准达8762项，是2010年的1.8倍。全行业技术改造和淘汰落后生产技术持续推进。"十二五"期间，纺织行业规模以上企业技术改造经费支出为555.14亿元，"十二五"期间共淘汰化纤落后产能128.95万吨、印染落后产能116.45亿米。行业科技支撑体系建设呈现旺盛活力，已建成纺织类国家工程技术研究中心、国家重点实验室，承担一批国家973计划、863计划、国家科技支撑计划、国家自然科学基金项目，建立一批企业技术中心和产业技术联盟，以企业为主体，大学和科研院所广泛参与，产学研紧密结合，使产业技术不断创新突破。纤维材料技术是新时期世界纺织工业现代化的重要标志。我国高性能纤维研发和产业化取得了突破性进展。碳纤维、芳纶和超高分子量聚乙烯三大品种产量已占全球的三分之一，我国已成为全球范围内高性能纤维生产品种覆盖面最广的国家。我国化学纤维产业主要技术已达到世界先进水平，有许多重要纤维技术已居世界领先地位，如中国昆仑工程公司（中国纺织工业设计院）单线年产250万吨精对苯二甲酸（PTA）成套技术和年产20万吨聚酯四釜流程成套技术、桐昆集团浙江恒通化纤有限公司的年产40万吨熔体直纺聚酯长丝成套技术、浙江古道新材料股份有限公司的年产20万吨液相增黏熔体直纺涤纶工业丝技术、徐州斯尔克纤维科技股份有限公司的一步法异收缩混纤丝成套技术、山东龙福环能科技股份有限公司的废聚酯瓶片液相增黏／均化直纺涤纶工业技术、河北唐山三友集团兴达化纤有限公司的年产12万吨高效黏胶纤维成套技术、河北吉藁化纤有限公司的竹浆纤维技术、山东海斯摩尔生物科技有限公司的千吨级纯壳聚糖纤维技术，山东如意科技集团有限公司和武汉纺织大学开发的高效短流程嵌入式复合纺纱技术（获国家科技一等奖），湖南华升集团公司开发的生态高效纺织技术、东华大学开发的黄麻精细化纺织染技术、浙江理工大学的高密度全显像数码仿真彩色丝织技术、浙江理工大学管外降膜式液相增黏反应器创制及熔体直纺涤纶工业丝新技术等均具有世界领先地位。江苏中复神鹰碳纤维有限公司的千吨级干喷湿纺高性能碳纤维生产技术、恒逸集团的单线年产10万吨己内酰胺生产技术、江苏奥神新材料股份有限公司的干法聚酰亚胺纤维生产技术、青岛大学的千吨级海藻纤维生产技术、常熟翔鹰特纤有限公司的聚丙烯腈长丝、中国纺织科学研究院和青岛大学的导电纤维生产技术、杭州全自动电脑调浆系统、东华大学等的环锭紧密集聚纺系统技术、天津工业大学的新型功能中空纤维膜制备技术、武汉纺织大学的优质天然高分子材料超细粉体化及其高附加值的再利用技术、北京服装学院等的PA6/PE共混海岛法超细纤维及人造麂皮技术等都达到国际先进水平。棉纺行业

2000～2015 年由于技术进步，使得纺 32 支纯棉纱全员人均年产量从 5.6 吨增加到 27 吨。两化融合、技术装备的进步、基础工艺研发和产品创新实力的增强，有力推进传统制造业的升级换代。棉纺万锭用工在 2000 年为 250 人，2015 年为 60 人，现代自动化和部分智能化纺纱工厂万锭用工不到 20 人。2000～2015 年，布产量从 277 亿米增长到 892.6 亿米，其中无梭织布从 20% 上升到 87%。目前已在化纤、纺纱、织造、服装、针织、印染等各领域建成示范性智能化或半智能化工厂或车间。节能环保减排节水等技术、材料、设备的研发和产业化普及推广，都取得了较大进步。

产业用纺织品行业异军突起，高技术纺织品生产跨入国家战略性新兴产业和高新技术产业。"十五"以来，我国产业用纺织品行业快速发展，经济效益持续改善，技术进步成效显著，应用领域不断拓展，一些高技术产品的生产已逐步成为国家战略新兴产业和高新技术产业的组成部分，成为我国纺织工业新的增长极。2016 年，我国产业用纺织品的纤维加工总量为 1450.3 万吨，占纺织纤维加工总量的比重达到 26.75%，比 2000 年增长 3.75 倍。2016 年，我国出口产业用纺织品价值达 236.1 亿美元，占全球 25% 以上。目前，我国产业用纺织品行业作为中国纺织工业新的增长极，技术进步较快，应用领域不断拓展，已成为全球最大的产业用纺织品生产国、消费国和出口国。其中高技术产品的生产已逐步成为国家战略新兴产业的组成部分。纤维基复合新材料在大飞机、高速列车、高端装备、国防军工、航空航天、大功率风力发电叶片等领域得到广泛应用；碳纤维复合芯材导线在输电线路中得以广泛应用；高效低阻高温滤料广泛应用于火力发电、冶金、水泥和垃圾焚烧发电，燃煤电厂袋式除尘技术应用比例达到 30% 以上，垃圾焚烧袋式除尘应用比例达到 100%；土工布、土工格栅和复合土工膜等应用于南水北调、青藏铁路、京沪高铁等国家重点工程，提高了工程质量、降低了工程造价；车用芳纶管路系统、安全气囊布、安全带、纺织内饰件在交通工具中得到广泛应用，高性能纤维和长、短丝增强热塑热固材料在汽车轻量化领域日益发挥重要作用；经编疝气修补网、软组织修补材料、针织结构人造血管等产品已进入人体应用或临床试验阶段，医用防护服为应对疫情发挥重要作用；卫星结构用高性能三维整体编织复合材料构件；碳纤维编织火箭喷火口及耐高温保护层；"神舟"和"天宫"太阳能半刚性电池帆板经编材料，大幅减少"天宫"卫星重量；大直径高压软体输、储管、罐已用于国防军工和应急抢险；新型消防服、抢险救援服、高性能军警战训服实现了多种防护功能复合，有效保护士兵的生命安全。

我国产业用纺织品的高速发展和技术创新，使得纺织工业从传统意义上主要生产满足人民生活用消费品，扩展成为在更多产业领域生产具有高技术含量的基础材料或关键部件，从而为纺织工业带来新的升级动力，开辟了更大的发展空间。

我国纺织工业将以"十三五"规划和《纺织工业"十三五"科技进步纲要》为蓝本，继续提升科技生产力，在更广范围、更高层次上参与到全球化竞争，向"第一个百年"目标冲刺，为"第二个百年"更远大目标打好坚实基础。

（2）实施名牌战略，建设纺织品牌强国。邓小平曾指出，我们应该有自己的拳头产品，创造出我们自己的名牌，否则就要受人欺负。中国纺织行业推动名牌战略不只是几个企业、几个品牌的发展问题，而是中国纺织服装产业升级、事关国家经济发展战略的大事。中国纺织工业联合会围绕名牌战略，重点推动提升品牌价值、提高科技和品牌两个贡献率、营造品牌文化生态等建设。

第一，全力建设品牌价值体系。"十五"期间，围绕实施名牌战略，对于品牌价值的本质在全行业取得了共识，即品牌价值的本质是"质量、创新、快速反应、社会责任"四位一体的价值体系。所谓"名牌"，就是以"四位一体的价值体系"为衡量标准，取得市场和消费者广泛认可的优秀品牌。

"质量"是品牌的生命。质量是品牌商品使用价值的物质基础。在商品质量的背后，是设计、技术、物料资源、生产供应链以及个人和团队等生产体系的综合素质。名牌产品的质量可信度是通过市场公认的标准检测、消费的反复体验而获取的。生产者要想使自己的产品成为消费者心目中的质量放心产品，就必须像爱护生命一样，维护质量信誉。为了提升产品质量和质量管理水平，纺织工业坚持不懈地以发展先进技术为保障条件，同时以质量的国际水准对纺织工业国家标准进行研究和修改、补充、完善，积极发挥第三方检测的作用，推广先进质量管理体系，推动行业质量认证体系建设，积极参与国际标准制定，有的企业已经获得国际质量组织委托，为主参与制定某项国际标准。2002年联合会为了加强对产业集群广大中小企业研发和公共质量检测需要，成立了协会"质量检测中心"，立足于服务，把检测、开发、培训结合起来，不断添置仪器设备、吸引和培训人才，到目前已在主要产业集群区域逐步设立了12个公共服务点，近500人作质量检测服务，同时指导产业集群建立自己的检测与开发服务中心，取得了较好的效果。2012年以来，纺织行业共制定、修订标准940项，归口标准总数达到2110项；全行业标准化技术机构达到28个，近2000名标准化专家被聘为委员；积极参与国际标准（ISO）制定，主导提出了21项国际标准提案，其中10项已由ISO正式发布实施，新承担了2个ISO技术机构秘书处，2位专家成为ISO技术机构主席。

"创新"是品牌的灵魂。产品只有满足人们物质消费和文化消费的求新需要，才能产生人们对该品牌的偏好。因此，品牌的创新最重要的是技术创新和文化创新。技术是人类的基本文化现象，人的生活方式和存在样式总是伴随着技术的重大变革而不断发生改变，与此同时，技术作为人的自由意志的实现方式，也受到人们对物质文化生活的求新意识所驱使而不断实现新的突破。因此，技术创新是物质生产力发展的本质要求，也是文化生产力创新的必要条件。在现代经济社会和人们的生活世界，消费早已超出了满足基本生存需要，而更多地追求某种消费时尚，进入具有满足精神享受、审美和人的发展要求的更高层次的消费境界。品牌的创新首先建立在技术生产力的基础上，同时也依靠文化生产力的创造。名牌产品的"创新"，首先受设计创意的导向和技术创新的推动，其后是制作工艺和装备以及选用材料的创新，然后是提高一线操作的智慧劳动和技巧，最后是市场判断、供应链管理、营销方式和售后服务的创新。在新技术革命和多元文化共生的全球化时代，时尚潮流瞬息万变，市场竞争跌宕起伏，唯有持续创新才能使中国名牌在商品大千世界脱颖而出。纺织服装行业在新时期加大了对不同层面的科技攻关人才、设计人才、系统创新管理人才、高技能人才等人才机制的探索和推动。

"快速反应"是品牌的活力。"快时尚"是在全球经济一体化条件下，互联网技术和信息化、数字化、智能化制造的兴起，给大众消费方式带来的最大变化。智能化生产、互联网平台、大数据、电子商务、物联网的普及，改变了传统的生产方式、交换方式和市场秩序。当代的市场竞争是"快"吃"慢"，机遇与挑战并存，成功与失败决胜于快速反应。打造名牌产品，需要具有对时代脉搏和时尚潮流的超常洞察力。快速反应涉及生产、分配、交换、消费各种社会环节的一系列关联机制、资源配置和决策的效率，需要从创意设计、资源配置、生产过程、供应链组织到营销方式具有超长的应变机制。纺织服装行业需要继续加强两化融合的基础建设，推动企业向快速反应机制转型。

"社会责任"是品牌的社会道德。它是产品生产者在生产、分配、交换、消费循环经济的全过程，遵纪守法以及对市场公平秩序的维护，对劳动者和消费者生命、尊严和权益的尊重，对绿色生产、节约资源、节能减排等社会公益事业执行的自觉性和坚守的诚信度。社会责任可以看作是品牌生产者对社会的投入所创造的社会价值的承担，是名牌产品价值高于一般品牌产品价值的重要来源。中国纺织工业联合会在 2005 年 5 月 31 日联合 160 多家骨干企业发出倡议，要在全行业加强社会责任建设。并负责起草制定了第一个行业自律性文件《中国纺织服装企业社会责任管理体系》（CSC 9000T），于 2005 年发布，同时成立了社会责任推广委员会、办公室。接着对各类企业开展大量培训，并以试点企业定期"执行社会责任 CSC 9000T 报告"为样板，向全行业推广。中国纺织工业联合会于 2008 年 8 月加入联合国契约组织。从此，落实"社会责任"成为中国纺织服装产业品牌建设的重要实践。

第二，提高科技与品牌两个贡献率。在"十一五"开局之年，中国纺织工业联合会为促进行业转型升级，在全行业倡导提高科技与品牌两个贡献率，得到了全行业广泛响应。提出两个贡献率是基于中国纺织服装业在改革开放以来的快速发展的特点，基本上是从加工贸易起步的，对生产技术进步和提高质量普遍重视，并且经过较长时期的努力，中国纺织服装业产品质量和科技含量的提高已得到国际市场的认可。早在 2001 年，美国贸易委员会为应对 WTO 贸易自由化，曾派出代表对一些纺织品服装主要的国际供应商国家进行调查，最后调查报告说："中国纺织服装产业能生产世界任何名牌和品质要求的产品，但为了不把鸡蛋放在一个篮子里，就必须找到替代国，而能成为替代国的国家是印度。"但中国纺织工业并不满足于做纺织服装的世界加工工厂，与我国纺织服装加工能力和加工质量的巨大进步相比，自主品牌创建长时间成为我国的短板，中国的外贸加工企业虽然在较长时期为中国创汇、解决中国富余劳动力就业、促进农村城镇化等发挥了重要的历史作用，但我国只能获得世界名牌产品的较少部分附加价值，而更多的附加价值归于国际名牌的创造者和市场垄断者，造成我国纺织服装出口加工企业创汇总额虽然很大，但企业自身效益却不高，一般都低于内销的品牌企业，而内销品牌企业的效益又低于海外品牌在中国投资生产的企业。据国际品牌商估算，品牌加工企业所获效益大约占品牌附加值总额的 15% ~ 20%。很显然，在纺织工业全要素生产率中，品牌贡献率具有很大的增长空间，而品牌的价值不是靠广告宣传出来的，而是由复杂劳动实实在在创造出来的，是靠创造质量、创新、快速反应、社会责任四位一体的市场价值而获得的。对于科技与品牌作为全要素生产率中相得益彰的两个重要元素，不能有半点忽视，更不能顾此失彼、贻误时机。尽管所谓科技贡献率和品牌贡献率在宏观或微观经济学中相对精确的量化判断，是一种很复杂的混沌理论分析过程，但是，它们对于纺织服装全要素生产率的积极意义却是不容置疑的。显然，中国发展原创品牌，创建国际名牌，并为我国自主品牌开拓国内外市场，是纺织服装产业升级的重要任务。新时期的行业实践证明，自主品牌的巨大发展，是国际国内经济发展新常态下中国纺织工业建设现代产业体系的重要因素之一。中国纺织服装企业越来越重视品牌建设，早在1997年，中国纺织总会（1993年国务院行政机构改革将纺织工业部、轻工业部两部改为国务院事业单位，更名为中国纺织总会和中国轻工总会）开始推行"名牌战略"，并于同年由服装设计师协会和服装协会主办第一届"中国国际时装周"，这时期涌现出"雅戈尔""杉杉""鄂尔多斯"等为代表的一批本土服装著名品牌，到2015年，纺织服装行业拥有注册商标数量为21300件，是2010年的3.1倍，其中占企业总数19%的大中型企业拥有的注册商标数占86.3%，是行业品牌建设的主力军。在2016年，由国家工业和信息化部与中国纺织工业联合会联合调查130个品牌样本企业，平均利润率11.07%，比全行业平均利润率5.46%高出一倍。虽然近年来国际市场低迷，我国部分劳动密集型、低附加值的产品已转移到国外，国内消费者对衣着品质和个性化创新要求提高了，消费更趋理性，那些品质不精、缺乏审美创造力、性价比较低的批量产品面临越来越大的市场压力，但中国纺织工业由于品牌价值的持续提升，仍在国内外两个市场上实现了稳中有进。

近年，中国的服装、纺织面料、化学纤维等品牌在国际市场的影响力不断增强。十年前江苏的波司登、北京的李宁等服装品牌企业就率先进入国际市场开店，接着越来越多的品牌相继走出国门，如今，杭州的江南布衣在欧、美、亚至少十几个国家开了几十家店，广东的以纯、北京的爱慕、江苏的海澜之家、福建的安踏和匹克等都在东南亚国家开店，上海的之禾、南京的圣迪奥已在巴黎开店，山东亚光毛巾有限公司在中国、澳大利亚、美国建立了跨国企业。著名的面料品牌以高技术和创新设计形象在国际市场引起高度青睐，山东如意品牌的高效短流程嵌入式复合纺纱毛纺面料得到欧洲高端品牌商的青睐，已在国际35个国家获得专利保护，山东的鲁泰液氨潮态交联免烫整理面料和经纬双弹轻薄机织免烫衬衣面料、浙江的万事利高品质数码印花丝绸、浙江的达利特种桑蚕丝及混纺织物、江苏的福华涤纶纺麻高强沙发面料、辽宁的优耐特超轻薄抗紫外线多动能面料、山东的银仕来大褶裥大提花喷气织造面料、山东的南山运动羊毛处理面料，在国际市场都取得较高经济效益，一些在国际市场建立了品牌信誉的中国纺织服装企业已在东南亚、非洲、"一带一路"沿线国家建立起跨国生产企业，如江苏的红豆集团在柬埔寨建立了产业园，浙江的宁波申州针织有限公司、江苏的东渡纺织集团有限公司、山东的即发集团公司、天虹纺织集团有限公司、山东凤凰集团等都在东南亚或非洲国家建设起在所在国影响力较大的跨国企业。

自主品牌的发展是中国纺织服装企业跨国配置资源的重要基础。如意、歌力斯、朗姿、七匹狼、雅戈尔等许多中国著名企业走出去购并国际名牌，引入国际创新资源。其中山东如意科技集团分别于 2007 年、2016 年通过控股世界百强奢侈品牌公司——日本主板上市的奢侈品牌公司 Renown 和法国奢侈品牌公司 SMCP（在 2017 年世界百名奢侈品牌排位第 58 位和第 51 位）。2016 年，这两家公司合并营业额 92.35 亿元人民币，转入如意科技集团旗下，中国的如意科技集团由此成为世界奢侈品百强公司。在 2017 年 10 月 20 日，SMCP 集团在巴黎泛欧证券交易所完成股票发行并挂牌上市，成为如意第三家上市公司。募集资金 50 亿人民币，如意持有 55% 股权。2008 年，国际金融危机发生后，中国有很多品牌企业都采取国际收购、聘请杰出人才、把研发团队建在海外等措施，提升自主品牌的创造力和市场占有率。旨在提高中国服装设计国际化水平，首都北京的中国国际时装周从 1997 年创办到现在，国际知名度和影响力越来越高，成为推动时尚产业发展的重要平台，近几年又扩展出覆盖中外高校的大学生时装周，并为本国毕业生和留学回国人才开辟施展平台。2013 年，为进一步促进时尚教育的产学研融合，中国服装设计师协会又举办了大学生时装周，吸引了国内外知名时尚设计高校的参与，并为本国毕业生和留学回国人才开辟平台，促进企业吸引人才，加快时尚教育的市场化。中国纺织产品中心长期致力于全行业的面料设计开发、设计竞赛，创建了大批面料创新基地，培育了无数企业的面料创新人才。这些都为中国实施名牌战略发挥了重要作用。

构建品牌文化生态。在现代生产高度社会化的条件下，品牌价值不仅是最终生产环节的创造，也不仅集合了整个供应链上各个生产环节的价值创造力，而且涉及产业的物资和人文环境，还与国际、国内大市场趋势、国际多元文化和地缘政治影响，国内经济环境、政策环境、教育环境等有着密切关系。所以说，品牌价值的创造需要良好的品牌文化生态。创造品牌的主体既是生产者，又是消费者，品牌是生产者和消费者相互关系的媒介，是生产和消费相互依存的产物。品牌为生产媒介着消费，也为消费媒介着生产。生产把消费的动力、消费能力和消费方式当作需要创造出来；消费创造出新的生产需要，即人们对美好生活的向往创造出生产观念上的内在动机，并使得在最初生产行为中发展起来的素质通过反复的需要达到完美的程度，这便是品牌生成的复杂的社会过程。因此品牌价值的创造并非是孤立的生产者或消费者的行为，它是生产、分配、交换和消费循环关系的产物。品牌价值建立在科技进步和生产方式、生活方式以及社会文化的发展趋势之上，既是以物质消费，即是以使用价值为载体的消费价值，又是以文化消费为载体的审美价值，因此品牌文化生态不仅体现在纺织工业自身的产业过程，而且体现在生活世界的社会过程，与经济社会生态具有密切关系。纺织工业打造产品品牌、企业品牌、产业集群品牌、区域品牌，直到发展成具有国家声誉和世界影响力的国际品牌，是实现我国纺织工业由大变强的重要标志，也是民族文化复兴和国家文明建设的一项具体体现。当前纺织服装企业要充分用好国家推行三品战略以及在产业政策、人才政策、技术创新政策、走出去政策、"一带一路"政策等有利环境，努力推进品牌文化生态的健康发展。中国纺织工业联合会自 2005 年以来，每年都通过对企业品牌文化的大量调查研究，向行业推介十大品牌文化，促进品牌文化生态的提升。

（3）发展绿色产业，建设纺织可持续发展强国。节约能源、节约资源、保护环境、发展绿色生产，是中国纺织工业建设纺织强国必须解决好的战略性任务，是纺织工业转型升级的新动力。《建设纺织强国纲要》对发展低碳纺织工业列出 5 项前沿性节能公关项目和需推广的 8 项低碳节能技术；对发展绿色纺织工业列出普及推广 11 项清洁生产和治理技术；对发展纤维和化学品资源循环利用提出 5 项前沿攻关项目；对水资源循环利用提出 6 项重点工艺开发项目；推广国际通行的环境标准、能源管理标准，开展"碳足迹"研究，制定和实施低碳企业评价体系和核查指南、纺织机械效能标准体系等。"十二五"期间，节能减排与资源循环利用技术已取得新成效。发展高效节水工艺技术，如无水染色、低温快速前处理、印染废水大通量膜处理及回用等一批关键技术取得突破，小浴比染色、平幅式连续水洗等先进工艺技术与装备推广应用比例进一步提高。2015 年与 2010 年相比，纺织工业单位增加值能耗降低 20%，工业二氧化碳排放强度降低 20%，用水量降低 30%，主要污染物排放下降 10%。预计到 2020 年，在 2015 年基础上能耗再下降 18%，用水量再下降 23%，主要污染物排放再下降 10%。再利用纤维比重已从 2010 年的 9.6%（约 400 万吨）达到 2015 年的 11.3%（约 600 万吨），到 2020 年这一比重将进一步增加。"十三五"期间，纺织工业联合会又结合发展的新趋势、科技进步的新资源，对发展绿色产业做了调整和深化，这是一项有严格宏观规划约束的技术研发、生产实践和管理机制相结合的系统工程。纺织工业将大力倡导绿色消费，打造绿色产业。

（4）坚持以人为本，建设纺织人才强国。人才强国是国家战略，纺织工业毫不例外，庞大的优秀人才队伍是建设纺织强国的根本依靠。回顾新中国成立以来，无论在艰苦创业的年代，还是在改革开放的年代，纺织工业的发展进步，直到建成世界纺织大国、建设世界纺织强国，无不是中国纺织人智慧、力量和爱国敬业精神的结晶。

伴随新技术革命持续深化，产业升级日益紧迫，全球化竞争日益激烈，对纺织工业人才队伍的要求更高了，既需更多具有扎实学科基础和科技前沿突破能力的专门人才，也需要更多不负时代使命、善于捕捉发展机遇的复合型人才。知识交叉、学科跨界已成为现代知识创新的明显特征，也是实体经济科技、品牌、经营管理创新的时代特征。纺织现代化需要大批的优秀企业经营管理人才，还需要各类具有全球化视野、社会责任感强、管理经验丰富、善于学习、勤于思考、爱国敬业的领军人才队伍；不仅需要宏大的工程技术人才队伍，还需要具有国际水平的学科带头人、教授学者、重大基础研究和重大攻关项目的领军人才队伍。"工业 4.0"和"中国制造 2025"的实施必将带来工业经济的两大变化。一是"制造"地位将从过去企业经营所谓"微笑曲线"的底端，上升到工业创造的直接环节，以往"开发 + 制造外包"的生产方式，必将被"互联网 + 智能制造"这种新的生产和营销方式所取代；二是操作工人地位的劳动性质必将发生根本改变，将从以往处于重复性劳动的附属地位上升到创造性、智慧型劳动主体。为此，必须加快培育智造职工队伍。落实新时期人才战略，一是立足于自力更生，充分发挥大专院校、中专和技工学校、各类专业培训等专业教育，倡导"三个面向"和教育与科研、生产实践相结合，提高教育质量和效率；二是坚信实践出真知，引导干中学，企业事业单位要建立良好的人才机制，发挥产业内生动力；三是坚持对外开放，扩大交流合作，引进智力、引进人才。

中国近代纺织工业的兴起与兴办教育事业是分不开的。从最早 1897 年（光绪二十三年）8 月由清末举人林启在任职杭州知府时创办"蚕学馆"（为浙江丝绸工学院／浙江理工大学的前身）开始，接着清末恩科状元、创办了 20 多个企业的实业家张謇，以"父教育，母实业"的思想，从 1902 年起创办了 370 多所学校，其中就包括在 1912 年创办的南通纺织学校，后来许多以纺织为实业报国事业的民族工业先驱者，都曾创办过各类纺织专门学校，到新中国成立前已发展到在十几所大学里设有纺织类学科。在新中国成立之初的 1951 年，我国就整合 12 所高等学校的纺织类科系，建立院系结构完整、教学设施完备、师资队伍较高的华东纺织工学院（中国纺织大学／东华大学），随后直到 20 世纪 90 年代，纺织工业部陆续建成了天津纺织工学院（现天津工业大学）、西北纺织工学院（现西安工程大学）、苏州丝绸工学院（现并入苏州大学）、浙江丝绸工学院（现浙江理工大学）、北京服装学院（原北京纺织工学院／北京化纤学院）、武汉纺织工学院（现武汉纺织大学）、郑州纺织机械专科学校（现中原工学院／郑州纺织工学院）等八所大学，此外，纺织工业部于 1986 年创办成人教育性质的无锡纺织管理干部学院（1994 年并入中国纺织大学，2003 年并入江南大学），与国家发展高等教育同步，各个纺织基地省市都建立了本地的纺织专业大专院校。截至 1998 年，原部属普通高校共 8 所，在校生 27000 人。另外，设有纺织专业系科的非纺织部直属高校共 26 所，全国普通高校和成人高校在校纺织类学科的学生总共约 70000 人。1998 年，国家高校管理体制改革，中国纺织大学（东华大学）改为教育部直属，其余 7 所纺织学院改为教育部与所在省市共建大学。进入 21 世纪以来，中国教育事业大发展，伴随纺织工业产业升级和强国建设需要，原纺织行业直属院校都已发展成为在校生规模约两三万名学生、以纺织类教育为特色的综合型大学，各校的科研、本科和研究生教育、国际交往都有较大提高，并普遍加大了成人教育的力度。东华大学已经是国家"211 工程"重点建设高校，东华大学和天津工业大学都已成为国家"双一流"世界一流学科——"纺织科学与工程"建设的高校。由于中国纺织工业从纺织大国向纺织强国转变过程中对人才的客观需要，除了原来的纺织院校迅速扩大规模外，在全国约有 200 多所大学设置了纺织服装类学科，这使全国纺织服装类学科以及化纤、机电、自动控制、计算机、环境、管理等相关学科的在校生在 2015 年大约有 60 多万人，其中，纺织工程专业有 16600 人，服装设计与工程专业有 30400 人，研究生在校生有 2592 人（其中纺织 905 人，服装 544 人；博士生 441 人，硕士生 2151 人）。全国各类大学的不同专业都向纺织行业输送了大批优秀人才。现代大学不仅向产业输送人才，而且直接向产业输送技术，在纺织工业几乎所有技术攻关成果中都有大学教授、研究员、教师、工程实验中心的积极参与并作出了重要贡献，尤其在基础工艺技术攻关方面发挥着主力军作用。伴随中国纺织工业的大发展，各地纺织中专、技校也获得大规模发展，到 1998 年，全国有纺织中专学校 48 所，在校生 70880 人，技工学校 168 所，在校生 11926 人。1998 年后，部分中专学校升格为职业技术学院,部分升格为综合性专科学校,但都保持了纺织专业特色。目前含纺织服装类专业的高等职业学校约 300 所。进入新时期以来,许多大型企业或集团公司都办起了中等专科学校或技校。纺织教育大发展将为纺织职工人才队伍壮大、素质提升创造更加有利的条件。

创新驱动的新动能,激发了广大企事业单位转变人才观、更加重视人才成长的内生动力。"纺织之光科技教育基金会"的成立和迅速扩大、顺利运行,就是很好的证明。"纺织之光科技教育基金会"是在原纺织工业部"钱之光科技教育基金"(1997~2007 年,由原全国政协副主席陈锦华根据钱之光夫人刘昂倡议,以钱之光的部分党费和几家大型国企积极参与筹资或增值服务,于 1997 年建立起来的纺织行业内部基金),在 2007 年之前已表彰了 1289 名师生,根据国家有关基金政策规定于 2007 年停止运行,在该项基金的存量资产 1231 万元的基础上,中国纺织工业联合会经民政部、国务院国有资产管理委员会批准,征得广大纺织服装企业捐助,以 2331 万元资本金于 2007 年注册,截至 2016 年净资产已达 11269.58 万元。"基金会"注册以来用于科教奖励公益性支出总额已达 5483.41 万元,表彰了科技成果 1185 项(其中 22 项获国家奖),奖励师生 1289 人。由香港著名爱国实业家、香港回归大紫荆花勋章获得者查济民捐资在香港建立的"香港桑麻基金会"成立于 1992 年,从 1994 年到 2017 年已奖励青年科技人员 314 人、奖励桑麻纺织杰出青年学者奖 7 人、奖励优秀教师 691 人、奖励优秀学生 6266 人。由中国纺织工程学会主持的"陈维稷科学论文奖基金",从 1989 年到 2017 年在 18 届行业学术年会上共表彰了 1852 篇行业论文。2011 年以来,中国纺织工业联合会在行业内持续开展了对纺织学术带头人、科技领军人才及优秀学术成果、行业重要专利的奖励。

纺织工业产业队伍建设,始终坚持发扬中国纺织工业前辈们建树的光荣传统,无论在顺利的时候,还是在困难或遭到挫折的时候,都始终坚定理想信念,发扬爱国主义的民族精神和改革开放的时代精神,坚持爱岗敬业,坚持以人为本,做好干部群众的思想政治工作。中国纺织工业联合会虽然单位性质是社团法人,但继承发扬中国纺织工业历来重视职工队伍建设、重视思想政治工作的好传统没有丢掉,继承发扬了中国纺织工人阶级在革命战争年代、在社会主义建设年代和改革开放大潮中发挥主力军作用的光荣传统。早在 1983 年纺织工业部根据中央两个文明一起抓的精神,成立了中国纺织职工思想政治工作研究会,时至今日,一直发挥其推动行业学习贯彻中央大政方针,调查研究推广先进经验,先后推介了国有企业吉林化纤集团公司董事长付万才、国有控股企业富润控股集团有限公司党委书记赵林中、民营企业红豆集团党委书记周海江等重视企业基层党的建设和他们作为优秀企业家的事迹,从企业文化建设角度连续十二年向全行业推介十大品牌文化的经验;中纺联通过与国家人事部合作,在"十五""十一五""十二五"持续开展了五年一次的全国纺织劳模评选表彰活动,以此弘扬劳模精神,提高正能量,促进人的全面发展。

5. 改革开放,结构调整和产业升级永远在路上

中国纺织工业从新中国成立发展到今天,是中华民族和平崛起的有力见证。纺织工业作

为国民经济传统支柱产业、重要的民生产业和国际竞争优势明显的产业，始终是中国重要的实体经济。在中国整个社会主义初级阶段，特别在为实现"两个一百年"的伟大目标而奋斗的进程中，纺织工业不仅与人民群众日益增长的物质文化生活需要息息相关，而且由于它与现代文化、高新技术和新兴产业相互渗透交融发展的强劲势头，决定了它在当代中国较长时期仍将发挥举足轻重的"三大作用"，纺织工业现已从生活资料的生产，扩展到多种生产资料的生产领域，在国家新兴产业和高新技术领域已经占据无可替代的一席之地；它与中国工业化、信息化、城镇化、农业现代化、国防现代化的内在联系也必将越来越紧密。

纺织行业将全面贯彻党的十九大提出的具有全局性、战略性、前瞻性的行动纲领和各项大政方针，在质量变革、效率变革、动力变革的基础上，建设中国纺织工业现代化产业体系，提高全要素生产率，不断增强产业创新力和竞争力，全面实现到"第一个百年"建成纺织强国的奋斗目标，并为在"第二个百年"把我国建设成社会主义现代化国家、实现中华民族伟大复兴而继续奋勇前进。

恩格斯在马克思墓前的著名讲话中曾说过："正像达尔文发现有机界的发展规律一样，马克思发现了人类历史的发展规律，即历来为繁芜丛杂的意识形态所掩盖着的一个简单事实：人们首先必须吃、喝、住、穿，然后才能从事政治、科学、艺术、宗教等；所以，直接的物质的生活资料的生产，从而一个民族或一个时代的一定的经济发展阶段，便构成为基础，人们的国家制度、法的观点、艺术以至宗教观念，就是从这个基础上发展起来的。因而，也必须由这个基础来解释，而不是像过去那样做得相反。"❶今天的中国纺织工业，不仅以其巨大的发展、升级和贡献，一再地证明着中国人民物质文化生活的进步，一再地显示着中华民族伟大复兴的进程；而且正如人民群众对美好生活的向往永无止境，国家经济社会的发展永无终点一样，中国纺织工业的改革开放、结构调整和产业升级也永无止境。

本书在陈锦华的热情倡导下，在中国纺织工业联合会的组织下，由纺织系统几位资深老专家吴鹤松、陈义方、张国和、薛庆时、任小犀执笔编撰，在中国纺织工业联合会和中国纺织出版社、国务院国资委纺织离退休干部局的支持下，历时五年即将完稿付印。这是一部纺织工业的全史，是列为"十三五"国家重点图书的一部工业专史。这部学术著作的问世，将有利于社会各界了解中国纺织工业在新中国成立后近七十年间，在中共中央、国务院高度关怀下，发挥社会主义的制度优势，经过几代纺织人艰辛努力，终于取得无比振奋人心的辉煌成就。对于拥有2100多万职工的纺织工业来说，则又是一部激励士气、并有利于"以史为鉴"、更好地进行纺织强国建设的现实教材。

编写《中国纺织工业发展历程研究（1880～2016）》的几位资深老专家都已八九十岁高龄，他们以浓厚的纺织情怀、高度的政治热情和历史责任感，亲自执笔撰写，令我十分感动。他们希望我为这部史学著作题词并撰写导言，作为老纺织的一员，我欣然应命。面向纺织工业各行各业，题了"坚持求实创新，建设纺织强国"十二个字，与读者共勉，并在导言中概括地讲了我认为应该让正在和曾经为纺织工业作贡献的"纺织人"从行业宏观层面了解的一

---

❶ 《马克思恩格斯全集》第三卷，574页。

些历史脉络、战略构想、成就、问题和重要历史经验。

期望纺织工业各行各业的广大企业界人士、科技界人士和纺织院校师生以及各级各类经济领导机关、有关协会学会，出于以史为鉴和现实需要的双重考虑，一读此书。

当然，还期望这部纺织工业的专史，有助于丰富中国的工业史以至经济史，并对社会各界，特别是经济界、工商界、有关学术界，深入了解纺织工业有点用处。

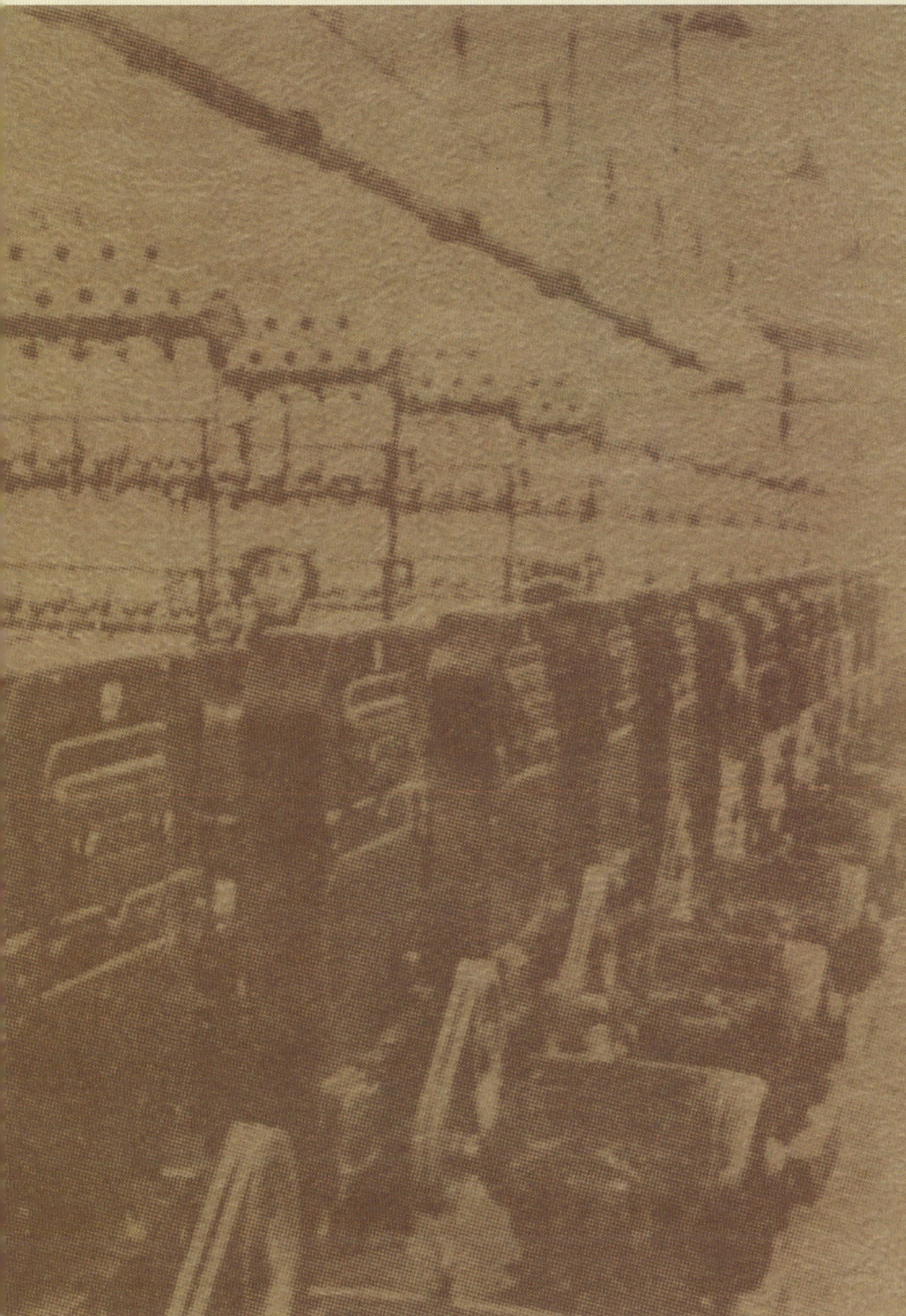

第一篇

总论

中国纺织工业百年——超乎寻常的艰辛发展历程，远超预期的巨大发展成就

1949 年 7 月 17 日~8 月 15 日。刚刚解放两个月的上海，陈云带领宋劭文、钱之光和千家驹、章乃器等一行，在上海召开全国财经会议，华东、华北、华中、东北、西北等五大区财经部门领导干部与会。

会议有七个议题，其中四个议题直接关系纺织工业。

第二项议题：工厂搬家问题。在帝国主义封锁，上海纺织业原棉供应难以为继的情况下，上海一些国营纺织工厂搬不搬到内地产棉区。

第四项议题：棉花问题。上海、青岛中纺公司（中国纺织建设公司）各厂和一些私营纺织企业，库存棉花都已不多，各产棉区要齐心协力做好新棉收购工作。

第五项议题：运输问题。铁道系统要将煤、粮、棉"运来上海"，并把上海的纱、布、纸烟等商品"运出去"。

第六项议题：工业生产问题。力争上海主要行业（纺织、印染、纸烟等）的开工率维持在三分之二。

8 月 15 日，陈云在会议总结报告中讲了十三项决定，涉及纺织工业的有五项。

（1）纱厂生产问题。上海纱厂决定不搬了，要全力维持生产。

（2）组织统一的"花纱布公司"，由中财委直接领导，华东纺织业"把纱布交中央统一掌握"，并"由中央统一供应棉花"。

（3）桐油、丝、茶等重要土产出口，也要由中财委管起来，组织一个统一的土产公司。

（4）华北、华东、华中都要保证棉花收购计划的完成。

（5）召开各系统的专门会议，其中"贸易会议"专门讨论棉花收购问题，并制订粮、棉比价。

开了半个月的全国财经会议，成了重点讨论纺织工业的全国经济工作会议。原因很明显：此时（1949 年）纺织工业在全国工业总产值中所占的比例为 36.9%，纺织工业不仅密切关系着国计民生，而且在当时中国的经济大局中处于举足轻重的地位。

1949 年 9 月下旬，中华人民共和国成立前夕的北平，朝阳门内"九爷府"第一进西廊的一个厅堂里，钱之光受中财委领导委托，在这里隆重召开全国棉花会议。上海中纺公司副总经理、国内首席纺织纤维专家吴味经以及河北、江苏、河南、湖北等主要产棉区的代表 30 多人与会。会议工作人员有钱之光的助手俞鲤庭、蔡承祖、王华生等。

我国自元、明、清以来，乃至民国时期，历朝历代都非常重视棉花的种植。进入 20 世纪以后，为适应手工棉纺织业转向机器纺织大工业的需要，黄河、长江流域各省更是把棉花

种植放在仅次于粮食作物的重要位置。1936年，全国棉田5300多万亩，棉花总产量达85万吨，基本适应当时总规模为510万纺锭的棉纺织工业的需要。但其后由于长期战乱，到1949年，全国棉花总产量已萎缩到44.45万吨，仅达全国各地纱厂总需求量的40%左右。1949年秋，上海、天津、青岛等主要纺织工业基地的纱厂几乎主要靠库存的美棉维持生产（每周开工四天）。恢复发展棉花生产，成为当时中国最紧迫的经济问题之一。

这个高瞻远瞩、专门研究棉花问题的全国性会议，经过深入讨论，就恢复和发展棉花生产提出四条影响深远的提议：扩大棉田面积，1950年扩大到5400万亩，大体恢复到1936年的水平；适当调整粮棉比价，暂定为8∶1，即每斤皮棉（标准级）的价格相当于小米8斤；抓紧改良棉种，推广斯字棉、岱字棉等优良品种；建立棉花检验机构和棉花品质标准，加强棉花检验工作。这四条务实可行的建议，很快就作为中财委的决定在全国贯彻执行，对中国纺织工业的发展产生了历史性的重要作用。

由中财委直接召开的第一次全国棉花会议，从9月22日持续到9月29日，正好与确立中华人民共和国《共同纲领》的中国人民政治协商会议第一次会议（1949年9月21日~30日）同步。

全国棉花会议结束后的第二天，即1949年10月1日，在这个重要的历史时刻，钱之光登上天安门城楼参加了开国大典。棉花会议与会代表和工作人员，在中财委安排下光荣地在天安门御河桥边参加观礼。

1949年10月1日，是中国纺织工业的历史新起点。由此上溯到中国近代纺织工业萌芽阶段（19世纪80年代），大约是60多年。由此进入社会主义，经过几代人的艰辛奋斗，在中华人民共和国成立60多年后，终于发展成为世界第一纺织大国，并正在向纺织强国迈进。

中国共产党经过30多年艰苦卓绝的奋斗，终于领导中国人民取得了新民主主义革命的伟大胜利，成立了中华人民共和国。并随即着手恢复国民经济，致力于社会主义经济建设。作为非常重要的民生工业部门，最有基础的传统产业之一，纺织工业的发展问题首先受到党中央最高决策层的关注，早在中华人民共和国成立前夕，就已进入党中央、国家层面的战略部署。上海财经会议和第一次全国棉花会议对恢复、发展纺织工业的极具远见的战略部署，承前启后，既是纺织工业"实业救国"时代的历史性终结，更是中国纺织工业进入社会主义后大发展的历史性起步。

第一章　从"实业救国"到社会主义的支柱产业

一、迟到一百年的工业革命

18世纪下半叶英国的第一次工业革命，在世界范围以动力机器取代手工业机具，以工厂制取代手工业工场和家庭手工业，将人类推向了大工业时代。这场伟大变革的源头，就是基于"纺织机器加蒸汽机"的近代纺织工业的发生和发展。

图1-1　约翰·凯伊发明的飞梭装置

图1-2　詹姆斯·哈格里夫斯和珍妮纺纱机

1733年由约翰·凯伊（John Kay）发明的飞梭装置（图1-1），用机械装置打梭导引纬纱和完成经纱开口动作，大大提高了手工织机的生产效率并增加了布幅。1735年，由魏亚特（John Wyatt）和保尔（Lewis Paul）共同发明的罗拉纺纱装置（Roller Spinning），开创了用前后两对罗拉挟持、牵伸棉条形成棉纱的纺纱技术。这两项局部"工具机"的采用，不仅提高了手工纺织业的生产效率，而且开辟了手工纺纱织布机具过渡到纺织过程机械化的道路。

接下来就是真正的纺织机器的登场。由兰开夏郡纺织工匠詹姆斯·哈格里夫斯（James Hargreave）发明的手摇、多锭珍妮纺纱机（Spinning Jenny）（图1-2）于1764年问世，刚开始为8锭结构，经不断改良发展为 16 锭、18 锭联动，到 1784 年定型为 80 锭长车。因其高效而且实用，迅速在英伦三岛以及西欧各国推广。四年后，珍妮纺纱机在英国已发展到 2 万台。

用人力传动庞大的机器总不是办法。理查德·阿克莱特（Richard Arkwright）在 1769 年发明了水力纺纱机（图 1-3），开始了用水力传动纺纱机的探索，并在客观上引导了纺纱生产转向工厂制。

随后由赛缪尔·克隆普顿（Samual Crompton）综合珍妮纺纱机和水力纺纱机的工艺技术，于 1775～1779 年间推出效率更高（三四百锭的长车）、棉纱质量更好的走锭细纱机（图 1-4）。其后整整一百余年间，走锭细纱机曾长期主导英国以至于世界各国的纺织工业。

1785 年，卡特赖特（Cartwright）发明的水力织布机问世，使织机的工效一下提高了 40 倍。纺织业在整体上实现了"动力传动"。

用水力传动纺纱机、织布机，必须将纺织工厂建在河流边，这使纺织业发展受到地理环境的限制。在纺织业快速转向机械化、半机械化的历史时刻，新能源和新的传动方式应运而生。瓦特（James Watt）发明的蒸汽机（图 1-5）经过不断改进，1785 年开始应用于英国众多纺纱工厂。到 1800 年，以棉纺织、毛纺织为主体的英国纺织业基本实现机械化。1803 年，哈洛克（William Harocks）发明了蒸汽动力

图 1-3　理查德·阿克莱特和水力纺纱机

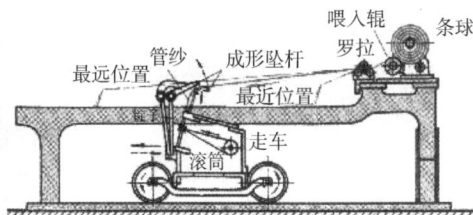

图 1-4　克隆普顿和走锭细纱机

图 1-5　瓦特和蒸汽机

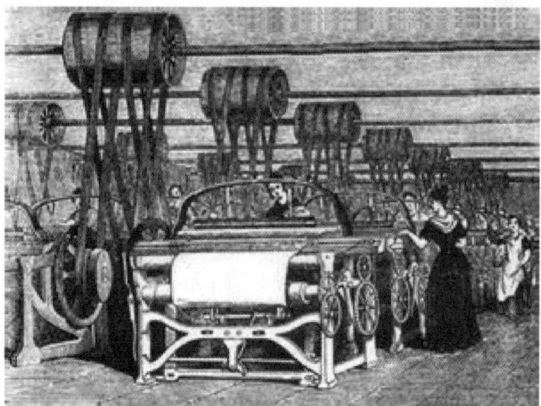

图 1-6 早期英国的纺织厂

图 1-7 早期德国的纺织厂

织机，进一步拓展了蒸汽机在纺织业的应用领域。英国纺织业因而又迈上了一个新台阶，开始在设备技术、工厂管理、产品规格和品质标准等各方面引领全世界。

1830年，英国纺织工业基本完成从工场手工业向工厂制大工业生产方式的转变，开始进入全盛时期。由于设备、技术不断创新，英国纺织业的劳动生产率假设1829~1830年为100，到1891~1893年则分别提升到棉纺526、棉织932。从而在纺织业大发展的同时，大幅度降低了纺织品的生产成本。1775~1826年的51年间，英国纺织业每磅棉纱的生产费用由120便士降到6.5便士。早期英国和德国的纺织厂盛况如图1-6和图1-7所示。

19世纪中叶，马克思撰写《资本论》时，通过剖析英国纺织业发展历程，概括出一系列政治经济学理论。马克思在《资本论》中所引用的1868年英国纺织工业总规模统计数，是3200万棉纺锭、37.9万台棉织机的空前规模。庞大的纺织业规模，不仅为大英帝国带来了巨大财富，而且带动了英国的远洋航运事业、机械制造业和采矿业。以纺织业为源头的英国产业革命的巨大影响力，还带动了19世纪法国、德国、意大利、比利时等国和稍后的北美、俄罗斯、日本、印度的工业化进程以及世界范围纺织工业和纺织品国际贸易的大发展。到1890年，当英国棉纺织业进一步发展到4051万锭时，美国棉纺织业也已发展到1418万锭。而此时，尚属英国殖民地的印度，其棉纺织业也已具有327万锭的规模。

而曾经创造"丝绸之路"辉煌历史的中国，此时正在饱受西方列强的侵略，错失了工业化时机。后来虽有一批有识之士认识到工业的可贵而谋求实业救国，并认定宜从创办机器纺织工厂起步，但已无法挽回远远落后于西方列强的局面。在洋务派李鸿章的支持下，官商合办的第一家较具规模的棉纺织工厂（棉纺 3.5 万锭，织机 530 台），坐落于黄浦江中段西岸杨树浦地区的上海机器织布局（图 1-8），经过 12 年的漫长筹办过程，屡经受阻，才在 1890 年（清光绪十九年）勉强开工生产。中国工业化的重要一步，中国近代纺织业的第一家大工厂，总算在这一年出了成果。

上海机器织布局和 19 世纪 90 年代先后建成的上海华新纺织新局（1891 年）、湖北织布局（1892 年）、上海华盛纺织总局（1894 年）、宁波通久源纱厂（1896 年）、无锡业勤纱厂（1897 年）、苏州苏纶纱厂（1897 年）、杭州通益公纱厂（1897 年）、上海裕通纱厂（1898 年）、武昌湖北纺纱官局（1898 年）、南通大生纱厂（1899 年）和萧山通惠公纱厂（1899 年）等一批中国棉纺织工业的先驱以及中国毛麻丝纺织工业的先驱兰州织呢总局（1880 年）、湖北（武昌）制麻局和湖北（武昌）缫丝局等不容小觑。正是这一批普普通通的纺织工厂，总共仅 30 万棉纺锭、2500 台棉织机的中国民族资本纺织业，为现在空前强大的中国纺织业奠定了基础，开启了中国工业化的先河。

二、"实业救国"的先导产业

作为世界四大文明古国之一，且将文明绵延数千年的中国，创造了"丝绸之路"的辉煌历史，文明成果自然包括繁荣、发达、技艺精湛的手工纺织业。宋、元、明、清时期，除了传统的手工麻纺织业、手工丝绸业外，又增添了生产规模巨大的手工棉纺织业。随着商品经济的发展，不仅是遍布全国的"男耕女织"、自给型家庭手工纺织作坊，还出现了商品生产工场制手工纺织业与家庭手工纺织业平分秋色的局面（图 1-9、图 1-10）。在一些主要产地，更进一步出现了

图 1-8　上海机器织布局

图 1-9　工场手工业时代的纺织工场

图 1-10　手工棉织业

纺织原料初加工、纱线染色、经纱盘头制作等环节社会化分工协作的生产方式。

从《诗经》《周礼》到宋、元间成书的《天工开物》《农政全书》的历史记载可以看到：从开始有文字记载、绵延两千多年的中国手工纺织业，不但一直在总体上保持着繁荣、发达的局面，而且无论纺纱、织造（纹织以至提花）和织物染色、印花技术，都不断在创新，长期居世界领先地位。唐代画家张萱所作的《捣练图》描绘了唐代妇女在捣练、理线、熨平、缝制劳动操作时的情景（图1-11）。

图1-11 捣练图

曹雪芹在《红楼梦》中描述的华丽的服饰和康雍乾盛世官办丝织工场"江宁织造""苏州织造"所达到的纺织技术水平；苏州、杭州、绍兴民间丝织业生产的绸缎以及云锦、宋锦、蜀锦所体现的中国手工丝织业总体技艺水平；明清时期松江、浦东棉织业大量生产的平纹土布（紫花布）和色织布（芦甸布）；湖北、湖南、江西手工麻纺织业行销全国的"夏布"；广东佛山、顺德丝织业行销全国的优质桑蚕丝和莨绸（香云纱）……都表明18～19世纪中国的手工纺织技艺居世界一流水平，且生产规模在世界上首屈一指。

1. 中国纺织工业迟到一百年的原因

尽管历史上中国手工纺织业有辉煌的历史，但在18～19世纪，世界范围第一次工业革命的大浪潮中，中国却成了东西方重要国家工业革命的缺席者，整整迟到了一百年。主要原因可以从上海机器织布局、兰州织呢总局、湖北织布局和上海华盛纺织总局等早期纺织企业的艰难创业过程以致出现败局的经验教训中，总结出如下一些主要因素。

（1）两次鸦片战争后，我国经济元气大伤，国库空虚，民间财富大幅度缩水，创办动力机器纺织工厂缺乏财力。

（2）太平天国运动过后，中国东南部富庶省市的手工纺织业维持简单的再生产都困难重重，更不可能筹集巨款向西方国家购买纺织机器创办大工厂。

（3）英国政府为垄断纺织品国际贸易，在相当长的一段时间曾实施禁止纺织机械出口的政策；而此时中国尚未形成机械制造业（仅有几家船舶修造和军械制造工厂），国内还生产不出纺织染技术装备。

（4）国内缺乏创办纺织工业的专门人才。创建纺织厂需重金礼聘西方国家纺织工程师以及高级技工，因而加大了生产成本，甚至导致企业亏损。即便如此，一些有识之士如李鸿章、张之洞、张宗瀚、张謇、聂云台、周学熙等仍然抱着实业救国的理念，不惜冒着极大的投资风险，克服种种困难，创办出一批在当时基本上属国际平均水平的大中型纺织工厂。

2．中国发展动力机器，纺织工业幸遇有利时机

幸运的是，从 19 世纪 90 年代到 20 世纪 30 年代中期的三十几年间，中国社会出现了发展动力机器纺织工业的有利时机。

（1）从 19 世纪 90 年代到 20 世纪 30 年代，中国金融界（银行业）开始介入投资效果较好、风险相对较小的纺织工厂建设和纺织企业经营管理。曾是创办纺织工厂最大难题的资金筹集问题，此时变得相对容易一些。

（2）张謇等有识之士倡导的"创办纺织工厂与设立高等纺织学校同步"的方针，此时收获实效。在工业救国和优厚待遇的双重吸引下，一批批优秀工程技术人才走向纺织厂管理岗位；再加上一批批高级纺织工程技术人才从英国、美国、日本学成归国，从此中国纺织工业拥有了建设和管理人才。

（3）在纺织工业大发展的情形下，除英国纺织机械制造业继续发展外，德国、法国、意大利和比利时、瑞士、美国、日本也先后加入纺机制造的行列，而且各有特色，挑战英国纺机制造业。众多国家争相向中国推销纺织机械，中国人创办纺织工厂已不再是难事。到 20 世纪 20～30 年代，上海等地的一批中小型"铁工厂"，也已能批量制造铁木织机、缫丝机、针织横机和棉纺织厂用于开清棉、摇纱、络筒、打包等工序的辅机。上海大隆机器厂已能仿造纱厂的全套机器设备，南通资生铁厂已能仿造英国、日本的织布机。

（4）第一次世界大战时期和战后几年间，西方各国无暇顾及远东市场，为中国民族资本纺织业的崛起提供了机会。1913～1922 年的 10 年间，华商纱厂的纺锭总规模从 48.4 万锭跃升为 150.6 万锭，增加了 100 多万锭。

（5）20 世纪前期，外资在华开办纺织工厂的热潮也在客观上扩大了中国纺织工业的规模，并带进来先进的纺织技术和纺织工厂管理经验。仅就棉纺织业而言，外资纱厂总规模在 1897～1936 年的 40 年间，从 8 万锭急剧增加到 235 万锭（其中日商 213 万锭，英商 22 万锭）。

在上述五项因素的共同作用下，中国纺织工业到 1936 年，形成了棉纺 510 万锭、棉织机 5.8 万台、毛纺 7.3 万锭、缫丝机 6.6 万台、丝织机 1 万台的总规模。其后十几年，先是遭遇日本侵华战争的掠夺、破坏，然后是战后对在华日资企业的接收，棉、毛、麻、丝纺织各行各业在总体上略有增长。到中华人民共和国成立的 1949 年，总的统计数据为：大大小小 18000 个企业（含 240 个正规纱厂），75 万从业人员；棉纺 516 万锭，棉织机 6.4 万台，毛纺 13 万锭，黄麻、苎麻纺 3 万锭，缫丝 8.8 万绪，绢纺 3 万锭；年产棉纱 180 万件（每件 400 磅），棉布 19 亿米，呢绒 540 万米，麻袋 970 万条，蚕丝 540 吨，丝绸 5016 万米。现在看来，这样的工业规模实在算不了什么，可是在 20 世纪前中期，纺织工业却是中国总产值最大、从业人员最多的工业部门。1949 年，纺织工业总产值在全国工业总产值中所占比重为 36.9%，居中国各个工业部门之首。

经过六七十年的艰辛发展，中国纺织工业的设备规模和生产规模，在第二次世界大战后

图1-12 申新七厂

图1-13 申新四厂

图1-14 上海振华纱厂

图1-15 青岛华新纱厂

的几年间（1947～1948年），总体上进入世界前10位。以一个人口大国应有的经济总量来衡量，自然还很不够。但如果联系当时中国"百年积贫积弱"的国情来考量，再加上纺织工业当时在我国各个工业部门中最先（也是唯一）在工业规模上进入世界前10位进行客观比较，则又应该给予充分肯定，而且非常来之不易。

3.1949年中国纺织工业的情形

纺织工业作为中国最大的传统产业之一，所幸在1949年中华人民共和国成立时基本完好地保存了下来，成为当时国家经济基础的重要组成部分。如果把镜头切换到1949年时的情景，人们可以直观地看到展现当时纺织工业的画面（图1-12～图1-17）：

（1）上海。黄浦江中段西岸杨树浦和苏州河两岸曹家渡地区，两大工业区都是十几家大中型纺织厂一字排开，再加上数量可观的中小型染织厂、丝织厂、毛纺厂以及随处可见的小布厂、小针织厂，棉、毛、麻、丝纺织行业蔚为大观。

（2）青岛。胶州湾沿岸从四方、水清沟到沧口，一连串的纺织工厂群。

（3）天津。海河两岸形成了多个自成"小社会"的纺织工厂体系。

（4）江苏南通、泰州、大丰以及沪宁铁路沿线从苏州、江阴、无锡、常州到镇江、南京，均是各具特色的中小型纺织业基地。

（5）长江流域中上游。武汉、重庆两大纺织基地和芜湖、九江、沙市、宜昌等县市星星点点的纺织工厂，串起了黄金水道的纺织工业带。

（6）陇海铁路沿线。从郑州、安阳到西安、咸阳、宝鸡，依托中原和关中产棉区，出现了众多中小型纺织工厂。

（7）辽东半岛。从沈阳、辽阳、瓦房店、熊岳到金州、大连、营口，一系列国营纺织工厂支撑起辽宁的区域经济。

中国纺织工业发展历程研究（1880～2016）

图1-16 北洋纱厂总部

图1-17 天津恒源纱厂

一幅幅画面，体现出纺织工业是中国最重要的传统产业之一、是国民经济的支柱产业，在中华人民共和国成立后形成了社会主义经济基础的主要组成部分。

三、纺织工业作为最大的传统产业进入社会主义新时代

纺织工业作为中国最大的传统产业，经过长期战乱和社会大动荡，在1949年基本完整地保存下来，成为社会主义新中国的重要经济基础，成为国民经济的支柱产业，实为中国社会的一大幸事。虽然当时大大小小的工厂有18000个，棉纺锭500多万，但以当时全国5亿多人口的衣被消费需求来衡量，实在是太少了。1949年，全国棉布总产量18.9亿米，人均"分得量"仅3.5米。如果没有纺织工业的新发展，不可能解决人民群众的温饱问题。同时还有全社会对纺织工业繁荣城乡市场、积累建设资金、平衡国际收支、创造更多劳动岗位的殷切期望。

党中央对发展纺织工业的重视和远见卓识的战略部署，早在解放战争时期就已体现出来。在"百万大军过大江"、沪宁铁路沿线严酷的城市攻防战中，苏南地区纺织工业重镇常州、无锡、苏州的一些著名纺织工厂，几乎完好无损地保存了下来。常州的大成系统各纱厂，无锡的申新系统各厂和庆丰纱厂、协新毛纺厂、天元麻毛棉纺织厂，苏州的苏纶纱厂、振亚丝织厂以及丹阳纱厂、（江阴）利用纱厂、（嘉定）嘉丰纱厂等重要工厂，都是解放军进城后没几天就恢复生产，甚至开足班次。

不仅华东地区纺织业如此。此前此后，华北、西北、中原、华南、西南地区一些重要纺织工厂也在中国共产党的"城市政策"和革命战争雷霆万钧之势双重因素的作用下，基本完好地保存下来，成为社会主义建设弥足珍贵的工业基础。

中华人民共和国成立伊始，中央人民政府在经济管理方面设置的若干部委中，就设立了"中央人民政府纺织工业部"，这是一项颇为特殊的管理体制设计。中央人民政府的部委序列中，将纺织工业部与轻工业部并列，而此前中国经济界通常都将纺织工业列为轻工业的组成部分。此时，中央人民政府将纺织工业从广义的轻工业中划分出来专门设立一个部级机

构，很明显是出于对纺织工业在中国经济和社会中的特殊地位来考虑的。

从中央人民政府在 1949 年 10 月 19 日任命的纺织工业部领导，也可看出党中央对纺织工业的重视程度。部长曾山、副部长钱之光、陈维稷、张琴秋，曾山未到位，由钱之光实际主持工作。钱之光是老一辈无产阶级革命家，先后担任八路军武汉办事处、重庆办事处和中共代表团驻南京、上海办事处主任，在与国民党当局的斗争中以折冲樽俎著称，还担任过江西中央苏区和陕北根据地"对外贸易总局"局长，擅长商贸业务。1948 年 8 月，他被任弼时直接派往香港主持海外经济事业，在香港创办"华润公司"大获成功；1949 年 4 月，北上担任"中财委"委员，协助处理轻纺工业问题。从此时起主持纺织工业发展大计长达 32 年，成为实至名归的新时期纺织工业奠基人。

陈维稷作为中国科技界和高教界的知名学者、第一届全国政协代表，在参加中华人民共和国开国大典后不久即由中央人民政府任命为纺织工业部副部长。他不仅以领导纺织科技工作和纺织教育事业见长，而且是善于在民主党派高层人士中做统战工作的社会活动家。从此时起，他与钱之光一起在纺织工业部领导岗位奋斗了 33 年，为中华人民共和国纺织工业的大发展做出了巨大贡献。图 1-18 为 1950 年 7 月，钱之光、陈维稷等在纺织工业部大楼前与出席全国纺织机物料会议人员的合影。

张琴秋也是社会知名度很高的人物。红军女将领、中国第一代女性无产阶级革命家、中国早期工运历史人物等传奇经历，赋予这位老革命家许多光环。她担任纺织工业部副部长近 20 年，以其卓越的工作能力和渊博的学识分管纺织工业生产工作，又为其光辉的一生增添了华章。

图 1-18　钱之光、陈维稷等在纺织工业部大楼前与出席全国纺织机物料会议人员合影

1949 年 11 月 1 日，中央人民政府纺织工业部在北京东交民巷一家外国银行原址正式挂牌开始办公。中央人民政府赋予纺织工业部的主要职责，一是直接管理全国各地国营和中央公私合营纺织企业；二是对全国纺织工业（包括地方国营、地方公私合营和占全国纺织工业总产值 60% 的私营纺织业）统筹规划，进行方针政策和技术方面的领导（中央人民政府此时另设地方工业部归口管理地方国营、地方公私合营和私营纺织业）。中国纺织工业由此进入社会主义建设的新时期。

　　纺织工业量大面广，直接关系国计民生；而且上联农牧业，下联内外贸易以至影响市场物价、社会就业，在国民经济中所居地位举足轻重。发展纺织工业，发展到什么规模，以什么速度发展，本可以由客观经济规律来决定。但在 20 世纪中期的中国，在革命胜利后需要尽快解决人民群众温饱问题的形势下，把发展纺织工业的问题完全推给市场显然是不切实际的，而且是不合适的。

　　在中央人民政府设立纺织工业部的同时，各个大区军政委员会相应设立管理纺织工业的机构。

　　华东地区特别是上海市的纺织工业，当时在全国举足轻重。早在 1949 年 4 月下旬，在丹阳组建的"上海市军管会财政经济接管委员会"中，就设立了由重量级人物刘少文主持的"轻工业处"。陈维稷当时也参与了对中国纺织建设公司的接管，担任上海市军事管制委员会轻工业处顾问。经过近半年的努力，上海市军管会轻工业处完成了接管上海中纺公司几十个大中型纺织工厂的历史任务。1949 年 11 月，一大批管理井然有序的国营纺织企业（此时已改名为"国营上海第一棉纺织厂"等），归入新成立的"华东财委华东纺织工业部"管理。

　　根据党中央"统一财政经济"方针，1950 年 7 月，华东纺织工业部连同上海中纺公司改组为"纺织工业部华东纺织管理局"。刘少文任局长，后由胡明继任。

　　同年 10 月，天津中纺公司改组为华北纺织管理局，刘再生任局长。1951 年 1 月，青岛中纺公司改组成华东纺织工业管理局青岛分局，李竹平任局长。

　　由中央人民政府纺织工业部统一领导的东北、中南、西南、西北纺织管理局，也在这个时期先后成立。

　　中央人民政府纺织工业部统一领导，按大区分片建立纺织管理局，这一适应于计划经济和公有制占绝对主导地位的工业管理体制，从此时起一直实行到 1958 年。现在看来，存在集中程度过高的缺陷。但在中华人民共和国成立初期百废待兴的情况下，因其便于高层决策，并能在全国范围集中财力、物力和人才，使纺织工业系统着实办成了许多大事。例如，石家庄、邯郸、郑州、西安、北京五大纺织工业新基地的基本建成；从无到有建立纺织机械制造业，为其后纺织工业的大发展创造了重要条件；高瞻远瞩，在大力发展棉、麻、毛、丝原料的同时，为发展化纤制造业做了科研开发、技术装备、人才培养、建立实验工厂等各方面的准备工作。

　　正是在这样的体制下，纺织工业在恢复国民经济的三年间（1950 ~ 1952 年），出现了蓬勃的生产形势。同样的工业规模，同样的工厂设施，1952 年生产棉纱 362 万件（65.7 万吨）、棉布 38.3 亿米，分别比新中国成立前最高年产量高出 48% 和 37%。

正是在这短短的几年间，纺织工业在企业管理方面做了许多开创性的工作。特别是通过广泛总结各主要工种的操作经验，上升到科学管理原理的《郝建秀工作法》和《五一织布工作法》，以及后来的《五三保全工作法》等，在全国推广。全面推行纺、织、染生产全过程的定额管理，全面推行从原料到半制品、产成品的标准化管理，从而将中国纺织工业的总体管理水平提高了一大截。

同时，也是在这几年间，纺织系统自力更生，于 1951 年制造出了中国第一批棉纺织设备和黄麻纺织设备，用这批"中国制造"的纺织设备建成了西北国棉一厂、武汉国棉一厂等一批新纺织厂，很快就收获了可观的经济效益和社会效益。

社会主义能够救中国，社会主义能够发展中国。本来就有基础的纺织工业，在中华人民共和国成立伊始，就开始发挥社会主义国家的制度优势，为中国纺织工业的大发展创造了良好开局。

第二章　执政为民：中共中央、国务院高度重视
　　　　纺织工业发展问题

　　保障和改善民生，特别是解决好广大人民群众吃饭穿衣等头号民生问题，是社会主义革命和社会主义建设的重点。

　　解放战争时期，中央军委对保护上海、青岛、天津和东北地区、苏南地区纺织工厂的周到考虑，清楚地预示了纺织工业在革命胜利后，将会得到党中央领导集体的高度重视。

　　中华人民共和国成立伊始，中央人民政府专设一个部级机构管理纺织工业，并选派党内具有丰富经济工作实际经验的钱之光主持纺织工业部的工作，体现了党中央对纺织工业的重视程度。

　　国民经济三年恢复时期，在党中央、政务院的高度重视下，纺织工业在原料资源、煤电供应、金融支持和提高纺织工人工资待遇、提高纺织工人社会地位等条件都迅速改善的情况下，不仅使纺织生产得到恢复，而且在很多方面超越了解放前的最高水平。

　　进入大规模经济建设时期后，发展纺织工业，解决人民群众衣被供应问题，更是成为党中央、国务院直接过问的重大问题。

　　进入改革开放新时期后的 30 多年间，党中央、国务院对纺织工业在经济全球化中抓住历史时机取得更大发展寄予厚望。并对纺织工业用好国内、国际"两种资源，两个市场"，对纺织工业完善产业链发展服装业，纺织工业加速推进设备、技术现代化等重大问题，做出一系列政策和管理体制改革。

　　中华人民共和国成立后的"前 30 年"和"后 30 年"，党中央、国务院重视纺织工业并倚重纺织工业，这个治国理政之道一以贯之。

一、探索社会主义条件下加快发展纺织工业的道路，党中央率先垂范

　　1953 年秋，国家计委、纺织工业部就纺织工业的发展向党中央作汇报，提出了在"一五"

期间发展 180～250 万锭生产能力的设想。毛泽东认为，纺织工业发展的规模还可以再大一些，"不是 180 万锭，也不是 250 万锭，而是 300 万锭。"随后，党中央在对纺织工业部《关于目前纺织工业的基本情况及今后工作部署的报告》的批示中指出，布匹的供应，关系着全国每一个人的生活，关系着党和国家与人民群众的联系，特别是与广大农民的联系。……为此，应该在集中力量建立重工业与继续努力发挥生产潜力的方针下，迅速增加相当数量的纱锭与织布机，五年包括扩建在内，至少应争取增加 300 万左右的纱锭。❶

1954 年冬，党中央办公厅打电话给纺织工业部党组，要求纺织工业部在中南海的瀛台举办一个小型纺织展览，请中央领导同志观看。钱之光立即组织力量，并指派李正光主持，很快就完成布展工作。

为了减轻国家机械工业部门的负担，同时保证纺织工业的发展，钱之光决定在纺织系统内部建立纺织机械制造工业体系，并取得成功。毛泽东、周恩来、刘少奇、朱德、陈云等在不同场合都充分肯定钱之光的举措。1955 年初，纺织工业部在中南海瀛台举办的小型纺织展览会，毛泽东兴趣盎然地观看将近三个小时，然后对钱之光说：你们搞得不错，很有收获。刘少奇看完展览说：依赖别人是靠不住的。重要的关键部件和有的原材料，国内不能供应的，可以进口一点。朱德看完展览称赞纺织系统的自力更生精神说：你们自己搞设备，开了一个好例子。❷

1956 年 3 月初，纺织工业部向毛泽东详细汇报工作。毛泽东做出指示，"沿海地区要充分合理利用，不能限制""轻工业为国家建设积累资金很重要，能多搞尽量多搞些"，并肯定了"紧缩手工纺织业，淘汰土纺土织"的方针。

二、告诫全党：要为人民"衣被甚少"着想

1954 年 9 月，在"一五"计划顺利实施、国民经济蓬勃发展、纺织工业开始大规模建设的形势下，党中央清醒地认识到纺织品产、供、销平衡很脆弱的严峻事实，审时度势，决定由政务院发布《关于实行棉布计划收购和计划供应的命令》，决定自 9 月 15 日起，在全国范围内实行棉布统购统销，凭证（布票）供应。

20 世纪 60 年代初期，纺织工业因原料不足严重减产，成为中央领导最关心的经济、社会问题。正是在这个时候，毛泽东告诫全党："要为人民衣被甚少着想。"

1959～1961 年，"大跃进"的负面效应开始呈现。由于棉花大幅度减产，纺织业严重开工不足，棉布定量供应不得不由十几尺减为一丈以内甚至七尺。纺织工业面临新中国成立以来最严峻的形势。

1960 年 2 月，为把有限的棉花资源用于纺织工业，兑现"布票"，党中央发出《关于立即停止棉花土纺土织的指示》。

❶ 《钱之光传》中共党史出版社，2011 年，第 353 页和第 552 页。

❷ 《钱之光传》中共党史出版社，2011 年，第 363 页。

1966 年 5 月，纺织工业部在上海举办规模空前的全国纺织工业技术革命成果展览会。展出两个月，大获成功。5 月 6 日，周恩来陪同阿尔巴尼亚党政代表团参观展会。此时，刚渡过三年困难时期，全国纺织业形势虽有所好转，但纺织品供应水平还很低。周恩来在现场告诫纺织工业部的领导同志：我国人口众多，要充分认识到中国社会解决人民衣被问题的责任之重、责任之艰巨。

1970 年 7 月，根据国务院令，原纺织工业部、第一轻工业部、第二轻工业部合并，成立轻工业部。国家领导人在三部合并后国务院的一次会上宣布：全国重点抓轻工，轻工重点抓纺织，纺织重点抓化纤。其后又传来一项中央的指示，必须把粮食抓紧，必须把棉花抓紧，必须把棉布抓紧。钱之光、曹鲁、谢鑫鹤等抓住这两项中央指示，大举推行经济工作正常化。大轻工业部时期（1970～1978 年）纺织工业生产、建设发展不慢。

1970 年秋，纺织业生产出现转机并有所发展。周恩来在同美国友好人士斯诺的谈话中，首先在国际上公开：中国已经成为世界上生产棉花、棉纱和棉布最多的国家。

1980 年，在纺织工业已发展壮大，1979 年全国棉型布产量已达 121.5 亿米的情况下，党中央、国务院仍然对棉布销售采取审慎方针。6 月 30 日，国务院发出《关于认真贯彻棉纱、棉布及主要针棉织品统购统销的通知》，要求各地在销售纱、布时必须按照国家的统一政策收取布票。

三、告诫纺织战线：不搞无米之炊，要花大力气推动植棉业

发展纺织工业，解决人民衣被问题，首先要解决好纺织原料问题。要做到纺织原料基本立足国内，而且要发展到相当大的生产规模。早在新中国成立前夕，党中央就极富远见地对恢复、发展棉花生产进行了一系列战略部署。

经过 15 年的努力，中国棉花产量从 1950 年的 69.7 万吨发展到 1965 年的 210 万吨。但还不能满足纺织工业快速发展的需要。而且，存在粮棉争地和产量大起大落的问题。在这样的历史条件下，党中央、国务院采取了一项特殊措施：由国务院直接召开一年一度的棉花生产会议，会议一结束党中央就批转会议报告。

1965 年 2 月 15 日～3 月 1 日，国务院召开第四次全国集中产棉县棉花生产会议。会议按照党中央和国务院的指示，确定 1965 年的棉花生产方针是：加强领导、依靠群众、合理布局、适当集中；总结经验，推广技术；保证面积，提高单产。

1966 年 2 月 8 日，国务院召开全国第五次棉花生产会议。会议总结了大幅度增产的经验，提出了 1966 年棉花生产的新任务。党和国家领导人接见了参加会议的代表。会议强调，必须正确贯彻执行党中央有关棉花生产的方针政策，特别要处理好粮棉关系，产棉区要进一步贯彻以粮为纲、粮棉并举的方针。这一"棉花年度"结束后，1967 年 1 月 5 日《人民日报》报道：中国棉花在连续九年增产的基础上，去年又创了历史最高纪录，总产量达 233.7 万吨（4674 万担）。

1970 年 1 月 26 日 ~ 2 月 15 日，国务院召开全国棉花会议，16 个集中产棉省、6 个分散产棉省、纺织厂、棉花加工厂等有关单位的领导、代表共 500 多人参加。大会对全国棉花生产作了总结、安排和规划。2 月 14 日，党中央批转《国务院关于全国棉花生产会议的报告》。

1971 年 3 月 3 日 ~ 28 日，国务院在北京召开全国棉花、油料、糖料作物生产会议。检查有关棉花生产和收购的各项政策落实情况，讨论 1971 年棉花生产和第四个"五年计划"以及增产措施。3 月 20 日，党中央批转了这次会议的报告。

1971 年 12 月 12 日，轻工业部向国务院业务组呈报 1971 年计划。国务院领导做出指示：1971 ~ 1975 年，16 尺，一寸布票不准动；要动，只能上动，不能下动；五年不准动；不能棉花一多，就 20 尺，一少又叫喊；要在质量、数量上保证。

1973 年 1 月 28 日，国务院召开全国棉花生产会议。党和国家领导人向许多代表亲切询问情况，分析国内外的形势，讲党中央的方针政策，要求把农业抓好，特别是粮棉抓好。会后，轻工业部要求所属单位派出得力干部大抓原料，不搞无米之炊；把支援棉花生产、参加国务院棉花工作学习组作为自己的光荣任务。这一"棉花年度"结束后，1973 年 12 月 29 日，新华社报道：我国棉花生产获得丰收，总产量比去年增产两成，达 256.2 万吨（5124 万担），超过之前的历史最高水平。

1974 年 12 月 28 日 ~ 1975 年 1 月 8 日。国务院排除"文革"干扰，照常召开全国棉花、油料、糖料、麻类、烤烟生产会议，参加会议的有 1200 多名代表。会议要求各地认真落实发展棉、油、糖、麻、烟生产的各项经济政策，组织各行各业支援农业、支援各项经济作物的生产。

四、党中央做出重大决策：引进设备、技术，建设化纤制造业，解决人民衣被问题

1960 年 7 月，纺织工业部向党中央建议：采用棉短绒、木材为浆粕原料，新建一批黏胶纤维厂。邓小平看了报告后批示，我看是值得的，还有合成纤维也必须考虑。李先念也批示，建议及早动手，迟办不如早办好。

钱之光亲自带队深入大兴安岭林区和海南岛腹地调查研究，寻找可利用的化纤原料资源。并去农村实地调查研究棉短绒、棉秆皮的利用问题。

1960 年 8 月，中共纺织工业部党组向党中央提交《关于纺织工业发展方针的请示报告》，着重提出"实行天然纤维与化学纤维并举的方针"。党中央批准了报告中提出的方针。

1961 年 1 月，党和国家领导人指示纺织工业部，今年 5 万吨人造纤维的建设，一定要争取搞上去。

1964 年 3 月，党中央发出积极发展人造纤维的工作指示。责成纺织工业部同有关部门成立人造纤维会战指挥部，责成国家计委对发展人造纤维迅速做出规划，纳入长期计划。同年 4 月，南京化纤厂建成投产前，钱之光带着李竹平、陈锦华到该厂蹲点，历时两个月。蹲

点结束后，根据相关领导指示，国家经委在南京化纤厂召开全国基本建设现场会。国务院14个部委和全国50个重点建设项目的领导干部与会。同年秋，从日本引进全套设备的北京维尼纶厂建成投产。

1972年1月，钱之光组织起草《关于充分利用我国石油、天然气资源，发展化纤和化肥的报告》。送国务院业务组后，经国家计委与有关部门商量，拟引进化纤新技术成套设备4套，化肥设备2套，约需4亿美元，争取五六年内全部建成投产。投产后一年可生产化纤24万吨、化肥400万吨。

1973年，国家计委批准从国外引进先进技术，建设上海（金山）、辽阳、天津、四川长寿四个大化纤企业。总投资概算73亿元，其中，用外汇7.43亿美元。规模之大、技术之先进，为纺织工业建设史上前所未有。

1974年1月，上海石油化工总厂正式动工建设，迅速形成千军万马战金山的宏伟场景。同年8月，辽阳石油化纤厂正式动工建设。

1978年春，刚刚重新组建的纺织工业部又提出：到20世纪末，要建设10个大化纤厂，以解决长期以来纺织品"生产赶不上需要，原料供应赶不上生产"的矛盾，满足全国人民的穿衣需要。国务院批准了该报告，并由国家计委逐项落实。新建三个大化纤厂：上海石化总厂二期工程，江苏仪征化纤厂，河南平顶山锦纶帘子布厂。10个化纤项目在20世纪70～80年代先后建成，由此奠定了中国化纤制造业的雄厚基础，为中国社会衣被问题的解决创造了原料前提。仪征化纤工业联合公司后来又进行了扩建，形成年产50万吨聚酯、24万吨涤纶短纤维的生产能力，生产规模居世界大化纤企业第四位。

五、坚持中国特色社会主义道路，抓住经济全球化的历史机遇，把纺织工业做大做强

改革开放以来，中国共产党在纺织工业的问题上采取了一系列新的政策和战略：实行社会主义市场经济，放手发展民营纺织企业；参与经济全球化，用好国内国际"两种资源，两个市场"；多种所有制经济共同支持纺织、服装业；加大技术进步的资金投入，加速设备更新……一系列新的发展战略，使中国的纺织业出现了"加速度"发展的趋势。

1980年1月，国家决定对轻工业实行"六优先"，确保轻纺工业加快发展。"六优先"是：原材料、燃料、电力供应优先，挖潜、革新、改造的措施优先。其后在1983年3月3日国务院召开的全国工业交通会议重申：要继续对轻纺工业实施"六优先"的方针。

1982年5月，党中央领导人在一份文件上对国产1.5万吨/年涤纶抽丝设备的试制工作做出批示：这可以算一项先进设备的攻关项目，这些设备明年成功以后，应考虑公开表扬，长志气，鼓干劲。"批示"有力地推动了这套先进设备的研制工作。四年后，该套设备通过国家级鉴定。由此，中国进入了使用国产大型、成套化纤设备装备化纤工业的新时期。

1983年6月，纺织工业部在北京举办规模空前的全国纺织新产品展销会。党和国家领

导人到场参观并作指示。同年秋，纺织工业部和商业部根据纺织品产销新形势，共同向中央提出免收布票的建议，中央批准了这项建议。陈云考虑事关重大，在"商业部通告"中"免收"二字前加上"临时"二字，以防万一。12月1日，商业部出面向全社会发出通告：从今日起，全国临时免收布票、絮棉票；对棉花、絮棉敞开供应；不发布票和絮棉票。实际执行后效果超过预期，全国城乡市场风平浪静。实行了30年的布票制度从此成为历史。

1985年1月，《国务院关于纺织品出口的若干问题的规定》指出：出口纺织品要积极搞工贸结合，结合的形式可以多种多样。由此打开了工业直接面向国际市场、纺织企业自营出口的大门。同年8月，国务院第116次常务会议专门讨论轻纺工业出口问题，明确指出，我国的对外贸易在一定时期内要靠纺织。

1986年10月，国务院第121次常务会议专题讨论扩大纺织出口、振兴纺织工业问题。会议指出：纺织品是我国今后一个时期增加出口创汇的重点，必须采取切实有效的政策和措施，尽快把纺织品出口搞上去。发展目标是：1990年达到100亿美元，再用5~10年争取超过200亿美元。

此前的1985年，中国纺织品服装出口为61.5亿美元。国务院这一战略出台后，1990年，中国纺织品服装出口扩大到168.9亿美元，1995年达到380亿美元，2000年达到530亿美元，都大大超过原定目标。

国务院第121次常务会议还决定：将服装业和丝绸业划归纺织工业部实行行业管理。这一体制调整有利于更好地发挥纺织工业的综合优势，对提高我国纺织品加工深度、扩大纺织品出口、满足人民消费需要，产生了深远的影响。

1988年6月，国务院领导指示纺织工业部：放手搞"两头在外"，即要用好国内国际"两种（原料）资源、两个市场"。

1989年9月，由纺织工业部直接支持的首次北京时装节在北京农展馆举行，由此将服装多样化和服饰文化建设提升到国务院有关部委共同提倡的高度。

1990年1月，党和国家领导人在中共纺织工业部党组的一个报告的批示中，高度肯定纺织系统"坚持两个文明一起抓，经常注意调研职工思想动态，有针对性地加强思想政治工作"的做法。

1991年，国务院领导提出：引进技术，技贸结合，合作生产，大力提高中国自主制造设备、发展工业的能力。

1993年5月，党和国家领导人在第一届中国国际服装服饰博览会开幕的第二天，在中南海接见世界著名服装设计大师瓦伦蒂诺、吉安弗兰科·费雷和皮尔卡丹。时尚服饰和时装设计在社会生活中的地位，由此得到国家领导人的充分认可。

1994年12月，党中央领导到北京第二棉纺织厂听取该厂有关生产、经营和成就的汇报，并到车间与工人亲切交谈，到老劳模家中慰问。

1997年11月，国务院领导提出：要用三年左右的时间，通过改革、改组、改造和加强管理，使大多数国有大中型企业摆脱困境；力争到21世纪末，大多数国有大中型骨干企业初步建立现代企业制度。纺织工业战略大调整如期达成目标，从而为纺织工业在21世纪新一轮的发展准备了条件。

2005年4月，胡锦涛去山东调研，考察了南山集团，并指出：要抓住提高自主创新、加快科技进步这个关键环节。

2011年，李克强考察安徽华茂集团，详细了解产品开发、市场营销等情况，并仔细观看紧密纺、细络联等新型纺纱机器的运行情况。对华茂集团用高新技术改造传统产业备加赞许。

2013年11月，习近平考察山东如意科技集团，高度肯定这家大型纺织企业在依靠科技创新发展的同时，努力为员工提供住房、医疗保障，注重保持劳资关系和谐。并叮嘱企业负责人发挥社会主义优越性，多关心职工，多谋福利，多为社会和谐做贡献。

六、执政为民的实际体现

中国共产党在新中国成立后一贯重视民生问题，注意正确处理农、轻、重三者关系，注意发展民生产业，并将这一治国理念具体落实到纺织、食品、轻工（狭义轻工业）等民生产业和商业、服务业的发展问题上。作为民生产业重要一环的纺织工业，其种种重大生产、建设方针和经营管理问题，许多年间都列入了党中央、国务院议事日程。一些关系全局的大问题，如棉田面积和粮棉比价、大型化纤企业建设、成套设备技术引进、加快纺织企业设备更新、纺织品产供销宏观平衡等，基本上都是由中央最后拍板。一个国家民生产业的盛衰，当然是客观经济规律起决定性作用，但同时也与执政党的执政理念有很大的关系。

人民衣被甚少问题的彻底解决、中国纺织工业持续发展并做大做强、纺织大国既成，纺织强国在望的现状，是中国共产党执政为民的实际体现。党中央这样的执政理念、治国方略，不仅深得人心，而且非常成功。

第三章　远远超出人们预期：中国纺织工业在社会主义条件下的大发展

一、"前30年"：开创中国纺织工业大局面，奠定中国纺织工业深厚基础

　　纺织工业毕竟是大工业生产方式的产物，是纺织机器、纺织原料、纺织品市场和人才、资金等工业生产要素基本齐备，才能顺利发展的经济事业。而这些工业发展因素，又与政府的执政理念、执政能力和经济发展方针有重大关系。正因为如此，1890～1949年的60年间，中国纺织工业虽有所发展，却始终未能形成大局面。真正的大发展，出现在中华人民共和国成立后的60多年间。

　　中华人民共和国成立伊始，党中央在听取纺织工业部关于第一个五年计划发展目标的设想时，由中央领导人最后拍板"五年建设300万棉纺锭"，即要在五年间将棉纺织工业（纺织系统的主导行业）的规模扩大50%的决策，第一次提出了对纺织工业大发展的期望。后来基本实现这一目标，棉纺织工业的设备规模由1950年的513万锭扩大到1957年的755万锭，同期棉纱年产量由44万吨增加到84万吨，棉布年产量由25亿米增加到50亿米。七八年间建成的纺织工业生产能力，相当于新中国成立前60年总成果的一半。中华人民共和国成立后的第一个10年，是中国纺织工业极为辉煌的10年。

　　对纺织工业的更高期望，出现在"一五"计划胜利完成后"超英赶美"的那几年。就中国纺织工业当时的主客观条件而言，"超英"不是问题，因为英国纺织工业正在急剧萎缩中，"赶美"则并非易事，因为那时美国纺织工业还在全盛时期，还稳居世界首位。那时，美国棉纺织工业的总规模为2000万锭，棉纱年产量为160万吨左右，棉布年产量为85亿～90亿米，三项统计数均为全球第一。而当时的中国纺织工业，与美国纺织工业的差距还很大，要实现"赶美"，就得在若干年内将棉纺织业的设备规模、生产能力再扩大近一倍。行事审慎的纺织工业部没有把这一"大胆设想"写进中长期发展规划，但以中国经济、社会发展需要和纺织工业发展潜力来衡量，这样的"大胆设想"却并不为过。"赶上美国纺织工业，争取世界首位"这个宏伟理想，就在其后十几年间成了纺织系统各行各业追求的目标。

要在 1957 年棉纺织工业总规模 755 万锭和年产 84 万吨棉纱、50 亿米棉布的基础上翻一番，谈何容易。20 世纪 50 ~ 60 年代，中国国民经济受到"大跃进"的负面影响，出现了马鞍形。原本寄予厚望的第二个五年计划实际上"流产"了，变成了"三年困难时期"和其后的"调整时期"，纺织工业也难例外。由于原棉供应严重不足，绝大部分纺织工厂不得不减少开工班次，停开部分机台。

图 3-1 1981 年钱之光（左）与郝建秀亲切交谈

直到 1963 年才开始逐步复原，棉纱、棉布产量直到 1965 年才基本恢复到 1959 年的水平。所幸的是，在随后的十年"文革"期间，纺织工业作为不可或缺的民生用品生产部门，在党中央、国务院悉心呵护和纺织系统坚持"抓革命，促生产"的双重作用下，受到的负面影响相对较轻并较为短暂，因而就出现了一个"例外"现象："文革"时期，纺织工业总体上继续保持正常发展局面。1966 ~ 1970 年的五年间，棉纱、棉布年产量均增长 50% 左右。1970 年生产棉纱 1131 万件（205 万吨），生产棉布 91.5 亿米，都创历史新高并超过美国而跃居世界首位。这一"例外"，甚至成为当时中国经济少有的亮点，受到党中央的高度重视（图 3-1 ~ 图 3-5）。

图 3-2 郝建秀创造细纱工作法

图 3-3 全国劳模裔式娟

图 3-4 全国劳模杨富珍

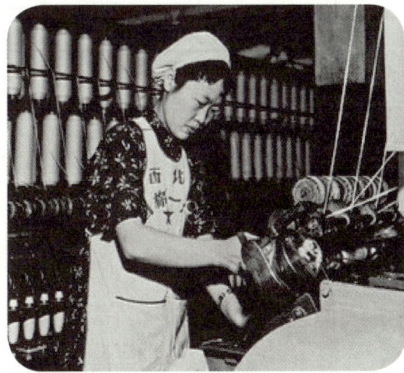

图 3-5 全国劳模赵梦桃

中华人民共和国成立后的第二个 10 年（1960～1969 年），纺织工业就是在这样经济增速减缓的历史背景下，棉纺织工业由 1006 万锭扩大到 1203 万锭、棉纱产量由 109 万吨增加到 180.5 万吨、棉布产量由 54.5 亿米增加到 82 亿米，实际结局差强人意。

进入第三个 10 年后，纺织工业在国民经济全局和许多省市"地方经济"中的"支柱产业"作用，越发明显。从国务院到省市各级经济领导机关，"保纺织"成为舆论，成为常态。棉、毛、麻、丝纺织各行各业，无不开足机台，开足生产班次。一些拥有棉、毛、麻、丝原料资源的省市，纷纷添建新厂、扩建老厂。结果就在 1970～1980 年的 11 年间，出现了棉纺织工业由 1294 万锭扩大到 1780 万锭，毛纺织工业由 32 万锭扩大到 60 万锭，桑蚕缫丝机由 48 万绪增加到 89 万绪，针织棉毛机由 0.5 万台增加到 1.1 万台，经编机由 200 多台增加到近 2000 台的新局面。相应的，棉纱年产量由 205 万吨增加到 293 万吨，棉布产量由 91.8 亿米增到 165 亿米，针织品、棉织品用纱由 37 万吨增加到 50 万吨，呢绒由 0.58 亿米增加到 1 亿米，丝产量由 1.7 万吨增加到 3.5 万吨，丝织品由 4.3 亿米增加到 7.6 亿米。从而为纺织工业在"前 30 年"的发展画上一个完美的句号。

经过 30 年快速、持续的发展，此时的中国纺织工业，无论设备规模或生产规模，总体上都已是中华人民共和国成立初期的 5 倍左右，见表 3-1。

表 3-1　新中国成立后纺织工业的"前 30 年"的规模

项目	1950 年	1980 年	增长倍数
棉纺	513 万锭	1780 万锭	3.5 倍
毛纺	12 万锭	60 万锭	4 倍
苎麻、亚麻纺	0.8 万锭	6.5 万锭	7 倍
绢纺	2.5 万锭	12 万锭	5.4 倍
缫丝	14 万绪	89 万绪	5.4 倍
棉型纱	43.7 万吨	293 万吨	5.7 倍
棉型布	25.2 亿米	165 亿米	5.5 倍
针棉织品（用纱量）	4.5 万吨	50 万吨	10 倍
呢绒	500 万米	1 亿米	19 倍
丝	0.34 万吨	3.5 万吨	9.4 倍
真丝织物	0.52 亿米	7.6 亿米	13.6 倍
苎麻、亚麻织物	50 万米	4062 万米	91 倍

我国人口众多，一些工业产品的总产量虽已很可观，却经不起"人均"的考量，纺织工业也许是首先跳出这个怪圈的。这在"前 30 年"终局之年，就已初步显现了。1980 年，中国总共生产棉布、呢绒、麻布、丝绸等织物 174 亿米（不包括针棉织品和非织造布），按当年全国人口（9.87 亿）匡算，得出的人均织物年产为 17.6 米。这一"人均"数为 1950 年 4.5 米的 3.9 倍。以现代社会的高消费眼光来考量，这个"人均"水平仍然是比较低的，但根据当时中国城乡市场纺织品供销的实际情况，则应该已经可以基本适应市场需要了。即使切出一块用于外贸出口和社会公共用布，也已能基本满足人民群众温饱水平的消费需求。如果加上同年 50 万吨棉纱制成的

大量针织内外衣和毛巾、被单等家用纺织品，那就更显得供应宽裕了。其后又经过几年的发展，中国纺织工业就以"取消布票，敞开供应"为标志，在各个产业部门中率先告别"短缺经济"。

此时的中国纺织工业在世界上的地位已远非昔比，一些重要纺织品生产领域已开始在世界范围领先。1980 年，中国生产棉型纱 293 万吨，在全球（1183 万吨）占比 24.8%，已远远超过居世界第二位的苏联（169 万吨）、居世界第三位的美国（112 万吨）、居世界第四位的印度（106 万吨）。

正是在纺织工业大发展的形势下，中国纺织工业开始大举进入国际市场。1980 年，纺织品服装出口达到 44.1 亿美元，占全球（955 亿美元）的 4.6%，开始进入"全球前 10 位"（居第 9 位），见表 3-2。以此为基础，通过"三来一补"，引进资金、技术、装备，扩大企业自营进出口权等，开始了跳跃式发展，直到后来成为世界纺织品服装出口大国。

表 3-2　1980 年中国纺织品服装出口情况

项目	全球（亿美元）	中国（亿美元）	中国在全球占比（%）
纺织品服装出口	955	44.1	4.6
其中：纺织品出口	544	27.6	5.1
服装出口	401	16.5	4.1

中国纺织工业"前 30 年"的大发展是在计划经济的历史背景下实现的。在中央、省、市计委、经委和纺织工业部等各级经济领导机关周密、审慎并总是留有余地的国家计划指导下，基本做到纺织工业发展与纺织原料发展同步，纺织品产供销的协调与平衡，"大纺织"内部纺、织、染生产的衔接与平衡。全国各地大中型纺织企业、化纤企业、纺织机械制造厂的新厂建设、老厂改扩建，都是由于列进了五年计划，建设资金、建设用地、建筑材料都顺利到位，一般都能做到建设周期短、工程质量优良、竣工后不等几年就能收回投资。

回顾中国纺织工业在中华人民共和国成立"前 30 年"间的发展历程，应该肯定计划经济在那个时期所起的历史作用。

二、"后 30 年"：纺织大国崛起

中华人民共和国成立的"后 30 年"，在建设中国特色社会主义、建设小康社会和改革开放的大背景下，中国纺织工业出现了加速发展的新局面。这一历史时期，密切关系着纺织工业发展的大事有很多：整个国家转向以经济建设为中心；由计划经济转向社会主义市场经济；经济全球化的趋势越加明显；中国加入世贸组织；纺织系统调整产业结构，加快发展服装、家用纺织品、产业用纺织品"三大最终产品制造业"；"大纺织"各行各业，普遍地开始重视品牌战略；全国各地涌现几百个纺织"产业集群 / 专业市场"。由中小企业扎堆效应引发的纺织品服装商贸渠道重大改组，为纺织工业"扩内需"提供了新因素。

在种种新因素的共同作用下，中国纺织工业在"后 30 年"得到了更大的发展。

半个多世纪以来，中国社会已把纺织工业快速发展视为平常事。人人都明白，纺织品服装供销在中国无论城乡早已是买方市场。中国纺织工业已在主要产品产量、外贸出口等方面居世界前列，已成为众所周知的事实。但是，即使是一些很了解中国纺织工业的社会人士以至业界人士，都难以想象中国纺织工业经过 60 多年快速、持续发展，现今已达到的水平。

1. 棉、毛、麻、丝纺织各行各业的工业规模，不仅早已稳居全球首位，而且已在总体上占全球的 50% 左右

"大纺织"系统的主导行业棉纺织工业，其设备规模（2010 年为 12000 万锭）的全球占比已高达 51.7%。这在世界工业史以至世界经济史上是空前的。近代纺织工业的发源地英国，其棉纺织业全盛时期（1924 年）曾发展到 6330 万锭。美国棉纺织工业在全盛时期（1950年前后）也不过是 2179 万锭。中国棉纺织业现今达到的设备规模，虽说跟中国人口众多有直接关系，甚至显得有点"产能过剩"，毕竟是国人值得自豪的发展成就。

作为高档衣料的工业生产部门，毛纺织工业相对规模较小。中国的毛纺织工业，由 1950年的 12 万锭起步，1980 年发展到 60 万锭。进入 21 世纪以来，发展到 400 万锭左右。此时发现世界范围毛纺织业产能过剩，经过宏观调控，其后一直控制在 300 万锭的水平，但还是远远超过了近代毛纺织工业发源地英国、德国、意大利等老牌发达国家。

直到 20 世纪 50 年代方才起步（苏联援建哈尔滨亚麻纺织厂）的亚麻纺织工业，半个世纪以来，在亚麻原料主要靠从欧洲进口的情况下，完全凭着工业优势和加工技术，将亚麻纺织业由少数工厂发展成为一个仅规模以上企业就近 60 家的中型行业。从 1955 年的 1.4 万锭、1980 年的 1.9 万锭，发展到 30 万锭。亚麻纤维加工量发展到占全球的 70%。

中国最古老的传统产业——苎麻纺织业，虽说独步全球，在20世纪前期却衰落了。1950年以来，从引进设备技术建设株洲苎麻纺织厂起步，通过转向大工业生产方式和改进生产工艺、产品设计，终于实现了这一古老纺织业的复兴。并将工业规模从1950年的0.8万锭、1980年的4.6万锭发展到30万锭。近年规模以上企业近40家，苎麻纤维加工量约占全球的90%。

在全球享有盛誉的中国丝绸工业，在 20 世纪前期曾饱受日本帝国主义的经济侵略和战争摧残。中华人民共和国成立初期，国家曾用 20 多年的时间，致力于恢复蚕桑事业和丝绸工业。但直到 1976 年，中国蚕丝产量还屈居日本之后（1976 年日本生产桑蚕丝 2.02 万吨，同年中国为 1.48 万吨）。在这以后，中国丝绸才渐渐出现大发展的局面。进入 21 世纪以来，桑蚕缫丝机发展到 300 万绪左右，绢纺发展到 30 万锭，远远超出了中华人民共和国成立初期"复兴丝绸工业"的预期。现今，这个曾经创造丝绸之路光荣历史、业已复兴并已高度现代化的古老纺织行业，正在以更浓重的中国符号，迎接新丝绸之路伟大新时代的到来。

由丝绸行业和化纤制造业衍生的化纤长丝织造业，近年异军突起，到 2015 年年产量已高达 433 亿米。

曾经的"小行业"针织工业，其 60 余年间的发展成就，更是超出人们预期。1961～1980 年的 30 年间，经编机由 67 台发展到 1938 台，纬编大圆机从无到有发展到 580 台。有了这样的工业基础，"后 30 年"出现大发展，2011 年企业数量发展到 11168 家，从业人数

发展到 374 万。20 世纪 80 年代以来，抓住世界范围针织服装（特别是针织外衣）大流行的时机，以庞大的工业规模为依托，竟在 2010 年把针织产品（包括针织服装和针织织物）的出口发展到 660 亿美元，并在 2013 年创造出"出口千亿美元"的奇迹。

中国纺织工业现今的庞大设备规模，是伴随着国内外市场需求和工业现代化进程逐步扩大的。就纺织品出口来说，以 2000 年纺织品服装出口 522 亿美元为新起点，2005 年突破 1000 亿美元，2010 年突破 2000 亿美元大关。到 2015 年已接近 3000 亿美元（2911.5 亿美元），其中纺织品出口已达 1152.6 亿美元。如此庞大的纺织品出口量，就是与棉、毛、麻、丝纺织各行各业的庞大设备规模相辅相成的。

就工业现代化来说，"十一五"结束时，2010 年纺织系统 5.45 万家"规模以上（年销售额 500 万元以上）"的企业中，三分之一企业的技术装备已达到国际先进水平。2010 年棉纺织工业 1.2 亿锭纺纱设备中，8556 万锭（71%）是 2001～2010 年十年间陆续增添的新型设备。其余的 3444 万锭是 20 世纪末纺织工业战略大调整、压缩 1000 万锭棉纺落后产能时，经过筛选保存下来的好设备。棉纺织先进装备占有率，在 2008 年时已达到 65%。其中自动络筒机、无梭织机、清梳联，分别达到 53%、47.5% 和 42%。到 2009 年，无结头纱、无梭织机生产的布和"无卷化率"，分别达到 65%、66% 和 47%。从而大大提升了国际市场竞争力，获得巨大经济效益，见表 3-3 和表 3-4。

表 3-3 中华人民共和国纺织工业"后 30 年"的工业规模（年销售额 500 万元以上企业）

项目	1978 年	1980 年	1990 年	2000 年	2005 年	2010 年
棉纺锭（万锭）	1562	1780	3882	3443	7747	12000
毛纺锭（万锭）	48	60	266	359	405	300
苎麻、亚麻纺锭（万锭）	5.1	6.5	66.6	54.9		60
绢纺锭（万锭）	12.9	12.4	21.9			
桑丝缫丝机（万绪）	72	89	203	261		
化学纤维（万吨）	28	45	165	695	1665	3090
棉型纱（万吨）	238	293	463	660	1451	2717
棉型布（亿米）	110	165	189	277	484	655
其中：纯棉布	81.5	87.1	108.2			383.5
棉混纺布	16.2	33.7	56.2			101.3
纯化纤布	4.7	9.7	24.4			170.7
呢绒（亿米）	0.89	1.01	2.95	2.79	3.30	5.66
毛线（万吨）	3.8	5.7	23.8	39.6	38.7	30.1
苎麻、亚麻布（亿米）	0.26	0.41	0.99	1.30	2.16	5.74
丝（万吨）	2.97	3.54	5.66	7.49	13.25	21.71
丝织物（亿米）	6.10	7.59	17.12	46.92		
其中：真丝及交织物	2.66	2.45	4.92			7.75
化纤长丝织物	3.11	5.14	12.2			370（2011 年）
棉型印染布（亿米）	65	81	92	159	362	602
棉型针织复制品用纱量（万吨）	40.7	50	96			

表 3-4 棉纺织工业设备规模的国际比较   单位：万锭

国家和地区	1950 年	1980 年	2000 年	2009 年
世界	10034	16185	15691	23218
中国 / 占比（%）	513/5	1780/11	3444/22	12000/50 以上
美国	2179	1706	333	71
日本	433	989	376	116
印度	1022	2108	3770	4607
俄罗斯	859（苏联）	1707（苏联）	238	76
英国	1031	180		
法国	676	229		
德国	534	251	49	19
意大利		331	147	120

正是由于设备规模与设备现代化的同步发展，中国纺织工业在 21 世纪第一个十年间，不仅做到快速、持续、健康发展，而且一直保持较高的设备利用率和劳动生产率，基本做到了大而渐强。

纺织工业作为典型的实体经济、典型的制造业，其巨大实力的基础是庞大的工业规模。没有较大的工业规模，光有原料、技术和巨大市场，也无所用之。特别是人口众多的中国，必须保持较大的纺织工业规模，以确保民生消费需求和国际贸易保持较大回旋余地。

2. 中国纺织工业的大发展，还突出体现在：化学纤维制造业在世界范围后来居上，而且发展到全球占比 65% 以上

在当代化工科技的基础上，原创于美国、德国、英国的化学纤维制造，20 世纪初在世界范围开始进入工业生产。1940 年，全球化纤总产量约为 113 万吨（其中人造纤维 112.7 万吨，合成纤维 0.5 万吨）。1960 年，全球化纤总产量达到 330.5 万吨时，中国年产化纤仅 1.06 万吨，在世界化纤制造业中无足轻重。1970 年，全球化纤总产量达到 837 万吨时，中国年产化纤为 10 万吨，在世界上仍然无足轻重。但到此时，工业基础已经形成，中国化纤制造业从此开始起飞。1980 年，总产量达到 45 万吨，1990 达到 165 万吨，2000 年达到 695 万吨。2005 年达到 1658 万吨，全球占比 43%；2010 年达到 2956 万吨，全球占比 56%；2012 年达到 3718.4 万吨，全球占比 62.5%，远远超过了欧美发达国家（同年，美国总产量为 394.7 万吨，整个西欧为 258.5 万吨）；到 2015 年已达到 4832 万吨，全球占比在 65% 以上（表 3-5）。

更值得注意的是：原来一直大量进口化纤的中国，近年已转变为化纤出口大国，2015 年出口 103.8 万吨，进口 55.4 万吨，净出口量 70.4 万吨。

表 3-5　中国化纤制造业后来居上的历史轨迹　　　　　　　　　　单位：万吨

年度	全球	中国		美国	英国	德国	苏联	备注
		产量	占比（%）					
1950	167.6			62.3	16.7	16.1	2.4	
1960	330.5	1.06	0.3	77.4	26.9	28.1	21.1	
1970	837.0	10.09	1.2	224.9	59.9	72.0	62.6	
1980	1373.0	45.03	3.28	360.8	43.4	83.1	120.0	
1990	1771.5	164.82	9.3	311.5	25.3	90.7	147.5	
2000	3289.4	695.0	21	475.1				西欧 430.9
2005	4246.0	1817.7	42.8	410.0				全欧 461.9
2010	5231.0	2956.4	56.5	284.4				西欧 311.3
2012	5946.3	3718.4	62.5	394.7				西欧 258.5
2015		4832						

3. 中国纺织工业的大发展，纺织大国的崛起，还表现在"大纺织"系统三大终端产品制造业的发展水平上

20 世纪 80 年代中期，在建设小康社会、城乡市场纺织品服装敞开供应的新形势下，纺织工业部提出了重点发展服装、家用纺织品、产业用纺织品三大终端产品的大战略。

（1）服装工业，不仅做大，跃居世界第一，而且是高速发展，仅二三十年就在世界范围后来居上。服装制作由家务劳动（买布缝衣）和手工作坊、工场手工业并存的局面，开始转向工业生产方式，在世界范围也仅有一百几十年的历史。欧美一些国家，开始是西装、衬衫、风雨衣，而后扩大到牛仔裤、女式时装以至呢大衣、羽绒服，直至基本实现成衣工业化。在中国，更是迟至 20 世纪 30~40 年代，才出现上海新光内衣厂（司麦脱衬衫）、上海永新雨衣染织厂（ADK 雨衣）、上海鸿翔时装公司（女士大衣）等少数几家真正意义上的服装工业企业。1949 年，全国仅有服装企业（绝大多数属工场手工业）2000 家左右，职工 5 万余人，由手工业管理局归口管理。生产规模逐渐扩大，但直到 1980 年全国工业成衣的产量还仅为 9.5 亿件。

重大的转折点发生在改革开放初期的 1986 年。这一年，国务院直接做出决策，将服装制造业从轻工业系统划出，改由纺织工业部归口管理。这样一来，就实现了服装工业与纺织工业的紧密结合，为服装工业的起飞创造了条件。在改革开放的有利条件下，纺织工业部先后提出了"提高工业化成衣率（达到 60% 以至 70%）"、提高进口衣料替代率、倡导服装服饰美、实行品牌战略、广泛采用 CAD/CAM 等先进技术装备、提高服装设计人员社会地位、创办高等服装院校等一系列有效措施。仅十四五年时间，机织服装的年产量，就由近 10 亿件发展到 1990 年的 31.7 亿件、2000 年的 116 亿件。到 2015 年，仅规模以上企业的年产量就已达 165 亿件。提高"工业化成衣率"的问题更是迎刃而解。实际上早在世纪之交，中国社会已基本完成由"买布缝衣"到"买衣服穿"的转变，甚至连"布店"都已很难找到。进入 21 世纪，转而致力于提升服装设计水平和品牌战略、国际市场竞争力。2015 年，在全行业（含机织与针织）规模以上企业年产量 308 亿件的情况下，出口 304 亿件、1412.5 亿美元，远远超出了全球"前 10 位"的其他服装出口国。

（2）家用纺织品的制造也是在 20 世纪 80 年代中期列入"大纺织"产业的三大终端产品发展战略后，开始形成"行业"得到重视并大力发展。恰逢小康社会建设、城乡住房建设热和经济全球化的历史性机遇，仅 20 多年时间，就在一些中小型毛巾厂、被单厂、织毯厂、窗帘布厂等棉织企业的基础上，整合发展成规模以上企业 1847 家（2015 年），年出口创汇 402 亿美元（2015 年）的大行业。曾经的"小产品"毛巾，2014 年一年出口竟达到 32.5 亿美元。

曾在中国社会持续流行三四十年的丝绸被面、大花布床单、毛巾类纪念品，到此时先后让位于毛巾被、沙滩巾、布艺床罩、布艺沙发布、布艺窗帘、化纤被褥、腈纶毛毯以及高端的羽绒被、丝棉被和绗缝被褥套装等。原先被视为奢侈品的地毯，也开始进入寻常百姓家。

（3）现代纺织工业的产品领域，已远远超出传统的纺织品、服装。面向工业、矿业、农业、商业、建筑业、交通运输业、物流行业以及文体事业、医疗事业的各类纺织纤维制品，日新月异。统称为产业用纺织品的纺织纤维制品，现今有十六大类，而且都已发展到相当大的工业规模。2015 年，全国产业用纺织品的纤维加工量为 1341 万吨，已占到"大纺织系统"同年纤维加工总量的 25.3%。如进行国际比较，中国产业用纺织品行业 2014 年一年的纺织纤维加工总量，竟已是 2010 年美国整个纺织业纺织纤维加工总量（385.7 万吨）的 3.47 倍。产业用纺织品的出口总值，到 2015 年也已发展到 208 亿美元。

20 世纪 80 年代中期，纺织工业部提出发展三大终端产品的大战略时，从国情出发并参考一些发达国家的成功经验，对三者比例提出了 50∶30∶20 的设想。当时的争论焦点是：家用、产业用两类纺织品，能否且是否有必要发展到 30% 和 20%。其后十几年间，服装和家用纺织品行业出现了高速发展的局面，而产业用纺织品的发展相对滞后。"十一五"末的 2005 年，发展进程为 54∶33∶13。"十二五"时期，情况有了很大的变化，出现了服装、家用、产业用三大终端产品都是大发展，而产业用纺织品发展更快的局面。三者比例改变成 51∶29∶20。当年的一项看似理想主义的政策，就这样，在社会主义市场经济的发展环境中顺利得到实施，推动了中国纺织工业更大、更有效益地发展，见表 3-6。

表 3-6　纺织工业三大终端产品的产业结构（按纺织纤维加工量计算）

时期	服装占比（%）	家用纺织品占比（%）	产业用纺织品占比（%）
2005 年（"十五"末）	54	33	13
2010 年（"十一五"末）	51	29	20
2015 年（"十二五"规划）	48	27	25

三、提升中国社会人均纤维消费量，为全面小康添华章

中华人民共和国成立后的几十年间，中国纺织工业的纤维加工量节节攀升。从 1950 年

不足 50 万吨（占全球 5%）起步，逐步发展到 1980 年的 349 万吨（占全球 11.4%），2000 年的 1360 万吨（占全球 25%），2010 年的 4130 万吨（占全球 52%），2015 年的 5300 万吨。

换一个角度来看中国纺织工业现今的生产规模：中国纺织工业在 2010 年的纤维加工量竟已相当于 1950 年全球纺织纤维总产量（940 万吨）的 4.4 倍，相当于 1980 年全球纺织纤维总产量（2963 万吨）的 1.4 倍，相当于 2000 年全球纺织纤维总产量（5436 万吨）的 76%。

中国纺织工业自身的纤维加工量进行纵向比较，数字惊人。按国家统计局的统计数据进行比较，结果是：2010 年的 4130 万吨，相当于 1952 年（73 万吨）的 56.5 倍，相当于 1980 年（349 万吨）的 11.8 倍，相当于 2000 年（1360 万吨）的 3 倍。

世界范围的横向比较，变化同样惊人。中国纺织纤维加工量与美国相比，出现的结果是：1950 年约为美国（282 万吨）的 18%，1980 年时为美国（562 万吨）的 62%，1990 年与美国（615 万吨）大体上并驾齐驱，2000 年时反超为美国（812 万吨）的 1.68 倍，2010 年时又大幅度超出，为美国（386 万吨）的 10.7 倍。见表 3-7 和表 3-8。

表 3-7　中国纺织纤维加工量的世界比较

年度	世界（万吨）	中国		美国（万吨）
		总量（万吨）	全球占比（%）	
1950		50	5 左右	282
1980	3068	349	11.4	562
1990		665（1989 年）		615
2000	5436	1360	25	812
2005	6901	2570	37	628
2007	7621	3530	48.6	480
2008	7068	3510	54.3	420
2010	8008	4130	52	386

表 3-8　中国纺织纤维加工量（分纺织原料品种）的世界比较

项目	2005 年			2010 年		
	世界（万吨）	中国（万吨）	中国占比（%）	世界（万吨）	中国（万吨）	中国占比（%）
纺织纤维加工量	6901	2570	37.24	8008.3	4130	51.57
天然纤维	2649.8	913	34.46	2626.3	1249	47.56
棉	2446.7	830	33.80	2446	1155	47.22
毛	122.8	35	28.50	113.20	41	36.22
丝	13.3	10	75.19	15.3	13	84.97
亚麻	65	38	58.46	51.8	40	77.22
化学纤维	4251.2	1630	38.34	5382	2881	53.53

资料来源：《中国纺织工业发展报告 2011/2012》。

20 世纪 90 年代初，当时的纺织工业部经济研究中心，按照联合国粮农组织的统一计算方法，经过周密研究分析，在其提供全国纺织工业厅局长会议参阅的《2000 年我国纺织纤维消费总量及消费结构预测》中，对 2000 年中国纺织工业纤维消费总量（纤维加工量）和人均纤维消费量提出高、低两个方案：低方案为 635 万吨和 5.03 千克，高方案为 669 万吨和 5.29 千克。此前，1980 年的实际统计数为 349 万吨和 2.84 千克，1985 年的实际统计数为 451 万吨和 3.42 千克。参会人士多数倾向于低方案即 5.03 千克。当然也有一些人持乐观态度，认为应争取实现高方案。

谁也没有料到，十年后的 2000 年，即"九五"计划的最后一年，最后的统计数字是"纤维加工量 1360 万吨"，为高方案（669 万吨）的 2 倍还要多；人均纤维消费量相应提升到 7.5 千克，为高方案（5.29 千克）的 1.4 倍。见表 3-9。

表 3-9　起点·预测·结果

时间节点		纤维加工量（万吨）		人均纤维消费量（千克）	
		低方案	高方案	低方案	高方案
起点	1980 年	349		2.84	
	1985 年	451.2		3.42	
预测	2000 年	635	669	5.03	5.29
结果	2000 年	1360		7.5	

这样远远超过预期的发展现象，在中国纺织工业部门几乎成为常态。其实，无论是改革开放的 30 余年间，抑或中华人民共和国成立后的 60 多年间，都呈现了这样的历史现象。

进入改革开放新时期 30 余年间，中国国民经济各个重要环节先后起飞，许多工业领域的经济总量进入世界前列，甚至已跃居世界首位，但由于中国人口众多，往往在"人均数"方面还难以尽如人意，纺织工业也曾经面临这样的发展难题。纺织工业的纤维加工量在 2000 年达到 1360 万吨，已在全球占比 25%，远高于同年美国的 812 万吨，或欧盟各国的总和（近 500 万吨）。但在这一年，中国社会的人均纺织纤维消费量（7.5 千克）还低于同年世界人均的 8.7 千克，并远远低于美国（39.2 千克）和欧盟（近 20 千克）。令人欣慰的是，经过 21 世纪第一个十年的新一轮大发展，这个大难题也解开了。2010 年，中国纺织工业纤维加工量为 4130 万吨，在全球（8008 万吨）占比 52%。同年，中国社会人均纺织纤维消费量为 18 千克，高于全球人均（11.8 千克）53 个百分点。这个"人均"数已与欧盟各国处于同一水平，见表 3-10。

一句话：数字与事实，最能说明中华人民共和国纺织工业 65 年的成就和发展水平。

中国纺织工业发展历程研究（1880~2016）

表 3-10　中国人均纺织纤维^①消费量^②　　　　单位：千克 /（人·年）

年度	世界人均	中国		美国	日本	西欧^③	备注
		人均	与世界人均比较				
1950		1.27（1952）		18.2	2.5		
1960	5.6			15.9	7.95		
1970	6.5	3.87^④		22.4	13.9		
1980	7	2.84	100∶41	24.1	16.8	8.2	1980 年，墨西哥为6.6、土耳其 7.9
1990		4.8		29.8	21.9	19.1	1990 年，欧盟 12 国为 19.6
2000	8.7	7.5	100∶86	39.2			
2005	9.8	13	100∶127	42.5			
2007	9.5	14.6	100∶138	42.7			
2008	10.0	15	100∶150	36.3			
2010	11.8	18	100∶153	35.0			

①纺织纤维是指棉花、羊毛、亚麻 / 苎麻、化纤。

②人均纺织纤维消费量 = $\dfrac{当年纺织品纤维加工量 + 进口纺织品纤维量 - 出口纺织品纤维加工量}{年中人口数}$。

③西欧是指英国、法国、德国、意大利等。

④该数值为 1970 ~ 1975 年的平均值。

第四章 以史为鉴，铭记中国纺织工业百年发展历程的宝贵历史经验

　　一部中国纺织工业百年史，从 1890 年李鸿章在洋务运动中创办上海机器织布总局，到 20 世纪上半叶中国民族资本积极兴办纺织业谋求"实业救国"，到中华人民共和国成立后 60 多年间发挥社会主义制度优势终于将中国纺织业发展成为"世界工厂"，涵盖三个历史时代的 120 多年，既是中国人引以为豪的一部工业发展史，又是一个蕴藏丰富、极有价值的工业发展历史经验宝库。

　　以"纺纱、织布机器加蒸汽机"的大工业生产方式，取代手工纺织业而引发的人类社会第一次工业革命，在世界范围开辟了工业化的道路。欧美各国采取资本主义生产方式，曾将纺织工业发展到空前规模，由此创造了巨大的社会财富，并以纺织工业为先导带动了一系列传统工业的初期发展。在一批有识之士倡导和奔走下，"师夷长技以为我用"，终于取得尚可欣慰的发展成就，并由此打开了华夏大地工业化的大门。

　　中国纺织工业真正的大发展，使纺织业的工业规模发展到与中国人口规模相匹配，是在中国进入社会主义时代后的 60 多年间。然而，要取得纺织工业的大发展，解决一个人口数以亿计的大国人民的穿衣问题，并非易事。令人欣慰的是，在党中央、国务院高度重视和有力支持下，经过纺织工业战线几代人的艰辛努力，中国已解决好历朝历代都未曾解决的人民群众的穿衣问题，而且，在各项基本民生问题中，穿衣问题是解决得最早、最好的。也正是由于达到了这样的工业发展水平，中国纺织工业已发展成为世界第一纺织品服装出口大国，成为衣被天下的世界工厂。

　　中华人民共和国成立以来，纺织工业发展的半个多世纪，首先是一系列工业发展战略和工业管理方式方法的成功史，同时在其发展过程中，也遇到过一些挫折和走过弯路。这里面包含了许多宝贵的历史经验，在纺织工业以至于工业发展方面具有普遍意义。

一、坚持社会主义道路，在纺织工业发展中充分发挥社会主义制度的优势

中国纺织工业成功解决十亿人口的衣被问题，当然非一日之功、一事之功，而是多种因素、多种历史条件共同作用的结果。就纺织工业大发展的诸多要素而论，无疑中国纺织工业是占有多项有利条件的。特别是：拥有世界最大的国内市场，解决一个人口大国人民大众衣被的供应问题，本来是个大难题，反过来又成了纺织工业大发展的前提条件；拥有最基本的纺织原料资源条件，拥有世界上规模最大的植棉业、桑蚕事业和苎麻／亚麻种植业作为"靠山"；拥有庞大的高素质人力资源，发展纺织工业不愁劳动力和专业人才。当然还应看到，20 世纪中后期以来，经济全球化大趋势提供的有利历史条件。

回顾中国纺织业的大发展历程，分析中国纺织业成为世界工厂的成因，应该实事求是地肯定上述这些客观因素和历史条件的重要作用。与此同时，更应该看到，把中国纺织工业推向世界一流水平的领导力量。从人民衣被甚少、国家不得已用发布票来保障城乡人民低水平消费需要，到近年城乡纺织品服装市场接近极大丰富，纺织品服装出口全球占比达三成多、衣被天下，可见变化之巨，工程之艰辛。纺织业是民生工业，靠着客观经济规律一般也会"自然"地有所发展，但要"自发地"发展到现今中国纺织业的大局面，则很难设想。从根本上说，这是中国共产党基于社会主义的执政理念、治国理政之道的重大经济建设成就，并典型地展现了中国共产党的执政能力。党中央最高领导层在中华人民共和国成立初期高度重视纺织工业，并具体过问纺织工业的发展目标、发展战略，这是因为中国共产党执政为民，决心在较短时间内，尽快解决人民大众的温饱问题，保障和改善民生。

纺织工业在中华人民共和国成立后谋求并实现大发展的过程中，充分发挥了社会主义能够集中力量办大事的制度优势。20 世纪 50 年代，集中财力、物力和人才，建成石家庄、邯郸、郑州、西安、北京"五大纺织新基地"和规模巨大的（山西）经纬纺织机械厂、郑州纺机厂，迅速打开大规模建设纺织工业的局面。20 世纪 70～80 年代，集中财力、物力和人才，建成上海（金山）石化、辽阳石化、天津石化和仪征化纤等十个大型（以至特大型）合成纤维工厂，仅用十几年时间就奠定化纤制造业的工业基础。社会主义能够集中力量办大事的制度优势，在这些世纪性的大工程中起了重要作用。

二、高瞻远瞩，确定并坚持一系列符合国情和纺织工业客观发展规律的大战略

中华人民共和国成立后的 60 多年间，在纺织工业大发展的进程中，有若干最为关键、最为成功的发展战略：纺织系统自己发展纺织机械制造业，立足自力更生解决新厂建设和生产技术现代化不可或缺的技术装备问题；纺织系统与化工部门联手发展化纤制造业，解决纺织工业大发展不可缺少的纺织原料问题；抓住经济全球化的历史性机遇，用好国内国际"两种（原料）资源、两个市场"，实行"国际大循环"；加快发展服装业等深加工行业，拓展纺织产业链，增加纺织生产附加值。前两项大战略的定案和具体部署，是在党中央领导人直

接过问下实现的。后两项大战略是在 20 世纪 80 年代中期提出和具体部署的，也是出自党中央、国务院高瞻远瞩的顶层设计。

新中国成立前工业基础薄弱，纺织业 500 万棉纺锭、13 万毛纺锭等所有机器设备，几乎全数依赖进口。中华人民共和国成立伊始，纺织系统就在党中央、政务院的明确支持下，定下了"纺织系统自己造纺织机器"用于新厂建设、老厂改扩建的大战略，并一直坚持至今。结果非常成功。中华人民共和国成立后 60 多年间，纺织工业部门把棉纺织工业发展到 12000 万锭，把毛纺织工业发展到 300 万锭，把苎麻 / 亚麻纺织工业发展到 60 万锭，把化纤制造业产能发展到年产 5000 万吨左右，把服装制造业产能发展到 300 亿件左右。如此巨大规模的工业发展所需的大量机器设备，主要立足国内自力更生，而且主要是依靠大纺织产业链序列的纺织机械制造业。仅就 12000 万锭棉纺设备而论，如果依赖进口机器，按近年国际市场每一万锭成套纺纱设备平均价格 250 万美元换算，即需外汇 300 亿美元。

发展化纤制造业，这项大战略的重要性也越来越明显。全国化学纤维总产量 2015 年已达 4832 万吨；同年化纤在纺织工业原料结构中的比重已达 80% 以上。可以说，没有天然纤维与化学纤维并举、大力发展化纤制造业这项大战略，就没有中国纺织工业如今的大局面。

抓住经济全球化的历史性机遇，用好国内国际"两种资源、两个市场"、实行"国际大循环"的大战略，是国务院在 20 世纪 80 年代中期定下来的。这项大战略给中国纺织业带来的是：2015 年纺织品服装出口 2911.5 亿美元，在全球占比三分之一左右，为国家提供 2600 多亿美元的贸易顺差。

拓展纺织系统的产业领域，加快发展服装、家用纺织品、产业用纺织品三大终端产品制造业，这项大战略也是 20 世纪 80 年代中期确定的。这项战略的大见成效，始于服装制造业。仅 15 年时间，全国服装年产量就由 16 亿件左右发展到 2000 年的 209 亿件。机织、针织服装总产量 2012 年达到 267 亿件（内机织 135 亿件，针织 132 亿件）。超出预期的是：全国服装出口总值到 2015 年达 1412 亿美元，与纺织品出口平分秋色。2015 年中国服装总产量（规上企业）达 308 亿件，2014 年服装出口总值在全球（4832 亿美元）占比已达 38.6%。

在这项大战略引导下，由众多中小型纺织复制企业聚集而成的家用纺织品制造业，到 2015 年已发展到拥有 1847 家规模以上企业，销售收入 2606 亿元，出口总值 402 亿美元。

至于方兴未艾的产业用纺织品制造业，到 2015 年已发展为拥有 1886 家规模以上企业的大行业。这个行业全年纤维加工总量已达 1341 万吨，占全国纺织业纤维加工总量的 23%。

三、坚持大型企业与中小微企业并重，纺织工业扎根于区域经济

这在当前，就是既重视 38000 家"规模以上企业"（年销售额 2000 万元以上的企业），也重视 20 万家中小微企业（其中，相当一部分聚集在几百个纺织服装产业集群中）。

中华人民共和国成立后的几十年间，中国纺织企业的平均规模有了很大的变化。20 世纪 50 ~ 60 年代，10 万锭以上的棉纺织厂，1 万锭以上的（精梳）毛纺织厂，都屈指可数。而近年，

连二三十万棉纺锭和三五万毛纺锭的特大型纺织企业，都在不断涌现。2012年，全国纺织系统3.83万家"规模以上"工业企业中，仅棉纺厂就有2.01万家，毛纺厂已有627家。由手工业系统转化而来的服装制造业，到2012年，"规模以上"企业已多达1.48万家。这些企业的规模较大，设备技术现代化程度比较高，国际竞争力比较强，在中国纺织业中占主体地位，当然应该重视。应该引导他们加速工业现代化进程和提升国际竞争力，使之在全面建设小康社会中成为主力，在经济全球化和国际市场上成为强者。

当代中国纺织系统20万中小微企业，绝大部分是改革开放的产物，是当时颇具争议的"乡镇企业"。20世纪80～90年代和21世纪第一个十年间，这些中小微企业中相当大的一部分，逐渐聚集在全国各地几百个纺织服装产业集群中，成为社会主义市场经济的弄潮儿。谁也不会料到，经过20多年的发展，到2008年时仅是纳入中国纺织工业协会主持的"纺织产业集群试点县、镇"范围的145个县、镇纺织产业集群，就已有17万户企业、800万职工；其纺织经济总量已占中国纺织业经济总量的40%以上。其后一些年，继续呈现快速发展态势。与纺织服装产业集群共生并相辅相成的纺织服装专业市场，到2011年已发展到709家，市场经营总面积6900万平方米，市场商铺97万户，市场成交总额1.66万亿元，不仅成为中国纺织品服装内销的干渠，有一部分纺织服装产业集群/专业市场如绍兴国际轻纺城等，已开始面向国际市场，成为中国纺织品服装外销的新渠道。这一以中小企业和小微企业扎堆为特征的发展模式，近年对整个纺织行业的发展起到极为重要的作用。

纺织工业应该大型企业与中小微企业并重，扶持中小微企业，这项政策从来是明确的。但在许多年里，对中小微企业的重要性往往认识不足，扶持中小微企业也缺乏一套有效办法。实事求是地说，纺织服装产业集群/专业市场这一似曾相识（手工纺织业、陶瓷行业的名城名镇，自古以来就是这个发展模式）的中小微企业发展模式，是先有各地中小微企业的创造和探索，然后才是宏观政策、措施跟上，从而得到大发展的，中国纺织工业协会在这个问题上做出了历史性的贡献。

四、多种所有制经济共同发展，纺织工业成为既富国又利民的经济事业

中国纺织工业自20世纪80年代以来的近四十年大发展，深深得益于中国共产党制定的一项基本经济制度——以公有制为主体，多种所有制经济共同发展。

纺织业本就是植根于商品经济的产业，中国近现代纺织工业早期发展，本就是在市场经济环境中实现的。进入改革开放新时期以来，民营纺织企业的价值重新得到肯定。中国纺织工业在得到这一股新的推力之后，很快就出现了一轮又一轮的新发展。经过30多年的发展，到2013年，民营纺织资本（私人控股）在整个纺织业"规模以上企业"的"所有者权益"中的占比已达到65.7%，其控股总额已达到11884亿元。同年，在整个纺织行业"工业销售产值（62948亿元）"中的份额已达到47213亿元，占比75%，在出口交货值（9209亿元）中的份额已达到4798亿元，占比52%。无论资本规模、经济总量，都远远超过当年申新、永安、大生、大成、华新纱厂系统等著名民族资本纺织企业的总和。

多种所有制经济共同发展的基本经济制度，造成了中国纺织工业空前的大发展局面。纺织工业是竞争性行业，各种经济成分的消长是社会主义市场经济在起着决定性的作用。

五、实行一系列符合国情、业情的产业政策，推进纺织工业现代化

中华人民共和国成立后几十年间，纺织工业部在产业政策方面，处理得较好的若干重要问题如下。

1. 正确处理自力更生研究、开发、制造与引进国外先进设备、技术的关系

自主研发舍得花大力气。例如，20 世纪 50～60 年代先后两次抓棉纺全程机器设备的研发和升级换代；20 世纪 80 年代在大规模建设化纤制造业的形势下，集中力量研制年产 1.5 万吨大型涤纶短纤维成套设备；20 世纪 90 年代在国务院的直接支持下，重点抓自动络筒机、无梭织机、清梳联合机等关键设备的国产化等。

在引进国外先进设备、技术方面很有魄力。棉、毛、麻、丝纺织各行各业的设备、技术现代化，都是在引进国外先进设备、技术，然后学创结合的情况下，逐步推进的。化纤制造业的起步和发展更是走了这样一条捷径。20 世纪 50 年代，从民主德国引进黏胶纤维长丝（人造丝）成套设备、技术，建成保定化纤厂，开辟了建设黏胶纤维制造业的道路。20 世纪 60 年代，从日本、英国引进维尼纶、腈纶成套设备、技术，建成北京维尼纶厂和兰州化纤厂。20 世纪 70～80 年代在建设上海（金山）石化总厂、辽阳石化、天津石化、仪征化纤厂等特大型合成纤维企业时，更是全面实施"引进国外先进设备、技术与国内自主研发相结合"的做法，结果仅用了十多年时间，就为中国化纤制造奠定了工业基础。

为了引进国际先进设备、技术，自 20 世纪 60～70 年代以来，纺织系统每年都动用可观的外汇。21 世纪第一个十年间，更达到了每年三五十亿美元的水平。但与由此产生的中国纺织品服装大量出口的外汇收入和贸易顺差来衡量，其"投入产出比"却是十分合算。例如，20 世纪 60 年代为扩大针棉织物出口而大量进口德国的经编机，"后 30 年"为扩大"无结头"针织品出口而大量进口意大利、日本的自动络筒机，都具有这样的"投入产出"显著效应。

2. 推进纺织工业现代化，注意从中国国情和中国纺织业实际出发做出部署，兼取尖端科技成果与"先进适用技术"，兼顾纺织业提高劳动生产率与社会就业岗位问题

少数实验车间、实验工厂可以不惜工本采用自动化程度最高、功能最齐全的昂贵设备。大面积的新厂建设和老厂技术改造，则一般都采用先进适用技术和国际先进技术，而不是片面追求全自动化和高度省人化。

六、一贯重视企业管理，特别是纺织工厂基础性的生产技术管理

设备管理、工艺管理、操作法和车间管理、车间轮班管理、基层生产小组管理，都有一套科学合理的制度和经验。《郝建秀细纱工作法》《五一织布工作法》等科学合理的生产操

作方法，半个多世纪以来，深深扎根于全国数以万计的纺织工厂。"郝建秀小组""赵梦桃小组"等先进班组的一丝不苟、苦干加巧干、互帮互学等先进管理方法，至今尚在整个纺织系统发扬光大。

进入改革开放新时期之后，纺织系统在"管理现代化"方面，经过长期筛选，又从发达国家汲取了全面质量管理（TQC）、企业文化建设、企业社会责任认证和品牌战略、工业设计、产品时尚化等成功经验，进一步提升了纺织、服装企业的经营管理水平。

七、重视工业发展中人的因素和企业的精神文明建设

从体制上确立企业职工思想政治工作并做到常态化，更在精神文明建设层面为纺织系统的工业管理和企业管理增添了中国特色的华章。

企业文化建设的常态化，有效地提升了纺织系统广大员工的素质。

"辛苦我一个，幸福十亿人"的口号，大大激发了纺织工业的岗位光荣感、自豪感。

起源于纺织系统的"五讲四美三热爱"和"精神文明宣讲团"，已成为全国工业战线的共同财富。

八、坚持发展工业的务实作风和自力更生精神

纺织工业部第一任部长、老一辈无产阶级革命家钱之光主持纺织工业部工作的 32 年间，开创并影响纺织系统至今的务实作风和实事求是精神。不唯上、不跟风、不唯书，不务虚名、不讲空话、致力于实实在在的工业生产、建设。

坚持纺织工业的产、供、销协调平衡，绝不搞脱离实际的高指标。即使在"大跃进"时，也坚持纺织设备运行的科学合理车速，公开申明"纺织工业不放卫星"，"文革"初期，坚持纺织工业的正常生产秩序，力求生产、建设损失最小。对于一些认定的自力更生发展纺织工业的战略部署，如纺织系统自己发展、自己管理纺织机械制造业，纺织工业与化工系统联手发展化纤制造业，敢于据理力争，绝不轻易放弃。对于在纺织工业部树立清正廉洁、克勤克俭的机关作风，钱之光部长更是身体力行，并定下严格规矩。因此，纺织界不少老同志认为，中华人民共和国成立后在纺织工业系统形成的"爱纺织、为人民""上下一致，不图虚名，尊重科学，实事求是"等优秀文化，是与钱之光等人以身作则的精神分不开的。

纺织工业在中国之所以成为支柱产业，是纺织工业在国家经济总量、小康社会建设、全国货物出口和贸易顺差、众多省市区域经济发展、全国城镇就业率等方面的重要作用和重要占比客观地形成的。经过几十年的艰苦努力，中国纺织工业在世界纺织品服装贸易中占比已达三分之一以上，中国棉纺织工业在全球棉纺织工业设备规模中占比超过 50%，中国化纤制造业在全球化纤总量中占比达到 65% 以上，中国纺织工业的纤维加工总量在全球占比达50% 以上。至此，中国的纺织工业已成为名副其实的"世界工厂"。

中国纺织工业的历史传承

第二篇

很早就进入商品经济格局的中国手工纺织业，历史悠久、技艺精湛，既是华夏文明的瑰宝，又是中国社会经济发展和中华民族繁衍生息的生产力保障。

植桑养蚕和制丝织绸是中国劳动人民的一项重大发明创造。在男耕女织和桑麻生产的基础上，早在春秋时期，就出现了《诗经》中的《国风·卫风·氓》所记载的"氓之蚩蚩，抱布贸丝"的纺织品生产和交换现象。汉、唐时期开辟的"丝绸之路"，宋、元、明时期繁荣的"海上丝绸之路"，曾对东西方经济、技术、文化交流做出巨大的贡献。

手工纺织业生产方式被机器纺织业所取代，是历史的必然。但手工纺织业的许多宝贵文化遗产和精湛技艺（如织物纹样、云锦织造工艺、蓝印花工艺等），应继续受到重视并传承下来。手工纺织业名城名镇集聚和扎堆的经营模式，不仅流传了下来，而且在当代得到了发扬。

中国纺织业由手工业生产方式过渡到大工业生产方式，滞后于第一次工业革命整整一个世纪，拥有规模庞大的手工纺织业的东方大国，却错失了近代工业发展的先发优势。

在清末"洋务运动"和"实业救国"热潮的推动下，纺织工业作为"实业救国"的先导产业，在历经艰辛之后，终于在 20 世纪中期发展成中国最大的传统产业，成为中华人民共和国走向工业化的一项重要经济基础。

中华人民共和国成立以来，短短的六十多年，纺织工业不仅出色地解决了人民群众的穿衣问题，还使我国发展成为衣被天下的世界第一纺织大国。回顾中国纺织工业早期发展的历程，历史不会忘记，清末以李鸿章、张之洞等为代表的"洋务派"创办纺织工厂的远见卓识和真诚努力，张謇创办南通大生纱厂、周学熙创办华新纱厂、无锡荣氏家族创办申新纱厂、南洋华侨郭氏家族创办永安纱厂、常州刘氏家族创办大成纱厂的历史功绩。

第五章　彪炳世界史的中国手工纺织业

一、黄帝垂衣裳而天下治

纺织工艺在中国的起源可以追溯到新石器时代。1973年开始发掘的浙江余姚河姆渡遗址中，就有纺轮、角梭器、经轴以及骨匕、骨针、骨梭等纺织器具，说明新石器时代从纺捻纱支到抛梭织布的手工纺织工艺已在孕育之中，比传说中的黄帝时代要早两千多年。然而，当时我国的象形文字还未形成，不可能有成文的史料。因此，探讨纺织工艺在中国的发展，一般从人文始祖黄帝开始，多种古籍都有"黄帝垂衣裳而天下治"的说法。

传说中的黄帝时代大约在五千多年前，是一个氏族部落林立、征战频繁、男性力量日益凸显、父系社会逐步替代母系社会的时代。那时，原始农业和手工业开始形成，中华民族的许多创造发明都产生在这个时代。人们渐渐学会将采集到的野麻纤维抽取出来，用石轮或陶轮搓捻成麻线，然后再织成麻布，做成衣服，与先前的兽皮裘衣互为补充。

黄帝（图5-1）南伐蚩尤，西征炎帝，统一中原后，迎来了天下太平，于是就开始了"垂衣裳而天下治"、推动社会文明的伟大实践。他看到人们身上所披的兽皮、麻葛织物在活动时既不方便，又难蔽体，就教人们分成上下两部分：上身为"衣"，缝制袖筒，呈前开式；下身为"裳"，两侧开叉，形成了简约的服装款式。在征战逐步停止，部落同盟形成后，要求在人群中区分管理者与被管理者，即官与民，于是又把衣裳做成不同的款式，或画上各种图案，以标识穿着者的身份，使他们"各司其职，不相乱也"，从而实现天下大治。

制作各种服装，需要大量纺织原料，于是又有了黄帝元妃嫘祖教民养蚕缫丝（图5-2）的传说。

图 5-1　黄帝像

图 5-2　嫘祖教民养蚕缫丝

据《史记》记载，在尧、舜禅让过程中，尧经过多年的考核和广泛征询意见，决定把大位禅让给舜后，赐给舜一套"缔（chī，细葛布）衣"。缔衣不但加工精细，还用骨针绣上特定的图案，以显示穿着者高贵的身份。

又过了几十年，禹即位时，华夏大地虽已实现"垂衣裳而天下治"，但在南方还有"裸以为俗"的土著族群。为了对他们进行教化，又有了"禹之裸国，裸入衣出"的传说。

三皇五帝时期，虽然没有翔实的文字记载，但是涉及纺纱织布的传说却有很多。一部《诗经》305 首，其中直接或间接反映纺织生产的就有 30 多首，如"东门之池，可以沤麻。彼美淑姬，可以晤歌。""七月流火，九月授衣……无衣无褐，何以卒岁？"在已发现的甲骨文中，有"纟"部的字 100 多个。东汉许慎编著的《说文解字》中，"纟"部的字有 267 个，"衤"部的字有 120 多个，"巾"部的字有 75 个。清朝的《康熙字典》中，"纟"部的字有 860 个，"衤"部的字有 630 个，"巾"部的字有 314 个。这些字所形成的词汇，很多被引用于其他领域，如系统、纠纷、纲纪、笼络、线索、组织、维系、成绩、纰漏、总统、领袖、补充、纨绔、袍泽、联袂、幅员、巾帼等，应用的广泛程度，远远超出了服饰文化的范畴。

手工纺织业的发生、发展始于西周，到春秋战国时已相当兴盛，《诗经》《周礼》和诸子百家典籍中有大量的文字记载，历来都无争论。但是，手工纺织从家庭劳动发展到商品经济的手工纺织业，是与中国古代社会何时进入"封建社会"紧密联系着的。近代学界一般认为黄帝时代是原始社会末期，从其后几百年后的夏代（公元前 21 世纪）开始，我国进入奴隶社会。而从奴隶社会转入封建社会的具体时间，我国史学界众说纷纭，大体上有以下六种不同的见解：西周封建说、春秋封建说、战国封建说、秦统一封建说、东汉封建说、魏晋封建说。从西周到魏晋，前后相差 1000 多年，这似乎也从一个侧面反映了社会制度更替过程的复杂性。

如果不作深究，可以折中地认为我国是从春秋战国之交（公元前 475 年）过渡到封建社会的，1840 年鸦片战争后，进入半封建半殖民地社会。按此计算，我国的奴隶社会经历了1600 多年，封建社会经历了 2300 多年。相应地，中国手工纺织业也已有 2300 多年的历史。

对于封建社会以前的纺织业状况，由于可考证的史料甚少，难以作系统阐述。这里，试图从封建社会开始回顾。

二、丝麻纺织业从发展到繁荣

在古代中国，最早发展起来的纺织业是麻纺织业和丝绸业，麻纺织业更早于丝绸业，这可以从《诗经》中得到佐证。丝绸一直是达官贵人享用的高档服饰用品，而作为大众衣料的，早期一直是麻葛织物，称为"布"，因而穿麻葛织物的平民百姓称为"布衣"。宋代以后，麻布逐渐被棉布所取代。

在未经加工的麻纤维中，含有果胶、半纤维素和木质素等杂质，导致麻纤维感观粗硬。最早的麻织物，是用手工剥取麻类植物的茎皮，用石制工具敲打茎皮使之柔软，然后撕成细长的"缕"，用缕搓绳或编织。到新石器时代晚期，有了自然沤渍的麻脱胶法，麻纺织才加速发展起来。

从商、周开始，就有官府管理的手工纺织工场。进入春秋战国时期，小农业和家庭手工业紧密结合的男耕女织的自然经济基本形成，社会生产有了较大进步。手工纺织业中的很大部分仍然由官府经营，在官府经营之外，出现了商人经营的手工纺织业，基于商品经济发展的需要，到此时，布（麻布）和帛（丝绸）的幅宽、匹长和织物重量都已大体上有了统一的规格。

战国时期，纺织生产的成就更为突出，全国很多地区都有麻葛、丝织生产，丝织产品已有罗、纨、縠（hú，绉纱）、锦、绣等多个门类。1975年，在长沙左家塘发掘的战国中期楚墓出土的丝织品中，仅锦就有六七种规格，足见当时纺织技术已经达到相当高的水平。

汉代，纺织业成为技术较先进、规模较大的手工业部门。西汉时，中原地区丝麻并产，尤以丝织品最盛；江南则以麻、葛织物为主。纺织业在民间主要以与农业生产相结合的家庭手工业的形式存在。农民家庭主要生产供自己穿用和交纳赋税的麻布、葛布和绢帛。在丝织业发达的城市，也有富商大贾经营的手工业作坊。当时，齐郡临淄（今山东淄博市东北）和长安是全国丝织业的中心。

1972年，从长沙马王堆汉墓中出土了大量丝麻织品，其中有绢、纱、罗、绮、锦、刺绣、麻布等，有完整的衣物和整幅锦、绮以及衣衾残片等200多件，以丝织品为主。在发现的服饰中有一件素纱蝉衣（图5-3），精美无比，原物纱孔清晰方整，大小一致，并且采用了捻回方向的不同，使纱面具有縠绉的感觉。蝉衣长128厘米，袖长190厘米，但重量仅48克，真是"薄如蝉翼，轻若烟雾"。从汉代出土的锦、绣、绮等纺织品来看，当时所

图5-3　素纱蝉衣

图5-4 江苏铜山出土汉画像石中的斜织机

用的织机相当复杂（图5-4）。

马王堆出土的麻布有灰色细麻布、白色细麻布和粗麻布三种，都是被服拆片。通过实物分析得知：早在西汉，麻的脱胶，麻布的漂白、浆碾以及防腐等加工技术都已达到相当高的水平。

西汉时，四川产麻布很多。张骞出使西域曾在大夏（今阿富汗北部）见到蜀布。到东汉后期，蜀锦已驰名全国。魏明帝时博士马钧改进了绫机，这是纺织技术的一大进步，可使工效提高四五倍。

中唐以后，丝织业又有新的发展，表现为丝织生产的分工更加精细，花色品种更加丰富，产量也有所增加。

进入唐代以后，长江流域的丝织业上起川蜀，下至吴越，都已经非常发达。杜甫曾有诗描述开元盛世丝绸业的繁荣景象：

忆昔开元全盛日，小邑犹藏万家室。

稻米流脂粟米白，公私仓廪俱丰实。

九州道路无豺虎，远行不劳吉日出。

齐纨鲁缟车斑斑，男耕女桑不相失。

宋代的丝织品以织锦和缂丝最为著名。宋锦加金有明金和拈金两种方法。北宋中叶已能生产拈金锦，在当时是具有代表性的高级丝织品。缂丝亦称克丝、刻丝，是用许多专用的小梭子穿引各色丝线，根据画稿花纹色彩的轮廓边界，一小块一小块盘织出来。这个时期丝织业的发展，南方比北方更为显著。唐代主要产绢地区是黄河中下游，至宋代，长江下游的绢产量超过了黄河流域。

至明代，提花织机（图5-5）的用途日益广泛。明末宋应星所著《天工开物》中记载着花机、腰机、结花等各种织机和技术。当时提花机的花楼高一丈五尺，织匠能手两人协同提织花样，织好了几寸就要换送到另一提花机上，衣服上的各色花型要经过各个机房巧妙地配合织成。

清初，苏州手工丝织提花技术更加提高，生产的重要提花品种有妆花纱、妆花缎、妆花绢等，有的品种采用的色纱多达十多种。所谓"妆花"，就是在透明的纱底上织出五彩加金的花纹，织制时，有的是用十几只大梭子同时织，有的是用一只大梭子织底纹，十几只小梭子各穿不同彩色的丝绒和金银线织花。织花的小梭子并不穿过整个幅面，而是根据花纹的边界，在花纹轮廓线内来回盘织。上等的锦缎敷色自然，晕色和用线都可以与工笔绘画媲美。

在封建社会，男耕女织的家庭劳动一直是社会生产的基本单位，缂丝织绸也一直是以家

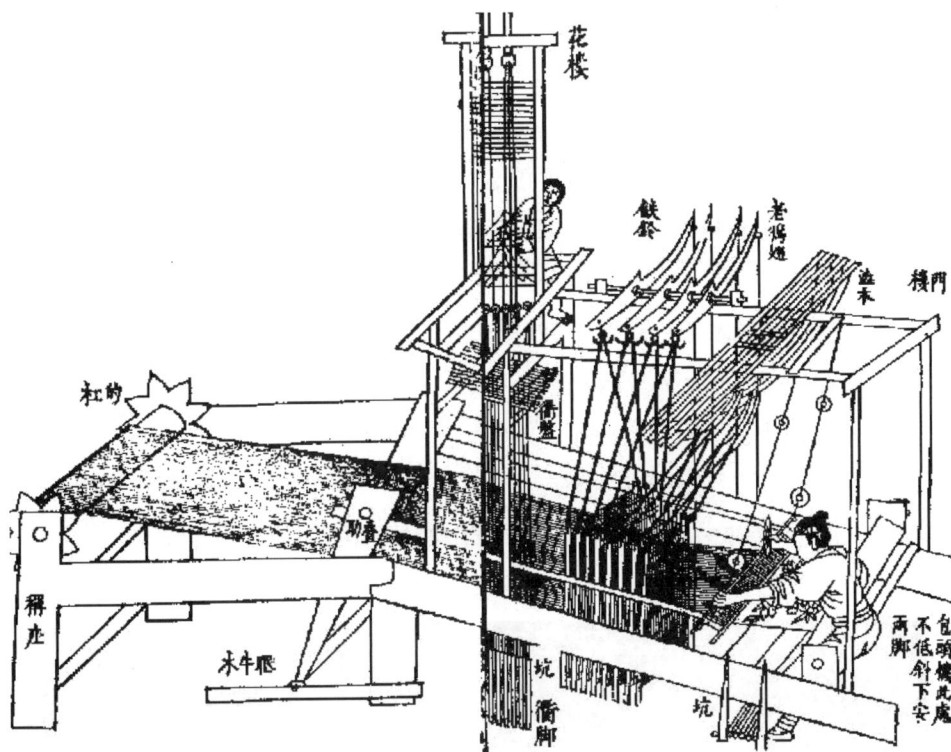

图 5-5　明代提花丝织机

庭副业为主体进行的。大多数王朝都把丝绸生产列为赋税的重要财源之一，颁发诏令督劝农桑。农业生产的发展推动了丝织技术的进步。几千年来，桑树各种栽培方法的成功，特别是嫁接桑的出现，促进了桑叶的优质高产。缫丝车从手摇到脚踏，丝织机从手提起综到脚踏起综以及束综提花机的发明、型板印花取代手工描绘等，使丝绸的劳动生产率持续提高。无数能工巧匠的创造发明，是丝绸生产技术水平不断提高的基础。

　　丝绸产品具有优良的服用性能和装饰效果，华丽的丝绸服饰历来是王公贵族穷奢极欲所必需，这导致了官营织造的精工细作，产品不断向高档化发展。

　　锦是丝绸中的精品，是传统的高级多彩提花丝织物，素有"织采为文""其价如金"的美誉。在各类丝织品中，锦的织造工艺最复杂，是古代丝织工艺技术的最高代表。锦的外观五彩缤纷、富丽堂皇，花纹精致古朴，质地厚实丰满，纹样多为龙、凤、仙鹤和梅、兰、竹、菊等花卉，或福禄寿喜、吉祥如意等文字和图案。

　　锦的起源很早，《诗经·小雅·巷伯》中有"萋兮斐兮，成是贝锦"的记述，说明在三千多年前的商、周时期，已经有用预先染好的色丝仿照贝壳的色彩和花纹织成的锦了。此后织锦技术不断发展。战国、西汉以前流行以二色或三色经丝轮流显花的经锦，马王堆西汉墓出土的纹锦中就有凸纹效果的绒圈锦、波纹若隐若现的孔雀锦、绀地绛红的几何纹锦等。北朝至初唐流行经线分表经和里经、纬线分夹纬和交织纬的斜纹经锦，还有经线分夹经和交织经、纬线分表纬和里纬的纬锦，如新疆出土的团花纹锦和立鸟纹锦。宋、元时出现了在一个区内采用多种颜色的纬线，并以"分区换色"的方法丰富织物色彩的产品，如四川省博物馆收藏的八达晕锦，用金银丝作纬线织成的织锦缎。明清时期盛行以挖花回纬为主要显花手段的重纬织物妆花缎等。

不同地区的织锦风格各异。宋锦、云锦和蜀锦被称为我国古代三大名锦，主产区分别在苏州、南京和成都。宋锦的特点是锦面平挺，结构精细，图案古色古香，光泽柔和雅致，多用于服饰以及名人书画和贵重礼品的装帧。云锦的特点是纹样布局严谨庄重，用色浓艳对比强烈，色白相间和色晕过渡，并常以片金勾边，色彩富丽，别具一格，产品多用作蒙古族、藏族、满族的服装和装饰材料。蜀锦质地坚韧丰满，纹样风格秀丽，配色典雅，常用作高级服饰和装饰用料，尤为我国西南少数民族所喜爱。除三大名锦外，在少数民族聚居区，还发展出多姿多彩的少数民族织锦，如壮锦、傣锦、土家锦等。

几千年的传承，我国的丝绸产品积淀了丰富多彩的丝绸纹样，涵盖了人物、动物、植物、几何形象等多个方面（图5-6），可以织造、印染，还可以刺绣、手绘。

福禄寿喜纹样

福寿富贵团圆纹样

龙纹样

鸳鸯戏水纹样

牡丹仙鹤菊花纹样

童子攀花(缂丝)纹样

图 5-6　丝绸纹样

中国是世界丝绸的故乡，中国的丝绸起源最早，传播面很广。在相当长的时期内，生产规模、品种花色和工艺技术一直处于世界领先地位。几千年来，丝绸还作为高贵的出口产品闻名遐迩。"丝绸之路"成为我国和世界各国友好交往的纽带，中国也因此赢得了"丝国"的美称。

除丝绸产品外，其他纺织品的织造技术也有进步，广东的"女儿葛"就是其中之一。"女儿葛"是广东增城的少女用葛藤的丝织成的。据《广东新语》记载：

采葛藤必以女，一女之力，日采只得数两，丝缕以针不以手，细如毫芒，视若无有，卷其一端，可以出入笔管。以银条纱衬之，霏微荡漾，有如蜩蝉之翼。

除此以外，还能把苎麻、芭蕉丝、竹丝、木芙蓉皮纤维等纺织成布。

三、手工棉纺织业的异军突起和黄道婆的贡献

棉花虽在西汉中期已传入我国边疆，可是，自南北朝到唐宋的很长时期内，棉布在我国内地居民的衣着材料中仍不占主要地位。宋末元初，棉花由西北和东南两路迅速传入长江中下游和关陕渭河流域。元代农学家王祯在他编纂的《农书》中高度评价植棉带来的经济利益，认为棉花"比之桑蚕，无采养之劳，有必收之效；捋之藁苎，免绩缉之功，得御寒之益。可谓不麻而布，不蚕而絮。"在巨大的经济利益推动下，再加上朝廷在五个省区设置木棉提举司，"责民岁输木绵（棉）十万匹"，长江流域的棉布生产量很快发展起来。但由于当时工具简陋，技术低下，产品尚比较粗糙。

明代之后，棉花种植在南方迅速发展，许多原来种水稻的地区都改种棉花，出现了"地无南北皆宜之，人无贫富皆赖之"的盛况，原因是"其利视丝麻盖百倍焉"。棉花种植的发展，使民间的纺织原料大大增多，棉纺织业在南方许多地区得以迅速发展，形成了苏州、松江等著名的棉纺织中心。在民间棉纺织业迅速发展的同时，南方一些地区用棉布缝制成暑袜的手工业也随之兴起。万历年间以后，仅松江一地的暑袜店就发展到百余家。

明中叶以后，广大农民虽然仍在农暇时制作一些手工业品，但在一些植棉事业比较发达的地区，已有一部分农民打破几千年"男耕女织"传统，开始较多从事棉纺织业。如江苏无锡的"怀仁、宅仁、胶山、上福等乡，地瘠民淳，不分男女，舍织布纺花别无他务"。松江府从事专业纺织的"已不止村落，虽城市亦然。"其结果是，农民出售棉布换回粮食，商人收购棉布转运他处销售。据清人记载，无锡地区的一部分农民一年四季中只有三个月"食于田"，其余九个月则"以布易米"来维持生活。商人在无锡收购的布匹每年不下数十百万，再把这些布匹"泛舟而鬻诸北"，运销至淮、扬、高、宝等处。

宋末元初，松江乌泥泾（今上海徐汇区）的劳动妇女黄道婆，少年流落崖州（今海南三亚市），在当地向黎族人学习棉纺织技术。后返回故乡，把所学技术大范围地传授给乡亲，并且改进了纺织工具与技术，推动了长江下游棉纺织业的发展。当时技术好的，能够一手握三管纺于锭上。这时的棉纺织业在普及技术的基础上，逐渐形成了地区间的专业化分工：纺

纱织布松江最发达，而染色、踹布则是芜湖、苏州比较发达。黄道婆去世后，当地人民立祠纪念，年年祭祀，并尊称她为黄娘娘（图5-7）。

图5-7　黄道婆传授纺织技术

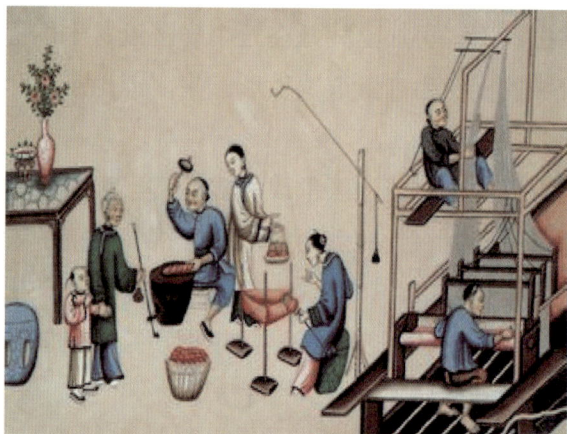

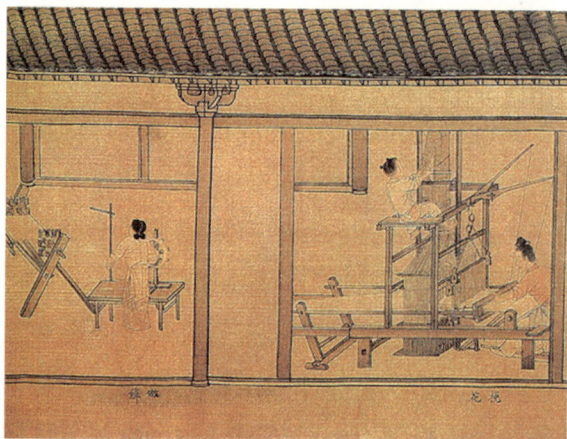

图5-8　古代的手工纺织作坊和工场

四、林林总总的手工业工场

战国时有官府经营的手工业作坊，有大工商业者经营的手工业作坊，同时也普遍存在个体手工业者。官府经营手工业作坊起自商、周，战国时很大一部分手工业生产仍由官府经营。当时，官府作坊的规模相当大。与此同时，在丝织业发达的城市，富商大贾经营的手工业作坊也达到了相当大的规模。

到了西汉，在临淄设有"三服官"，在长安设有"东西织室"，专门生产供达官贵人消费和对外贸易使用的精美丝织品。这种官府经营的手工纺织作坊织工达到千人以上（图5-8）。

唐代的手工业和过去一样，有官营和私营，后者又包括富豪经营的大手工业作坊和广大的个体手工业以及农民家庭副业。官府手工业机构庞大，分工很细，其产品专供官府和军队需要，不在市场上销售。商办手工业作坊一般规模都比官府手工业要小，但也有规模较大的，定州（今河北定县）富豪何明远家有绫机五百张。

到了明代，官营手工业某些产品的产量虽有增长，但从总体来看，已开始进入衰落状态，原因是生产关系已不能适应生产力的进一步发展，逐步取而代之的是商办的手工业作坊。

到清代，丝织业迅速发展，丝织工匠人数急剧增多。在一些商办作坊里，工匠的权益有所提高。苏州丝织业出现了"机户出资经营，机匠计工受值"的做法，而且工价要"视货物之高下、人工之巧拙为增减"，工匠还可"倡众歇作"（即罢工），要求增加工价，否则"另投别户"。

由于官办手工业工场有时需要民间工匠来充役，或者需要依靠民间工匠来改进生产技术，这样，民间工匠就有组织起来维护自身权益的愿望，从唐代开始，就成立了"行会"。当时长安就有十二个行业的行会组织。到了宋代，行会组织进一步发展壮大。

五、丝绸之路的历史轨迹

中国的纺织品，尤其是丝织品，在生产蓬勃发展以后，很快成为国际交流和贸易的重要商品。为了开辟国际交往的通道，早在西汉时期，汉武帝就派张骞于公元前138年出使西域，开辟了丝绸之路。到西汉末年，在匈奴的袭扰下，丝绸之路一度中断。公元73年，东汉班超又重新打通中断58年的丝绸之路，它东起我国的汉唐古都长安（今陕西西安），往西经中亚、西亚，向欧洲延伸，一直到罗马。

丝绸之路不仅是古代亚欧互通有无的商贸大道，还是促进亚欧各国和中国的友好往来、沟通东西方文化交流的友谊之路。通过这条横贯亚欧的通道，中国的丝、绸、绫、缎、绢等丝制品，源源不断地运向中亚和欧洲，因此，希腊、罗马人称中国为赛里斯国，称中国人为赛里斯人（赛里斯来自丝绸一词的音译）。19世纪末，德国地质学家李希霍芬将这条沟通东西方的大道誉为丝绸之路。德国人胡特森在多年研究的基础上，撰写成专著《丝路》。从此，丝绸之路这一称谓在世界范围传开。这条路，是亚欧大陆的重要交通动脉，是中国、印度、希腊三种主要文化交汇的桥梁。

西汉时期，南方南越国与印度半岛之间的海路已经开通。汉武帝灭南越国后拓宽了海外贸易规模，这时海上丝绸之路开始兴起。据《汉书·地理志》记载，其航线为：从徐闻（今广东最南端、与海南岛隔海相望的徐闻县境内）、合浦（今广西最南端合浦县境内）出发，经南海进入马来半岛、暹罗湾、孟加拉湾，到达印度半岛南部的黄支国和已程不国（今斯里兰卡）。

到东汉时期，航船已使用风帆。中国商人运送丝绸、瓷器由马六甲经苏门答腊到达印度，并且采购香料和染料运回中国；印度商人再把丝绸、瓷器经过红海运往埃及的开罗港或经波斯湾进入两河流域，到达安条克（在今伊拉克境内）；再由希腊和罗马商人从埃及的亚历山大、加沙等港口经地中海运往希腊和罗马。

到隋唐时期，由于西域战火不断，陆上丝绸之路被战争阻断，取而代之的便是海上丝绸之路。到唐代，伴随着我国造船、航海技术的发展，我国通往东南亚、马六甲海峡、印度洋、红海及非洲大陆的航路纷纷开通并延伸，海上丝绸之路终于替代了陆上丝绸之路，成为我国对外交往的主要通道。

宋、元时期，以泉州、合浦、宁波为始发端的海上丝绸之路，大体上是持续发展的局面。

明、清两代，在对外交往失利的情况下，出于政治、军事的需要，屡屡实施"海禁"。禁止民间商船出口从事海外贸易，并规定外国商船只能在指定的港口进行贸易。长期实施海禁、闭关锁国，到18、19世纪时，连传统的丝绸、瓷器、茶叶出口的东西方贸易利益，都拱手让给英国和荷兰的东印度公司。结果反而导致海权丧失、国力日瘠，甚至由此形成东西方社会文明、科学技术交流中断，丧失第一次工业革命的历史机遇，最后导致百年积贫积弱。

第六章　机器纺织业的兴起（1880～1936 年）

　　1840 年和 1856 年发生的两次鸦片战争，开创了帝国主义列强通过签订不平等条约侵略中国的历史。中国被迫对外大幅度降低进口货物的关税税率。鸦片战争前后，进口棉纺织品的关税平均税率由 19.9% 下降到 6.0%，造成洋纱、洋布大量充斥我国市场。统计资料显示：鸦片战争刚过去的 1860 年，我国织土布用纱 628 万担，其中进口洋纱 3.5 万担，只占 0.56%；到我国机器棉纺织业始建时的 1894 年，织土布用纱为 612 万担，其中进口洋纱 116 万担，占比提高到 23%；1913 年，我国已有一批棉纺织厂建成，当年国产机制纱已有 105 万担，但所用进口洋纱仍然猛增到 268 万担，占织土布用纱总量的 72%；直到 1920 年，我国机器棉纺织业有了进一步发展，织土布用纱中的国产机制纱达到 159 万担，所用进口洋纱的占比才开始下降，但仍占 51%。

　　1861 年，清廷洋务派官员提出了"师夷长技以自强"的口号，主张学习西方的工业技术和商业模式，发展近代工业，这场运动掀起了兴建机器纺织工厂的热潮。我国的机器纺织业，从缫丝、轧花等初加工行业起步，发展到棉纺织业。缫丝业从19世纪70年代开始发展机器缫丝，到20世纪初，机器缫得的厂丝取得了主导地位。相应地，手工缫丝逐步衰落。机器轧棉业从19世纪80年代起步，到世纪末初步形成。棉纺业从19世纪90年代开始发展环锭纺纱，手工纺纱逐步被取代。然而，手工织布却是另外一番景象，由于手工织布业与机织业的工效差距不像手工纺纱与机器纺纱那么悬殊，资本家投资于纱厂的利润超过布厂，导致机织业的发展速度落后于机纺业，出现了以机纺棉纱为原料的手工织布业。19世纪许多年间，手工织布业产品门类多，耐穿耐用，不仅畅销国内，而且出口海外。当然，从长期的发展看，最后的结局还是机器棉纺织全面取代了手工棉纺织。

一、机器纺织生产方式在缫丝、轧棉领域首先出现

　　1872 年，华侨陈启沅（1834～1903 年）在家乡广东南海县采用法式双捻直缫式丝车创建继昌隆缫丝厂（图 6-1）。南海一带是中国蚕丝主产区之一，一年四季都可养蚕。陈启沅

图 6-1　陈启沅和继昌隆缫丝厂

因幼年丧父而家贫，曾在家从事农桑生产，后随兄去南洋经商，在西贡堤岸开设字号经营丝绸，期间对缫丝设备有所了解，因此能够较快掌握缫丝机的性能和机械缫丝的工艺技术。该厂于1873年建成投产，就近吸纳擅长家庭缫丝的女工，最盛时达800人，由于这种技术适合小本经营且盈利颇丰，很快得到推广。到1902年，珠江三角洲的缫丝厂已经发展到68家，缫丝车34600台，主要集中在南海、顺德两县。

黄佐卿，浙江湖州人，曾在上海开办昌记丝号和祥记丝栈，并任公和洋行买办。1881年，投资10万两白银，从法国购进缫丝机100台及辅助设备，在上海北苏州河沿岸筹建公和永缫丝厂（亦称昌记丝厂）（图6-2），这是上海最早建成的民族资本机器缫丝厂。该厂创办时有缫丝车100台，后经黄佐卿多次增资扩建，到1892年已扩充到900台。1884～1885年间，上海民间资本又相继创办了六家机器缫丝厂。

1895年，机器缫丝厂在浙江萧山县集股创办。同年，使用机器的开源永丝厂在会稽县开业，有丝车208台；世经丝厂在杭州创办，有丝车208台；合义和丝厂在萧山创办。1896年，大纶丝厂在余杭县创办，开始有丝车208台，后来扩充到276台。1910年，公益丝厂在湖州创办，有丝车200台。

与此同时，江苏、福建、重庆、天津等地也相继有丝厂建成。到1894年，全国已有大

图 6-2　黄佐卿和上海公和永缫丝厂车间

小制丝厂 120 多家，丝车 3 万多台，工人 3 万多人。到 1937 年，苏、浙、皖三省共有缫丝厂 135 家，丝车 3.55 万台，绢纺锭 3 万多枚。

丝织业在 1905～1910 年有兴盛趋势，但主要采用手工织机。1912 年，浙江购进日本机器，聘请日本技师，创办机织传习所，当年开办纬成、永成、庆成三家绸厂。1915 年，振新、纬成、物华三厂相继引进电动丝织机。此后，江苏、浙江、上海三地很快拥有电动织绸机 800 多台。电动丝织机的生产效率比木织机高出 4.4 倍，但当时多数作坊工场仍采用铁木织机。从 1922 年起，部分丝织厂开始采用人造丝织绸。1920 年，留美学者蔡声白与美国人合作经营上海美亚织绸厂，开始时只有织机 12 台，工人三四十人，后推行新式生产和科学管理方法，走上快速发展经营之道。到 20 年代末，已发展成为拥有 10 多家工厂、4000 多工人的企业集团。

1910 年以后，出现了采用动力机器的丝织厂和丝绸印染厂。1918 年起，上海精练厂等逐步改用平幅精练，产品外观大有改进。到 1937 年，全国共有电动丝织机 1 万多台，大部分集中在苏、浙两省。仅上海就有丝织厂 450 家，电动织绸机 7200 台。

中国最早的轧棉厂是宁波通久源轧棉厂，成立于 1887 年，采用日本机器，获利丰厚。1891 年前后，上海相继成立了棉利、源记、礼和永等轧棉厂。到 1895 年，仅上海、宁波两地就拥有轧棉机 240 多台，工人 1200 人左右，我国的机器轧棉业初步形成。

二、洋务派创办纺织业的探索

在经历两次与英法联军开战失利及太平天国起义之后，清廷为应对内忧外患形成了"洋务派"与"守旧派"两个阵营。以恭亲王奕䜣、曾国藩、李鸿章、左宗棠、张之洞为代表的洋务派（图 6-3）主张学习西方的工业技术和商业模式，发展近代工业，以获得强大的军事装备，增加国库收入，增强国力，维护清廷统治。他们在兴办江南制造局、福州船政局、安庆军械所等军事工厂的同时，从 19 世纪 70 年代起，采取官办、官督商办和官商合办等方式，开办了几家纺织企业。

 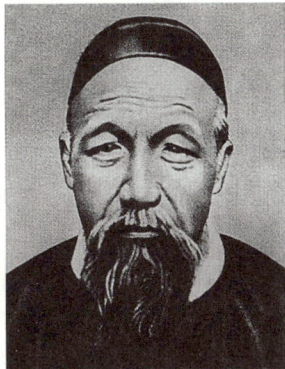  

奕䜣　　　　　　　曾国藩　　　　　　　李鸿章　　　　　　　张之洞

图 6-3　洋务派代表人物

1. 甘肃织呢局

1878 年，陕甘总督左宗棠筹设甘肃织呢局（图 6-4）。当时主持兰州机器局局务的官员赖长，用当地羊毛纺织成呢片，左宗棠大为赏识，就写信要求上海采运局官员购买织呢机，并命甘肃善后局拨款筹备设厂。所购设备于 1880 年 5 月运到，经过几个月的安装试车，于同年 9 月 16 日开工。开工后发现所购机器适用于加工细软羊毛，于是组织大批人力，从兰州附近所产羊毛中手工拣取细毛，余下的用于织制粗呢和毛毯。40 人一天只能从 20 斤兰州毛中拣得 2 斤细毛，余下的用于织制粗呢和毛毯，人力、物力浪费巨大。

图 6-4　左宗棠及其创办的甘肃织呢总局织呢前厂

织呢局雇佣德国机匠 13 名，技术和业务管理均掌握在德国人手中。到 1881 年初，每天产呢 8 匹，约合 160 码，设备利用率不超过三分之一。截至 1882 年 8 月，共产粗细呢绒 1500 多匹，全部价值不够支付官员及洋员的高薪。1880 年底，左宗棠调离西北，1882 年冬，德国机匠雇佣合同期满回国，1883 年，织呢局又发生锅炉爆炸事件，终致停工歇业。

2. 上海机器织布局

上海机器织布局（图 6-5）由李鸿章于 1878 年筹设，委派郑观应、彭汝琮两名候补道共同筹办。李鸿章特为织布局申请十年"专利"权——产品在上海销售不负任何税厘，销到内地只完正税。然而在筹建中，由于经办人员任意挥霍以及买空卖空等弊端，延搁八年，一无所成。1887 年，李鸿章为挽回残局，委派补用道龚寿图重办织布局，制订章程 18 条，与前局截清界限，生产业务由美国技师丹科管理，所出布匹仍享"专利"十年。

经过 12 年的周折，织布局终于在 1889 年底投产。投产初期一度营业鼎盛，纺

图 6-5　上海机器织布局

纱利润尤其好。李鸿章为大利所诱，致电出使英国的大臣立即购买纺机，大规模扩充纺纱设备。然而新订购纺机尚未办妥，上海机器织布局的清花间于1893年10月19日失火。起火时，因厂址在杨树浦，属当时的公共租界，厂方和上海官府一再要求租界当局派消防人员施救，租界当局却坐视不救。结果，除一幢宿舍外，全部厂房、设备、货物焚烧殆尽。

织布局被焚后，李鸿章急图恢复。1893年11月，他让盛宣怀、聂缉椝一起规划恢复事宜，进展比较顺利。1894年9月，部分建成开工，改称华盛纺织总厂（图6-6）。

图6-6　盛宣怀和华盛纺织总厂

3. 湖北纺织四局

湖北纺织四局包括织布局、纺纱局、缫丝局和制麻局，都由张之洞筹设（图6-7）。

1888年，时任两广总督的张之洞决定在广东创办纺织厂。他致电驻英国大使筹划，把国产棉花和拟织布样寄到英国试纺试织，据以订购机器。订购规模为纱锭3万枚，布机1000台，还有相应的轧棉设备。厂房、设备等基建投资需白银60万两。由于清朝晚期经济每况愈下，该厂起步比甘肃、上海两局晚了十年，建厂所需资金的筹集更加困难。张之洞想出"奇招"——通过"闱姓赌榜"，即利用科举考生成绩作押的赌博来募集资金。具体做法是：在科举考试时，请当地头面人物出面设赌局，将当年所有考生的姓名和学习情况统计出来，供参赌者下注时参考。放榜时，根据猜中中榜姓氏的多少，来决定中奖的等级。分设头奖、二奖、三奖三个等级，奖金总额一般是投注总额的60%，颁奖后剩下的钱用于办厂。

1889年，张之洞调任湖广总督，纺织厂随之改在湖北筹建，原由广东

图6-7　张之洞督导纺织厂建设

所办，"闱姓赌榜"的获利也移转到湖北应用，并把该纺织厂改为粤鄂合办。1893 年初，湖北织布局投产。同年筹划添设纺机 9 万锭，于 1895 年运到，决定分设南北两个纺纱局。1897 年，北纱局建成开工，计 5 万锭，南纱局则因经费不足始终未能兴建，其设备后来转让给南通大生纱厂。

张之洞于 1894 年 10 月调任两江总督。此前曾上奏提议在湖北筹设缫丝局，该局于 1895 年 6 月开工生产。原定官商合办，后因有亏蚀，改为租给商办。1896 年，张之洞又调任湖广总督，1897 年再筹设制麻局，于 1904 年开工，专制麻袋，供汉口市场。

湖北纺织四局在筹建和生产过程中，频频举债，负担沉重，加以企业衙门化，冗员过多，管理混乱，浪费严重，连年亏蚀，后来租给华商承办。

洋务运动中创办的中国第一批机器纺织企业，在筹建和建成投产后，大都遭受磨难和挫折，几乎没有一家是一帆风顺的。究其原因：主要是官僚办厂，未能按照生产建设的规律建章立制；投入都是公款，没有明晰的产权归属；经营管理人员的责权利不明确，甚至沿袭官僚的行事习惯，生产过程中遇到问题，需要写成奏折上呈，然后坐等批复，工作效率无从谈起。但在中国近代经济史上，这些企业的创办，仍然具有积极的意义。机器纺织企业打破了手工棉纺织技术在我国棉纺织业一统天下的局面和我国棉布市场由进口机织布垄断的局面。机器纺织企业的生产效率比当时普遍使用的手工纺织机具高出几倍甚至几十倍，使国人看到了机器纺织的发展前景。从此，我国操纵动力纺织机器的技术人才和纺织产业工人开始成批育成并且不断成长，成为发展机器纺织工业的先驱。

三、民间资本风起云涌，历尽艰辛办棉纺

民间资本办棉纺起步较晚，这与洋务派的掌控有关。1880 年，李鸿章为上海机器织布局申请十年"专利"，规定"只准华商附股搭办，不准另行设局"，后又停止华商附股。1882 年，上海王克明、俞少山等人筹资兴办上海纺纱公司，碍于上述专利，不得不借用美商名义办厂，后被李鸿章、左宗棠以"勾通太平天国"罪名逮捕，逼迫退股，致使该项目流产。

民间资本投资棉纺织业，始于上述十年"专利"到期以后的 1891 年，当年只创设了"华新纺织新局"一家。1894 年，中日甲午战争爆发后，华新纺织新局在抵制洋货时期兴办纱厂，一度获利丰厚，投资者的积极性高涨。1894 年，裕源纺织厂成立，华盛纺织总厂在上海机器织布局原址重建。翌年，裕晋纱厂、大纯纱厂相继在上海成立。到 1895 年，民间资本纺织厂有纱锭 8 万多枚，布机 1800 台。这些纺织厂名为"官督商办"，实际上商人出资后并没有管理实权。

1896 年以后的几年内，又新增了宁波通久源纱厂（图 6-8）、无锡业勤纱厂（图 6-9）、苏州苏纶纱厂（图 6-10）、杭州通益公纱厂（图 6-11）、上海裕通纱厂、南通大生纱厂、萧山通惠公纱厂七个民间资本纺织厂以及官商合办的湖北纺纱局。此后受日俄战争的刺激，

图 6-8　宁波通久源纱厂

图 6-9　无锡业勤纱厂

图 6-10　苏州苏纶纱厂车间一角

图 6-11　杭州通益公纱厂旧址

从 1905 年起，八年中又新增了 12 家。到 1913 年，民间资本棉纺织厂已有 23 家，纱锭 48.4 万枚，布机 2016 台。

　　早年潜心编写《中国棉纺织史稿》的马克思主义经济学家严中平先生对这些工厂的资本积聚专门做过研究。他调查分析了 1890 ～ 1911 年间创办的各家棉纺织厂主要创办人的出身和社会关系，结果见表 6-1。

　　由表 6-1 可知：当时创办工厂的，都要首先寻觅官僚的支持，有的工厂甚至是大官僚直接督办，有的工厂尽管资金已有来源，不需要官僚投入分文，但还是必须建立关系；其次是找买办投资，买办不但有相当的资金积聚和人脉关系，而且还具备创办现代工厂所必需的"洋务"知识，这是封建官僚、地主、一般商人难以企及的。

　　1914 年第一次世界大战爆发后，国内纱布市价猛涨，棉纺织厂获得厚利。在这以后的几年内，市场形势为中国纺织工业的发展提供了良好契机，而此时西方列强又无暇东顾，于是民间资本风起云涌投入纺织业。到 1922 年，民间资本棉纺织厂发展到 76 家，纱锭 223 万枚（占全国总数的 62%），布机 1.24 万台（占全国总数的 64%）。这个时期投资棉纺织业的，与以前的投资者不同。以前的投资者不是与洋务派官僚有旧，就是洋行的买办，而这个阶段的投资者，多数是已在商海闯荡多年，积累了"第一桶金"的成功人士，他们的介入，使纺织工业的发展焕发出勃勃生机。

表 6-1　华资纱厂主要创办人的出身和社会关系

主要创办人	所办工厂	创办人的出身和社会关系
郑官应、龚寿图	上海机器织布局	郑官应是候选道衔、太古洋行买办，龚寿图是道员，两人都与李鸿章关系密切，创办之初为纯粹私资，后加入官股
唐松岩	上海华新纺织新局	唐松岩是上海道台，与几位商人合办此厂，官私合资
张之洞	武昌湖北织布局、武昌纺纱官局	张之洞是湖广总督，此厂由官款投资，并曾借汇丰银行款 16 万两
盛宣怀、聂缉椝	上海华盛纺织总厂	天津海关道盛宣怀、江苏海关道聂缉椝，均为李鸿章亲信，此厂大部用官款投资
朱鸿度	上海裕源纱厂	朱鸿度为上海道台，他介入上海纺纱分局，是李鸿章委任、盛宣怀推荐的
严信厚	宁波通久源纱厂	严信厚是李鸿章幕僚，此厂由轧棉厂发展而成
杨宗濂、杨宗瀚	无锡业勤纱厂	杨宗濂历任直隶通永道、山西河东道、布政使、盐运使等职
高凤德	杭州通益公纱厂	高凤德是候补知府，与李鸿章关系密切
陆润庠	苏州苏纶纱厂	陆润庠是国子监祭酒，资本取自苏州商务局"息借商款"
朱幼鸿	上海裕通纱厂、常熟裕泰纱厂	朱幼鸿是道台朱鸿度之子，本人又是浙江候补道
张謇	南通大生纱厂、崇明大生纱厂	张謇是翰林院编修，与洋务派张之洞等关系密切，大生纱厂系领用官机、集私资创办
楼景晖	萧山通惠公纱厂	楼景晖是候选同知
蒋汝坊	太仓济泰纱厂	蒋汝坊是郎中
荣宗敬等	无锡振新纱厂	由茂生洋行买办张若君，怡和洋行买办叶慎斋、荣瑞兴，钱庄主荣宗敬，官僚朱全是等所办
吴祥林、凯福	上海振华纱厂	怡和洋行买办吴祥林与怡和大班凯福合办，后全归华资
朱志尧	上海同昌纱厂	由东方汇理银行买办朱志尧所办，此时朱已投资同昌油厂、申大面粉厂等
孙家鼐、马希援	安阳广益纱厂	由孙家鼐与商人马希援创办，孙家鼐历任工、礼、吏、户各部尚书
祝大椿	上海公益纱厂	由花翎道衔、怡和洋行及上海电气电车公司买办祝大椿主办，此时祝大椿已投资缫丝、五金、面粉等业

　　然而好景不长。1918 年以后，国内军阀战争纷起，农村凋零，棉贵纱贱，捐税苛重，国际上列强复苏，洋货重来。到 1922 年，棉纺厂几乎无利可图。1923 年，生产一件纱要亏蚀纹银十几两。民族资本纺织业在内外夹攻下，实行集体限产。其后的 1929 年，世界经济

危机却为中国民族资本纺织业提供了一线生机。1922～1931年的10年间，民营棉纺织厂新建15家，旧厂增设8家，收买日资、英资厂各1家，共25家。但同一时期，改组19家，停工11家，由债权人接管5家，出售17家，共52家，超过了新增的厂家数。

1931年"九·一八"事变，东北三省被日本侵占，纺织业失去大片国内市场和主要柞丝产地。同年，危及16省市的长江大水灾，使棉田减少27.2%，导致棉贵纱贱，部分纺织厂停工。1932年"一·二八"事变炮火又起，上海纺织业受到很大破坏。全国抵制日货运动掀起后，日商采取低价倾销，导致中国民族资本棉纺织业再度衰落。1934年，92家棉纺织厂亏损2500万元。1935年，关闭24家，停减工14家。

1936年，棉产区丰收，民族资本棉纺织业才开始恢复。这一年统计，民族资本棉纺织业共有纱锭274万枚，占全国总数的54%；共有布机25503台，占全国总数的44%。

棉纺织厂技术并不复杂，但工艺流程冗长，建厂需要达到一定规模才能有盈利。因此，兴办棉纺织厂的过程，往往也是资本积聚的过程。到抗战前夕，我国棉纺织业已经形成了一批大中型企业集团，各有其可圈可点的经营理念，其中荦荦大者如下。

1. 申新系统

由荣宗敬、荣德生创办的申新系统（图6-12），采取"举债发展企业"的经营思路，建成一个厂就抵押给银行，换得贷款用来建造下一个厂。1915年10月，申新一厂投产时只有纱锭1.22万枚，到1932年底，已经发展到9个棉纺织厂，共有纱锭52万枚，线锭4万枚，布机5357台，成为民族资本纺织业中的翘楚，前后只经历了17个年头。这个"举债发展企业"的理念，在半个世纪以后，还被荣氏后人出色地用来支持仪征化纤厂的建设。为了"不在一棵树上吊死"，除纺织业外，这个集团还开办了面粉厂12家。

图6-12 荣宗敬、荣德生和创办伊始的申新一厂

2. 大生系统

南通大生纱厂由"恩科状元"张謇创办（图6-13），取《周易》中"天地之大德曰生"之意，命名为大生。创办之初因资金筹措困难，曾求助于张之洞，从湖北织布局搁置在上海的英国造的纺机中"承领半数"，并呈请清廷批准取得"二十年内百里之间不得有第二厂"的"专利权"。建厂之初获利丰厚，于是制定了建九个厂的庞大规划。到1925年，建

图 6-13　张謇和他创办的南通大生纱厂

成了四个，分设在南通、崇明、海门三地，共有纱锭 15.57 万枚，布机 1342 台。第一次世界大战结束后，西方列强卷土重来，接着又是世界性经济萧条，终使张謇建九个纺织厂的庞大规划未能实现。在建设棉纺织厂的同时，张謇还兴办了轮船公司、铁厂、面粉厂、缫丝厂、垦牧公司以及纺织院校、图书馆、博物院等 60 多个企事业。

张謇兴办实业有一条鲜明的理念，就是"苟欲兴工，必先兴学"，"向来实业所到即教育所到"。大生纱厂创办之初，所用英国纺织机械的制造厂派随机工程师和机匠来装车。洋工程师到厂后颐指气使，稍不顺意就借故要挟。张謇对此深恶痛绝，决心要办一所纺织专门学校，培养自己的技术队伍。1912 年 4 月，他在大生纱厂附设"纺织传习所"，后升格为南通纺织学校。课程设置仿照美国费城纺织学校，聘请日籍教师和我国留美回国学者任教。张謇强调专业技术教育一定要"手脑并用"，为此还专为学校筹设实习工场。

"苟欲兴工，必先兴学"的理念很快取得了立竿见影的实效。1918 年，纺校毕业生协助上海厚生纱厂排装机器获得成功；1921 年，在海门筹建大生三厂时，外商派来的随机工程师嫌招待不周拂袖而去，纺校毕业生立即顶上，毅然承担了排车安装工作并顺利完成。

3. 永安系统

永安纱厂由郭乐、郭顺（图6-14）创设于1922年，后经兼并，到1928年发展成三个厂。郭氏家族认为办好工厂一定要有高智商的经理人才，于是在1923年派家族中的青年学子

图 6-14　郭乐、郭顺和郭棣活

图6-15　永安系统纱厂旧址

郭棣活（图6-14）赴美留学，攻读纺织工程，1927年学成回国后，参与永安三厂的整顿改造工作。1928年底开始建永安四厂，1933年建永安五厂，1935年又在一厂旁建印染厂。到1937年，永安系统（图6-15）扩展到纱锭26万枚，布机1542台。除纺织厂外，永安集团还创办了当时中国最大、最现代化的上海永安百货公司。

永安系统在国内外有多家公司，主要股权都掌握在郭氏手中。公司的经营集中管理，营业调度全由总公司掌控，各厂只管生产。总公司及各厂负责人大多曾留学海外，因此经营方式基本是欧美化的。他们注重人才培训，注重建章立制，技职人员待遇较高，工作效率也高。

4.大成系统

大成系统创始人刘国钧（图6-16）原是常州西门外奔牛镇上的绸布店学徒，他通过绸布店的经营，了解到织布厂的利润丰厚，萌发了弃工从商的念头。从创办小型织布厂做起，盈利后再投入，创办了常州最大的织布厂——广益布厂。接着招股和向钱庄借款，于1930年，在接盘大纶久记纺织厂的基础上更新设备，办起了大成纺织染公司第一厂。原来的广益布厂增添印染部后，并入大成公司，更名为大成二厂。此时的大成已是纺织印染全能厂。此后，又建大成三厂、四厂。到1937年夏，共有纱锭8万枚。

刘国钧建厂十分注重科技进步。他在企业经营管理方面精打细算，但在科技投入方面却不惜代价。他曾多次组织队伍出国考察，学习外国的生产技术和经营管理，回国后认真总结，

图6-16　刘国钧和他创办的常州大成一厂

付诸实施。组建大成三厂时，听说瑞士立达厂的纺纱设备性能优越，他不惜重金去订购。机器到货后，由曾任常州大成纱厂经理的刘靖基等人在上海浦东筹划建厂，就是后来的上海安达纺织厂（图6-17）。

图6-17　刘靖基与上海第二十八棉纺厂（前身为安达棉纺厂）

5. 裕大华系统

裕大华纺织股份有限公司的前身是成立于1912年12月的楚兴公司。该公司成立后就租用洋务运动中建立起来的湖北纱、布、丝、麻四局，其中纱、布两局有纱锭9.1万枚、布机1000台。1919年秋，楚兴公司与汉口纱业公会合资（由苏汰馀和徐荣廷投资）筹办武昌裕华纱厂（图6-18），购置纱锭3万枚、布机500台，1922年9月开工。同年，楚兴公司在石家庄开办大兴纺织公司，有纱锭2.05万枚，10月开工。1934年9月筹办西安大兴二厂，1936年改组为大华纺织公司，有纱锭2.5万枚，布机820台，1937年7月开工。抗战胜利后，裕大华集团拥有裕华渝厂、裕华蓉厂、大兴厂、大华秦厂、大华广元分厂五个纺织厂，纱锭11.1万枚、织机1695台。

图6-18　苏汰馀和武昌裕华纱厂

6. 恒丰系统

恒丰系统为官商合办企业，由上海道台聂缉椝主持，是中国创办最早的棉纺厂之一。1909 年聂家收买上海华新纺织局，改组为恒丰纺织新局。获利后又办第二厂，两厂共有纱锭 4.1 万枚，布机 450 台。1920 年，聂云台、王正廷等人开办华丰纱厂，有纱锭 2.56 万枚。1922 年，聂云台发起创办大中华纱厂，有纱锭 4.5 万枚。1930 年，聂潞生又办恒丰第三厂。

7. 华新系统

1915 年，北洋政府财政总长、开滦矿务局总办周学熙等人在天津组建华新纺织股份有限公司。

此后几年间，分别在天津建华新一厂，在青岛建华新二厂，在唐山建华新三厂，在河南卫辉建华新四厂。上述四厂始建时均为 1.2 万枚纱锭，以后扩建为 2.4 万枚。各厂分别组建股东会和董事会，总公司下设总管理处。1931 年 12 月，总公司撤销，四个厂分别成立公司。

8. 和丰纱厂

1905 年，在宁波招商局总办顾元琛的支持下，以戴瑞卿为主发起筹集资金，组成和丰纺织股份有限公司，设厂于面临甬江的宁波江东北路，向英国订购棉纺锭 21600 枚，1907 年 10 月投产，到 20 世纪 30 年代扩大为 26000 锭，成为当时浙江第一大纱厂。

9. 诚孚公司

诚孚公司 1925 年在天津成立，原是由两家银行投资的信托公司，由金城银行经理周作民任董事长。先后接办天津恒源、北洋两厂及上海新裕一厂、二厂。1936 年，公司迁到上海，天津设分公司。聘请纺织专家童润夫、李升伯、曾祥熙、朱梦苏等负责公司和所属工厂的管理，实行所有权和管理权分离。1940 年，开办诚孚高级职员养成所，从事纺织技术人员的培养，后改名诚孚纺织专科学校；1944 年，在常熟投资设立虞山纺织厂；1946 年，在重庆投资设立新渝纺织厂。1946 年，又设立新裕纺织实验所，配置纺锭 4000 枚、织机 50 台以及当时国内最先进的纺织测试仪器。

10. 雍兴实业股份有限公司

雍兴实业股份有限公司是中国银行创办的工业企业。1939 年筹备，发起人为宋子文、宋汉章、贝淞荪、霍亚民、束云章等 18 人，宋子文任董事长。1945 年由孔祥熙接任董事长，束云章为总经理，总公司设在甘肃天水。

公司以经营纺织业为主，所属厂矿有蔡家坡纺织厂、业精纺织厂、蔡家坡西北机器厂、蔡家坡酒精厂、陇县煤矿、兰州面粉厂、兰州毛织厂等。纺织厂共有 5.82 万枚纱锭、260 台织机。机器厂曾经试制成套棉纺织机器。

四、其他纺织产业的初期发展

1. 棉印染业

在棉印染业中，最先使用动力机器的是丝光染纱业。20 世纪初，我国的丝光纱线生产

图 6-19 诸文绮

图 6-20 "白猫花布"广告

几乎被日本货垄断。1912 年，诸文绮（图 6-19）在上海筹办启明染厂，仿效西方，始创我国机器染纱。随后，在 1918 年，济南东元盛漂染厂首次实行机器染布。接着，上海达丰、鸿章、光华、勤丰、仁丰等厂相继采用机器染布，平均日产染色布 7000 匹。1927 年，达丰首先从日本引进滚筒印花机，月产印花布 12.5 万匹。上海印染公司、新中华印染公司等也都增设了印染部。除上海外，无锡、长沙、济南、天津、青岛等地也在 20 年代相继建立起采用动力机器的印染工厂或车间。到抗战前夕，全国各地已有棉布机器印染厂百余家，其中上海 40 多家。当时主要生产品种有阴丹士林布、海昌蓝布、硫化蓝布、品蓝布、红标布、元青布和漂白布等，销路尚好，均能盈利。上海新丰印染厂"白猫花布"曾名扬全国（图 6-20），但机印花布一度供过于求，市价惨跌。当时上海还有一批外资棉印染厂，建厂较早的是英商，接下来是日商。

2. 麻纺织业

我国第一家机器麻纺织厂是 1897 年张之洞在武昌筹设的制麻局，该厂设备都是当时国外机制亚麻工厂所用的机器，既可纺苎麻，也可纺黄麻。刚开工时雇有日本技师，采用从日本进口的脱胶麻纤维织布。此后，为适应市场对麻袋的需要，20 世纪初，上海、芜湖、天津三地各开设一个麻袋厂。30 年代，山东济宁开设 4 个麻袋厂，广东梅菉也开设一个麻袋厂。此外，日商、英商在上海、东北等地也开设了几个麻袋厂。

3. 毛纺织业

我国毛纺织业起步较早。1876 年，清朝陕甘总督左宗棠筹办甘肃织呢局；1907 年，两江总督端方推荐郑孝胥在黄浦江边的日晖港筹办日晖织呢商厂；1907 年，陆军部在北京清河设立官商合办的清河溥利呢革公司；1908 年，张之洞在武昌筹办湖北毡呢局。这些工厂存在的时间都不长。辛亥革命后，服装款式改变，穿着西服、制服的人增多。第一次世界大战后，西方列强忙于战事和战后医治创伤，输华的呢绒数量锐减，国内毛纺织业出现短暂繁荣。在这期间，先后有三家粗纺厂恢复生产，原溥利呢革公司收归官办，改名清河（陆军）织呢厂，生产粗纺呢绒和毛毯，维持生产到 1924 年。原日晖织呢商厂由沈联芳等承租复工，改名中国第一毛绒纺织厂，生产绒线，到 1928 年清理停办。兰州织呢厂由邓隆等筹款租用复工，但生产一直不正常。直到 1929 年资本主义国家发生经济危机，国际市场羊毛价格猛跌，才给粗纺厂带来新的生机。

1927 年以后，穿中山服和西服的人数大增，给精纺呢绒带来商机。于是，1932 年，北京清河（陆军）织呢厂开始转向精纺，抗战胜利后改称军政部清河制呢厂，成为集粗纺、精纺、绒线生产于一体的全能毛纺厂，中华人民共和国成立后，更名为北京清河毛纺织厂（图6-21）。1934 年，无锡丽新纱厂、庆丰纱厂和申新三厂合资筹建无锡协新毛纺织厂，生产精纺呢绒。1936 年，上海章华毛绒纺织厂（图6-22）购进精纺锭建立精梳毛纺车间，天津仁立毛纺厂（图6-23）也增添精纺锭生产精纺呢绒。

至于绒线生产，1931 年以前，国产绒线都是粗纺产品。1932 年，王雨生、宋棐卿（图6-24）在天津创办东亚毛纺厂，以抵制洋货为号召，生产抵羊牌绒线，产品遍销全国。1935 年，上海新办三个绒线厂：中国毛绒厂，有法国造绒线锭 2000 枚，日产针织绒线 300 公斤；上海毛绒厂，有绒线锭 800 枚，生产小囡牌粗绒线；安乐毛纺部，有毛纺翼锭 666 枚，生产双手牌和美女牌绒线。但当时处于压倒优势的还是生产蜜蜂牌毛线的英商毛纺厂。

图 6-21　北京清河毛纺织厂

图 6-22　上海章华毛绒纺织厂

图 6-23　天津仁立毛纺厂车间

图 6-24　宋棐卿和抵羊会馆（今貌）

4. 棉针织业

1896 年，吴季英在上海创办中国第一家针织厂——云章袜衫厂。20 世纪初，英国、日本、德国等国的商人先后在上海、天津、北京等地推销针织机器。1912 年，上海开设了柯泰手摇机袜厂，生产 42 支双股线平底袜。由于袜厂工艺流程短，投资少，利润厚，周转快，也无需正规厂房，因而很快又有勤益、锦华、信华等厂相继开设。1913 年，上海锦兴袜厂首先引进电动针织袜机，开创了电机织袜的历史。1916 年，中华第一针织厂创立，1917 年又有足安、纯华、海华等袜厂设立。此时，我国仿制手摇袜机也已成功，上海的手摇袜机厂已经增加到 70 多家。此后，江苏等地织袜业先后兴起，发展很快。尤其在第一次世界大战期间，外国货源锐减，袜厂更如雨后春笋般成立，几乎遍及各省。据 1915 年统计，全国已有针织袜厂 47993 家。

1907 年，广州创立广华兴织造总公司，是我国较早的针织内衣厂之一。稍后两三年，针织内衣厂纷纷建立。第一次世界大战期间，日本趁中国市场上欧洲货源断绝之机，向上海输出针织卫生衫裤，通过上海转销到全国各地。此后日商又在上海开办织制卫生衫裤的针织厂。20 年代初，华商也纷纷在上海等地开办这类工厂。1921 年，国内仿制针织横机成功，上海等地的针织内衣厂很快发展到 40 多家，先后推出纱线衫、绒线衫、围巾、手套、童被、罗宋帽等，销往华北、东北等地。

5. 纺织机械业

纺织机械制造业是伴随着纺织业（首先是缫丝业和轧棉业）的兴起而出现的。上海永昌机器厂是最早仿制缫丝机的工厂，成立于 1882 年。到 1895 年，又有大昌机器厂、陈仁泰机器厂等相继建厂。到 1913 年，仅上海一地就有 10 家机器制造厂。其中以永昌厂最为著名，该厂生产的缫丝机销往江苏、浙江、山东等地，最高年产量近千台。自此，缫丝机进口基本停止，均用国产设备。

上海最早仿制轧棉机的工厂是张万祥锡记铁工厂，成立于 1887 年，最盛时其产品供不应求。到 1913 年，有名可查的轧棉机制造厂就有 17 家，其中以义兴盛铁工厂仿制日式皮辊轧棉机产量最多。

1895 年开始，上海的棉纺厂不断增多，为棉纺厂的机器安装修配服务的机械厂也应运而生，较大的有协泰机器厂、炽丰机器厂、大隆机器厂等。大隆机器厂（图 6-25）由严裕棠与人合办，主要从事纺织机器修理。当时，一家机器厂主要承担一家或几家纺织厂的机器安装和修配任务，形成了相对固定的对口服务关系。

随着针织品的输入，针织机也被引入上海、广州、天津等地，同时也掀起了购机办针织厂的热潮。1908~1910 年，上海江南制造局周惠卿等人集资购得一台德国手摇袜机，仿造成功后，设立工厂，制造和销售手摇袜机。当时在上海制造和销售手摇袜机的还有邓顺昌机器厂、润泰机器厂和求新机器厂等。

1914 年第一次世界大战爆发后，西方列强无暇东顾，为中国纺织工业和纺织机械工业的发展提供了契机。尤其是大战中期，英、美等国作出了禁止或限制机器出口的规定，使中

图 6-25　严裕棠及其创办的大隆机器厂

国纺织业所需机器供不应求，民族资本的纺纱、织布、缫丝、织绸、印染机器修造厂应运而生。在 1914～1924 年，仅上海纺织业就新增机器修造厂 30 多家，其他地区兴建的也不少。战争结束后，外国机器卷土重来。从 1930 年开始，世界经济危机发生，西方列强纷纷向中国倾销纺织产品和纺织机械，中国纺织业惨淡经营，纺织机械业更是受到沉重打击。直到 1936 年，中国纺织机械业的经营环境才有所好转。

在这 20 多年间，虽然几经起伏，以修配为主的我国纺织机械业还是取得了一定的发展。除继续承担纺织厂的设备安装和修配任务外，还开始制造纺纱机、织布机、缫丝机、织绸机、印染机、针织机等；然而，所制造机器的使用性能和进口同类机器相比，仍存在较大的差距。

五、外资纺织业的进入和扩张

外国资本进入中国近代纺织工业，始于 19 世纪 60 年代。开始时只是廉价购买中国的生丝、棉花等纺织原料，运回本国加工成纱线、织物后，再运来中国倾销。随着贸易的发展，外商看到中国劳动力既充裕又廉价，发现在中国设厂更有利，但是，当时中国的法律是不允许外商在华设厂的。因此，在中日甲午战争以前，外资只在上海、广东等地开设了几个小型缫丝厂，而且还多数采用"中外合资"形式作掩护。甲午战争后，清政府与日本在 1895 年签订《马关条约》，允许日本"在中国通商口岸任便设立领事馆和工厂及输入各种机器"，允许日本在华投资办厂后，其他列强也纷纷引用"利益均沾"条款，争先恐后来中国开设工厂。1895～1913 年，外资来华开设了一批纺织工厂，有怡和纱厂（图 6-26）、

图 6-26　怡和纱厂

图 6-27 老公茂纱厂

杨树浦纱厂、公益纱厂、老公茂纱厂（图 6-27）、鸿源纱厂、上海纺织股份公司第一至第四工场、瑞记纱厂、青岛沧口绢丝纺织股份公司等。这些工厂多数设在上海，共有棉纺锭 33.9 万枚，棉织机 1986 台，以英商居多。

从 1914 年开始，欧美国家受到第一次世界大战的影响，日资就乘虚而入。日商在华棉纺织设备数，1914 年约为 30 万纱锭、3500 多台织机，1922 年增加到 108 万纱锭、3969 台织机，到 1937 年抗战前夕，已达 213.5 万纱锭、2.89 万台织机，分别占我国棉纺织设备总数的 42% 和 49%。日商在大规模投资建厂的同时，还大举向中国倾销纺织品。据日本纺纱联合会资料，1916～1925 的 10 年间，日本输出的棉纱 63% 倾销到中国。

六、20 世纪 30 年代中期中国纺织工业的规模

据 1937 年 6 月统计：我国共有纱锭 510 万枚，其中民族资本 274.6 万枚，占 53.8%；线锭 53 万枚，其中民族资本 17.5 万枚，占 33%；自动布机 5.84 万台，其中民族资本 2.55 万台，占 43.6%。虽多数棉纺织厂集中在沿海地区，但山西、陕西、云南、新疆等内陆省份也有新建的棉纺织厂。当时棉纺织业的现状见表 6-2～表 6-4。

表 6-2　20 世纪 30 年代中期民族资本棉纺织厂的分布

省（市）	工厂数（个）	纱锭（%）	线锭（%）	织机（%）
合计	90	100	100	100
江苏（含上海）	54	66.84	85.30	66.49
湖北（含武汉）	7	11.97		13.51
河北（含天津）	5	4.10	1.07	4.10
山东（含青岛）	4	4.17	6.33	2.07
河南	4	4.23	4.52	0.97
山西	5	2.84	1.38	6.23
浙江	3	2.21		2.78
其他	8	3.64	1.40	3.85

中国纺织工业发展历程研究（1880～2016）

表 6-3　英国、印度、日本、中国四国机器棉纺织业发展速度比较

国别	棉纺锭			棉织机		
	机纺业开创年份	超过500万锭年份	前后经历年数	机织业开创年份	超过5万台年份	前后经历年数
英国	1785	1811	26	1806	1829	23
印度	1856	1901	45	1856	1905	49
日本	1867	1925	58	1881	1920	39
中国	1890	1936	46	1890	1936	46

表 6-4　各国棉纺织业在世界上的地位

国别	1937年1月31日纺锭数（千锭）	1936年12月31日动力织机数（台）	每千人拥有纺锭数（锭）	每万人拥有织机数（台）
英国	39938	504773	815.5	103.1
美国	27288	573452	211	44.4
日本	11853	337060	127.3	36.2
德国	10247	200500	150.5	29.5
法国	9932	193900	236.8	46.2
苏联	9900	250000	56.4	14.2
印度	9877	201548	26.6	5.4
意大利	5483	146500	129.2	34.5
中国	5103	80000*	11.7	1.8
捷克	3548	104160	232.8	68.4
巴西	2714	80903	64.0	19.1
其他	15109	418140		
共计	150992	2094235		

＊此数字和前面的统计数字（5.84万台）不同，是因为纳入统计的织机种类不同。

1936 年与 1913 年相比，我国棉纱锭增长 4.7 倍，棉织机增长 11.7 倍；毛纺锭增长 4.9 倍，毛织机增长 4.5 倍；丝绸业采用了机械缫丝车、电动织绸机、提花机；增加了麻纺织厂；创办了印染厂和染料工业；开始仿制纺织机械；成立了纺织院校。这些都为中国纺织工业的进一步发展奠定了基础。

在这个阶段，中国民族资本纺织工业的发展具有如下特点。

（1）已经形成相当的基础。棉纺锭已达 510 万枚（包括外商），出现了若干大、中型企业集团，显示出企业家的能量和水平。

（2）70% 以上纺织厂坐落在经济发达、人口密集、市场购买力和工业配套能力较强的

沿海地区，但远离原料产地。

（3）建厂所用纺织机械几乎全部依靠进口，到20世纪30年代才有少量由民族资本机械厂仿造的纺纱机和织布机。

（4）企业自有资金短缺，使用银行贷款较多，利息负担较重。

（5）企业管理水平参差不齐。有些工厂冗员充斥，管理水平低，生产的纱线偏粗、用工偏多、产品成本偏高；但也有一些工厂开始实行比较科学的技术管理制度，各方面水平可与外资厂匹敌。

第七章　抗日战争期间苦难与壮举并存的中国纺织业
（1937～1945 年）

1937 年 7 月，抗日战争爆发。日本军国主义给中国造成的灾难超过了其他所有帝国主义列强给中国造成灾难的总和。战争爆发后，我国的沿海、沿江地区很快被日军占领，而这些地区，正是中国纺织工业集中的地区。在此期间，相当一部分工厂毁于战火，多数工厂遭日寇掠夺，只有少数工厂艰难内迁。抗战大后方的广大地区被迫发展简易纺纱（如新农式纺纱机、铁木织机）和手工纺织，以克服纺织品市场的供应短缺。

一、沦陷区民族资本纺织厂部分毁于战火，大部分遭日寇掠夺

抗日战争初期，被战火毁坏的棉纺织设备大约有纱锭 121 万枚，线锭 13 万枚，织机 2 万台。1938～1939 年，沦陷区纺织生产几乎停顿。武汉沦陷后，日方对沦陷区的华商纱厂采取先"军管"、然后"委托"给在华日商纱厂"经营"。被委托经营的华商棉纺织厂共有 50 家，154.76 万纱锭，15280 台织机；仍由华人经营的约 120 万锭，开工不足 100 万锭。

1940年，日本的战略重心转向太平洋，中国沦陷区出现电力、原材料供应极度紧张的状况，大批日占工厂无法正常开工。日方在提出"以战养战"方针后，趁3月底汪伪政权成立之机，摆出"亲善"姿态，决定"发还军管工厂"，但在实施过程中又百般阻挠。如申新七厂被迫出租给日商公大，申新三厂的收回以牺牲成套发电机组为代价，永安一厂、二厂、三厂、四厂收回时被逼采取"日华合作"的形式，恒丰"合办"时还要支付巨额的"复旧费"。即使1942年5月后"加速归还"，有些工厂还被要求参加集资筹建"中日合办"的中华制药公司来作"酬谢"。1943年"归还"工作基本结束，但此时的电力、原材料供应情况已经不允许这些工厂正常生产，申新五厂、纬通等不少工厂一直停工到抗战结束。

1942 年，因棉纺织厂停工减产，纱布供应减少，又因上海形成"特别统制区"与内地隔绝，原来承担内地所产棉纱、坯布加工任务的上海染织业一筹莫展。除少数规模较大的工厂

留部分工人维持生产外，90% 处于停工观望状态。

中国的丝绸产业，尤其是蚕丝业，在国际市场上历来是与日本竞争的劲敌。因此在抗战期间，日本对于中国的蚕丝业更是竭力摧残，甚至在战争初期采取放火烧丝等做法泄愤。采取"以战养战"策略后，迫令华商丝厂在"中日合作"名义下筹备复工，组成惠民制丝公司，由日本人任经理，华人任协理，各厂名义上是中国人任厂长，但实权都由日本副厂长掌控。除此之外，不允许江、浙蚕丝自由运出，以致上海丝厂不得不分散到各地就近取料加工，这样就造成了中国厂丝产量的极度萎缩。抗战前，中国厂丝年产 1 万～1.5 万吨，抗战期间不到 0.15 万吨。到 1942 年，上海、杭州、苏州、湖州、南京、无锡、镇江、盛泽、丹阳等地的缫丝机和电力织机比抗战前减少 1 万多台，只剩 8000 台左右，丝织品从 1939 年的278 万匹降到 100 万匹左右。

毛纺织工厂多数在上海、天津的租界区内和上海沪东、沪西。虽在抗战初期受战事影响不大，但到 1941 年太平洋战争爆发后，进口羊毛来路断绝，不少精纺厂被迫停工，产量只及抗战初期的 40% 左右。

上海租界内的纺织业在抗战初期曾一度"繁荣"。这是因为当时沦陷区的纺织业损失严重，市场上纱布供给锐减，而内地及南洋的需求又旺；另一方面，当时租界内相对安定，工业协作配套也比较容易实现。1939 年，上海租界内竟新设小规模工厂 1010 家，翌年又新设220 家，天津租界也有类似情况，但这种景象只维持了 1 年多。1941 年底太平洋战争爆发后，日军立即侵入租界，英商、美商纺织厂全被"军管"而陷入困境。有些原挂英商、美商招牌作"虎皮"的华商企业，虽经花钱"疏通"，摘去洋招牌，改聘日籍"顾问"后，获准局部恢复生产，但因城乡市场萎缩和外销呆滞，仍在困境中挣扎。

抗战后期，物资严重匮乏。日暮途穷的日伪军，于 1943 年 3 月 15 日组成"全国商业统制总会"，先禁止一切物资流通，规定厂商库存量不得超过一个月，接着采取强制手段，以远低于产品成本的价格和分期付款的银行存单收购棉花、纱布、粮食等民生必需品及一切工业原料。当时被强行收购的有棉纱 9.21 万件、棉布 644 万匹，到日本投降时，还有四分之一货款没有支付。

抗战末期，日本在军事上的失败，导致纺织资源日益枯竭，生产难以为继，各厂设备大多闲置，处于瘫痪状态。1944 年，还掀起"毁机献铁"运动，纺织工业是多工序、多机台的行业，设备总吨位高，在"毁机献铁"运动中首当其冲，据匡算，毁机总数在 100 万锭以上。

二、部分纺织工厂的内迁壮举

抗日战争爆发初期，集中在中国东部沿海、沿江各地的工矿企业，掀起了一场史无前例的大规模内迁运动。此举在中国抗战史上写下了光辉的篇章。

抗战前，中国工业大部分集中于沿海和东北地区。"九·一八"事变后，东北工业基地落入敌手，"一·二八"事变后，集中在东部沿海地区的工业基地又受到侵略威胁。上海是全国最大的经济中心，集中了民族工业的精华。据国民政府经济部统计，1937年底，全国工厂总数为3935个，其中竟有1235个集中在上海，占总数的30%以上，其他沿海省份有2063个，占总数的51%。一旦战事扩大，沿海工业将首当其冲遭受摧残。有识之士一再呼吁把沿海工厂迁到内地，以保存经济实力，但到抗战前夕，政府虽有工业重心内移建立后方基地的设想，个别兵工厂已迁，然而民用工业的迁移却基本没有付诸行动。"七·七"事变后，平津失陷，上海危急，日军的炮弹打进了厂房，国民政府这才被迫将沿海工厂向内地迁移。

1937年7月22日，国民政府设立国家总动员设计委员会，部署各项紧急动员事宜。资源委员会旋即与上海各厂家洽商，劝导迁移，由政府补助迁移经费56万元，并出面向银行低利息借款329万元，拨给建厂用地500亩，经8月10日行政院会议通过后组织实施。然而，内迁工作正式开始未及两日，"八·一三"淞沪会战爆发了。

国民政府原打算只援助与军火制造直接有关的工厂，计划一个月内完成内迁，但随着战事日紧，要求内迁的厂家不断增加。工厂和职工的迁厂热情日益高涨，终于在淞沪会战激烈进行的同时，促成了工业大迁徙。

要在日军炮口下把大量的机器设备拆运出来，其风险显而易见。当时铁路、公路都供军用，上海地区民间工厂的西撤，先以木船从苏州河运到苏州，接着雇用小火轮拖原船走江南运河至镇江，交由负责长江航运的民生实业公司，换上江轮走长江直驶汉口或重庆。迁厂所用的木船，途迁行缓，备受阻挠，困难很多。然而，各厂员工凭借"誓不以厂资敌"的坚强意志，冒着炮火抢拆、抢装、抢运，长途辗转，历尽千辛万苦，终于把机器设备陆续运到了武汉。

1937年11月12日，上海沦陷，上海地区工厂的大规模拆迁被迫停止。此前共迁出民营工厂148家，工人2100多名，机件物资12400吨，从上海动用木船299艘，还有不少轮船沿苏州河和长江逆水西运。整个内迁工厂的队伍浩浩荡荡，展现了厂家和员工抗日救国的坚强决心。

各厂内迁船队陆续到达武汉后，立即着手测地建厂，招工购料，艰难开工。1937年内复工的有37家，1938年元月又有27家复工。然而，相当多的内迁厂家到汉口后未能适时复工，除政府安排不周以及电力不足等困难外，主要是购地问题没有及时解决。日军占领南京后，侵略矛头直指武汉，国民政府以武汉为轴心筹设工业区的计划遂成泡影，迁至武汉的工厂在立足未稳的情况下再度面临内迁问题。

为了加强工厂内迁工作，国民政府于1938年1月，紧急任命原任民生实业公司总经理、四川省建设厅厅长的卢作孚（图7-1）为交通部常务次长兼军事委员会下属的水陆联运委员会主任，负责统一调度指挥长江上的一切民用船只。正在汉口养病的四川省政府主席刘湘，积极争取滞留武汉的工厂转迁到四川，并派四川工业专家和官员向各厂家介绍四川的资源、设厂的环境，并在运输、厂地、电力、劳工、原料、捐税等方面给予优惠与方便。1937年12月底，有20余家工厂报名迁川，到翌年1月中旬，已准备即可迁川的工厂达41家。当月，工矿调整委员会派员与厂家代表到重庆及四川其他拟迁厂地区进行实地考察勘测，随后又组织成立了迁川工厂联合会，安排迁川各项事宜。

图 7-1　卢作孚和承担长江航运的民生货轮

1937 年 12 月南京失陷后，中国海军即开始在赣东北与安徽、江西两省交界处的马当部署新防线。

1938 年 6 月 9 日，日军逼近"马当防线"时，国民政府下令拆迁武汉工业，各类大小工厂凡对军需民生有用者均在拆迁之列。马当失守后，迁厂行动更为迅疾。为了减轻政府的财政负担，迁移费用由以前的无偿拨付改为提供贷款，来不及拆迁的工厂全部炸毁。

在武汉地区，工厂拆迁分两部分进行。一部分是外埠迁汉工厂的再迁，迁出机械工业、钢铁工业、造船工业、电焊工业、电器及无线电工业、化学工业、医药工业、纺织工业、矿业以及其他工业共 170 多个厂家；另一部分是武汉原有工厂的拆迁，包括化学工业、机器翻砂工业、织染工业以及其他工业共 150 余家。

到 8 月中旬，一部分厂家迁往湘西、湘南、广西、云南、贵州等地，大部分厂家迁往四川。及至武汉撤退，除沙市尚有数厂外，武汉地区工厂大迁移工作基本告一段落，内迁工作转向宜昌与重庆之间，直至 1940 年 6 月中旬宜昌沦陷乃告终止。

在上海、武汉工厂拆迁的过程中，其他战区的部分工厂也相继拆迁转移。如河南郑州、漯河、许昌、孟县，山东济南、青岛，山西绛县等地的 42 家工厂迁往陕西关中地区（其中一部分再迁入川），拆卸机械 1.5 万余吨。

整个工厂内迁工作持续到 1940 年基本结束（图 7-2），共内迁民营厂矿 448 家，内迁物资 12 万吨，技工 1.2 万余人。其中迁入四川 254 家，湖南 121 家，陕西 27 家，广西 23 家，其他省区 23 家。内迁工厂中，机械厂最多，为 181 家，纺织厂第二，为 97 家。此外，还有闽、浙两省自行内迁的 191 家，合计内迁厂矿达 639 家。

内迁不仅迁出了几乎所有的军工企业和支撑大后方工业的机器设备，而且同时

图 7-2　军民戮力同心忙内迁

随迁了大批企业管理与技术人才。工厂内迁促进了西南等地区工业的发展。重庆的机械厂战前只有 10 余家，到 1940 年发展到 133 家。豫丰、申新、裕华、沙市等纱厂的内迁，更使西南后方的纱锭猛增 10 倍以上。

常州大成四厂的内迁，是纺织厂内迁运动中的一朵奇葩。大成纺织公司的创办人刘国钧，早在 1935 年秋就带两名助手到成都去找卢作孚，探讨能否合作办纺织厂，正遇卢出差在外，虽然没能会面，但刘国钧却顺便了解了四川纺织工业的情况，得知四川当时还没有开设一家纱厂，他觉得在四川发展纺织工业大有可为。卢作孚回到成都后，得知刘国钧曾来找过他，就派两人到常州找刘国钧，从此双方建立了联系。

刘国钧从成都回常州时，顺道又到武汉调查，了解到武汉震寰纱厂有 2 万纱锭、240 台织机，已经停工半年。经过协商，决定双方合作，把震寰纱厂改建成大成四厂，1936 年 10 月正式开工，1937 年从常州装运 250 台织机到汉口，正准备扩充，抗战爆发了。

1937 年 11 月 18～21 日，日机轮番轰炸常州。因为当时大成二厂试生产丝绒织物取得成功，成了日本纺织业的强劲对手，日方首先把设有印染车间的大成二厂夷为平地，一厂也被破坏了 70%。11 月 29 日，常州沦陷。

1938 年下半年，刘国钧决定把原拟在武汉办大成四厂的织机及浆纱、准备设备，武汉隆昌染整厂提供的染整机器，以及常州大成一厂、三厂的部分机物料、纱布产品等装上民船，沿长江西运重庆，指定他的女婿查济民带队随船押运。那时的长江，上有敌机轰炸，下有三峡暗礁险滩。日军知道装运机器的木船经过三峡时，需要用人工拉纤，于是便把战机集中布置在这一地带，侦察到木船到了拉纤区域，敌机就投掷炸弹把船炸翻。轰炸过后，押运人员便四处打捞机件，修理木船，然后装箱再运。就这样，炸了修，修了再运，再运再炸，再炸再修，这批机器在江中足足运了半年。

机器运到重庆后，在北碚山区卢作孚原准备建三峡染织厂的所在地，在为迁建工厂准备的厂房里安装机器，合作开办了大明染织公司。卢作孚任董事长，刘国钧任经理，查济民任厂长。当时，卢作孚有长江航运的重任在肩，刘国钧专注于大成集团战后重建规划的制订和资金运作，为此经常外出调研，大明的日常工作主要由查济民担当。当时的查济民只是弱冠之年，但却意气风发，踌躇满志，大家戏称他为"娃娃厂长"。在他艰苦奋斗的精神感召下，该厂职工齐心协力，很快把大明染织厂办成了重庆第一个初具规模的棉纺织染全能厂，并且在建厂过程中自制了重庆市第一台布铗丝光机，在大后方率先生产丝光棉布。

抗战胜利后不久，查济民到海外开办企业，他在改革开放后回国，此时卢作孚早已离世。为感念前辈当年的提携之恩，查济民在卢作孚的家乡四川合川投资创办了重庆中染纺织有限公司，同时在广场上建起卢作孚的塑像。

当时的工厂内迁，也有不通过长江航运的。上海章华毛绒纺织厂厂主、号称"毛纺大王"的刘鸿生（图 7-3），就独辟蹊径，走了另一条路。

刘鸿生是上海颇有名望的大企业家之一。第一次世界大战结束后，他相继创办了中华码

图 7-3 刘鸿生和上海章华毛绒纺织厂的产品广告

头公司、鸿生火柴有限公司、上海水泥公司、中华煤球公司、上海章华毛绒纺织厂以及银行、保险等企业。抗日战争爆发后，他积极投身抗日救国运动。日军侵入上海租界后，首先侵占他的水泥公司，接着又提出要和他"合作"，遭到拒绝。为防不测，他于 1938 年 6 月出走香港，留下儿子刘念智在上海"看家"，接着加紧筹划毛纺厂的内迁事宜。

经过一番筹划，刘念智买下 20 辆美国道奇牌重型卡车，把刘鸿生存放在上海法租界的总重约 500 吨的毛纺设备，包括上海章华毛纺厂的 2000 枚毛精纺锭、40 台毛织机、部分毛染整设备，以及从上海新生机器纺纱厂买来的粗纺设备，通过船载车运内迁，先从上海出发，冒着遭受敌机轰炸的风险，绕道香港、越南海防，到缅甸仰光登陆，再从仰光走陆路北上，穿过云南省，1940 年初才运到重庆。机器设备虽然运到，但因转辗运输，而且多次受到敌机的轰炸，损失惨重。

1939 年底，刘鸿生在重庆紧锣密鼓地筹建毛纺厂，当地有人愿意投资参股此项目，经过多方协商，组成了以宋子良、翁文灏、钱新之、刘鸿生等为首的董事会，象征性出资的"社会贤达"排名在主要出资人之前。刘鸿生后来回忆说："我在重庆办的中国毛纺厂、火柴原料厂及在兰州办的毛纺厂，都有官僚资本的投资。我原来在上海是大老板，到重庆却成了大老板的伙计！"

三、简易纺纱技术的探索和手工纺织的重新兴起

抗战爆发后，动力机器纺织工业遭受严重摧残。纱厂不足，厂纱难得，促成了手工纺纱的重新登场。上海租界内，木制手摇纺车多达 1.5 万架，沪西一带，中小规模的手工棉织工厂林立，所用机件多系木制。1940 年，成立土纱改进协会，倡导推广各式改良手工纺车。南通土布也步入兴盛时期，从事土布生产的农户有 4 万家，土布产量达亿米，并以"雪耻布"命名，远销各地。

原先纺织工业基础薄弱的大后方，即使接纳了从沿海内迁来的企业，也还是不能满足战时军民衣被之需，各地竞相掀起制造大小纺织机器的热潮。昆明中央机器厂、广西纺织机器厂、新友铁工厂、经纬纺织机器厂、豫丰机器厂、公益铁工厂、顺昌机器厂、恒顺机器厂、工矿铁工厂等，在极端困难的条件下，群策群力，分工协作，制造了一批又一批的纺织机械。沦陷区的一些技术人员，利用一些旧机和战争中严重受损的"火烧锭子"，因陋就简创办了不少小型纱厂，有的还简化了工艺流程和设备结构。如汪孚礼（图 7-4）、张方佐等

图 7-4　汪孚礼　　　图 7-5　穆藕初与简易织布机

在企业家荣尔仁的资助下研制的新农式纺纱机，颇受小型纱厂欢迎。邹春座等在无锡和嘉定还制造过只有弹花、并条和细纱三道工序的铁木纺纱机。但仍然是杯水车薪，不能满足各方的需要。为了补充军民衣被之需，时任农产促进委员会主任的穆藕初（图 7-5），大力支持发展多锭的手工纺车，定名为"七七棉纺机"。1938～1941 年，农产促进会在重庆、成都三次筹办训练所推广这项技术。四川曾先后动员手工织布机 6 万台，织布供军需民用。在大后方，新式纺纱机年产棉纱 6.8 万件，而木机及手工纺车年产棉纱 40 余万件，机器织布每年不过百余万匹，而手工织布则达 900 万匹。此外，传统的丝麻织品也依然主要依靠手工生产。

　　在共产党领导的敌后抗日根据地，经济更是困难重重，共产党大力扶持纺织生产（图 7-6），建立公营纺织厂，开展妇女纺织运动（图 7-7），使原来基础薄弱的纺织业得到发展。1940 年，陕甘宁边区政府建设厅创办的"伟华毛纺厂"（厂长李正光，新中国成立后曾任纺织工业部副部长），自力更生制造出颇受群众欢迎的毛线和线毯。冀南农村平均每人有一架纺车，每六七人有一台织机；淮北地区 1944 年手工纺车发展到 3.6 万余架，手织机近 3000 台；山东抗日根据地 1945 年有纺车 72 万余架，

图 7-6　敌后抗日根据地大生产运动

图 7-7　敌后抗日根据地妇女纺织运动

布机 10 万余台；陕甘宁边区 1944 年有纺车 14.5 万架、织机 2.3 万台，还有手工编织毛毯的毛织厂。此外，山东解放区、陕甘宁边区的绥德、山西的太岳地区，还鼓励农民种桑养蚕，设立缫丝厂，发展蚕丝业。各边区大搞技术革新，创造了加速轮纺车、铁轮织机、改良袜机等。为适应游击战环境，还建造了分散生产、集中经营的流动纺织厂，可以拆开、便于搬动的"游击纺车""活动织布机"等。染色工艺也有发展，因地制宜地推广应用各种植物染料。

四、一批纺织新基地在抗战大后方陆续形成

1. 重庆

重庆的机器纺织工业起步较晚，抗战爆发后，上海、武汉等地的一批企业内迁后才逐步发展起来。1938 年，汉口申新四厂迁出 1 万锭到重庆南岸猫背沱，建立申新四厂重庆分厂。与此同时，河南郑州豫丰和记纱厂迁出 3.5 万锭到重庆，建立重庆分厂，遭轰炸后为保存实力，又在合川建支厂，有 1.5 万锭。汉口裕华纱厂迁出 4.3 万锭、504 台织机到重庆南岸窍角沱。原在武汉的日商泰安纱厂 2 万锭、280 台织机由国民政府军政部接收后，运到重庆，分建两个厂，在沙坪坝土湾建军纺一厂，在南岸弹子石建军纺二厂。湖北沙市纱厂迁到重庆李家沱，1942 年开出万余纱锭。武昌震寰纱厂迁出 0.9 万锭到重庆后，因无力复工，0.5 万锭租给裕华纱厂，0.4 万锭售给大明染织厂。最后迁川的是位于衡阳的湖南第三纺织厂，0.5 万锭，迁到长寿，1945 年开出 0.12 万锭，起名裕湘纱厂。

内迁的织厂和染厂有上海大中国棉织厂、汉口亚东祥记织造厂、上海冠成织造厂、常州大成纺织公司武昌四厂、汉口隆昌染厂等。其中，大成公司武昌四厂和汉口隆昌染厂的 230 台织机和染色设备一套，与民生公司卢作孚的北碚三峡染织厂合营，更名为大明染织公司。

除上述迁建的工厂外，在抗战时期，重庆还新建了一批小型棉纺织厂。到 1944 年底，重庆共有棉纺织厂 19 家，约 17 万锭，织机 500 余台。另有小型棉织厂 720 家，铁木织机5899 台。染厂除原有的渝德、东兴两厂和大明厂外，新设的有重庆染织厂、民康染织公司等。针织业在抗战中期发展迅速，1942 年 6 月成立重庆针织业公会时，有会员厂 36 家，后来发展到 144 家，共有电动袜机约 50 台、手摇袜机 800 余台、汗衫机 20 台，员工 800 余人。丝绸厂、毛纺厂、麻纺厂，以及纺织机械厂、纺织器材厂，也都有相应的发展（图 7-8）。

2. 陕西

陕西从北到南可分为各具特色的三个自然区：凤翔、铜川、韩城一线以北是陕北高原，这里山峦交错，沟坡纵横，草源充足，是羊毛等动物纤维的主要产地；中部渭河平原西起宝鸡峡、东至潼关，号称"八百里秦川"，气候温和，土壤肥沃，是棉花等纺织原料的主要产区；南部由秦岭、大巴山组成的秦巴山地，内含安康、汉中两个盆地，气候湿润，雨量充沛，素以产蚕丝著称。这些都是发展纺织工业的有利条件。抗战以前，这里的手工纺织业是有相当基础的，机器纺织业的兴建也曾几度酝酿，但因资金筹措等方面的困难而没有成功。抗战期间，沿海和华中地区部分工厂内迁到陕西，规模较大的有以下一些工厂。

图7-8 抗战大后方的纺织工人队伍和纺织厂

（1）1935年，石家庄大兴公司的1.19万纱锭和320台织机，起名大兴纺织股份有限公司第二厂。1936年，汉口裕华公司投资100万元、大兴公司投资50万元，购买纱锭和织机，1938年、1939年，再加入申新四厂和震寰纱厂迁来的纱锭，到1939年底，共有4.54万纱锭和820台织机。

（2）1939年8月，汉口申新四厂将2万纱锭、400台织机及部分漂染设备迁至宝鸡十里铺，筹建申新四厂宝鸡分厂。1939年8月，建成第一纺纱工厂，安装0.6万纱锭。1940年遭轰炸后，改建为窑洞工厂。到1945年，共安装2.56万纱锭、372台织机，还有染色工厂。

（3）1938年8月，湖北省纱布局迁来部分设备。1940年与中国银行所属咸阳打包公司合作，组建湖北省纱布局咸阳纺织厂，陆续开工，共有1.23万纱锭，154台织机。

（4）雍兴公司蔡家坡纺织厂，向济南成通纺织公司购买自造的6000锭仿立达式细纱机半成品，由当地机器厂修配组装成机，加上抗战前中国银行为河南安阳豫安纱厂订购的4200枚英国纱锭，共有1.02万纱锭。

（5）雍兴公司虢镇业精纺织厂，建厂时采用王瑞基、刘持钧研制的业精式手工纺纱机，后改用泼拉脱细纱机2100锭，织机256台。

此外，还有几家规模较小的厂，此后又有民族资本家和官方纷纷来此投资办厂。到1945年抗战胜利时，全省共有机器棉纺织厂17家，10.63万纱锭，1800余台织机。

除棉纺织业外，毛纺织、针织、漂染、纺织机械和器材，以及手工纺织业也都有相当的发展。

3. 甘肃

甘肃纺织业历史悠久，早在秦汉以前，在此地区就有"捻毛成线、织褐成衣"的记载。考古发掘证明这里的手工纺织业具有更为悠久的历史，这里的机器纺织业以毛纺织业最具代表性，虽然工厂不多，但其起源却是全国最早的。

19世纪40年代，甘肃共有三个毛纺厂。

（1）甘肃织呢局。建成于1880年的甘肃机器局，由于管理等方面的诸多问题，导致工厂开开停停。抗战初期，军政部鉴于军需缺乏，从武昌织呢分厂调派技术员工携带设备器材前来修复机器，才使生产转入正常。1945年，军毯年产量达到20万条。

（2）雍兴公司兰州毛织厂。由中国银行甘肃分行雍兴公司委派比利时留学生潘炳兴于1940年8月创办，1941年6月开工生产。产品由最初的毛围巾、地毯、粗毛褐过渡到毛呢、毛毯等。雍兴公司兰州机器厂还为该厂仿制了一批毛纺织染整设备，1946年，该厂又购置了一批设备。到1947年，该厂年产毛呢6万米，军毯和毛毯4000多条，地毯4000多块。

（3）西北毛纺织厂。抗日战争爆发后，杜月笙委托重庆的中国毛纺织公司总经理刘鸿生，对在西北办实业进行调查。刘鸿生于1943年1月写成"在兰州设立毛纺织厂计划书"，杜月笙认为可行，于是就由杜月笙、刘鸿生、孔祥熙等十人发起，刘鸿生牵头，开展筹建西北毛纺织厂的工作。1945年10月开工生产毛呢，产品销到香港、澳门等地。

五、"工合"运动在大后方的蓬勃兴起

1938年，国际友人路易·艾黎、埃德加·斯诺夫妇和胡愈之、徐新六等发起成立中国工业合作协会，将抗战大后方的失业工人组织起来，建立工业生产合作社，寓救济于生产，支援军需和民用，支援抗日战争。国共两党和民主党派都派人参加了这个组织的领导工作。为了争取海外援助，筹集工合发展资金，1939年1月在香港成立了"工合"组织（图7-9所示为"工合"组织徽标）国际委员会，宋庆龄任名誉主席，英国主教何明华任主席。长期从事工合工作的国际友人还有美国记者伊斯雷尔·爱泼斯坦（图7-10）和英国记者乔治·何克。

"工合"组织成立后，在有关各方的有力推动下，工作迅速开展，取得了可观的成效。

首先是陕西宝鸡。抗日战争爆发后，中国的沿海工业遭到巨大破坏。日军的烧杀抢掠迫使大批熟练技术工人背井离乡，流亡后方，沦为难民。宝鸡因其便利的交通条件和重要的

图7-9　"工合"组织的徽标

图7-10　爱泼斯坦和凤县的孩子们

战略地位，成了内迁工厂集聚之地，仅大工厂就有 24 家，职工达 1 万多人，连同家属超过了 3 万人，加上县城原有的 8000 多人，人口将近 5 万。日军占领沿海地区以后，对内地实行经济封锁，当时的宝鸡不仅经济萧条，商品供应极度缺乏，而且集聚了大批难民和无事可干的失业者，发展经济就成为当务之急。1938 年 8 月，中国经济专家卢广绵受路易·艾黎的委托，来到宝鸡组建工业合作社。他每天从早到晚为难民演讲，并且派人到大街小巷张贴宣传标语，受到难民欢迎。短短半个月，织袜合作社、制皂合作社、炼铁合作社、药棉合作社、印刷合作社相继成立；短短两个月，新成立的合作社达到 80 多个；不到一年，就形成了许多作坊和工厂，能够生产鞋、帆布袋、衣服、机具、肥皂、颜料、电器用品、军装、帆布床、帐篷、毯子等。宝鸡遂成为工合运动的发祥地。

工合运动在宝鸡的成功使路易·艾黎十分兴奋，他来宝鸡考察后，决定在宝鸡设立"中国工合西北区办事处"，卢广绵任办事处主任。西北工合组织一面着手登记流落在宝鸡街头的失业工人和有一技之长的难民，一面积极开展组社工作。在有计划地帮助迁宝工厂尽快恢复生产的同时，西北工合组织迅速建立起本部机关和下属的宝鸡、凤翔、陇县三个事务所。

1939 年，西北工合组织进入快速发展时期，又在双石铺设立事务所，创办了三十多个合作社和工合金库、供销处、医院、招待所以及学校、保育院等机构，凤翔、陇县事务所同样发展迅猛。当时中国共产党的领导人对工合运动十分赞赏，认为对中国是有价值的，希望艾黎把这一运动扩展到陕北。

在中国的工合运动中，西北的工合运动最活跃，贡献也最大，所生产的产品占全部工合组织产品的半数，为打破日军的经济封锁，支持长期抗战作出了重大贡献。当时西北工合组织下属有机械、铸造、铁器、木器、竹器、制革、毛纺、纺纱、织布、印染、肥皂、毛巾、缝纫、印刷、制鞋、针织、制毯、饮食等生产合作社，能生产军需和民用产品，有效地缓解了这些产品的供求矛盾。1939 年，西北工合组织为八路军西安办事处制作 10 万件棉衣。同年 8 月，中国工合组织同国民党军政军需局签订了第一批承制军用毛毯 40 万条的合同，西北办事处承担 30 万条，1940 年完成后运往抗日前线。1941～1945 年，西北工合组织连续签订了第二、第三、第四批合同，生产军用毛毯 80 万条。在发展生产的同时，安置了数以万计的失业工人和难民，凤县双石铺还开办了培黎工艺学校。在此期间，西北工合组织还充当了国际社会与陕甘宁边区政府间的重要桥梁。

中国工合组织建立后，甘肃省也积极开展工合运动，仅兰州、平凉、天水三地成立的毛纺织生产合作社就有 60 多家。1939 年 8 月，中国工合组织接到军需署委托的 32 万条军毯的订货，就把生产任务交给兰州、平凉、天水三地的毛纺织生产合作社，组织千家万户来完成。翌年，又接受了生产 100 万条军毯的任务。

为了促进工合运动的蓬勃开展，路易·艾黎等国际友人在陕北的窑洞里度过了四个春秋。

中华人民共和国成立后，工合组织于 1952 年停止活动。然而，这几位国际友人回国后仍然十分怀念当时的工合运动，并曾多次来中国访问。在国际友人的热情推动下，1983 年，工合组织经国务院批准恢复活动。

第八章 "二战"后纺织工业的有限复苏和新困境
（1946～1949 年）

一、中国纺织建设公司、中国蚕丝公司对日资纺织企业的接收

抗日战争胜利后，为接收和管理敌伪在原沦陷区的纺织工厂，当时的国民政府行政院设立了纺织事业管理委员会。经过筹备，于 1945 年 12 月成立了中国纺织建设公司（简称中纺公司）和中国蚕丝公司（简称中蚕公司）。翌年 1 月，就派人到各地开展接收工作。

中纺总公司 1945 年 12 月 5 日在重庆成立。1946 年 1 月迁至上海办公，另在青岛、天津、东北设立三个分公司，随即筹建内部机构，组织开展接收工作。公司下设秘书处、业务处、财务处、工务处、会计处、稽核室、统计室、购料委员会、考核委员会、同人福利委员会、劳工福利委员会、巡回督导团、保险事务所等。公司注意聘用专业人才和大学生、留学生参加公司或工厂的管理，还设有技术培训班、技术研究班和门市部、医院、员工子弟学校等附属机构。图 8-1 所示为原中纺青岛分公司办公楼和 20 世纪中期的纱厂。

接收工作完成后，中纺公司拥有 84 个工厂，公司与所属工厂共有职工 7 万多人，从事棉

图 8-1　原中纺青岛分公司办公楼和 20 世纪中期的纱厂

花、棉纱、棉布的控制、配售与产品的国内销售和对外贸易等经营活动，并受政府委托代拟某些经济政策。所属工厂只管生产，采取职能管理制，由生产工场的工程师直接掌管生产，技师负责运转管理。

为了对工厂实行规范化管理，公司在总结日常工作经验的基础上，编辑出版了《工务辑要》一书，详列设备、工艺、标准、产品、研究试验、培训及各项统计。又先后编成《纺织染丛书》数十辑，定期出版《纺织建设》月刊，对当时纺织技术的提高和推广起到了积极的推动作用。据中纺公司上海各棉纺织厂、毛纺织厂、印染厂统计，技术人员的比例分别为全体职工的 1.95%、3%、5.6%，平均 3.52%，超过了当时上海纺织行业技术人员占比的平均数 2.36%，更超过全国平均数 1.90% 的水平。但中纺公司由于其垄断企业的性质，在施政上有很大的局限性，特别是在用人方面，公司可以任意向工厂委派，而工厂受职权所限，对于所需的人才往往难以延揽。

中纺公司所属 84 个工厂的行业和地域分布见表 8-1。

表 8-1　中纺公司所属 84 个工厂的行业和地区分布

行业	工厂总数（家）	所在地区			
		上海	青岛	天津	东北
棉纺织厂	38	18	8	7	5
棉印染厂	7	6	1		
毛纺织厂	5	5			
绢纺织厂	2	1		1	
麻纺织厂	2	2			
针织厂	2	1	1		
机械厂	4	2	1	1	
线带厂	1	1			
轧棉、梭管、化工、打包等厂	23				
总计	84				

中纺公司所属 38 个棉纺织厂拥有的主要设备见表 8-2。

表 8-2　中纺公司棉纺织厂设备

地区	工厂数（家）	纱锭数（万锭）	线锭数（万锭）	织机数（台）
上海	18	89.73	23.88	18195
青岛	8	32.45	3.60	7262
天津	7	33.29	5.08	8640
东北	5	22.32	1.34	5330
总计	38	177.79	33.90	39427
占全国比例（%）		35.8	63.5	57.5

中纺公司及各分公司历年棉纱、棉布产量见表 8-3。

表 8-3　中纺公司历年棉纱、棉布产量统计

产品	年份	上海	青岛	天津	东北	合计
棉纱（万件）	1946 年	25.37	8.54	7.94	0.80	42.65
	1947 年	38.89	14.61	18.45	2.62	74.57
	1948 年 1～7 月	25.24	7.92	11.64	2.59	47.39
棉布（万匹）	1946 年	540.67	186.99	214.83	12.11	954.60
	1947 年	771.68	319.86	484.95	35.63	1612.12
	1948 年 1～7 月	537.05	176.15	301.77	1.53	1016.50

中纺公司还拥有毛纺织厂 5 个，共有毛纺锭 2.76 万枚，毛织机 356 台，分别占全国的 21.3% 和 18.3%；绢纺厂 2 个，有绢纺锭 1.14 万枚，占全国 45.6%；麻纺厂 2 个，有麻纺锭 1.26 万枚，麻织机 652 台，分别占全国的 41.2% 和 66.7%。

中纺公司接收这些原日资企业后，就对所属工厂进行整顿，使战时处于瘫痪状态的纺织工厂逐步恢复生产。当时正值外棉大量涌入而国内棉纱市场兴旺，电力供应也逐渐恢复，再加上公司在经营领域的垄断地位，1946～1947 年生产一度直线上升。1946 年，中纺公司在官僚资本的扶持下，取得低汇率的官价外汇，利用低价美棉纺纱织布，又享有低息贷款，并得到原料、燃料供应等方面的优惠待遇。同年，国民政府对棉花、棉纱、棉布实行管制后，又授予中纺公司统购统销棉花、棉布，进口美棉、配售美棉的特权。公司则收多配少，将部分纱布运往外埠高价出售，而使民营厂的利益受到损害。公司又凭借雄厚的资金，在各产棉区遍设分公司，廉价收购棉花，又因储运方便，故存量丰厚，经常保持在 100 万担以上的周转量。1946 年，中纺公司收购国棉 301 万担、外棉 391 万担，相当于同年全国棉花总产量，垄断了全国的市场，到年末，共生产棉纱 46022 吨，棉布 1.98 亿米，账面盈余法币 391 亿元。中纺公司还负担国民政府下达的军布、军纱生产任务，1946 年提供军布 1097 万米。

1947 年，中央银行外汇枯竭，急需出口物资以换取外汇。国民政府核定中纺公司运用"特别出口外汇率"办法，规定以总产量的 10% 由中央银行收购，中纺公司代理出口。从 1947 年到 1948 年 7 月，共出口棉纱 9260 吨，棉布 7132 万米，折合 3791 万美元。1947 年 6 月，纺织事业管理委员会撤销，中纺公司直属国民政府经济部。1947 年，中纺公司提供军布 1.28 亿米，军用棉花 17 万担，棉纱 1524 吨，均由中央银行付款。同年，公司在上海的各厂全年平均纺锭开工率为 8 成，织机开工率为 7 成，全年生产棉纱 70556 吨，棉布 2.82 亿米，年末公司盈余法币 5880 亿元。后在解放战争期间，承担军纱、军布、军被等供应任务，货款不能及时回收，损失巨大。1948 年 9 月 11 日，中纺公司奉命改组为中国纺织建设股份有限公司。11 月 6 日，淮海战役爆发，国民党政权日趋动摇，经济危机加剧，中纺公司也面临缺棉少煤的难题。11 月 20 日，中纺公司董事会决议将部分纺织厂南迁，但 12 月 12 日董事会又考虑到工厂南迁"牵制太大，宣告放弃"。

中纺公司凭借其公营企业的垄断地位，不仅在经营方面享有特权，而且也笼络了各方面的人才，每年都有巨额盈余。可惜的是，这些盈余并没有用于扩大再生产，最终都上缴国民政府。以致三四年间，竟然没有新建一家工厂。

1949年5月，上海解放前夕，国民党当局在撤离之前加紧对上海的破坏和掠夺。中纺公司系统的广大职工在中国共产党组织的领导下开展护厂斗争，反对拆运机器，反对破坏工厂，反对疏运物资。在解放军将要进入沪东地区的最紧张时刻，中纺公司的职工运用他们的智慧和力量，不但保全了国民党军队进驻的沪东各纺织印染厂，还为保护临近的上海电力公司和煤气公司作出了贡献。1949年10月1日中华人民共和国成立后，上海市军管委财政经济接管委员会轻工业处处长驻中纺公司军代表刘少文，向中纺公司全体职工传达了国家领导人对他们的嘉奖。1950年7月1日，中央人民政府纺织工业部成立华东纺织管理局，中纺公司归并该局而告结束。

和中纺公司同时成立的中蚕公司，负责接收苏、浙、皖三省的敌伪蚕丝产业。总公司设在上海，并参照敌伪产业的原有格局，筹设下属机构：杭州、嘉兴、广东、无锡、青岛办事处；嘉兴、苏州、广东顺德蚕桑实验场；上海蚕丝研究所及苏州、镇江分所；嘉兴、吴县、无锡实验育蚕指导总所和顺德蚕业指导总所；第一实验丝厂，第一、第二、第三实验绸厂，第一、第二实验绢纺厂等。第一实验丝厂原为苏州丝厂，有丝车416台（立缫车120台、座缫车296台），主要生产外销生丝。第一、第二实验绸厂在上海，第三实验绸厂原为青岛日华兴业丝织厂，三个厂共有织机302台，全部织制山东府绸。其中，第一、第二两厂于1946年改装40台宽幅织机，织制外销产品，其余162台窄幅织机基本织制内销绸缎。两个实验绢纺厂分别接收嘉兴钟渊公大八厂和青岛三和绢纺厂，一厂有纺锭0.57万枚，二厂有织机30台、梳棉机2台。1948年，二厂裁并入第三实验绸厂。

中蚕公司成立后，主要从事管理丝业贷款、存茧易丝代缫及辅导民营丝厂复业等工作。1946年，共承办三省收购春蚕贷款约200亿元法币。贷款发放后，共设茧行352处，收购鲜茧71937公担。

中蚕公司通过管理丝业贷款、操控民营丝厂的生产从中获利。后改由蚕丝产销协导委员会出面管理丝业贷款，业务扩展至广东、四川两省。到1948年秋季收茧时，正值国民政府发行金圆券，各种贷款一律停止，收茧贷款也就此停办。

中纺公司、中蚕公司等官办垄断企业集团，总体上是为国民党政府服务的。但在抗战胜利后的两三年间，凭借着广大员工在抗战胜利后迸发的爱国热忱，在恢复和发展生产方面做了不少有益的工作，客观上为新中国成立后大规模经济建设的开展创造了条件。

二、民营纺织业的复苏

1. 棉纺织业

抗日战争胜利后，由于棉纱、棉布的需求激增，又由于战时积压的美国棉花于战后低价倾销，棉纺业获得了空前的高额利润，工商业者无不欢欣鼓舞。尤其是原来敌占区的纺织工商业者，恢复和重建被战火损毁的企业的积极性空前高涨。1946～1948年，全国新增民营棉纺织厂37家，增加纱锭65.7万枚，线锭6.6万枚，织机1238台。然而，厂数虽多，规模却都很小。原因是纺织从业人员积极性虽高，但由于长期战乱造成的经济凋敝，资金、物资短缺严重。设备增加虽然有限，但是产量和开工率一度迅速攀升。统计资料显示，上海民营纺织业在产量和开工率方面有时超过了官办的中纺公司，见表8-4。

表8-4　1946～1949年全国民营、国营棉纺织设备数和开工率统计

年度	工厂数（家）	纱锭（万枚）			织机（万台）		
		合计	民营	国营	合计	民营	国营
1946	224	442.02	252.58	189.44	6.87	3.03	3.84
1947	240	492.53	310.33	176.44	6.63	2.81	3.82
	开工数	442.25	273.49	164.24	5.38	2.15	3.23
	开工率（%）	89.79	88.13	93.09	81.02	76.51	84.55
1948	261	502.53	321.00	181.53	6.90	3.09	3.81
	开工数	430.24	274.44	151.51	5.25	2.05	3.14
	开工率（%）	84.73	85.50	83.46	75.00	66.34	62.41
1949	249	516.00			6.39		

但是好景不长。1946年大量进口的美棉用完后，新进口的美棉数量大减，并且几乎全部被中纺公司所垄断，此后民营企业的用棉主要靠国产棉花。又由于解放战争爆发，从原棉产地到沿海纺织厂之间运输困难，原棉供应短缺和价格上扬等问题迅速突显出来，挤压了纺织业的利润空间。1948年1月，全国花纱布管理委员会成立后，民营纺织业更受打击。政府通过该委员会一方面以低价收购各厂生产纱布的半数，另一方面又限制纱布自由转销内地，更造成了民营纺织厂的营运困难。金圆券发行后，一批工厂经不住拖累而倒闭，不少工厂抽资南逃，一般的做法是把纱布出口后收到的货款转汇香港和台湾，由此造成工厂资金更加窘迫。此时的民族资本家对国民政府早已失去信心，但其中多数对共产党的政策不甚了解，中共地下党组织在爱国民主人士的帮助下，纺织企业界做了大量工作，才把人心安定下来，迎接解放。

2. 棉印染业

印染业的情况也与此相似。抗战胜利后，由于国内市场对印染布需求殷切，一些在战争期间停工的印染厂纷纷恢复生产，上海、天津等原来基础较好的地区还开设了一批新厂。但到1948年初，天津的部分印染厂遇到坯布资源缺乏和政府增税导致的困难，纷纷停工减产。山东原有的印染厂在战争期间遭受破坏较重，胜利后整治创伤，勉强开工，多数经营情况不佳。江苏常州大成二厂新增投资建成了专业印染厂，还新建了益丰昌等染织厂。无锡原有庆

丰、丽新两个大厂，战争中设备损毁严重，胜利后仅有丽新恢复生产。湖北也有一些印染厂，主要集中在汉口，但到新中国成立前夕，生产较正常的只有三家。

印染厂所用染料，抗战前四分之三依赖进口。从 1948 年开始，我国自己生产一些染料，如萘酚 AS、对硝基苯胺、拉必妥等，但大部分仍靠进口。染整业的设备和技术，仍停留在战前水平，加上布匹货源少，染料又缺乏，民营小厂停工很普遍，月产仅为战前的三分之一左右。

3. 毛纺织业

抗战胜利后，毛纺织业也经历了短暂的景气。1946 年，在外汇开放和低汇价政策鼓励下，民营毛纺业者纷纷向外国订购羊毛、毛条和加工设备。上海民营厂的毛纺织品产量 1946 年上半年为 20 万码，下半年上升到 100 万码，超过了中纺公司各厂的产量之和。尤其是绒线业，在"6 磅毛条换 1 磅绒线"的利好买卖中，各厂都加班加点扩大生产。图 8-2 所示为宋棐卿与天津东亚毛纺厂全体职工合影。

图 8-2　宋棐卿与天津东亚毛纺厂全体职员合影

但是没过多久，随着物价上涨，外汇短缺，国民政府把羊毛列入限额进口商品之列，进口后又被官办的中纺公司以虚报纱锭数等手段夺走了大部，使得民营厂能够分到的官价进口羊毛少之又少。与此同时，国产羊毛又因战争造成的交通阻隔大量滞留于内地仓库中发生霉变，而无法供应沿海地区的毛纺厂。

1947 年初，美元官价汇率为 3350 元，而黑市价已高达 1.5 万元。羊毛官价进、黑市出，可以获利数倍；而当时政府在对进口羊毛实行限额外汇官价结算的同时，还执行进口羊毛按各厂所有设备比例分配的政策，于是资本家就以开厂增锭来争取更多的官价羊毛。1946～1948 年，仅上海一地就新增各类毛纺厂 40 多家。这些新厂所用的毛纺设备大多是发达国家纺织业用过多年、战后设备更新时淘汰的旧机器。这些机器的购置，加重了我国毛纺织行业日后技术改造的负担。

1946 年和 1948 年，全国毛纺织业规模比较见表 8-5。

表 8-5　1946 年和 1948 年全国毛纺织业规模比较

年度	工厂类别	精纺锭		粗纺锭		绒线锭		毛织机	
		厂数	锭数	厂数	锭数	厂数	锭数	厂数	织机台数
1946	中纺公司	2	37110	4	11766			1	292
	上海民资	4	8264	11	11850	3	3352	33	1045
	上海外资	1	11380			2	6980		57
	其他地区		9400		11085		2448		319
	合计		66154		34701		12780		1713
1948	中纺公司	2	37110	4	12246	1	1500	1	292
	上海民资	8	27469	12	13608	6	11096	48	1388
	上海外资	1	15068			2	6980		57
	其他地区		9400		11085		4888		319
	合计		89047		36939		24464		2056
	比 1946 年增加		34.61%		6.45%		91.42%		20.02%

4. 丝绸业

占全国产丝总量 90% 的浙江、江苏、安徽、广东、东北等地的丝业，几乎在战争中全毁。浙江、江苏、安徽三地战前有缫丝车 3.5 万台，战后只剩 2235 台，其中能开工的只有 1100 台，减少 93.7%。杭嘉湖地区年产蚕丝仅 4 万市担，为战前的 13%。再加上抗战胜利后中蚕公司为了从中渔利，强压丝价，更使民营丝厂不断倒闭，丝产量逐年减少。1947 年全国产丝（厂丝、土丝、柞丝）9.32 万市担，1948 年产 8.65 万市担，1949 年更降至 5.35 万市担。

民营织绸业战后虽逐渐好转，但因蚕丝及人造丝原料短缺，丝织品外销又困难，生产没有恢复到战前水平。丝织业中心上海战前有丝织机 7200 台，月产丝织品 16 万匹；1948 年虽然丝织机恢复到 7200 台，但因原料不足，月产丝织品仅 8.3 万匹。而且品种都是大路货，85% 内销。1947 年出口最多的外销量，也仅及战前 1937 年的 22%。杭州、苏州的情况也大致相似。

5. 麻纺织业

麻类生产恢复较快，1949 年产苎麻 99.8 万市担，黄麻 189 万市担，大麻 492.9 万市担，亚麻 99.8 万市担。苎麻产量虽多，但其织品夏布年产仅 200 多万匹，还是广大农家和手工作坊生产的。抗战时期曾有 9 家麻纺织厂，战后只剩下 2 家，纺锭虽有 1.26 万枚，能开工的只有 0.77 万枚。

黄麻纺织业主要生产麻袋。1947 年有纺锭 2.46 万枚，织机 1153 台，1949 年分别为 2.3 万枚和 751 台。

6. 针织复制业

抗战胜利初期，内陆交通逐渐恢复，海运也开始畅通，毛巾、被单产品的内外销路都趋好转，产品供不应求。上海、无锡、扬州、川沙、青岛等地不仅老厂陆续复工，新厂也相继建立。但到 1947 年以后，由于纱的供应受到限制，停工减产的工厂逐渐增多。

抗战胜利后，针织品市场一度繁荣，针织业呈现蓬勃发展景象。于是，远东、美亚等针织内衣厂以及美丰、公益、九华等袜厂相继在上海设立，但随后，织袜业又因美国尼龙丝袜的大量倾销而遭到扼杀。一些厂轻视生产而转向投机，以办厂的名义取得配纱，囤积居奇，从中牟利。于是出现了一方面生产不景气、另一方面却又新增工厂的反常现象。上海内衣织造业的会员厂，1946 年只有 100 多家，到 1949 年竟然增加到 850 家，而当时该业已处于十厂九停的困境。天津等地的针织业，也有类似情况。

综上所述，抗战胜利后，除丝绸业以外，其他纺织加工各行业在接收敌伪产业的基础上，基本恢复到抗战以前的设备规模；然而，由于在战争中受损的部分设备没有来得及修复，以及原料供应、产品销售等方面的原因，设备开工率始终不高，不少产品的年产量没能恢复到战前的水平。

7. 纺织机械业

值得关注的是纺织机械行业，抗战胜利后着实景气了一阵子，加工能力显著超过了抗战以前。抗战胜利后，中纺公司在接收敌伪控制的纺织厂的过程中，也接收了一些铁工厂，改建成为纺织机械厂。这些企业多数改组成为中纺公司下属的官办工厂。

除中纺公司第一、第二纺织机械厂外，上海还成立了官商合资的中国纺织机器制造公司，下设两个厂：在华中丰田自动车厂基础上建第一制造厂，在日资机械制作所第五厂基础上建第一制造分厂。在青岛，在敌伪丰田式铁工厂及两个木工厂的基础上建青岛第一机械厂。在天津，在原在北京的两个铁工厂和原在天津的六个铁工厂基础上建天津第一机械厂。中国纺机公司计划在这四个厂建成后，能够形成月产纺纱机 3 万锭及自动织机 1000 台成套设备的生产能力，但由于战争等的干扰和破坏，这个目标最终未能实现。

除上述官商合资大厂外，更多的是民营中小工厂。

1946 ~ 1947 年，我国棉纺业快速恢复，推动纺织机械制造业和修配业一度繁荣，除了完成修配业务以外，还生产了不少整机，甚至生产成套纺织机械。后来随着棉纺工业发展停滞，到 1949 年，纺织机械生产基本陷于停顿状态。

当时的纺织机械行业主要集中在上海，生产成套纺纱机的有大隆机器厂和信义机器厂等。大隆机器厂创办于 1902 年，1905 年后从事纺机修配业务，1936 年开始仿制棉纺单机。1938 年被日军占领后改为兵工厂，此时大隆机器厂的创办人严裕棠另办了泰利机器厂。1939 ~ 1941 年，泰利机器厂共制造和销售成套棉纺机器 4.2 万锭，其中包括上海安达纱厂定购的仿制立达成套纺机 1 万锭。1947 年大隆机器厂被严氏赎回。此时的大隆机器厂因为曾经充当过日军的兵工厂，装备水平比战前有了较大提升。此后，大隆（泰利）机器厂具备了年产 4 万 ~ 5 万锭成套棉纺机器的生产能力，但因限于销路，1946 ~ 1948 年三年才生

图 8-3 雍兴公司西北机器厂今貌

产 5.3 万锭。1947 年，台湾大明纺织公司向上海信义厂订购 5000 锭纺机一套，这是信义厂制造整套纺机的发轫之始。

能够生产成套纺机设备的还有陕西省岐山县蔡家坡镇的雍兴公司西北机器厂（图 8-3）。雍兴公司全称雍兴实业股份有限公司，是抗日战争时期宋子文等人组建的官僚资本企业集团，全部资本由中国银行西安分行投资。雍兴公司主要经营棉纺织业。抗日大后方当时总共才十几万棉纺锭，雍兴公司就占了 7 万多锭，是解放前西北最大的官办垄断企业。西北机器厂是雍兴公司专门修造纺织机械的企业，1941 年 3 月破土动工，到 1945 年除修造纺织机械外，还研制生产了许多自用机床，生产能力不断扩大。抗战胜利前，已拥有各种生产设备 260 多台，职工 800 多人，承担过全程纺织机械的制造任务。

无锡开源机器厂和苏州大毅铁工厂也曾合作生产过全程棉纺机。此外，批量生产过各种棉纺设备、基本具备制造成套棉纺设备能力的机械厂，还有重庆豫丰机器厂等。承担成套设备制造任务的经历，使这些工厂在加工技术和生产管理能力方面上了一个新台阶。不过，应该指出的是，和同类进口设备相比，这些国产设备的数量和质量都要低得多，工效更无从谈起。表 8-6 列出了 1949 年上海纺织工业机器设备情况。

表 8-6 1949 年上海纺织工业机器设备情况

设备名称	国产设备	进口设备	合计	国产设备占比（%）
细纱机（万锭）	2.78	227.54	230.32	1.2
清棉机（套）	10	330	340	3
梳棉机（台）	111	7924	8035	1.4
粗纱机（台）	33	2821	2854	1.2
电力织机（台）	24164	26438	50602	47
人力织机（台）	9387		9387	100
K 字电力袜机（台）	2595	102	2697	94.4
B 字电力袜机（台）	2517	150	2667	94.4
手摇袜机（台）	24010		24010	100
丝织铁木机（台）	6444	107	6551	98.4
丝织全铁机（台）	103	362	465	22.2

三、1949 年前后中国纺织工业的总体水平和产业特点

经过近 70 年的发展，到中华人民共和国成立时，我国的纺织工业形成了以加工工业为主体、具有相当基础和充满发展潜力的产业部门，中央人民政府专门设立纺织工业部来筹划和领导纺织工业的生产、建设。

在纺织加工工业中，棉纺织行业居首要地位。按 1949 年的产值、原料消费、职工人数三项比较，棉纺织都在总量中占绝大部分，见表 8-7。

表 8-7　1949 年纺织加工工业各行业所占比重

行业	产值	原料消费		职工人数	
	%	万吨	%	万人	%
棉纺织	87.8	53.3	92.5	56.0	78.7
毛纺织	2.8	1.65	2.9	1.9	2.7
麻纺织	1.5	2.6	4.5	1.4	1.9
缫丝织绸	3.7	0.05	0.1	5.7	8.0
针织	4.2	2.36		6.2	8.7
合计	100	59.96	100	71.2	100

在我国的纺织加工工业中，棉、毛、丝、麻机器纺织的设备和技术引进，大体上都在 19 世纪后期开始启动，并在 20 世纪上半叶逐渐进入消化吸收和仿造阶段。缫丝、毛纺引进机器投产较早，但数量不多。棉纺织机器的引进比毛纺织机器要晚些，但很快就取得而且长期保持绝对的优势地位。这主要是由棉花的资源优势决定的。棉、毛、丝、麻我国都有资源，但是相比之下，育蚕需有桑田，养羊需有牧场，经营的周期都较长，而且有一定的环境条件限制；而棉花在我国的大部分地区都可种植，长江、黄河中下游和新疆等地尤其适宜。棉花生产周期短，虽有与粮争田的矛盾，但扩种可以迅速见效，生产成本远比丝、毛要低，更适应于我国民众勤劳朴素的生活习俗。麻多种植于丘陵地带，扩种没有与粮争田的矛盾，但只适宜于小地块种植，扩种的规模受到限制。表 8-8 列出了我国棉纺、毛纺、缫丝设备的地域分布，抗战前后主要纺织品产量比较见表 8-9。

1949 年，我国纺织工业面临严重困难，但在当时国民经济中还是处于重要的地位。当年纺织系统总产值在全国工业总产值中所占的份额为 35.7%，纺织职工人数占全国工业职工总数的 24.2%。另据 1952 年统计，纺织服用商品在全国消费品零售总额中占 19.3%，由此可见纺织工业当时在我国国民经济中的重要地位。然而，当时我国纺织工业的生产能力在世界范围所占的份额却十分有限。表 8-10 所列是 20 世纪 50 年代我国纺织工业的加工能力和几个纺织大国的比较。

表 8-8 我国棉纺、毛纺、缫丝设备的地域分布

地区	棉纺锭（万锭）			毛纺锭（锭）			缫丝机		
	1913 年	1936 年	1949 年	1913 年	1936 年	1949 年	1913 年（台）	1936 年（台）	1949 年（万绪）
上海	48.08	266.71	240.16	1750	39527	94900	13392	11116	0.53
江苏	17.14	61.55	77.34		2000	3000	2492	13090	2.96
浙江	6.56	5.81	5.81				900	8597	3.60
山东		63.13	47.27				310	920	0.05
天津	0.10	23.31	34.93		13428	11800			
河北（含北京）		5.69	11.98	4800	4880	3400			
湖北	8.00	34.65	17.27	1000	2040		312		
四川（含重庆）			21.80			8500	1791	1980	1.36
东北		18.14	27.00		7920	5000			
广东		2.00	3.64		920		65000	30243	0.37
陕西		1.20	10.15						
甘肃				880	880	880			
河南		11.13	2.33						
山西		7.46	3.80		1020	1020			
内蒙古					350	800			
湖南		5.00	3.52						
江西		2.05	2.11						
安徽		1.84	2.00						
云南			4.89						
总计	79.88	509.79	516.00	8430	72965	129200		65946	8.87

表 8-9 抗战前后主要纺织品产量比较

产品	单位	抗战前		抗战后	
		产量	年度	产量	年度
棉纱	万吨	44.4	1933	32.7	1949
棉布	亿米	27.8	1936	18.9	1949
绒线	万吨			0.29	1947
呢绒	万米			544	1949
毛毯	万条			83.6	1947
丝绸	万米	2.2		0.5	1949
麻袋	亿条	0.35	1936	0.10	1949

表 8-10　20 世纪 50 年代初期我国和几个纺织大国拥有的棉毛纺织设备数量比较

国别	棉纺锭		棉织机		毛纺锭		毛织机	
	万枚	占比（%）	万台	占比（%）	万枚	占比（%）	万台	占比（%）
美国	2179	21.7	39.9	15.5	303	30.5	3.3	24.8
英国	1031	10.3	34.9	13.6	516	51.9	6.4	48.1
日本	433	4.3	23.6	9.2	88.1	8.9	1.63	14.3
苏联	859	8.6	27.5	10.7	54.3	5.5	1.3	9.8
印度	1022	10.2	19.8	6.9	11.7	1.2	0.22	1.6
中国	513	5.1	51.05*	19.8	11.9	1.2	0.192	1.4
总计	10034	100	256.7	100	994	100	13.3	100

* 内含相当数量的手工换梭织机。

四、中国纺织业的工人运动

中国最早的纺织产业工人产生于 1861～1877 年外国人在华创办的第一批缫丝厂和纺织厂。此后，国人创办的继昌隆蒸汽缫丝厂、甘肃织呢局、公平丝厂、上海机器织布局等相继出现，到 1894 年甲午战争爆发时，中国已有纺织厂 79 家，最大的工厂有职工约 4000 人。纺织产业工人总数约 5 万人，占当时全国产业工人总数 15 万人的三分之一左右。《马关条约》允许洋人在华设厂后，国人掀起"设厂自救"高潮，纺织产业工人进一步迅速增长。到 1911 年，我国纺织工厂已达 266 家，有产业工人 17.5 万人，约占当时全国产业工人总数 58 万人的 30%。早期纺织产业工人大多来源于工厂周围二三百里的农村和原纺织手工业者。

纺织工人每天的劳动时间长却工资低。工资不仅远低于外国的纺织工人，也低于国内建筑、船舶等行业的工人，工人中童工占有相当大的比例，一般只有十四五岁，出现工伤还要扣减工资。

由于劳动和生活缺乏保障，罢工斗争在纺织工厂此起彼伏。早在 1891 年，上海机器织布机匠就为争取改善劳动和生活条件而罢工。1891～1911 年间，有记载的纺织工人罢工斗争就有 35 起，主要是反对厂主和工头克扣、减低、延发工资以及反对封建把头压迫和殴打工人等。

1914～1936 年，是中国纺织产业大军的壮大时期。第一次世界大战爆发后，内地及东北地区纷纷创办纺织厂。到 1919 年，在中国人办的纺织厂中，工人总数约为 35.8 万人，外商在华纺织厂约有工人 6.8 万人，共计 42.6 万人。1923 年后，纺织生产起伏不定，到 1936 年才复苏。抗日战争爆发前，全国纺织工人总数有 55 万～58 万人。

第一次世界大战后，物价上涨飞快。1913 年物价指数为 100，到 1919 年，物价指数上海为 138.4，广州为 132.9，汉口为 250，天津为 166.7；而工资指数分别是 123.1、105.3、220 和 133.3。名义工资虽有上升，实际所得却在下降。尤其是抗日战争爆发后，物价上涨更快，工人生活更加窘迫。

这个时期，纺织工人运动从自发转向自觉，逐步高涨。1919 年，"五四运动"在北京爆发。

消息传到上海后，上海恒丰纱厂、三友实业社、永元机器染厂等工人积极投入全市抵制日货运动，声援北京学生的爱国斗争。6月9日，1.5万余名纺织工人走上街头，举行示威游行，高呼"废除二十一条不平等条约""惩办卖国贼""收回青岛"等口号，进而纺织工人与全上海工人和学界、商界爱国人士联合行动，形成全市范围声势浩大的罢工、罢课、罢市"三罢"局面，标志着上海纺织工人的斗争开始由单纯的经济斗争向反帝、反封建的政治斗争转化。在这以后，湖南、天津、湖北、广东、山东、河北等地的纺织工人运动也相继开展起来。1920年5月和9月，陈独秀在《新青年》与《劳动界》杂志上发表文章予以支持。

图8-4 邓中夏

1920年上海共产主义小组建立后，立即派小组成员李启汉到沪西小沙渡纺织工人比较集中的地区开办工人半日学校和工人补习班，帮助工人提高文化知识和政治觉悟，培养工运骨干，组织开展各种斗争。1924年夏天，中国共产党早期的一位卓越领导人邓中夏（图8-4）按照安源工人运动的经验，决定在沪西工人补习学校的基础上成立沪西工友俱乐部，进一步团结和组织工人群众准备斗争。沪西工友俱乐部的举办，把工人运动推向了新的高潮。这一年，上海纺织业先后发生20余次罢工斗争，规模较大的有：日华纱厂9000余名工人要求发放年终花红举行的罢工；三新纱厂，上海纱厂一厂、二厂、三厂的4000余名工人为反对资方提高工人劳动强度举行的罢工；怡和纱厂、厚生纱厂、恒丰纱厂、闸北20余家丝厂工人要求提高工资举行的罢工。1921年11月，发生了吴淞大中纺织公司工人为争取八小时工作制同厂方的斗争，并取得胜利。1922年1月开始，全国兴起中国共产党成立后的第一次工运高潮，上海棉纺、丝绸业的工人进行了29次罢工，有5万多人次参加。这一年，俱乐部会员发展到近2000人，涌现出一批优秀代表人物，其中大部分在革命时期献出了年轻的生命。

1925年2月，上海日商纱厂工人发动的二月大罢工标志着纺织工人运动进入高涨阶段。罢工的直接原因是日商内外棉八厂的日本管理人员殴打并拘押5名工人代表。在沪西工友俱乐部领导下，内外棉五厂、七厂、十二厂工人9000多人集会罢工。随后，22个日资纱厂包括养成工在内的35000名纺织工人一致同盟罢工。罢工坚持了20天，最后，日本资本家不得不答应工人提出的部分条件。此后，各地纺织工会纷纷成立，工人踊跃加入工会。中国共产党组织了有李立三、邓中夏、郭伯和、杨之华、刘华参加的罢工委员会。过后邓中夏总结道：

上海日本纱厂这次的大罢工，参加的厂数至22个之多，人数至4万~5万之众，相持至18日之久，确是"二七"后一个空前的伟大运动。它不止在中国劳动运动史上辟了一个新纪元，甚至在中国民族解放史上也添了一层新意义。

沪西工友俱乐部和北方产业工人运动的中心长辛店工会遥相呼应，成为南北产业工人运动的策源地。

二月罢工后，日本资本家不肯履行已答应的条件。拖到4月间，借口纱布生意清淡，借口"整理生产"，关车停产，并公然撕毁协议，继续开除工人，扬言如果工人罢工就关闭工厂。5月15日下午，工会积极分子顾正红（图8-5）率领内外棉七厂夜班工人奋力冲破紧守的大门，坚持要求上班。这时，七厂大班川村开枪行凶，顾正红左腿中弹，鲜血直流，但他毫不畏惧，忍痛高呼"工友们团结斗争"，这时，凶恶的川村又向顾正红腹部开了一枪，顾正红强忍剧痛，继续鼓励工人坚持斗争。川村竟又向其头部连开两枪，顾正红终于倒在血泊之中。顾正红被工友们送往医院抢救，终因伤重而于翌日身亡，年仅二十岁。

图8-5　顾正红

上海二月大罢工在其他地区也得到了响应。4月，青岛日资纱厂工人也群起罢工，迫使日本资本家承认工会并许诺车间工人加薪、不打骂华人等。事后，日本资本家拒绝履行已承诺的条件，5月25日起，大康、隆兴及内外棉纱厂工人再次罢工，遭日本军队镇压，酿成"五·二九"惨案。在天津，8月11日裕大纱厂爆发了声援上海大罢工的"砸裕大"事件。

顾正红惨案，激起了中国广大纺织工人的义愤。日商纱厂78000多名工人举行大罢工。5月28日，中共中央做出"扩大反帝运动和组织五卅大示威的决议"。5月30日，上海3000名工人和学生组成演讲队到闹市区宣传和散发传单，援助纱厂。老闸捕房英国捕头下令开枪镇压，13人当场遭枪杀，重伤数十人，轻伤者无数。当夜，党中央召开紧急会议，决定建立各阶层反帝联合战线，实行罢工、罢课、罢市。5月31日，在各工会联席会议上宣告上海总工会成立，并组成"五卅运动"罢工委员会。从6月2日起，举行全市反帝总同盟大罢工（图8-6），并与学生、商人联合组织工商学联合会，开展反帝联合斗争。这场由中国共产党领导的反帝斗争，在半个月内燃遍北京、汉口、重庆、南京、杭州、广州等地区，全国共有600多个城镇、1700余万群众参加示威游行和罢工、罢课、罢市，并通电、捐款，支援上海的反帝斗争，国际工人组织也以各种方式给予声援。8月12日，日商被迫发表声明，接受下列条件：各厂酌加工人工资，今后不得无故开除工人，厂内日本人不得携带武器，抚恤顾正红家属1万元，赔偿工人罢工期间损失费10万元，处分日本大班等。这次大罢工，从5月14日到8月25日，上海有49个纺织厂、10.5万名工人参加。

北伐战争开始后，中共上海党组织决定在工人中组织武装纠察队，配合北伐军解放上海。上海纺织业有50多家纺织厂共12万名纺织工人参加援助北伐军的总同盟罢工，一部分纺织工人直接参加1926年10月24日到1927年2～3月的三次武装起义。

1927年"四·一二"反革命政变后，纺织工人运动遭到残酷镇压。各地工会组织相继被

图 8-6 上海总工会领导的罢工

查封或解散，大批工人领袖被枪杀或开除，工人运动转入低潮。在此后的几年里，随着劳资矛盾和民族矛盾的继续加深和激化，纺织工人运动转向为争取年关分红、反对降低工资、反对关厂、反对搜身以及反日等合法斗争。

抗日战争爆发后，各地纺织厂的工人代表纷纷到总工会要求参加抗日，还分头联络，帮助各厂工人建立组织，流落街头的失业工人更是主要联络对象。经过一段时间的筹备，成立了抗日救亡协会，从事编印刊物，宣传抗日救亡等活动。上海纺织工人还组织"国民战时服务团"，接受军事训练，纺织女工上前线参加救护等工作。由何香凝发起组成的上海"劳动妇女战地服务团"，成员多数是纺织女工，她们迅速集结奔赴前线，活跃于东部战场，坚持三年，辗转八个省，行程两万里。其中部分团员后来参加了新四军，有的还去了延安。留下来的职工在中共地下党组织的领导下，积极参加不断变换形式的罢工、怠工等斗争，例如有领导的"无头"斗争，"你来我做，你走我停"的"懒工"斗争，以及组成"地下军"，为新四军运送武器弹药、侦察敌情等。

抗战胜利后，在中共地下党组织的领导下，纺织工人运动开始时的主要目的是为反对克扣工资和福利，此后，随着物价飞涨，要求依照生活指数追加工资并调整底薪、工时、改善生活福利、女工享受产假等，斗争取得了成果。在此过程中，各厂纷纷建立起工会组织。当时的工会组织，都是公开向当局登记，取得了合法地位的。

1948 年 1 月 30 日，上海申新九厂 7500 多工人为反对厂方勾结反动工会盘剥工人，要求按照生活指数发放年奖和补发工资，举行罢工。2 月 2 日，国民党当局出动千余军警特务疯狂镇压，工人蒋贞新、朱云仙、王慕楣被当场打死，重伤 40 余人，被捕 236 人，有 26 名工人被判刑，造成震惊全国的申九"二·二"惨案。事后，上海工人协会发表宣言，揭露国民党反动派的血腥罪行。各产业工会成立善后声援委员会，发动全市工人戴黑纱悼念死难工友，许多工厂工人集会控诉反动政府暴行，并慰问死难工友家属和受伤工人。在全市工人的支援下，大部分被捕工人获释。然而，反动当局却进一步加紧了对中共地下党组织的破坏和对工人运动的镇压。

淮海战役胜利结束后，为防止反动派溃败时破坏工厂，上海、武汉、西安、宝鸡、重庆、无锡、石家庄、青岛、天津等地的纺织工厂，在中共地下党组织的领导下，纷纷成立护厂队和工人纠察队，使各厂都基本完好地保存下来。

奠定中华人民共和国纺织工业深厚基础的『前30年』

第三篇

纺织工业是中国最大的传统产业，但其大发展是在社会主义时代。

20世纪中期（1950年），中国棉布总产量25亿米，人均仅为4.5米。"人民衣被甚少"的问题，曾长期困扰中国社会。

本着社会主义的治国理念，中国共产党执政为民，在中华人民共和国成立之初，就把发展纺织工业、解决城乡人民衣被问题，列为经济建设的重点之一，并在纺织工业生产建设中，充分发挥了社会主义的制度优势。

纺织工业部集中主要财力、物力和技术人才，在第一个五年计划时期基本建成石家庄、邯郸、郑州、西安、咸阳、北京等一系列纺织工业新基地。

高瞻远瞩，在第二、第三个五年计划时期，集中力量建成保定、丹东、南京、新乡、吉林、杭州等一系列黏胶纤维厂和上海化纤工业基地。

兰州、西宁、银川、伊犁、呼和浩特等地一系列现代化毛纺厂，在西北少数民族地区先后建成。上海、天津、北京、苏南地区等毛纺业老基地，普遍扩大了规模。

哈尔滨亚麻纺织厂、浙江麻纺织厂、株洲苎麻纺织厂的建成，奠定了中国麻纺织工业的基础。

太湖流域、珠江流域的蚕桑生产和丝织业逐步恢复并有新发展。丝绸工业重心南移四川、广西的大趋势逐渐明朗。

经过中华人民共和国成立后"前30年"的快速、持续发展，中国纺织工业终于在20世纪80年代前中期，形成了工业规模总体在全球占比20%以上的大局面。

中国人口众多，解决好老百姓丰衣足食问题绝非易事。历朝历代，包括西汉文景之治、唐代开元盛世、清初康乾盛世，都未能解决这个民生难题。

中华人民共和国成立后，钱之光等老一辈革命家，接受党中央的重托，在纺织工业部领导岗位上殚精竭虑，领导几百万纺织职工艰苦奋斗三十几年，终于取得决定性的胜利。1980年，中国棉型织物总产量发展到135亿米（人均13.7米），其中，可用于兑现布票的纯棉布87亿米（人均8.8米）。从而为其后（1983年底）取消布票创造了条件，并为紧接着的"温饱社会"建设以至小康社会建设，奠定了一项重要基础。与此同时，也为"后30年"纺织工业的"加速度"发展，奠定了坚实基础。

第九章 进入社会主义新时代（1949年）

1949年3月5～13日，中国共产党中央委员会第二次全体会议在河北省平山县西柏坡村举行。这是夺取全国胜利和确定胜利后各项方针政策极其重要的决策会议。

为了尽可能迅速地、有计划地恢复与发展经济，会议在决定进城后财经工作大政方针的同时，决定建立中央财政经济委员会，并建立若干中央财政经济部门来统一领导全国的财经工作。

经过紧张的筹备，中财委组建完成。7月12日，中财委由中央财政经济部与华北财经委员会合并组成。中财委本身有六局一处：计划局、人事局、技术局、私营企业事务局、合作事业管理局、外资企业管理局和秘书处。其下属设13个处、行、署、部、会：中央财政处、中国人民银行、中央海关总署、中央商业处、中央铁道部、中央交通处、中央燃料处、中央金属处、中央纺织业处、中央工业处、中央农业处、中央林业处和中央水利委员会。

当时，上海和全国经济情况都非常困难。国民党政府遗留下来的是一堆烂摊子，国库空虚，生产停顿，物价飞涨，民不聊生。中华人民共和国尚未建立，百万大军正向全国新解放区推进，军需、民用供应极为紧张，还要修复铁路，维持工农业生产。而税收有限，财政入不敷出，靠发行货币支持，物价随之上涨。如何解救上海当时的危急，如何克服全国财政经济困难，是摆在中财委面前十分紧迫的问题。

一、恢复上海纺织生产，是稳定全国经济和克服财经困难的重要一环

在筹备建立中财委的同时，中央领导已开始考虑并处理全国性的财政经济问题。如城市生产的恢复，特别是纺织厂的开工及解决原料问题，金融物价问题，交通运输的恢复与发展问题等。上海解放前夕，陈云已指出，要充分认识到上海解放后维持上海纺织开工之重要性。当时，上海纺织工业占上海工业产值的74%，上海的纺织厂纱锭229万枚，占全国的40%，贸易额占全国的一半。上海纺织厂的纱锭如果停转，不仅将影响上海经济，而且会严重影响全国经济。权衡轻重后，以增发人民币收购棉花来保证上海纱锭运转。这是陈云根据

复杂局面权衡利弊后做出的决策。5月21日，陈云应章乃器、千家驹、沈志远之约在自己住所谈了几个小时，听取他们对经济工作的意见。他们提出："向香港商人购买棉花应尽快着手。"陈云请章乃器代他起草电报给香港主持华润公司的钱之光，加以落实❶。

就在陈云为上海解放后恢复上海经济，恢复上海纺织生产进行筹划不久，上海回到了人民的怀抱。但从上海解放到中华人民共和国成立之初，投机资本旧势力在上海、武汉、天津等重要省市，掀起了三次物价上涨风，一次比一次范围广且严重。他们操控民生重要物资，破坏金融秩序，投机倒把，扰乱市场，严重影响人民生活和社会安定。

同投机资本旧经济势力斗争的第一仗是"银元之战"。上海解放不久，银圆投机猖狂，占领着市场，人民币挤不进去。后来，武汉也发生同样情况。上海市军管会同旧经济势力之间展开了一场惊心动魄的"银元之战"，并采用断然措施，查封金融投机的大本营——上海证券大楼，沉重打击了破坏金融的非法活动。政治手段、经济手段、宣传攻势"三管齐下"，取得了胜利，为经济的恢复与发展创造了良好开端。

同投机资本旧经济势力斗争的第二仗是"二白一黑"（大米、纱布、煤炭）之战。上海解放后市场物价平静了十多天。由于货币流通量猛增，海口遭封锁，投机家由银圆转向"二白一黑"，物价又开始波动。上海等地人民普遍担心经济进一步恶化，要求迅速采取措施。特别是解决纺织厂原棉供应，恢复和稳定上海纺织厂生产的问题。

二、中财委为恢复上海纺织工业生产采取果断措施

7月初，党中央华中局致电中央，提议召开华东、华北、华中三大区的金融贸易会议，陈云赞成，并提出在上海召开，请东北、西北也派人参加。会议为什么要在上海召开？陈云认为：上海是中国最大的城市之一，东方的金融中心；上海站不住，全国经济稳不住；调查全国性的财政经济情况，提出解决的办法，不在上海看不到全面，看不到全国经济的困难。于是，中央决定在上海召开全国金融贸易会议，并研究秋征税收和财政开支问题。

7月19日，陈云带领宋劭文、钱之光、曹菊如、章乃器、千家驹和秘书周太和乘火车从北平去上海。抵达上海后，连续四天一边听汇报、调查研究，一边为会议做准备。初步摸清了上海和各大区财政收支、粮食和棉花积存、黄金银圆外钞库存、货币发行和流通等情况以及物价上涨趋势，并与几个大区的财经负责同志交换意见。陈云据此认为：解决全国的困难，必须从上海突破。于是提出"全国支援上海，上海支援全国"，集中优势力量先解决上海问题。这一提议，得到各大区财经负责人的赞同，为开好会议创造了有利条件。

7月27日，财经会议正式开始，分综合、金融、贸易等四个小组进行讨论。8月8日，陈云综合四个小组初步讨论的意见，在大会上提出克服财政经济严重困难的初步方法。

由于敌机轰炸，一日数惊，出海港口又被美帝国主义的军舰封锁，使进出口中断，生产困难，因此，上海曾向中央提出进行疏散的意见。党中央开会讨论后，提出上海问题须从农

❶ 《陈云传》（上），中央文献出版社，2005年，第611-613页。

村、精简、疏散三方面着手才能解决。经与会人员深入讨论、反复比较，8月15日，陈云就上述问题作了如下结论：

　　…………

　　二、纱厂生产问题。上海纱厂搬不搬，这个问题应该决定下来。如果工厂搬家，那里需要有厂房、动力以及辅助工业等。搬了，这里工人失了业，那里半年也开不了工。因此，我们决定不搬了，要全力维持生产。现在维持生产虽有困难，但尚有维持的条件。可以设想，把现有的纱锭数打八五折（这是正常状况），然后再打个八折，即每周开工五天五夜。究竟能维持到什么程度，今天还不能定，要等棉花下来后再说。假使纱布卖不出去怎么办？准备两手：第一，赔本出售，有意识地组织出口，目的是为了换回东西；第二，假使美帝国主义封锁，不能出口，就多发些票子把纱布囤积起来。这两条路走不通，才考虑停工问题。当然，还可以看看有无别的出路。现在，心要定下来，就按这个方针布置工作。

　　三、收购土产及资金问题。……组织统一的花纱布公司，由中财委直接领导。华东有纱厂，最好是以纱布换棉花。华东的同志说，如不由中央统一管理，华东以纱布或钞票不一定能换来棉花，有的工厂也可能将纱布囤积起来不卖。他们要求把纱布交中央统一掌握，由中央统一供应棉花。这就需要设立一个由中财委直接领导的花纱布公司。有了这样一个公司，还可以保证顺利实现钞票回笼。

　　…………

　　十、保证上海的供应问题。……现在上海的问题，是有无大米，有无棉花，而其关键是有无运力，把大米和棉花运进来。……华北、华东、华中都要保证棉花收购计划的完成。

　　…………

　　十二、召开各系统的专门会议。这次上海会议后，要召开一些专门会议：……贸易会议，讨论棉花收购问题；物价会议，讨论价格政策，最重要的是工农业产品比价。工农业产品比价实质是无产阶级领导的人民政权同农民的关系问题。过去在东北，我们有过教训。如前年规定12斤粮等于1斤棉花，结果农民都不种棉花了。去年改为13斤粮等于1斤棉花，还规定了种棉花免缴公粮，农民便积极种棉花。这说明，价格政策很重要，必须注意研究掌握❶。

上海财经会议期间，为应对投机资本的挑战，抑制物价波动，做出了一系列决策。如上海纱厂不搬家、要全力维持生产，以增发人民币收购棉花来保证上海纱锭运转；组织统一的花纱布公司，对纺织厂统一供应棉花，统一收购纱布产品；恢复和发展交通，让煤、粮、棉等物资能运进上海，上海的工业品能运出去，……使国家能掌握足够数量的粮食、纱布。

　　上海财经会议的召开，为实现全国财政经济状况的根本好转发挥了重要作用。其后两个月内，各地的物价相对平稳。

---

❶　《陈云文选》第二卷，人民出版社，1995年，第12、第13、第16、第17页。

9月，中财委把华北贸易总公司改组为花纱布、粮食、土产等11个专业公司。

三、中财委授权钱之光召开全国棉花会议，部署棉花生产

1949年8月，上海财经会议决定，在会后要召开各系统的专门会议，落实上海财经会议决定的方针及提出克服困难的办法。

陈云在钱之光的陪同下在上海参加财经会议后，回到北平不久，中财委就授权他主持召开棉花会议。

这次棉花会议是在中财委所在地——北平朝阳门内"九爷府"第一进西廊会议室召开的（图9-1）。会议从9月22日开到9月29日。参加会议的有上海中纺公司副总经理吴味经（纺织纤维专家，号称"棉花大王"）以及河北、江苏、河南和解放不久的湖北荆州地区的代表共30多人，绝大部分是历久从事棉花工作者。会议工作人员有俞鲤庭、蔡承祖、王华生等。

这次棉花会议的主要议题是根据上海财经会议的决定，就本年度原棉收购与供应问题，原棉加工检验分级问题，扩大明年棉田种植面积和改良品种问题以及成品调剂促进城乡交流等问题进行研究，提出解决的具体办法。与会代表畅所欲言，从回顾我国棉花的发展历程及现状谈起。中国自元、明、清以来，以至民国时期，各朝各代都重视棉花种植。进入20世纪以后，随着机器棉纺织业的迅速发展，黄河、长江流域各省更是把棉花种植放在仅次于粮食作物种植的重要位置。1936年全国棉田5357万亩，棉花总产量1700万担（85万吨）。同年，全国纱厂（不包括土纺土织和絮棉）使用国产棉1081.4万担（54万吨）；就当时总规模为510万纺锭的机器棉纺织业而言，原料基本能自给。但其后由于长期战乱，加以棉种退化、植棉技术停滞不前，生产严重萎缩，1949年全国棉花总产量889万担（44.45万吨），仅为同年美国棉花总产量的八分之一左右。1949年在全国各地纱厂开工率很低的情况下，原棉自给率锐减至40%以下。1949年夏秋，上海、天津、青岛等主要纺织工业基地的纱厂，

图9-1　全国第一次棉花会议在北京朝阳门"九爷府"召开

几乎主要靠库存外棉维持生产（图9-2）。再加之一些帝国主义国家对中华人民共和国实行经济封锁，恢复、发展棉花生产更成为当时中国最紧迫的经济问题之一。会议就此提出了许多积极建议和有益意见。

会议在钱之光的主持下，加以归纳综合，达成了共识。9月30日钱之光作了会议总结：

图9-2 调运棉花，支援上海、天津、青岛纺织厂生产

纺织工业在全国轻工业中占最大的比重，过去一部分的原棉依赖帝国主义国家供给，本国棉产未能适应需要迅速发展。目前，主要产棉区及各纺织工业中心已经解放。为了改变纺织工业的殖民地性，维持和恢复纺织生产，以促进人民经济的发展，并为维持和相当改善广大纺织职工的生活，因此本年度原棉供应问题的解决，不仅是单纯的采购问题，而是有关国计民生的、具有重大政治意义的工作。

中央财经委员会此次召开棉花会议，根据上述认识，并根据本年8月上海会议的决定，进一步研究本年度原棉收购与供应问题，原棉加工检验分级问题，扩大明年棉田改良品种问题，以及成品调剂促进城乡交流等问题。经过与会代表七八天的深入讨论，确定了各产棉地区要大力加强收购和调运棉花，支援上海、青岛、天津等地的纺织生产，以保持社会稳定。同时，就迅速恢复和发展棉花生产，提出四条建议：

一、扩大棉田种植面积，1950年扩大到约5400万亩，大体上恢复到1936年的水平，以适应现有棉纺织厂生产的需要。

二、适当调整粮棉比价，暂定为八比一，即以标准级（长度7/8英寸，品级中级）每斤皮棉折合小米八斤，以照顾棉农利益，奖励棉农的生产积极性。

三、抓紧改良棉种。选择美国培育成功的斯字棉、岱字棉等优良品种，作为棉种改良的方向。并决定将这项重要任务交棉花专家吴味经主办。并请吴味经设法将解放前滞留在香港的斯字棉、岱字棉棉种追回，迅速分发各产棉省用于棉种改良。

四、尽快建立棉花检验机构，开展棉花检验工作。

会后，钱之光将会议情况和一致通过的四条建议，写成会议纪要报中财委，很快就作为中财委的决定在全国贯彻执行。这不仅对中华人民共和国成立初期恢复、发展棉花生产起到了决定性作用；而且，对其后中国植棉业的大发展，发挥了历史性的作用。

10月21日上午，中央人民政府政务院财政经济委员会在"九爷府"举行成立大会。出席者有31人，列席有18人。钱之光出席、张琴秋列席了这次成立大会。

半个世纪后，当年参加这次棉花会议工作的俞鲤庭，在撰文纪念钱之光百年诞辰时写下了如下一段话："会议虽然是以中财委名义召开的，但短短几天，在钱之光同志的主持下，汇集专家们的多种意见，加以归纳综合，形成统一意志，开创了棉种改良、种棉数量、粮棉比价，以至建立棉花检验（机构）等（新局面），不能不说是一大奇迹。"

四、依照党和国家领导人签发的"12条指令"，打击"二白一黑"投机，取得伟大胜利

同资本主义旧经济势力的第三仗，是更为严重的"二白一黑"之战。

1949年10月15日，在中华人民共和国中央人民政府成立后不到半个月，物价涨风再起。上海、武汉由纱布带头，天津由粮食带头。对此，中财委于11月1日、5日接连召开两次委员会议，与会者一起分析物价猛涨的原因，讨论收缩通货、抛售物资、加强市场管理的办法，并且慎重地选择采取制止物价上涨措施的时机。11月13日，中财委向各地下达了经党和国家领导人签发的"12条指令"，其中：

第三条，为保证汉口及湘粤纱布供应，派钱之光先到上海后去汉口，适当调整两地纱布存量，以便行动。同时催促华中棉花东运，保证上海生产纱布所需的原料。

第四条，由西北财委派员将陇海路沿线积存之纱布尽速运到西安。

第五条，财政部须自11月16日至30日于德石铁路以北及平原省（旧省名）拨交贸易部2.1亿斤公粮，以应付棉产区所需的粮食销售。

第六条，人民银行总行及各主要分行自电到日起，除中财委及各地财委认为特殊需要而批准者外，其他贷款一律暂停。在此期内，应按约收回贷款。

…………

第十一条，目前各地贸易公司，除必须应付门售者外，暂时不宜将主要物资大量抛售。应从各方调售主要物资于主要地点，并力争于11月25日（至迟30日）完成；预定11月底、12月初于全国主要城市一齐抛售。

此时，钱之光受中财委指派，先后到上海、汉口适当调度两地库存纱布，以落实中财委的决定。他在上海摸清纱布生产、库存和市场情况后，将上海部分库存纱布调往汉口，并亲自押车。当纱布运抵汉口后，党中央华中局财委刘一清、曾传六等看到仓库内堆满了纱布都十分高兴。这批纱布保证了武汉市场在11月底、12月初实现全国主要城市统一行动——大量抛售，从而稳定了物价。钱之光把这批纱布交给党中央华中局财委后，返回北京，继续进行纺织工业部的组建工作。

一场有目的、有组织、有步骤的制止物价猛涨、打击投机商人的战斗，立即在全国打响。陈云运筹帷幄，沉着地指挥贸易、银行、财政三方协同作战，各大城市统一行动，于11月25日大量抛售粮食、纱布，取得稳定物价的成功，不仅稳定了民心，而且给私人工商业者留下深刻的印象。

从隶属中央军委的中财委的筹建并开始办公，到中央人民政府政务院财经委员会的成立，前后历时半年，这是共产党的工作重心由乡村转到城市的半年。中财委在统一全国财经

管理、努力制止连续多年的通货膨胀、实现社会经济稳定等方面，做了大量卓有成效的工作，并奠定了新经济管理体制的基础，把国民经济引上了逐步恢复和发展的道路。

五、钱之光调至纺织工业部，受命解决全国人民穿衣问题

1949 年 10 月 19 日，中央人民政府委员会举行第三次会议，任命政府各部委负责人。曾山为纺织工业部部长，钱之光、陈维稷、张琴秋为副部长。曾山当时在上海主持华东财委工作，纺织工业部工作实际是由钱之光主持。1952 年，党中央任命钱之光为中共纺织工业部党组书记（在曾山为部长、党组书记时，钱之光为副部长、党组副书记），主持全面工作。他同党外正副部长亲密合作，共同为发展纺织工业而奋斗。此后，钱之光一直担任纺织工业部、轻工业部部长、党组书记，直到 1981 年 3 月被任命为国务院顾问。

钱之光，1900 年 11 月 27 日出生在浙江省诸暨县一个农民家庭。早在 1915 年他进同文书院读书时，就接受进步思想，在张秋人、宣中华等中国共产党早期活动家引导下，立志投身革命。1927 年 2 月加入中国共产党，建立党支部，并担任支部书记，从事党的工作。

1927 年 4 月，国民党反动派背叛革命，大肆屠杀共产党人。在血雨腥风中，钱之光置生死于度外，按照中共地下党指示，参与多方营救活动。1929 年，钱之光到上海，在毛泽民等同志领导下，筹建丝绸厂作为党的秘密联络点。不久，协助毛泽民先后在天津、上海筹建党中央的秘密印刷厂。此后，进入中央苏区，直到人民革命战争在全中国取得胜利。

当时《人民日报》发表纪念钱之光的文章中写道：

在革命战争年代，钱之光同志在那惊天地、泣鬼神的白色恐怖下，为党中央建立了上海秘密印刷厂，向全国各地传达了党中央文件，传播了马列主义，在神州大地的难明长夜中，吹响了革命的号角。

1933 年，在中央苏区反"围剿"斗争中，他冲破敌人封锁，筹办食盐、布匹、药材等必需品，保障了军民的供给。

在两万五千里的长征中，他作为中央没收征发委员会的组长，在艰苦卓绝的行军中，发动和组织群众，开仓济贫，筹办物资，不仅保证了战斗的需要，而且正确执行了政策，赢得了贫苦大众对共产党的爱戴。

在洛川，他参加了与张学良的谈判，并亲赴西安和山西的阎锡山统治区采购物资，保证了陕甘宁边区军民的需要。

在全国解放前夕，他奉命去香港创办华润公司，并组织护送了大批知名人士前往解放区，参加我党领导的新政治协商会议筹备工作。

通过这些事迹，我才理解他那坚定不移的信念、指挥若定的智慧和从容不迫的风度，是怎样在千锤百炼中铸成的。

第十章　难忘的纺织工业三年恢复时期（1950～1952年）

中华人民共和国成立后，党和国家领导人把注意力逐渐转移到经济战线，此时，最关心的是国民经济能否迅速地恢复和发展，极度严重的经济困难能否尽快渡过。

一、恢复国民经济，从"二白一黑"抓起

纺织工业在三年经济恢复中，担负着极为重要的任务。这是因为：从世界纺织工业发展的历史来说，纺织工业素有"母亲工业"之称谓。它不仅担负着民生的重任，还要为国家工业化提供可靠的资金积累。世界上许多发达国家的工业化，都是从发展纺织工业开始的。中国的经济发展也是如此。中华人民共和国成立初期，纺织工业产值约占全国工业的35%，穿的商品在全国消费品零售总额中占20%，是中国近代工业中最大的一个产业部门，更是国民经济中一个重要的产业部门。

中华人民共和国成立之初，国家新建，百废待兴，物资匮乏，人民衣被甚少，尽快恢复纺织生产，发展纺织工业，增产纱布，平抑物价，解决人民穿衣和为经济建设积累资金，成为恢复和发展纺织工业的根本问题。

全国解放时，由于国民党长期的腐败统治，工农业生产凋敝，国民经济崩溃，物价飞涨，民不聊生。1949年工农业生产已跌入低谷。1949年与历史最高年产量相比，煤减少了一半以上，铁和钢减少了80%，工业生产平均减少了近一半。

以纺织工业来说，1949年全国棉花生产量只有890万担（44.5万吨），仅为1936年最高年产量1700万担（85万吨）的52.4%。棉纱产量下降到180.3万件（每件纱重181.44千克，总重32.7万吨），仅为1933年最高年产量244.7万件（44.4万吨）的73.7%；棉布产量下降到18.9亿米，仅为1936年最高年产量27.8亿米的68%。在全国5亿人口中，城市平均每人棉布消费量只有7市尺（2.33米）多一点，农村仅有5市尺（1.67米）。由于纱布减产，加上投机资本兴风作浪，城乡市场纱布价格飞涨，严重影响人民生活和社会安定。

中国纺织工业是在半封建、半殖民地的环境中发展起来的，有着深刻的半封建、半殖民

地烙印。

（1）外国资本和官僚资本占支配地位。在全国500万棉纺锭中，官僚资本控制的产能占了将近40%（绝大部分是从战败国日本手中接收的原日资企业）。民族资本纺织企业处于被排挤、被压抑的地位。

（2）主要生产设备几乎全部依赖从国外进口，甚至连主要机配件也要靠国外供应。

（3）纺织原料严重不足。中国本来有生产棉花、羊毛、麻、蚕茧等纺织原料的良好自然条件，但由于受战乱影响，广大农村陷于破产，纺织原料生产大幅度减少，不得不依赖从国外进口。

（4）纺织企业基本集中在少数沿海城市，远离广大原料产地。仅上海一地，就集中了新中国成立前棉纺设备的47%和毛纺设备的73.5%。

（5）设备陈旧，技术落后，劳动条件差，生产效率低。

中华人民共和国成立后，全国人民期待着在中国共产党领导下，把满目疮痍的祖国建设成繁荣昌盛的社会主义国家。

钱之光受命主持纺织工业部的工作，首要的使命就是把这样一个关系国计民生的重要产业部门，在较短时间内迅速恢复起来，并为今后的发展创造必要的条件。

按照当时各类经济的分类，全国纺织工业企业分为国营、地方国营、中央公私合营、地方公私合营和私营五大类。中央人民政府规定纺织工业部的职能，一要直接管理国营和中央公私合营纺织工业企业。这些企业是由各地接管的官僚资本纺织企业转制而成，其中最大的是原中国纺织建设公司。该公司在上海、天津、青岛和辽宁等地有85个工厂，其中，棉纺织厂38个，共有棉纺锭177.8万锭，占全国棉纺锭的35.6%；其余为毛、麻、丝纺织和针织、印染、纺织机械、纺织器材等行业的大中型骨干企业。地方国营、地方公私合营和大量私营纺织企业，则由有关省市具体领导和管理。二要对全国纺织工业统筹规划，进行方针政策和技术方面的领导。

纺织工业部机关组建就绪后，分别召开纺织各行业全国性的专业会议。其目的：一是了解各行业的实际情况，二是确定今后一个时期的工作方针和任务。从1950年3月开始，相继召开了全国公营纺织会议（1950年3月2～22日）、公营纺织机械厂会议（1950年3月2～22日）、全国毛麻纺织会议（1950年6月1～9日）、全国复制印染会议（1950年7月18～29日）等专业会议。在此之前，贸易部在1949年11月17日召开了全国丝绸会议。1950年1月12日，中财委批准贸易部所属中国蚕丝公司划归纺织工业部领导。这些专业会议由部领导分别主持并作会议总结，并请党和国家领导人到会讲话。用这样的方法，贯彻党和国家对恢复和发展国民经济的要求。同时了解情况，调查研究，听取意见，集中各方智慧，制定恢复和发展纺织生产的方针、措施。

全国公营纺织会议是各类专业会议中最重要的、关系纺织工业全局的一次会议。经过集中讨论研究一致认为，1950年全国纺织工业的总方针是：根据国家财政和原料供应情况，在现有基础上恢复与改进生产；彻底改造旧企业，对接管企业内部的混乱状态和压迫工人的反动、腐朽的管理制度，加以整顿和铲除，实行民主化管理，进一步调动工人群众的积极性；按照经营企业化的要求，在国营企业建立经营管理责任制和经济核算制度，为国家积累资金，实现稳步发展。

党和国家领导人指出："纺织工业的发展，对于今后整个经济的发展，有着重大的意义。纺织工业（产）品，是人民生活所必需。现在有很多人还没有衣服穿，特别是在农村。因此，尽管目前已经有517万纺锭，拥有将近40万工人，规模已经很大，但离实际需要还是很远。这就是说，纺织工业有着广大的发展前途，是可能发展和必须发展的。""我们没有足够的重工业，就有了这个规模不小的轻工业，这是畸形的发展。中国纺织工业过去大部分是帝国主义、官僚资本家办的，作为他们统治人民、剥削人民的工具。现在掌握在人民手里，这就不仅要能够解决穿的问题，还要积累资本，帮助重工业发展，使轻工业的发展有真正坚实的基础，这是纺织工业同志们建设国家的政治和经济任务，你们要把它担负起来。""纺织工业在过去的一年中，取得了很大的成绩，第一恢复得快，第二有改进，使成本降低，质量提高，产量增加，贪污浪费减少了。""纺织工业仍有很多困难，原棉不足，敌人轰炸和封锁，纺织品销路不畅，这些只是暂时的困难。但是在共产党面前，在工人阶级面前，是没有什么困难不可以克服的，我们应当有信心。""今后除建立新式棉纺工业外，还必须发展毛、麻、丝等工业。""纺织工业要向内地发展，向原料产区发展，为农村服务，这是改变我们的殖民地性工业为人民工业的关键。这些正确的方针，一定要坚持和贯彻下去。""工厂中必须实行民主管理，才能发挥工人的生产积极性，才能真正普遍自觉地做到节约，防止浪费，降低成本，提高质量，增加产量，搞好生产。"

党和国家领导人同时还号召广大纺织职工努力生产，积累资金，逐步走上自力更生的道路。

其他各个专业会议，也都提出了工作方针。针对毛纺业原料供应和产品销售的困难，决定毛纺工业：采取尽可能维持的方针，凡设备齐全、技术较高的，应该帮助他们维持下去；生产应转向，应以生产工业用呢及成品大众化为方针；争取出口有困难，主要靠自己，但政府尽量帮助。对麻袋工业，既有原料又有市场，原有设备不够，可以有计划地发展。亚麻、苎麻应该重视。

印染复制业生产能力大大超过了原料供应和市场需要，这种情况解放前早就存在。在当时情况下，印染复制业只能维持现状。

家蚕丝当时以恢复生产为主；柞蚕丝外销畅通，生产成本较低，决定大力恢复与发展。在外销方针上，家蚕丝以生丝为主、绸为副；柞蚕丝以绸为主、丝为副。

纺织机械制造业的基本任务：在原有基础上进行修配纺织机件的分工，逐步改善各厂纺织零件的制造，并以供应各地区所需纺织机配件为首要任务。同时筹备纺织机械成套生产的总计划。

在这些方针实施过程中，还有许多相关的问题迫切需要解决。最紧迫的是要解决原料（主要是棉花）的供应问题。原料不能充分供应，就谈不到生产的全面恢复；其次是彻底改造旧企业，从民主改革和改善生产劳动条件入手，进一步调动广大职工当家做主的积极性，使广大职工能积极参与到恢复和发展生产中来。

二、推动棉花生产的恢复

第二次世界大战结束后的一些年，中国纺织工业主要靠进口棉花维持生产。新中国成立后，面对帝国主义的经济封锁，棉花的供应成为纺织生产的首要问题。1949年7月下旬，因棉花供应困难，上海中纺公司所属各厂不得不减少生产班次，从6月每周开工五昼夜减少为每周开工四昼夜。8月，钱之光去上海参加由中财委召开的全国财政经济会议。会议布置了棉花收购计划，"计划收购共计480万担，如果能弄到这个数目，则明年纺织厂开工情况不会比今年坏。""组织购棉这件事，担子很重，只要大家齐心协力，是可以办好的。""要成立一个由中央财政经济委员会直接领导的花纱布公司，统一供应棉花，收购纱布，即使有限的原棉通过合理分配以维持公私营纺织企业生产，又可以依靠国营贸易部门把主要商品控制起来，便于同投机资本作斗争。""维持现有生产虽有困难，但尚有维持的条件。可以设想，把现有纱锭打八五折（这是正常状况），然后再打个八折，即每周开工五天五夜。究竟能维持到什么程度，今天还不能定，要等棉花下来后再说。""华北、华东、华中都要保证棉花收购计划的完成。"

钱之光从上海回到北京不久，中财委又授权他主持在北京召开的全国棉花会议。这是中财委为了恢复纺织生产，稳定经济，稳定市场的又一项具有战略意义的措施。

这次会议提出的建议经中财委做出决定：1950年将棉田扩大到5400万亩，实际扩大到5679万亩，比1949年增加36.7%。为了照顾棉农利益，适当提高了棉价，并确定各地棉粮比价；改良棉种，成立棉花检验所。1950年4月，中财委又决定在纺织工业部成立纤维检验所，统一管理棉花检验工作。棉花检验标准由纺织工业部、贸易部、农业部等共同制定。同时，还决定进口斯字棉5A、斯字棉2B、岱字棉15、珂字棉100等优良品种，全面更换中棉、小洋花等旧棉种。

各有关省市积极贯彻这次会议精神。11月12～22日，华东纺织工业部在上海召开首届华东纺织会议，确定实行计划生产和扩大棉田种植面积，争取一两年内达到原棉自给。

1950年棉花获得丰收，共产棉1400万担（70万吨），为1949年的156%；到1952年，棉花产量已达到2607万担（130.35万吨），从而缓解了解放初期纺织工业原料供应紧张的状况。

1951年6月18日，中财委领导向各省、市、区和各部委发出《为突击增产纱布两个月》的电报指出：前因原棉不足，影响停工减产，致使纱布存底薄弱，加以全国丰收，人民购买力不断提高，纱布需要量激增，现为充实纱布供应力量，拟自11月起全国公私营纺织厂一律突击增产两个月，以供需要。

纺织工业部根据中财委安排，迅即组织全国棉纺织厂突击增产纱布。各地迅速行动，到

11月底，超额完成国家规定的增产数额。为此，国家表彰奖励了纺织职工，在青岛修建了全国第一座纺织工人疗养院。钱之光和全国纺织工会主席陈少敏亲自为疗养院的建成剪彩。

棉花生产的丰歉，直接关系到纺织生产的增减。钱之光安排纺织工业的生产，首先是考虑棉花的平衡。

三、对纺织企业管理实行民主改革

解放后工人阶级翻身做了国家的主人，但国家接管的旧企业，当时还存在不合理的压迫工人和有损人格尊严的封建压迫制度，严重束缚工人群众的生产积极性。

纺织工业部于1950年3月在公营纺织厂厂长会议上，提出实行民主管理的部署。1950年4月，国营纺织企业全部废除搜身制度。上海率先于1949年11月1日在上海第十棉纺织厂工会成立大会上宣布废除搜身制度，嗣后各棉纺织厂相继废除。1950年11月，上海各私营厂也全部废除了搜身制（图10-1）。

1951年3月20日~4月10日，纺织工业部召开全国国营纺织厂行政会议，党政工三方面都派代表出席。会议决定以下几项事项。

图10-1 工人庆祝搜身制废除

（1）不合理的压迫工人的制度，"拿摩温"制度等应予废除。"拿摩温"（图10-2）是英文"number one"的谐音，意即"第一号"，是新中国成立前工厂中工头的别称。最先只用于外资纱厂，以后华资纱厂也沿用此名称。有的工厂叫"堂信"，缫丝厂叫"备车"。新中国成立前的纺织厂，每一个车间都有一个或几个"拿摩温"。"拿摩温"不参加劳动，专门监视、管理工人干活。他们可以开除、处罚工人，随意打骂工人。工人进厂、逢年过节和"拿摩温"家婚丧喜庆，工人都得向"拿摩温"送礼孝敬。有的"拿摩温"还在工人工资中捞取回扣；乘工人之危放高利贷进行盘剥；甚至仗势凌辱和奸污女工。中华人民共和国成立后，1951年结合民主改革运动，民主产生生产小组长，将"拿摩温"制度彻底废除。

（2）现在继续留在工厂中为非作恶的破坏分子，应立即清洗。

（3）凡变本加厉压迫工人，为多数工人十分痛恨，且现在作风未变的，应予开除。

图10-2 旧社会的"拿摩温"

（4）对于那些过去压迫工人，现在已改变作风，现仍为工人十分不满的，应使其向工人道歉，或调动职位。

（5）毫无技术而占据高位、领高薪者，应撤换工作。

会后，各地国营纺织厂坚决废除了"拿摩温"制度。上述行政会议决定的政策，着重在教育，对于"拿摩温"按照不同情况做出区别对待。结合废除"拿摩温"制，民主选举生产小组长。工厂行政组织实行"厂长→车间主任→轮班工长→生产组长"的体制，并制订了各级生产责任制和工人岗位责任制。这一改变，对各厂生产改革是一个极为重要的步骤。

1951年1月19日，钱之光代表纺织工业部在政务院第68次政务会议上做了《关于纺织工业部1950年工作总结及1951年工作方针和任务的报告》。报告指出，近一年来，在纺织企业进行了初步的民主改革，大部分纺织厂已经废除有损工人尊严的相关制度。经过这些工作，大大调动了广大职工的主人翁积极性，使生产经营逐步走上社会主义轨道。

四、大幅度改善劳动条件和提高职工生活福利待遇

针对纺织厂生产劳动条件差、影响工人人身安全和健康的问题，纺织工业部于1951年2月16日～3月9日，专门召开辅助设备会议，研究改善全国纺织工人劳动条件，提高生产效率。会议交流了各种降低车间温度的经验，要求各地在6月中旬完成改进空气调节设备工作。会后多数国营企业在车间增添了通风降温设备，增加了安全防护装置，并新建了职工宿舍、医院、托儿所、哺乳室等福利设施。1952年12月18日，纺织工业部再次发出指示，规定车间最高温度要比1951年的规定下降2～6℃，并要求各地为争取今后两三年内基本上解决高温问题做好工作。

1953年5月，纺织工业部与全国纺织工会联合召开全国纺织工业劳动保护工作会议。贯彻安全生产、预防为主的方针，提出在企业中建立安全卫生责任制，改进机械设备和安全防护装置，改善通风降温，建立卫生保健网，并建立劳动保护的专职机构。

与此同时，还进行了纺织厂工人工资改革。1951年10月10日，纺织工业部公布《棉纺织工人工资制度调整方案》。规定计时工人实行八级工资制；计件工人废除累退，实行无限制计件工资制。

1952年，中央人民政府政务院颁布《关于劳动就业问题的决定》后，青岛纺织管理分局为解决棉纺织厂的劳动力过剩问题，逐步改为三班八小时制。由于事前有充分准备，依靠群众，党政工团密切配合，稳步慎重，因而是顺利的、成功的。1952年9月12日，中共纺织工业部党组就此向党中央、政务院党组、中财委党组报告。9月17日，党中央批准了这一报告。从此，各地国营纺织厂普遍由一日两班、每班10～12小时改为三班、每班八小时工作制。私营纺织厂到1953年也完成了这项改革。纺织工业的每日三班八小时工作制，成为当时减轻工人劳动强度、增加生产、提高劳动生产率并有利于城市就业的好办法。

151

中国

纺织工业

发展历程研究

（1880～2016）

五、开展劳动竞赛并总结推广先进操作技术

纺织工业部在抓工业恢复和发展中，始终抓住不放三项重大工作：一是原料，二是生产力，三是生产手段。继 1950 年 3 月召开全国公营纺织机械厂会议后，1950 年 9 月，纺织工业部又发出《为明确各地纺织机械生产方针与当地纺织厂配件修造规定的通知》，规定各纺织机械厂以供应各地区纺织机配件为首要任务；同时，要求各地纺织工业主管部门组织纺织厂附设的修配车间生产机配件，以保证各纺织厂的正常生产。

恢复和提高生产的又一项重要措施是提高生产力。在全行业开展了增产节约的劳动竞赛，并在竞赛中总结推广先进经验。1951 年 4 月，在纺织工业部和全国纺织工会的组织下，青岛、天津、东北纺织职工签订爱国主义劳动竞赛合同。在他们的推动下，全国纺织职工的爱国主义劳动竞赛蓬勃开展起来，生产效率大为提高。竞赛中涌现出大批先进人物，他们努力钻研技术，改进操作方法，创造了许多新纪录。

1951 年 8 月，纺织工业部和全国纺织工会组织力量，总结了青岛国棉六厂女工郝建秀创造的细纱挡车巡回工作法的经验，命名为《郝建秀工作法》。同年 9 月，全国纺织工会在青岛举办学习班，推广《郝建秀工作法》；10 月，纺织工业部正式发出《关于普遍开展郝建秀工作法的指示》。这是中华人民共和国成立后，中央部委首次在全国推广以普通工人姓名命名的先进操作技术。此后，纺织工业部和全国纺织工会又联合总结出《"五一"织布工作法》《"五三"保全工作法》，推动了全国纺织工业操作技术的发展，保证了纺织产品产量、质量和劳动生产率的提高。1952 年 10 月 18 日，纺织工业部发出《关于巩固先进经验工作的指示》，要求各纺织工业局、各纺织厂成立推广先进经验小组，普遍地进行一次推广先进经验的补课工作，制定切实可行的制度，使这一工作深入普遍地开展下去。

六、国家帮助私营纺织企业摆脱困境

在恢复公营纺织企业生产的同时，国家对为数众多、产值占纺织工业 67% 的民族资本企业，也从各个方面帮助其摆脱困境。从 1950 年开始，国家对私营企业从原来"临时收购、以花易纱"的联系方式改变为"加工定货"。1950 年 5 月，陈云副总理对纺织工业部指出："纱布依然是物资中的弱点,决定对内对外增购棉花,扩大委托上海私营纱厂代纺代织数量,力求在短期内增加纱布实力。"又指出："在华东，最重要的是纺织工业，要采取国家调拨原料、私营工厂加工的方式，以维持生产。"❶ 当时实行"加工定货"，目的既是为稳定物价，增加控制市场的纱布实力；也是为帮助私营企业摆脱资金、原料的困难，使生产纳入正常轨道。这对私营企业的改造具有重要意义。

实行"加工定货"，需要制订合理的工缴费用。原来实行"以花易纱"，是国家以低于成本的价格向私营企业配售原棉，借以解决私营厂的原料问题；实行"加工定货"以后，就

---

❶ 《陈云传》（上），中央文献出版社，2005 年。

要改为国家除按每件纱实际需要的原料数量配给原棉外，对工缴费（包括利润和税金）都改为现金支付。工缴费用标准的确定，不单纯是一个具体的业务计算问题，它对于正确利用私营企业的积极性和处理好公私关系，具有很强的政策性。陈云亲自指定这项任务由钱之光负责。钱之光受命后，便与私营企业的代表就这个问题进行了研究讨论。他首先通过调查，掌握了棉纱生产成本与一般利润、税收等第一手材料；同时，对国家提出的"加工定货的合理利润，一般按照正常合理经营的中等标准计算"的基本政策精神，反复进行了推敲，从而对棉纱的合理工缴水平做到心中有数。经过与几个地区的民族资本纺织企业的代表协商讨论，大家一致赞同钱之光提出的意见，认为符合实际，能够照顾到私营企业的利益，可以鼓励其经营的积极性。这件事充分体现了国家的公私兼顾政策。

由钱之光来制定私营纺织厂"加工定货"工缴费的标准，工缴费怎么算及算多少，争议很大。计算工缴费是纺织工业部领导和上海纺织资本家的一次交锋。钱之光的计算，既精确又考虑周到；既体现了政策，又适当照顾了资本家的利益。这使上海纺织业老板们彻底折服，上海安达厂的大老板刘靖基由此称赞钱之光是"铁算盘"。

这项政策执行后，1950 年 7 月，上海实行"加工定货"代纺代织的私营纺织企业，达到私营纺织企业总数的 90%。这些代纺代织企业，通过工缴货价的管理和核算，在正常发展生产的同时，经营管理也获得逐步的改善。到 1952 年，私营企业的设备利用率已经达到 80%以上，棉纱产量比 1949 年增加了 50%。私营企业从此逐步纳入国家计划的轨道，向社会主义的方向发展。

纺织工业部在党中央和政务院的直接领导下，经过两年多的努力，使纺织工业的面貌发生了很大变化，纺织工业生产得到全面恢复。到国民经济三年恢复时期结束的 1952 年，纺织工业的主要产品产量，已经超过解放前的历史最高水平。棉纱产量达到 362 万件（65.7 万吨），比 1949 年的 180 万件（32.7 万吨）提高了 1 倍；棉布产量达到 38 亿米，比 1949 年增加一倍多。麻纺织品、丝绸等产量都超过了历史最高水平。纺织工业的职工人数由 1949 年的 76 万人增加到 100 万人；全民所有制独立核算的纺织工业企业利税总额，由 1949 年的 0.99 亿元增加到 7 亿元，增加 6 倍多。纺织品的市场供应也随之增加。棉布人均分得量 1949 年只有 3.49 米；到 1952 年在全国人口增加很多的情况下，增加到 6.66 米。各地纺织企业的生产都已趋于正常，建立起了较合理的管理秩序。中国纺织企业比较扎实的管理工作，就是在这个时候打下的基础。

七、为大规模建设纺织工业做好准备

纺织工业部在悉心部署和组织纺织工业恢复工作并初见成效后，就把注意力重点转向做好大规模建设的准备上。1951 年 1 月 19 日，钱之光在政务院第 68 次政务会议上作《关于纺织工业部 1950 年工作总结及 1951 年工作方针和任务的报告》，并经同次会议批准。报告提出了 1951 年纺织工业的方针是：提高生产，改善管理，重点建设，准备发展。在此之前，

1950 年 11 月 22 日，纺织工业部就在北京召开了全国棉纺织会议，决定 1951 年棉纺织工业实行这一方针。并确定 1951 年麻袋工业的方针是：节约成本，发挥设备效能，提高产量，改进管理，准备发展。这些会议都提出重点建设、稳步发展的问题，引导大家为大规模建设做好准备。

钱之光当时强调：需要做的准备工作很多，但一定要从设备、人才等基础开始，并要立足于自力更生，靠自己动手，不要等待，不要依赖别的部门。

第一，根据纺织工业建设需要，于 1951 年 8 月 15 日召开全国纺织机械制造会议，研究和讨论调整生产能力，分配制造任务以及制定棉纺织机械技术标准等，研制新建棉纺织厂急需的成套设备。现代化的山西经纬纺织机械厂，也于 1951 年 4 月正式动工兴建。

第二，为准备大规模建设培养技术人才的直属华东纺织工学院，于 1951 年 7 月正式成立。

第三，1951 年 7 月纺织工业部正式成立新民工程公司，承担部分新建棉纺织厂的设计和建设工作。

第四，1953 年，纺织工业部机关成立基本建设局、机械制造局、劳动工资司、基建设计公司，以适应纺织工业发展的需要。各大区纺织工业管理局也相继成立基本建设处。同时以新民工程公司的技术干部为班底，组建基本建设局设计公司，并相继组建了纺织工业部直属的华北、西北、华东、中南四个建筑工程公司。

第五，1952 年 12 月 15～23 日，纺织工业部召开纺织工业基本建设会议，总结自 1951 年以来建设三个棉纺织厂和经纬纺织机械厂、哈尔滨亚麻纺织厂（图 10-3）的经验。强调基本建设工作必须做好充分准备，要有正确的勘测和设计，要加强施工的管理，要积极地、有计划地培养和组织基本建设力量，还要加速培养技术力量以适应新厂建成后的迫切需要。这些工作都为"一五"计划时期纺织工业大规模建设创造了极为有利的条件。

图 10-3　哈尔滨亚麻纺织厂

第十一章　以棉纺织为起点和重点的纺织工业大规模建设
（1953～1957 年）

1953 年，国家在顺利实现国民经济恢复后，开始了大规模经济建设。纺织工业随之进入一个大发展的时期。

一、党中央作出大规模建设纺织工业的部署

1953 年秋天，钱之光代表纺织工业部党组向党中央汇报了纺织工业的基本情况，以及"一五"期间计划发展 180 万～250 万棉纺锭的意见。会议进行中涉及棉花供应问题，于是又把主持农村工作的相关领导请来一起研究。会议从晚上 7 时一直开到深夜。就在这次会议上，原则上确定了我国纺织工业大规模发展的决策。

随后，纺织工业部党组于 8 月 10 日向党中央作了《关于目前纺织工业基本情况及今后工作部署的报告》。报告提出：在国民经济恢复时期，纺织工业完成了企业的恢复和初步改造工作，并使纺织生产有了一些发展。国营企业曾先后进行了民主改革，发动职工群众开展劳动竞赛，推广先进经验，并进行了工时和工资等方面的改革，生产量和劳动生产效率逐年均有增长。报告中提出纺织工业今后的指导方针和任务：

第一，在不断改善企业管理、提高技术水平和改进设备的基础上，充分发挥现有企业的潜在力量，增加生产，提高质量，保证人民生活需要。

第二，根据需要与可能，在中国腹地产棉区，有计划地建设新厂，扩大内地纺织工业的基础。

第三，在保证社会主义经济比重不断增长的前提下，正确领导私营企业向国家资本主义发展，并逐步进行社会主义改造，发挥其积极方面的作用。

10 月 8 日党中央做出对《纺织工业部党组关于目前纺织工业基本情况及今后工作部署的报告》的批示。

（一）中央批准纺织工业部党组关于目前纺织工业基本情况及今后工作部署的报告。希望纺织工业部所属各企业按此执行。原件及中央批示一并转发各中央局、分局、各省市党委和中央各部门参考。

（二）纺织品的供应是关系全国人民生活的一件大事，是关系党和政府与人民群众联系，特别是与农民联系的一件大事。因此，在集中力量建设重工业与继续努力发展现有企业的生产潜力的方针下，应及早注意适当地发展纺织工业的问题。根据全国人民对棉布的需要与纺织工业部在报告中所提的意见，中央认为纺织工业系统除努力发展现有企业设备的潜力外，在5年内应考虑至少争取增加300万左右的纱锭（包括50万锭扩建在内）而不是250万纺锭，是必要的。这样才能基本上满足人民群众对棉布的需要。为此，中央责成纺织工业部党组根据中央的指示，认真地、切实地研究纺织工业五年建设方案和逐年建设进度计划，并提交国家计划委员会审核后报中央批准；同时，纺织工业部门应积极地、有计划地逐步加强基本建设的力量，特别是技术力量，以适应基本建设逐年进度的需要；应积极地、有计划地在现有企业中培养技术人员和技术工人，以适应新建企业开工生产的需要。

此外，纺织工业部应切实计算随着纺织工业生产力量的增长，提出逐年所需原料（棉花及其他经济作物）的数量、品种和规格。商业部和合作社应改善棉花收购工作，加强对私商的控制。除必需者外，一般应禁止私商收购棉花。农业部应切实研究并提出增产棉花的具体计划，并应以提高单位面积产量为重点。为了扩大棉田单位产量，应增加磷肥的生产，责成重工业部会同农业部加以研究。以上各项经各有关部门研究后，一并交国家计划委员会审查，并在编制五年计划中一并考虑。

（三）满足人民群众棉布的需要，不仅要注意数量（自然数量在今天还是首要的问题），还应及早注意纺织品的质量、品种和花色的问题。随着生产发展、人民生活水平逐步提高，人民对纺织品将要求更好的质量和更多的品种、花色。这种趋势势必还要发展，如果我们不及早注意这一方面，不采取有效办法来提高国营纺织工业产品的质量、加强印染、增加品种花色，则会使我们的产品不为群众所喜欢，不能适应人民的需要，势必形成积压，这就会使国营纺织工业，在领导私营纺织企业方面，处于不利的地位。因此，纺织工业部应特别注意加强新产品的设计工作，认真研究提高产品质量。

（四）国营纺织工业这几年来在发挥设备效能、提高劳动生产率、节约原料、降低成本等方面，是有成绩的。为了供给人民群众以物美价廉的产品，为了给国家积累更多的资金，为了保证社会主义经济成分的比重的不断增长，纺织工业部应继续努力防止和克服自满情绪、保守思想和某些浪费现象，加强对私营纺织企业的领导，引导其逐步走上国家资本主义的道路，并进一步提高纺织企业的劳动生产率，为增加生产、提高质量、降低成本而斗争。

党中央的这个批示，充分说明了纺织工业在国民经济中的地位和作用，也指明了纺织工业其后几年的发展方向。批示要求各有关部门努力配合纺织工业部门，解决纺织生产中的有关问题，以加快我国纺织工业的发展，适应人民穿衣和国家建设的需要。

这个时期，党和国家领导人曾多次听取钱之光关于发展纺织工业的汇报；并按照领导的指示，在中南海瀛台办了一个纺织工业小型展览会，以实物形式汇报纺织工业的发展成就。党和国家领导人亲临参观，充分肯定纺织工业发展的成就，并作了许多重要指示。

钱之光还专门组织各省、市、区有代表性的纺织企业，总结经验，反映情况，提出今后的发展方向和目标，向党中央写报告；并在总结企业经验的基础上，就纺织工业的发展问题，直接向党中央陈述纺织工业的发展情况、经验、问题和今后工作设想。

中央领导在 1953 年 9 月第一届全国政协第 49 次常委会上的报告，对发展轻工业的重要意义说得很明确。报告指出：把重工业作为第一个五年计划的中心环节，是不是意味着忽视轻工业和农业呢？"所谓集中主要力量，不是集中'一切'力量；不是要冒进；不是搞重工业，其他就不搞了。""轻工业是保证人民需要的。现在人民的购买力一天比一天提高，既然有这样大的购买力，就要逐步满足他们的需求，就要相应地发展轻工业。同时轻工业发展了，就便于积累资金。所以对轻工业的相应发展，我们党和国家是不能忽视的。"

在纺织工业进入大规模建设的第一个五年计划时期，1953 年 8 月 10 日，钱之光向党中央领导汇报时，提出三项任务：一是发挥现有企业潜力，二是有计划地建设新厂，三是发挥私营纺织企业的积极作用。

二、发挥现有纺织企业潜力

当时大规模的新厂建设刚刚起步，虽然每年都有新厂投入生产，但提高纺织工业的生产力、增加生产，主要还是要靠现有企业。在三年恢复时期，纺织工业在党中央的正确领导下，恢复了纺织生产，推进了棉花生产，进行了民主改革和工时工资改革以及劳动条件、生产条件的改善，职工群众建设社会主义的积极性空前高涨。这就为"一五"期间的更好、更快发展，创造了极为有利的条件。在此基础上，纺织工业部在每年召开的厂长会议和有关生产会议上，都反复强调要抓好生产和技术管理工作，安排好老厂设备改造和填平补齐，以及根据原材料的供应情况，组织好有序的生产，充分发挥现有企业的潜力。

1953 年 12 月底，纺织工业部向党中央所作的《1953 年工作总结与 1954 年工作部署的报告》就提出：1953 年是国家实行第一个五年计划的第一年，纺织工业比较全面地完成了生产计划，并超额完成了新厂建设任务。1953 年主要做了四个方面的工作：一是计划管理的思想，已在一般干部与工人群众中建立起来；二是抓紧解决了纺织生产上的几个关键问题，包括解决细纱断头率，提高产品质量，改进老厂的通风降温设备等；三是通过增产节约，提高各级领导水平；四是完成了新厂建设任务，发展了基本建设力量。报告提出了 1954 年的工作方针：应以加强计划管理、推行作业计划为中心；加强技术管理，推广先进经验；建立与健全生产区域管理责任制。这些工作集中到一点，就是要进一步发挥现有企业的潜力。

1954 年 2 月召开的全国国营纺织厂厂长会议，确定 1954 年纺织工业的方针和任务是：以继续加强计划管理、推行作业计划为中心，进一步加强技术领导，推广先进经验，开展劳动竞赛，有步骤地建立厂长负责制、生产区域管理制及其他有关责任制，继续改善劳动组织，大力培养干部，加强财务成本管理，逐步贯彻经济核算制，进一步提高企业管理水平。

发挥现有企业潜力的一个重要方面，是对现有设备的改造和填平补齐。

1954 年 8 月，纺织工业部确定了老厂改造的方针原则。主要是：在现有厂房和设备的基础上充分发挥潜在力量，提高单位面积产量；以增添设备、缩短工艺流程、局部改装和增添为主，并适当地在需要和可能的条件下，对部分设备进行更换，达到保证生产、增加产量、提高质量、降低成本的目的。同时，相应的在福利设施和职工住宅方面，部分加以解决和提高。随后的几年中，由于纺织机械制造业的发展，这些方针得到了顺利的贯彻。

上述一系列措施得到实施，从根本上改变了原有企业的面貌，生产能力得到很大的发挥。以棉纺工业为例：1957 年与 1949 年相比，设备利用率提高了 20% 以上；中支棉纱全国平均 1000 锭每小时产量由 18 千克提高到 25 千克，增加了 34%；每件纱平均用棉量由 210 千克减到 193 千克左右，减少了 8% 左右，细纱工人看锭能力由每人看 300~400 锭增加到 800 锭以上。

为了使有限的棉布资源得到公平合理的分配，保障人民生活的基本需要，从 1954 年开始，国家对棉布实行统购，发放布票，实行按计划定量供应（图 11-1）。在这以后，布票的发放和兑现，牵动着全国亿万人民的心，也是摆在纺织工业部面前的一项重大任务。纺织工业部对此极为重视，每年编计划时都要会同国家计委、商业部等进行反复平衡，仔细核实生产能力、原料资源以及其他条件，做出适当安排，并努力增加生产以确保布票兑现。

增产棉纱棉布，要有棉花资源保证。因此，钱之光对棉花的生产供应情况特别关切。每当棉花收购季节，钱之光总是按旬按月仔细查看棉花收购进度，做到心中有数。"一五"计划的五年中，中国棉花生产是"两丰两歉一平"。为了减轻因棉花产量丰歉而造成纱布生产的波动，钱之光提出了在计划安排中"以丰补歉，留有余地"的方针，以保证生产和市场供应的平衡。实行这个方针，要有从实际原料资源等条件出发、坚持实事求是的科学态度。

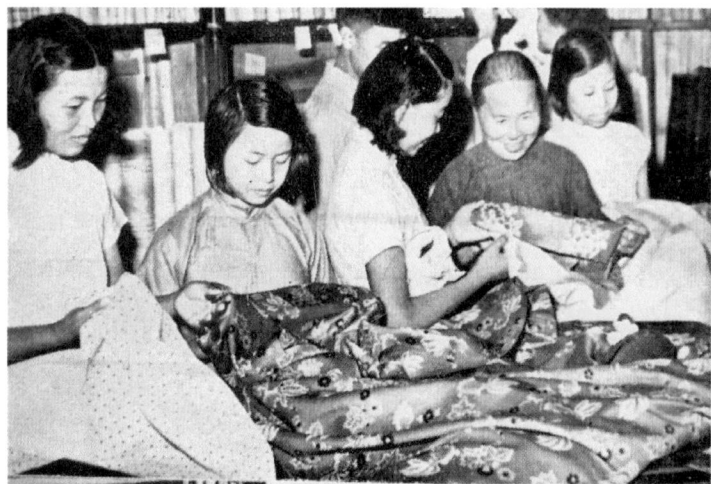

图 11-1　顾客争先恐后挑选棉布

三、有计划地建设纺织新工厂、新基地

钱之光认为，搞建设首先要解决机器设备问题。同时他主张：一定要自力更生，自己解决纺织工业建设中的设备供应问题。为此，早在国民经济恢复时期，他就把纺织系统的修配厂组织起来生产配件，保证了生产企业的需要；同时组织一些较大的纺织机械厂生产成套棉纺设备，建设了咸阳、邯郸、武汉三个地区的第一棉纺织厂和新疆七一棉纺织厂（图11-2～图11-4）以及杭州丝绸联合厂和浙江麻纺织厂。即使在机械制造力量严重不足的情况下，钱之光等部领导还是顾全大局，把已被纺织工业系统接管、有制造纺织机械经验的重庆豫丰机器厂、陕西岐山蔡家坡西北机器厂、贵州机器厂和昆明中央机械厂等移交军工部门从事军品生产，充分体现了"把困难留给自己，把方便让给别人"的全局观念！

图 11-2　武汉国棉一厂车间

图 11-3　西北国棉一厂车间

图 11-4　新疆七一棉纺厂

为了发展纺织机械制造业，又开始建设规模较大、设备先进的经纬纺织机械厂，于 1954 年 8 月建成投产。1953 年 3 月 20 日，纺织工业部又决定将上海第二纺织机械厂、中国纺织机械厂、远东钢丝针布厂、天津纺织机械厂、青岛纺织机械厂、经纬纺织机械厂（图 11-5）、郑州纺织机械厂等当时由所在地区纺织工业管理局管辖的纺机厂，均划归纺织工业部纺织机械制造局直接管理。就这样，自力更生为"一五"期间纺织工业的大规模建设和援外建设提供了先进的成套设备。

钱之光在纺织工业中抓纺织机械制造，做到自力更生、独立地发展纺织工业，多次受到党和国家领导人的称赞。纺织工业部曾被誉为"半个机械部"。

大规模建设新厂，就要抓好基本建设工作。早在国民经济恢复时期，钱之光就有计划地开始抓紧这项工作，组建了基本建设局、纺织设计院、建筑工程公司和安装工程公司。这支建设力量承担了这一时期将近 80% 的纺织工业新厂建设任务，干净、利落地建成了北京、石家庄、邯郸、郑州（图 11-6）、西安 5 个棉纺织工业基地的 19 个棉纺织厂。总规模达

图 11-5　经纬纺机厂今貌

图 11-6　郑州纺织基地

161 万锭，并配备了相应的织机和印染设备，相当于中国已有棉纺织总规模的 32%。

在建设五个棉纺织基地的同时，还建设了浙江麻袋厂、北京合成纤维实验厂、株洲苎麻纺织厂、杭州丝绸印染联合厂，并开始建设保定化纤厂等现代化的新型工厂。

在大规模进行新厂建设中，钱之光除组织纺织机械制造力量，组建基本建设的勘测、设计、施工和安装队伍外，更亲自带领各有关司局的领导同志、工程技术人员，深入内地产棉区调查研究，而后根据棉花生产情况以及交通运输、水电供应和劳动力的组织情况，选定合适的厂址，确定建设规模，制订基本建设计划，组织基建力量进行设计、施工。根据建设计划，对全国纺织机械设备的成龙配套，排出供应进度，保证设备的及时供应、安装和试车。在建设过程中，及时组织老纺织基地的企业，抽调工程技术人员和各类管理人员，定点成套地为新厂配备干部，组织工人的培训。保证新厂建成一个，投产一个，很快进入正常生产，发挥最大的经济效益，迅速缓解人民对纺织品的需求和为国家提供资金积累。由于有自己的机械制造力量、自己的基本建设队伍，并组织各类人员及时到位，大大加快了建设进度和保证了顺利投产。在五个纺织基地的建设中，每一个棉纺织厂基本上都做到一年半左右建成，一年半左右收回建设投资。每个基地都合理地配备了印染厂，保证了最终产品按质按量地供应市场，大大改善了人民缺衣少被的状况。五个纺织基地都建设在内地产棉和消费区，这就极大地改善了新中国成立前纺织工业集中在沿海的不合理布局。

为了进一步发展纺织机械制造工业，纺织工业部于 1954 年增聘了以苏联机械工业部纺织机械制造总局局长为首的四名专家，其中有纺织、印染、机械行业的专家。他们到来后，即参加了棉纺织和印染设备的选型定型工作。苏联专家和我国专家密切配合，于 1954 年完成设计制造并生产出成套设备，而且一次投产成功。这套设备产量高，印染布质量好，接近当时国际水平，满足了建设五个纺织基地的需要。

时任纺织工业专家工作室负责人兼任苏联专家翻译工作的黄克复说，苏联专家对钱之光部长十分佩服。他们惊奇的是我国纺织工业的建设速度。一个 5 万~8 万锭的棉纺厂，建厂工期只有一年多一点的时间。边建设，边造机器，边安装设备，试车后即正式投产，而且同时建设五个纺织基地。这样庞大的组织工作，又要处理好中央和地方的关系，没有坚强的正确领导是无法实现的。他们说，当时苏联建设这样的大型纺织厂，最快也得三年，大多要拖到五年以上。他们对中国纺织部门直接掌握和管理纺织机械制造业十分欣赏，常对钱部长说："苏联的做法把纺织机械制造业同纺织工业隔离开，分属两个部门管理，配合很不协调。往往因机械设备供应不上而拖长纺织建设周期。"苏联专家钦佩地说："钱部长抓机械是非常英明的。"

在国内开展大规模建设的同时，还积极配合我国发展国际统一战线，援助第三世界国家建设现代化的纺织企业，帮助他们发展民族经济。仅在"一五"期间，就援助缅甸建设了用本国棉花生产的两个纺织厂，接着又帮助朝鲜、蒙古、柬埔寨、斯里兰卡、也门等亚洲国家建设了 12 个纺织成套项目，形成第一个援外高潮。

四、发挥私营纺织企业的积极作用

对于私营企业，钱之光在向企业扩大加工订货范围的同时，还把国营企业的生产管理经验向他们推广，帮助私营企业提高技术，改善质量，改进经营管理。

1955年，在农业合作化运动迅猛推动下，资本主义工商业全行业合营的浪潮，也以汹涌澎湃之势席卷全国。1955年第三季度，全国各地出现了部分纺织行业的"全行业公私合营"（图11-7）。到1956年1月底，全国50多个资本主义工商业比较集中的大中城市，都相继宣布实现全市全行业的公私合营。到年底，全国所有私营纺织业都纳入了公私合营的轨道。企业公私合营后，生产建设纳入国家计划，国家采取了各项扶持政策，职工群众的主人翁积极性得到充分的发挥，生产效率得到了很大的提高。

图11-7　上海申新九厂公私合营报喜

图11-8　钱之光率中国纺织工业代表团赴苏联考察

五、考察苏联纺织工业

中国纺织工业经过三年恢复，"一五"计划执行过半、即将着手编写"二五"计划时，如何加快发展纺织工业，适应人民生活和国民经济建设的需要，成为纺织工业部需要认真研究的一个重要问题。此时资本主义国家对我国经济实行封锁，只有苏联等社会主义国家的经验可供我们借鉴。1955年9月初至11月中旬，钱之光率中国纺织工业代表团一行9人赴苏联考察（图11-8）。希望从这次考察中探索我国纺织工业发展的道路，以尽快解决人民衣被甚少的问题。

在两个多月的时间内，几乎考察了苏联全部纺织工业及相关企业。包括：棉、毛、麻、丝纺织厂、印染厂、针织厂、缫丝厂和纺织机械厂、化学纤维厂；各种纺织原材料基地；

中国纺织工业发展历程研究（1880～2016）

纺织工业的管理体制、管理制度、劳动工资；产品质量和花色品种；纺织科学研究院及新厂设计等方面的情况。

在考察棉花基地时，从棉花品种、种植技术、采棉方法、棉籽加工到原棉品质等，都了解得特别仔细。得知苏联当时亩产皮棉60斤（为我国的两倍）时，认为这是增加原棉产量的有效途径，提高单产可避免棉粮争地的矛盾。回国后，即向农业部门积极推动引进优良品种和高效率的轧棉机、棉籽剥绒机等。

他特别重视参观化纤厂和化纤研究、设计单位，多次同张方佐（纺织专家、上海纺织工业局副局长）商量，认为"二五计划"中必须发展化学纤维，决定购买苏联化纤设备和图纸作参考，自力更生制造化纤设备，发展化纤工业。这次考察更重要的是，钱之光开始酝酿向党中央提出"发展天然纤维和化学纤维并举"的方针，从而开辟了纺织工业发展的新路子。

原纺织工业部专家工作室负责人、随团翻译黄克复回忆说："为了更好地发展我国纺织工业，借鉴苏联经验，钱部长日夜操劳，考察日程安排十分紧凑。每天下厂参观已十分疲劳，晚饭后已将近22点（外国习惯晚饭安排在20点以后），第二天7点以前就得起床，一般人洗漱之后就睡了，可钱部长精力十分充沛，回到房间，点一支烟，沏一杯茶，就找人探讨问题。从原料来源、建厂规模、设备供应、人才培养、新技术的应用、经营管理，到如何借鉴苏联的经验，如何发展我国的纺织工业，每年能生产多少原料，需要发展多少纺锭和织机，能生产多少纺织品，人均能增加几尺布，到什么时候才能满足人民穿衣需要，几乎天天说到半夜12点或凌晨1点以后"。黄克复说："有时我困得打瞌睡，钱部长便让我去睡，继续和张方佐研究讨论。张方佐也感到睡眠不足，常说钱部长为了解决人民穿衣问题，简直废寝忘食，我不说要睡他还不睡。"这次考察，为纺织工业、化纤及棉花生产的发展起了有益的参考作用。

六、总结第一个五年计划的经验

第一个五年计划的实施，使纺织工业的发展取得了丰富的经验。1956年2月17日，钱之光代表纺织工业部党组向党中央汇报时，对纺织工业几年来的经验概括了以下四条。

（1）生产管理上应抓三个基本环节：一是技术定额，二是技术管理工作，三是产品质量标准。

（2）基本建设方面，采取以下几项措施：一是尽可能简化设计程序，采用标准设计，重复利用设计图纸；二是加强设计、施工、安装过程中的组织工作；三是推广预制构件，实行工厂化施工。

（3）在我国机械设备还不能满足需要的情况下，由专业部门组织力量，生产本部门需要的生产设备，是必要和有利的，保证了纺织工业所需要的装备，加速了基本建设速度。

（4）对私营纺织工业实行统筹兼顾和全面安排，在工作发展上取得主动，也便于对他们进行改造。

这些经验总结，受到党和国家领导人的充分肯定，对纺织工业其后的发展起到了很好的指导作用。

在党中央、国务院的正确领导下，纺织战线的广大职工，发扬艰苦创业、不怕困难的精神，提前超额完成了"一五"计划的各项指标，取得了举世瞩目的巨大成就。工业总产值（按1952年不变价格计算）1957年达到173亿元，为1952年110亿元的157%，平均每年增长9.5%。棉纱产量"一五"计划规定为500万件（90.7万吨），棉布为55.83亿米；1956年都已提前一年实现。1956年棉纱产量达到524万件（95.1万吨），棉布达到57.7亿米。利税方面，1952年全民所有制独立核算的纺织工业企业利税总额为7.2亿元，1957年提高到11.9亿元，占全国工业部门利税总额的10.3%。新建棉纺织厂68个（指基本建设投资在500万元以上的企业），总规模为240万锭、6.1万台织机；包括在建工程，总规模超过300万锭，实现了建设300万锭的要求。同时还兴建和扩建了6个印染厂、3个毛纺织厂、7个麻纺织厂、4个丝绸厂、3个化纤厂、1个纺织机械厂，卓有成效地完成了建设任务。

从纺织品市场销售情况来说，1957年国内市场棉布零售量为43亿米，而同年纺织工业的生产量已达到50多亿米，保证了市场的需要。与1952年相比，全国衣着类商品零售总额由50.8亿元上升到82.6亿元，增长63%；同期棉布零售量增长40%，呢绒、绸缎等零售量增长近一倍，针织内衣零售量增长近6倍，表明人民的衣着状况已经有所改善。

中国纺织工业发展历程研究（1880~2016）

第十二章　坚持实事求是原则，保持纺织工业健康发展
（1958～1960 年）

　　1956 年 9 月，中国共产党召开第八次全国代表大会。中央领导在报告中指出：考虑到第二个五年计划人民消费水平逐步提高，若干轻工业品的生产能力将会不足，有必要适当提高轻工业投资的比重。"二五"期间国家对纺织工业的投资，由"一五"的 17.5 亿元提高到 21.3 亿元，体现了党和国家对纺织工业的重视。

　　钱之光在八大会议上，就"二五"计划发展纺织工业的基本设想和部署进行了发言。他着重阐述发展纺织工业不仅可以满足人民需要，而且可以较快地收回投资，为国家建设积累资金；这种积累的速度和数量，对我国工业建设有利。纺织工业老厂的设备利用率已经很高，要有步骤、有重点地进行技术改造。新厂建设，除了要进一步合理布局以外，必须尽量采用工艺流程短、生产效能高的先进设备，以保证更高的劳动生产率。为此要继续加强基本建设和提高机械制造力量，进一步扩大棉、毛、麻、丝成套纺织设备的制造能力。钱之光还就增加农业原料的生产和储备以及发展化学纤维工业，提出了建议。

　　钱之光在八大会议提出关于"二五"纺织工业发展规划的设想时，是充满信心的。因为经过国民经济恢复和"一五"时期扎扎实实的工作，纺织工业已经建立了相当坚实的物质技术基础。到 1957 年，全国纺织企业已经有 700 多万棉纺锭和数量可观的毛、麻、丝纺织设备，在高效率地正常运转；纺织机械已经有年产 70 万锭成套设备制造能力；基本建设已经有能力完成 240 万锭新厂建设任务，并拥有工程质量良好的设计、施工、安装力量；科学研究已经建立了一支具有较高技术水平、理论素养和实践经验的科研技术队伍等。依靠这样一支力量，加上国家增加建设投资，完成"二五"计划的目标，使人们生活进一步改善，是完全可以保证的。

　　这些方针政策和具体部署，是符合我国当时实际情况的。但其后不久，国内的政治经济形势发生了很大的变化。"一五"计划胜利完成后，从中央到地方，从干部到群众，都要求进一步加快经济的发展速度，更快更多地改善人们的物质文化生活。为了促进国民经济的

大发展，党中央和国务院做出改进管理体制的决定。在工业管理体制方面，决定国务院各主管工业部门，不论轻工业或者重工业部门以及部分非工业部门管理的企业，除一些主要的、特殊的以及"试验田"性质的企业仍归中央继续管理外，其余企业原则上一律下放，归地方管理。

钱之光秉持一贯实事求是的作风，坚持调查研究，从实际情况出发，对于一些明显不符合科学的行为，则耐心地说服和劝阻。因而避免了许多不应有的损失，保证了纺织工业较为顺利地发展。

一、争取到纺织机械、化学纤维的管理权

1957年11月18日，国务院公布《关于改进工业管理体制的规定的命令》指出："纺织工业先下放一小部分，以后根据具体情况再定大部分下放的步骤"。1957年12月28日，经国务院批准，将部分地区分散的纺织厂，包括上海的单独织布厂，分散各地的毛纺织厂、麻纺织厂、丝绸厂、针织厂、器材和机器修配厂等59个企业下放，分别交由有关省、市、自治区领导。

1958年3月27日，经国务院批准，纺织工业部除管理纺织机械设计和制造、基本建设设计以及部属保定、丹东、北京三个化学纤维厂（图12-1、图12-2）以外（今后新建化纤厂仍由纺织工业部建设、管理，中小型化纤厂由地方建设管理），其他棉、毛、麻、丝等纺织企业和基本建设的工程公司、中技学校、技工学校全部下放地方管理。体制下放后，纺织工业部负责全面规划、协作平衡、技术指导和督促检查四方面工作。

图12-1　北京合成纤维厂

1958年6月17日，经国务院批准，纺织工业部将所属纺织机械制造厂和化学纤维厂下放省、市管理。

1958年6月20日，纺织工业部、化学工业部联合通知有关地区：化学纤维工业划归化学工业部，保定及丹东两个人造纤维厂下放地方管理。

1958年7月7日，纺织工业部、第一机械工业部联合通知：原属纺织工业部的纺织机械制造管理局改为一

图12-2　保定化纤厂今貌

中国纺织工业发展历程研究（1880~2016）

机部七局，原纺织机械研究设计院（公司）撤销，全部设计业务下放给厂；另成立纺织机械研究所，由一机部七局领导。

这些纺织机械厂下放地方管理后，地方根据本省需要，给纺织机械厂增加了许多其他任务，或者把钢材挪作他用，以致1958年原订生产棉纺锭120万锭的计划，到7月底仅完成了30万锭。各地计划新建棉纺织厂拿不到计划内的设备。为此，纺织工业部党组在8月25日向党中央和国务院据实作了报告。中央随即批转各省、市称："1958年有纺织机械制造任务的省、市，必须抓紧完成，并争取超过，超额完成的部分可就地安装"。

1958年9月11日，纺织工业部发出通知：根据国务院决定，纺织机械工业仍划归纺织工业部领导，并将一机部七局划归纺织工业部领导，设立纺织机械司。另设纺织工业部机械研究所，由纺织部机械司领导。

在国家调整工业管理体制过程中，纺织机械从纺织部划归地方和一机部管理，到重新划归纺织部管理，在这短短三个月的时间内，为什么发生这么大的变化？

参加钱之光采取各种办法处理这个棘手问题的原纺织部机械局计划处处长费志融事后回忆说：由于钱之光部长坚持实事求是，采取适当的方针和措施，使党中央和国务院领导很快就决定将纺织机械工业（包括化学纤维工业）重新划归纺织工业部领导和管理。钱之光部长一贯实事求是的作风和科学处理各种复杂问题的方针，使纺织工业在他领导的几十年中，克服重重困难，获得不断发展。费志融说：

1958年8月党中央在北戴河召开政治局扩大会议，各部门主要领导同志列席。会议主要讨论工农业生产和农村工作问题。会议决定以大炼钢铁为中心的"大跃进"和建立人民公社向共产主义过渡的运动。会议讨论工业问题，重点是钢铁和机械。

由于纺织工业经济效益好，又是市场紧缺产品，人民生活有需要，各地争相发展纺织工业，要求多建纺织厂。不少省市以原部属纺织机械厂为基础，提出1958年要生产近千万锭的成套棉纺织设备，并要求按比例分配钢铁材料。

当年的纺织机械工业，经过全国解放后近十年的努力，已发展到年产80万锭成套棉纺设备的能力。1958年纺织部已安排了全年生产任务。现在时间已过了2/3，省市要各自成套上千万锭的棉纺设备，为现有生产能力的十多倍。中央要求各主管部门在省市意见的基础上提出方案。钱部长把我召到北戴河驻地，商量对策。

钱部长当时的指导思想十分明确，认为这样的高指标要顶住，要坚持实事求是的原则。但根据会议气氛，既不能硬顶，又要保护我们已下放地方的十个全国成套纺机厂不转向，不能把发展纺织工业的纺机厂搞乱。

经过反复研究，采取了既不跟风又要适应地方领导的情绪，提出在省市成套设备指标中，列出十个专业纺机厂，全国协作成套120万锭，比原计划80万锭多40万锭，并据此与省市算出所需钢材，戴帽下达。

当然，这个计划也是不可能完成的。但在当时大家头脑发热时，提得太低了通不过。再则，如果全国协作成套各厂任务低了，一怕各省市塞进其他设备制造任务，打乱了我们这些厂的专业方向；二怕指标低了，所列需要的钢铁材料少了，实际分配时再一打折扣，连我们年初安排的 80 万锭所需材料都不够，任务更完不成了。

这个方案提出后，钱部长又向中央领导详细作了汇报，争取他们的了解和支持。结果是 1958 年原订生产 120 万锭的计划，到 7 月底仅完成了 30 万锭。为此，纺织工业部党组在 8 月 25 日向党中央和国务院作了报告。9 月 11 日，国务院即决定纺织机械工业仍划归纺织工业部领导，一机部七局划归纺织工业部领导，设立纺织机械司。

化学纤维工业领导体制反复变化，也是由于钱之光部长的努力，终于重新划归纺织工业部领导。

1960 年 4 月 28 日，中共化学工业部、纺织工业部党组向党中央提出将人造纤维工业划归纺织工业部管理的建议，并提出将原由中央下放地方的丹东和保定两个化纤厂，收回由纺织工业部管理；全部人造丝资源由纺织工业部统一分配；发展人造纤维的主要设备，由纺织工业部统一安排。党中央于 5 月 1 日批转了这个报告。

根据党中央批示，丹东、保定化纤厂分别于 1960 年 7 月和 1961 年 8 月划归纺织工业部直接管理。

管理体制问题解决后，钱之光本着解决人民穿衣问题的使命感、责任感，大刀阔斧地抓纺织机械和化学纤维工业，以加快纺织加工工业的发展。

国务院于 1958 年 9 月 11 日决定纺织机械重新划归纺织工业部管理后，仅在 6 天的时间内，做了一系列准备工作；9 月 17 日钱之光就在北京召开了全国纺织机械生产会议，要求把原定全年生产 120 万棉纺锭的计划到 7 月底仅完成 30 万锭的差额追补回来，做好纺织机械工业的发展规划。更重要的是要采取有效措施，加快纺织机械工业的发展，以适应纺织工业今后的大发展。

这次会议，是纺织机械制造业大发展的具有历史意义的一次会议。会议要求千方百计扩大纺织机械能力，办法如下。

（1）扩建改造原有的纺织机械厂。上海的八个纺机厂都有不同程度的扩建，其中上海二纺机厂扩建后要求生产能力提高到年产棉纺细纱机 125 万锭。

（2）积极建设新厂。会后规划建设的新厂有邯郸、咸阳、武汉、昆明等纺机厂。采取边设计、边准备、边生产的平行交错办法，以缩短建厂时间；后来前三个厂成功开工建设，而昆明厂在规划调整时停建。

（3）组织纺机厂的修机车间，生产纺织机器及机床。同时要大闹技术革命，革新产品和制造工艺，用自力更生的办法解决设备、材料不足的困难。

1959 年 3 月 26 日～4 月 7 日，纺织工业部在北京召开全国纺织机械生产计划会议。研究确定 1959 年纺织机械生产计划为棉纺锭 300 万枚、织布机 7 万台，并根据"全国一盘棋"精神，确定今后全国纺机制造的生产布局和协作配套问题。

1962 年 1 月 1 日，纺织工业部又经过同上海、河南、天津三省市协商后，将原属双重领导的上海纺织机械制造公司、郑州纺织机械厂、天津纺织机械厂改由部直接管理。

1962年5月24日，纺织工业部又将已改为部直属的上海纺织机械制造公司，由原来的20个企业改组为8个企业，即中国纺织机械厂，上海第一、第二、第四、第七纺织机械厂，上海印染机械厂，远东钢丝针布厂和洪鑫胶木厂。

在化学纤维工业方面，随着1960年5月1日党中央批准将人造纤维工业由化学工业部划归纺织工业部管理，已经下放地方管理的丹东、保定两个化纤厂也重新由纺织部管理后，钱之光就紧紧抓住这个大好时机，规划化纤工业的发展，以获得党中央、国务院的支持。

当年他受命组建纺织工业部前，就随中财委领导参加上海财经会议，调查研究上海纺织工业由于棉花供应不足、不能正常生产的情况；参加中财委领导的同资本主义旧经济势力"二白一黑"的斗争；又经中财委授权在北京召开全国棉花会议；从而深知发展纺织原料和纺织设备是发展纺织工业的关键。所以，在组建纺织工业部后，在大力恢复纺织生产的同时，一直抓紧纺织机械制造业和纺织原料的发展。

发展农业原料，有棉粮争地的矛盾，为此必须抓紧工业原料的发展。钱之光先后深入东北林区和产棉区，寻找可利用的资源。他还带领专家，到兰州化学工业公司考察以工业原料生产化学纤维的情况。在苏联考察时，他特别注意了解化纤工业的情况。经过多年的研究，1960年8月23日，向党中央写了《中共纺织工业部党组关于纺织工业发展方针的情况报告》，提出了"实行发展天然纤维与化学纤维同时并举"的方针。报告指出：据1958年的资料，在世界各国纺织原料中，化学纤维占22%，而我国1959年化学纤维的产量还只占纺织原材料的0.3%。必须急起直追，争取在第三个五年计划的时期内，基本上改变我们化学纤维的落后状况。

报告送出后，仅过了一个星期，9月1日中央就批转了这个报告，并发上海局、各省市、自治区党委："中央同意纺织工业部党组'关于纺织工业发展方针的请示报告'，现转发给你们，请研究执行。""中央认为，报告中提出的今后纺织工业发展方针，即实行发展天然纤维与化学纤维同时并举的方针，是正确的、必要的，应该采取必要的措施，认真贯彻执行。执行这个方针，就可以大大增加纺织工业原料的来源，加速纺织工业的发展。"

党中央在批文中特别指出："今年纺织工业的基本建设计划已经过调整，该停办的项目应该坚决停下来，把腾出的资金和材料用于增添改进产品质量的设备和发展人造纤维。人造纤维所需的原材料，国家经委应该进一步安排落实，按时拨给。""今后，在安排纺织工业生产计划的时候，必须进一步贯彻执行'统筹兼顾，全面安排，瞻前顾后，留有余地'的原则，以便更好地组织生产和保证市场供应。"

纺织机械和化学纤维这两个发展纺织工业的关键问题，按行业分工，本可以依靠机械工业和化工部门。但建部之初，这些部门的任务也很繁重，无法顾及纺织工业发展的需要。纺织工业部只能自力更生来解决纺织工业发展所需的设备和原料。但在1958年国家实行工业管理体制改革时，为了加快工业的发展、发挥地方和各行各业的积极性，将纺织工业部经过自力更生、从无到有发展起来的纺织机械和化学纤维行业的管理划归机械工业和化学工业部门，企业则下放地方管理。这样的管理体制仅仅实行了几个月，就由于完不成任务，党中央、国务院又将这两个行业重新划归纺织工业部管理。最终，在纺织工业部领导下，建成了"世界纺织大国"，纺织工业部还被戏称为"半个机械工业部"。化学纤维除了人造纤维由纺织工业部管理外，合成纤维原料分工由化工部供应。由于化工部生产酸碱和化肥压力很重，顾不上合成纤维原料，往往不能按计划供应。1964年化工部部长致信钱部长说："三五计划"供应35万吨合成纤维原料的计划难以完成，提议两部向国务院报告，由纺织部自行解决。后来连利用石油、天然气为原料的合成纤维也归纺织工业部建设，在较短的时间内建成了"四大石油化纤基地"和全国最大的仪征化纤厂等世界先进水平的石油化工企业。实践充分证明，钱之光这种白手起家、自力更生的精神，不仅保证了纺织工业较快的发展，更成为纺织工业战线上极为宝贵的精神财富。

二、坚持实事求是原则，克服纺织工业生产中的盲目性

在"大跃进"的浪潮中，纺织工业生产也出现了巨大的波动。中共第八次代表大会上，钱之光提出了"二五"发展纺织工业的基本设想和部署，对1962年棉纱产量的建议是符合当时纺织工业具体情况的。但到了1958年，在全国"大跃进"的形势下，纺织工业也出现了片面追求高速度、高指标、生产指标不断加码的问题。在中共八大通过的《关于发展国民经济第二个五年计划（1958～1962年）的建议》中，1962年的棉纱指标为800万～900万件（145.2万～163.3万吨）；以后步步加码，提出要求在两年时间内完成国家规定的"二五"计划。1958年北戴河会议上提出的1962年棉纱产量计划和其他纺织品的计划指标，都大幅度提高，这给工业生产带来了许多盲目性。

一是不考虑客观条件，盲目增产。增产纱布本来是件好事，可是盲目增产却带来了很大的被动。1957年全国棉纱产量465万件（84.4万吨），1958年增加到695万件（126万吨），增长49%；1959年再增加到843万件（153万吨），又增长21%。加工工业增产的幅度大大高于棉花产量的增长幅度，结果不仅当年增产的原棉全部用完，连正常生产需要的周转棉也都吃光用尽。结果工厂的合理配棉工作无法正常进行，产品质量得不到保证，很多工厂被迫停工减产，生产大涨之后接着出现大落。1960年棉纱产量降到602万件（109.2万吨），1961年下降到368万件（66.8万吨），大大低于1957年的产量。

造成纱布生产大起大落的一个重要原因，是由于对棉花生产做出了不恰当的估计。1958年本是一个丰收年，棉花产量可以比上一年度增产20%；但在当时浮夸风的影响下，有些人头脑发热，做出了不切实际的估计，认为当年棉花产量可以达到1.4亿担（700万吨），比1957年增产3倍多。"棉花多得用不完"，就鼓动企业尽量多生产，多用棉花。不久就发生棉花供应不上的情况，于是又对棉花估产一再压缩，从1.4亿担（700万吨）压到7000万担（350万吨），最后压到4000万担（200万吨）。钱之光在这个问题上始终保持着清醒的头脑，认为棉花产量不可能超过4000万担，当年实际收购只达到了3513万担。在以后的时间里，对棉花的估算，中央有关领导总是以钱之光的数字为依据，说靠得住。

由于钱之光一贯坚持实事求是的思想路线，并且汲取"大跃进"的经验教训，在制定纺织工业生产和基建计划时特别强调三条。第一，生产计划不能搞"无米之炊"，要考察原料的供应情况。没有原料，计划订得再高，也是实现不了的。第二，不论生产计划或基建计划，都要综合平衡，要考虑原材料、燃料、电力的供应，前后工序生产能力的配套以及产品的适销对路等基本生产条件的保证。第三，计划要"留有余地"，才能在遇到不可预测的事故时，应付自如，才能掌握工作的主动权。正由于有了这些方针和原则，纺织工业在长期的发展中，不论遇到或"左"或"右"的干扰，都没有造成重大的影响。

二是机器高速运转问题。这是纺织工业在"大跃进"时期争论最激烈、时间最长、影响面最大的一个问题。当时，为了挖掘潜力，增加生产，合理地提高机器转速本是一条可行的措施。20世纪50年代初期，钱之光就听从陈维稷副部长的建议，提出了"一个棉纺锭子一年生产一件纱"的目标，对挖掘生产潜力起了积极作用。纺织工业部党组对于机器速度问题的看法是明确的：合理提高机器速度是可以的，但不能千篇一律，无节制地提高。要从实际出发，考虑技术上的可能、经济上的合理和生产上的需要。机器速度可以提高，但不是无限的，在一定的技术条件下是有一定限度的，超过这个限度就违背科学，不仅不能达到增产的目的，反而会造成很大的浪费和损失，带来严重的后果。然而在"大跃进"的形势下，在纺织系统，很多地区和企业刮起了一股"高速化"的风暴。不少企业片面追求高车速，互相攀比，不尊重科学，车速越来越高。不少单位盲目加快机器速度，细纱机锭子的速度开到每分钟15000～18000转，造成的后果是原材料、电力消耗剧增，设备磨损严重，工人劳动强度大大提高，而生产效率反而严重下降。

为了纠正这种做法，纺织工业部做了大量的工作。在1958年4月至1959年7月这一年多的时间内，顶着各种压力接连召开了四次会议，采取思想教育的办法来纠正这种片面高速化的偏向。1958年4月，纺织工业部在青岛召开全国棉纺织工业会议，中心议题就是讨论如何贯彻多快好省的方针。会议由副部长、党组副书记张琴秋主持。会上争论非常激烈，一些地区的代表仍坚持"高速化"的观点，提出细纱机前罗拉速度开到每分钟300转、锭子开到18000转/分钟的建议。一些头脑比较清醒的代表则强调多快好省要全面抓，不能偏废，特别强调要重视产品质量，科技和管理工作不能放松。两种观点争论十分激烈，互不相让。于是，张琴秋打电话向部党组请示汇报。钱之光表示：坚持部党组的意见不变，不开口子。并派纺织设计院院长俞鲤庭带了会议总结稿到会上表明部领导的态度。就这样，一场重大争论才逐渐平息下来，然而问题并没有解决。10月，纺织工业部又在上海召开会议，提出高速度、高产量必须在高技术、高质量的前提下实现。接着10月27日～11月6日，纺织工业部又在北京召开全国纺织工业厅局长会议，提出"四高、四省"的方针（"四高"，即高速度、高产量、高质量、高技术；"四省"，即省电力、省原材料、省劳动力、省财力），并强调要在提高技术的基础上实现高速高产。1959年7月20～31日，纺织工业部又在西安召开全国纺织工业提高产品质量、加强企业管理大会，再次集中讨论车速问题，强调产品质量的重要性，要求围绕提高产品质量，全面加强企业管理，做到好中求多、好中求快、好中求省。

为了更好地纠正"高速化"的倾向，钱之光还动员有关报刊加强正面宣传报道，在领导和广大工程技术人员及职工群众中树立正确的、科学的生产发展观。

1958 年 11 月 15 日，纺织部机关期刊《中国纺织》杂志发表《注意做好提高车速的工作》的社论，指出：车速提高到什么程度，不可能千篇一律，应结合具体情况有步骤地提高；在提高车速的过程中，要注意提高效率，对产品质量也必须给予足够的重视；必须注意节约。同时指出，在大搞群众运动的同时，要加强经常性的技术工作，加强设备的保全保养，提高工人的操作技术水平，改进劳动制度，改进温湿度管理。

1959 年 4 月 17 日，《人民日报》发表《当前纺织工业发展抓什么？》的社论。强调"四高四省"是互相联系着的，必须全面抓，不能有所偏废。要在高技术的基础上达到高速度、高质量和"四省"的目的。要在高速运转下，保证和提高产品质量，就必须从加强根本的技术管理和生产管理入手，从提高职工群众的技术水平入手，主要抓设备的保养和维修、车间温湿度工作、工人的操作技术。

通过一系列工作和争论，加以全国范围政治经济形势的变化，这场车速问题的争论逐步平息下来。不顾客观可能，片面追求高速化，如果听之任之，任其发展蔓延，会严重破坏正常生产秩序，带来更大的灾难。钱之光毕生奉行的实事求是精神，教育了广大干部，使纺织工业走上了正确的发展道路。

1995 年 2 月 23 日，九届全国政协副主席陈锦华在《人民日报》发表《走上世界纺织大国的道路》一文回忆这段历史并指出：

> 在党的十一届三中全会以前，我国社会主义政治生活中"左"的思想，不断地冲击着经济界、工业界。当时有许多争论都是很不实事求是的。看风向，看政治气候，浮夸等，风行一时。钱老同这类思想进行了长期斗争。尽管在争论中，钱老被一些人非议过，但历史已经证明，钱老的思想是正确的，而且能在那样的压力下坚持，尤其难能可贵。
>
> 在"大跃进"前后，争论的一个热点问题，是"纵向横向"发展的问题。所谓"纵向发展"，就是当时有人主张细纱锭子的速度可以无限提高，以增加产量。谁要是不同意，谁就是保守。钱老认为，锭子速度应遵守工艺设备中规定的临界速度，不能无限的提高，这是科学。这件事在庐山会议以后，许多同志赞成钱老的观点，被打成右倾机会主义分子。所谓"横向发展"，就是有人主张看管的细纱机、织布机，可以无限制地扩大看台面。钱老也不同意这种看法，认为应当有个界限，注意工人的劳动强度。这些事在今天看来都不会成为问题。但在当时，却是纺织工业的发展方针问题。事情就是这样，不实事求是地一步步发展，就会失控，不断扭曲，直至达到荒唐的地步。
>
> 还有一个争议的问题，是规模与效益。钱老主张棉纺厂的规模不能小于 5 万锭。后来随着技术的进步，他赞成搞 10 万锭，并配备相关的前后纺设备，成为整体效益最好的规模企业。他不赞成"小土群""小洋群"，不赞成遍地开花。他认为棉花是关系国计民生的宝贵资源，不能浪费。同样纺一件纱，大厂与小厂消耗的棉花相差

10% 左右。质量上更是不能相比。钱老这些实事求是、不图虚名的精神，在广大纺织干部中一直受到由衷的尊敬。

三、秉承实事求是原则，坚持纺织工业基本建设的科学性

在"大跃进"期间，纺织工业基本建设中出现了贪多求快、盲目发展的现象。不少地区不顾客观条件的可能大上项目，乱铺摊子，打乱了合理的安排和布局。当时，纺织企业已全部下放给地方管理，基本建设项目也由省市为主确定并组织施工，同"一五"期间的管理办法有很大不同。各个省市都想多发展一些，到处布点，遍地开花，建设规模越搞越大。据不完全统计，1958 年，全国铺开的棉纺锭建设规模达到 620 万锭。这样庞大的建设规模，大大超过了国家物力、财力的可能。由于设备、建筑材料、资金等供应不上，力量分散，不少项目停停打打，工期一再拖延，旷日持久地打消耗战。三年"大跃进"时期，施工的限额以上项目到 1959 年底只建成一个西北国棉七厂，大批项目成了"半拉子"工程。

有的项目为了赶时间、抢进度，采用了许多不恰当的做法：建筑材料缺乏，就随意用不适合的材料代替；有的项目搞"三边"（边设计、边施工、边投产），有的搞所谓"简易投产"，还不具备正常生产条件也凑合着投产。建设现代化工业本来是"百年大计"，但有些项目却是凑合应付，草率从事。

对这些不科学的做法，钱之光坚决不同意。早在 1956 年，有的地区已出现了贪多求快、滥上项目的苗头。纺织工业部领导察觉后，就采取措施加以制止。钱之光在 1957 年 3 月全国纺织工业计划会议中就指出：1956 年全国纺织工业发展，伟大成绩是主要的，但也暴露了许多问题和缺点，其中值得注意的经验教训如下。

（1）扩大基本建设一定要考虑需要和可能。

（2）提高生产首先要考虑农业的发展，对农业丰收或歉收的情况都应加以考虑。

（3）要保证按计划生产，必须注意物资储备。

（4）安排工作要瞻前顾后。

（5）运动高潮时要加强领导，防止和减少偏差。

在大搞基本建设的同时，许多地方又掀起了大搞土纺土织的热潮。土纺土织是一种落后的生产方式，在现代纺织业发展起来之后已经逐步被淘汰，到 20 世纪 50 年代，只在少数农村还保留了一些。"大跃进"时期，提倡"两条腿走路"，土法生产和洋法生产同时并举，各行业都在大搞"小土群"。再加上当时有一种舆论，认为棉花多得用不完，纺织生产能力跟不上，各地土纺土织设备就纷纷登台亮相。有土洋结合的，有全土的，有人力的，也有电动的。有的省一个地区就上百万土纺锭，一个县就几十万锭。据几个省的统计，土纺锭竟高达上千万锭。

这些土设备生产效率低，产品质量差，原料消耗大，而且棉花生产并没有那么多，土纺土织不能再搞下去了。1959 年 2 月，纺织部党组向相关领导人汇报了土纺土织问题："棉

纱搞土纺锭，浪费劳动力，质量也差，恐怕不好。问题是现在有了这种机器（指洋锭子），就不一定搞土纺。"同年4月，钱之光在《红旗》杂志发表《高速度发展纺织工业》一文，指出："在贯彻'土洋结合'的方针上，应根据各行业的特点不同安排，棉纺织工业等不必搞土的或者土洋结合的。"1960年2月7日，党中央发出《关于立即停止棉纺的土纺土织的指示》。至此，土纺土织之风停下来了，从而避免了更大的损失。

"大跃进"时期，纺织工业生产和建设在钱之光实事求是工作作风的影响下，注意总结经验教训，达到提高认识，统一思想，从而能够健康发展。

四、总结"大跃进"时期的经验教训

1960年12月7～10日，纺织工业部在北京召开全国纺织工业厅局长会议，对"大跃进"时期的工作进行认真总结。经过会议讨论，取得一致意见，认为有以下十条应该在以后工作中认真借鉴，以保证纺织工业的健康发展。

（1）发展纺织工业必须首先正确认识农业，真正贯彻以农业为基础的方针。

（2）安排生产计划，必须瞻前顾后，留有余地。

（3）基本建设必须缩短战线，保证重点，集中力量打歼灭战。

（4）坚决贯彻全国一盘棋的方针，相互协作，相互支援。

（5）必须经常抓住提高质量这一环节，来促进企业生产全面发展。

（6）必须十分注意节约劳动力，提高劳动生产率。

（7）技术革新、技术革命必须紧密围绕当前的生产关键，加强科学分析，注意巩固、推广、提高。

（8）必须不断加强企业管理，使经济工作越做越细。

（9）援外工作必须既积极又慎重。

（10）必须在一切工作中正确执行党的政策。

会议代表一致认为，这些经验是经过实践检验得到的，是纺织工业发展中极为宝贵的财富，应该认真贯彻执行，使纺织工业在健康的轨道上顺利发展。

第十三章　国民经济调整时期和"文革"时期的
纺织工业（1961～1976 年）

一、在"八字方针"指引下妥善部署纺织工业有退有进（1961～1965 年）

"大跃进"时期，纺织工业部领导当时所能做的，是千方百计减轻"大跃进"对纺织工业的影响。当时，由于棉花等原料大幅减产，大批纺织企业被迫停工减产，致使城乡市场纺织品供应严重短缺，布票不能按计划足额发放和兑现，人民的基本衣被需要难以保证。

1961 年 1 月 14～18 日，中国共产党八届九中全会在中南海怀仁堂召开。这次会议最重要的内容是正式决定对国民经济实行"调整、巩固、充实、提高"的八字方针。全会特别强调，由于农业生产连续两年遭到严重的自然灾害，1961 年全国必须集中力量加强农业战线，贯彻执行国民经济以农业为基础的方针，大办农业，大办粮食；要适当缩小基本建设规模，降低重工业的发展速度，加强各行业对农业的支援，尽最大努力争取农业生产获得较好的收成。

对八字方针的含义，国家领导人在一次国务院常务会议上进一步解释说，"调整"的目的，是为了更好地扩大再生产；"巩固"，是为了再前进；"充实"，是为了搞好配套，使生产能力得到充分发挥；"提高"就更容易懂了。这八字方针，是在1960年党中央批转国家计委1961年国民经济计划控制数字的报告中提出，在1961年党的八届九中全会被确定为整个国民经济在一个时期内的主要任务，成为指导经济、社会从困境中走出来的根本方针。

钱之光根据纺织工业的实际情况，领导纺织工业认真贯彻执行这八字方针。1963 年 3 月 25 日，国务院批转纺织工业部《1962 年主要工作情况和 1963 年主要工作安排的报告》。报告中说，1962 年主要是抓了七个方面的工作。

（1）贯彻执行以调整为中心的"八字方针"，调整生产战线，精简职工。

（2）提高产品质量，增加花色品种。

（3）建设人造纤维工业。

（4）扩大外销产品的生产。

（5）做好对外援助工作。

（6）贯彻《工业七十条》，加强企业管理。

（7）清产核资。

1963 年，要继续贯彻执行"调整、巩固、充实、提高"的方针。

1. 有序调整纺织业生产战线和精简职工

纺织工业的调整工作，实际上从 1960 年就已经开始。当时调整的重点是：缩短依靠农业原料的纺织工业基本建设战线，发展人造纤维，使纺织工业与农业提供原料的情况相适应。1961 年又进一步调整了生产战线，对原料供应无保证、产品销路不畅、设备条件差的企业，或关停、或缩小生产规模、或合并、或转变生产任务，以便与整个农业的情况相适应。经过调整，全国纺织工业系统共关、停、并、转了 862 个企业。到 1962 年年底，开工生产的企业仅 1640 个，其中棉纺织厂（包括单织厂）由 1961 年年底的 1019 个减少为 512 个；棉纺锭由 975 万锭减为 616 万锭，关停 359 万锭；织机由 26.3 万台减为 15.8 万台，关停 10.5 万台。针织、染织、缫丝、麻纺织等行业的生产能力也都压缩了 30% 左右。纺织工业部直属的纺织机械厂由 32 个调整为 13 个。

在调整企业和精简职工时，钱之光费尽了心血。当时东北地区是精简职工的重点，钱之光到东北专程研究相关政策措施，落实中央的指导方针。关于关停的方式，当时有关部门的意见是：工厂关死，工人全部离厂。钱之光经研究后认为：纺织厂的关停不是市场不需要，而是原料不足，而原料生产是可以较快恢复的；如果工厂关死，工人全部离厂，不利于设备维护，以后恢复生产的难度会更大。因此，1962 年 9 月 27 日，纺织工业部党组向国家计委、经委、财办作了《关于调整纺织工业停工方式的请示报告》。报告指出：为了有利于生产安排和设备、厂房的维护保管，有利于安置无法处理的职工和今后生产的恢复，建议采取在企业内减少开工班次或开动部分设备的办法，适当增开一些企业。国家计委、经委在 10 月 26 日批准了这个报告。事后证明，这个意见是正确的，对其后几年恢复生产十分有利。

在调整生产战线的同时，相应地精简了大批职工。1960 年末，全国纺织工业共有职工 200 万人。中央精简小组批准 1961 年和 1962 年两年精简 64.7 万人。到 1962 年年底，实际精简了 71 万人，比计划多减了 6 万人，比 1960 年末减少了 36%。在已精简的 71 万职工中，有 26 万人回到农村，支援了农业生产。

在调整生产战线，对现有企业关、停、并、转的同时，也压缩了在建的基本建设项目。随着棉花减产的形势日益明显，原计划 1960 年第一步安排建设 240 万棉纺锭，第二步安排 300 万棉纺锭，就不可能再继续下去。大部分在建项目从 1960 年开始被迫停建。1960 年 4 月 13 日，中共纺织工业部党组、商业部党组向党中央报告《关于 1959～1960 年棉纱生产计划和棉花分配调拨计划的意见》，"将原计划建设的 240 万棉纺锭中的 120 万锭推迟到 1961 年建设。"同时"减少 150 万棉纺锭的制造任务，改为制造化纤设备和毛、麻、丝纺织设备，及有关提高产品质量的捻线机、精梳机等"。党中央在 4 月 16 日批转了这个报告，并指出："这是正确的，必需的，非这样做不可。"

2. 恢复纺织生产从恢复和增加棉花生产抓起

贯彻"八字方针"的一个重要方面，是恢复和增加棉花生产，才能更好地恢复纺织生产。1961年4月，党中央决定对收购重要经济作物实行奖励粮食的政策。其中，每收购一担棉花，奖励35斤粮食。《人民日报》发表《粮棉必须兼顾》的社论，指出，粮棉兼顾是一个相当长时期的任务。凡是土地适宜种植棉花，又有植棉技术和经验的棉产区，应当多种棉花。千方百计提高棉田单位面积产量，是解决棉粮争地的有效办法。1962年12月，国务院在北京首次召开全国集中产棉区棉花生产会议，区县级干部全都到会，讨论1963年的棉花播种和生产计划。自此，国务院每年都召开棉花会议。1964年的棉田播种面积已达到7400万亩，比1962年增加了2200万亩；棉花产量达到3325万担（166万吨），其中，收购量达到3079万担（154万吨），比1962年增加1800万担（90万吨）。

1965年2月，国务院召开第四次全国集中产棉县棉花生产会议。1966年2月国务院召开第五次全国棉花会议，党和国家领导人接见了参加会议的代表，并作了有关棉花生产方针政策的报告，提出特别要注意处理好粮棉关系，产棉区要进一步贯彻"以粮为纲、粮棉并举"的方针。1967年1月5日，《人民日报》报道：中国棉花生产在连续4年增产的基础上，去年又创了历史最高纪录，总产量达4674万担（233.7万吨）。

棉花的增产，为国民经济调整后的纺织工业恢复生产，创造了重要条件。

在党中央和国务院的正确领导下，全国人民认真贯彻"调整、巩固、充实、提高"的方针，经过了两三年的努力，国民经济的元气逐步恢复。纺织系统停下来的建设项目中相当大一部分，也有条件恢复建设了。纺织工业部于1964年1月21日向国务院报告，建议在1964年复工棉纺锭170万枚、织机5.2万台及相应的印染设备。这一建议，得到国务院批准。到1964年8月，根据纺织原料形势好转、市场需求迫切和纺织生产能力不足的情况，纺织工业部又向国务院提出：1964年第二步再复建棉纺锭38万锭、织机1.05万台以及麻袋、丝绸和相应的印染、针织复制、纺织器材生产设备。并提前建设一部分续建项目：棉纺织厂13个共65万锭，毛纺织厂4个，化纤厂5个。国务院8月6日即批转各省、市、自治区人民委员会和中央有关部委，要求在保证质量的前提下，尽可能地完成任务，以适应纺织生产的迫切需要。至此，该复工的企业已全部复工，"二五"计划期间基本建成的、条件较好的建设项目也都恢复建设，整个生产建设秩序基本恢复正常。

3. 加快发展化学纤维工业

中华人民共和国成立后的十多年，特别是"大跃进"期间，纺织工业生产大起大落的主要原因是原料问题。要调整，就要"有进有退"。从当时纺织工业的具体情况看，纺织生产和建设必须要退，而且要退够，停产、停建部分纺织企业；另一方面纺织原料生产要进，除棉花等天然纤维要大力恢复和发展外，特别要加快发展化学纤维工业。

钱之光对发展化学纤维，早在中华人民共和国成立初期就已经认真思考了。1955年他去苏联考察时，就专门去化纤厂进行了详细了解。"一五"期间，棉花生产"两丰、两歉、一平"，使他深切地认识到：纺织工业的原料不能单靠农业原料，必须发展化学纤维工业。三年"大跃进"的历史，更使纺织工业饱尝了"无米之炊"的痛苦。1960年7月，纺织工业部党组向党中央报告，在已经恢复上海和丹东化纤厂、建成保定化纤厂的基础上，建设一批黏胶纤维厂。1960年8月，纺织工业部党组在呈报党中央的《关于纺织工业发展方针的请示报告》中，正式提出"发展天然纤维与化学纤维并举"的方针。党中央高度肯定并批准了这个报告。从此以后，发展天然纤维与化学纤维并举，成为发展纺织工业的一条基本方针；发展化学纤维工业成为发展纺织工业的首要任务。钱之光也把主要精力转移到化学纤维工业的发展上来。

为适应发展化学纤维制造业的需要，纺织工业部的组织机构也作了调整。1963年将原来的建设司撤销，成立基本建设司、纺织机械工业管理局和化学纤维工业管理局。

化学纤维有黏胶纤维和合成纤维两大类。黏胶纤维又称人造纤维，它的长丝也称人造丝，短的称人造棉、人造毛。它的原料主要是木材和棉短绒，我国有可供利用的资源。合成纤维主要有涤纶、维纶、腈纶、锦纶等，原料主要有石油、天然气等。当时，我国石油和天然气产量还很少，没有发展条件。所以，当时发展化学纤维主要是发展以木材和棉短绒为原料做成浆粕生产的黏胶纤维。

党中央十分重视化学纤维工业的发展。1964年3月6日，党中央发出"积极发展人造纤维"的指示，责成纺织工业部会同有关部门成立人造纤维会战指挥部，对发展人造纤维做出全面规划，由国家计委综合平衡并纳入长期规划。人造纤维会战指挥部由纺织工业部副部长王达成、一机部副部长周建南、林业部副部长杨天放、化工部副部长杨维哲等组成。

1964年5月下旬，南京化纤厂（黏胶纤维厂）建成投产。这是由钱之光亲自在该厂建设中蹲点指导，总结经验，高质量、高速度建成的，受到国务院领导的表扬。国家建委在该厂召开现场会，推广该厂建设工作的经验。参加会议的有国务院14个部委和50个重点企业的领导干部。

1965年4月27日，新乡化纤厂黏胶长丝系统顺利投入生产。至此，我国自力更生建设的第一批化纤厂，已经全部投入生产。这批化纤厂共6个，总规模2.36万吨，是从1960年开始建设，1961年起陆续投入生产。连同以前恢复生产的安乐、丹东两个厂和新建的保定化纤厂等在内，到1965年底，全国人造纤维的生产能力已达5万余吨，奠定了中国人造纤维工业进一步发展的基础。

在大批建设黏胶纤维厂的同时，纺织工业部随即组织力量对合成纤维制造业进行调查研究，从当时我国的资源情况出发，选择发展合成纤维的具体品种。

1964年3月23日，国家计委、经委批准纺织工业部从日本仓敷公司引进成套设备、技术，建设年产维尼纶一万吨的北京维尼纶厂。北京维尼纶厂的建设，由纺织工业部和北京市共同组织联合指挥部，并由钱之光负责领导。该厂于1965年9月建成。

在对北京维尼纶厂引进设备的消化、吸收、创新的基础上，很快就开发出国产维尼纶成套设备。1971年国家确定在江西、福建、安徽、湖南、广西、云南、山西、甘肃、石家庄建设九个维尼纶厂。

在建设维尼纶厂的同时，积极筹划和开始以石油、天然气为起始原料的涤纶、腈纶、锦纶等合成纤维工业的建设。当时我国石油开采资源不多，以原油为起始原料的合成纤维只能先搞中小装置进行试验探索，取得经验，进行准备。实践表明，发展化纤工业，必须搞大型的现代化装置，才能得到较好的效果；但当时条件还不具备，只好等待时机。

为配合化纤工业发展和改善纺织机械工业的布局，20世纪60年代后期，对纺织机械制造业进行了新一轮改建、扩建。从沿海地区一些纺织机械厂中分出一部分设备、机床，在内地建设了邯郸纺机厂、咸阳纺机厂、渭南纺机厂、宜昌纺机厂、常德纺机厂和邵阳第一纺机厂6个纺织机械厂（邵阳第一纺机厂后迁衡阳），并新建以生产化纤设备为主的邵阳第二纺织机械厂。

4.外销纺织品转向西方市场

面对全国性严重经济困难，国民经济在失衡的轨道上继续下滑，粮食和其他生活消费品供应全面紧张，国家对国民经济按"调整、巩固、充实、提高"的八字方针进行调整。同时采取了两项应急之策：一是紧急进口粮食，缓解农业困难与粮食紧张问题；二是卖高价糖果、高价糕点，开高价饭馆和供应高档的高价工业品，如高档的烟、酒、纺织品、手表、自行车、缝纫机等，以满足市场部分需求，回笼货币，稳定物价。进口粮食需要外汇，而要有外汇就得有东西出口，仅靠出口农副土特产品和传统手工业产品以及数量有限的工业品换取外汇，已不足以应对进口粮食所需外汇。因此，中央要求增加纺织品出口，特别是要扩大对资本主义市场的出口，换回更多的外汇，争取进口更多的粮食。钱之光等"临危受命"，齐心协力地承担起增加纺织品出口和生产高档纺织品两项艰巨任务。在中央领导的关心和有关部门的大力支持下，逐一破解遇到的许多难题，取得了明显的成效。

按照当时的国际形势，扩大纺织品出口主要是要打开西方市场，也包括东南亚、中东等国家和地区。西方市场对纺织品的要求，同以往对苏联和东欧市场有很大的不同，对质量和品种的要求高，品种花色变化要快，交货期要短。要在短期内把对西方市场的纺织品出口搞上去，难度是比较大的。再加上当时受"极左"思潮的干扰，情况更为复杂。钱之光亲自领导这项工作，并采取了一系列有效措施：1961年3月20～28日，纺织工业部在北京专门召开了16个重点省市纺织工业会议，进行具体安排。对出口纺织品生产实行"三统一优先"，即在全国范围统一规划生产，统一调拨原材料，产品统一分配；将出口任务优先安排给设备条件好、技术水平高、产品质量好的企业。同时，安排了10万件纱的内销高档纺织品的生产任务，并派出得力干部出国实地考察发达国家纺织品市场，后来发展到派人长驻香港开展调研工作，围绕新产品开发引进一系列先进设备。结果，使我国纺织品在很短的时间内就进入了西方国家的市场。1961～1963年，在主要出口市场转为西方市场的情况下，年出口创汇保持在5亿美元左右，在我国外贸出口商品中占第一位，三年间每年换汇占国家外汇收入的30%～36%。从而保证了国家能进口大量粮食供应市场，减轻了农村负担，加速了国民经济的恢复。

5. 贯彻《工业七十条》，加强企业管理

"大跃进"期间，纺织工业的企业管理和正常生产秩序受到影响，急需整顿。这时，出台了《国营工业企业工作条例（草案）》（简称《工业七十条》），并于1961年9月16日颁布试行。这是当时用于整顿工业企业的一个重要文件，也是我国第一部关于企业管理方面的章程，对于贯彻执行"调整、巩固、充实、提高"的方针，恢复和建立正常的生产秩序，促进生产力的发展，发挥了重要作用。

纺织工业部认识到，要使生产迅速恢复，并走上发展的轨道，必须整顿企业，加强管理。并迅速对试行《工业七十条》进行了具体部署，确定了试行单位，派干部蹲点帮助。不少地区的纺织工业部门，还制定了《工业七十条》的实施细则和整顿后的验收标准，把整顿企业纳入厂际竞赛检查评比的范围之内。

与此同时，纺织工业部于1961年进行了一次全行业的设备大检查。针对存在的问题，有计划地整顿了机器设备。1962年5月颁布试行《纺织工业企业设备维修管理制度（试行草案）》。接着又组织力量进行调查研究，在系统总结历史经验的基础上，根据当时的情况，制定颁发了《纺织工业企业技术管理规则》简称《纺织工业100条》。

1963年10月18日，纺织工业部总结了上海嘉丰棉纺织厂企业管理的经验，向国务院报告后在全系统推广。这个厂在长期实践中，克服"左""右"思想倾向的干扰，使企业生产始终保持着稳定、健康、不断发展的良好状态。纺织工业部把他们的经验概括为：坚持以质量为中心，全面贯彻多快好省的方针；坚持贯彻党的群众路线；认真贯彻党的方针政策；长期以来形成一个实事求是、深入踏实、持之以恒的工作作风。

1964年，修订了《一九五三保全工作法》。1966年和纺织工会共同总结推广了石家庄国棉二厂织布挡车工仇锁贵的先进操作经验等。

经过三年的整顿，全面恢复了计划、财务、物资管理等方面许多行之有效的规章制度；设备、工艺、操作管理有了新的发展；重新修订了各项技术经济定额。加强了党委的集体领导，明确了党政之间的分工，以厂长为首的生产指挥系统重新建立并得到加强。班组管理经验更加完善。基本上形成了一套具有中国特色的专业管理与群众管理相结合的企业管理制度，企业管理出现了新面貌。到1965年，纺织战线的绝大部分经济技术指标，都已基本上恢复到历史最好水平。

6. 第二个援外建厂高潮

援外建设在这个时期不仅持续进行，还形成了一个新高潮。1964年国务院领导访问非洲14国，并宣布了中国对外经济技术援助的八项原则，深受非洲广大发展中国家的赞扬和欢迎。仅1964年和1965年两年间，纺织系统就承接了12个国家、20个援外纺织成套项目。

1971年，中国恢复在联合国的合法席位后，国际威望大为提升，要求中国帮助建设纺织厂的越来越多，1972年又形成了一个高潮。这一年共承接了11个纺织工业项目。截至1981年，我国纺织工业承担了亚洲、非洲、拉丁美洲和欧洲35个国家的82个纺织厂成套项目，累计援外金额达到4亿元，建设规模达到棉纺129万锭、棉织机2.8万台、棉印染年生产能

力 1200 万米以及相当数量的毛纺织、麻纺织、针织、制线工厂。

因为管理体制下放，1958 年 8 月 30 日，中共纺织工业部党组向党中央作了报告，提出有关援建项目的建厂筹备、机器设备的订货发运、国外安装、培训和试车生产以及国外来我国的职工培训和实习等工作，均委托省、市承担。党中央于 9 月 15 日批转了这个报告，原则上同意纺织工业部党组的意见，并指出对外仍一律由纺织工业部抓总和负责接洽。

不论过去由纺织工业部负全责，还是把大部分工作委托省、市纺织厅、局承担，纺织工业部始终把援外任务作为严肃的政治任务对待，履行我国的国际义务。不论哪个国家，不论哪个项目，不论规模大小，都处处为受援国着想。从受援国的实际出发，真心诚意地帮助受援国发展民族经济。因此，我国纺织工业的援外项目是成功的。工厂建成投产后，设备运转正常，产品质量良好，对受援国发展民族经济、增加收益、满足人民消费需求，都起到了一定的作用，也使我国在国际上赢得了良好的声誉。早在 1956 年 3 月，党和国家领导人在听取钱之光汇报纺织工业发展情况时，当钱之光汇报到帮助缅甸建设纺织厂，都是按缅甸生产的棉花设计工艺、设备，培训缅甸职工，使他们能依靠本国的力量组织生产时，党和国家领导人称赞说："帮助这些国家建设工业，就是帮助他们抵抗帝国主义。"

二、"文革"时期的纺织工业（1966～1976 年）

经过几年的调整，到 20 世纪 60 年代中期，纺织工业生产已恢复到正常水平。但好景不长，"文革"期间，特别是 1966～1970 年的五年间，纺织工业部和各地纺织工业局基本处于瘫痪状态。钱之光本人也遭受冲击，处境十分困难。但他还是千方百计抓工作，尽可能使纺织工业生产建设能够继续进行，以减少损失。1967 年，军代表进驻纺织工业部，钱之光出来抓工作。

1970 年初，根据中央决定，纺织工业部与第一轻工业部、第二轻工业部合并成立中华人民共和国轻工业部，钱之光任轻工业部部长。

在三部合并之前，中央国家机关实行干部下放劳动制度。钱之光考虑到纺织工业部技术干部多，经国务院领导同意，在本系统的建设项目中选择了湖北省安陆棉纺织厂、襄樊市湖北化学纤维厂和湖南省邵阳第二纺织机械厂作为干部下放的点。这样可以结合干部的专业，使大批专业干部的专长不致荒疏，也便于管理和以后工作的安置。

"文化大革命"期间，由于纺织工业直接关系到全国人民的穿衣问题，中央对此给予充分重视，也采取了一系列措施来稳定纺织工业的形势，多数企业职工能坚守岗位，做好本职工作。因而，纺织工业的生产建设仍取得了一定的进展。

1. 棉纱、棉布产量超过美国

"文革"期间，纺织生产几起几落。总体来说，纺织生产继续有所增长。为了解决纺织工业的原料供应，1962～1979 年，国务院连续几年直接召开全国集中产棉县棉花会议，安排棉花等经济作物的生产，制定有关政策和措施，使这十几年棉花产量大都保持在 4000 万担以上。与此同时，化学纤维的发展也取得了成效，化学纤维的年产量有较大增长，纺织生产所需要的原料基本得到保障。

在纺织工业系统内部，钱之光不顾处境艰难，坚持狠抓生产不放松，每年都照常召开轻工（纺织）业厅局长会议，讨论生产工作的安排。他每年都要几次派出工作组到各地抓生产，积极帮助地区和企业解决一些重点、难点问题，使生产形势向好的方向转化。1969年，棉纱计划产量为1000万件（181.4万吨），这是一个鼓舞人心的目标。纺织系统上下齐心，花了很大力量去抓，力争实现目标。到年终，棉纱产量实现994万件（180.4万吨），与计划指标只相差6万件。钱之光遗憾地说："只差一口气了！"1970年，经过各方面进一步努力，全国棉纱产量竟上升到1131万件（205.2万吨），超过了原居世界首位的美国。

2. 在牢牢抓住纱、布生产的同时，纺织工业部当时还重点抓纺织品的品种花色，特别是涤棉混纺布

1970年前后，我国涤棉混纺布的生产刚刚起步。纺织工业部安排资金，给上海、北京、天津、江苏、山东等纺织工业基础较好的地区增添了精梳、高温高压染色、热定型等专用设备，使涤棉纺织品得到快速发展。1971年，全国涤棉混纺布产量只有0.6亿米时，就以其挺括、免烫等优良性能引起城乡市场轰动。到1975年发展为5.1亿米，成为供应内销市场、发展出口的一个热门产品。

3. 化纤工业的战略突破——建设四大石油化纤企业

第二次世界大战后的二三十年间，世界上锦纶、腈纶、涤纶等合成纤维，由于质量好、用途广、技术成熟，发展非常迅速。"三大纶"都是采取以石油为起始原料的工艺路线，设备技术要求高，而且装置日益大型化，这是世界上发展化纤工业的共同趋势。中国发展化纤工业也必须朝这个方向发展。但在20世纪70年代以前，我国还不具备大规模开发石油化纤的条件。一是我国石油工业基础薄弱，产量少，不能适应发展石油化工的需要；二是大型石油化纤的设备技术要求高，我国还没有力量制造，必须从国外成套引进，而当时国际形势也不允许。

到了20世纪60年代末到70年代初，国际国内形势发生了巨大变化。大庆油田的迅速开发，使我国石油产量大幅度增加。1971年，我国恢复在联合国的合法席位后，国际经贸关系、进出口贸易开始迅速发展，为引进成套先进设备提供了条件。这时，钱之光不失时机地提出引进成套石油化纤设备的设想。

1972年1月16日，国家计委与轻工业部、燃化部、商业部、外交部共同研究，为充分利用我国石油、天然气资源，引进成套化纤、化工设备。

钱之光当时任轻工业部部长，主要精力就转移到抓"大化纤"的建设上来。轻工业部内成立了成套设备进口办公室，由焦善民副部长兼任主任，抽调精兵强将抓大化纤的建设。

"四大化纤"包括辽阳石油化工厂、上海石油化工总厂、天津石油化纤厂和四川维尼纶厂（图13-1～图13-4）。"四大化纤"的建设，对于化纤工业乃至整个纺织工业的发展，都是具有决定性的一步，具有里程碑的意义。总规模为年产化学纤维35万吨（涤纶18万吨、腈纶4.7万吨、锦纶4.5万吨、维纶7.8万吨）。四个项目所产纤维包括了几个最主要的合成纤维品种。前道工序化工料的生产设备，以引进成套设备为主。后道工序的化纤纺丝设备及配套的公用工程，以国内生产的设备为主。总投资73亿元。

这四个项目引进的设备，达到了当时世界上的先进技术水平。建设规模之大，技术之复杂，是纺织工业部门建设史上前所未有的。

为了建设好这四个项目，抽调了最强的干部，集中了当时国家分配给轻工业部的基建投资中的相当大的一部分，在物资分配上也优先供应。当时钱之光已72岁高龄，而且心脏病刚发不久。他不顾年老体弱，对工作丝毫不放松。凡是这四大项目相关的重要问题，如方案的制订、厂址的选定、领导干部的配备、技术力量的调集等，他都亲自过问。遇到难题他还亲自出面协调，使问题很快得到解决。当时正是"文革"中期，建设工程经常遭受各种干扰、冲击；但由于有中央领导关心，各方面大力支持，进展还比较顺利。

这四个项目中，动工最早的是上海石油化工总厂。1974年元旦开工，1978年12月建成投产，前后共四年多时间。辽阳石油化纤厂和四川天然气维尼纶厂于1974年8月开工，1981年12月完工。天津石油化纤厂于1977年6月开工，1981年8月建成。如此规模大、要求高、技术复杂的建设项目，能够在这样短的时间内建成投产，不能不说是纺织工业发展史上的一个奇迹。这四个项目的建设成功，使中国化学纤维的发展迈上了一个新台阶，纺织工业的发展也因而翻开了新的一页。

图 13-1　辽阳石油化工厂

图 13-2　上海石油化工总厂

图 13-3　天津石油化纤厂

图 13-4　四川维尼纶厂

第十四章　全党工作重点转移到社会主义现代化建设，纺织工业率先告别"短缺经济"（1977~1984 年）

1976 年，党中央一举粉碎了"四人帮"，结束了"十年动乱"。国民经济秩序恢复正常，纺织工业也进入了一个快速发展的新阶段。

1977 年 12 月，中央决定分别设立纺织工业部和轻工业部，钱之光被任命为纺织工业部部长、党组书记。这时，钱之光已经是 78 岁高龄，继续挑起"解决好全国十亿人民衣着问题"的重任，并引领纺织工业沿着改革开放的方向前进，在短短几年内就取得了骄人业绩。

一、纺织品生产迅速增长，取消布票实现城乡市场纺织品敞开供应

1978 年 12 月召开的中国共产党十一届三中全会，决定"从 1979 年起把党和国家的工作重点转移到社会主义现代化建设上来。"在这次会议前后，党中央和国务院为加快发展轻纺工业，采取了一系列方针政策和重要措施。

1. 在原料发展方面

1978 年 4 月 4 日，国务院《关于棉花生产几项政策规定的通知》有以下规定。

（1）保证棉农吃到不低于邻近产粮区的口粮标准。

（2）从 1978 年 8 月 1 日起，调高棉花收购价格，全国平均提高 10% 左右。棉花收购价格调整后，棉纱、布匹的出厂销售价格一律不动。纺织工业成本增加部分，以减税方法解决。

（3）提高棉花奖售化肥的标准。从 1978 年收购年度起，每交售皮辊棉 100 斤，奖售化肥 80 斤；每交售锯齿棉 100 斤，奖售化肥 84 斤。改进奖售化肥拨款办法，从 1979 年生产年度起，改按上年实际棉花交售量在 3 月底前拨款 40%，7 月底前再拨款 30%，不再按计划面积预拨。

（4）搞好棉花生产基地建设等。

此后，国家计委于 10 月 7 日发出通知，从 11 月 1 日起提高长绒棉供应价格。1979 年 3

月 6 日国家物价总局、供销合作总社通知：从 1979 年新棉收购之日起，提高棉花收购价格，全国平均提高 15%。1979 年 4 月 3 日，供销合作总社通知：从 1979 年 9 月 1 日起，调整棉短绒价格，平均提价 19.9%。

1979 年 12 月 17～21 日，国务院在北京召开全国棉花生产会议，提出在一两年内全国棉花产量达到和超过历史最高水平，要求每年增产 400 万担棉花。同时，国务院决定：从 1980 年新棉上市起，棉花收购价格在 1979 年提价的基础上再提高 10%，超购加价 30% 的政策不变。

以上政策的贯彻实施，使棉田播种面积从 1977 年的 7267 万亩增加到 1981 年的 7778 万亩，使棉花总产量从 1977 年的 4098 万担（204.9 万吨）增加到 1981 年的 5935 万担（296.8 万吨），使收购量从 1977 年的 3853 万担（192.6 万吨）增加到 1981 年的 5821 万担（291 万吨），对纺织工业发展生产是有力的支撑。

2. 在工业本身方面

1978 年 4 月 20 日，党中央下达《关于加快工业发展若干问题的决定（草案）》（简称《工业三十条》），在全国范围试行。

1979 年 4 月，中央工作会议提出了"调整、改革、整顿、提高"新的八字方针。决定用三年时间进行调整，调整农、轻、重之间的比例关系，适当放慢重工业的发展速度，加快农业和轻工业的发展。并按此精神制订了第六个五年计划（1981～1985 年）。

1979 年 5 月 25 日，国家经委发出《关于切实保证轻纺工业生产所需燃料、动力、原材料和运输的紧急通知》。

1979 年 6 月 6 日，财政部、纺织工业部联合发文，为加快纺织工业发展步伐，决定对纺织工业增加一部分小型技术措施专项贷款。

1979 年 7 月 13 日，国务院正式下达《关于扩大国营工业企业经营管理自主权的若干规定》《关于国营企业实行利润留成的规定》《关于提高国营工业企业固定资产折旧率和改进折旧费使用办法的暂行规定》《关于开征国营工业企业固定资产税的暂行规定》和《关于国营工业企业实行流动资金全部信贷的暂行规定》五个文件。

1980 年 1 月 8 日，国家决定对轻纺工业实行"六个优先"的原则，确保轻纺工业加快发展的步伐。六个优先，即原材料、燃料、电力供应优先；挖潜、革新改造的措施优先；基本建设优先；银行贷款优先；外汇和引进新技术优先；交通运输优先。

与此同时，这几年国家加大了对纺织工业的投入（化纤除外）。1978 年，固定资产投资额只有 5.36 亿元，1979 年增加到 8.07 亿元；以后几年又迅速增加，1980 年为 20.3 亿元，1981 年为 25.24 亿元。国家还给纺织工业短期专项贷款以及挖潜、革新技术的资金。这些措施，对加快纺织工业的发展起了重要的作用。

按照中央精神，纺织工业战线进一步开展"工业学大庆"运动，把广大职工的积极性引导到生产建设上来；以大庆为榜样，加快纺织工业的发展；培养"三老四严""四个一样"的作风，整顿和加强企业管理，提高经济效益；进一步开展社会主义劳动竞赛。1978 年 5 月，

中国
纺织工业
发展历程研究
（1880～2016）

"全国工业学大庆会议"先后在天津和北京举行，交流经验，表彰先进。会后，按照国务院的要求，纺织工业部派出工作组，帮助上海纺织工业局创办大庆式工业局。经过一年努力，上海纺织局被国务院授予"大庆式工业局"称号。此后数年中，又组织上海帮湖北、四川等纺织系统，有效地推动了纺织工业的发展。

为了充分利用已有设备增加生产，1979年10月纺织工业部和国家劳动局发出通知，在棉纺织企业实行"四班三运转"，使同样的设备增产10%左右，以后又扩大到毛纺、丝绸等行业。采取这种适合于纺织工厂的劳动制度后，纺织生产迅速增长，并受到广大纺织工人的欢迎。

纺织厂原来每天开工二十四小时，分三班。每班工作八小时，每周工作五天，休息两天。实行"四班三运转"后，在原来配备甲、乙、丙三个运转班工人的基础上，增加一个运转班——丁班。每个班的工人上两个早班、两个中班、两个夜班，休息两天。轮流翻滚，每八天一个循环。实行"四班三运转"后，机器设备每周开足七天，每年的开工班次由918个班增加到1050个班，在车速、品种不变的条件下，产量增加14.8%。虽然增加了一个班的工人，产品的平均用工量却是下降的。据测算，纺织工业部的用工量由27.9工/吨纱降为27.3工/吨纱。运转工人全年可多休息37.5天；尤其是缓解了一周连续上五个夜班的劳累，纺织厂运转工人为之雀跃欢呼。

1978～1981年，纺织工业生产总值平均每年增长率达18%以上。1981年全国棉纱产量达到1763万件（320万吨），比1978年增长33%。棉布产量1981年达到142.7亿米，比1978年增长29%。1981年全国人均棉布分得量为14.26米。与1976年相比较，在全国人口增长6.8%的情况下，人均棉布分得量增加4.8米。市场棉布供应不再短缺，而变得相当充裕。取消布票（图14-1）、实行敞开供应的条件逐步成熟。我国社会从1954年起对棉布实行票证供应的办法。采用这种办法，在供应不足的条件下，可以保证老百姓生活的最基本需要，防止不合理的分配和消费，但也给人民生活带来了限制和不便。许多年间，纺织系统从上到下，都在竭尽力量增产更多的纱布和各种纺织品，为敞开供应创造条件。20世纪70年代初期，有一次在编制长期发展计划纲要时，曾打算把"取消布票、敞开供应"作为一个努力的目标提出来；但是国务院一位领导表示，这个问题影响较大，等到条件更成熟后再提出来比较妥当。国家对这个目标的提出考虑得非常慎重。

到了20世纪80年代前期，随着纺织品生产的大幅度增长，特别是化纤纺织品的迅速发展，城乡市场纺织

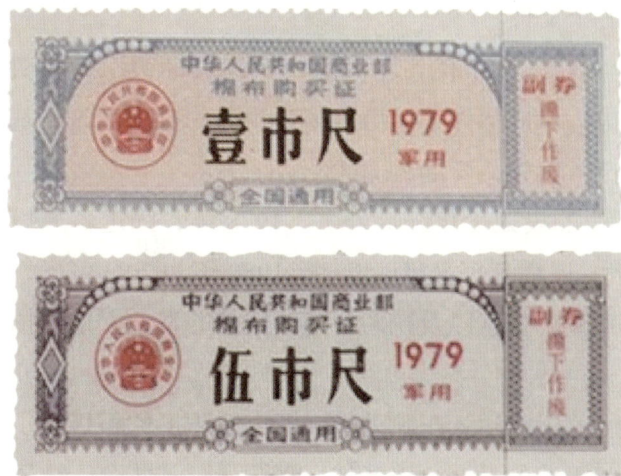

图14-1　布票

品供求关系发生了变化：纺织品在总量上已经能够较好地满足人民的基本需要。1983年12月，根据纺织工业部和商业部的共同建议，国务院决定取消布票，棉布敞开供应。这是纺织工业在解决人民穿衣方面取得的一个重要的标志性成果。

纺织品生产的迅速发展，不仅在数量上满足了人民生活的基本需要，而且在品种、质量、花色方面也有了很大发展和提高。人民的衣着越来越丰富多彩，正如陈锦华在钱之光100周年诞辰座谈会上所说："现在我国人民基本生活所必需的衣、食、住、用、行五个方面，穿的方面是解决得最好的。"我国人民千百年来所期盼的"丰衣"，终于实现了。

二、建设第二批化纤工业基地

在钱之光的直接主持下，于20世纪70年代初先后开工建设的"四大化纤"项目即将陆续建成投产之际，纺织工业部在1978年又着手筹建第二批化纤工业基地，包括：年产53万吨聚酯的仪征化学纤维厂、年产18万吨涤纶的上海石化总厂二期工程、年产帘子线1.2万吨的河南平顶山帘子布厂等项目。前两个项目在国民经济调整中一度缓建，1981年经国务院批准恢复建设。上海石化二期工程和仪征化纤第一分厂（年产涤纶18万吨）在20世纪80年代先后建成投产。

平顶山帘子布厂施工质量好，建设进度快，全部工程只用了18个月，是纺织系统20世纪70年代以来建设最快最好的项目。这个厂投产后，对提高汽车轮胎骨架材料质量，配合汽车工业的发展，起到重要作用（图14-2）。由于又有一大批化纤骨干项目建成投产，全国化纤生产能力大幅度增长。1976年全国化纤生产能力为25.8万吨；1981年增加到63.4万吨，增长了1.45倍。加上在建的第二批化纤工业基地，此时全国化纤生产能力已达130万吨，取得了突破性进展。党中央和国务院领导对化纤工业的发展非常关心。20世纪70年代中期，党和国家领导人曾嘱咐钱之光，要求他把化纤发展到100万吨，这个目标不到10年就实现了。

图14-2　平顶山帘子布厂浸胶车间

187

三、胜利实现第六个五年计划

20 世纪 80 年代上半期，纺织生产持续增长，较好地完成了第六个五年计划（1981～1985年）。全国纺织工业的工业总产值由 1977 年的 541.5 亿元增加到 1985 年的 1492 亿元，增长 1.4 倍。棉纱产量由 223 万吨增长到 353.5 万吨，增长 58.5%。棉布产量由 101.5 亿米增加到 146.7 亿米，增长 44%。呢绒产量由 0.78 亿米增加到 2.18 亿米，增长 179%。丝织品产量由 5.29 亿米增长到 14.49 亿米，增长 174%。化学纤维产量由 19 万吨增长到 95 万吨，增长 4 倍。其他纺织品也有较大幅度的增长。

纺织品出口有很大发展。1977 年全国出口纺织品（包括服装）21.4 亿美元，到 1985 年已增长为 55.32 亿美元，增加一倍多。此时，我国纺织品出口已遍及亚洲、欧洲、非洲等 100 多个国家和地区。

纺织工业的经济效益有了较大提高。1977 年全国纺织工业（系统内）共创利税 94 亿元，1981 年达到 183 亿元，相当于全国工业部门利税总额的 18.7%。以后由于调整了部分纺织品的价格，纺织工业经济效益略有下降，1985 年仍达到 120 亿元。第六个五年计划期间，纺织工业（系统内）共创利税 678 亿元，为国家积累建设资金做出了很大贡献。

中国纺织工业虽然是重要的传统工业和关系国计民生的重要产业部门，但在新中国成立前却是一个艰辛前行、困难重重的工业部门。原料、设备大多依靠进口，许多企业厂房简陋、设备陈旧，管理落后，劳动条件恶劣，生产效率低下。如何把这样一个传统产业改造成现代化纺织工业部门，如何发展得更快、更好，钱之光在党中央和国务院的正确领导下，紧紧依靠纺织工业战线的广大职工，开创多快好省建设纺织工业的发展道路，排除各种干扰，脚踏实地不断抓发展。经过长期的艰苦奋斗，纺织工业终于结束了依赖进口原料和设备的历史，主要依靠自己的力量，建立起产业链比较齐全、能独立自主发展的比较完整的工业体系，屹立于世界纺织大国之林。这样，为改革开放后的进一步发展和迈步走向世界纺织强国，奠定了比较好的物质技术基础。

1981 年，全国人大常委会任命钱之光为国务院顾问。这一年，纺织工业在各个方面都取得了举世瞩目的成就。从各项经济技术指标看：纺织工业总产值比 1952 年增长 8 倍，棉纺锭比 1949 年增长了 8.8 倍。化纤工业迅速崛起，在短短十几年中产量和在建的生产能力已达到 100 万吨。纺织机械制造业的发展，无论是工业规模与技术水平，都适应了纺织工业不断发展的需要，而且将中国制造的优良纺织机械援外出口到亚洲、非洲、拉丁美洲和欧洲等 35 个国家。纺织品出口到 146 个国家和地区，创汇比 1950 年增长了 145 倍，进入世界主要纺织品贸易国家行列。1981 年，在全国人口达到 10 亿，比解放初期增长一倍的情况下，人均棉布消费量达到 10.3 米，比 1952 年的 5.71 米增长了 80%。1983 年底，国家正式宣告取消纺织品的各种票证，结束了长达 30 年纺织品凭票供应的制度，表明全国人民穿衣问题已经得到解决。

钱之光为在社会主义条件下全力以赴发展中国纺织工业，并依托这一支柱产业解决全国人民"衣被甚少"的问题，为之操劳了整整32年。其成果堪称辉煌：使中国成为世界纺织大国，使中国纺织工业成为率先跨入世界先进行列的产业部门之一；使人民群众衣被消费成为中国社会"衣、食、住、用、行"五大民生问题中解决得最早、最好的一大项；使纺织工业成为中国参与经济全球化的一个重要行业，成为中国实体经济中创造最多国际贸易顺差的一个部门。钱之光是当之无愧的"经济大家"。

第四篇

深化改革开放，
实现纺织大国崛起

进入改革开放新时期后的 30 多年间，中国纺织工业出现了加速发展的新局面。

棉纺织工业的工业规模由 1980 年的 1780 万锭，发展到 2010 ~ 2015 年间稳定在 12000 万锭的水平。1980 ~ 2015 年，棉型纱产量由 293 万吨发展到 3538 万吨，棉型织物产量由 135 亿米发展到 983 亿米，都创造了世界范围的空前纪录。

化纤工业的大发展，更令世人瞩目。全国化纤年产量从 1980 年的 45 万吨发展到 2015 年的 4832 万吨（全球占比达 65% 以上）。依托化纤制造业发展起来的长丝织造业，由微不足道发展到 433 亿米的惊人数字。

由手工业转化而来的服装工业，其机织服装产量由 1980 年的 9.45 亿件，发展到 2015 年的 165 亿件，也是世界范围的空前纪录。

涵盖棉、毛、麻、丝、化纤纺织的纤维加工量，由 2000 年的 1360 万吨发展到 2015 年的 5300 万吨，其全球占比已达 55% 以上。

实现纺织大国崛起，在世界范围曾先后有过英国、美国、日本、意大利等先例。但无论哪个国家的纺织业曾经达到的工业规模，都与当代中国纺织业规模相距甚远。

在国内城乡纺织品供应有充分保障的前提下，中国纺织工业抓住经济全球化和中国加入世界贸易组织（WTO）的历史性机遇，大举进入国际市场。纺织品服装出口，由 1980 年的 42.5 亿美元迅速发展为 2000 年的 530.4 亿美元、2015 年的 2912 亿美元（全球占比在 1/3 以上）。一贯低调作风的纺织工业系统，终于立足稳步推进的国际市场，圆了"衣被天下"的中国梦。

中国纺织工业在"后 30 年"的加速度发展，是在"前 30 年"奠定的大纺织产业链的坚实基础之上，遵循改革开放国策，有序推进的。

纺织系统在这个时期，迅速适应了社会主义市场经济的新形势。特别是在多种所有制经济共同发展的问题上，行动快，变化大。20 世纪 80 ~ 90 年代，新兴的民营纺织企业和三资纺织企业，在全国各个纺织业基地迅速崛起。经过近 30 年的有序发展，近 3 万家规模以上（年销售额 2000 万元以上）的民营企业和 6500 多家规模以上的三资企业，已成为中国纺织工业的主体部分。

2013 年，全国规模以上纺织企业的 5.67 万亿元工业销售总值中，民营企业和三资企业的占比，分别达到 73.6% 和 18.2%。同年在 2625.6 亿美元全国纺织品服装出口总值中，民营企业和三资企业分别占到 1460.7 亿美元和 701.9 亿美元。在社会主义市场经济大背景下，纺织工业这一轮大发展中，国有企业稍逊风骚，但仍然有不少国企在这个时期实现了出色的再创业。

20 世纪 80 ~ 90 年代，由个体工商业者创办的数以万计的中小微纺织服装企业，如雨后春笋般在全国各地许多城镇扎堆涌现。由此形成的几百个纺织产业集群，出人意料地竟在10～20年后发展成了中国纺织工业新一轮大发展的重要成分。从2002年年底开始进入中国纺织工业协会开展的纺织产业集群试点地区行列的200个名城名镇纺织产业集群，聚集了18万多个中小微纺织企业、800万名职工，其经济总量在全国纺织经济总量中的占比竟已达40%以上。其后十几年间又普遍致力于产品升级和生产设备现代化，从而进一步提升了产业集群在中国纺织工业发展中的作用。发挥市场在资源配置中的决定性作用，在纺织工业发展中表现明显。

第十五章　改革经济体制激发企业活力，开创纺织工业新局面（1985~1990 年）

20 世纪 80~90 年代，纺织工业部在中央、国务院领导下，进行了一系列经济体制改革和对外开放的工作。

这一时期，纺织工业部机关名称和主要领导有以下变动：1981 年 3 月，钱之光改任国务院顾问，郝建秀继任纺织工业部部长、党组书记；1983 年 3 月，吴文英任纺织工业部部长、党组书记。1993 年 3 月，纺织工业部改组为中国纺织总会，吴文英任中国纺织总会会长、党组书记；1997 年 7 月，石万鹏接任中国纺织总会会长、党组书记；1998 年 3 月，中国纺织总会更名为国家纺织工业局，杜钰洲任国家纺织工业局局长、党组书记；2001 年 2 月，国家纺织工业局撤销，退出政府机构系列，成立中国纺织工业协会，杜钰洲当选为中国纺织工业协会会长、党组书记。2011 年 11 月，中国纺织工业协会更名为中国纺织工业联合会（简称中纺联），王天凯当选为中纺联会长、党组书记。这一时期，担任过纺织工业部副部长的，还有何正璋、季国标、王曾敬、刘珩、许坤元等。

一、转轨变型调整产品结构，发展三大终端产品制造业

20 世纪 50~70 年代，由于纺织品供应短缺，再加上有规定纺织品由商业部门统购包销，工业部门对于市场形势、销售状况不够重视。进入改革开放新时期后，随着纺织品产量连年大幅度增长，市场供求出现了重大变化，1981 年部分纺织品开始出现销售不畅、仓库积压的问题。最先出现这种状况的是涤棉布，随后扩大到涤纶长丝产品、中长纤维织物，以至一般针棉织品。这是长期以来没有发生过的情况，表明纺织品产需之间的主要矛盾，已经由数量不足转变为品种花色不能满足市场需要。

涤棉布是 20 世纪 60 年代后期开始发展起来的产品，由于它质量好、品种新、美观耐用，受到广大消费者的欢迎，成为市场上的紧俏商品，企业竞相扩大生产能力，大量生产，以致

工商库存大量积压；出现"工业报喜，商业报忧，仓库积压，财政虚收"的不正常现象。市场形势这一重大变化，促使纺织工业必须"转轨变型""调整结构"，从生产型逐步转向生产经营型，认真贯彻国务院对涤棉布限产的要求，及时调整化纤布和棉布的比价，以适应市场的要求。

总结这次"转轨变型""调整结构"以及调整生产计划和产品比价的经验，纺织工业部1982年提出了"三个转移"的方针，要求把发展纺织工业的指导思想和工作重点从着重抓速度、抓产量、抓扩大生产能力，切实转移到着重抓品种质量、抓经济效益和抓技术改造上来。随后，随着市场产销形势的变化，各地纺织工业部门和企业，致力于纺织品的加工深度和精度，开发出了大批新产品、新花色、新品种。1983年举办的中华人民共和国成立以来第一次全国性的新产品展销会，检阅实行"三个转移"的成效，引起了市场的轰动和消费者的好评。1984年，国家经委和纺织工业部先后组织了四次对纺织品生产和市场供需问题的调查。不断采取措施调整产品结构，开发花色品种，适应人民生活水平提高的要求。

发展以服装为龙头的三大支柱产品，是纺织工业"转轨变型""调整结构"的一项重大举措。

以往纺织工业的主要任务是保证人民的衣着需要，大多数居民也习惯于购买衣料制作衣服。随着人民收入增加，生活条件改善，城乡社会对衣着的需求也在发生变化。不仅注重纺织品的质量、品种、花色，还逐步从做衣穿转变为买衣穿，而且对美化生活用的装饰用纺织品的需求大量增加。同时，随着国民经济的发展，需要多种多样的产业用纺织品；过去这些环节非常薄弱，远远不能适应需要。

1986年，国务院决定把服装和丝绸工业归口纺织工业部管理。服装工业与上中游的棉、毛、麻、丝纺织以至化纤工业，形成了以最终产品服装为龙头的大纺织产业链，做到相互促进、协调发展，适应广大人民消费水平日益提高的需要，并为扩大出口、增加创汇创造有利条件。

服装归口纺织行业管理后，实行了从原料到最终成品一条龙地开发。发展各种形式的联合，使服装和纺织品生产都得到迅速发展和提高。1985年，全国机织服装产量为12.67亿件，1990年达到32亿件，增长了一倍多；1985年机织服装出口为20.5亿美元，1990年达到63.48亿美元，增长达三倍多。服装工业与上中游棉、毛、麻、丝纺织工业的发展相互依存、相互促进，共同增长。1985年纺织品服装（包括机织服装和针织服装）出口55亿美元，1990年达到138亿美元，增长一倍以上。1990年中国纺织品和服装出口额已占世界纺织品服装出口总额的7.48%，所居位次提高到第四位。据1988年统计，中国纺织品服装出口遍及五大洲150多个国家和地区。

家用纺织品，经过几年努力也逐步形成纺织产业的一个重要门类。包括墙面贴饰类、地面铺饰类、家居装饰类、挂帷遮饰类、床上用品类、餐厨什饰类、卫生盥洗类七大类产品。这七类家用纺织品在纺织产品结构调整中，都得到了较快的发展。到1990年，家用纺织品在纺织品总产值中的比重已提高到19%。

产业用纺织品，也随着国家工业化、农业现代化的逐步实现，获得很大的发展。其中交通运输行业的轮胎骨架、消防用的高压水龙带等，采用新材料创新换代，提高经济效益；帆布、绳缆、医疗卫生用品等传统产品继续发展；土工布、工业用呢、过滤布以及农业用、渔业用纺织品创新开发；对国防、航空、航天等高端纺织品以及环保等方面所需特殊用途纺织品的研究、开发、创新等成果显著。经过几年努力，到 1990 年，产业用纺织品在纺织品中的比重已达到 7%，其后出现了更大的发展。

二、深化经济管理体制改革，激发企业和职工的主动性、积极性

纺织工业的管理体制，原来完全是计划经济的模式。虽然绝大多数国有纺织企业在 20 世纪 50～60 年代已经下放给省、直辖市、自治区，但生产建设的经营管理权仍非常集中。主要产品生产和基本建设都由国家计划统一安排，主要产品实行统购统销，主要原料由国家统一调拨供应，主要产品的价格管理也高度集中。各项工作都是按照国家统一计划进行，企业的自主权十分有限。党的十一届三中全会以后，按照中央精神，结合纺织工业的实际情况，对经济管理体制开始着手改革。

1. 扩大企业自主权

纺织工业部最先下放以下七项管理权。

（1）减少指令性计划指标，扩大指导性计划指标和市场调节范围。

（2）中小型基建项目的审批权下放地方。

（3）质量指标的制订、审核下放给地方管理。

（4）技术改造项目的审批权限下放地方。

（5）技术引进和技贸结合项目的审批权限下放地方。

（6）科研项目的管理权限下放地方。

（7）对经济特区、十四个开放城市和海南岛实行特殊政策。

这是纺织工业开始打破计划经济藩篱的标志。将过去纺织工业十八个指令性计划指标，一下缩减到只剩化纤聚合物、化学纤维和纱三个，并明确指导性计划产品，地方和企业可以按照计划指标，结合市场需要和原料资源安排生产。

七项权限下放后，逐步改变了高度集中的传统计划经济模式，即以计划为主、市场调节为辅，逐步增大市场机制的作用，大大缩小了指令性计划的范围，扩大指导性计划的范围。这就便于企业能够更好地根据市场不同要求和不断变化，及时安排和调整生产，适应人民群众对纺织品多种多样的需求。

基本建设管理权限适当下放后，国家管理棉纺、毛纺、化纤抽丝三个主要行业生产能力的总规模及对各省市的额度。其他行业的生产能力由省、市、自治区掌握。建设项目的管理，限额以上项目由国家审批，限额以下项目由省、直辖市、自治区安排。

基本建设管理开始推行投资包干经济责任制。1984 年 8 月，在山东威海召开全国纺织

工业基本建设管理体制改革座谈会，总结交流了赤峰毛纺厂和其他一些项目试行投资包干的经验。到1984年末，13个在建大中型项目都向主管部门办理了投资承包手续。节约了投资，工程进度和工程质量也有了保障，指标承包制也在逐步展开。

在改革计划管理体制的同时，还改革了流通体制。在产品销售、原料供应等方面，逐步增加了企业销售产品的自主权，改变了由商业部门统销包销的体制。1983年，在国家经委的统一部署下，在北京、天津、江苏三地进行了产销结合的试点。黑龙江也在省政府的批准下实行产销结合的试点。1984年，实行工业部门和生产企业自主销售，并实行多渠道、少环节等多种形式，允许跨地区销售。纺织原料供应体制也进行了改革，让企业自主选购棉花、羊毛等原料。在价格管理方面，把内销纺织品的价格适当放松，实行按质计价，放开价格。这一系列改革虽还处于起步阶段，但已使企业活力大为增加。

2. 推行经济承包责任制

1979年，经国家经委和财政部批准，上海纺织工业局以局为单位试行全系统利润全额留成。试行办法规定：上海纺织系统必须在1979～1983年的五年中，以1978年为基数，确保生产每年平均递增8%，五年累计利润135亿元，五年净增利润26亿元；外销创汇1983年达到17亿美元。在此期间，全局创造的全部利润，上缴国家90.5%，留配企业9.5%。其中，40%为生产发展基金，福利基金、奖励基金各30%。从而把国家、企业、个人三者的利益结合起来，把企业的经济责任、经济效益和经济利益挂钩。

上海纺织局等单位实行利润全额留成取得成效后，国家经委、财政部于1981年12月颁发了《关于国营工交企业实行利润留成和盈亏包干办法的若干规定》。从上海纺织局实行这一办法的经验来说，它可以集中一部分生产发展基金和福利基金，统一安排全行业发展所需要的建设项目、重大技术改造措施和集体福利事业。利润全额留成举措在全行业得到推行。

各地企业根据地区和自身的具体情况，实行利润留成和盈亏包干的办法不尽相同：有的实行基数利润包干和增长分成，有的实行利润盈余包干和超额分成，有的实行全额利润留成。但都起到了把企业的经济责任、经济效果和经济利益相结合，都在不同程度上调动了企业和职工的积极性，取得了国家多收、企业多留、职工多得的效果，对促进纺织工业的发展起到了积极作用。

3. 深化企业内部改革，挖掘企业活力，提高经济效益

1978年，党的十一届三中全会后，纺织系统最先大胆地改革企业一系列旧的经营管理制度的浙江海盐衬衫厂厂长步鑫生，由于迅速改变了企业的生产面貌，成为纺织企业改革的带头人，在全系统中掀起改革热潮（图15-1）。

浙江海盐衬衫厂，当时全厂300多职工，年产衬衫40多万件。然而，质量问题、产品积压问题、吃"大锅饭"等问题，使企业生产停滞不前、效率低下。步鑫生在党中央改革开放精神鼓舞下，大刀阔斧地解决这些问题。在打破"大锅饭"上，学习农村联产承包责任制，在车间实行联产计酬制：做多少衬衫就拿多少工资，上不封顶，下不保底；在抓质量中，实

图15-1　步鑫生在浙江海盐衬衫厂迈开改革步伐

行做坏一件衬衫要赔两件；在打响自身品牌上，敢在上海最繁华的马路上做广告；为打开衬衫销路，主动加强与商业部门联系，召开订货会，邀请全国各地百货公司负责人来厂考察。仅两年时间，海盐衬衫厂年产量达130万件，跻身全国著名衬衫厂行列。两年实现利税164万元，在当时的中小企业中实属不易。

《人民日报》在1983年11月16日发表题为《一个独创精神的厂长》的报道，并以"编者按"的形式转述了当时中央领导批示的内容："对于那些工作松松垮垮，长期安于外行，做一天和尚撞一天钟的企业领导来说，步鑫生的经验当是一剂良药，使他们从中受到教育。"于是，全国掀起了学习步鑫生的热潮。尽管他后来由于投资失误等问题导致企业失败，但他敢于改革创新的精神，他所发挥的影响和带动作用，至今仍值得肯定。

在党中央、国务院的领导下，在先行改革的企业的推动下，全系统的改革取得了不断的发展。例如，在搞好企业内部经营机制等方面，探索企业经营权和所有权分离的具体途径，把企业经营权交给有创新、开拓精神的企业家；不少地方引入竞争机制，优选经营者；国营大中型企业全面推广厂长（经理）负责制，并和任期目标相结合，把权、责、利全面落实到企业经营者；认真贯彻职工代表大会制度，搞好民主管理，尊重和维护职工当家做主的地位；认真贯彻执行国务院《关于加强企业管理的若干问题的决定》，大力加强企业基础管理，开展企业上等级、上水平活动。逐步推行多种形式的经济责任制，企业工资、奖金与经济效益挂钩，职工收入与劳动成果挂钩，调动了职工群众的积极性。到1989年，纺织企业承包范围已达到90%以上。在企业内部实行"工效"挂钩已得到大面积推广。为稳定一线工人的岗位工资制和全额计件工资制，在全民所有制企业中推行；对二三线工人建立了正常的考工晋级制度，进行了评选技师的工作。这些改革工作的逐步开展，调动了企业经营者和广大职工的积极性，推动了生产、建设的发展。

三、以出口创汇为突破口，实现纺织工业新的战略大转移

在国内纺织品市场饱和的情况下，开发国内国际两个市场，利用国内国际两种资源，参

与国际经济大循环，积极扩大纺织品出口，就成为纺织工业持续发展的重要战略措施。

1986年8月15日和10月24日，在国务院召开的第116次和121次常务会议上，国务院领导指出，今后一个时期，我国出口创汇潜力比较大的还是轻纺工业。尤其是纺织业，具有投入少、创汇多、得益快，与内销矛盾少、国际竞争力相对较强的特点。我们完全有能力、有条件抓住当前世界产业结构调整的有利时机，把轻纺产品特别是把纺织品出口搞上去。这不但有很大潜力，也是一大优势。并指出，纺织品出口的潜力，不仅在数量上，更重要的是在提高质量、提高档次、提高加工深度上，要通过技术改造，在几年内有一个根本的改变。

根据国务院领导同志的指示，纺织工业部制定了"以增加出口创汇为突破口，全面振兴纺织工业"的发展战略。它的主要内容：一是从以国内市场为主转移到在保证国内市场的同时着重抓出口创汇上来，二是出口纺织品要从以量取胜尽快转移到以质取胜上来，三是一切围绕发展最终产品、调整产品结构、提高产品质量、创造更多附加值上来。这是1982年提出"三个转移"指导方针的进一步深化和发展，是新形势下纺织工业又一次新的重大战略转移。

国务院常务会议还指出，目前纺织行业缺乏自我改造、自我发展能力，很难适应国际市场的需要；如不认真加以解决，生产就可能萎缩，将对整个经济生活产生十分不利的影响。要研究制订一些有效政策和措施，切实解决面临的困难，增强企业发展的活力。为此，国务院有关综合部门研究确定了改革外贸管理体制、扩大出口和加快技术改造等优惠政策，所有这些都是中华人民共和国成立后30多年间少有的。

1. 深化外贸管理体制改革

在国务院于1986年8月和10月召开第116次、121次常务会议前，1984年12月28日国务院第55次常务会议专门讨论纺织工业发展问题时就指出，要放手搞工贸结合，肯定"青纺联"（青岛纺织品联合进出口公司）的形式。并提出鉴于纺织品出口问题复杂，要求由田纪云、张劲夫召集计委、经委、体改委、经贸部、纺织工业部、财政部等有关部门，在10天内研究决定并发出具体办法的文件。1985年1月8日，国务院就发出了《关于纺织品出口若干问题的决定》，指出要放手搞工贸结合，结合的形式可以多种多样，"青纺联"是一种形式，企业也可以自由联合采取其他形式。

"青纺联"成立的背景是：20世纪80年代，国际纺织品贸易竞争激烈，我国纺织工业面临严峻考验，要在竞争中巩固和提高在国际市场上的地位，重要的一环是对原有不合理的外贸管理体制进行改革，调动生产企业的积极性，促进企业及时掌握信息，提高生产技术水平，改善经营管理，改变纺织品出口结构。因此，在改革外贸管理体制方面，进行青岛纺织品联合进出口公司（青纺联）的试点。"青纺联"走出了工业生产企业联合起来，经营出口贸易、自负盈亏的路子。国务院十分关注纺织品外贸管理体制的改革，肯定了"青纺联"的经验。

外贸管理体制改革的重点是发展自行出口和多种形式的工贸结合。继1981年青岛纺织品联合进出口公司成立后，1985年国务院又批准成立6个工贸结合的纺联公司，在工业自行出口方面迈出了新的一步。很多企业被推到了出口贸易的第一线，使它们更好地了解国际市场情况，提高竞争力。1988年，随着外贸体制改革，又有一批公司、企业集团被批准自营出口业务。工贸结合形式更加多样化，如工贸合资组成联营企业，外贸投资办厂或企业自办外贸公司，工贸合作经营或合作生产，以及外贸企业为工厂代理出口等。

各种工贸联合公司组建后，充分发挥工贸结合的优势，把工业企业直接推向国际市场，有利于承接小批量、多品种的合同，缩短交货时间，提高了产品卖价。仅经过两年多的努力，1987年7个纺联公司出口创汇总额达到1.7亿美元。"青纺联"经过5年的发展，创汇突破1亿美元，比1982年增长了4倍。几年间，工贸结合的企业，原工业部门的职工熟悉了外贸业务，搞外贸的职工接触了工业生产，创造了工贸结合的优势。

五个被批准直接对外的试点企业，广州绢麻纺织厂通过直接对外，不仅为国家增加了创汇，而且提高了企业的经济效益。这个厂1987年出口额达2220万美元，比1981年增长了7倍，出口的花色品种由4个增加到40个；外销比重由12%提高到60%以上；实现利润达2850万元，比1981年增长1.8倍。

1981年，原上海第一织布工业公司私方副经理姚思伟和上海纺织局、外贸局、税务局和中国银行的有关人员联名致信国务院领导，力陈利弊，建议成立工贸合一的手帕专业公司，以解决手帕出口的产销矛盾。经国务院领导批示，1982年1月1日正式成立工贸合一的上海手帕进出口公司。公司本部人员由工贸双方抽调，下辖专业手帕生产工厂12家。工贸合一后，各方利益一致，公司经营所得利润反馈工厂，进行老厂技术改造、危房翻修，开发国际市场适销的新产品，生产和出口都得到很大发展。手帕这个小商品，成了出口的大拳头，全年创汇达4300万美元。

1985年2月，上海纺织局所属专业生产出口色织布的第一织布工业公司，获准自主经营，改建为工贸结合、独立核算、自负盈亏的企业性公司，改名为新联纺织品进出口公司（简称新联纺）。新联纺公司发挥工贸结合的优势，生产厂和公司一起与客户洽谈，了解国际市场变化，发挥灵活多样的经营方式，满足客户合理要求，搞好合约管理，按时、按质、按量履约，从而树立信誉，创出牌子，公司自营出口创汇大幅度增长。初建的1985年，出口创汇316万美元；以后年年上升，1992年达到1.06亿美元。

2. 实施一系列扩大出口的优惠政策

为实现扩大纺织品出口战略，国务院规定了一系列实施措施和优惠政策。包括免征调节税、减征增值税、设立专项发展基金、出口创汇与企业利益挂钩、调整出口奖励办法，增加骨干纺机企业新产品开发基金等。1987年所有纺织工业企业全部减免调节税，降低纺织品增值税税负和正式实行纺织品退税办法。1987年、1988年两年又增加贴息贷款，安排出口专项技术改造，列项210个，总投资10.5亿元；重点对沿海地区技术力量强的深加工企业进行技术改造，以增加出口潜力。

3. 建设一批纺织品出口基地

选择出口条件较好的12个沿海纺织工业集中城市的企业，建设出口基地，帮助他们搞好出口创汇规划，取得经验加以推广。这12个城市是北京、天津、大连、上海、苏州、无锡、常州、南通、杭州、青岛、广州、佛山。它们在能源、资金、原材料不足的情况下，注意发挥技术优势和产品优势，力争用足用好中央给予沿海地区的优惠政策，翻改机台，扩大出口产品的生产量；积极调整产品结构，以国际市场为导向开发高附加值产品，增加拳头产品和紧俏产品的供货；大力开展进料加工、来料加工，以进养出，填补计划内原料的出口。1989年12个城市出口交货值为176.3亿元，比1988年增长31%，交货值占全国的39%。

4. 提高产品质量，适应出口国家的不同需求

优化产品结构，发展精加工，深化加工出口产品，从以量取胜转为以质取胜，增加附加值，提高经济效益。京、津、沪、江、浙等纺织基地，以拳头产品为龙头，积极组织产品集团，加快"一条龙"技术改造，提高产品档次和质量，注意向深加工方向转变。珠江三角洲地区，凭借区位优势，用足用好优惠政策，在小批量、多品种、快交货方面走出了一条成功之路。

5. 大力推进技术进步和技术改造

围绕发展品种、提高质量，加快技术改造。为了早日见效，集中力量，突出重点，围绕发展"三大支柱"产品，重点改造纺织各行业印染后整理、化学纤维和纺织机械、纺织器材制造业。通过技术改造，促进企业结构和设备结构合理化，带动产品结构的现代化。在国家经委统一部署下，组织编制了1985~1987年纺织工业技术改造实施计划。在安排具体项目中，有关出口纺织品的改造项目占47%，其中80%又安排在沿海11个省、市。经过改造，使占全国总产量10%的纱、布、中长纤维仿毛织物的质量达到或接近国际先进水平。幅宽127cm（50英寸）以上的出口布比重，从14%提高至35%以上。印花和特种整理的能力以及多品种、小批量、快交货的适应性得到了加强。重点纺机产品实现更新换代，达到国际先进水平。

沿海老基地、老企业的技术改造同老厂改扩建结合起来，有层次、有重点地配套进行。按照出口的需要，重点抓好纺织品深加工出口体系的生产集团和骨干企业。配套改造是以最终出口产品为龙头，在服装、印染、针织、织布、纺纱的薄弱环节和差距中，缺什么，补什么。针对关键性的差距，组织制订重点企业、重点地区的技术改造规划。对量大面广的老设备，采取符合我国国情的适用技术，广泛开展群众性的革新活动，进行局部改造。为了增强纺织企业自我改造的能力，国家采取了一系列政策措施，主要有免征纺织企业调节税，减征部分增值税。对深加工、高中档产品出口基地，拨给一笔技术改造贴息贷款和拨改贷资金。把这笔钱用在最关键的地方，力争做到通过技术改造，在几年内使企业面貌有根本性的改变。

振兴纺织工业，必须振兴纺织机械、纺织器材制造业。以适应增加出口创汇为突破口，全面振兴纺织工业的发展战略，具备现代水平的纺织机械行业八大重中之重的产品攻关实现了新的突破。至1988年，年产1.5万吨涤纶短纤维成套设备制造任务已全部完成。对涤纶长丝高速纺丝机、圆网印花机、平网印花机、新型无梭布机等纺织企业技术改造迫切需要的8种关键设备和部件，利用技贸结合引进先进技术，带动纺机厂的技术改造和科技攻关。这

一突破，为我国纺织机械尽快赶上国际先进水平提供了经验。在消化国外技术基础上制造的气流纺、喷水织机也取得了成功。

纺织机械企业自身的技术改造，首先是把业已引进的加工中心和数控机床等设备利用好，充分发挥效益；再根据振兴开发纺机新产品、新品种的需要，查缺补漏，配套进行改造，形成批量生产能力。

四、改革开放带来纺织工业举世瞩目的发展成就

在改革开放和邓小平理论的指导下，纺织工业面貌发生了显著的变化，取得了举世瞩目的成就。

1.纺织品由短缺到丰富，开始向小康迈进

1978～1990年，我国纺织工业的主要生产能力大幅度增长，棉纱、棉布、丝织品、服装和针织品产量跃居世界第一位，呢绒产量居世界第二位。1990年，我国人均纤维消费量为4.2千克，是1978年的1.7倍。1983年底取消了实行30年的纺织品凭票供应制度，基本解决了人民缺衣少被的问题。1990年，全国衣着类商品零售总额达1182.2亿元，占全国消费品零售总额的16.3%，是仅次于食品的第二大类消费品。国内纺织品市场繁荣昌盛，为满足人们的衣着需求，美化人民生活提供了物质保证。

2.纺织品出口创汇大幅度提高，出口产品结构发生了显著变化

据海关统计，1978年我国纺织品和服装出口额为23.3亿美元，居世界第11位；1990年达到138.47亿美元，比1978年增长5.9倍，上升到世界第4位。1986～1990年，纺织工业出口创汇在全国的占比达1/4左右，成为我国重要的出口创汇产业。

3.结构调整初见成效，开拓了纺织工业新领域

这一时期，纺织工业的结构调整大有成效。化学纤维占纤维加工总量的比重达到30%；服装工业化成衣率达45%左右，家用和产业用纺织品的纤维用量已分别占总量的19%和7%；产业用纺织品逐渐浸透到航空航天、医药、交通、冶金、化工、建筑、汽车、水利、军工等各个行业和尖端科技领域。

4."三资"企业、乡镇企业迅速发展，纺织工业经济结构发生了重大变化

1985～2000年，纺织行业累计利用外资32亿美元，兴办"三资"企业近3000家；乡镇企业发展迅猛，各类纺织乡镇企业已达2.9万个，职工460多万人，乡镇纺织企业的产值占整个纺织工业总产值的30%左右。至此，纺织工业已形成了国有、集体、"三资"、乡镇及个体等多种经济成分并存的局面，经济结构发生了重大变化。

5.科技进步、人才培养取得了显著成绩

这一时期，纺织工业先后攻克多项重大技术难题、取得科技成果3112项，获得国家科技进步奖107项、国家发明奖48项、部科技成果奖1005项，开发了一大批纺机、纺器、差别化纤维、涂层织物和仿毛、仿丝绸等新产品，纺织工业综合技术水平有了显著提高。同时，

增加大专院校 16 所，累计培训输送各类专业人才 20 万人。

6. 社会主义教育和职业道德教育成果累累

纺织系统在社会主义精神文明建设中，一直坚持"两手抓、两手硬"的方针，积极开展思想政治工作，不断地进行爱国、爱党、爱厂、爱岗的社会主义教育和职业道德教育。"辛苦我一个，美化亿万人"的行业精神，深入人心。增强搞好纺织工业的使命感、责任感，建设起一支有理想、有道德、有文化、有纪律的"四有"职工队伍。

第十六章　民营企业蜂拥而起渐成主体（1991～1995 年）

20 世纪 90 年代，中国迅速转向社会主义市场经济和经济多元化。由此迅速得到改善的纺织工业发展动力和发展环境，促成了纺织工业部门非公经济的异军突起。

20 世纪 80 年代和 90 年代之交，基于对中国尚处于社会主义初级阶段的再认识，开始走上建设"中国特色社会主义"和实行"多种所有制经济"的发展道路。

中国纺织工业原本就是市场经济的产物。1949 年，全国纺织工业 17902 家企业，私营企业 17782 家；全国纺织工业职工 74.5 万人，私营企业职工 51.2 万人；全国纺织工业总产值 39.7 亿元，私营企业产值达 26.7 亿元，占比 67%。其后，随着国有企业的迅速发展和一部分私营企业开始改制，私营企业在纺织工业总产值中的占比逐步降为 1952 年的 51.5%、1955 年的 21.5%。接着，1956 年实行全行业的公私合营。

在纺织工业全盘公有化，私营纺织企业这项经济事业在纺织系统消失 20～30 年后，20 世纪 80 年代前中期，全国各地开始有少量私营纺织企业自发兴起。但规模都很小，主要是一些小微织布厂、针织厂、服装厂；而且，多数是以"乡镇企业"和"小集体性质"的名义起家。总规模很有限，全国纺织系统"个人占实际资本比重"在 20 世纪 80 年代中期尚在忽略不计之列。

20 世纪 80 年代和 90 年代上半叶，在比较宽松的经济政策和稳定的市场环境中，纺织系统的民营企业开始呈现快速发展的局面。这时，国有纺织企业由于管理体制过于集中、缺乏激励机制以及设备更新滞后、冗员过多、债务沉重等多方面原因，大多陷入长期亏损的困境。与此同时，许多民营纺织企业却依靠机制灵活、人员精简、管理者积极性高等优势，在市场经济中得到快速发展。

2000 年，全国销售收入 500 万元以上非国有纺织企业（外商和港澳台投资企业除外）10286 户，实现工业总产值（不变价）3627.76 亿元，销售收入 3331.54 亿元，利润 117.12 亿元，见表 16-1。

表 16-1　2000 年，我国纺织企业的生产经营情况

项目	企业数量（个）	工业总产值（不变价，亿元）	产品销售收入（亿元）	实现利润总额（亿元）
全国纺织行业	19364	8454.36	8339.38	295.33
国有及国有控股	3676	2374.15	2477.77	69.19
外商及港澳台投资	5402	2452.45	2530.07	109.02
其他（包括集体、民营）	10286	3627.76	3331.54	117.12

到 20 世纪末，纺织系统非公经济部分的企业，在工业总产值、销售收入、实现利润等方面，全面超过国有及国有控股企业。非公经济成分的比重在纺织加工各业达到 70% 左右，在化纤行业达到 50% 左右，在服装制造业达到 90% 以上，见表 16-2。

表 16-2　20 世纪末，各种经济成分企业的生产经营实绩在纺织系统的占比

项目	工业总产值（不变价）			产品销售收入		
	国有及国有控股（%）	三资企业（%）	其他（%）	国有及国有控股（%）	三资企业（%）	其他（%）
全国纺织行业	28.08	29.01	42.91	29.71	30.34	39.95
纺织业	31.09	20.9	48.01	35.47	21.16	43.37
服装制造业	6.16	47.41	46.43	6.77	47.93	45.3
化纤行业	51.09	24.3	24.61	52.16	35.5	12.34
纺机行业	35.39	19.28	45.33	35.88	20.95	43.17

此时，全国（规模以上）服装企业为 6130 家，其中国有及国有控股企业 568 家，仅占 9%；集体企业 1270 家，占 20.7%；"三资企业" 2676 家，占 43.6%；而民营企业已占到 26.7%。从市场方面来看，服装市场终端销售网点，绝大多数为民营企业。民营企业此时已在全国服装行业占主导地位，且这种主导地位在继续加强。2014 年全国纺织工业规模以上企业数 39326 家和工业销售产值 67043 亿元，私营企业的比重竟已达 24901 家和 34362 亿元。

民营纺织服装企业迅速崛起的主要原因之一是纺织服装工业较为发达的地区如上海、无锡、苏州、青岛等，为周边地区的民营纺织、服装工业的迅速发展提供了极为有利的条件。他们利用这些发达地区企业退休的技术人员和技术工人及淘汰的旧设备，并聘请在职的技术人员和技术工人当星期日工程师等办法，先是以乡镇企业集体经济的名义，办起了小型纺织服装企业。或作为发达地区纺织服装企业和商业企业如百货公司等的加工点，用他们的品牌、生产技术和销售渠道，开始一步步发展起来。由于资金缺乏，这些企业的经营者大多是骑着自行车向几十里、上百里的大城市联系企业送货。随着利润逐步增长，送货的交通工具也由自行车、三轮车、小卡车发展到大卡车。靠着他们不屈不挠的艰苦奋斗作风，终于站稳了脚

跟。改革开放的不断发展，更极大地激发起他们大胆改革的创新精神。实行股份制改革，吸引外资。逐步由权责利明确、产权清晰演变到改制为股份公司，进一步实行现代企业制度。终于在短短的时间内得到了发展壮大，成为现今纺织服装行业中的佼佼者。

一、上海、苏南等老工业城市的众多国企，引领周边地区民营纺织、服装企业的兴起

苏南地区有不少著名民营纺织、服装企业，如常熟的波斯登集团、梦兰集团，太仓的雅鹿集团，江阴的阳光集团、海澜集团，无锡的红豆集团，张家港的华芳集团都是如此。下面介绍两家典型企业。

1. 江苏梦兰集团

江苏梦兰集团所在的常熟梦兰村，在20世纪70年代是一个穷村庄。1972年，梦兰村遇上一个难得的机遇：一位居住苏州已退休回常熟老家的老工人，无意中提到苏州绣品厂要新增一个乡村的加工点。钱月宝和村里的一批小姐妹，不甘贫穷落后，开始进行绣品加工。历尽艰难，"绣"出了一定的资金积累。1991年初，钱月宝在上海中百一店床上用品专柜前，遇到一位床上用品的经销商在推销刚刚问世的第一代踏花被。钱月宝看到后，感到更新千百年来使用棉花胎的时代已经到来了。决定马上发展生产，扩建厂房，选购设备，聘请技术人员，落实原料供应，仅80天就建成投产，很快打开了市场。当年盈利128万元，第二年突破300万元。后又率先开发了填补国内外空白的系列家用纺织品，打响了梦兰床上用品品牌。几年后，企业发展到近千人，成为总资产达3亿元的家用纺织品行业10强企业。钱月宝先后获得中国十大女杰、全国"三八"红旗手、全国乡镇企业家、省劳动模范、省优秀企业家等称号，当选为第九届全国人大代表（图16-1）。

图16-1　钱月宝和梦兰集团

2. 江苏红豆集团公司

江苏红豆集团公司，原是创办于20世纪50年代的无锡荡上村针织合作社，其大发展的领军人物，是后来的集团总裁周耀庭和周海江（图16-2）。改革开放的春风吹绿了江南大地，唤醒了"红豆"这棵幼苗的快速成长。

图16-2　周海江和红豆集团

1957年，周海江的爷爷与一个合伙人办起了这个针织小厂。当时不能办民营企业，他们就戴上了合作社的帽子。1983年，时任荡上村党支部副书记的周耀庭受命于危难之际，实现了20世纪80年代年年业绩翻番的奇迹。1993年成立江苏省第一家企业集团，共产党员、大学毕业的第三代人周海江接任公司集团总裁。1994年，企业由单一的针织内衣，发展到整个服装大类，先后上市了衬衫、西服、羊毛衫、时装、童装、皮件等服饰系列。2001年，红豆集团股票上市。红豆的发展，是中国改革开放初期民营纺织业取得巨大成就的一个缩影。

二、兼具商品经济和历史传承优势的山东、江苏、浙江等地的一些县市，发展出众多大型民营纺织企业

1. 魏桥纺织股份有限公司

这是当今中国以至世界范围最大的棉纺织企业。创业者张士平以其独特的办企业理念和全球视野，采用世界一流的设备技术和企业生产技术标准，在短时间里，就把魏桥推上了中国纺织服装企业五百强的榜首，并在近年进入世界500强的行列。

植棉业是鲁西北的支柱产业，农民经济收入的绝大部分来自卖棉收入。但大起大落的棉花市场，却往往给广大棉农造成巨大损失。魏桥纺织集团地处鲁西北邹平县魏桥镇。当地农村富余劳动力多，而本地区棉花相对过剩，广大棉农生活艰辛。1951年建起供销合作社系统的邹平第五油棉厂，时任油棉厂厂长的张士平为此多方寻求出路。1989年大胆决策，投资1000万元上了万锭棉纺厂。在欠发达的棉区建棉纺厂，除了棉花富余外，劳动力和土地的条件比起"上、青、天"也有得天独厚的优势，利用国有企业"压锭"和大

城市限制纺织产能的时机，在香港股票市场发行股票融资，企业得到迅速发展（图16-3～图16-5）。

世纪之交，魏桥纺织集团已发展到拥有国内、国际20世纪90年代后期最先进的500万～600万棉纺锭和相适应的织布、印染设备。年产棉纱22万吨、棉布5亿米、牛仔布1.2亿米、染色纱9000吨、染色布9000万米。一跃成为中国乃至世界最大的棉纺织企业之一。

图16-3　魏桥纺织集团公司主要创办人张士平

图16-4　魏桥纺织集团现任董事长张红霞

图16-5　魏桥纺织集团

2.山东如意科技集团

如意集团（图16-6）是多元持股的大型中外合资企业、国家级高新技术企业、纺织产业突出贡献企业、全国纺织十佳经济效益支柱企业、中国毛纺织最具竞争力的十强企业、山东省百家重点企业集团。其前身为始建于1972年的山东济宁毛纺织厂，在改革开放时期获得了超常发展。现今是全球知名的创新型技术纺织企业，拥有国家级企业技术中心和博士后工作站，拥有数百项专利技术和创新成果，被中国纺织工业协会列为毛纺织行业国家级新产品开发基地。继2002年"赛络菲尔纺纱技术及系列产品"获国家科技进步二等奖后，历时7年研究的"如意纺"纺纱技术，荣获国家科技进步一等奖，是全球服装奢侈品品牌的主要供应商之一。

如意集团旗下拥有 20 个全资和控股子公司，职工 3 万人。拥有国内规模最大的毛纺服装产业链和棉纺织印染产业链。集团最初以毛纺织起家，后来发展到涵盖棉纺织、棉印染、针织、纤维、牛仔布、房地产等产业。2011 年实现销售收入153 亿元。

图 16-6　如意集团

2015 年，中国纺织服装全行业主营收入排行中，济宁如意投资有限公司位列第一；同时上位 2015/2016 年度中国纺织服装企业竞争力 500 强企业第一名。

3. 雅戈尔集团公司

雅戈尔集团公司（图 16-7）的起家，是 1979 年宁波南郊一个以 2 万元知青安置费创办的青春服装厂。正在这个厂濒临倒闭时，1980 年，

图 16-7　雅戈尔集团公司

插队 15 年的李如成自愿来到这个手工业作坊的小厂任厂长。恰逢党的十一届三中全会的改革开放好政策，他在宁波地区率先推出按劳取酬的计件工资制和承包制。在一个偶然的机会中，了解到上海名牌产品"开开"衬衫要找加工点，立即赶赴上海，实现了与"开开"的联姻。当年即创利润上百万元，次年销售额 1000 万元，利润翻番。又借用宁波北仑港日益扩大的知名度，创立了自己的第一个品牌"北仑港"衬衫，一上市就走红大江南北。当年评上省优，翌年被国家商业部通报为畅销产品。1990 年 8 月，一个全新的中外合资"雅戈尔制衣公司"宣告成立。"雅戈尔"是"青春"一词的英文 YONGOR 的音译，也是一个继承与创新的名字。雅戈尔高档衬衫一经面市，就得到市场广泛认可，销售额不断增长。1993 年 6 月，宁波市首家规范化改制乡镇企业雅戈尔集团股份有限公司正式成立。明确了政府、企业、个人的投资比例，确立了企业独立法人的地位。产权明晰了，员工成了企业真正意义上的主人，企业由此产生了巨大的凝聚力和爆发力，进入了高速发展期。

1993～1997 年，销售额每年以 88% 的速度递增、利润以 95% 的速度递增，净资产增长了十余倍。1994 年投资 1 亿元建造了面积达 1.7 万平方米的全封闭西服生产标准厂房。从德国、意大利、日本引进具有国际水平的西服生产专用设备，邀请意大利专家来厂指导。1995 年雅戈尔高档西装投入市场，大获成功。1998 年 11 月 19 日，雅戈尔社会公众股成功上市交易，募集资金 6 亿元，创下了服装板块上市公司中募集资金最多、发行价最高的纪录。1992～1995 年连续获得最畅销的国产商品"金桥奖"，1994 年被国家工商局认定为中国驰

名商标。其后，这个集团逐步发展到拥有 20 余家下属企业，员工近 8000 人，占地面积达 3.69 万平方米。拥有亚洲最大的全封闭生产基地和 2.4 万平方米的西服生产工厂。还在日本设立了两家分支机构，在中国香港设立了分公司，在新疆等地建设棉纺织厂。

4. 杉杉集团

杉杉集团（图16-8）的前身是创办于1987年的宁波甬江服装总厂，曾是一个仅有员工200余人、负债达几百万的濒临倒闭的小厂。自转业军人郑永刚到这个厂当厂长后，企业获得了超越式的发展。首先是进行了分配制度和人事制度改革，实行劳动保险和福利制度，解除员工的后顾之忧。接着又和上海第一百货股份有限公司、中国服装设计研究中心组建了宁波杉杉股份有限公司，完成了企业股份制改造。1996年1月8日在上海证券交易所上市，建立了完善的现代企业制度。至1998年，已建成以杉杉牌高中档西服、时装、衬衫、服饰为主的专业大型服装企业集团公司，总资产18.5亿元。当年销售23.5亿元，利税1.4亿元。集团拥有一家上市公司，44家子公司，从业人员达5000

图 16-8　杉杉集团总部

余人。集团公司所属的宁波生产基地，拥有从德国、意大利、日本等国引进的20世纪90年代先进服装生产线，年生产能力为西服50万套、时装80万套、衬衫120万件。杉杉牌西服曾连续4年荣获国家"金桥奖"。1994年，获得中国十大名牌西服和中国十大名牌服装的称号。1997年，集团公司实现利税列中国服装行业排名第一位，销售额为第三位。1997年，杉杉作为中国服装界的唯一代表，入选世界经济高成长性公司行列。

三、出于中小城市发展"县域经济"的需要，催化出规模空前的中小微纺织、服装企业群

改革开放初期，在国家政策开放民营经济、个体工商业和允许民间"长途贩运"的新的历史条件下；特别是 1983 年年底取消布票，允许纺织品、服装自由进入市场并放开价格后，全国各地迅速出现了开办乡镇（小集体）纺织、服装企业和个体纺织、服装工商业户的热潮。起初几年（20 世纪 80 年代前中期），尚是"一片混沌"的局面。经过万众创业、群众性的自发的探索、调整、竞争和不断升级、优胜劣汰之后，终于在 20 世纪 80 年代和 90 年代之交，涌现出一种全新的发展模式，以众多中、小、微企业扎堆经营为主要特征的纺织、服装产业集群／专业市场。

1. 辽宁海城市西柳镇——由扎堆摆地摊发展成全国最大的服装批发市场

辽宁省海城市西柳镇，由贫苦农民扎堆摆地摊，发展成全国最大服装市场之一的西柳中国商贸城。辽宁是重工业省市，和毗邻的黑龙江、吉林以及各地市之间的交通极为发达。过去纺织服装工业发展比较滞后。改革开放打破了人们固有的思想束缚，乡镇、个体的纺织服装市场很快发展起来，形成广大群众摆脱贫困、发家致富的热潮。海城市西柳镇的服装批发市场，就是在这样的环境中发展起来的，而且越来越兴旺，越搞越大，成为地区发展经济、解决农民就业的一个重要的支柱产业。

20世纪80年代，西柳市场在地方政府的组织领导下，不断发展壮大。围绕西柳兴办的小服装加工企业有上千家，市场经营户达1万多家，吸收西柳镇及周边地区近10万劳动力。镇里仅暂住人口就达4万多人。他们上班进车间，下班忙农活，既做工又务农，被称为"两栖农民"。有三分之二的西柳人经商，生意不仅覆盖东三省，还涉及欧洲和中东地区。后来市场越办越大，不断改造升级，更吸引了全国的纺织、服装经销商来此推销商品。

1984年，辽宁省委书记兼海城县委书记李铁映到西柳考察后，适时推出了海城改革开放20条政策措施，并提出新的理念："货不分南北，人不分公私，要物畅其流，财达三江"。思想解放让西柳人放开了手脚，不光是西柳人卖起了服装，不少外地人也进驻市场，如广东的牛仔裤、石狮的休闲裤、浙江的衬衫、江苏的面料，市场容量也迅速膨胀。到20世纪90年代，市场经营户达到8000户，不断发展壮大。1992年，利用民间财力，靠社会化投资，异地重建市场，2005年又增资改造。2009年西柳中国商贸城建立，总规划占地800亩，建筑面积150万平方米，投资10亿元，成为东北区域规模最大、硬件设施先进、经营环境一流、产品种类齐全、服务功能完善，集展贸、商住、办公、餐饮、酒店、仓储及电子商务、新产品发布等多功能于一体的现代化商贸城。

2. 商品经济很发达的浙江省绍兴县柯桥，发展出名扬中外的中国轻纺城

在改革开放政策推动下，原是绍兴县一条"布街"的绍兴柯桥中国轻纺城，发展成为亚洲最大的纺织品专业市场。

历史上的绍兴，素有"十里闻机杼，日出万丈绸"之美誉。从手工布机、手工染坊到机器纺织染生产绵延千年，留下了深厚的纺织文化积淀。改革开放为绍兴的民营纺织企业提供了前所未有的发展机遇，绍兴人找到了一条极具绍兴特色的经济发展之路，市场与产业联动发展。1988年，一个室内纺织品市场在一条临河的布市开业。随着纺织品市场的快速发展，1992年由国家工商局命名为中国轻纺城，1993年被列为首批股份制改造试点单位，1997年成功上市，1999年首届纺博会成功举办。中国加入WTO后，又开始建设90多万平方米的中国轻纺国际贸易区。至2006年，市场区面积由70万平方米扩展到275万平方米，销售网络已遍布世界187个国家和地区，常驻中国轻纺城的境外代表机构和外商投资商业企业575家，3500余人，市场成交额由300亿元增加到575亿元。纺织产业兴起了纺织品市场，纺织品市场又推动了纺织产业。

3. 历史名镇虎门发展成中国时尚女装之都

1978年，中国第一家三来一补企业落户东莞市虎门镇。关闭了100多年的珠江口国门，在虎门这个特殊的地方向世界打开。这一决定命运的选择，使虎门100多年积蓄的矢志不移、不屈不挠的精神，再次迸发出来。虎门西有广州，东有深圳。虎门港、盐田港以及深圳、广州、珠海三座航空港近在咫尺，同时又靠近香港这个国际商业中心。随着国家改革开放的深入，虎门民营服装业实现了从初级三来一补到批发、零售、建立营销网络的营销模式，完成了从简单制衣到自创品牌，到走出国门、走向世界40多个国家和地区的大发展。

1993年，服装产业迅速发展的形势，需要开辟销售渠道。于是由政府与群众共同集资，建成了有1200个铺位、首创中国第一座无障碍的螺旋式商业大厦富民商业广场。采购商可以无障碍地把车从一楼一直开到五楼。该大厦年交易额达到10多亿元，被称为中国第一县时装批发商厦。

其后一些年，虎门已拥有大型专业服装批发市场21个，服饰品牌5000多种，其中90%为女性时尚服饰；布料批发市场8个，市场总面积35万平方米，专业服装店铺近万间。

全国各地民营纺织企业的迅速崛起，无一不是在改革开放的大环境中实现的。许多过去认为不可能的事变为可能。一个农民制作裤子、卖裤子，带动周边乡亲摆脱贫困走上富裕之路，造就了一个纺织服装大市场。许多民营纺织服装企业由小摊位、小门店、前店后厂做起，仅仅二三十年的时间，就发展成了大工厂、大企业，产品行销全国、全世界。

全镇拥有织布、漂染、刺绣、拉链工厂近百家，从业人员35万多人，并伴有网络公司、律师、会计、报关事务所、物流运输企业近百家，客商不出门就可把货物发往世界各地，最快的当天就可到达。

中国纺织工业发展历程研究（1880～2016）

第十七章 打开国门，"请进来""走出去"，推动国际合作共赢（1996～1997年）

改革开放是发展中国特色社会主义的强大动力。

党的十一届三中全会以来，我国始终坚持对外开放的基本国策，不断拓展对外开放的广度和深度，实现了从半封闭到全方位开放的伟大历史转折。对外开放为我国纺织工业发展注入了新的动力和活力，提升了纺织工业的综合国力、国际竞争力和国际影响力，也促进了中国纺织工业与世界各国纺织工业的合作共赢。

一、"三资企业"成为纺织工业新发展的一支重要力量

改革开放后，纺织工业第一个请进来的外资企业是香港永新集团在珠海开设的香洲毛纺厂（图17-1）。当时，中国纺织品进出口公司要组织毛衫出口，但国产毛衫花样古板、质量欠佳，很难推销出去。永新集团董事长曹光彪因经营毛衫生意，常和中国纺织品进出口公司总经理陈诚忠有联系。陈诚忠希望曹光彪能帮助中纺公司向国外推销国产毛衫。曹光彪表示不如由他到国内来办一个工厂试一试。为此，曹光彪拟了一份建议书，提出：在接近香港与澳门的地方投资开办一个现代化毛织厂，由内地负责提供土地，香港永新负责提供机器设备、厂房、图纸、建筑材料和工人培训。工厂建成后，专门为永新进行羊仔毛、兔毛的加工生产。原料由永新进口，产品全部由永新外销。合作期为5年，机器

图17-1 香港永新集团投资建设的珠海香洲毛纺厂

设备费用以加工费用为补偿。建议书送出后，不到 3 个月，曹光彪就接到前往澳门出席毛纺厂协议书签订仪式的邀请。1978 年 8 月 31 日，中国纺织品进出口公司广东分公司与香港永新企业有限公司正式签署协议，成立香洲毛纺厂。1979 年 11 月 7 日，香洲毛纺厂正式在珠海落成。曹光彪是 1978 年以后第一位重返中国内地经济舞台、颇有建树的香港资本家。曹光彪由于一举投资数百万美元在珠海开设香洲毛纺厂，并由此而开创了来料加工、补偿贸易等一系列先河，被誉为第一个吃螃蟹的（勇敢的）先行者。曹光彪在三来一补（来料加工、来样加工、来件装配和补偿贸易）方面进行了大胆的实践，取得了意想不到的示范效应。国务院 1979 年颁布了《关于开展对外加工装配和中小型补偿贸易办法》，补偿贸易在全国开始正式推广。曹光彪的成功，香洲毛纺厂的先例，极大地鼓舞了香港工商界，引发了补偿贸易的热潮。曹光彪本人随后又在内地投资 30 多个项目，主要是纺织、染整、成衣以及电子、化工等行业。

在改革开放国策逐步明朗的形势下，东南沿海省市纺织系统出现了合资办厂以至外商办独资企业的新现象。1981 年，香港唐氏家族与上海纺织局在浦东合资开办上海联合毛纺织有限公司（图 17-2）。沪方投资 60%，港方投资 40%。一期工程引进三套粗毛纺梳毛机，4508 锭毛纺走锭设备，并配 100 台国产电动横机及相应的染整设备。年生产高档兔毛纱 90 万磅，兔毛衫 10 万打。企业成立 5 年，就获利人民币 2039 万元，创汇 1347 万美元，上缴国家税收 1112 万元。

联合毛纺织有限公司是全国纺织行业第一家中外合资企业，是纺织行业实践对外开放政策的第一次创举，为利用外资积累了经验，使纺织行业发展"三资企业"得到良好的起步。其后"三资企业"在纺织行业越来越占有重要地位，到 2000 年，全国纺织行业规模以上企业实收资本中，港澳台及外商占到 30%。

"三资企业"和"引进外资"的发展，提高了纺织行业竞争力。1979～1991 年，累计利用外资 32.19 亿美元。其中，外商直接投资 27.35 亿美元，占全国吸收外商投资的 5.2%。到 1991 年年底，纺织"三资企业"2790 多家，占全国"三资企业"的 6.5%。合资伙伴 85% 为中国的港澳台商，日本占 5%，美国占 3%，其他一些国家、地区占 7%。纺织"三资企业"基本以服装和棉针织、毛针织为主，棉、毛、麻纺织"三资企业"占一定比重。1990 年，纺织"三资企业"出口创汇 15.9 亿美元，占同口径纺织品出口的 12.4%，占全国"三资企业"出口的 25%。

纺织行业发展"三资企业"获得良好的起步，但大多是小型的针织、服装项目。1989 年 3 月，

图 17-2　上海联合毛纺织有限公司（浦东）

中国纺织工业发展历程研究（1880～2016）

国务院公布了《关于当前产业政策要点的决定》。这个决定对引导外国资金的投向具有重要意义。接着，纺织工业部又发布了《中国纺织工业鼓励利用外资的项目》和《中国纺织工业利用外资和引进技术方面的重点方向》，引导鼓励外资向大中型项目和高新技术方向发展，先后有上海联吉合纤公司、广州亚美聚酯公司、济南锦纶工程、吉林腈纶工程、珠海 P.T.A 工程等建成投产。这些都是具有世界先进技术水平的大中型石油化纤项目。这些项目不仅引用了国外资金，还引进了先进的技术和管理经验，促进了纺织工业结构改革和机制转换。外商独资企业也有了很大的增加，如厦门翔鹭聚酯企业。截至 1995 年，纺织工业系统已利用外资 80 亿美元，"三资企业"达 10690 家，累计出口创汇 250 亿美元，成为纺织工业的一支重要力量。

据国家统计局提供的资料，到 2000 年全国规模以上纺织企业中，共有外资和港澳台商投资的企业 5402 家，占全国纺织企业的 28%。其中，纺织业 2063 家（实收资本 308 亿元），服装制造业 2676 家（实收资本 449 亿元），化纤制造业 212 家，纺织化纤专用设备制造业 66 家。"三资企业"的兴起，还拓宽了外贸的销售渠道，提升了产品的国际竞争力。2000 年，全国规模以上纺织三资企业出口交货值达到 1384 亿元，占全国纺织企业出口交货值的 48%，成为纺织品服装出口的一支重要力量。

二、引进国际先进设备技术并学而有创，促进纺织工业现代化

改革开放前，棉、毛、麻、丝纺织业的发展主要靠自力更生、自主制造成套设备。随着世界科技的发展，纺织业的设备、技术已经不能适应经济发展的需要。以棉纺织工业为例说明。

20 世纪 90 年代中期，在全国 4000 多万锭棉纺织设备中，属于 20 世纪 70 年代末水平的仅 10%，落后设备却占 25% 左右。其中，尚有解放前遗留下来的 200 万锭。90 万台织机中，无梭织机仅占 2.8%，远低于国际上无梭织机占织机总数 21.7% 的比重。印染后整理行业 2000 多条生产线中，超期服役的占 60%，具有 20 世纪 80 年代初期水平的只占 6%。如此大量的陈旧设备，难以适应小批量、多品种、高质量、快速反应的现代化竞争需要，大大影响了我国纺织工业在国际上的竞争能力。

改革开放打开了国门，地方政府、企业都可以根据自己的需要，和国外厂商直接谈判、引进设备，甚至可以到国外融资建厂。

1981 年，广东新会县政府组织人员到国外进行涤纶项目考察，并在 1983 年全套引进全国第一条万吨涤纶高速纺生产线，快速建设，成功投产。他们解放思想、大胆突破计划的束缚，根据市场的需求，积极追逐国际最先进的生产技术，成套引进，规模化生产，为国内树立了典范。

国营西北第五棉纺厂大规模引进国际先进技术装备进行技术更新改造，成为一个工厂投资引进世界先进纺织设备改造老企业的第一家。1987 年，他们针对国内外纺织品市场的发展趋势，围绕"替代进口、扩大出口，用新技术、新工艺、新设备改造传统产业，加大产品

第四篇

深化改革开放，实现纺织大国崛起

结构调整力度，建立国内第一条生产床上用面料生产线"的目标，实施了棉纺织重点技术引进改造项目。投资1亿多元，从日本、比利时引进227台2.8米及3.6米宽幅喷气织机；同时从德国及瑞士引进织前工序的关键设备——祖克浆纱机和贝宁格大卷装整经机，一举形成了国内最大规模的宽幅织物生产线。

西北五棉此举，开创了国内纺织行业大规模引进具有世界先进水平织造装备进行技术更新的先河，不仅使该厂产品结构实现了重大调整，为增加经济效益奠定了基础；也为后来全国各地纺织企业技术装备的引进树立了典范，加快了用先进技术改造传统产业的步伐，加速了企业产品结构的调整和升级。同时，还对国内应用研究喷气织机相关技术，促进消化吸收和装备国产化起到了积极的推动作用。

纺织工业部决定把技术创新和技术引进作为提高纺织工业科技水平的长期战略方针。认真分析研究20世纪80～90年代世界纺织新技术，采取积极引进、为我所用、消化吸收、迎头赶上的策略，努力把国外新技术和国内的创造发明结合起来，赶超世界先进技术水平。对于技术引进，可采取引进关键技术或成套设备，也可以购买专利、合作生产、技贸结合、合资经营、聘请专家等办法。要求各级纺织工业局和企业进一步放开手脚。对于4个特区和14个开放城市及海南岛，采取特殊政策，迅速突破一批纺织工业的重大科研攻关项目，主要包括纺织原料的开发使用、新型化纤品种规格、印染后整理工艺技术的改造、新型的纺织工艺流程和技术装备等。

1984年纺织工业部又提出，要设计和生产新型的、具有高性能的纺织机械和纺织器材。在两年内抓好年产1.5万吨涤纶短纤维设备、涤纶长丝高速纺设备、气流纺设备、细纱机摇架、圆网印花机、平网印花机、剑杆织机、GA615有梭织机等纺织工业开创新局面的八大重中之重关键设备。1991年11月1日，朱镕基在听取纺织工业部技术进步工作汇报时说："现在的纺织设备不行，我再次讲，纺织工业部要把纺织机械制造工业摆在突出的地位来抓。要成立一个联合机构搞这项工作。把有关工厂、部门、科研系统都吸收在一起。请经贸部、机电部、航空航天部、科委、中国银行等参加。"

12月21日，国务院纺织机械引进和国产化领导小组成立，并召开了第一次会议。在领导小组领导下，以自动络筒机、无梭织机为重点，开展技术引进国产化、技贸结合工作。经过一段时间的努力，1992年先后有德国赐来福公司，日本津田驹公司、丰田公司，瑞士苏尔寿公司，意大利萨维奥公司等，与中方企业签订了转让设计制造技术合同。

自动络筒、无梭织机两项目实施技贸结合、技术引进国产化，为纺织工业加快提高纺织机械设计制造水平打开了一条新路。

三、"请进来""走出去"，打开国门参与经济全球化

中国是一个人口大国，纺织品消费量巨大，有着庞大的内销市场；中国又是世界纺织品生产大国，需要大步地迈进国际市场。而国内外市场对纺织品高质量、多品种、更廉价的要

求在不断提高。举办和参与各种展销会、博览会，组织和参加国内外的各种研讨会、交流会，就成为纺织企业不断了解国内外市场的一条重要途径。改革开放方针政策的实施，为纺织企业实现这一目标创造了极为重要的条件。

1983年6月15日，全国纺织新产品展销会在北京举行。在1万多件新产品中，提出4000余件，分为棉纺织、毛纺织、麻纺织、丝织、色织、针织、复制品、工农业生产用品、少数民族用品、装饰用品10大类进行展出。展销会开馆29天，前来参观的达40余万人次，全国人大、国务院等多位中央领导同志参观全国纺织新产品展销会。并作了许多重要指示。此次展销会开创了由工业部门组织生产企业直接进入市场的先河，是纺织企业从统购统销的生产计划型向开发新产品、开拓新市场的生产经营型转化的重要事件，在业内产生了重大影响，并促进了此后各类专业展会的举办，有力地推动了中国纺织品服装的内需消费和外贸出口。

由纺织工业部和中国国际贸易促进委员会共同举办的第一届中国国际纺机展览会，于1988年7月在北京举行。多位党和国家领导人参加了开幕式。来自世界20多个国家和地区的520多家厂商，带来了510多台先进的纺织机械和仪器参加展出。国内也有60多个纺机厂展出60多台设备，展览会在纺织行业引起了强烈反响。这是改革开放以后，纺织行业首次举行的大型国际展会，以后每两年举办一次，坚持至今，它不仅使国人近距离地看到了国际先进的纺织机械，体会到国产设备与国际纺织先进水平之间的距离，还可以更好地掌握信息，了解行业发展方向，充分进行国内外同行业之间的交流，开阔思路；还可结成贸易伙伴，开展贸易，不出国门就走向世界。

随后几年，纺织行业的各类大型国际展览会、博览会纷纷开始举办。而且都有不同的固定办会周期，越办越大，影响也越来越深，包括中国国际服装展、中国国际家用纺织品及面料展、浙江和江苏的国际服装节、新疆的欧亚丝绸之路服装节等（图17-3）。

1982年，纺织工业部和联合国工业与发展组织一起，组织召开了第一届国际化纤会议。参加会议的有各国化纤方面的专家、学者和企

图17-3 纺织服装专业展览会

业家，交流各国发展化纤的情况、成就和经验，增强了中外化纤业的相互了解、友谊，促进了中外技术经济的合作。1987年、1990年在北京分别召开了第二届、第三届北京化纤会议。以后每隔数年都在不同的地点召开此类会议，对促进中国化纤工业的健康发展发挥了重要作用。

随着改革开放的不断深入发展，中国的各种纺织展销会，逐步办到国外许多国家和地区。江苏波司登羽绒服公司还到美国、英国等发达国家开办专卖店，在重要的媒体开展广告宣传，使波司登的品牌影响力享誉海外。波司登股份公司荣获中国世界名牌产品、全国质量奖及第二届中国工业大奖。

四、请进名师、引进名牌，中国服装产业迅速与国际接轨

中国服装工业"请进来""走出去"的时间更早，范围更广，方式更多。早在1979年3月，皮尔·卡丹来到中国（图17-4）。他是第一位到中国的国际服装大师，这位兼具艺术家和商人双重气质的法国人，率领12个服装模特在北京民族文化宫举办了在中国的第一场服装表演会。当年的中国，涌动街头的还是一片"蓝色的海洋"。服装表演会的入场券被严格控制，只限于外贸界与服装界的官员和技术人员内部观摩。在北京民族文化宫临时搭起的一个T形台上，八名法国模特和四名日本模特在台上行走流畅自然。皮尔·卡丹这次来华，带来了"时装"和"品牌"的概念。大众穿衣开始讲究品牌。而皮尔·卡丹就是那个年代的世界名牌。在很长一段时间里，皮尔·卡丹成了中国消费者心目中知名度第一的外国服装品牌，还一度成为了高档服装和奢侈消费的代名词。先入为主的品牌效应在它身上得到了极致的体现。皮尔·卡丹也成了中国时尚的重新启蒙者，带来了一波又一波繁华的时装潮流，华丽的奢侈品也前赴后继地从国际流向中国。

1989年，中国首届最佳时装模特表演艺术大赛在广州花园酒店举行。叶继红夺冠，并

图17-4 皮尔·卡丹来到中国

评选出了十佳模特。这是国内第一次具有权威性的大规模时装表演比赛。中国纺织服装业逐步与世界接轨，正在奔向小康的中国社会已开始追求时尚流行。

1993年5月14日，第一届中国国际服装博览会（CHIC）由经贸部和纺织工业部批准在北京开幕。国家领导人在CHIC开幕的第二天，就在中南海接见世界著名服装大师瓦伦蒂诺、吉安弗兰科·费雷、皮尔·卡丹等，这是中华人民共和国成立以来中国最高领导人首次接见服装界人士，表明纺织服装在世界上的地位，设计在纺织服装业中的地位，得到了我国领导人的充分认可。在这届集国际交易模式、服饰文化模式、发布引导模式"三位一体"有中国特色的国际服装博览会上，三位世界大师共同亮相、倾倒观众。"世纪风"大型服装晚会第一次在已经有500年历史的天坛祈年殿隆重举行，东方与西方，历史与今天，时空跨度大，文化反差强，令中外观众震撼。

为了树立中国服装在国际上的新形象，跻身国际市场，这一时期中国服装工业总公司和中国丝绸工业总公司先后多次参加了国际时装界的一些大型活动，仅1987年就组织了三次较大规模的国外展出。参加了香港国际成衣展览会，在巴黎参与了第二届国际服装节、第54届国际女装博览会和布加勒斯特经济成就展览会。其后又在巴黎举办了纺织品服装贸易展暨巴黎国际服装服饰采购展，以后每年定期举办。这些都为了解世界服装界的发展动态，又为中国服装打入国际市场创造了条件。服装工业是当今世界上竞争激烈的行业，中国服装工业在1986年归口纺织工业部管理后，形成以服装为龙头，从纺织到服装生产一条龙的大纺织格局，探索了理顺衣料生产和服装加工紧密配合的路子，为发挥纺织服装的综合优势、促进品种花色的开发、加快深加工步伐创造了条件。仅在十几年间，我国服装工业大踏步走向世界，受到世界工业界的广泛而高度的瞩目。

随着服装行业的快速发展，人民群众服饰水平的提升，出口的不断扩大，使得服装人才、特别是高级人才需求越来越迫切。为适应服装工业蓬勃发展局面，经国家教委同意，1987年10月纺织工业部将已有20多年历史的北京化纤工学院扩建并更改校名，建成我国第一所全国性的以服装科学、工程、艺术为主体的服装教育高等学府北京服装学院。1988年5月10日举行命名典礼大会，多位国家领导人出席。

北京服装学院的建立，是纺织系统落实科教兴国国策的具体部署。其后20多年间，北京服装学院培养出大批从事服装科学、工程、艺术事业的设计师、工程师、艺术家以及各种相关学科（纤维材料、纺织品加工、服装企业管理等）的专家、科学家、企业家，引发了全国各地众多高校相继创设服装学院、系、专业的热潮，很好地解决了服装工业人才的培养问题。现在全国已有上百个高等学院设立服装及其相关专业。

杉杉集团花百万高薪聘请设计师，成为我国服装行业尊重人才、重视服装设计工作的典范。20世纪90年代，随着我国服装工业快速发展，设计、时尚、品牌被越来越多的人们所接受。1996年4月，全国服装行业工作会议在沈阳召开，时任中国纺织总会副会长的杜钰洲在会上提出了名师工程，下半年，杉杉集团在全国一些报纸上以百万重金向全国招聘优秀的设计师，并成功地聘到了当时最高水平的设计师张肇达和王新元，全资设立北京杉杉法涵师时装有限公司。为两位设计师提供了 300 万元／（人·年）的设计经费，业内人士认为，杉杉为他们设立的设计总部，投入的设计资金堪与国际大企业媲美。

杉杉此举在产业界掀起波澜，一些企业纷纷响应。高薪聘请设计师，从另外一个角度促进了时尚设计氛围，推动了国内时装设计的价值、设计师价值的提升。

自 1986 年服装工业划归纺织工业部管理，经过"七五""八五"两个五年计划近 10 年的努力，中国服装工业取得了引人瞩目的成就。服装产量年平均增长 20% 以上。一批骨干服装生产企业的制作水平达到了世界先进水平。服装设计人员队伍迅速成长，设计水平不断提高。形成了一批国产名牌服装，扩大了中、高档产品国内市场占有率。服装工业已成为带动纺织产业发展的龙头行业。自 1993 年起，我国纺织品服装出口已经位于世界各国之首，近年出口额已占世界纺织品服装出口总额的三分之一左右：服装等最终成品的出口比重，已占到纺织纤维制品总出口额的三分之二左右。

第十八章　连续十几年超常发展后出现发展中的困难，通过战略大调整迅速重现生机（1998~2000年）

1978年，党的十一届三中全会确定以经济建设为中心、实行改革开放方针后的十几年间，我国纺织工业获得了快速的发展。纺织工业生产能力大增，棉纺由1978年的1562万锭发展到1997年的4245万锭，同期毛纺由48万锭发展到387万锭，缫丝机由72万绪发展到324万绪，麻纺由14.6万锭发展到84万锭，迅速发展为世界第一纺织大国。纺织工业的高速发展，不仅造成了城乡纺织品市场空前繁荣，解决了人民群众"衣被甚少"的问题，而且成为世界纺织品服装出口大国，成为与小康社会建设相适应的庞大纺织工业体系。

但是，连续十多年的超常发展，出现了中国产业部门以往很少有的总体生产过剩、设备过剩问题，造成市场过度竞争、产品滞销、企业亏损、开工不足、人员过剩等一系列新问题。与此同时，这个庞大的传统产业部门，经过长期的外延型发展之后，还逐步形成了一些结构性矛盾。主要表现为总体技术水平较低，总体装备水平开始落后；行业结构已不适应国内外两个市场的新形势，初加工多，深加工少；国有企业用人多，负担重，机制落后，管理体制过于集中等因素造成的亏损越演越烈。

一、国家将纺织行业作为国有企业改革脱困突破口

1996年发展到相当困难的境地，国有纺织企业亏损额达106亿元。就在同一时期，全国国有工业企业也处于极为困难的时期。据统计，1996年，全国国有大中型企业中亏损企业近1000户，占总数的37%；亏损达555亿元，占总亏损额的7%。国有企业要尽快从困境中摆脱出来，企业改革已经进入攻坚阶段。中央整体考虑国有企业解困问题后，发现解决纺织系统国有企业大面积亏损以至全行业亏损问题，更具有紧迫性，并在各产业部门中具有普遍意义。

1997年10月下旬，国家领导人专门到上海对纺织行业压缩生产能力、解决行业困难问

题进行了调查研究；并根据全国国有企业改革的进展情况，明确提出了要把纺织工业作为国有企业改革与解困的突破口的决策。并在以后召开的一部分省市和国务院各部门负责同志的座谈会上指出，当前，我们国家最重要的任务是国有企业的改革，国有企业再不改革后果非常严重。国有企业改革必须找一个突破口，这就是纺织行业。因为国有企业中最困难的是纺织行业。如果能把纺织工业的改革和脱困解决好的话，中国国有企业的问题也就解决了。

二、果断淘汰过剩、落后产能

1997 年 12 月 29 日，党中央、国务院在北京召开中央经济工作会议。会议决定，明年要以纺织行业为突破口，推进国有企业改革。1998 年 2 月 27 日，国务院发出《关于纺织工业深化改革调整结构解困扭亏工作有关问题的通知》（国发〔1998〕2 号），明确提出了纺织工业战略调整的目标、任务和政策措施。

任务目标包括两个方面：一方面是把纺织工业作为实现"用 3 年左右时间，通过改革、改组、改造和加强管理，使大多数国有大中型亏损企业摆脱困境，力争到 20 世纪末使大多数国有企业初步建立起现代企业制度"总体目标的突破口，为其他特困行业摆脱困境积累经验，对国有企业改革起带头和示范作用；另一方面是自 1998 年起，用三年左右时间压缩淘汰落后棉纺锭 1000 万锭，分流安置下岗职工 120 万人，到 2000 年实现全行业扭亏为盈，为实现纺织工业的产业升级和振兴奠定基础。

党中央高度重视，有关省市令行禁止，政策措施有力，加以国有纺织企业广大职工政治觉悟高，全局观念强，使这场难度很大的产业结构大调整，提前一年完成目标。1998～1999 年年末，两年共压缩淘汰落后棉纺锭 906 万锭；2000 年又压缩生产能力 30 多万锭，基本完成了压缩 1000 万锭的计划。同期还完成了压缩淘汰丝绸落后设备 100 万绪的计划。毛纺业也淘汰了 28 万锭落后生产能力。在大量淘汰落后过剩生产设备的情况下，纺织工业在 1998 年、1999 年两年间就分流安置下岗职工 116 万人；到 2000 年 4 月底，提前 8 个月完成了国务院下达的三年分流安置 120 万人的任务。系统内国有纺织企业在 1999 年实现"扭亏为盈""摆脱困境"，提前一年基本完成党中央交给的"国有企业改革与解困突破口"任务。2000 年，更是总体效益水平大幅度提高：纺织全行业实现利润 290 亿元，创造历史的新高。曾经是最困难的行业的棉纺业，2000 年实现利润 79 亿元，为国企改革和纺织系统整体脱困做出了贡献（图 18-1、图 18-2）。

纺织工业作为国有企业改革脱困的突破口，自始至终得到了中央的重视。

图 18-1　上海纺织工业敲响了全国压锭第一锤

在有关重要会议上，中央领导反复强调纺织突破口工作的重要性。在党的十五届一中全会上的讲话，提出要用三年左右的时间，使大部分国有亏损企业摆脱困境，进一步建设现代企业制度。国务院对打好突破口战役做了明确的分工，由国家经贸委牵头负责，会同有关部门综合协调，国家纺织工业局负责监督实施，地方人民政府负责具体实施和落实。

图18-2　青岛纺织业忍痛压锭

国家经贸委积极发挥牵头作用，针对突出问题及时研究、协调，保证突破口工作顺利进行。纺织行业主管部门、各级地方政府对纺织突破口工作高度重视，落实行政首长负责制。许多省市委书记、省市长亲自过问，各省市主管省长、市长亲临一线指挥，担任纺织压锭工作领导小组组长，研究协调解决纺织突破口工作中出现的各种问题，推动工作的顺利进行。

三、八项重大政策的全面落实

政策措施包括压锭补贴、贴息贷款等八个方面。

（1）压锭财政补贴和贴息贷款政策。

（2）兼并破产政策重点是向纺织行业倾斜。

（3）分流安置下岗政策。

（4）土地支持政策。

（5）出口配额分配向纺织自营出口生产企业倾斜。

（6）提高出口退税率。

（7）棉花流通体制改革。

（8）坚决控制新增棉纺能力。

对一个行业采取如此集中的政策支持是前所未有的。这些政策的完全到位，为纺织行业最终完成突破口任务发挥了重要的作用。

四、下岗职工的妥善安置

下岗职工分流安置是纺织突破口工作的最大难点，也是重中之重。国家领导人指出，纺织工业作为国有企业解困的突破口成功与否，关键在于下岗分流人员能否得到妥善安置，这是工作的重点和难点。1997年年末，国有纺织企业下岗职工共74万人；1998年，因压锭和

223

精简富余人员等又新增大批下岗职工，分流安置的压力非常大。

从党中央、国务院到劳动和社会保障部、国家经济贸易委员会、中国纺织总会，为此颁发了有关"压锭减员与分流安置工作"的一系列文件和政策。

中央10号文件指出：

党中央、国务院一直非常重视和关心下岗职工的生活和再就业问题，明确要求各级党委和政府采取积极措施，切实保障下岗职工的基本生活，大力实施再就业工程。

企业要充分考虑国家利益和社会责任，对本企业职工负责到底。

为保障职工家庭的基本生活，夫妻同在一个企业的，不要安排双方同时下岗；不在同一企业的，如一方已经下岗，另一方所在企业不要安排其下岗。要尽量避免全国及省（部）级劳模、军烈属、残疾人下岗。

各地要自上而下建立再就业服务中心体系。凡是有下岗职工的企业，都要建立再就业服务中心或类似机构。

要使社会保障制度、下岗职工基本生活保障制度和城市居民最低生活保障制度相互衔接、相互补充，不断完善社会保障体系。

要深入企业、深入下岗职工家庭，及时了解和掌握下岗职工生活状况，体察他们的疾苦，听取他们的呼声，主要为他们排忧解难，绝不允许采取不闻不问、麻木不仁的态度。

各省市、各企业认真贯彻中央精神。到1999年，两年累计分流安置下岗职工116万人，到2000年4月底分流安置121万人。提前8个月超额完成了国务院下达的"3年分流安置120万人"的任务。分流安置下岗职工的工作，不仅使许多下岗职工重新就业，稳定了社会，而且对企业提高劳动生产率、增加经济效益，创造了良好的条件。

在突破口工作中，做出最大牺牲和贡献的，是广大的国有纺织企业职工。1998年1月23日，上海纺织工业敲响了全国压锭第一锤。上海国棉九厂12万落后纱锭统统被砸毁，运送到钢厂。随后，全国各地令行禁止，迅速掀起敲锭热潮。压锭企业的广大职工服从大局，许多老职工是含着眼泪把设备砸毁的。为了全国纺织工业解困扭亏、调整步伐，他们坚决遵从国家的政策，服从大局，把操作了几十年、有深厚感情的设备砸毁，放弃原有技艺去学习新的谋生本领，保证压锭工作的顺利进行。

在战略大调整中，上海纺织工业局以壮士断腕的精神，果断出手：压锭、销号、减人，实施解困、突围，同时强调无情调整，有情操作，认真、妥善做好下岗职工的安置工作。建立再就业中心，千方百计开拓再就业门路。当获悉上海航空公司要招收一批女性空中服务员（空姐），立马派出专人前去联系。经过一番陈述，反复争取，上航终于同意全部在纺织职工中招聘。经过严格考试，在全部报名应考的1200多名职工中，录取了25名。再经过一段时间培训，都顺利地上了岗，成了"空嫂"。她们在学习和工作中勤勤恳恳，恪尽职守，都能出色地完成任务，得到一致好评，有的还被评上市级先进。上航在纺织职工中招聘"空嫂"且都胜任工作的新闻，在社会上引起极大的轰动。许多需要招聘职工的行业、部门，都表示了对纺织工业的理解、同情和支持，也改变了一些人认为纺织工人年龄偏大、文化偏低、难以安置的偏见。更为重要的是，使广大纺织职工大大增强了重新学习新的技能，勇敢地走上再就业之路的勇气和信心。

于是，许多行业部门和单位，纷纷伸出援手，到纺织职工中招聘所需职员。绝大部分应聘走上新岗位的纺织工人都能传承和发扬吃苦耐劳、认真负责、热情直爽的优良传统，忠于职守，努力工作，赢得各方面的尊重和好评。

五、产业升级，纺织工业重现勃勃生机

1. 做好企业兼并破产和资产重组

国有纺织企业改革与解困的突破口工作，不仅是为了"砸锭"，同时还通过做好企业兼并破产和资产重组，实现产业升级、科技兴纺、重现生机。

第一种形式——原来的省市纺织工业局、公司，对所属企业实行兼并破产、资产重组、淘汰劣质资产、保留优质资产，并对保留的优质资产进行各项改革，建立现代企业制度。

例如，宁波维科集团股份有限公司（图18-3），是由原宁波纺织局早先改组的宁波纺织（控股）集团公司下属的优质资产组成的。1998年年初，宁波纺织控股公司对所属企业实施大规模的资产重组和战略性结构调整，盘活不良资产，淘汰3万落后棉纺锭，全面系统地进行产权制度改革，改组为产权多元化、资本证券化、经营国际化的跨国企业。新公司成立于1998年6月，当年就实现销售收入24亿元，利润7667万元。1998～2000年的三年间，生产和销售平均每年以10%以上的速度快速增长。

又如，石家庄常山纺织集团有限责任公司（图18-4），是由原石家庄纺织工业局，1996年在原纺织工业局所属国有企业联合组建起来的常山纺织集团基础上改制组建的，是以纺织、印染为主，兼有化工、化纤、针织、服装、纺织机械器材和科研、技校及国内外贸易等综合性的大型企业集团。集团公司成立后，经过建立和完善现代企业制度；兼并破产，优化资产结构配置；因企制宜，放开搞活亏损企业；集中优势资产，重组改制上市。压锭

图18-3　宁波维科集团股份有限公司

图 18-4 石家庄常山纺织集团有限责任公司

15.63 万枚，减员 1.71 万人。2001 年实现销售收入 27.7 亿元，实现利润 2.63 亿元。销售网络覆盖全国，产品远销世界 60 多个国家和地区。

再如，上海纺织控股（集团）公司，是由原上海市纺织工业局于 1995 年改制组建而成的。上海是中国历史上最早、最大的纺织生产基地，是中国纺织工业发展的摇篮，是中国第一家机器纺纱厂的诞生地，是中华人民共和国成立后在内地建立纺织新基地时输送企业、人才的大本营。长期以来，上海纺织工业局所属企业生产的纺织品和创造的财富为全国纺织工业之首，对解决全国人民穿衣和为国家积累资金、支援国家经济建设做出了突出的贡献。

但是，这样一个百年纺织老基地，却在引领、支援全国各地纺织业中拖累了自己的发展。在支援全国纺织工业大建设中，由于计划经济的各种限制政策，失去了自我积累、自我改造、自我发展的良机，成为生产规模最大、老旧棉纺锭最多的地区。在三年压锭 1000 万，安置下岗职工 120 万人的"突破口"任务中，担负的压锭减员任务也很突出。1998 年 1 月 23 日，全国纺织业淘汰落后棉纺锭 1000 万的第一锤在上海敲响。首批国棉九厂的 12 万"祖父辈"纺锭被砸成碎块，投入钢厂的熔炉。从这悲壮的一锤开始，两年中上海纺织控股（集团）公司共报废落后棉纺锭 86.29 万锭，到 2000 年年末，仅保留 79 万锭。伴随着生产规模的削减，有近 37 万名职工下岗分流，走上新的工作岗位。

上海纺织在实行改革开放、压锭、减员、增效中，实施了产业结构、经营结构、产品结构、资产结构、人员结构的大调整。为了更好地安置下岗职工，在全国第一家建立了再就业服务中心。认真贯彻党中央关于安置下岗职工的 10 号文件精神，一些有条件的女工走上了"空嫂""警嫂"等岗位，在全国引起了轰动效应。各行各业纷纷伸出援手，帮助纺织下岗职工再就业。

上海纺织控股（集团）公司在改革开放调整中，压缩落后生产能力的同时，在公司内部按现代企业制度的要求，建立健全法人治理结构，形成新的管理格局和运作方式，逐步建立起一整套规范的运行制度。逐渐成为一家以科技为主导，以品牌营销和进出口贸易为支撑，以现代纺织制造和服务为基础的大型企业集团。从传统纺织脱胎成"都市纺织""现代纺织"，重新构筑了产业发展新平台，向纺织上游产业和海外纺织产业市场延伸，向高科技产业领域进军，千方百计使（集团）公司经营业绩并没有因为压锭、减员而降低。到 2000 年，公司的销售收入、出口创汇、产值、利润、人均国民生产总值和劳动生产率，均实现"六大增长"。主营业务利润超过 2.5 亿元，结束了长年亏损的局面。

第二种形式——原来水平较高、效益较好的老纺织企业实行内部改革，兼并同类型将要破产的企业，实现兼并重组，改组改造，成为新的企业或公司，使一些百年老厂焕发了青春。

例如，无锡市第一棉纺织厂（简称无锡国棉一厂），原名"申新第三纺织厂"，是我国已故著名民族工业家荣宗敬、荣德生先生于 1919 年创办。工厂现有职工 3700 人，退休职工 4400 人。自有纱锭 10 万枚、布机 1300 台、气流纺 7500 头，还管理着国内外 5 家纺织厂。年产棉纱 2.5 万吨、棉布 7000 万米，仍是全国棉纺织业的大型骨干企业。

纺织行业在 1996 年跌入历史最低点时，无锡一棉也出现了亏损，1996 年上半年 4 个月连续亏损 2000 多万元，主要是人多效率低、竞争力不足。为此，他们先后邀请多名国外纺织专家来厂会诊咨询，聘请"洋教练"改造传统管理，使管理思路同国际接轨。同时，大力培养人才，举办各种培训班，振奋员工精神，提高技术操作水平，争先创优。通过老厂改造，技术进步，提高效率，"减肥瘦身"，职工人数从 1994 年年末的 6451 人减少到 3700 人，万锭用工由过去的 300 多人减少到 130 人左右，其中有一个车间达到了万锭 20 ~ 30 人，是国内棉纺用工的最好水平，劳动生产率为全行业平均劳动生产率的 4 倍。

在国内市场饱和的情况下，无锡一棉把产品销售转向国际市场。1997 ~ 1998 年，每年自营出口创汇 2500 万美元，居全国纺织企业出口创汇第二位。出口产品占总产量的 90%，相当于为企业提供了 3000 余个就业岗位。凭借管理优势，实行低成本扩张。1998 年，租赁了濒临倒闭的苏北兴发纺织公司，把这家有 3400 名职工的困难企业，通过全面整顿、人员招聘、管理改进，两个月就全面恢复生产，后来兴发纺织公司的年销售量超过亿元，成为苏北地区的一个样板工厂。1999 年，又联合无锡维新漂染公司跨出国门，漂洋过海来到正处于战争状态的埃塞俄比亚，承包了该国一个纺织印染厂，仅一年多时间，就扭转了该厂投产 9 年连续亏损的局面。至此，无锡一棉的规模由 10 万锭发展到 17 万锭。其后，该厂的技术、管理人员还应邀到苏丹、尼日利亚、越南、泰国、巴基斯坦、孟加拉、印度尼西亚等纺织企业进行了技术输出。由于外贸订单大量增加，在本企业无法满足的情况下，选择山东、苏北、西北、浙江等地 20 余家纺织厂，采用"定台达标包销"的方式，开展协作贸易。通过管理输出，规模扩张，异地和跨国经营，培养了一支境外管理队伍，拓展了产品销路。2000 年全厂销售收入突破了 10 亿元大关，利润达到 7135 万元，自营出口达 3794 万美元，创利创汇居全国棉纺织企业前列。企业全员劳动生产率达 11 万元，劳动效率在同行中遥遥领先。

第三种形式——原来的一个国营企业经过改革、改造，实行现代企业制度走上现代企业正轨后，又划进了一批同类型的困难国企，由一个优秀企业带动一批困难企业共同发展，取得了显著的成功。

例如，浙江富润控股集团的主要依托，就是原来的国营诸暨针织厂。这个建于 20 世纪 80 年代初期的弄堂小厂，原来只有几台台胞捐赠的二手针织大圆机和县工业局拨给的 10 万元，设备陈旧，产品落后，困难重重。县里派赵林中当厂长，他首先是抓思想的解放，从调动职工群众积极性开始，改革分配制度，使群众得到实实在在的利益。在企业和车间创造性地实行股份制改造，止住了亏损。有了利润，企业发展了，国有资产增值了。从 1992 年开始，在政府统一安排下，承接合并了 21 家国有企业和一家二轻大集体企业，承接债务 9.2 亿元，职工 9450 人。这些企业基本上是劳动密集型企业，职工多，历史负担重，都存在这样那样的困难。承接后，情况有了一些改观，平衡过渡，后来又成立了股份公司。经过三年运行，1997 年 6 月成为诸暨市第一家上市公司，将募集到的资金购买新设备，搞技术改造。同时，放手建立激励约束机制，持续激发企业自主创新能力和产品可开发能力，企业终于得到了不断的发展。

2. 三年战略大调整，果断结束了全行业严重亏损的局面

（1）大幅度压缩了棉纺织业，敲掉了近千万的纺锭，分流安置了 100 多万职工。数以百计的国有纺织企业在改革、改组、兼并破产中被"销号"。人们从现实中认识到离开市场需求盲目追求产值产量，热衷于上项目、铺摊子，造成"生产过剩"的危害。

（2）纺织工业的产、供、销出现了相对平衡。2000 年，纺织全行业销售形势呈现出健康势头，产销率达 97.8%，开始恢复到"产销两旺"的局面。特别是棉纺行业，在适当压缩设备规模，纱、布产销关系和棉花供求关系逐步趋向于平稳的情况下，纱、布内销出厂价回升，棉花价格回落，设备利用率也明显提高。2000 年棉纺主要设备利用率达到 98.5%，创20 年来最好水平，全行业扭亏为盈。

（3）在战略调整和"三改（改革、改组、改造）""一加强（加强企业管理）"的双重作用下，纺织工业特别是国有企业经济运行质量上升。1999 年，纺织全行业（全部国有及国有控股企业和年销售收入 500 万元以上的非国有企业）实现利润 136 亿元。2000 年又倍增为 295 亿元，创历史最好成绩；各行业无亏损，全线飘红。最困难的棉纺织行业，2000 年实现利润 79 亿元，占纺织全行业总利润的 27%，恢复到纺织系统主要创利行业的历史地位。国有纺织企业扭亏解困成效更为显著，2000 年利润总额达 69 亿元，亏损面缩小到 30%。

（4）中国纺织品、服装出口国际贸易综合竞争力迅速增强。20 世纪 80 ~ 90 年代，在改革开放大环境中本已节节上升，由 1980 年的 44 亿美元上升到 1997 年的 455.8 亿美元。经过三年战略调整时期大面积的"改革、改组、改造"，一些外向型的纺织、服装企业普遍增强经济实力，添置了现代化的机器设备，强化了规模经营，优化了产品结构，从而迅速增强了发展国际贸易所必需的综合竞争力。中国纺织品、服装出口，先是受到东南亚金融危机的严重影响，继而又受到美国、日本、欧盟等主要贸易伙伴经济发展停滞的严重影响，在这样的情况下，在 1998 年、1999 年仍保持 428.9 亿美元和 430.6 亿美元的高位水平，在 2000年猛增到 530.4 亿美元，创历史新高。从而，形成了更加稳固的世界第一纺织品、服装出口国的实力地位。

这一时期，中国纺织工业在国际贸易中综合竞争力的提升，还反映在中国纺织品、服装出口在世界贸易额中的比重，1998 年时为 12.8%，1999 年时为 12.9%，2000 年又有所上升，达到 14.6%；纺织品、服装出口贸易顺差，从 1998 年的 307.8 亿美元，1999 年的 309.7 亿美元，上升为 2000 年的 381.9 亿美元，分别占全国商品出口贸易额顺差的 70%、106%、158%。一般贸易出口从 1998 年的 217.84 亿美元，上升为 2000 年的 289.3 亿美元。一般贸易在出口总额中所占比重，由 1998 年的 50.8% 上升为 2000 年的 55.5%。

（5）各行各业有进有退，化纤、服装等行业得到更快发展。纺织工业战略大调整，在棉纺、毛纺、丝绸等行业实现了合理的"退"；化纤、服装、纺机、家用纺织品、产业用纺织品等行业，则是在宏观调控与市场经济的双重作用下取得了新发展。

①化纤行业。化纤行业在"九五"时期整个纺织工业战略调整的情况下，抓住纺织品市场渐趋产销两旺的机遇，获得了突飞猛进的发展。1996 年中国化纤产量为 375.8 万吨，与美国 460 万吨相比还有相当差距。1997 年中国化纤产量为 460.9 万吨，已有追赶美国化纤业的势头（同年美国化纤生产 480 万吨）。与纺织工业战略调整相对应，仅隔一年，中国化纤产量就在 1998 年以 510 万吨开始超过美国（470 万吨）而居世界首位。1990 年达到 602 万吨，2000 年达到 699 万吨，超过美国、日本产量的总和（613 万吨）。同年，化纤在中国纺织业原料结构中的比例为 52%，成为中国纺织工业最重要的纺织纤维原料。这一时期中国化纤工业发展之快，在世界工业发展史上是很少见的。

②服装产业。这个时期加快结构调整步伐，着力从服装生产大国向服装生产强国转变。2000 年服装产量达到 209 亿件。同年服装及衣着附件出口总金额为 360 亿美元，占纺织业出口总值的 69%，占全国出口贸易总额的 14.3%，占全球服装出口贸易总额的 18%。一批知名服装企业以品牌为核心，以技术和管理为手段，以资产为纽带，组成适应市场经济规律的大型企业集团，极大地增加了企业的竞争力。这些企业生产发展速度和经济效益，远远高于国内服装企业的平均水平，集团化规模经济发展优势十分明显。

20 世纪末，纺织工业的战略大调整，调出了国有纺织企业的运营水平，是中国纺织工业发展史上的一个重要里程碑。

第十九章　社会主义市场经济给纺织工业带来更大的
发展局面（2001~2016 年）

1998 年，国务院决定把几个专业经济管理部门改为国家局，实行三年过渡。与此同时，任命原纺织工业部副部长、中共党组成员杜钰洲为国家纺织工业局局长、中共党组书记。2001 年 2 月 19 日，国家经贸委召开新闻发布会，宣布国家经贸委及委管国家局机构再次进行重大改革和调整，这次改革撤销了国家经贸委管理的九个国家局。由 29 名理事组成的中国纺织工业协会理事会成立，杜钰洲当选为协会会长，并正式开始运转。其后，中国纺织工业协会在社会主义市场经济条件下，创造性地推动了纺织工业的新发展。

2011 年 11 月，中国纺织工业协会换届。经国家民政部批准，中国纺织工业协会更名为中国纺织工业联合会（简称中纺联），王天凯当选为中纺联会长。

从中央人民政府纺织工业部→轻工业部→纺织工业部→中国纺织总会→国家纺织工业局→中国纺织工业协会→中国纺织工业联合会，纺织工业的宏观管理体制经历了许多变化。这些变化，反映了中华人民共和国成立后 60 多年间由计划经济到社会主义市场经济的发展轨迹。1993 年，纺织工业部撤部建会时机关人员的合影如图 19-1 所示。

图 19-1　纺织工业部撤部建会机关人员合影（徐国营　摄）

杜钰洲任国家纺织工业局局长期间，中国纺织工业进行了重大结构调整，完成了两个根本性转变，在2000年创造了历史上最好的成绩。全行业出口创汇达到530亿美元，比上年增长20%。规模以上的非国有企业和全部国有企业共实现利润290亿元，比上年增长134%。工业增加值达到2678亿元，按可比价比上年增长22%。这些成就标志着中国纺织工业在世纪之交已转入新的发展阶段。

杜钰洲、王天凯从纺织工业领导机关的政府官员，转换为社团组织中国纺织工业协会、中国纺织工业联合会的会长，从纺织工业的管理者转换为纺织工业的服务者。这一机构改革，是中国工业化进程中最彻底、最深刻的一次经济管理体制变革，标志着政府直接管理工业、"国家计划"配置资源发展工业的时代宣告结束，是"市场"配置资源、振兴民族工业新时代的开始。中国纺织工业作为传统产业，要在新体制下更快地吸收新型科学技术和经营管理方式，促进产业升级，以更强的竞争力参与国际竞争。经济体制改革的深化，要求行业协会在新形势下找准自己的市场位置，履行和发挥好中介组织作用，承担起行业桥梁与纽带的重任，当好政府的助手。

其后10多年间，先后两任会长不遗余力地组织协会成员单位——纺织系统各类协会和公益性事业单位，发挥各自独立的或相互协作的服务功能，带领全行业以更加开放的姿态和更大的改革步伐，推进纺织工业高科技化和参与经济全球化，积极应对中国加入WTO后面临的新的挑战和机遇，加快中国纺织产业升级和发展步伐。积极推进纺织产业集群健康有序发展，继续加强职工思想政治工作和企业文化建设。随着时间的前行，协会的服务功能与时俱进，越做越丰富。

一、从"领导与管理"转变为"指导和服务"，按年出版《中国纺织工业发展报告》，适时发布各个时期的纺织工业发展纲要

《中国纺织工业发展报告》（图19-2）于2001年4月起正式出版发行。这是中国纺织工业协会首次向国内外推出的年度发展与趋势报告。它从全球视野和全国宏观角度，及时、准确、清晰地记录中国纺织工业和化学纤维、棉纺织、毛纺织、麻纺织、丝绸、长丝织造、印染、针织、色织、服装、家用纺织品、产业用纺织品、纺织机械12个行业的发展轨迹，科学地预测行业发展趋势，发现并研究存在的问题。同时，还汇集了有关纺织工业的院士论坛、国际经济论

图19-2 《中国纺织工业发展报告》

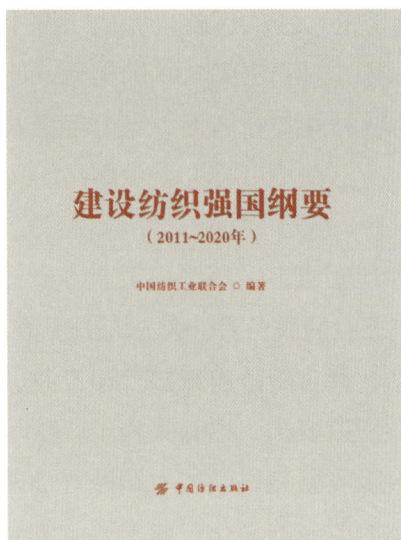

图 19-3　建设纺织强国纲要
（2011~2020 年）

图 19-4　中国纺织工业协会主办首届全国纺织科学技术大会

坛、课题报告、品牌文化、国内外纺织工业原料生产市场、进出口贸易等方面最新统计资料等。以此为国家的宏观经济管理服务，为企业经营决策服务，为中外金融、投资、内外贸易、原料资源供应、科研教育等单位参与中国纺织现代化建设服务。

中国纺织工业协会（现中国纺织工业联合会）成立后，还先后会同工业和信息化部发布了《纺织工业科技进步发展纲要》《纺织工业"十一五"发展纲要》《纺织工业"十二五"规划》《纺织工业"十二五"科技进步纲要》和《建设纺织强国纲要（2011~2020 年）》（图 19-3）等重要文件，对指导纺织工业健康发展起到了积极的作用。

中国纺织工业协会基于国内国际形势发展和行业自身产业提升的客观需要，2004 年 10 月在北京主办首届全国纺织科学技术大会（图 19-4）。会上发布了"十一五"纺织工业科技进步发展纲要，明确提出行业中亟需解决的"28 项关键技术和 10 项新型成套关键装备"（简称"28+10"），并于 2006 年、2008 年两次进行了细化和修订。行业围绕"发展纲要"确定的 28 项关键技术（高性能、功能性、差别化纤维材料技术，新型纺纱、织造与非织造技术；高新染整技术、产业用纺织品加工技术、节能环保技术、信息化技术等）和 10 项新型成套关键装备，开展了大量的科技攻关和产业化推广工作，取得重大进步。多项高新技术在纺织产业领域取得实质性突破。一批自主研发的科技成果和先进装备在行业中得到广泛应用。先进生产技术与时尚创意的结合，明显增强了纺织服装产品开发能力和品牌创建能力。

"十一五"期间，全行业有 22 项科技成果获得国家科学技术奖。其中"年产 45000 吨黏胶短纤维工程系统集成化研究""高效短流程嵌入式复合纺纱技术及其产业化"两项获国家科技进步一等奖。中国纺织工业协会通过"纺织之光科技教育基金"累计奖励 622 个项目；行业发明专利和实用新型专利数量每年增加 1000 余件。

"十一五"期间，全行业整体工艺技术和装备水平快速提升，先进技术装备投资不断增加。共引进国外先进装备近 200 亿美元，采用国产先进装备约 2800 亿元人民币。全行业三分之一左右的重点企业的技术装备，总体上达到国际先进水平。落后工艺、技术和装备在市场机制作用下，加速退出；化纤行业淘汰陈旧的小型聚酯装备约 300 万吨，淘汰落后抽丝能力约 150 万吨。印染行业 74 型染整设备基本淘汰。

为了在全行业科技创新领域树立一种积极向上的风气，中国纺织工业协会报经科学技术部国家科学技术奖励工作办公室批准，于 2004 年 5 月设立"中国纺织工业协会科学技术奖"。这是唯一的面向全国的纺织行业科学技术奖项。为了对这一科技奖项进行宏观管理和指导，同时成立中国纺织工业协会科学技术奖励委员会，杜钰洲当选为奖励委员会主任委员，并聘请 12 位中国工程院院士为科技顾问。中国纺织科技大会的召开，科技奖项的设立，标志着纺织工业发展的重点将要转移到狠抓科技进步上来，对纺织工业做大做强、从纺织大国到纺织强国的发展起了重要的促进作用。

2014 年 5 月，《建设纺织强国纲要（2011～2020 年）》经中国纺织工业联合会讨论通过，成为中国纺织工业领域发布的首个 10 年中长期发展规划纲要。

二、用信息化带动纺织行业高新技术化

党的十五大报告中提出：在完成工业化的过程中，注重运用信息技术提高工业化的水准，在推进信息化的过程中注重运用信息技术改造传统产业，以信息化带动工业化，发挥后发优势，努力实现技术的跨越式发展。国家信息产业部于 2000 年 9 月，把纺织行业定为全国企业信息化工作的试点行业，并给予大力支持。

中国纺织工业协会紧紧抓住这一难得的机遇，在 2000 年初全国纺织行业信息化工作会议之后，又于 2002 年 6 月召开全国纺织行业信息化工作座谈会，总结两年来纺织行业信息化工作情况和强化提高对行业信息化迫切性的认识。据对 1000 多家纺织企业信息技术应用状况调查，绝大多数企业根据自身的条件和需求，已在不同程度上开展了信息化建设，有的已具备相当规模，并取得了良好的管理和经济效益。在互联网上注册的纺织服装业综合信息网已有百来家，其中纺织经济信息网、浙江萧山化纤网等通过全面及时的供求信息服务，不仅树立了网站的良好声誉，而且获得了经济效益。这次座谈会上，中国纺织工业协会进一步明确了行业信息化基础建设、信息服务、电子商务和信息化人才培训等方面的目标和实施步骤。杜钰洲在总结发言中指出：这是纺织行业加入 WTO 后的又一次重要会议，核心问题是如何加快企业信息化建设，以推动行业整体竞争力的提高；信息化建设的前瞻意识，是纺织行业由大变强的重要因素；信息化是纺织行业的先进生产力，可加快工业化进程；信息化可以带动行业的高新技术化，从而改变产品结构和企业结构。从此时起，全国纺织行业信息化工作加快了步伐。

三、把促进"纺织产业集群"发展列为中国纺织工业协会（联合会）的重要工作

2002 年 12 月，由中国纺织工业协会主办的全国纺织基地市（县）特色城（镇）发展研讨会在京召开。会议对纺织行业蓬勃兴起的产业集群现象进行了分析和交流，对全国重点区域纺织产业集群持续快速发展所应注意的问题进行了深入研讨。首批选择了纺织产业集中度较高、规模效益比较明显、对纺织市场影响力较大、对产业发展和区域经济贡献较突出的 19 个市（县）、19 个镇作为全国纺织产业集群化发展的试点，开展重点跟踪调查和指导服务。同时分别授予中国纺织产业基地市（县）和特色城（镇）称号。

2003 年 9 月，全国纺织产业基地市（县）特色城镇研讨会在浙江海宁召开。中国纺织工业协会特别邀请在全国纺织产业集中度较高、特点突出、规模效益明显，对全国纺织行业及地方经济、社会发展有较大影响的 30 多个县区和特色城镇的领导，共同研讨促进产业集群健康发展的问题。

2004 年 1 月，全国纺织行业发展和改革工作会议暨纺织产业集群工作会在北京召开，探索新时期纺织工业如何落实"新型工业化"。会上又选择 30 个纺织产业集群作为第二批试点单位并为之授牌。

2004 年 5 月，中国纺织工业协会与广东省西樵镇政府联手打造的全国首个产业升级示范区项目在西樵镇启动，拉开了中国纺织工业协会与地方政府联手构筑产业升级公共服务体系的序幕。

2004 年 12 月，中国纺织工业协会在西樵召开全国纺织集群创新现场会，引导全国纺织产业集群的升级。全国 70 多个纺织集群试点地区政府领导、行业协会负责人和企业代表 1300 余人参会。会上又选择 21 个纺织产业集群作为第三批试点单位并为之授牌。

其后几年，纺织产业集群试点工作又有新的进展。到 2012 年 12 月全国纺织产业集群试点 10 周年之际，中国纺织工业协会已和全国 191 个纺织产业集群试点所在地区签署了产业集群试点共建协议，进一步加快产业的转型升级，建设新型产业集群。这批试点地区的纺织经济总量此时已占全国纺织经济总量的 40% 以上。

正如杜钰洲所说：中国纺织工业近年的发展结构呈现两大特色，一是以大中城市为中心，形成一批拥有市场开拓、科技创新、资本运营、跨地跨国产业链接综合实力的纺织大企业、大集团；二是以一些市（县）镇区域为依托，以中小民营企业为主体，具有结构特色、专业化突出、市场化活力很强的县、镇纺织产业集群。两者优势互补，同时面向国内外两个市场，应用国内外两种资源，促进市场细分、区域分工，共同促进纺织产业竞争力不断提升。纺织产业集群作为中国纺织工业布局变化而出现的硕果，他们有适应市场经济的灵活机制，有特色突出的产品，有与产业密切相关的专业市场，有正在形成的集群规模效应和产业链，有不断提升技术装备水平的内在动力，有成本较低、素质较高、形成市场的劳动力丰富资源，还有较佳的地方政府服务和日渐完善的第三产业。这些已经形成或正在形成的优势，显示出纺

中国纺织工业发展历程研究（1880~2016）

织产业集群的勃勃生机与活力。作为 21 世纪中国纺织工业发展极具潜力的地带，其发展过程已经充分证明，它不仅是中国经济持续高速增长的产物，同时也是中国坚持改革开放、融入全球化经济的必然结果；这里不仅释放着中国纺织服装业的后发优势，同时也展现出有利于各国同行和相关产业的更大商机。

四、为省市区域经济发展提供咨询服务

受浙江省政府委托，中国纺织工业协会从 2001 年底开始，就浙江省纺织工业提高竞争力问题进行半年之久的大型咨询活动。对省市纺织工业的新发展，立足于帮，立足于宏观指导和产业政策的支持，成为中国纺织工业协会工作的一大亮点。

这次大型咨询活动由杜钰洲会长亲自带队，担任领导小组组长。组织了包括 12 个产业性协会和 10 多个协会直属单位的负责人、专家、教授和管理人员共 50 余人，集中精力，集中时间，全力以赴投入咨询服务工作。他们分赴杭州、宁波、绍兴、嘉兴、湖州、温州六市，召开了有 200 多家企业参加的 30 多个专业座谈会，考察了部分专业市场和重点企业。各专业协会还结合自身特点到有关市、县、镇进行专项调研，获得了大量翔实可靠的数据及第一手资料。然后从国际产业结构调整的总趋势、传统产业发展的新特点，以及我国工业化进程的客观需要，来判断提高浙江纺织工业竞争力的历史条件和历史任务；从国内产业链到国际产业链新型关系中，分析浙江纺织工业的主导产品、各类企业、主要行业、产业集群和重点区域竞争力；从判断比较优势到提高综合竞争力，从剖析浙江纺织的"先发"优势到挖掘培养"后发"优势，提出有针对性、指导性和可操作性的对策建议。咨询报告长达 20 万字，受到浙江省委、省政府的高度评价；在《中国纺织报》报道之后，业内反映强烈。

2002 年 7 月，杜钰洲再次挂帅，赴河北石家庄，同国家发展计划委员会宏观研究院院长等 30 多位专家一起，对石家庄市纺织基地发展规划纲要进行论证。

2003 年 4 月，受广东省委、省政府的委托，中国纺织工业协会就广东省纺织工业提高竞争力问题进行咨询。在开展前期资料准备工作和理论培训工作之后，7 月上旬由协会领导亲自带队，由 50 多名行业专家、学者，包括广东省经贸委和纺织行业办、协会的同志，组成综合调研队伍。中央政治局委员、时任广东省委书记张德江做出批示：第一，把行业现状搞清楚；第二，对照国内外行业现状，把我省行业的地位、优势、劣势问题分析透彻；第三，提出有针对性和可操作性的对策建议；第四，以研究成果为依据，制定行业发展政策，提高全省产业的竞争力和发展后劲。调研组先与广东省有关省直属部门交换意见，然后分四路分赴广州、深圳、佛山、汕头、珠海、中山、东莞、开平等市县以及 29 个镇（区）150 多户企业、10 多个专业市场进行实地调查、座谈讨论、收集数据。在广泛掌握素材的基础上，同广东省内专家、学者、政府综合部门进行广泛交流。经过多角度论证，形成 20 万字的《广东省纺织工业竞争力研究报告》。不仅对广东省纺织工业发展过程中存在的问题进行了详尽的回答，而且对实现珠江三角洲纺织工业的整体提升、实现纺织工业的梯度转移，都有很强

的现实意义。

随后，又先后对福建省纺织工业竞争力问题、新疆纺织工业"十一五"发展战略等进行咨询论证。

通过这些咨询活动，既拓展了协会本身的中介服务领域，进一步体现了协会的服务意识，又是协会转变思想观念、改变工作作风、加强自身队伍建设的重要实践。其咨询成果不仅为服务对象提供了解决实际问题的思路和对策，又可作为其他地区的借鉴。

中国
纺织工业
发展历程研究
（1880～2016）

图 19-5　中国服装业实现产业转移

图 19-6　浙江纺织业投资新疆

图 19-7　广西桑蚕基地挑起重任

五、推动纺织服装产业向中西部地区转移

改革开放以来，我国东部沿海地区外向型经济的发展，很多是从纺织工业开始起步，然后逐步发展壮大。20 世纪 80～90 年代以来，随着东部地区经济发展环境的变化，原先的一些有利因素逐渐丧失，一些劳动密集型、技术含量低、产品附加值不高的纺织服装企业，已不再适合在东部地区发展。而生产力水平相对较低、劳动力资源和原料资源丰富的中西部地区，已成为东部纺织工业外移的主要承接地。为推动东部与中西部地区合作、实现优势互补，中国纺织工业协会不遗余力地与地方联手推动纺织服装产业的转移工作。2000 年 4 月，会同国家计划委员会开始对西部大开发中纺织工业的发展问题进行专题调研。从分析国际环境、国内环境和西部地区纺织工业的优势、劣势，提出西部纺织工业的发展战略和政策建议。之后，我国纺织服装产业从东部沿海向中西部地区转移工作逐步推进（图 19-5～图 19-7）。

2009 年 7 月，由中国服装协会主办，河南省服装协会、荥阳市政府承办的 2009 年中国服装产业转移工作会议在荥阳召开。同年 8 月，由工业和信息化部、中国纺织工业协会指导，工信部消费品工业司、中国企业家联合会、江西省工业和信息化委员会主办，江西省宜春市奉新县人民政府承办的全国纺织产业转移工作交流会在奉新县召开。同年 10 月，由中国服装协会、重庆市政府主办的中国服装产业转移工作研讨会在重庆召开。

2010 年 11 月，由中国纺织工业协会、河南省政府主办的全国纺织产业转移工作会议在郑州召开。主要为落实国务院关于产业转移的 4 项基本原则：坚持政府引导与市场运作相结合；坚持产业转移与产业升级相结合；坚持优势互补和互惠共赢相结合；坚持节能环保和可持续相结合。在同期举办的中国 2010 产业转移系列对接活动中，签约的 43 个纺织服装产业转移合作项目，投资总额达 107 亿元。

中西部的新疆等地区的纺织工业，由此出现了快速发展的局面。

六、推动纺织原料稳产增产，为纺织工业的新发展创造必要条件

进入 21 世纪以来，2000～2015 年，中国纺织工业新一轮的大发展，是与纺织原料资源（特别是化学纤维和棉花、羊毛）的大幅度增产并基本保持稳定互为条件的。

2000～2015 年，棉型纱年产量由 660 万吨发展到 3858 万吨，是在棉花年产量由 442 万吨发展到 600 万～700 万吨的基础上，加上庞大的棉型化纤（黏胶纤维、涤纶短纤维）生产规模，稳步地实现的。

2000～2015 年，呢绒年产量由 2.78 亿米发展到 6 亿米左右，绒线年产量稳定在 40 万吨左右，是在羊毛产量由 30 万吨左右发展到 40 万吨左右的基础上，加上庞大的毛型化纤（毛型涤纶、毛型黏胶纤维）生产规模，稳步地实现的。

这一时期，纺织原料资源特别是化学纤维原料的大幅度增长，明显地是在社会主义市场经济条件下，市场对资源配置起着基础性的作用。加以国家对化学纤维制造业的管理体制比较适宜（将化学纤维制造业列入纺织产业体系，成为大纺织产业链的重要组成部分），中国纺织工业协会／中国纺织工业联合会的引导得宜、支持有方。措施包括将发展化学纤维制造业列为协会工作的重中之重，在 20 世纪 80 年代成功研制"年产 1.5 万吨大型涤纶短纤维成套设备"的基础上，致力于大型合成纤维成套生产设备国产化和不断升级；将发展化纤制造业与发展产业用纺织品制造业、家用纺织品制造业紧密结合起来等。结果是在 2000～2015 年，将化学纤维年产量由 695 万吨发展到 4832 万吨，达到全球占比三分之二，创历史新高；从而，又为棉、毛、麻、丝纺织各行各业的新发展铺平了道路。

中国纺织工业协会／中国纺织工业联合会这一时期在发展棉花、羊毛、蚕丝原料资源方面，也做了一系列卓有成效的推动工作。

（1）巩固并完善植棉业重心西移。新疆的棉花产量近年已占到全国的 50% 以上。为全面掌握新疆棉花及棉纺织业经济运行情况，2012 年 8 月，王天凯会长率调研组赴新疆，以新疆为突破口，深入研究棉花生产、流通及棉纺织行业经济形势。为稳定新疆棉花、棉纺生产和推动棉花体制改革，向当地政府有关部门建言献策。

全国棉花总产量 2000 年为 442 万吨；接着在 2006～2015 年基本保持在年产 600 万～700 万吨的水平。

（2）巩固并完善蚕桑事业重心西南移。全国桑蚕茧产量，由 2000 年时 50 万吨发展到 2012 年的 83 万吨；其中，西南地区广西、四川两地分别占到 31.6 万吨和 11.4 万吨。从而，卓有成效地推动了丝绸工业的振兴。

（3）在各个时期，为稳定棉花原料生产，理顺棉花购销、国家收储调节和棉花价格调整机制，不断建言献策。对这一时期妥善解决一度国产棉与进口棉价格相差悬殊、严重影响棉纺织业正常生产经营问题，更是不遗余力，并使问题基本得到解决。20 世纪 90 年代以来，棉花供应和棉花价格一直处于不稳定状态之中。党和政府兼顾广大棉农利益和保持纺织行业稳定运行，采取了一些措施，如增发棉花进口配额，稳定棉花价格；改革棉花质检体制；对棉花收购加工主体，进行清理和调整，重新确定等。但是由于农、工、商各方面的利益不易协调，存在的问题仍然较多。

根据有关部门多年来的调查研究，国家决定从 2014 年开始，不再实行现行的临时收放储政策，改为对棉农进行直补并坚持市场定价原则，棉花目标价格以"植棉成本 + 基本收益"的模式形成。

（4）坚持用好国内国际"两种资源、两个市场"的产业政策，高瞻远瞩，在国内棉花产量稳步上升的情况下，一如既往做好适量进口棉花的协调工作。从而，为棉纺织工业新发展提供了更多的原料资源保障。

七、抓好节能减排，推进纺织工业清洁生产

2007 年 6 月的太湖蓝藻事件，举国震惊。太湖流域内许多印染、浆纱及色织牛仔布企业被迫停产，致使江苏省印染布产量明显下降。社会各界进一步关注产业发展与环境的关系。党和国家把节能减排作为一项基本国策，并提出了分阶段的节能减排目标。

印染行业在加工过程中需要消耗大量的水和能源，同时又产生大量的印染废水（图 19-8），成为承受环保压力最大的行业之一。中国纺织工业协会把节能减排工作、构建环境友好型企业列为一段时间工作的重中之重。2007 年全国印染行业节能环保年会上，中国印染行业协会在会上推出了 4 个节能环保先进典型和第一批 35 项先进实用的环保技术，以此扎实推进印染

图 19-8　纺织印染污水处理

行业的节能减排工作。其他方面主要包括以下几项。

（1）差别化纤维直纺和新型纺丝冷却技术在化学纤维行业已开始推广。

（2）废水余热回收、中水回用、碱液回收等资源综合利用技术，已在纺织行业得到广泛应用。

（3）以可再生、可降解的竹浆粕、麻杆浆粕为原料的黏胶纤维，已实现产业化生产等。

根据中国统计年鉴数据，纺织工业能源消费总量占工业能源消费总量的比例在下降，由2006年的4.46%下降至2010年的3.94%。2010年万元增加值能耗为0.652吨标煤，比2005年下降50%。

主要污染物减排也取得明显效果。根据中国环境统计年报数据，到2010年底，纺织工业废水治理设施数量明显增加，日处理废水能力达到1318万吨。废气治理设施如脱硫设施也有所增加。5年间共去除化学需氧量812万吨，氨氮14.5万吨，二氧化硫94万吨，氮氧化合物6.8万吨。其中，二氧化硫排放量削减了14%，完成了10%的减排任务。百米印染布新鲜水取水量由4吨下降到2.5吨。印染行业水回用率由7%提高到15%，单位工业增加值污水排放量，累计降幅超过40%。但从国家节能减排的要求来衡量，纺织工业的节能减排工作仍然任重道远。

八、引导中国纺织服装企业进入名牌战略新阶段

实施名牌战略，是中国纺织服装企业走向国际化的必由之路。名牌战略是一项系统工程，实现品牌个性化才是名牌战略的最终突破点。

杜钰洲在2004年全国服装行业工作会议上，发表题为"紧紧抓住和用好重要战略机遇期，大力推进中国服装品牌战略"的行业工作报告，号召全行业走新型工业化道路，大力推进中国服装品牌战略，把提高服装行业国际竞争力的"质量、创新、快速反应"三个热点，作为中国服装名牌战略的工作重点。会后，众多服装企业闻风而动，经过半年之久的评选，获得中国服装品牌风格、品质、策划、创新、潜力、营销、公众、价值、推动、成就十个大奖的品牌最终揭晓，并在2005年3月举办的首届装点中国——2003/2004中国服装品牌年度大奖会上颁奖。这是中国服装原创品牌第一次以群体的姿态，向世界展示自己的形象，吹响了本土原创服装品牌起航的号角。其后经过几年的不懈努力，到2007年，中国纺织服装行业已经拥有404个"中国名牌"产品。江苏阳光精纺呢绒和波司登羽绒服荣获"中国世界名牌"产品称号。

2005年12月，由中国纺织工业协会和中国纺织企业文化建设协会共同举办的首届中国纺织十大品牌文化推介活动，在北京人民大会堂隆重举行。对24个"中国纺织十大品牌文化""中国纺织品牌文化优秀奖"和14位"中国纺织品牌文化建设杰出人物"进行表彰，并向全国纺织业推出34家纺织服装企业的品牌文化建设案例。杜钰洲会长在这次喜盈门杯中国纺织十大品牌文化推荐大会暨中国纺织品牌文化高峰论坛上指出，繁荣品牌文化，提升

品牌价值是落实科学发展观的必然要求；品牌文化是先进生产力的市场化表现，是一种社会责任的表达；加强品牌文化建设是深化改革开放的需要。要把推广先进的品牌文化、繁荣品牌文化、提升品牌价值作为产业升级的一种时代精神，提高纺织工业的国际竞争力，加快从纺织大国向纺织强国前进的步伐。

图19-9　中国纺织十大品牌文化推介活动

由杜钰洲倡导和主持的"中国纺织十大品牌文化推介活动"（图19-9）从2005年开展后，每年召开一次，到杜会长2010年离任时已召开了6次。先后向全行业推介了波司登、阳光、雅戈尔、红豆、喜盈门、洁丽雅等60个纺织服装知名企业的品牌文化；为丰富品牌文化内涵，提升企业新实力，促进行业发展方式转变，推进自主品牌建设发挥了积极作用。每次大会上，他都发表主旨讲话；每次讲话的侧重点虽有不同，但都是相辅相成、融为一体的，无论是品牌文化价值观体系建设，还是品牌文化生态建设、质量、创新、快速反应，都是他始终强调的重点。协会主要领导高度关注纺织服装行业的文化软实力建设，大力推动纺织系统创建自主品牌问题，对这一时期纺织工业的产业升级，起了很重要的作用。

九、建设企业文化和企业社会责任管理体系

1. 明确建设企业文化的四个主题

由中国纺织工业协会主办，中国纺织企业文化建设协会、中国纺织企业家联合会承办的中国纺织企业文化建设十大创新人物、知名企业命名表彰大会暨孚日杯首届中国纺织企业文化高峰论坛，2004年9月在湖南长沙举办。会上，山东孚日家纺股份有限公司董事长孙日贵等10位企业领导和石家庄常山纺织棉一分公司等60家企业，分别被授予"中国纺织企业文化建设十大创新人物"和"中国纺织企业文化建设知名企业"称号并受到表彰。

杜钰洲在"建设先进企业文化，促进纺织产业升级"的报告中指出，面对新的国内外环境，以及后配额时代的机遇和挑战，企业文化建设的作用显得尤为重要，举足轻重。可以说：纺织行业的企业文化建设事关建设现代化、发展纺织强国成败，纺织强国离不开企业文化。企业文化具有明显的时代性，现在讲的先进企业文化，必然是中国纺织工业产业升级、建成现代化纺织强国不可或缺的重要因素。不同类型的企业和不同环境下的企业，会有不同的企业文化个性。但在这些个性当中，总有共性的东西，也就是建设先进企业文化的主题：一是以人为本；二是崇尚科学；三是理性与道德；四是与时俱进。这四个主题对动员全行业1800

万职工同心同德建设现代化纺织强国有重要现实意义。"

2. 建设中国纺织业企业社会责任管理体系

2005年5月，中国纺织工业协会社会责任建设推广委员会成立大会在北京举行。160余家优秀纺织服装企业和地方协会组织作为首批成员，与中国纺织工业协会共同推动中国纺织企业社会责任管理体系CSC 9000T。

CSC 9000T是基于相关中国法律法规和有关国际惯例、符合中国国情的中国纺织企业社会责任管理体系。它采用与ISC 9000管理体系相同的管理模式（策划—实施—检查—改进），通过制度化来提升企业社会责任管理水平。该管理体系强调科技、品牌对经济增长的贡献率，强调包括社会责任在内的行业自律，强调做好产业配套和公共服务，强调创造经济价值与社会价值并重，实现企业与人、环境、社会和谐发展。为使CSC 9000T具有可操作性，使企业主动进行CSC 9000T认证，在行业中培育一种好的企业形象信誉，经过近两年的研究探索，2007年5月26日，中国纺织工业协会、中国纺织企业社会责任管理体系CSC 9000T "10+100+1000项目"正式启动。

所谓"10+100+1000项目"即选择10个产业集群作为CSC 9000T试点地区，100家骨干企业建立CSC 9000T管理体系，并对1000家中小企业进行基础培训。5月18日，中国纺织工业协会与欧盟外贸协会（FTA）在北京签署了社会责任建设合作协议，以促进中欧企业社会责任建设的共同发展。这一合作协议对构建全球供应链具有重要的战略意义和示范作用。这些活动标志着中国纺织工业协会在引导行业走新型工业化道路，以行业自律确立可持续发展模式，特别是在微观层面上切实帮助企业改善自身管理方面，迈出了重要一步。

3. 制订《中国纺织工业联合会文化手册》，加强协会自身建设

在建设企业文化中，还制订了《中国纺织工业联合会文化手册》，以加强协会的自身建设。《中国纺织工业联合会文化手册》内容丰富，包含理念识别系统、行为识别系统、品牌识别系统和视觉识别系统四个部分。

"中纺联宗旨"是服务纺织，造福民生。体现中纺联存在的价值和意义，昭示了中纺联的立会思想和办会目的。

"使命责任"是为企业做好服务，为政府当好参谋，为员工创造价值。反映中纺联肩负的历史任务和重要职责，也是对企业、政府和员工的庄严承诺。

"共同愿景"是建设现代纺织强国，创一流品牌协会。是中纺联事业发展的未来蓝图，是鼓舞和引导团队成员为之奋斗的前进方向和精神动力。

"目标要求"是建"学习型、服务型、协作型、创新型"协会，做"有道德、有知识、有责任、有作为"员工，作为实现共同愿景的工作标准和素质要求。

"核心理念"是服务、协作、创新、高效。体现中纺联最重要、最推崇的价值追求。

"团队作风"是快速反应，严谨务实。直接反映中纺联的精神风貌和队伍风气，是团队执行力、战斗力的重要体现。

"联合理念"是共融、共赢、共享，强调团队合作。这是全体员工共同遵循的思想信念

和行为准则。

"管理理念"是科学规范，协调有序，坚持民主集中、科学决策原则，建立科学合理、行之有效的管理制度和规范，使各项工作有章可循，有法可依。坚持实事求是、协调高效原则，在强调整体和谐统一的基础上，充分发挥各成员单位的积极性与创造性，做到和而不同，相辅相成。

"服务理念"是真诚、主动、专业、务实。对外，为服务对象提供信心保证；对内，为员工行为提供规范约束。

"人才理念"是重人品、重能力、重协作。这是中纺联以人为本、育人为先、人才兴会管理思想的重要体现。

《中国纺织工业联合会文化手册》言简意赅，对联合会建设具有深远的意义。

十、推动大纺织各行各业走创新发展道路

2012年，党的十八大在北京隆重召开。十八大报告明确提出，要实施创新驱动发展战略，以全球视角谋划和推动、提高原始创新、集成创新和引进消化吸收再创新能力，更加注重协同创新，坚持走中国特色自主创新道路。要着力构建以企业为主体、市场为导向、产学研相结合的技术创新体系。

联系纺织工业的实际，王天凯提出了加快纺织行业自主创新，以全球视野谋划发展的颇具新意的思路和重大举措。

1. 依靠投资驱动、规模扩张、出口导向的发展模式，必须做出重大的转变

中国纺织业经过了改革开放30年的发展，特别是经过了21世纪前10年的高速发展，已经成为世界上名副其实的纺织大国。在市场有需求、低成本优势和资金与技术的相对充裕条件下，高速度发展有着自身的必然性和合理性。如今，世界经济处于缓慢复苏之中，中国经济增速也将从高速转为中速，而较低的成本优势已经丧失，环境、资源约束日益加剧，技术获得相对困难的情况下，单纯靠投资驱动、规模扩张的发展模式已经难以走通。过去认为规模扩张能生存、粗放发展能盈利的发展理念必须改变。过去行业不太关注产能过剩问题，认为这是市场经济条件的一种常态。现在中国经济正处于转型升级中，经济增长从高速降下来，行业过去的高速扩张模式必须改变。一些地区在招商引资过程中依靠土地、税收等优惠政策谋取单纯的规模扩张的做法，必须改变。单纯的规模扩张，带来的只能是过度竞争，而过度竞争最终毁掉的不仅是一个企业，更是一个行业。

2. 单纯依靠购买技术以及照抄、模仿的技术路线必须改变

从20世纪80年代中期开始，通过以资金换技术、市场换技术购买了一些国外的先进技术，包括重大装备、重大工艺技术等，对促进纺织行业的技术进步和产业升级起到了积极作用。但今天，中国纺织业的外部环境已经发生了变化，一是中国已成为最大的纺织品生产国和消费国，为满足不同消费需求，更多的要靠自主开发来解决；二是发达国家的一些先进技

术目前仍是他们主要的竞争优势，我国纺织行业要获取这些技术的难度会越来越大。因此，提高自身的原始创新、集成创新和引进消化吸收再创新的能力的紧迫性在加大。

3. 纺织行业从价值链低端向高端转变的产业体系调整必须加快步伐

当前国际上一些优势纺织服装企业的产业变革态势已经显现。

一是制造服务化，由生产型向生产服务型转变，通过服务提升价值链的主体。

二是生产的职能化，通过信息技术向生产过程渗透，形成快速、高效的生产模式。

三是组织网络化，通过全球生产网络进行价值链的优化配置，构建全球产业链、营销网络和服务体系。

这些产业变革涉及一系列的产品、技术、商业模式的创新。我国一些自主品牌企业虽已进行积极探索，但步伐必须加快。

4. 加快纺织行业自主创新的现实途径是"一创建"和"两坚持"

"一创建"是创建以企业为主体、产学研用相结合的创新联盟。在创新联盟建设中要真心做到用户为本，以真正满足和引导消费为根本，要用更加开放、包容的态度吸纳各类人才，真正做到留得住、用得上；要特别注重发挥大企业的作用，并积极利用政府资源，但又不能完全依赖政府资源；要建立风险共担、利益共享的体制机制。

"两坚持"是一要坚持改革开放创新，加强国际合作，有效利用国际资源，包括技术、人才等硬资源和管理、文化等软资源；二要坚持大企业做实、做强，中小企业做专、做精、做特，两者同步推进。大企业做实、做强，为中小企业生存和发展提供良好的环境。中小企业做专、做精、做特，为大企业做实、做强提供坚实的基础。纺织行业的自主创新，始终要把服务中小企业（全国纺织行业规模以上企业3.6万户中97.8%是中型及以下企业）作为重点，积极推进信息、人才、技术等公共服务平台建设。

从2012年以来，纺织产业链上的合作创新实践不断涌现，形成不同形式的创新战略联盟。

2012年6月19日，纺织服装供应链联盟羽绒分会正式成立，旨在以供应链管理合作为基础，实现联盟成员的信息共享和资源整合。

2012年6月29日，中国纺织信息中心、国家纺织产品开发中心携同中国化纤工业协会、中国服装协会和中国家用纺织品行业协会，联合20家企业发起成立中国绿色无污染纺织创新联盟。并将纤维原液着色等绿色环保技术作为联盟研究和推广的重点。

2012年11月21日，由中国资源综合利用协会牵头、29家单位发起的废旧纺织品综合利用产业技术创新战略联盟在北京成立。废旧纺织品综合利用技术研究中心同时成立。

2012年12月28日，中国产业用纺织品行业协会联合产业上下游、科研院所和设备制造及测试中心等单位，共同组建以企业为主体、市场为导向、产学研相结合的产业用纺织品技术创新战略联盟，加快提升产业技术创新能力，其中，安全与防护纺织品专项联盟于当年10月中旬成立。

进入21世纪的十几年间，我国纺织工业在改革开放、三个代表重要思想和科学发展观指引下，先后经受住东南亚金融危机和2008年国际金融危机给纺织行业造成的出口严重受阻，以及 2003 年春我国突发"非典"疫情造成的国内市场低迷的严峻考验。无论是中国纺织工业协会还是中国纺织工业联合会，在服务纺织、造福民生、为政府当好参谋等方面做了大量工作，并取得了骄人的业绩，见表 19-1。

表 19-1　21 世纪以来中国纺织工业所取得的成绩

项目	单位	2000 年	2005 年	2010 年	2015 年
规模以上企业主营业务收入	亿元	8339	20110	46008	70713
利税总额	亿元	602	1289	4393	6032
出口创汇（海关统计）	亿美元	530	1175	2120	2911
贸易顺差（海关统计）	亿美元	391	1004	1917	2646
纤维加工总量	万吨	1360	2570	4130	5300
化学纤维产量（全社会）	万吨	695	1665	3090	4832
纱产量（全社会）	万吨	660	1451	2573	3538
布产量（全社会）	亿米	277	484	800	893
服装产量（规模以上企业）	亿件	72	148	285	308
其中：机织服装产量	亿件	37	71	121	165
纺织工业企业单位数（规模以上企业）	万个	1.94	3.65	5.96	3.91
规模以上企业从业人数（年平均）	万人	759	999	1152	973

资料来源：国家统计局。"规模以上企业"2010 年前为年销售收入 500 万元以上的企业，自 2011 年起为年销售收入 2000 万元以上的企业。

第二十章　紧紧抓住经济全球化历史机遇，以全球视野谋划纺织工业新发展（2001～2016年）

进入21世纪以来，中国纺织工业出现了加速发展新局面。

无论纺织工业的设备规模或生产规模，都在世界范围达到历史新高度。

无论纺织品、服装国内消费总量或出口量值，都是世界范围第一次工业革命两个半世纪以来所仅见。

纺织工业的主导产品，棉型纱产量从2000年的660万吨，节节上升为2005年的1451万吨，2010年的2573万吨，2015年的3538万吨。棉型布从2000年的277亿米，节节上升为2005年的484亿米，2010年的800亿米，2015年的893亿米。

纺织品、服装出口，从2000年的530亿美元，节节上升为2005年的1175亿美元，2010年的2120亿美元，2015年的2911亿美元。

中国纺织工业在2001～2015年的新发展，是在新中国成立后整整半个世纪，经过艰辛努力奠定的纺织工业深厚基础上实现的；同时，也是紧紧抓住经济全球化历史机遇，以全球视角谋划新发展的结果。

一、立足提高竞争力，稳妥应对入世，争取更大贸易空间

中国加入世界贸易组织，是党中央、国务院面向新世纪做出的一项重大抉择。

从1986年我国提出恢复关贸总协定缔约方的申请，历经16个年头的艰苦谈判，2001年12月中国正式成为WTO成员。在此之前相当一段时间内，有一种舆论，把纺织业说成是中国入世受惠最大的产业，导致业界陶醉，并引起外国同行业的恐慌。在中国入世谈判结束、正式成为WTO成员后，又出现了另一种舆论：认为中国在入世谈判中让步过头了，认为可分阶段取消纺织品服装配额的242条款，对纺织工业不利等。杜钰洲会长和中国纺织工业协会冷静以对，通过组织高层次、高规格的WTO与中国纺织企业高峰论坛等，引导纺织

企业正确应对入世。

　　杜钰洲撰文指出：中国加入世贸组织之后，纺织工业作为中国国际依存度较高的传统产业，如何应对新的机遇和挑战，不仅事关行业自身的发展战略，而且关系着中国加快现代化建设的大局。加入世贸组织，给中国纺织工业带来最大的环境变化，是我们可以以世贸组织成员的身份享受世界纺织品服装贸易回归过程的好处，并以世贸规则维护自己的权益；同时，使我国纺织品服装有可能在原来的设限市场争取最大的贸易空间。然而，现存国际经济秩序的种种矛盾告诉我们：纺织品服装作为劳动密集型产业，它在国家之间找价值规律进行转移，不可能仅仅因为取消配额制度就变得一帆风顺。世界买方市场的竞争不仅在发展中国家变得更加激烈，而且发达国家在发展先进纺织生产力的同时，设置新的贸易保护主义门槛，也为我国纺织品服装的大举进入国际市场增添新的难度。因此，提高竞争力成为中国纺织工业应对入世最重要的对策。全面提高竞争力还任重道远，面临许许多多挑战，诸如必须高度重视对劳动力资源素质教育和优化配置，提高中国纺织工业的劳动生产率；提高各类纺织服装产品的质量和创新水平，加大推进品牌战略；继续深化企业制度和经营方式的改革，迅速提高企业开发研究能力；通过调整产业的产品结构、技术结构、组织结构，尽快扭转过度竞争的局面。

　　立足提高竞争力而不是坐待纺织品服装贸易完成设限（配额限制）过渡期；在这一重大方针引导下，中国纺织品、服装外贸出口迅速出现了大发展局面。

二、积极开展行业外交，营造中国纺织业持续发展的良好国际环境

　　中国纺织工业协会成立后的十多年间，行业外交活动显得尤为突出，为纺织行业参与国际交往创建了良好的外部环境。在行业外交活动中，无论是交锋、谈判还是合作，都体现出了大国纺织业的大家风范和坚定立场。

　　十多年间的行业外交活动可以归纳为以下几类。

1. 积极推动各行业的国际交流与合作

　　先后召开了中国国际针织技术发展会、中国国际化纤会议（原名为北京国际化纤会议，从 1985 年起，已经举办了八届）、中国国际毛纺织发展会议、中国国际棉纺织发展会议。

2. 举办全球纺织经济论坛

　　2004 年 3 月，中国纺织工业协会在北京举办首届全球纺织经济论坛。这次论坛以"后配额时代，创造共赢的未来"为主题，具体探讨在 2005 年配额取消后全球纺织经济与贸易发展趋势，国家间与区域间产业合作等新的战略性课题。会上，中国纺织工业协会与法国、俄罗斯等国的相关组织签署了合作备忘录。以后又接连三年举办了三届，每届全球纺织经济论坛各有一个主题。第二届的主题是"后配额时代，纺织服装跨国采购在中国"；第三届的主题是"合作发展与公平贸易"；第四届的主题是"科学技术，品牌与国际合作"。每一届论坛分别邀请全国人大常委会副委员长顾秀莲，全国政协副主席、中国工程院院长徐匡迪到

会并致辞。杜钰洲就每次论坛的主题发表演讲，阐明中国纺织业的主张和采取的主要对策，与世界各国各地同行加强沟通和交流，为建立和谐的国际纺织经济与贸易的新秩序，为世界纺织工业灿烂的明天而努力奋斗。举办全球纺织经济论坛（图20-1）是让国际纺织业界真正了解中国纺织业的一种重大举措，影响深远。图20-2所示为2004年在纽约举办的中国纺织品服装贸易展览会。

图20-1　2005年全球纺织经济论坛

在此之前，还举办过两届中日韩商务论坛。逐步建立完整的中日韩自由贸易区格局的思路，变得越来越清晰。

3. 积极组织企业应对发达国家在后配额时代对中国纺织品服装的变相限制

图20-2　中国纺织品服装贸易展览会

早在2005年1月1日后配额时代来临之前，美国、欧盟等发达国家和地区就出于各种目的，不断以贸易壁垒、技术壁垒、绿色壁垒和反倾销等多种手段，掀起对中国纺织品服装的出口限制。其中，比较突出的有以下几项。

（1）美国以市场扰乱威胁为由，于2004年10月对我国纺织品一部分棉制袜、化纤袜、棉制针织衫、化纤制针织衫、男式机织衬衫、内衣等提出特保申请。

（2）2004年7月，欧盟发布通告，对原产于中国的聚酯纤维织物进行反倾销立案调查；900多家中国企业卷入这场调查之中，涉案金额高达4.87亿美元，是历年来我国反倾销领域涉案金额最大的一起案件。

（3）2004年3月，土耳其和美国的纺织行业组织联合发表《伊斯坦布尔宣言》声称，中国加入世贸组织改变了世界纺织品贸易格局：由于配额取消和中国采取不公平贸易做法，中国纺织品出口迅速增长，将导致市场份额独占，使其他发展中国家纺织行业3000万人失业，这种结果与纺织品一体化的宗旨相违背；因此，要求世贸组织和有关国家政府延长纺织品服装一体化进程，将取消纺织品配额限制的时限推迟至2007年12月31日。有65个国家的115个纺织行业组织在《伊斯坦布尔宣言》上签字。面对这种情况，国家商务部、中国纺织工业协会、中国纺织品进出口商会积极行动起来，展开与这些国家及其行业组织的对话与交流。对一些一意孤行的行为，积极组织企业进行反击和应诉。政府也认真听取行业组织和纺织服装企业等方面的意见和建议，出台了八项措施迎接后配额时代的到来。其中，第一条就是对外衣、裙子、袜子、非针织衬衫、针织衬衫、睡衣及内衣6类纺织品共148种产品，采取从量税计征方式加征出口关税。

早在2003年，中国纺织工业协会就受商务部委托，承担了美国国际贸易委员会对我国纺织工业竞争力状况进行332调查的接待工作。这是协会首次走上双边贸易交锋的第一线。调查方认同中国纺织工业"以内需为重要动力""市场化发展"和"进出口互补"为国外同行提供巨大商机等观点和事实。同年10月，杜钰洲会长等出席在英国伯明翰举办的国际纺织论坛。在首日中国主题论坛上，杜钰洲发表以"中国现代纺织工业的地位与发展动力"为题的演讲；并与美国、欧盟、瑞士、英国、日本、印度等相关协会主席、高级顾问，围绕中国纺织业对世界的影响展开讨论，气氛热烈。

4. 积极应对反倾销

随着纺织服装产品出口快速增长，中国纺织业所受的反倾销调查和起诉指控越来越多。为此，协会协助工业、外贸领导机关，从各个方面积极应对：进一步整顿外贸秩序；加快与国际惯例接轨的进度；加强企业自律；严格制止出口企业相互倾轧和低价竞销，减少国外对我国反倾销的借口；进一步做好反倾销法规的普及宣传工作，指导企业增强反倾销意识，积极应对反倾销调查和起诉。

三、正式加入国际纺织制造商联合会，有效推进各国纺织业合作共赢

2008年7月，中国纺织工业协会正式加入国际纺织制造商联合会（ITMF），成为中国大陆及港澳台地区在该组织的唯一正式代表，正式参与该联合会的各项活动，并履行国家代表职责。该联合会成立于1904年，总部设在瑞士苏黎世，其会员主要来自各国纺织制造商组织的代表和年销售收入1亿美元以上的纺织企业，所涉领域涵盖纺织工业上中下游产业链，已成为世界各国纺织业交流和沟通的重要组织。在全球金融危机背景下，中国于2009年在上海成功举办ITMF年会。这次年会，对于全球纺织业界增强信心，深化合作，寻求共赢发展新途径，共同推动世界纺织工业新发展，起了积极作用。

国际纺织制造商联合会2010年年会在巴西圣保罗召开。时任中国纺织工业协会副会长的王天凯当选为国际纺织制造商联合会董事会副主席。

该联合会2014年年会再次在中国隆重召开。中国国务院发展研究中心、世界贸易组织（WTO）和瑞典H&M集团、瑞典宜家集团、英国玛莎百货、阿里巴巴、鲁泰集团、爱慕集团等著名企业的代表与会。中国纺织工业联合会会长王天凯在本次年会上当选为新一届国际纺联主席，并以"共同的机遇共同的责任——中国纺织工业的现实与未来"为题在会上发表了主旨演讲，引起与会者巨大反响。他指出：自国际金融危机以来，世界经济形势发生深刻变化，促使国际贸易格局、产业分工体系、先进制造模式、生产组织形式等发生重要变化，

为全球纺织产业谋求新突破、实现新发展提供了重要契机。加强融合发展，实现互补、互助、互利，是国际金融危机以来全球纺织产业有效把握新机遇、担当新责任的重要途径。与全球产业实现协调、融合发展，寻求和落实发展中的共同机遇和责任，并以此推进转型升级，也是中国纺织行业发展的必然要求。

王天凯在会上进一步指出：当前，全球纺织产业发展趋势以及中国纺织行业融入全球发展，有以下四个特点。

（1）自国际金融危机以来，世界经济的多元化格局更加突出，国际纺织品服装市场同步呈现多元化发展特征，为各国开拓多元化市场、优化贸易结构提供有利条件，同时将促使全球纺织产业进一步加强产业链、供应链的合作。

（2）近年来，信息网络技术与传统制造业深度融合，促使纺织产业在制造模式、生产组织形式、营销模式等方面发生重要改变。全球生产要素、加工制造、配套服务等产业资源，通过信息技术实现高度共享。电子商务平台及大数据技术的发展，又为纺织产业更好地开拓全球市场提供了信息化技术支撑。

（3）全球气候环境责任对纺织产业加强共同行动提出要求。应对全球气候变暖、保护生产环境，是全人类的共同使命。加强低碳、绿色、循环发展，成为全球纺织产业的共同责任和共同任务。

（4）国际分工布局新体系促进全球纺织产业加强协同发展。国际金融危机以来，全球纺织产业的分工布局体系发生重要调整：发达国家重振实体经济，对制造产业链高端和高附加值环节加强再造；新兴经济体加速崛起，东南亚、南亚等国家依托要素成本及资源优势，加速承接纺织产业转移；区域性自由贸易关系快速发展，发达国家给予区域自由贸易伙伴的市场准入优惠，对纺织产业的投资流向产生严重影响。在这种调整过程中，国际竞争更趋激烈。

王天凯在主旨发言中最后提出，中国将搭建更多的交流平台，加强信息汇集和沟通，创造更好的合作机会，认真做好服务工作，为国际纺联各成员创造更多的沟通交流与务实合作，促进国际纺联和谐发展，并在发展中互融、互助、共享、共进、共赢。

2015年9月，在国际纺联旧金山年会上，国际纺联主席、中国纺织工业联合会会长王天凯在开幕致辞中，向来自全球31个国家的225名代表发出一项重要倡议：让更多国家和地区平等享有全球纺织产业的发展机会和成果，实现全球范围内（生产）要素自由流动，资源高效配置，是全球纺织业的共同期待和责任。

中国纺织业积极参与国际纺联的活动，中国纺织业的代表出任国际纺联的要职，体现了中国纺织工业现今在全球的重要地位。

四、持之以恒举办各类国际性纺织展会，为大纺织各行各业开拓国际市场做好服务

中国纺织工业协会成立以来，纺织行业的展览会从成就展（主要展示纺织工业的发展成

图 20-3　中国国际服装服饰博览会（CHIC）

就）、展销会（以商品零售为主促进纺织商品流通和繁荣市场）转向以贸易展览为主的阶段，并日趋完善。我国纺织贸易展览会只用了 20 年的时间，就走过了西方近百年历史的历程。

我国每年举办的各类纺织服装国际展览会平均多达 20 多个。其中，由中国纺织工业协会和国际贸易促进会主办的有中国国际服装服饰博览会（CHIC）（图 20-3），分春季、秋季两次，中国国际内衣、沙滩装及辅料展览会，中国国际非织造布、产业用纺织品展览会及研讨会，中国国际纺织面料、家用纺织品及辅料博览会，中国国际纺织机械展览会，中国国际服装机械展览会，中国国际纺织化学品技术交流会，中国国际职业装博览会等。这些展会会邀请国外知名厂商来华展示商品和交流技术经验等。

随着全球经济一体化，我国纺织品服装在世界贸易中虽一枝独秀，但中国品牌在国际上还处于弱势地位，需要一些由中国人自己主办的展会来展示中国的整体品牌，同时也需要向世界展示中国纺织服装行业产业升级的成果。从 20 世纪 90 年代开始，还把中国纺织服装展览办到国外去，办到工业发达国家去。

最早的探索，是 20 世纪 90 年代末期，在纽约曼哈顿贾维茨展览中心举行中国纺织品服装贸易展览会，到 2015 年已连续举办 16 届。展会地址适当，规模很大，帮助一大批纺织、服装企业在美国开拓市场，成了一个实实在在做生意的展会。有的企业一次展会就能接到 300 万 ~ 400 万美元的定单。有的企业 70% 的对美出口订单来自纽约展会。

2006 年 11 月，由中国纺织工业协会主办、中国国际贸易促进会纺织行业分会、中国服装协会和德国卡尔斯鲁厄会展公司共同承办的首届中国纺织品服装贸易展览会（德国），在德国卡尔斯鲁厄会议中心隆重举办，展出面积 5000 平方米。北京、山东、浙江、江苏、广东、上海等省市近百家拥有自主知识产权和自有品牌的中国优秀企业，如山东新郎希努尔、山东如意、山东孚日、淄博兰雁、青岛即发、江苏波司登、江苏红豆、上海申达、浙江乔顿、浙江梦娜、宁波博洋、北京爱慕、北京顺美、广东名瑞、广东圣地亚等。展品涵盖男女服装、休闲装、服饰品、各类纺织面料和家用纺织品等。展会不仅加强了中欧纺织品贸易的合作，更注重中欧纺织业界的信息沟通、文化交流和产业对接。组委会举办的中国自主品牌服装发布会，通过中国模特的精彩演出，演绎具有中国特色的服装潮流，发布年度流行趋势，使欧洲市场对中国纺织服装加深了认识。

2007 年 9 月，又把中国纺织品服装贸易展览会办到了法国巴黎。由中国纺织工业协会主办，中国国际贸易促进委员会纺织行业分会、中国服装协会和法兰克福（法国）有限公司

中国纺织工业发展历程研究（1880~2016）

共同承办。在巴黎展览中心举办的这个展会，促进了中欧纺织服装业更广泛深入的合作。

其后，又有在澳大利亚连续举办"中国纺织服装展"。

举办这些展览会，对纺织业发展国际贸易起到了积极的作用：第一，加强了纺织业的国际交流与合作，有利于推动纺织工业的发展与结构调整；第二，为供需双方提供了贸易平台，有助于企业开拓国内外两个市场，提升品牌形象，促进现代企业营销体系的建立与完善；第三，展览会是发布流行趋势的舞台，对指导企业产品开发、引导消费市场起到了促进作用；第四，能拉动与纺织服装相关产业的发展；第五，通过各种展览，增进对外部世界特别是西方发达国家纺织服装、纺织机械等行业的发展趋势的了解，开阔了视野。在国外，特别是在发达国家举办中国纺织业的展会，是中国纺织业谋划新发展的重要一着。

五、纺织行业加快实施"走出去"战略

2013 年 6 月 28 日，由中国纺织工业联合会主办，中国纺织品进出口商会、中国—东盟中心支持举办的中国纺织产业"走出去"交流大会在北京召开。这是全行业第一次召开"走出去"专题会议，得到政府相关部门的高度重视。

纺织行业在国外适宜地区办厂办店，建设纺织、服装工业园区，是国际合作共赢的一项重要举措。进入改革开放新时期以来，已先后有如意集团、岱银集团、雅戈尔集团、盛泰集团、东渡集团、上海纺织控股集团、波司登集团、天虹集团等一批著名企业，进行了境外办厂办店、办工业园区的探索。浙江的棉纺织龙头企业科尔集团有限公司，2013 年第一个到达美国本土，在南卡罗来纳州凯斯特建设第一家纺织厂；第一期工程投资 2.18 亿美元，2014 年 2 月破土动工，当年投产。天虹纺织集团在越南办纺织工业园区，为中国纺织业在发展中国家办工业园区积累了许多宝贵经验。

中国纺织工业作为庞大的传统产业，抓住经济全球化的有利时机，"走出去"到适宜地区办厂办店、办工业园区，是以全球视野谋划纺织工业新发展，也可说是中国纺织工业发展的新方向。

纺织工业
产业链的演化

　　近现代纺织工业在中国的发展，是从创办棉纺织厂、毛纺织厂和缫丝工厂起步的。经过六七十年的发展，到 20 世纪中期，按"约定俗成"的处理方式和说法，构成当时中国纺织工业产业链的，是棉纺织、（棉）印染、毛纺织、麻纺织、丝绸、针织、染织、纺织机械、纺织器材等大大小小 9 个行业。棉纺织、印染是主体，当时在纺织工业经济总量中的占比将近九成。

　　中国工业的起步，落后于欧美各国整整一个世纪。虽然如此，在 20 世纪前中期，纺织工业一直是中国最大的工业部门。

　　中华人民共和国成立以来，经过半个多世纪的发展，当今纺织工业产业链的规范化界定，是化纤业、棉纺织业、毛纺织业、麻纺织业、丝绸业、长丝织造业、印染业、针织业、服装业、家用纺织品业、产业用纺织品业、纺织机械制造业等 12 个大行业。12 个行业，个个自成体系。而且，每个行业的设备、生产规模全球占比都很高，几乎都已跃居世界首位。棉纺织、化纤制造等大行业，其经济总量在全球占比甚至已高达五六成。当然，就科技、产品水平而言，还有待继续奋进。

　　大纺织产业链各行各业百舸争流的局面，带来了许多好处：中国纺织工业总体上日益增强的国际竞争力，中国纺织工业在国际上的话语权，纺织系统庞大而且稳定的社会生产力，纺织工业对整个国民经济和地方经济的巨大拉动力。

第二十一章　大纺织产业链百舸争流

由手工纺织业转化、发展而来的现代纺织工业，经过两个半世纪的发展，已远远超出棉、毛、麻、丝纺织染各行各业的传统格局，衍生了多个新的关联行业、新的生产领域。

纺织产业链的上游部分，出现了化学纤维制造业；下游部分出现了服装、家用纺织品、产业用纺织品三大终端行业。居于中游的纺、织、染各行各业，细分出化纤长丝织造业、非织造布制造业和纱线染色、织物特种整理等专门化行业。服务于纺织产业这个庞大产业体系的纺织机械制造业（实际上还可细分为纺织机械、化纤机械、服装机械）、纺织器材制造业和纺织人才教育体系、纺织科研院所、纺织工厂设计、服装设计等，经过分分合合，得出结论：还是以纳入大纺织系统为好。

大纺织产业链百舸争流的局面，是中国纺织工业大发展的自然结果。反过来，中国纺织业因其完整、强大的产业链，形成了日益增强的综合实力，近年在参与经济全球化中深得其益。

一、中国纺织工业的第一张产业链清单（1950～1952年）

起源于机器纺纱（棉纺、毛纺、麻纺）、制丝（桑蚕制丝）的中国近代纺织工业，经过60年（1890～1949年）的发展，到国民经济三年恢复时期（1950～1952年）胜利结束那年，呈现的工业总貌是：棉纺织业（含棉印染）为主体，占全国纺织工业总产值的87.9%；毛、麻、丝纺织业为辅，三个行业产值总和占全国纺织工业总产值的7.8%。纺织产业链下游的针织工业，在全国纺织工业总产值中占4.3%。1952年五个纺织行业的工业总值是83.8亿元，从业人员127万人。

纺织工业产值在全国工业总产值中的占比，1950年为28.8%，1952年为29.9%。虽然在全国工业总产值中占比甚大，而实际发展规模还很小。1950年，棉布年产量25.2亿米，仅及美国（91.7亿米）的28%，印度（33.6亿米）的76%，苏联（38.9亿米）的66%。

棉、毛、麻、丝纺织业和针织业，1950年设备规模为：棉纺锭513万锭，棉织机50万台；毛纺设备13万锭；桑蚕缫丝机14万绪，绢纺2.5万锭，丝织机4.1万台；黄麻纺2.2万锭，苎麻纺0.8万锭。

四大纺织行业在1952年生产规模为：棉纱65.7万吨，棉布38.3亿米；呢绒423万米，毛线0.2万吨，毛毯71.7万条；丝绸0.65亿米；麻袋0.67亿条。

虽然以现今的眼光看来，这张"1950～1952年中国纺织工业的总貌"中展示的统计数字实在小得可怜，可为之长叹息。但不要忘了，正是这些工业生产能力，构成了中国最大的传统产业部门，构成了近30%的1950～1952年全国工业总产值。更重要的，正是以这些工业基础作为起点，中国纺织工业走上了大发展的道路。

这一张产业链清单里，没有上游的化纤制造业，没有下游的服装行业、家用纺织品制造业、产业用纺织品制造业；没有大纺织产业链中不可或缺的纺织机械制造业和纺织器材制造业。这不是统计工作的疏漏。因为：此时化纤行业还处于萌芽阶段，还没有形成工业生产能力。全国范围还仅有两个小化纤厂：上海安乐人造丝厂和正在整顿、修复中的安东（现丹东）人造纤维厂。

此时，服装行业的主体部分还处于手工业阶段。纺织工业系统仅有上海新光标准内衣制造厂、上海康派司衬衫厂、永新雨衣染织厂。商业系统仅有上海鸿翔时装公司、上海培罗蒙西服等少数几家较有规模的服装企业，还远未形成行业；鸿翔、培罗蒙等前店后厂的服装企业，实际上还处于工场手工业发展阶段。整个中国社会此时尚是家家户户"买布缝衣＋裁缝店（成衣铺）"的半商品经济阶段，连手工业生产方式的服装业都还处于萌芽阶段，更谈不上什么工业化成衣率。

此时，纺织机械制造业还处在发展初期。1949年前后，上海市登记在册的纺织机械厂（一般取名"机器厂""铁工厂"）有262家，但绝大多数是从事纺织机械修配的小微企业，全行业职工总数仅1.2万人左右。其中，稍具规模，能够制造整机的纺机厂，仅有上海中纺公司的中国纺织机械厂、上海第一纺织机械厂、上海第二纺织机械厂和民营的大隆机器厂、泰利机器厂、信义机器厂、苏中机器厂、永安机器厂、大中华铁工厂。其他省市稍具规模的纺机厂，仅有中纺公司青岛分公司的青岛第一机械厂，中纺公司天津分公司的天津第一纺织机械厂，以及雍兴公司在陕西创办的西北机器厂，申新系统在无锡创办的开源机器厂。现今在全国规模最大的山西经纬纺织机械厂，此时还在上海筹建中。总之，作为大纺织产业链重要一环的纺织机械制造业，此时还处在早期发展阶段。但就是这样的一些中小型纺织机械厂，此时已开始在大纺织产业链中显露头角，受到中央和有关省市经济领导机关高度的重视。

回顾中华人民共和国纺织工业这一张早期大纺织产业链总图，当能得出如下结论：

（1）中国纺织工业现今的大局面，实在来之不易。

（2）纺织工业作为一个多行业的庞大产业部门，各个行业其实都处在同一条产业链上，整体性很强。

（3）新中国成立前纺织工业发展很慢（甚至不如印度），与纺织机械制造业欠发达有很大关系。

二、中国纺织工业的第二张产业链清单——初步形成大纺织产业格局（1953～1980年）

中华人民共和国成立后的"前30年"，是中国纺织工业部门致力于发展棉纺织工业，千方百计增加棉纺织品产量的时期。面对中华人民共和国成立初期全国人口（由1950年的5.5亿增长到1980年的近10亿）衣被供应问题对纺织工业的巨大压力，这是当时中国纺织工业产业政策的唯一选择。

"一五"计划的五年间，是中国国民经济突飞猛进的最好历史时期。1954年中国纺织工业生产棉布52.3亿米，比1950年（25.2亿米）整整多出一倍。但是用当年全国人口（6.03亿）一除，还仅是8.7米。扣除必要的社会公共用布和军需被服后，能够用来供应城乡市场的棉织物仅7米左右。而棉纱棉布在当时又是城乡市场关系物价和人心稳定的大商品。于是，就有了1954年9月政务院关于实行棉布统购统销、计划供应、凭证（布票）购买的命令。国务院在1971年、1980年又一再重申这个命令。正是在这样的形势下，棉纺织工业成了中国纺织工业生产建设的重中之重。从1950年的513万纺锭起步，快速、持续发展到1980年的1780万锭。就人口大国中国来说，这个工业规模并不算很大，但在当年（1980年）达到的棉型布产量120亿米（纯棉布87亿米，棉混纺布33亿米），实际上已能保证全国近10亿人口衣被消费的基本需要。就在此后的三年间，在全国棉型布总产量稳定在100多亿米、城乡市场出现棉布滞销（免收布票的范围越来越大）的新情况下，中国社会终于在1983年年底结束了长达30年的"布票时代"。由限量消费转向敞开供应，以致提倡适度消费。此时，棉纺织工业在全国纺织工业总产值中，还保持着65%的较高占比。但在其后的30年间，一直呈现缓缓下降的合理趋势。

20世纪50～60年代，生产呢绒、绸缎等高档衣料的毛、麻、丝纺织业，一直处于缓缓发展的状态。在1950～1980年期间，毛织物产量由488万米发展到10093万米；桑丝织物从4700万米发展到20800万米，苎麻/亚麻织物由50万米发展到4100万米；1980年三项高档衣料的年产量总共也只有3.5亿米。这一事实表明，受制于当时的社会消费能力，毛、麻、丝纺织业大发展的时机尚未到来。

服装制造业（梭织服装）则在这个时期出现小发展的局面，发展到年产10亿件的水平（1980年9.45亿件，1981年10.08亿件，1982年9.85亿件）。1952～1980年，全国服装业产值从10亿元上升为96.8亿元，在大纺织总产值中的占比由9.8%上升为12.7%，进展不小。

化纤制造业在1952～1980年的近30年间，则是进展明显。化纤制造业产值由零发展到49.8亿元，在大纺织总产值中的占比由零变为6.5%，而且上升势头迅猛。

三、中国纺织工业的第三张产业链清单——大纺织产业链各行各业百舸争流（1981～2016年）

有了"前30年"奠定的深厚工业、技术基础，加上改革开放的有利条件，纺织工业在"后30年"出现了突飞猛进的发展态势。

1. 纺织工业总产值节节上升

1980～1990年，中国纺织工业总产值由885亿元发展到3735亿元。1990～2000年又增加一倍多，上升到8895亿元。进入21世纪以来，更出现了10年间增长3倍多的惊人速度，2010年全国纺织工业总产值4.67万亿元。

（1）棉纺织工业。棉纺织工业10年间又增加2000多万锭，1995年达到4191万锭。从当时内外市场需求看，这样的棉纺产能显得有些过剩。于是，在20世纪90年代的最后几年间，进行了"压缩棉纺生产能力（压锭改造）、淘汰落后设备1000万锭"的战略大调整。纺锭数少了，但现代化率提升了。整个棉纺织行业的装备水平因此上了个大台阶，并加快了现代化进程。接着又恰逢中国加入世贸组织，发达国家分阶段取消纺织品进口配额，浮现出国际市场更大发展空间的历史性机遇。于是，在市场经济催化下，棉纺织工业的设备规模出现了合理反弹，在2010年达到破纪录的12000万锭。

（2）毛纺、麻纺、缫丝工业。在市场经济的客观规律作用下，1981～2010年的30年间，毛纺织工业由60万锭扩大到300万锭以上，亚麻、苎麻纺织工业由6.5万锭扩大到60万锭，桑蚕缫丝由89万绪扩大到约200万绪，也取得了惊人发展。

（3）印染业。与棉纺织工业相辅相成的印染业，到2011年已发展到这样的水平：规模以上企业1800家，生产印染布593亿米；出口144亿米，创汇169亿美元。品种、质量均具有明显的国际竞争优势。

棉、毛、麻、丝纺织加工各行各业，这样的发展规模，不要说是中华人民共和国成立初期的业界人士，即使是20世纪90年代中后期的一些老纺织人，也是难以预料的。

设备规模发展得如此庞大，当然会产生一个新问题：中国纺织工业是否过度发展了？回顾中华人民共和国成立后半个多世纪纺织工业的发展过程，直到20世纪80年代中期，中国纺织工业还基本上是内需型产业，对外依存度还很低。而在其后的二十几年间，棉、毛、麻、丝纺织各行各业新追加的设备规模部分，则主要是由外需（外贸出口）和农村市场拉动起来的。因此很明显，是"市场"对纺织工业资源配置（新一轮设备规模大发展）起了最基本的作用。

当然，如同一切工业部门一样，纺织工业的产能发展也是有合理限度的。

2. 大纺织上下游行业，同样呈现出大发展局面

（1）大纺织上游的化纤行业。借鉴日本纺织业办化纤的成功经验，中国纺织工业领导机关在20世纪50～60年代，也开始自己动手办化纤制造业了。20世纪50年代，从无到有形成年产1万吨的小格局。60年代，从1万吨发展到10万吨。70年代，纺织系统以巨大的

魄力，大规模建设以石油为起始原料的合成纤维工业。钱之光以"100万吨化纤"为目标，为之殚精竭虑十几年，终于在20世纪80年代中期得到巨大收获，达成100万吨的大目标。关键之战大捷，其后就相继出现了1995年320万吨、2000年695万吨、2005年1665万吨、2010年3090万吨、2015年4832万吨，一连串令业界及至于国人欢欣鼓舞的化纤年产量统计数字。

依托化纤制造业迅速发展起来的非织造布制造业和化纤长丝织造业，是纺织系统的两匹黑马。非织造布行业，2015年已发展到生产非织造布443万吨。化纤长丝织造业，2015年竟已发展为年产涤纶、锦纶长丝织物433亿米。

（2）大纺织下游三大终端产品。三大终端产品行业是在棉、毛、麻、丝纺织各业打下雄厚基础后，在20世纪80年代中期定下发展战略并开始迅速起飞的。服装制造业和家纺行业的起飞，最令国人振奋，其效果也最大。由手工业转化而来的机织（梭织）服装业，年产量由1980年的9.45亿件，发展到2000年的116亿件、2010年的121亿件。2010年出口87亿件，创汇484亿美元。发展速度着实惊人。

大纺织产业链序列中的针织工业，实质上也是服装行业，但长期以来局限于内衣和袜子，对中国社会的消费结构影响有限。20世纪80年代以来，在休闲服装大流行的带动下，曾长期被视为"小行业"的针织业不仅"起飞"了，而且发展潜力惊人。到2007年，仅规模以上针织企业就已多达6600多家，从业人员多达130多万。2010年已达到年产针织服装164亿件、出口创汇573亿美元的惊人水平。

至于家用、产业用纺织品制造业的发展，可以从下面两组统计数字清楚地看出来：2011年，全国家纺行业规模以上企业产值达到2097亿元，家纺产品出口总值达到539亿元；产业用纺织品行业的纤维加工总量到2011年已达到910万吨之巨，占纺织工业纤维加工总量的比例由1988年的8.2%上升为2011年的21%。

3. 纺织机械制造业

纺织工业大发展的一根主要支柱——纺织机械制造业，到2011年已发展到规模以上企业682家，从业人员13.4万人，工业总产值1073亿元，出口22.45亿美元。

棉、毛、麻、丝纺织产品一应俱全；服装、家纺、产业用纺织品三大终端产品门门叫得应；纤维原料供应方面，有居世界首位的本国、本系统的化纤行业提供强大保障；新厂建设、老厂技术改造，可以指望得到本系统纺机制造业的支持、配合。正是这样的一个实力雄厚的产业链，使中国登上了纺织大国的地位。更重要的是，由此造成的日益增强的国际竞争力，使中国纺织工业在参与经济全球化的过程中，确确实实发展成了纺织品和服装的世界工厂，出现了"衣被天下"的局面。1952～2010年，中国纺织工业产业链的发展过程（工业总产值的行业构成）见表21-1。

表 21-1　中国纺织工业产业链的发展过程（工业总产值的行业构成）

项目	1952年产值（亿元）	1965年产值（亿元）	1980年产值（亿元）	1990年产值（亿元）	1995年产值（亿元）	2000年产值（亿元）	2010年	
							产值（亿元）	占比（%）
全国纺织工业	104.5	247.0	763.4	2312.0	5986.3	8454.4	46684	
1. 纺织业	94.3	212.3	616.9	1668.0	3861.9	4816.9	28507.9	61.1
其中：棉纺织	73.7	137.5	438.9	696.1	1907.9	2406.5	15692.0	33.6
毛纺织	1.4	9.1	34.7	94.1	512.8	587.2	1659.3	3.6
麻纺织	2.1	2.8	10.0	26.4	68.0	75.2	290.7	0.6
丝绢纺织	3.0	15.3	45.8	100.9	670.2	770.5	1509.9	3.2
针织	3.6	11.3	63.9	111.1	434.1	562.3	5181.3	11.1
2. 服装、鞋、帽业	10.2	37.1	96.8	390.0	1136.7	1820.1	12331.2	26.4
3. 化学纤维制造业		4.2	49.8	254.0	664.9	1322.9	4954.0	10.6
其中：再生纤维素纤维					63.3	151.3	784.3	1.7
合成纤维					558.7	1140.6	4169.7	8.9
其中：涤纶							3071.5	6.5
锦纶							460.7	0.9
腈纶							39.0	
4. 纺织专用设备制造业					156.4	222.6	891.1	1.1

注　1. 1952～1990年，为纺织部系统按分期（1952年、1957年、1970年、1980年、1990年）不变价格统计。

　　2. 1995年和2000年，以全部国企及年销售额500万元以上非公企业为统计口径，1990年不变价。

　　3. 2010年，为年销售500万元以上的工业企业总产值（当年价）。

第二十二章 棉纺织染工业：辉煌的中国纺织系统主体行业

现今中国纺织工业居于世界前列的工业实力和国际竞争力，一个重要因素是，棉、毛、麻、丝纺织各行各业都有适度发展，产能产量均居世界首位。而且，上游有强大的化学纤维制造业，下游有发达的服装、家纺、产业用纺织品制造业；生产、建设所需的设备、器材供应，有大纺织产业链自己的纺织机械、纺织器材制造业的保驾护航。更重要的是，大纺织产业链上、中、下游十几个行业，不仅已形成协作配套体系，而且有一个共同的目标：担当起中国全面小康社会建设的重任，承担国民经济支柱产业的社会责任。作为中国纺织业的主体行业，棉纺织染工业的发展历程和对中国经济、社会的贡献，尤为辉煌。

一、棉纺织工业：中华人民共和国成立初期规模最大的工业

起步于 19 世纪 80 年代后期的中国棉纺织工业，由于直接关系国计民生，而且效益显著，仅用 20 多年时间，到 1910 年前后已形成一定规模。第一次世界大战前夕，1913 年全国华商纱厂已有棉纺产能 48.4 万锭、棉织机 2016 台；外资（美国、日本、德国）在华设厂也已有 34 万锭、1986 台织机。集中在上海、天津、青岛和苏南、浙东的二三十家纱厂，八九十万纺锭，成为中国工业化起步阶段规模最大，最为耀眼的近代工业。

从"一战"时期到"二战"前夕的 30 多年间（1914～1936 年），中国东南各省出现了民族资本开办纱厂热。到 1936 年，全国纱厂已发展到 141 家、510 万锭。其中 90 家华商棉纺织厂的产能，已发展到 275 万纺锭；当年生产量已达到棉纱 145 万件（英制，每件 400 磅，即 181.44 公斤），棉布 1092 万匹（英制，每匹 40 码，即 36.6 米）。外资（主要是日资丰田、日华、钟渊、公大、大康、内外棉等八大纺织株式会社）在华设厂，到 1936 年也已发展到 51 家、235 万棉纺锭。棉纺织系统这 141 家纱厂、510 万纺锭、5.8 万台织机，加上配套发展的 44 家印染厂、61 家针织复制工厂，大大小小 246 家工厂，在"二战"前夕中国经济社会中的重要地位，真可谓"举足轻重"（表 22-1）。

表 22-1　1913 年、1936 年和 1949 年全国纱厂产能产量统计

项目	1913 年	1936 年	1949 年
全国棉纺织厂企业数（家）	31	141	249
其中：华资纱厂	21	90	247
日资纱厂	5	47	
英美德纱厂	5	4	2（英资）
全国纺锭数（万锭）	85	510	515.7
其中：华资纱厂	51	275	510.5
外资纱厂	34	0.0235	5.2
全国棉纱产量（万件）	52.7	341.3	180（32.6 万吨）
全国棉织机数（台）	4302	58439	68869（不包括单织厂）
其中：华资纱厂	2316	25503	67905
全国棉布产量（万匹）	203	3476.5	
其中：华资纱厂		1092.4	

中国棉纺织工业在 1937～1949 年的 10 多年间，大部分时间处于战争环境，发展基本停滞。"二战"胜利后稍有恢复，但变化不大。虽然如此，1950 年的产能（513 万纺锭）、产量（棉纱 43.7 万吨，棉布 25.2 亿米）水平，已进入世界棉纺织业前 10 位以内（处在美、英、印、法、德、苏之后），并作为当时中国最大的工业部门，进入社会主义时代。

1950 年，全国工业总产值 191 亿元中，以棉纺织业为主体的纺织工业总产值为 55 亿元，占比高达 28.8%。

1952 年，全国工业总产值 349 亿元，其中纺织工业总产值为 91 亿元，占比仍高达 26%。纺织工业的主体行业棉纺织染工业，这一年的总产值为 75.2 亿元，在全部纺织工业总产值中占比 82.6%，在全国工业总产值中占比达 21.5%。

由此可见，中华人民共和国成立初期，中共中央和中央人民政府高度重视纺织工业，特别是棉纺织工业，绝不是偶然的。并由此可见，棉纺织工业在中国大纺织产业体系中一直居主体地位，引领中国纺织工业的发展，是客观经济规律使然。

二、棉纺织工业：当代中国最可靠的国民经济支柱产业

中华人民共和国成立以来的 60 多年间，棉纺织工业一直保持快速持续发展的势头。期间，有几个大发展的时期。

1. 20 世纪 50 年代前中期

按照中央直接过问下制定的"一五"时期发展棉纺织业 300 万锭的计划盘子，以建设石

中国纺织工业发展历程研究（1880～2016）

家庄、邯郸、郑州、西安／咸阳、北京五大纺织工业新基地为重点，克服重重困难后基本实现这个重大发展目标。

以 1952 年年底的产能 561 万棉纺锭为起点，到 1958 年发展为 844 万锭；其后几年做些基建收尾工作后，到 1959 年全国棉纺织业产能 944 万锭。1953～1959 年的 7 年间，新增产能 383 万锭，整整扩大了 68%。

相应的，在 1953～1959 年的 7 年间，全国棉纱产量从 74.5 万吨发展到 153 万吨，棉布产量从 46.9 亿米发展到 75.7 亿米，印染布从 27.4 亿米发展到 46.4 亿米，针棉织品用纱从 8.5 万吨增加到 30 万吨。

同期，棉纺织染工业的就业人数，由 71 万人增加到 115 万人。在全部纺织工业从业人数 210 万中占比 55%。

中国棉纺织工业在这一历史时期的大发展，是在"二战"后世界棉纺织业总体处于上升期的历史条件下实现的。1950～1960 年，日本棉纺织业从 433 万锭扩大到 1321 万锭，韩国从 310 万锭扩大到 480 万锭，印度从 1022 万锭发展到 1371 万锭，苏联由 859 万锭扩大到 1080 万锭。老牌资本主义国家美、英、法的棉纺织业略有萎缩，美国由 2079 万锭缩减为 1991 万锭，英国由 1031 万锭缩减为 688 万锭，法国从 670 万锭缩减为 569 万锭，但在总体上仍主导着全球棉纺织工业。1959 年，中国棉纺织工业设备、生产规模的绝对数已进入世界前五位的行列。但人均水平还相当低，每 1000 万人口仅拥有 14 万纺锭，即仅拥有两家中型棉纺织厂；棉布人均年产量仅 11 米左右，仅能勉强适应当时全国城乡凭布票供应棉织物的低水平消费需求。

虽然如此，中国棉纺织工业在这一历史时期的生产、建设发展成就，当属社会主义新中国开始大规模工业建设时的一项重大成就；是在党中央、国务院直接支持过问下，纺织系统上下齐心，200 万干部职工整整奋斗 10 年的宝贵成果。

2. 20 世纪 80～90 年代

在改革开放的国策引导下，棉纺织工业作为最重要的民生工业部门，按照温饱社会与小康社会对纺织品的消费需求，掀起了新一轮发展高潮。抓住社会主义市场经济的种种有利发展条件，在 1980～2000 年，一直保持快速持续发展的势头。

20 世纪 80 年代，棉纱产量从 1980 年的 292.6 万吨发展到 1990 年的 462.6 万吨。同期，棉布产量从 135 亿米发展到 188.8 亿米，棉型印染布从 80.7 亿米发展到 91.6 亿米。

棉纺织工业的新厂建设和老厂改、扩建，也在这 10 年间出现高潮。全国棉纺锭总数从 1980 年的 1780 万锭发展到 1990 年的 3882 万锭。同期，全国有梭织机从 53.9 台发展到 86 万台；高速高效的无梭织机，从 1980 年的 4945 台起步，发展到 1990 年的 1.69 万台。棉印染工业的综合生产能力，从 1980 年的 77 亿米发展到 1990 年的 132 亿米。针织工业的现代化设备纬编大圆机，在这 10 年间由 580 台发展到 6447 台；经编机由 1938 台发展到 3884 台。

在棉纺、棉织、棉印染、棉针织各个环节的产销率都保持适当水平的前提下，中国棉纺织工业在 20 世纪 80 年代的 10 年间，工业总产值从 439 亿元发展到 696 亿元，几乎每年都实现生产量的历史新高。正是在这个时期，困惑中国社会多年的"人民衣被甚少"问题，基本上得到解决。1983 年年底，国家顺利地取消了布票。全国城乡纺织品、服装市场出现了前所未有的繁荣局面。

在深化改革开放、多种所有制经济共同发展、更高水平的小康社会建设、参与经济全球化等种种因素共同作用下，20 世纪 90 年代，中国棉纺织工业更上了一层楼。但由于经济过热而宏观调控力度不够，90 年代后期棉纺织工业出现产能相对过剩，相当一部分国有棉纺织企业连年亏损，处于濒临破产的境地。国务院当机立断，做出淘汰落后产能的决定。纺织工业领导机关（此时，已是中国纺织总会）坚决付诸行动。1998～2000 年，在全行业范围进行了以压缩棉纺设备 1000 万锭、国有企业摆脱困境为主要目标的纺织工业战略大调整。纺织工业首先是棉纺织工业经济运行质量迅速提高。纺织系统各行各业在 2001～2005 年就全面复苏，重现勃勃生机。一大批经营有道的国有棉纺织企业，在转轨重组、产业升级、科技兴纺中获得超常发展。更为可贵的是，以这场战略大调整为转折点，中国棉纺织工业由此加速了现代化进程，坚决走上新型工业化的发展道路。

20 世纪 90 年代，中国棉纺织工业在前中期高速发展、后期有进有退的调整之后，在 1990～2000 年，总体上进展仍然相当可观。

棉纺织印染工业总产值，从 696 亿元增长到 2406 亿元；棉纱产量从 463 万吨增长到 660 万吨；棉布产量从 189 亿米增长到 277 亿米；印染布产量从 91.6 亿米增长到 158.7 亿米。

全国棉纺织工业的设备规模，从 1990 年的 3882 万锭压缩到 2000 年时的 3444 万锭。同期，棉织机由 86 万台下降为 63.5 万台，但其中无梭织机反而由 1.69 万台发展为 6.09 万台。棉印染业的产能随之由 1990 年的 132 亿米下降为 2000 年的 118 亿米。经过有退有进的战略大调整，棉纺织工业的产能缩减了不少，但全行业的落后产能基本被淘汰，全行业现代化水平推进了一大步。

棉纺织工业的直接出口量值，在 1990～2000 年，基本保持原有水平。2000 年，棉纱出口量值为 21 万吨 /6.2 亿美元，棉布出口量值为 29.7 亿米 /27.9 亿美元。间接出口（加工为服装、家纺产品后的棉纺织工业终端产品），则在 10 年间大增。2000 年出口针织服装 72.5 亿件 /120.5 亿美元和机织服装 44 亿件 /172.3 亿美元的庞大量值中，相当大的一部分是棉纺织工业生产的棉型纱线、棉型织物的终端产品。

经过半个世纪的快速、持续发展，中国棉纺织印染工业的经济总量，到 20 世纪 90 年代中后期已开始稳居世界榜首。无论产能、产量，都已开始超过美国、日本和欧盟 27 国。1998～2000 年进行的纺织工业战略大调整，又显著提升了棉纺织工业的总体素质和运行质量、运行效益，并为其后更大的发展打下了基础。

以棉纺织工业为主力军的中国纺织工业，经过半世纪的发展，以其庞大产能和强大竞争力，在国内已可适应小康社会建设对衣被消费日益增长的需求，在国际上已经开始稳居全球榜首地位，将纺织品、服装出口发展到 530 亿美元、进出口贸易顺差近 400 亿美元的水平。

三、纺织工业战略大调整后，棉纺织工业出现新一轮大发展局面

进入 21 世纪以来，在中国加入世贸组织，进一步参与经济全球化和推进国际合作共赢，并在加大设备更新力度、实行品牌战略、致力创新发展等全新发展理念引导下，棉纺织工业出现了更大的发展局面。

2000～2015 年，棉纱产量由 660 万吨发展到 3538 万吨，棉布产量由 277 亿米发展到 893 亿米，印染布由 171 亿米发展到 509 亿米。棉纺织染企业由 4682 家发展到 10811 家。2000～2015 年的 16 年间，棉纱线出口量值从 21 万吨 /6.3 亿美元，发展到 34.4 万吨 /16.7 亿美元。棉织物出口额由 27.9 亿美元发展到 144.3 亿美元。经由服装业和针织业间接出口的棉制服装出口总值，到 2012 年已高达 963 亿美元。经过 20 世纪和 21 世纪之交纺织工业战略大调整，全国各地棉纺织工业在出口势头持续强劲和扩内需双重因素推动下，在致力于工业现代化的同时，出现了新一轮的新厂建设、老厂改扩建热潮。全国棉纺设备的总规模，以 2000 年的 3444 万锭为起点，发展到 2005 年的 4837 万锭，2007 年的 8720 万锭，2010 年的 12000 万锭。

中国纺织工业的国内市场很大，并已发展为世界第一纺织品、服装出口国，纺织工业的产能适当宽裕一些是可以的，但应该有一个宏观调控的合理尺度。中国棉纺织业已面临发展中的这一新问题。

棉纺织工业的布局，在这个时期发生了重大变化。上海、天津、青岛、武汉、无锡、常州等传统纺织业基地，北京、石家庄、邯郸、郑州、西安 / 咸阳五大纺织新基地，以及一些省会城市的棉纺织业，在 21 世纪第一个 10 年间几乎全面"退潮"。这些纺织老基地众多国有纺织企业在大城市的消失，究其原因，几乎都是城市规划的需要，或是企业负担过重、资金链断裂。取而代之的是一大批扎根于县域经济的纺织新基地。棉纺织工厂并非有碍环保、生态的高污染企业，而且一般都位于城市近郊。棉纺织工业布局这一重大变化的是非得失，尚有待历史的检验。

中国棉纺织染工业在这一时期，切实迈开了工业现代化的步伐。全国各地棉纺织工厂，普遍加大设备更新力度，从广泛采用清花 / 梳棉联合机、自动络筒机、无梭织机开始，发展到广泛采用超长细纱机、细纱 / 络筒联合机、高速高效精梳机等更新型的纺织设备。进入 21 世纪以来，纺纱工场的万锭用人，普遍由过去的二三百减为一百人以内，甚至三四十人。阔幅、特阔幅织机的广泛采用，为发展服装和家用纺织品制造业创造了良好条件。印染行业广泛采用高效率、多套色印花的圆网、平网印花设备。棉针织业广泛采用纬编大圆机和现代化经编机。科技兴纺的大战略在棉纺织工业真正得到了落实，并开始大放光芒（图 22-1～图 22-23）。

图 22-1 山东魏桥集团无梭织机车间

图 22-2 无锡国棉一厂现代化纺纱车间

图 22-3 石家庄常山纺织集团新貌

图 22-4 山东鲁泰纺织集团

图 22-5　香港华润集团合肥纺织工厂

图 22-6　香港华润集团湖州纺织工厂

图 22-7　福建长乐新兴纺织业

图 22-8　南通华润大生纺织公司

图 22-9　改建后的南通大生纱厂

图 22-10　天津天纺集团新貌

图 22-11　山东帛方纺织集团

图 22-12　青岛纺联集团

图 22-13　山东德棉集团

图 22-14　江苏悦达纺织集团

图 22-15　山东孚日家纺集团

图 22-16　山东岱银集团

图 22-17 际华 3542 纺织公司

图 22-18 德州恒丰集团

图 22-19 江苏联发集团

图 22-20　常州黑牡丹集团

图 22-21　无锡四棉纺织有限公司

图 22-22　天虹纺织集团

图 22-23　河南新野纺织集团

四、棉纺织工业新一轮大发展立足于庞大的植棉业和化纤制造业

棉纺织工业现今的大局面，是资源条件、设备技术、经营管理、内外贸易、人力资源等一系列有利因素共同起作用的结果。而其中，甚为有利的纺织原料资源条件，起着关键性的作用。

中共中央、国务院对发展棉花生产的重视程度，仅从中财委在中华人民共和国成立前夕就召开第一次全国棉花会议一事，就可以看出端倪。中华人民共和国成立后的二三十年间，国家在农业工作中一直是粮、棉并提。20世纪60～70年代，为促进棉花生产，并防止棉花生产出现大的波动，国务院直接召开全国棉花会议，年年抓，年年强调。结果是：全国棉花总产量从1950年的69万吨起步，发展为1980年的271万吨，2000年的442万吨；进入21世纪以来，更已将全国棉花总产量稳定在五六百万吨（1亿多担）的高水平，稳居全球第一产棉大国的地位。有了这样的棉花资源条件，中国棉纺织工业的做大做强，自然就具备了大前提。

20世纪80年代中期开始实行的"用好国内国际两种资源、两个市场"的国策，又为棉纺织工业扩大原料资源帮了大忙。抓住经济全球化的有利时机，在各个时期视棉纺织工业的实际需要，少则几十万吨，多则二三百万吨，从国际市场大量采购棉花，因而又成了全球最大棉花进口国。国内、国际两项棉花资源相加，每个年度可供工业使用的棉花资源多达七八百万吨。

更为引人注目的是，通过发展中国自己的化学纤维制造业，为棉纺织工业的大发展创造了极为有利的资源条件。20世纪50年代，中共中央、国务院批准纺织工业部提出的"天然纤维与化学纤维并举"时，有关部门已预计到，中国纺织工业的大发展，单靠受制于农田面积的棉花资源是不行的，必须开辟棉纺织工业新的原料资源——棉型化学纤维。这一重大发展战略付诸实践以来，中国化纤工业迅速起飞。全国化纤产量从1980年的45万吨起步，节节上升为1990年的165万吨、2000年的696万吨、2005年的1665万吨、2010年的3090万吨、2015年的3379万吨。其中适用于棉纺织工业的涤纶，在1980～2010年的31年间，由12

万吨发展到 4831 万吨；黏胶短纤维由 13.6 万吨发展到 183 万吨。这就是说，新兴的化纤制造业为棉纺织业创造的原料资源规模，竟已达到 2700 万吨左右。也就是说，2010 年全国棉纺织工业生产的 2717 万吨棉型纱线，是在同年国产棉花资源近 600 万吨（596 万吨），进口棉花近 300 万吨（294 万吨），加上 2700 万吨棉型化纤资源的基础上生产出来的。其中，国产棉花、进口棉花的占比分别为 16.7%、8.3%，国产化纤的比例竟已达到 75%。2010 年棉纺织工业的实际原料结构无精确统计，但即使按优先使用当年棉花资源（投入原棉 900 万吨，产出棉纱 840 万吨左右）匡算，这一年棉纺织工业生产的 2717 万吨棉型纱线的原料结构中，化学纤维用量也已达到 70%。完全可以这样说：没有化纤制造业的大发展，就没有中国棉纺织工业今天的繁荣（表 22-2 和表 22-3）。

表 22-2　棉纺织染工业发展历程

年度	设备规模		产量			出口量值		从业人员（万人）
	纺锭（万锭）	织机（万台）	棉纱（万吨）	棉布（亿米）	印染布（亿米）	棉纱（万吨/亿美元）	棉布（亿米/亿美元）	
1950	513	51.1（1955年）	43.7	25.2	27.5（1955年）	0.18	0.28	71（1952年）
1960	1006	38.3	109.3	54.5	32.3	2.3	6.2	115.5
1970	1294	37.9	205.2	91.5	53.0	2.9	7.9	172.1（1975年）
1980	1780	有梭 53.9 无梭 0.5	292.6	135.0	80.7	4.6	15.0	239.2
1990	3882	有梭 86.0 无梭 1.7	462.6	188.8	91.6	25.8	36.9	377.0
2000	3444	有梭 59.5 无梭 6.1	全社会 660	全社会 277	规上企业 171	21.0/6.2	29.7/27.9	326（1998年）
2005	7500	有梭 64.9 无梭 29.7	全社会 1451	全社会 484	规上企业 362	47.0/14.0	54.9/60.3	
2010	12000	有梭 69.1 无梭 58.8	全社会 2717，规上 2573	全社会 800 规上 655	规上企业 602	52.5/22.5	78.8/108	326.2
2014						43.1/20.6	83.5/142	465.6
2015	12000		全社会 3538	全社会 893	全社会 509			

注　1. 统计口径：设备规模和产品产量，1950 ~ 1990 年按纺织工业部口径，2000 年开始按国家统计局全社会口径；出口量值一律按海关统计。出口量值中的棉布包括印染布。

2. 2010 年起有工业销售产值和出口交货值的统计。2010 年的这两个指标分别是 15458 亿元和 1509 亿元。2014 年是 23894 亿元和 1665 亿元。

表 22-3　棉纺织工业原料资源的发展变化

年度	棉型纱产量（万吨）	棉花（万吨）		涤纶（万吨）			黏胶纤维（万吨）		
		国内产量	进口数量	国内产量	进口数量	出口数量	国内产量	进口数量	出口数量
1950	43.7	69	13						
1980	293	271	90	12	25		13.6	6.7	
1990	463	451	48	104	22		21.6	11.5	
2000	660	442	8.4		62		54	4.1	
2005	1451	571	265		35	21	111	6.0	1.2
2010	2717	596	294	2513	14	59	183	6.8	10.0

注　1. 出口棉花量很少，此处忽略不计。

2. 涤纶是一个总数，未分棉型、毛型和长丝。

3. 黏胶纤维产量未分短纤与长纤，此处是一个总数。进出口为黏胶短纤维（人造棉）。

4. 此表所列棉花、涤纶、黏胶纤维的统计数字，均为资源条件而非棉纺织工业实际使用量。

五、棉印染行业以出色成就助推棉纺织大业

棉纺织工业是包含棉纺织、棉印染、棉针织的庞大产业体系。棉印染处于广义棉纺织工业的下游，既与棉纺织相辅相成，又相对独立，自成体系。起源于 20 世纪第一个 10 年的中国棉印染业，到 2015 年已发展成为拥有规模以上企业（年销售额 2000 万元以上的企业）1046 家、年产印染布 509.5 亿米的重要行业。

1. 工场手工业时期

早在工场手工业时期，"两缸一棒"的染坊和染布业，已作为手工纺织业的下游行业，在全国各个手工纺织基地普遍得到发展。

进入机器纺织时代后，棉印染与棉纺织之间形成了更为密切的协作关系。出现了棉纺织厂与印染厂对口协作的种种方式。甚至发展为一个企业内部上下工序的关系，例如，纺织染全能厂、织染厂等企业组合方式。当然，棉印染业的主体部分，还是众多独立的印染厂。

中国印染业由于企业众多，生产规模较大，早在 20 世纪 30～40 年代就已形成行业。

机器印染业在中国的初创，始于：

（1）1908 年山东济南创办的东元盛漂染厂，从事棉布漂白和染色。

（2）1912 年诸文绮在上海开办启明染厂，从事多种颜色的丝光纱线生产。

（3）1913 年王启宇等人合资开办上海达丰染织厂，从事纱线和棉布染色；后来还增设印花车间，发展成为中国民族资本印染业的第一个棉纺织染全能厂。

上海是中国印染业最重要的发源地。20 世纪 20～30 年代，继启明染厂、达丰染织厂之后，先后有鸿章纺织染厂、光华染织厂、勤丰染织厂、仁丰机器染织厂、光中染织厂等四五十家印染厂的开办。

20 世纪 20～30 年代，无锡、常州、长沙、汉口、济南、青岛、天津等地也相继开办印染工厂。较为重要的有：无锡丽新纺织印染公司漂染部；常州的益丰昌染厂、恒丰盛染织公

司（后改组为新中国染厂）和大成二厂；青岛阳本印染厂；潍坊大华染厂；汉口的东华染整厂等。至抗日战争前，全国各地开办印染厂 100 多家，形成了仅次于棉纺织业的新兴纺织行业。

"二战"后几年间，中国棉纺织工业大体恢复到战前的水平。随之，印染业也基本恢复原有规模，并在产品方面有所发展。

公营的中国纺织建设公司，总共拥有 9 个印染工厂、4 个印染工场；共有印花机 19 台、丝光机 17 台、染缸 484 只。仅上海地区就有 6 家印染厂、2 个印染工场。其中以上海第一印染厂最为重要：设备齐全，规模最大。生产四君子、水月等名牌哔叽、直贡和印花布。民营的印染企业，总规模远大于中纺公司。1948 年，仅上海地区就有民营印染厂 72 家，其中 18 家印染厂拥有滚筒印花机。72 家工厂共有印花机 31 台、丝光机 34 台、染缸 1528 只。并已创出阴丹士林（蓝布）、白猫花布等一批名牌产品。

总的来说，中国印染业在 20 世纪上半叶，与棉纺织业相辅相成，发展到可观的工业规模，在中国近代工业中是一个颇有成就的消费品工业部门。1949 年的前后几年间（1948～1952 年），纺织工业产值在全国工业产值中的占比为 30% 左右，其中棉纺织染工业一个大行业，在全国工业总产值中的占比为 27% 左右；按印染业产值在棉纺织染工业总产值中占比一般在 20% 匡算，印染业当时在中国全部工业总产值中的占比，竟高达 5% 左右。

2. 中华人民共和国成立后的 60 多年

中华人民共和国成立后的 60 多年间，作为棉纺织染工业的重要组成部分，印染业随着棉纺织业的发展，也出现了快速、持续发展的局面。

20 世纪 50～60 年代，印染业主要抓了以下三件大事：

一是致力于提升印染厂的生产、技术管理水平。特别是整顿设备和印染工艺，借以提高生产效率和产品质量。1955～1970 年，在漂白、染色、印花等主机增添有限的情况下，印染布总产量由 1955 年的 27.5 亿米发展到 1960 年的 32 亿米，1970 年的 53 亿米。

二是适应中华人民共和国成立初期城乡人民群众新的服饰观念和消费需求，调整产品结构，大力增产经久耐穿的什色卡其、什色灯芯绒和大花布，并致力于提高印染布的强力、色牢度、耐磨牢度等内在质量。

三是集中财力、物力和工程技术人才，在全国各地建设 20 多个现代化的大中型印染工厂。这个时期在五大纺织基地又快又好建成的北京印染厂、石家庄印染厂、郑州印染厂、西北第一印染厂，后来在许多年间成了中国印染业最重要的产能。

20 世纪 70～80 年代，在中国纺织工业开始实行内外销并重的产业政策，以及通过发展棉型化纤混纺织物进一步解决人民衣被问题的新形势下，印染业着重抓了如下几件大事：

一是致力于开发国际市场流行的衣料。在纺织品流行色研究、面料花型设计时尚化、小批量多品种、缩短交货期等方面，全方位适应国际市场特别是西方发达国家纺织品、服装市场的需要。

二是加快设备更新，全面提升印染工厂的设备、技术水平。在 1970～1990 年，全行业连续轧染机从 239 台发展到 465 台，高温高压染色机从无到有发展到 1372 台，平网印花机从无到有发展到 166 台，圆网印花机从无到有发展到 169 台。

三是适应国内市场的需要，致力于开发并大量生产化纤混纺布，特别是棉与涤纶短纤混纺的涤棉细布、涤卡。到 1980 年，在全国印染布总产量 80.7 亿米中，混纺布的产量已达到 26.4 亿米。混纺布中，涤棉（T/C）混纺布已达到 18.8 亿米。

中国印染业在 1990 年已发展到年产印染布 91.6 亿米的庞大工业规模，远远超过欧美各国和印度、巴基斯坦、印度尼西亚、土耳其、日本、泰国等国印染业。同年棉型布的出口量达 37 亿米，也已居世界首位。

1990～2015 年的 26 年间，在国内纺织品、服装市场迅速扩大，以及经济全球化的有利条件下，印染业进入了新一轮发展时期，而且是空前的大发展局面。全国棉型印染布的年产量，以 1990 年的 91.6 亿米为新起点，发展为 2000 年的 171 亿米，2005 年的 362 亿米，2010 年的 602 亿米（以年销售收入 500 万元以上的工业企业为统计口径）。2014 年，全行业 1080 家规模以上企业（以年销售收入 2000 万元以上的工业企业为统计口径）总共生产 536.7 亿米的印染布，继续保持庞大的生产规模。

印染布的出口量值，一再创历史新高。在 2000～2014 年的 15 年间，棉印染布出口从 2000 年的 41.2 亿米 /50.8 亿美元，推进到 2010 年的 56 亿米 /84 亿美元。到 2014 年更已发展为 203 亿米 /245 亿美元。

进入 21 世纪以来，印染布出口的大发展，主要因素是化纤长丝织物出口大增。2014 年全国印染布出口 203 亿米中，化纤长丝织物竟占了 112.4 亿米。

印染业的工业布局，也有很大的变化。中华人民共和国成立后的三四十年间，印染业的主要基地是上海和苏南的常州、无锡等大中城市。其后经过二三十年的演变，到 2014 年主产地已变为浙江、江苏、福建、广东、山东等东部沿海五省；这一年五省印染业总共生产印染布 507.4 亿米，在全国印染布总产量中的占比高达 94.5%。特别是浙江，2014 生产印染布 324 亿米，竟在全国占 60% 的比例（表 22-4）。

表 22-4　印染业发展历程

年度	企业户数	工业销售产值（亿元）	生产设备（台）					印染布产量（亿米）			
			染缸	连续轧染机	滚筒印花机	平网印花机	圆网印花机	合计	漂布	色布	花布
1955				28	67						
1957			4310					29.4	2.2	20.6	6.6
1960			2208					32.2	4.0	20.6	7.6
1961				61	93						
1970			2564	239	136			53.0	5.9	35.0	12.1
1980			2838	351	194			80.7	8.7	53.7	18.3
1985						80	69				
1990			3150	465	320	166	169				

年度	企业户数	工业销售产值（亿元）	生产设备（台）					印染布产量（亿米）			
			染缸	连续轧染机	滚筒印花机	平网印花机	圆网印花机	合计	漂布	色布	花布
1998				469	245	391	305				
2000								170.9			
2005								362			
2010	2345（规上）	2854						602			
2014	1681（规上）	3559						536.7			

注　1. 2010 年前，规模以上企业年销售收入在 500 万元以上。

　　2. 2011 年起，规模以上企业年销售收入在 2000 万元以上。

六、针织业：做出"小百货"制造的大文章

中国针织行业在世界经济复苏步伐缓慢的形势下，2014 年全年出口额竟多达 1061.4 亿美元。

这个以生产汗衫背心、棉毛衫裤和袜子等"小百货"起家的昔日的"小行业"，何以竟能发展到出口创汇破千亿美元，的确令人惊奇，耐人寻思。

从 1896 年上海开办第一个针织企业（云章袜衫厂）算起，到 1948 年的 50 多年间，中国针织业的主要设备（针织内衣）总共不到 1000 台。工厂倒是不少，大大小小一百二三十家，其中仅内衣厂就有 53 家。绝大部分工厂集中在上海，除上海外仅有青岛的三家，广州的两家，宁波的一家。较为重要并有点名气的企业，有上海中华第一针织厂、上海五和织造厂、广州全新织造厂、中纺公司上海第一针织厂、中纺公司青岛第一针织厂、上海百达棉织厂、上海景福衫袜厂、上海永新织造厂等。但就是这些名厂，实际上也仅是些中小型企业。多数针织工厂的设备、技术十分落后，生产效率很低。20 世纪 30～40 年代，全国针织业产量最高的一年，也只耗用棉纱 14 万件（2.54 万吨）。

汗衫背心、棉毛衫裤和袜子，是城乡人民的生活必需品，是城乡市场不可或缺的小商品。中华人民共和国成立后的多年间，价廉物美的针织产品，一直保持购销两旺景象。全国针织用棉纱量，从 1950 年的 4.5 万吨，逐步扩大为 1960 年的 23 万吨，1970 年的 33.7 万吨，1980 年的 50 万吨。1980 年全国生产汗衫背心 7.4 亿件，棉毛衫裤 3.8 亿件，绒布类衣裤 9800 万件。袜子总产量呢？无可奉告，因为有关部门未作精确统计。办一个生产汗衫背心袜子的工厂，这项经济事业实在是太"平凡"了。但社会需要这种"平凡"。几乎没有市场准入门槛。省、市一级，办几家国有的大中型针织厂。县、镇一级如有需要，就自己动手办个小型的针织厂，也"姓公"，但绝大多数属"大集体"经济成分。于是，很快就出现了

图 22-24　江苏 AB 集团

图 22-25　上海三枪集团

全国范围星罗棋布的现象（图 22-24 和图 22-25）。在中华人民共和国成立后的 50 多年间，针织业的企业数究竟增加了多少，不得而知。直到 1998 年，才有一个"纺织部系统，乡及乡以上棉针织企业"的统计数为 1360 家。

重要的是，到 20 世纪末，中国针织业早已从"小行业"转变为从业人员达 60 万左右的重要行业。2000 年全国针织服装出口量值达 72.5 亿件 /120.5 亿美元。无需多加说明，这个很争气的昔日"小行业"，到此时已稳居世界榜首。2015 年的统计数字是：全国仅规模以上企业就已达 5739 家，同年出口总额为 984.4 亿美元。

中国针织业这顶"世界第一"的桂冠，得来实属不易。纵观这个行业由小变大、由大到强的历史过程，有许多事情值得经济界重视（表 22-5）。

其一，作为一个靠针织内衣制造起家的行业，及时并创造性地提出着重发展针织外衣（外衣化）的大战略，并成功地付诸实践。结果是：大大丰富了中国社会人民群众的衣着，又因而赢得了针织品出口外销的大发展。

如此成功的一项产品结构重大调整活动，应该说是中国纺织工业及至中国各个制造业部门，都值得深入研究的一个成功案例。

其二，及时并大规模地进行设备更新。看准针织工业生产、技术发展的大趋势，果断地从欧洲国家引进大量纬编大圆机、经编机、高温高压染色机等先进针织机器设备。中国经编名镇海宁马桥，竟成了德国名厂卡尔·迈耶制造的先进经编机最集中的地方。而结果是：中国针织业迅速实现了产品升级，很快就收回了投资。

表 22-5　针织工业基本情况

年度	生产设备（台）					企业数量（家）	从业人员（万人）	工业产值（亿元）
	经编机	纬编大圆机	棉毛车	台车	电动袜机			
1952							7.9	3.6
1957								9.8
1960							32.2	
1961	67		3087	2972	9639			
1970			4972	4161	18641			21.5
1972	246							
1975							33.7	
1980	1938	580	11142	6084	35878		49.5	63.9
1990	3884	6447	23677	20696	66619		65.0	111.1
1998	3680	6037	16806	19483	29658	1360①	55.7	471.1
2010						5185②		3286.4

①统计口径为：纺织工业部系统，乡及乡以上企业。

②统计口径为：规模以上企业。仅指棉针织，不含毛针织（2167家）和丝针织（483家）。

其三，引导众多中小微针织企业，转向产业集群／专业市场发展模式。依靠"扎堆效应"迅速加快发展速度，提升发展质量。中国经编名城海宁马桥、中国针织服装名镇常熟辛庄、中国袜子名镇诸暨大唐等一系列针织产业集群名镇名城，托起了中国针织业的大局面。

其四，大中小型企业并举，充分发挥大企业在针织业发展中，在行业升级、企业管理升级、工艺技术升级、产品升级等各个方面的引领作用。结果是：上海三枪集团、宁波申洲针织集团、山东即发集团等大型针织企业，成了中国针织业的主心骨。

其五，与大纺织产业系统有关行业的合作共赢。国际市场需要无结头纱制成的高档针织品，棉纺织工业就加快采用自动络筒机的进度，给予针织业莫大的支持。针织业需要快速提升设备、技术水平，纺机制造业就为针织业"量身定制"，研发了一系列新型针织设备，为针织业现代化提供了极为有利的条件。中国针织业做出"小百货""小商品"的大文章，绝不是偶然的。

第二十三章　毛麻纺织工业齐登世界榜首

如果说棉纺织工业在 1949 年是作为中国规模最大的工业进入社会主义新时代的，那么，毛、麻纺织工业却是另外一种情景了。

中国手工毛纺织历史悠久。但受羊毛原料和中国社会衣着习惯的影响，生产规模不大。清末机器纺织业东来时，左宗棠在兰州开办甘肃织呢局，甚至还早于李鸿章在上海开办的机器织布总局 10 年，但直到民国时期始终未发展成为大行业。1948 年全国还仅有精梳毛纺厂 11 家、粗梳毛纺厂 16 家、绒线厂 9 家，共计 15 万锭。与当时美国毛纺业 300 万锭左右、英国毛纺业 500 多万锭、法国毛纺业 270 万锭左右、日本毛纺业近 100 万锭相比，根本不在一个等级线。

中国手工麻纺织业的历史更为悠久。开办机器麻纺织厂也不算迟。清末张之洞 1897 年在武汉创办制麻局，起步并不晚。但直到 1948 年全国还仅有黄麻纺锭 2.3 万枚，黄麻织机 751 台，以及一个开工不正常的 7700 锭苎麻纺纱工场。至于亚麻纺织，直到 1950 年在中国还是空白。

毛、麻纺织业理应与棉纺织业、丝绸业一起构成大纺织行业系统的主体。但直到 20 世纪中期中华人民共和国成立时，总体上还处于基础薄弱、举步维艰的境地，远远落后于一些发达国家。而且在中华人民共和国成立初期百废待兴的时期，这几个生产呢绒绸缎等在当时几乎被看作奢侈品的纺织行业，不可能列为生产建设的重点。

正因为如此，这几个行业后来的快速持续发展，以及齐登世界榜首，其成就更显可贵。

一、毛纺织行业：不平凡的"世界第一"

毛纺织业理应是中国纺织工业产业链的重要组成部分。但从 19 世纪 80 年代起步的中国毛纺织工业，经过六七十年的发展，到 1948 年还仅发展到 15 万纺锭、2056 台毛织机。没有什么大发展时期，没有显赫的某项成就。全行业大大小小 36 家毛纺厂（一般都是纺、织、染或纺纱、染色全能厂），包括精梳毛纺厂 11 家，8.9 万锭；粗梳毛纺厂 16 家，3.7 万锭；

绒线厂9家，2.5万锭。此外，还有一些小型、微型毛织厂、毡毯厂、毛针织厂。

中华人民共和国成立初期的1950年，全国毛织物（包括精纺呢绒和粗纺呢绒）年产仅488万米，毛线仅1300吨。按当时全国人口5.5亿计算，人均毛织物分得量甚至还不到0.01米。

偌大一个文明古国的毛纺织行业，为什么直到20世纪中期，才仅仅发展到15万毛纺锭、近500万米呢绒年产量？当然有其客观原因。首先，是缺乏羊毛资源的支持。1950年全国绵羊毛产量仅3.35万吨，仅占全球绵羊毛产量的2%。进口羊毛吧，新生的共和国何来许多外汇？真是所谓"巧妇难为无米之炊"。其次，也许是更为重要的因素：百年积贫的中国社会，人民群众衣着消费支出的平均水平实在太低。毛纺织业生产的精纺呢绒、粗纺呢绒和绒线、毛毯，在当时中国社会均属奢侈品，即使产量极为有限，在市场上往往仍供过于求。1950年，上海中纺公司的南京西路纺织品门市部，为促销呢绒，甚至搞过分期付款。总之，多办一些毛纺织厂在当时实属不易，解决原料资源问题和市场销路问题更为不易。

所幸的是，当时中国毛纺织业这二三十家工厂规模虽然不大，多数企业的机器设备和工艺技术、生产管理水平都比较上轨道。"二战"后几年间，中纺公司的八家公营毛纺厂，上海的章华、协新、寅丰、元丰、振兴、振丰等民营毛纺织厂，无锡的协新毛纺厂，平津地区的东亚毛纺厂、仁立毛纺厂、清河制呢厂，东北地区的沈阳毛毯厂、哈尔滨毛织厂，重庆的中国毛纺织厂等，在当时都已能生产出能与"舶来品"进行市场竞争的毛纺产品。更为重要的是，已拥有一支力量不弱的毛纺业工程技术、企业管理队伍。正是靠着这些可贵的工业基础，中国毛纺织工业才得以稳步持续发展，终成大业。

中华人民共和国成立后毛纺织工业的发展，在前30年的特点是：低速、稳步、持续。无论工业规模还是主要产品产量，每年都有所增长，但发展的步子不大。1950～1980年，毛纺设备规模由15万锭增长到60万锭；毛织物产量从488万米增长到1亿米，毛型纱从1300吨增长到5.7万吨，毛毯由49万条增长到880万条。发展步子都不大。1980年全国60万毛纺锭，还不到当时日本毛纺业（213万锭）的三分之一，甚至还远远低于韩国（92万锭）的工业规模。

在羊毛资源条件（包括国产羊毛和进口羊毛）显著改善和国内、国际市场都初步打开局面的情况下，20世纪80～90年代的20年间，中国毛纺织工业加快了发展步伐。全国毛纺设备规模到1985年发展为100万锭，紧接着到1987年发展为200万锭，到1991年发展为303万锭，到1998年发展为387万锭。而此时，英国毛纺业已萎缩到30万锭；意大利毛纺业也开始萎缩，总规模已下降到270万锭左右。此时，中国毛纺织工业无论是设备规模还是毛纱、毛织物产量，均已跃居世界首位。

进入21世纪以来，在经济全球化和全球经济低迷正负两种世界经济形势交替影响下，中国毛纺织工业重新回归低中速平稳增长并有进有退的发展态势。到2005年，中国毛纺织工业的工业规模小幅度上升为405万锭、3.3万台毛织机。同年，羊毛加工量为40万吨，毛织物（呢绒）产量达到5.7亿米，绒线产量达到20万吨。就这样，拉开了与毛纺织业发展较早、基础较好的英国、意大利、美国、日本等发达国家的距离，并以其较为庞大的工业规模和世界贸易中的重要地位（最大的羊毛进口国，最大的羊毛制品加工国，最大的毛纺织产品出口国），成为世界毛纺织业界公认的全球毛纺业中心（2006 年 11 月在西安召开的"中国国际毛纺织会议暨 WTO 羊毛论坛"如此认为）。

虽然是中低速增长，中国毛纺织工业在 2014 年进一步发展到年产毛织物（呢绒）6 亿米、毛线 40.5 万吨的历史新高度。

国人近年对某个工业部门某项工业产量跃居世界首位的种种信息，已习以为常，甚至已视为理所当然。这是由于有些工业部门的巨大发展成就或超常发展，必须做一些深入分析和通俗解释后，才能为社会各界普遍理解。中国毛纺织工业从世界毛纺织工业统计中可"忽略不计"的弱小地位，经过半个多世纪稳步、中低速、持续发展，竟从 20 世纪 90 年代起，逐步取代英国、意大利、美国等老牌工业国毛纺织业的地位，并在 21 世纪第一个 10 年间变为全球毛纺织业中心（图 23-1 ~ 图 23-12）。

图 23-1　宁夏中银绒业国际集团

图 23-2　新疆天山毛纺厂

图 23-3　浙江新澳纺织公司

图 23-4　新疆如意毛纺织有限公司

图 23-5　鄂尔多斯集团毛纺工厂

图 23-6　兰州第二毛纺厂（前身是甘肃织呢局）

图 23-7　伊犁毛纺厂

图 23-8　江苏华芳毛纺织公司

图 23-9　青海毛纺厂走锭车间（老照片）

图 23-10　呼和浩特毛纺厂（老照片）

图 23-11 上海昆磊毛纺织公司

图 23-12 包头悦君毛纺厂

中国毛纺织工业从 20 世纪 80～90 年代开始做大做强，仅用 20 年时间就已发展到世界首位。其不平凡首先在于：它是靠着大进（羊毛资源）大出（毛纱、呢绒、毛针织品）实现毛纺业生产持续发展的。中国的养羊业规模不大，能用于机器毛纺织的绵羊毛（细毛和半细毛）产量，在 20 世纪 50～60 年代年产仅六七万吨（原毛，下同）。直到 1985 年还仅 17.8 万吨，仅占世界绵羊毛总量的 6%。而且限于畜牧业的条件，发展潜力不大。显然，仅是依靠国产羊毛资源，毛纺业很难发展出大局面。就是从 20 世纪 80 年代起，遵循并用好"两种资源、两个市场"的国策，开始大进（羊毛）大出（毛纺织品）。从澳大利亚、新西兰，从南美的阿根廷、乌拉圭等产毛国大量进口羊毛，而且一开始就是大手笔，惊动了国际羊毛局。1986 年中国进口羊毛 15.2 万吨，仅次于日本（进口 17.7 万吨）而超过意大利（10.9 万吨）、英国（11.8 万吨）、法国（13.2 万吨）。就这样，靠着国内国际两种羊毛资源，在 1980～2014 年的 30 多年间，使毛织物产量从 1 亿米发展到 6 亿米，毛线从 5.7 万吨发展到 40.6 万吨。

2005 年，靠着上一年国产羊毛（原毛）37.4 万吨，加上当年进口羊毛 26.9 万吨这两项国内国际羊毛资源，生产出毛织品 3.3 亿米、绒线 38.7 万吨；并在当年出口毛织物 0.99 亿米、5.3 亿美元，出口毛纱线 5.4 万吨、7.9 亿美元。就这样，在大进大出、进出口贸易顺差可观的情况下，在毛纺织品扩内需方面也做出了更多贡献，并进一步提升了中国毛纺织工业的工业规模和现代化水平。

2014 年，在国产羊毛、进口羊毛大体各占一半的资源条件下，中国毛纺织工业交出了这样一份工业运行清单（据国家统计局资料）：年产绒线（毛线）40.56 万吨，年产毛织物（呢绒）6 亿米，进口羊毛 34.34 万吨。

毛纺原料与毛纺织品进出口总额 177 亿美元。其中，出口总额 135 亿美元，进口总额 42 亿美元，当年进出口贸易顺差 93 亿美元。

出口毛纺织工业制成品 135 亿美元。其中：毛纱线 4.2 万吨、11.1 亿美元，毛织物 1.18 亿米、8.17 亿美元，毛毯 6.5 万条、36.73 亿美元，针织人造毛皮 5.5 亿米、5.5 亿美元，地毯 5.99

万吨、25.13亿美元，羊毛衫9615万件、12亿美元，毛机织服装5565万件、19.6亿美元，羊绒2360吨、2.3亿美元，羊绒围巾2054万条、2.8亿美元，羊毛条4.85万吨、5.1亿美元。

中国毛纺业通过大进大出，既发展壮大了自身的工业规模和生产规模，也为澳大利亚、新西兰、阿根廷、乌拉圭等产毛国送去了重大经济利益，真正体现了国际合作共赢。毛纺织工业（规模以上企业）基本情况见表23-1。

表23-1　毛纺织工业（规模以上企业）基本情况

年度	设备规模（万锭）				产量			规模以上企业基本情况			出口毛纺织品量值		
	合计	精纺	粗纺	毛线	毛织物（亿米）	毛线（万吨）	毛毯（百万条）	企业数（家）	从业人员（万人）	工业总产值（亿元）	呢绒（万米/亿美元）	毛线（万吨/亿美元）	毛针织品（亿美元）
1950	11.9	5.7	4.1	2.1	0.05	0.13	0.49		2.1①	1.4①	341万米②		0.025②
1960	21.3	11.6	6.2	3.6	0.27	0.95	2.06		9.4	9.8③	1736万米		0.36
1970	31.4	18.7		5.1	0.58	2.17	4.45			13..7	632万米		0.097
1980	60.1	29.5	10.3	17.6	1.01	5.73	8.84		22.3	34.7	15623万米		0.11
1990	265.9	101.0	63.8	94.1	2.95	23.79	22.96		62.0	94.1	23520万米④		0.22
2000	399	157	89	139	2.78	42.6		1161⑤	43.6	587.2	3662万米/1.89亿美元	5.6万吨/6.4亿美元	
2005	405				3.29	38.7					9933万米/5.3亿美元	5.4万吨/8.0亿美元	
2010					5.66	30.0		1496	30.0	1659.3	8707万米/5.2亿美元	4.1万吨/10.5亿	
2015					6.33	40.5		1181			10868万米/8.7亿美元	4.97万吨/10.8亿美元	20.5

①为1952年数据，②为1955年数据，③为1962年数据，④为1988年数据，⑤为1998年数据。

注　2010年起新增两个统计指标：工业销售总值，2010年为1622.7亿元；2015年为2778亿元；出口交货值，2010年为208.4亿元。

纺织工业在市场经济中是典型的竞争性行业，毛纺织工业尤其如此。从19世纪中期到20世纪上半叶，中国一直是欧洲一些发达国家毛纺织业倾销呢绒、毛线的大市场。当时中国二三十家民族工业毛纺织厂为求生存、发展，必须高度重视产品的品质和花色品种。上海的章华毛纺厂、寅丰毛纺厂对本厂出品的花呢、华达呢，上海、无锡的协新毛纺厂对本厂出品的派力斯，天津仁立毛纺厂对本厂出品的粗纺呢绒海力斯，天津东亚毛纺厂对本厂出品的抵羊牌毛线，无不悉心呵护，做到大体上能与舶来品进行市场竞争（并且基本上不搞价格竞争）。这个优良传统一直保留了下来。因而，在中华人民共和国成立初期，中国制造的呢绒很快就被列为与苏联和东欧各国进行贸易的重要商品。并在20世纪60年代中后期，很快就经住了对资贸易的市场考验。进入 21 世纪以来，毛纺业这一优良传统还反映在：出口产品价格稳步上升；各类毛纺织品出口金额的年度同比增长数一般都高于出口数量的年度增长数。2014 年和 2015 年全国毛纺织品（包括下游行业的羊毛衫和毛料服装）分别达到 135 亿美元和 128 亿美元的规模，就是这样得来的。

中国毛纺织业的健康发展，并成为世界毛纺织工业中心，还有一个颇足称道的成功经验：虚心学习欧美老牌毛纺织工业的成功经验，并博采众长，学而有创。概而言之，20 世纪的中国毛纺织工业，总体上是跟着英国、比利时毛纺业的脚步不断发展，因而不断地提升了产品水平和工业发展水平。最足称道的事件有：

（1）全面汲取欧洲各国毛纺业的产品规范及其工艺技术（特别是中厚花呢、轻薄花呢、华达呢和高档大衣呢）。从而全面提升了这些主要产品的品质。对欧洲各国优质呢绒成功经验的汲取，不仅是手感、光泽、呢面平整、纹样设计这些"大者"，连名牌呢绒"边道边字"这样的细节都不放过。因而，大体上在 20 世纪 80 ~ 90 年代，就将"中国制造"的毛纺织品的品质总体提升到了"世界水平"。

（2）汲取意大利粗梳毛纺业"粗粮细作"，通过精细加工，将低等级的羊毛以至回毛，制成价廉物美的粗纺呢绒（特别是粗纺格子呢）和格子呢上装，在世界范围引领男式上装时尚，获得重大经济效益的经验。通过汲取意大利这一成功经验，开阔了中国粗梳毛纺业的思路，也因而提升了工业水平。

（3）汲取意大利精梳毛纺业开创的发展高支纱轻薄呢绒（薄花呢）的成功经验。由此不仅拓宽了毛织物的产品领域，而且充分发挥了珍贵的细羊毛的经济价值。不多的几年间，中国毛纺业自己制造的轻薄呢绒，迅速发展成为风行全国的西装料，亦成为外贸出口的重要商品。

（4）汲取欧洲和日本毛纺业开发的腈纶（日本的商品名称为爱克斯纶、特丽纶）毛毯（也称拉舍尔毛毯）的成功经验。老老实实地学，并从中国国情出发，将腈纶（拉舍尔）毛毯分成高低不同的几个等级。结果是不多的几年，腈纶毛毯发展成了中国家用纺织品的一个"大产品"，出口的量值也相当可观。

（5）汲取发达国家毛纺工厂转向规模化生产的成功经验。中国早期的毛纺织厂，精梳毛纺厂的设备规模一般为几千锭（1 万锭以上即为大型毛纺厂），粗梳毛纺厂的设备规模一般仅为几百锭。20 世纪 80 年代，纺织工业部生产技术司一位资深毛纺专家在国外考察中，发现欧洲各国毛纺织业工厂规模有大型化的趋势，并经调研后得出结论：从现代毛纺织业的工程技术和经营管理水平看，毛纺织工厂确实宜于适当扩大规模。精纺厂至少 1 万纺锭，3 万 ~ 5 万锭更为有利。这一毛纺业发展的新思路，很快就成为中国纺织工业的一项产业政策。正是在这一产业政策的引导下，中国毛纺业先后有如意集团在山东济宁的崛起，阳光集团在江苏江阴的崛起，南山集团在山东龙口崛起。在这些实力雄厚、生产技术水平和企业管理水平达到世界一流，创新能力强大的大型、特大型毛纺织企业引领下，连同内蒙古、兰州等原有的毛纺织企业也发展壮大起来，中国毛纺织工业出现了更大的发展局面。

二、麻纺织工业：最晚进入大工业生产序列的纺织行业

麻布是人类社会最古老的衣料。手工麻纺织是中国最古老的生产活动。早在汉代，已出现工场手工业的规模化麻纺织。

机器麻纺织在中国的兴起，略迟于棉纺织业和毛纺织业。1898 年湖广总督张之洞在武昌创办制麻局，走出了中国近代麻纺织工业发展的第一步。从德国进口由脱胶到纺纱织造的全套设备。分两个工厂，第一个工厂主要从事苎麻纺织，第二个工厂主要从事黄麻纺织。生产夏布（苎麻细布）和麻袋、麻布。继湖北的制麻厂之后，20 世纪初期先后有 3 家苎麻纺织工厂问世：上海的同利机器纺织麻纺公司、芜湖裕源织麻公司、天津的万兴麻袋厂。在麻袋畅销的情况下，山东济宁在 1930 年接连开办出裕丰、永丰、华昌、文元等四家麻袋厂。苎麻纺织方面，比较重要的发展是陈济棠于 1933 ~ 1935 年在广东南海创办的广东纺织厂麻纺织部。这个工厂有一定规模：苎麻纺 2000 锭，麻织机 42 台。

外资在华设厂活动也介入了中国麻纺织业。20 世纪上半叶，先后有：日商东亚制麻公司，1916 年建于上海，拥有黄麻纺 3040 锭；由三井财阀和日本帝国纤维公司共同投资的满洲制麻公司，1917 年建于大连，拥有麻纺 2100 锭、麻袋机 110 台；奉天制麻公司，1892 年建于沈阳，拥有黄麻纺 4000 锭，麻袋织机 170 台；英商怡和纱厂在 1927 年附设的麻纺织部，通称怡和麻纺厂，有麻纺 2420 锭，麻袋麻布织机 139 台。

中国麻纺织工业从 19 世纪末初兴到 20 世纪上半叶整整 50 年间，发展步子不大。1949 ~ 1950 年，工业规模仅为 3 万麻纺锭（黄麻纺 2.2 万锭，苎麻纺 0.8 万锭）和 912 台麻织机（黄麻织机 872 台，亚麻织机 20 台，苎麻织机 20 台）；生产规模仅为年产麻袋 1500 万条，苎麻布 37 万米，亚麻布 13 万米。

在麻纺织工业的三个分支行业中，当时仅黄麻纺织已形成行业；苎麻纺织仅是几家小工厂；亚麻纺织还基本上是空白。

但麻纺织工业又是一个很有发展价值的经济事业，而且中国具备适当发展麻纺织工业的有利条件。苎麻纺织有深厚的手工业基础，有苎麻布消费历史传统，有苎麻种植的悠久历史和地域条件。亚麻纺织，有适于发展亚麻种植业的广阔北温带地域，有发展潜力很大的家纺、抽纱等下游行业的现成市场环境。黄麻纺织业的发展，是工、农、商、贸、运输、水利工程等多行业对包装材料的大量消费的客观需要（至于后来为丙纶编织物取代，那是另一个问题了）。因而在中华人民共和国成立后的几十年间，麻纺织工业的适度发展，一直是纺织工业的既定政策。

当代中国麻纺织工业的新发展，始于 20 世纪 50 年代建设三个不同类型的现代化麻纺织厂。1950 年，国家安排可观的财力物力，自力更生在杭州建设一个现代化的黄麻纺织厂国营浙江麻纺织厂（简称浙麻）。经一再扩建后，拥有黄麻纺设备 10596 锭，麻织机 626 台。仅这一个厂的产能，就相当于新中国成立前 50 年间建成的黄麻纺织工业总产能的 50% 左右，堪称规模空前。由此，开始了中国加快发展黄麻纺织业的历程。

1950～1952 年，由苏联政府援建的国营哈尔滨亚麻纺织厂（简称哈麻）。苏联为这个工厂提供亚麻纺织全套生产设备。与这个麻纺织厂相配套，还在临近县市建设了三个亚麻原料初加工厂，在黑龙江各地安排了相应的亚麻种植业。由此，引领出整整一个亚麻纺织行业。

1957 年，由纺织工业部直接安排，引进日本先进设备、技术，在湖南建设株洲苎麻纺织厂（简称株麻）。由此，开始了中国苎麻纺织由手工业转向大工业生产的发展进程。

三个大厂各领风骚半个世纪，带动了中国黄麻纺织业、亚麻纺织业、苎麻纺织业在社会主义时期的新发展。经过半个世纪的努力，到 2000 年达到了如下水平：苎麻纺 36 万锭，亚麻纺 18.6 万锭，黄麻纺 17.5 万锭（1998 年）；年产苎麻布 8949 万米，年产亚麻布 4051 万米，年产麻袋 9000 万条（1997 年曾达 4.39 亿条）。

进入 21 世纪以来，中国麻纺织工业出现了大起大落的局面。

苎麻布和亚麻布的年产量，从 2000 年的 1.3 亿米，发展到 2005 年的 2.16 亿米，2010 年的 5.75 亿米，2015 年的 8.8 亿米。

2015 年，麻纺织工业全行业出口总额 15.5 亿美元。其中：麻纱线出口 4 万吨 /3.5 亿美元；麻织物出口 3.4 亿米 /12 亿美元。在多出口深加工产品，少出口上中游产品的策略指导下，在 2000～2015 年的十多年间，麻纱线、麻织物的出口量值变化不大。

值得高度注意的是，中国含麻服装的出口总额，到 2014 年已发展到 42 亿件 /283.65 亿美元，远远超过了麻纺织工业直接出口的麻纱线、麻织物等麻纺织品的出口总额。

经由服装制造业深加工后实现的含麻服装间接出口，主要是含亚麻 30% 的机织女长裤和含亚麻 12% 的女式上衣。以平均含麻 20% 计算，通过终端产品含麻服装的间接出口 283.65 亿美元之中，麻纺织工业的贡献份额达 57 亿美元左右。由此可见麻纺织工业的重要性。

中华人民共和国成立后的 60 多年间，麻纺织工业的产业结构发生了重大变化。

苎麻纺织业，完成了从手工纺织业向大工业生产的过渡。从湖南、江西、湖北、安徽等华中地区手工苎麻纺织业，加上上海中纺公司第二制麻厂（4364 锭）和无锡天元麻毛棉纺织厂（2440 锭）的极有限"基础"起步，发展为 2015 年设备规模达 33 万锭、苎麻布产量达 5.8 亿米的一个现代工业部门。

亚麻纺织业，更是从零起步（连手工纺织业的基础都没有），从无到有、从小到大发展为 2015 年的 65 万锭，生产亚麻布 3 亿米。

黄麻纺织业从小到大，又从巅峰时期（1997 年达 17.5 万锭，年产麻袋 4.39 亿条）急剧下降。

当代中国麻纺织工业，由 20 世纪 50～60 年代以黄麻纺织为主体，转变为当代以苎麻纺织和亚麻纺织为主体，这样的产业结构重大调整，就总体而论，符合中国纺织工业现代化和工业升级的大趋势，反映了市场对资源配置的基础作用。但这并不排斥今后的新变化，同时，更应重视现有黄麻纺织企业的发展（表 23-2，图 23-13～图 23-27）。

表 23-2　麻纺织工业基本情况

年度	纺锭（万锭）		麻布产量（万米）		出口量值				行业主要经济指标		
	苎麻	亚麻	苎麻	亚麻	苎麻织物（万米/亿美元）	亚麻织物（万米/亿美元）	苎麻纱线（万吨/亿美元）	亚麻纱线（万吨/亿美元）	企业数（家）	工业销售总值（当年价，亿元）	其中出口交货值（亿元）
1950	0.8		37	13							
1960	2.0	1.5	995	2487							
1980	4.6	1.9	1965	2097							
1990	55.8	10.8	7119	2735							
2000	36.3	18.6	8949	405	0.79/0.96	1.6/2.8	2.09/0.65	0.77/0.47			
2005			21568		0.81/1.11	1.7/3.4	0.74/0.27	1.6/1.05			
2010			31085	26365	0.95/2.5	1.6/3.6	0.26/0.4	2.32/1.56	314	284.8	37.3
2014										550.6	51.1
2015			57857	30536	1.43/6.67	1.75/5.12	0.2/0.18	3.38/3.15	290		

注　统计口径：1950～1990 年为纺织部系统，2000～2015 年为规模以上企业。

图 23-13　哈尔滨亚麻纺织公司

图 23-14　江苏泛佳亚麻纺织厂有限公司

图 23-15 佳木斯三河亚麻公司

图 23-16 浙江金鹰集团亚麻工厂

图 23-17 黑龙江克山金鼎亚麻纺织公司

图 23-18 温州汇浩亚麻公司

图 23-19 湖北精华苎麻纺织公司

图 23-20 湖南龙源苎麻纺织公司

图 23-21 包头圣龙亚麻公司

图 23-22 江苏新申集团麻纺织公司

图 23-23 安徽铜陵艾绶麻纺织公司

图 23-24 济宁黄麻纺织公司

图 23-25 宁波广源纺织公司（黄麻）

图 23-26 湖北苎麻纺织公司

图 23-27 湖南株洲麻纺厂

第二十四章　丝绸工业复兴和化纤长丝织造业异军突起

一、丝绸工业：艰难地走向复兴

1. 丝绸工业是中华古文明的瑰宝

动力机器丝绸业在中国的发生、发展，在大纺织各行业中是最早的。早在 19 世纪中期，为适应生丝出口的需求，东南沿海地区已开始了发展动力机器缫丝业的历史进程，但发展并不顺利。中国丝绸业在总体上由手工业转为大工业生产，是在 20 世纪 20～30 年代勉强完成的。而且好景不长。接着又遭遇 30 年代世界经济危机的严重打击，以及"二战"时期日本帝国主义对中国蚕桑、丝织事业的蓄意破坏。20 世纪 30～40 年代，全国各地丝厂、绸厂普遍开工不足，产量锐减，整个行业陷入严重困境。

丝绸工业在新中国成立后60多年也是大发展局面，但经历的过程更为艰辛一些。丝绸之路的源头中国，在19世纪时还保持着手工缫丝业和手工丝织业的繁荣局面，到20世纪上半叶却急剧败落。长期的战乱，城乡社会的贫困化，特别是日本同行不择手段的摧残、打压，导致"二战"胜利后的几年间，仅14万绪缫丝机和4万台丝织机都开工严重不足，许多工厂濒临破产。以致在中华人民共和国成立初期，1950年全国仅生产蚕丝3100吨，真丝绸5.2万米。因而在"前30年"，中国丝绸工业实际上是处在"恢复时期"。所幸的是，经过一代人的努力，到1980年，终于将蚕丝（桑蚕丝、柞蚕丝、绢丝）生产量恢复到3.54万吨，将真丝织物生产量恢复到2.45亿米。接着就是"后30年"的大发展局面。到2010年发展到生产蚕丝21.7万吨、真丝织物7.8亿米的水平。从而，又创出了丝绸直接出口16亿美元、间接出口丝绸服装11亿美元的新局面，以今日中国丝绸工业的新繁荣局面，来迎接"一带一路"大建设。

（1）中国丝绸工业的早期历史。中国丝绸工业在手工丝绸业的深厚基础上迅速崛起，旋即连遭严重打击急剧萎缩亟待复兴。

19世纪中后期，在蚕丝出口的带动下，江南地区和广东手工缫丝业出现空前繁荣的局面；从而，又引发了机器缫丝、织绸业在中国的兴起。

用动力机器缫丝取代手工缫丝，最初是由从事生丝贸易的英商怡和洋行发端的。1862年怡和洋行在上海开办了中国第一家缫丝厂。100台丝车，是意大利式的座缫机。但这家缫丝厂仅存在4年，就在1866年关闭了。原因是离蚕茧产地太远，而当时沪宁、沪杭铁路尚未兴建；再则当时烘茧法尚未普及，鲜茧无法保存。接着是1878年由美商旗昌洋行在上海开办的丝厂。汲取怡和洋行办丝厂的失败经验，旗昌洋行这家丝厂在各个方面作了周密安排，终于取得了成功。

怡和洋行不甘失败，1882年又与中国商人合资在上海（成都路）兴建了第二家怡和丝厂。配备法国式丝车104台。这次获得了成功。

19世纪90年代，在蚕茧运输、鲜茧烘储问题得到解决的情况下，英、法、美、德资本先后在华兴办了纶昌丝厂、乾康丝厂、信昌丝厂、瑞伦丝厂等四家缫丝厂。

中国民族资本进入缫丝业，始于1872年陈启沅（图24-1）在广东南海创办的继昌隆缫丝厂。这个工厂的发展开局比较顺利。接着在19世纪80～90年代，珠江三角洲和上海、江苏、浙江等地区，在当地蚕桑事业的基础上，出现了一大批民族资本缫丝工厂，并在19世纪末发展成了中国缫丝业的主力。

1880～1930年，是中国机器缫丝业发生、发展的早期阶段，大体上又可说是中国缫丝工业的黄金时期。

1895～1930年，上海民族资本丝厂由12家发展到107家；丝车由1897年的7500台增加到24906台。著名丝绸实业家蔡声白（图24-2）1921年担任美亚丝绸厂经理职务，添置了许多美制新型丝织准备机械。

图24-1　中国现代缫丝业先驱
　　　　陈启沅塑像

无锡的民族资本缫丝业，由1904年的1家丝厂、95台丝车，急剧发展为1930年的50家丝厂、15846台丝车。

浙江在经济上与上海关系紧密，此时以蚕桑事业见长。到1929年也已拥有丝厂24家、丝车6524台。

广东珠江三角洲地区主要是顺德、南海二县的缫丝业，到1910年已发展为丝厂109家、丝车42100台。到1926年进一步扩大为丝厂202家、丝车95215台。

四川是"蜀锦"之乡，也在此时开始了建设机器缫丝厂的进程。1925年缫丝厂发展到20家，座缫车发展到6200部、77万绪，产丝2400吨。

1930年是中国丝绸工业，特别是早期缫丝业的巅峰时期。但好景不长，从1929年开始的世界性经济大萧条，几乎立刻波及各国丝绸工业，作为奢侈品制造业，首当其冲。上海民族资本丝厂，1930～1936年，丝厂由107家减少到49家，

图24-2　蔡声白

丝车由 24906 台减少到 11118 台。全行业呈现一片凄惨景象。

厄运并没有到此为止。紧接着在抗日战争期间，日本帝国主义对中国蚕桑事业和缫丝业蓄意破坏。日本是中国在国际生丝市场的主要竞争对手。1937 年"七七事变"和"八·一三"抗战后，中国的主要蚕桑业、丝织业基地江苏、浙江、广东、上海先后被日军占领。沪宁、沪杭铁路沿线的桑园均被日军砍伐。丝厂、蚕种场毁于战争的不计其数。14 年抗日战争时期，中国丝绸工业的丝车被毁约 4.5 万台。战后全国蚕丝生产萎缩到仅及 20 世纪 30 年代前期的 1/10。

"二战"结束后几年间，中国蚕桑事业和缫丝业略有恢复。但在社会动荡、国民经济困顿影响下，很快又陷入困境。1949 年全国解放前夕，上海仅有两家丝厂开工生产；浙江仅有 11 家丝厂勉强维持生产；无锡市 80 家丝厂 6420 台缫丝机全部停工，大批的工人失业；四川全省保留下来的只有 7 个缫丝厂，1949 年产丝仅 310 吨。

（2）蚕桑事业和缫丝工业是丝绸工业安身立命的根本。机器丝织业在中国的兴起和发展，总体上迟后于缫丝工业半个世纪。中国机器丝织业的初创，始于 1912 年杭州开办的纬成公司和振新绸厂，1914 年苏州开办的苏经绸厂，1915 年上海开办的物华绸厂，1916 年苏州开办的振亚绸厂，1919 年苏州开办的东吴丝织厂，1920 年上海开办的美亚绸厂。这一批老厂后来在中国丝绸工业发展中起了很大的作用。苏州的振亚绸厂和东吴丝织厂，上海的美亚绸厂，由于经营有道，后来都成为全国性的名厂。

由于在工艺技术方面有手工丝织业的历史传承，加上工厂规模可大可小，仅仅十几年时间，中国机器丝织业就形成了规模可观的一个纺织行业。1926 年，上海已有动力机器丝织厂近 200 家，杭州已有 100 多家，苏州已有 50 家，湖州已有 60 多家；此外还有盛泽的 4 家，嘉兴的 1 家。到 1930 年前后，中国丝织业总体上完成了从手工丝织业转向动力机器丝织业的历史性过渡，并开始重登世界丝绸市场的国际舞台。20 世纪 30 年代中期，全国丝织业共拥有电力织机 1 万多台。绝大部分集中在上海和江苏、浙江两省。仅上海一地就有丝织厂 450 家，电力织机 7200 台。

（3）机器丝绸印染工厂的发展。随着机器丝织业的快速发展，机器丝绸印染工厂也在 1910 年开始起步。1911～1937 年，上海先后开办了 7 家练绸厂、8 家丝绸印花厂，其中较为重要的是大昌精练染色整理厂。杭州先后开办了 12 家练绸厂，但规模很小，均属小微企业。虽说如此，却已为中国丝绸印染业打下了初步基础。

（4）绢纺织业。由机器缫丝业衍生但相对独立的绢纺织业，在中国是由日商钟渊纺绩公司在 1907 年开办的上海绢丝制造公司起步的，其后几年间，日商在东北、德商在青岛又开办了几个绢纺厂。

民族资本绢纺业，始于杭州纬成公司于 1925 年在嘉兴兴办的裕泰绢丝纺织厂。1933 年广东省政府建设厅在广州开办的广东纺织厂绢丝麻纱部，也为绢纺业增添了力量。到 1936 年，全国共有 6 个绢纺厂（其中外资 3 家），共有绢纺 3 万锭。这个小局面一直延续到中华人民共和国成立前夕。1949 年年底，全国共有绢纺 3.2 万锭、绌丝纺 3890 锭。总规模还较

图 24-3 鑫缘茧丝绸集团的江苏海安蚕桑基地

图 24-4 欣欣向荣的广西蚕桑事业

图 24-5 发展中的四川蚕桑业

小，但前进道路已经打通了（图 24-3～图 24-5）。

（5）柞丝绸工业。中国丝绸工业部门中自成体系的柞丝绸工业，其柞蚕事业的主要基地是辽东半岛、胶东半岛和豫西山地，其柞丝绸织造基地是丹东（原安东）、烟台和镇平。柞蚕缫丝和柞丝织造，也拥有手工业的历史传承。近代柞丝绸工业基本取代手工柞丝绸业后，1915～1928年，全国柞蚕茧年产量超过5万吨，1921年曾达到9.35万吨；每年出口柞蚕丝1000～2000吨。这个时期，辽宁、山东、河南相继出现一大批柞丝绸工厂。1930年，辽宁的丹东、四平、沈阳三市，已有规模较大的柞丝厂55家。1939年丹东已有大大小小丝织厂59家、丝织机1400台。但也是好景不长，20世纪30～40年代，连遭世界经济危机和日本侵华战争的双重打击，这个弥足珍贵的小行业渐趋式微。到1949年全国柞蚕茧产量仅1.19万吨。以柞蚕事业为基础的柞蚕缫丝、柞丝织绸业随之严重衰退。

（6）中国丝绸工业的三个发展阶段。纵观中国丝绸工业的早期历史（1860～1949年），从19世纪60年代出现第一家机器缫丝厂算起，到1949年的90年发展历程，大体上是三个发展阶段。

第一阶段，1860～1900年，是在根基深厚的江苏、浙江两省蚕桑事业和手工缫丝业的基础上，以发展动力机器缫丝业为主体和先导，全行业开始由手工业转向大工业生产的阶段。

这个时期中国丝绸工业转向大工业生产，其设备、技术基础，是第一次工业革命时由法国、意大利丝绸工业完成的高效率缫丝机及其工艺技术、生产管理方法。其发展动力，是以高品质高售价的厂丝取代手工缫丝业的土丝。其建设资金，在前期主要是来自外商投资（英商、德商、日商），后期主要来自民族资本。其最终结果，是缓慢完成手工缫丝业转向动力机器缫丝业的过渡。

第二阶段，1900~1930年，是在机器缫丝基本形成行业的基础上，着重发展动力机器丝织业和动力机器丝绸印染业。大体上用30年时间，基本完成了以动力机器丝织业取代手工丝织业的历史过程，并全面奠定了中国近代丝绸工业的基础。

第三阶段，1931~1948年，刚刚站稳脚跟的中国丝绸工业，从蚕桑事业、缫丝业到丝织业、丝绸印染业，连遭世界经济危机和日本侵华战争的严重打击，全行业长期陷于困境。因此，到1949年中华人民共和国成立初期，在大纺织绝大多数行业都开始致力于大规模经济建设时，丝绸工业尚处在困难重重、亟待复兴阶段。

2. 漫长并艰辛的复兴之路

中国是蚕桑事业和丝绸业的发源地，中国将栽桑、养蚕、缫丝、织绸、丝绸练染发展成了庞大的手工业产业体系。直到19世纪前中期，中国的手工缫丝、手工丝织业仍保持着庞大的生产规模。由中国传播出去已数千年的蚕桑事业和缫丝、丝绸技术，在东邻的日本、朝鲜半岛和欧洲的法、意、德等国已结出硕果，甚至后来已在生产技术方面"青出于蓝而胜于蓝"。但他们在生产规模和蚕丝出口方面还不能与"丝绸的祖国"中国丝绸业相比。1880年中国出口生丝4932吨；此时日本蚕桑事业和缫丝工业已发展到相当可观的水平，但其同年生丝出口量仅884吨，还不到中国的五分之一。

但是，由18世纪第一次工业革命引领的手工丝绸业转向大工业生产的历史进程，首先出现在欧洲的英（伦敦东区和麦克柯尔斯费尔特的丝织业）、法（里昂的丝织业）、德（埃耳特费尔特和柏林）和意大利（伦巴第大区的科莫），随后是明治维新时期的日本（福岛、桐生地区），而不是中国。1805年意大利发明并开始使用蒸汽缫丝机。意大利北部小城科莫，居民8万人，后来发展到拥有800家生产丝绸的企业，业务范围包含丝绸生产、丝绸染色印花、丝织物设计和丝绸贸易，至今还是欧洲丝绸工业的中心。法国里昂的手工丝织业，不仅发明了完善的"法国式丝车"，而且迅速实现了丝织生产机械化。日本丝绸业则是后来居上。1877年日本从法国里昂引进现代丝织机器，并向意大利学习先进养蚕技术。到1896年，日本已有4367家机器缫丝厂，一些大型缫丝厂规模空前。

而此时中国的杭嘉湖地区、长江三角洲地区、珠江三角洲地区等主要蚕业基地的手工丝绸业，还沿用着千百年来养蚕、缫丝、织绸的传统工艺技术。甚至直到19世纪下半叶，上海、青岛等地已出现英商、美商、德商开办的机器缫丝工厂后，中国丝绸业的主体部分仍然处于手工业阶段。

由大工业生产取代手工业作坊以至家庭手工业，由高效率、高售价的厂丝取代土丝，毕竟是不可逆转的历史进程。但等到中国民族资本致力于机器制丝、织绸时，中国的蚕丝和绸缎在国际市场的弱势已很难挽回。1912年，日本蚕丝产量在全球占比已高达40.3%，中国的份额已降为32.3%。又经过20年，到1931年，日本的蚕丝产量在全球占比竟高达80.6%，同年中国的占比竟已降为9.1%，仅略高于意大利（8%）。

从 1840 年开始的现代中国百年积贫积弱的时期，中国的蚕桑事业和丝绸工业，与国运同步，陷入了长达半个多世纪的衰败困境。蚕丝和丝绸生产都急剧萎缩。再加上日本帝国主义在侵华战争时期对中国蚕桑事业和丝绸工业的蓄意破坏，导致中国丝绸工业元气大伤。20 世纪 30 年代中期蚕丝年产量大体在 15 万公担（1.5 万吨）左右。抗日战争结束时，全国蚕茧年产量仅为 1.5 万公担（1500 吨）。这一局面一直延续到中华人民共和国成立初期。1949 年全国解放后，虽经政府多方扶持，1950 年全国蚕丝产量也仅能恢复到 3400 吨（桑蚕丝 2800 吨，柞蚕丝 300 吨，绢丝 300 吨），仅及同年日本的天然丝产量（1.3 万吨，生丝 1.1 万吨，绢丝 2000 吨）的四分之一左右。丝织品的国际市场售价，更是远远落后于意大利、法国和日本。

"二战"胜利后的几年间，当时的国民政府实业部曾特设中国蚕丝公司，试图复兴蚕桑事业和丝绸工业，但收效甚微。

中华人民共和国成立伊始，国家就开始对复兴丝绸工业作了一系列实际部署。早在 20 世纪 50 年代初期，就集中力量建成了规模巨大、设备先进的杭州丝绸联合厂（杭丝联）。但受制于蚕桑事业，中华人民共和国成立后的许多年间，蚕丝生产很难有大的进展。直到 1970 年全国蚕丝产量还没有达到 1 万吨（9600 吨）。直到 1977 年，全国桑蚕丝年产量（1.8 万吨）才勉强超过"二战"前最高年产量并超过日本。

3. 用"社会主义 + 经济办法"实现蚕桑事业和缫丝业的复兴

（1）蚕桑恢复的滞后，束缚了丝绸业发展的步伐。中国纺织工业作为最重要的传统产业，在中华人民共和国成立初期特别是胜利结束"国民经济三年恢复时期"艰巨任务后，棉、毛、麻、丝纺织各行各业，普遍面临扩大产能、扩大生产规模的有利形势。丝绸工业当然没有例外。但又有个特殊问题：从 1930 年起的 20 年间，连遭严重打击、长期深陷困境的丝绸工业，到 40 年代后期尚未恢复。1950 年桑蚕丝产量还不到 2800 吨，仅及历史最高年产量（1.5 万吨）的 1/5。丝绸工业赖以安身立命的蚕桑事业，恢复并非易事，桑田的发展更是难上加难。

20 世纪 50～60 年代的 20 年间，桑蚕丝生产的发展，始终迈不开大步。直到 1970 年桑蚕丝产量仅为 9600 吨，还不到历史最高年产量的 1/3，还不到同年日本桑蚕丝产量（20516 吨）的一半。丝织业的发展，只能跟着"走碎步"。

蚕桑事业和缫丝业、丝织业的恢复和较大发展，当然还得靠江苏、浙江、安徽、广东等老基地。同时，要开辟蚕桑事业的新基地。

早在第一个五个计划（1953～1957 年）时期，恢复、发展蚕桑事业的宏观决策和规划，就上了"一五"的本子。"一五"计划"第四章　农业"中明确指出："茶叶和蚕丝在我国农业生产、人民生活和出口贸易中占有重要地位……五年内，应该积极地发展茶叶和蚕茧的生产。计划规模：1957 年……家蚕茧达到 186.8 万担，比 1953 年增长 50.1%；柞蚕茧达到 123.5 万担，比 1952 年增长 1.1%。"

"一五"计划"第三章　工业"的工业建设部分规定："在麻、丝纺织方面：由纺织工业部新建的在西南有一个缫丝厂……由地方建设的在东北有一个绢纺织厂。""一五"计划还规定：应该扩大丝、毛、麻等织品的生产。1957 年各种丝绸织品（不包括土绸）达到 6929.4 万米，比 1953 年增长 78.5%。

值得注意的是："一五"计划桑丝、柞蚕丝事业的发展目标，以及新建缫丝厂、绢纺厂的安排，在当时都具有权威的政策引导性质。就在"一五"和其后几个五年计划的指引下，中国丝绢纺织工业开始走上了复兴之路。

中华人民共和国成立后的"前 30 年"间，江苏、浙江、广东、四川等桑蚕丝事业老基地，辽宁、山东柞蚕丝事业老基地，蚕业生产全部得到恢复；缫丝工业产能、产量，全面恢复到超过历史最高水平。1950 ~ 1980 年，全国蚕丝总产量从 0.34 万吨恢复、发展到 3.54 万吨（约为历史最高水平的 2.4 倍）。其中桑蚕丝由 2800 吨恢复、发展到 2.35 万吨，柞蚕丝由 300 吨恢复、发展到 2800 吨，绢丝由 300 吨恢复、发展到 9100 吨，都是成就卓著。

曾经长期屈居日本蚕丝产量之后的中国丝绸工业，在中华人民共和国成立后，经过 27 年的持续努力，终于在 1977 年重登世界蚕丝产量榜首（这一年中国生产桑蚕丝 18000 吨，日本生产桑蚕丝 16080 吨）。1980 年桑蚕丝总产量 23500 吨，在世界总产量（55314 吨）中占比 42.5%。随着蚕丝生产的全面恢复和持续发展，全国真丝织物产量由 1950 年的 5200 万米发展到 1980 年的 2.45 亿米，同期全国真丝绸出口由 821 万米发展到 1.32 亿米。就这样，顺理成章地加强了中国在世界丝绸工业和世界蚕丝、真丝绸贸易领域的话语权。

中共十一届三中全会提出改革开放总方针后，中央要求调整农轻重的比例关系，对轻纺工业实行"六个优先"政策。由于丝绸产品出口比重大，换汇成本低，创汇任务重，行业内的老领导陈诚中等，老科技专家孙和清等，都认为丝绸业内部存在的一些主要矛盾，亟需通过机制转换和机构改革，实行农、工、商、贸一体化的统一经营管理来解决。全行业期望体制改革的呼声很高。1979 年 9 月，辽宁省政府首先批准成立辽宁省丝绸公司；1981 年 12 月，国务院决定成立中国丝绸公司。随后，山东、浙江、江苏、广东、四川等省级丝绸公司也相继成立。

中国丝绸公司成立后，首先对极易发生"蚕茧大战"的经营管理作了调整和整顿，制定更合理的蚕茧定价制度；对丝绸业各种产品的税率普遍偏高问题，商请国家税务总局予以减轻；丝绸业内工业与贸易间也制订了新的作价办法，成绩斐然。可惜，1986 年年末在新一轮的改革浪潮中，这一农、工、商、贸一体化的经济管理体制未予保持。

1980 ~ 2014 年，中国丝绸工业出现了加速度发展的新局面。全国天然丝（含桑蚕丝和柞丝、绢丝）产量由 3.54 万吨上升为 16.73 万吨。真丝织物产量由 2.45 亿米上升为 7.17 亿米。并在后期又增添了一个生产规模可观的产品——蚕丝被。2010 年生产 1980 万条，2014 年生产 2474 万条。

蚕丝、真丝绸及其最终产品丝绸服装的出口，相应地大幅度上升，从 1980 年的 2.8 亿美元上升为 2014 年的 31.4 亿美元。

（2）桑蚕丝新局面得来的因素。最重要的一个因素，是国家和纺织工业领导机关坚定实施的"桑蚕丝业重心西南移"的经济发展战略，取得了巨大成功（图24-6）。

中国蚕桑事业重心自东汉、魏、晋时期逐渐从黄河流域南移长江流域（特别是东南地区）以后，直到20世纪60～70年代，全国蚕桑事业的重心一直是江南地区的江苏、浙江、

图24-6 "东桑西移"四川内江丝绸业崛起

图24-7 浙江嘉欣丝绸集团工业园

图24-8 苏州太湖雪丝绸专卖店

安徽三省。与此同时，考虑到东南沿海地区工业生产和城市建设与农业争地的矛盾日益严重，纺织工业领导机关开始探索在西南的四川（绵阳、南充、阆中等地）和广西发展蚕桑基地，并作了丝绸纺织工业新厂建设安排，广西发展成为丝绸原料基地。还有个插曲：原先的方案是在田阳等地建立木薯蚕茧基地，同时在田阳、南宁、桂林三地配套建设绢纺厂，将其加工成绢丝。经过一些年的实践并比较后，发现"木薯茧—绢丝"的方案效果不理想，而桂西北等地完全可以发展桑蚕事业。结果就歪打正着出现了广西发展成为中国最大桑蚕丝基地（2014年产40645吨）的新局面。四川和重庆原来就有点蚕桑事业的基础，20世纪70～80年代，在纺织工业部悉心扶持下（给政策，安排新厂建设），充分发挥蚕桑事业的发展潜力，也在二三十年间发展成了中国最重要的蚕丝基地。2014年，四川产丝38096吨，重庆产丝4730万吨。令人高兴的是，在蚕桑事业重心西南移的情况下，江南老基地仍高度重视蚕桑事业，2014年，江苏产丝29738吨，浙江产丝15505吨，安徽产丝9101吨。江苏吴江市盛泽镇，在新的历史条件下出现空前的兴旺局面，成为中国丝绸名镇；浙江桐乡市河山镇，发展成为中国绢纺织名镇（图24-7～图24-11）。

（3）蚕桑事业。蚕丝生产上来了，丝绸工业就全盘皆活了。特别是，就有条件做到内外销并重了。根底深厚的丝织业，

图 24-9　浙江万事利集团

在这一时期致力于产品创新、工艺技术升级，使"中国制造"的真丝织物的品质和花色品种上了一个大台阶。在这个基础上，又实现了丝绸服装的产品升级，造成了蚕丝、丝绸、丝绸服装三者都大举进入世界市场的新局面。

真丝绸缎历来是贵重的衣料和装饰织物，整个丝绸产业链从蚕桑事业到织绸、丝绸印染、丝绸服装制作，道道工序都得精工细作，费工费时。特别是蚕茧生产和初加工，机械化程度很低，成本、价格高昂。以2014年为例，高品质生丝每吨价格在38万元左右，约为化纤丝价格的15倍，棉纱价格的20倍左右。因此，真丝织物和丝绸服饰的"扩内需"，即使面对的已是小康社会的城乡市场，也有个产品档次、售价适中和耐穿、耐洗的问题。丝绸工业近年在这个问题上积累了许多成功经验。例如，中档的真丝围巾已成为城乡市场的大众化商品；穿着舒适的真丝双绉衬衫，已成为旅游市场的大宗商品；富裕地区时尚女性中出现的丝绸旗袍热；借助 APEC 会议的巨大社会影响，掀起了全国性的织锦缎"唐装热"等。江浙两省一些经营有道的丝绸企业，在这个时期普遍得到了新发展，涌现出万事利集团、丝绸之路集团、

图 24-10　大东吴丝绸公司

图 24-11　中国绸都盛泽

299

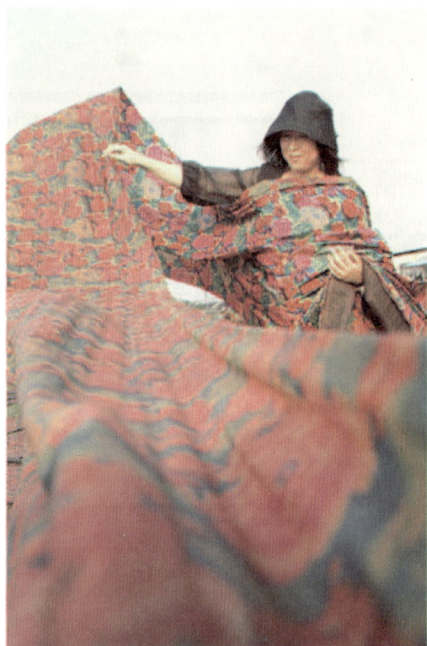

图 24-12　服装设计师梁子的莨绸衣料

图 24-13　江南女子展示丝绸旗袍之美

图 24-14　江苏苏丝丝绸集团

图 24-15　浙江金富春丝绸集团

嘉欣丝绸、达利、富润、金富春、凯喜雅、吴江鼎盛、江苏华佳等知名企业、知名品牌，以及金三塔、万事利、鑫源、欢莎等丝绸产品网络销售的领军品牌（图 24-12～图 24-15）。

山东的淄博大染坊，四川的南充依格尔和丝绸之路集团等丝绸企业，走自己的发展道路，创造性地开发特宽幅真丝提花家纺面料大获成功，成为富安娜、罗莱等大牌家纺企业丝绸面料主要供应商。这样一来，就为昂贵的真丝绸缎扩内需开辟了一条广阔的新道路。

（4）丝绸工业在 20 世纪和 21 世纪之交出现较大发展局面，与科技兴纺也有直接的因果关系。

缫丝工业。逐步普及自动缫丝机，取代原来的立缫设备。近年还更进一步，正在研究与开发智能缫丝设备。为实现"绿色发展""缫丝废水零排放"的目标，缫丝厂的清洁生产在"十二五"期间已大面积得到实现。

丝织业。基本淘汰老式的有梭织机，直奔无梭织机时代。真丝数码织造技术，已在"十二五"期间开始大面积使用。

丝绸印花工艺技术，更是取法乎上，虚心汲取法国、意大利、瑞士的成功经验（包括丝绸的艺术设计手法），几年时间就拉近了与欧洲真丝绸产品的距离，造成了中国真丝绸缎和丝绸服装大举进入发达国家

高端市场的局面。一些国际上新
流行的丝绸新技术，如数码喷墨
印花、计算机智能测配色等，一
般都很快就进入中国丝绸工业，
学创结合用于创新发展（图24-
16～图24-18）。

（5）中国丝绸工业在1980～
2015年有较大发展局面，还有个
很重要的国际因素，就是经济全
球化。这不仅是指中国加入世界
贸易组织，使丝绸工业的出口潜
力得以释放，更是指曾经拥有规
模可观的蚕桑事业—丝绢纺织工
业的日本、法国、意大利丝绸业，
自20世纪80～90年代以来急剧
萎缩了。理应继续发展的韩国、
泰国、乌兹别克斯坦的丝绸业，
也呈现下行趋势。当今世界的主
要产丝国，实际上只有中国、印
度、巴西（它的蚕桑事业是由日
本侨民带去的）。中国纺织工业
奉行国际合作共赢的方针，并不
乐见这种少数几个国家丝绸业独
大的局面。但愿在"一带一路"
建设和"绿色发展理念"（蚕桑
事业和丝绸工业是最符合"绿色
发展理念"的制造业）付诸实施
中，很快就能翻过历史这一页（表
24-1～表24-5）。

图24-16　提花织机

图24-17　立缫机

图24-18　数码喷墨印花

表 24-1　丝绸工业基本情况（一）

年度	设备			丝产量（万吨）				真丝绸（亿米）	蚕丝被（万条）	化纤长丝织物（亿米）
	缫丝（万绪）	绢纺（万锭）	丝织机（万台）	合计	桑蚕丝	柞蚕丝	绢丝			
1950	13.9	2.5	4.1	0.34	0.28	0.03	0.03	0.52		
1960	29.9	4.7	3.2	0.83	0.55	0.07	0.21	1.04		1.76
1980	47.6	11.1	3.03	1.67	0.96	0.12	0.47	3.68		2.59(1972)
1990	203.3	21.9	17.9	5.66	4.30	0.23	1.06	4.92		12.20
1998	304.4	33.1	19.6	6.77	5.75	0.17	0.85	6.72		53.69
2000				7.73				6.92		40
2010				21.70	16.2		5.5	7.75	1980	202
2014				16.73	15.6		1.13	7.17	2474	425
2015				17.21	16.23		0.98	6.24	2328	433

注　统计口径：2000 年及以后为规模以上企业。

表 24-2　丝绸工业基本情况（二）

年度	企业数（家）	从业人员（万人）	工业总产值（亿元）	工业销售收入（亿元）	其中：出口交货值（亿元）	全行业出口总额（亿美元）	丝纤维纱线出口（吨/亿美元）	丝绸出口（亿米/亿美元）	丝制服装出口（亿美元）
1950			3.0				1546		
1952		7.7	11.9						
1960		21.2							
1970			24.5						
1980		42.6	45.8						
1988	1732	81.1							
1990		75.0	100.9						
2000			1509.9	1487.5	152.0	16.77	10804/2.35	1.3/3.6	8.12
2005						32.14	16737/3.39	2.9/7.2	19.1
2010	2666	33.4	1510.8	1489.5	151.9	27.2	9417/2.81	2.73/9.9	11.1
2014	869	17.6		1181.6	93.1	31.38	5417/2.25	1.56/9.02	16.15

注　统计口径：1950～1998 年为纺织工业部系统（乡及乡以上）；2000～2015 年为规模以上企业（2010 年前为年销售收入500 万元以上企业，2011 年起为年销售收入 2000 万元以上企业）；出口量值为海关统计数。

表 24-3　丝绸工业重心西南移后的新布局

省、市及自治区	蚕丝产量（吨）		真丝绸缎产量（万米）		蚕丝被产量（万条）		绢丝（吨）
	2014 年	2015 年	2014 年	2015 年	2014 年	2015 年	2015 年
广西	40645	46496	1814	2290	10	11	1124
四川	38096	40203	24793	17246	156	146	52
江苏	29738	27153	10459	8772	450	360	953
浙江	15505	16060	21574	21524	341	344	6641
安徽	9101	8057	7752	7196	106	43	
江西	6225	6680	142	186		76	
陕西	5386	6872	75	95	34	52	
重庆	4730	4632	1738	2009	14	17	418
辽宁	4504	2948	65	50	39	37	
云南	3433	4379	93	249	2	4	301
山东	3414	2396	1988	1733	330	346	69
广东	2312	2724	2814		71	67	178
河南	2160	1169	925	1057	427	507	
湖北	1683	1663			389	185	
贵州	291	594					62
河北	61	6					
上海			190	3	46	42	
山西		81	67				
总计	167284	172114	71676	62411	2474	2328	9798

表 24-4　世界主要产丝国桑蚕丝产量的演变

年度	中国（%）	日本（%）	意大利（%）	法国（%）	其他国家（%）
1905	31.9	24.5	23.6	3.4	16.6
1912	32.3	40.3	15.2	1.9	10.3
1919	31.8	55.7	6.7	0.7	5.1
1926	19.8	68	8.7	0.6	2.9
1931	9.1	80.6	8.0	0.2	2.1
1932	10.8	78.3	8.8	0.2	1.9

表 24-5　世界主要产丝国桑蚕丝产量的演变　　　　单位：吨

年度	世界总产量	中国	日本	韩国	印度	泰国	巴西	乌兹别克斯坦	土库曼斯坦	越南
1950		2800	11000							
1960	31400	5500（占比17.5%）	18048	470	1154		101（1961年）	2358		
1970	41000	9600（占比23.4%）	20516	2846	2258		259	3020		
1977		18000	16080	5580	3090		1062	3414		
1980	55314	23500（占比42.5%）	16152	3276	3960	684	1170	4410		
1990	69120	42973（占比62%）	5718	954	11484	1470	1692	4092		
1995	89004	77900（占比87.5%）	3228	342	12882	1068	2466	1308		
1997			1902	72						
2000	89004	73333			15214	955	1389	1100	4700	7153
2005		132500			16500	1600	1200	1200	4500	13000
2010		162008								
2015		172114								

二、化纤长丝织造业：由丝织业和化纤业衍生的新兴纺织行业

这是中国大纺织产业系统 12 个大行业中的最新成员，是由丝织业和化纤工业直接衍生的新兴纺织行业。

它立足于中国庞大的化学纤维制造业。它的原料基础是两种合成纤维：涤纶长丝和锦纶长丝。它的生产流程比较简单：采用高速高效的阔幅无梭织机（主要是喷水织机，讲究点儿的产品采用喷气织机和剑杆织机），把从上游行业直接购进的大卷装化纤长丝，织制成大众化的轻薄衣料或家纺、产业用织物的坯布。

它的产品结构也比较简单，但生产规模却特别庞大。20 世纪 60 年代起步时，年产量在 1 亿～2 亿米。70 年代扩大为 2 亿～5 亿米。1985 年破 10 亿米大关（11.5 亿米）。1995 年破 50 亿米大关（56.4 亿米）。其后的 20 年间，出现了井喷式的发展：2015 年我国化纤长丝织物总产量为 433 亿米。

中国的化纤长丝织造业，立足于本国庞大的化纤工业，它的哺育者却是另有其人：丝织业。原来早在 20 世纪 30～40 年代，中国丝织业已开始采用丝型化纤生产丝织物；不过，当时用的是黏胶长丝（人造丝），而且生产规模很小。20 世纪中后期，中国丝织业真丝织物生产徘徊不前，真丝织物年产量直到 1980 年还仅 2 亿米。在合成纤维长丝资源日益丰富的情况

下，丝织业为防止生产能力放空并增加企业经济效益，逐步扩大了化纤长丝织物的生产。谁也没有料到，丝织业这一"补位"安排，竟孕育出了一个"大产品"。1998年，全国真丝绸产量6.7亿米；同年由丝绸工业生产的化纤丝织物却已达到53.7亿米。在丝织业产品结构中，化纤长丝织物与真丝织物的比重，从1960年时的2∶1，1980年时的2.5∶1，演变为1998年的8∶1。但直到此时，化纤长丝织物在工业统计中仍归在丝织业的产品序列。

21世纪的第一个15年间，随着我国化纤工业的超常发展，化纤长丝织物的生产规模也出现了超常发展的局面。年产量由2000年的40亿米发展到2010年的202.4亿米，2015年的433亿米。作为对比，1950年全国棉织物产量仅25.2亿米；直到1990年全国纯棉布和棉混纺布产量还仅为164.4亿米；甚至直到2010年，全国纯棉布和棉混纺布总产量也不过是484.8亿米。所以，化纤长丝织造业的发展，对中国纺织工业现今庞大生产规模的形成，也起到非常重要的作用。

还应该提到，化纤长丝织造业的发展，在我国推进纺织品服装和家用纺织品的出口方面起到的重要作用：2014年全国纺织行业出口各类织物370亿美元，其中化纤织物就有113亿米、116亿美元。

正是在这样的一种情况下，化纤长丝织物从丝织业的"补位"产品，顺理成章另立门户，进入了纺织系统大行业一级的产品序列。

化纤长丝织造业发展成为一个可观的新兴纺织行业，是在东南沿海江、浙等省丝织业孕育下形成的。其后发展成年产化纤长丝织物几百亿米的大行业，也是由江、浙两省一些丝绸业基地（产业集团）托起的。具体来讲，是盛泽、长兴、秀洲、龙湖、泗阳、平望、七都、柯桥八地的化纤丝织业，托起了中国化纤长丝织造业的大局面。2014年，全国化纤长丝织物总产量425亿米中，八地的产量就有298.7亿米。特别是盛泽（86.3亿米）、长兴（72.4亿米）、平望（48亿米）、秀洲（38.5亿米）、柯桥（16.6亿米）五地，以一个县、镇之力，发展到年产几十亿米长丝织物，并把如此巨量的纺织品推向内外销市场，实现产销基本平衡，实为不易（图24-19）。

在中国纺织工业加快现代化步伐并致力于创新的进程中，化纤长丝织造业没有落后。为适应市场对多种纤维交织、长丝短纤交织等新型织物的需求，更多地采用喷气织机和剑杆织机，已成为全行业的共识。全新的整经、浆纱、并线设备，全自动穿经设备，自动化程度更高的全新无梭织机等，已开始批量进入这个新兴的纺织行业。

图24-19　恒力集团长丝织造车间

第二十五章　后来居上的中国化纤工业

在当今生活中，化学纤维发挥着越来越重要的作用。不仅在解决穿衣问题、提高人们衣着水平和美化生活环境方面占有重要地位；而且以其优异的特性，正逐步取代天然纤维和石棉、塑料、橡胶以至金属等，广泛应用于工业、农业、交通运输、土木建筑、环境防护、医疗卫生、治水治土和国防建设等领域，并显示出强大的生命力。

近百年来，全球的化学纤维生产迅猛发展。1920年黏胶纤维实现工业化，接着锦纶、腈纶、涤纶等合成纤维相继投入工业化生产。到1939年，化纤总产量就已突破百万吨（101.7万吨）。20世纪90年代初，达到2000万吨左右，已超过全球棉花产量。发展化学纤维，扩大纺织原料资源，已成为全球纺织业发展的总趋势。

中国人口多耕地少，又是自然灾害频发的国家，农业生产抵御自然灾害能力脆弱，因而天然纤维资源不足的矛盾将长期存在。只有在充分发展中国天然纤维资源的同时，大力发展化学纤维，才能缓解矛盾。中国化纤工业起步虽晚，但发展很快，不但在短缺经济时期为解决人民穿衣问题提供了原料，而且在此后的几十年内，为扩展纺织产品门类，改善产品使用性能，扩大行业出口创汇，提供了天然纤维所不能企及的品种多样、物美价廉的纤维原料。我国现已成为产量占全球70%的世界化纤生产大国。

一、从黏胶纤维起步创建中国化纤工业

中华人民共和国成立之前，中华大地上仅有两座化纤厂。一座是由邓仲和以19280英镑的价格，从法国里昂人造丝厂购得古典式人造丝生产设备1套和试验机1台，并在上海购地建厂。因太平洋战争爆发，运输发生困难，运抵设备残缺不全。并由于当时中国化纤技术人才缺乏，直到上海解放，始终未能正式投入生产。1950年10月，邓仲和与政府正式签订公私合营契约，总投资600亿元（旧人民币，折合新人民币为600万元）公私股各半，并改名为安乐人造丝厂股份有限公司。另一座是日本侵华时期的东洋人造丝株式会社安东（今丹东）工厂，采用从日本拆迁来的20世纪30年代德国制造的设备，1941年投产，日产水平4吨

黏胶短纤维。该厂在日本战败前夕遭日军破坏后停产。

中华人民共和国成立后，随着纺织工业迅速恢复和进入大规模经济建设时期，纺织工业第一代领导人钱之光、陈维稷、张琴秋审时度势，从解决人民穿衣这件大事出发，结合当时已出现粮棉争地苗头和气候原因导致棉花歉收，影响纺织工业生产建设等情况，深感有发展化学纤维的必要，于是把发展化学纤维工业提上议事日程。1953年就向中央作了发展化学纤维工业的报告。1954年秋，部机关成立了化学纤维筹备小组。按照部领导的意图，着手勾画中国化纤工业发展的蓝图。当时在调查研究的基础上，首先抓了两项工作，一是两个老厂的恢复改造工作，二是筹划引进国外先进技术自行建设新厂。

1955年9月，钱之光率领中国纺织工业代表团一行七人，赴苏联考察了两个月。钱之光侧重考察了化纤工业。其中，有黏胶纤维、醋酸纤维、卡普纶（中国称锦纶）等生产厂。他特别看中了黏胶纤维和卡普纶，注意这两种化纤的生产流程，并收集了一些有关的资料。回国后，正值编制第二个五年计划，就在"二五"计划中列入拟从苏联进口成套设备建设一个卡普纶厂、两个黏胶短纤维厂和一个黏胶长丝厂。随即派计划司罗日运、化纤专家孙君立和翻译黄克复，参加政府"二五"计划代表团赴苏谈判。最后苏方以中苏贸易有逆差、中德贸易有顺差为由，让中国向民主德国订购。1957年10月，保定化纤厂正式开工建设。"大跃进"时期，施工上求快心切，生产上求多心切，对施工质量和投产后的产品质量有所忽视，一度使生产受到影响。经过整顿，到1960年7月全厂四个纺丝区才全部投产，年产量增至7000吨，所产人造丝成为全国的优质产品。

两个破旧老厂的恢复改造工作从1956年开始。到1958年上半年也先后正式投产，年产能力达到了5000吨。

这四个厂虽然规模不大，但从无到有，跨出了第一步。特别是保定化纤厂，为中国培养了化纤专门人才，并积累了比较完整的生产技术，在中国化纤工业发展史上具有重要意义。

在中国化纤工业初建阶段进程中，钱之光等就已在谋划下一步的发展，决意要依靠纺织工业自己的人才和纺机制造力量，设计制造黏胶纤维成套设备，再建设一批新的化纤厂。1957年，纺织工业部聘请的苏联专家组组长布留亨（来华前任苏联机械工业部纺织机械制造总局局长）回国。纺织工业部趁机派出基本建设局李竹平为团长，纺机专家费启能、杨炳勋等参加的代表团赴苏谈判。几经周折，才解决了钱之光在1955年访苏时想要的黏胶长丝、短纤维、帘子线和锦纶等设备的制造图纸问题。

1957年11月，国务院公布《关于改进工业管理体制的规定的命令》，要求国务院各主管部门所管理的企业，除了一些主要的、特殊的以及试验田性质的企业仍归中央继续管理以外，其余企业原则上一律下放，归地方管理。钱之光考虑：化纤工业是新兴的工业部门，国内技术力量薄弱，大家都缺乏经验。因此，提出部直属的保定、丹东、北京三个化纤厂以及今后新建的大型厂，仍由纺织工业部建设管理，中小型厂则可由地方建设的方案。这个方案得到国务院认可。

1958年4月成都会议后，迫于形势，6月3日纺织工业部党组向中央报告，将丹东、保定两个化纤厂下放到地方，并由化学工业部归口进行统筹安排。6月20日，纺织工业部和化学工业部联合通知有关地区，化纤工业划归化学工业部，丹东、保定两个化纤厂下放地方。时隔不到两年，根据中央关于多种经营、综合利用的指示精神，化学工业部党组和纺织工业部党组于1960年4月28日联合报告中央，并经中央5月1日批示同意，将黏胶纤维工业划归纺织工业部管理；丹东、保定两个化纤厂收回由纺织工业部直接管理，全部黏胶纤维资源由纺织工业部统一分配；发展黏胶纤维的主要设备，由纺织工业部统一安排。合成纤维当时仍由化学工业部领导。1960年7月，纺织工业部就向中央建议，采用棉短绒、木材等为浆粕原料，继续新建一批黏胶纤维厂，最后落实的有安达、南京、新乡、吉林、杭州五个新厂和丹东、保定两个扩建项目，总规模为黏胶纤维2.26万吨、浆粕1.4万吨，所需设备由国内自行设计制造。国家领导人看了这个报告后批示："我看是值得的，还有合成纤维也必须考虑。""建议及早动手，迟办不如早办。"

1958年8月23日，纺织工业部党组向中央作了《关于纺织工业发展方针的请示报告》。9月1日中央就批准了这个报告，指出，实行发展天然纤维与化学纤维同时并举的方针，是正确的，必要的，应该采取必要措施，认真贯彻执行。中央批准这个方针，就把发展化学纤维提升到国家战略的层面，对中国化纤工业在其后来的快速、持续发展起了决定性的指导作用。

黏胶纤维厂的建设不同于纺织厂，有它的独特要求。它是由浆粕、短纤维、长丝、二硫化碳等生产车间，以及水、电、气公用设施和废水、废气治理等工程组成的庞大联合体。从原料到成品的生产流程长、设备多、工艺复杂，又是一个高度连续性的生产过程，并在生产过程中产生有毒废气和污水。各工序的工艺和设备对厂房的开间、层高、保温、防火、防爆、防腐蚀等要求各异：有的厂房要采取恒温、恒湿、封闭和防爆、防腐蚀结构；有的设备和管道需要衬铅或衬橡胶，高压管道安装后还要经过320个大气压的耐压试验；生产所需原材料有十几种，存储和使用条件也不同；地上、地下管道更是纵横交错。这是一项崭新的建设任务。部直属纺织设计院没有辜负部党组的重托，集中院内主要力量，兵分两路：一路不辞辛苦，深入化纤、化工、造纸等企业调研，搜集有关数据；一路由俞鲤庭带领进驻南京化纤厂工地，开展现场设计。先后用了一年时间，圆满完成了设计任务。

黏胶纤维设备的设计制造更具挑战性。纺织工业部直属纺织机械设计公司成立了化纤科，调集上海二纺机、经纬纺机和郑州纺机等企业的几十名科研设计人员深入保定化纤厂，以民主德国的黏胶纤维设备和苏联的黏胶纤维设计图纸为借鉴，同时，由基本建设局李竹平带领吴梦祥（经纬纺机厂副总工程师）等技术人员到古巴考察由美国人建造的黏胶纤维厂，吸收其可取的技术，回来开展设计工作。经过一年多的努力，完成了设计任务，由机械局安排纺机厂生产，于1961年初即制造出了中国自己的黏胶短纤维和长丝成套设备，并把黏胶短纤维设备安装在上海安达棉纺织厂化纤车间试用。纺丝机的关键部件喷丝头、计量泵，在费启能指导下，由经纬纺机厂确定工艺、制造加工手段，进行技术攻关。产品制成后，还拿到丹东化纤厂试用。为确保关键零部件的制造精度，其间钱之光曾拿着计量泵和喷丝头向国务院领导汇报，请求特批一些外汇进口仪器和设备。国务院领导很快就给纺织工业部批了所需的外汇。后来国务院领导又批准，从中国银行取来了白金。由此可见，国家对发展化纤工业的重视与支持。

为确保这批项目能顺利建成投产，钱之光对方方面面的工作做出周密部署。1963 年 12 月成立了化学纤维工业管理局，李正光任局长，郭霁云、令吾任副局长，具体负责规划、协调管理中国的化纤工业。不仅如此，在建设初期阶段，他还亲自带领有关人员先后深入大兴安岭天然林区、吉林开山屯人工林区、海南岛速生林区以及农村调查研究，寻找可利用的木材资源和棉短绒、棉秆皮、甘蔗渣等替代资源。在自制设备投料试车阶段，他又前往安达厂蹲点一周，对存在的问题，及时组织力量切实加以解决。在南京化纤厂（图 25-1）建成投产前，64 岁高龄的钱之光再次带着李竹平、陈锦华、李洪福等到该厂蹲点，并同该厂党委书记丁治安、厂长阎杰三、副厂长崔志农、总工程师季国标一起总结建设化纤工业的基本经验。除了坚持和发扬"一五"时期棉纺工业基地建设经验之外，针对化纤工业的特点，更强调要以"严"字当头，自始至终一丝不苟抓好工程质量，确保安全生产；要切实重视污染治理；要十分重视化纤原料浆粕的协调配套发展，对选用哪种起始原料要特别慎重。按原先计划，新乡化纤厂用当地的棉秆皮、顺德化纤厂用甘蔗渣制成浆粕；技术上虽已经过关，但大批量生产涉及大量收购、短途运输、酸碱供应、环境污染以及农村烧柴等问题，解决的难度很大，以致新乡化纤厂只能改用棉短绒，顺德化纤厂的建设被迫中止。同时认为这批化纤厂的规模小了，主要设备大都只有一套，一旦发生故障势必造成全厂停工。根据国外资料，结合中国实际情况，黏胶纤维厂以年产 1 万～2 万吨规模比较经济合理；工业协作条件改善以后，还可以再扩大一些，以保证获得更高的劳动生产率。

钱之光在南京化纤厂蹲点结束后，给国家经委主任写报告汇报工作，得到好评，并指示宋养初会同纺织工业部，在南京化纤厂召开有十四个部委、全国五十个重点建设项目领导干部参加的全国基本建设现场会，推广南京化纤厂的建设工作经验。对国内各重点建设项目以及后来化纤厂的建设起了推动作用。

这批黏胶纤维厂的建设，正值中国三年困难时期。在工作十分艰难、生活条件极其艰苦的环境下，奋斗四五年，如期建成投产。实践证明：中国自己设计、自己制造成套设备，自己建设的这批厂效果都比较好，有些设备如浸压粉碎联合设备的工艺水平，在国际上也是比较先进的。至此，全国黏胶纤维的生产能力已达到 5 万余吨，奠定了中国黏胶纤维工业进一步发展的基础，并为中国棉纺工业、毛纺工业、丝绸工业提供了新的原

图 25-1　南京化纤厂车间一角

料。人棉布、人造毛毯、人丝织物等新产品价廉物美，很受消费者欢迎。

早在20世纪50年代后期，根据纺织工业部关于"天然纤维与化学纤维并举"的发展方针，率先行动起来，在一些纺织工业基础比较好的省市也开始了发展化学纤维的研究和探索。上海纺织工业局1958年就着手筹建年产550吨合成纤维的实验工厂。从全行业抽调428名干部和技术人员，在纺织工业部纺织科学研究院上海分院（后改为上海纺织科学研究院）的支持和帮助下，边研究，边筹建，不久就在实验室试纺出腈纶和锦纶6。一年后，实验厂建成并正式投产。上海纺织工业局又组织和发动了研制生产黏胶纤维的攻关。经过一年多努力取得很大成功。有的制成了浆粕，有的用浆粕纺制成了黏胶短纤维。1960年，集合这些成功的工艺、技术，上海纺织工业局投资1324万元，采用纺织工业部组织纺机厂研制的生产设备，在上海浦东兴建年产黏胶短纤维3400吨的上海第二十八棉纺织厂化纤车间（后改名上海第十二化学纤维厂）。同时，对既有的生产点进行整顿，择优定点，成为正规的化学纤维生产厂。1961年正式成立上海化学纤维工业公司，下辖生产浆粕、黏胶纤维及合成纤维的实验工场等18个单位。到70年代末，上海化纤公司年产化纤已达5.4万吨。

紧接着，就是为配合中国汽车工业的发展，从1965年开始，相继兴建两个黏胶强力丝帘子布厂（车间）：上海第二化纤厂扩建年产能力500吨的试验车间；保定化纤厂扩建年产能力2000吨的生产车间。同时，新建年产1万吨的湖北化纤厂。该厂从工艺软件、设备研制到工厂设计，连生产所用油剂，都是在北京、上海、保定等有关试验基础上自行研制开发的技术；其关键设备纺丝机，吸收了国内外的先进技术，具有一定的特点。这个厂的建成，标志着中国黏胶纤维的生产技术、科研、设备制造及建设能力都达到了一个新的水平。

二、进入发展合成纤维新阶段

黏胶纤维虽好，但由于中国当时的木材（主要是针叶树）和棉短绒资源短缺以及浆粕制造过程污染严重等因素，暂时难以进一步发展。化纤工业的发展重点势必转向合成纤维。

当时，国外已经实现工业化生产的合成纤维品种有很多。性能各有所长，适用范围也有差别，所用的起始原料和工艺技术路线也不同。欧美国家大都以石油为起始原料，走石油化工的技术路线。其他国家还有采用煤化工技术路线的。中国最早开发的是锦纶（国外称尼龙、卡普隆，中国因采用锦州化工厂生产的原料，所以称锦纶）。这种纤维强度高，耐磨性、回弹性好，是生产袜类纺织品的理想材料。1956年，上海合成纤维研究所自主研发成功锦纶纺丝技术，并建立了试验工厂。1958年，从民主德国引进锦纶设备的北京合成纤维试验厂建成投产。从此拉开了中国发展合成纤维的序幕。但由于原料、设备、技术等问题，发展缓慢。

当时，中国的石油工业和石油化工还处在起步阶段，走石油化工路线，发展合成纤维的时机还不成熟。而中国的煤化工相对有一些基础，煤炭和石灰石的资源也较为丰富。1958年，中国化工代表团在日本考察时，仓敷公司详细介绍了维纶的服用性能、生产技术等。后又去朝鲜考察维尼纶工厂加以论证。结论是：认为从国内资源、技术条件、市场需要和人民消费水平等多种因素考虑，可以从发展维纶入手。于是在 1962 年 3 月，纺织、化工两部联合向中央写了《关于发展维纶工业的请示报告》。中央很快就批准从日本引进年产 1 万吨维纶及其原料聚乙烯醇的成套设备和技术，以石灰石为起始原料，采用的是电石—乙炔—醋酸乙烯—聚乙烯醇技

图 25-2　北京维尼纶厂

术路线。这是中华人民共和国成立以来，首次从尚未建交的资本主义国家进口成套技术设备，引起国际社会的极大关注。鉴于化纤生产的连续性，原设想从原料生产到纺丝连在一起建厂。在纺织、化工两部协商不一致的情况下，中央决定按原来分工由两部分别负责，聚乙烯醇部分由化工部负责建设北京有机化工厂，抽丝部分由纺织工业部负责建设北京维尼纶厂（图 25-2）。北京维尼纶厂于 1963 年 8 月正式动工兴建，由纺织工业部和北京市组成联合指挥部，钱之光负责领导。北京市选派了最好的建筑队伍负责土建施工。纺织工业部从有关省市调集了 250 多名技术骨干，组成了 700 人的安装队伍。经过两年的努力奋战，于 1965 年 9 月建成，并一次投料成功，比对外合同规定时间提前 8 个月完成了建厂任务。投产之后，钱之光多次陪同国家领导人到该厂参观。

随后，纺织、化工、石油部就发展维纶的资源、技术和相关问题，展开联合调查研究。许多省市也闻风而动，纷纷要求上维纶项目。1971年全国计划会议上，把发展维纶列为发展合成纤维工业的重点，会后落实了9个项目，其中，福建、江西、安徽、湖南、广西、云南、山西、甘肃8个厂的建设规模各为年产1万吨维纶及相应的聚乙烯醇原料；石家庄维尼纶厂的建设规模减半。这批项目所采用的工艺设备，都是在吸收国外先进技术的基础上，自主开发、设计、制造的。最先建成投产的福建维尼纶厂（1971年开工建设，1975年底建成投产）说明，这套工艺设备是成熟的，产品质量也能达到国家标准要求。但由于这批项目始建于"文革"期间，在规划布局、工程设计、设备设计制造和工厂建设的方方面面，都程度不同地受到一些干扰。诸如，布局上片面强调"省、区自给"和"靠山、分散、隐蔽"；工艺技术设备设计采用了一些没有经过生产实践的革新倡议，在缩短工艺流程、减少设备台数以及采用代材方面有做得过头的地方；在工程设计和建设中采取"边设计、边施工"的方法；有的工厂没有配备得力的班子，或受"四人帮"干扰，管理混乱，浪费惊人。因而使许多厂旷日持久地打消耗战，直到1980年前后才陆续建成投产。

随着中国石油工业的兴起，国家着手石油的开发利用。1962 年，中央批准从英国引进以石油为起始原料的乙烯、高压聚乙烯、聚丙烯和丙烯腈等装置建设兰州化学工业公司。因

为有了丙烯腈原料，1965 年 11 月中央又批准从英国引进年产 8000 吨的腈纶短纤维成套技术设备，由纺织工业部负责建设兰州化纤厂。受"文革"干扰，这个厂到 1967 年才建成投产（1979 年初，经国家经委批准划归兰州化学工业公司管理）。与此同时，上海第二化纤厂以高桥石油化工厂生产的丙烯腈为原料，建成年产 2000 吨腈纶的生产线。还有一些省市，以煤化工生产的苯酐或进口原料，建设了一些年产几百吨的小锦纶、小涤纶厂。到 1970 年，全国的合成纤维生产量已有 3.62 万吨。其中，锦纶 0.74 万吨，涤纶 0.13 万吨，维纶 1.9 万吨，腈纶 0.51 万吨，加上黏胶纤维共 10 万吨。用这些合成纤维开发的一些纺织品如涤纶与棉花混纺的"的确良"，用腈纶织成的人造毛毯，维纶同棉花混纺的维棉布等，都受到了消费者的青睐，但在纺织原料中的比例还不足 5%。

当时，中国纺织工业的原料主要是棉花。在党和国家领导人亲自过问下，恢复虽快，但其产量仍长期停留在年产 4000 多万担的水平上。所以，党和国家领导人在 1970 年 8 月接见全国轻工业"抓革命、促生产"座谈会全体代表时指出：纺织只靠棉花不行，哪有那么多，要搞多种纤维，反正不能光靠棉花过日子。钱之光就任轻工业部部长不久，就带着有关司局的人员到兰州化纤厂，对引进的英国腈纶短纤维设备和建设情况，作了实地考察。同时参观了兰州化学工业公司在建的以石油为起始原料的乙烯、丙烯腈等装置。联想到北京维尼纶厂由于体制原因，原料和纺丝分两地建设所带来的一些弊端，钱之光认识到，由于石油和合成纤维的生产工艺比较复杂，分段建设和工厂规模过小，在技术上、经济上都不容易过关。因此，他一直想建设一个以石油为起始原料的大型石油化纤联合企业，并把这个设想向国务院作了汇报。此后，中央和国务院领导逐渐形成了大力发展石油化纤工业的战略决策。同年 12 月，轻工业部向国务院汇报 1971 年计划时，国务院领导也着重讲了纺织原料问题。

国务院领导的讲话透出一个重要信息：随着中国石油工业的崛起，国家将要出台重大的战略决策，利用油气资源发展化学纤维，以解决纺织原料短缺问题，进而解决全国人民穿衣问题。

三、建设四个大型石油化纤工业基地

1972 年 1 月初，在全国计划会议期间，时任国家计委副主任的顾秀莲找到轻工业部与会代表陈锦华（当时为轻工业部计划组副组长）说，中央决定引进化纤和化肥的成套技术和设备，党和国家领导人专门组织了讨论，要陈锦华代国家计委起草报告。陈锦华向钱之光汇报后，钱之光当即召集曹鲁、焦善民、李正光、王瑞庭等一起研究，认为这是非常重要的决定，应该尽快把这件事情办起来。陈锦华在他们讨论的基础上起草了《关于进口成套化纤、化肥技术设备的报告》，交给了顾秀莲。1 月 16 日，国家计委以（72）计字 12 号文向国务院正式报告：为利用国内石油（天然气）资源迅速发展化学纤维和化肥，经与轻工、燃化、商业、外贸等部门共同研究，拟进口化纤、化肥技术和设备。1 月 22 日，国务院业务组在研究同意国家计委的报告后，给周恩来写了报告，报告内容为：

送上国家计委"关于进口成套化纤、化肥设备的报告"。鉴于我国棉花播种面积今后再扩大有限，同时这几年来，由于工作跟不上，棉花产量一直在4200万～4700万担之间。为了保障人民生活和工业生产、出口援外的需要，除了继续抓好棉花生产外，根据国外经验，必须大力发展石油化工，把化纤、化肥工业搞上去。因此，经国家计委与有关部门商量，拟引进化纤新技术成套设备4套，化肥设备2套，以及部分关键设备和材料，约需4亿美元。争取五六年内全部建成投产。投产后，一年可生产化纤24万吨（相当500万担棉花，而耐用方面比棉织品高几倍），化肥400万吨。拟进这些技术设备，都是以天然气、油田气和石油为原料的，原料比较有保障。据了解，国外在技术上也比较新，引进后，可以加速我国化纤、化肥工业的发展；因此，经研究，我们同意。

2月5日，周恩来很快作了批示："拟同意，即呈主席等批示。"毛泽东和其他中央领导很快圈阅。两天后，即1972年2月7日，报告退余秋里、钱之光、白相国（对外贸易部部长）办。

从接到圈阅后的《关于进口成套化纤、化肥技术设备的报告》的那一天起，已是72岁高龄的钱之光，把全部精力都集中到四大石油化纤项目建设上了。

中华人民共和国成立后，钱之光虽然组织指挥过五个棉纺织工业新基地建设和黏胶纤维工业的创建，并取得辉煌的成就和丰富的经验。但是，组织指挥四个现代化的大型石油化纤工业的建设，对他来说毕竟是一个新的课题。这四个石油化工、化纤项目已经属于重化工行业，技术复杂，自动化程度高，其中，有些装置当时在国内还处于空白状态，建设难度大。同时规模也大，投资又多，初步计算，所需投资相当于建设1000万棉纺锭的投资总和，或相当于从中华人民共和国成立到1971年22年间国家给纺织工业的投资总和，在纺织工业建设史上是空前的。况且当时对由纺织系统来建设这四个现代化石油化工、化纤特大企业尚有争议，有人怀疑纺织系统有没有能力建设这四个特大企业。所以钱之光下这个决心接受这样的艰巨任务，不仅要有非凡的胆略和魄力，最主要的是还要有卓越的智慧和组织能力。

1. 四大石油化纤工业基地的建设过程

这是中国大规模发展石油化工、化纤的初战。党中央、国务院对这一批石油化工、化纤大企业的建设给予了高度的关注与支持。作为统管轻纺工业的轻工业部部长钱之光更是全力以赴，呕心沥血。从厂址选择、出国考察、对外谈判、规划设计、建筑安装、国内设备配套、生产准备、投料试生产以及建厂班子的配备的全过程都亲自过问。每个星期都要召集有关人员碰头议事四五次，以确保各阶段的工作顺利进行。

（1）择优选择厂址。1972年年中，轻工业部和国家建委、燃化部、交通部、水电部等组织工作组，由轻工业部副部长焦善民带队，到辽宁、上海、天津、四川等省（市）实地调查厂址情况，考察厂址的各方面条件。在此之前，各地都已组织本省（市）有关部门和专家，根据选址的既定原则和要求，对几个厂址候选点进行过踏勘和论证，全面分析、权衡利弊后，择优选定了厂址。如上海市最初提出了四个厂址候选点：金山县的金山卫，奉贤县的柘林，南汇县的泥城，川沙县的高桥。上海市石油化工规划小组会同市规划建筑设计院、上海勘察院等单位实地调查后，排除了柘林、泥城两地，然后着重就金山卫和高桥两地方案进行论证。在征求驻沪部队、生产、卫生和郊县政府部门意见后，才在最后确定了金山卫的方案。其他三个项目分别定在辽宁省的辽阳、天津市的北大港、四川的长寿县。工作组在各地听取了预选的情况和实地考察后，建议上海市的项目建在高桥，考虑这样可以少建一条从上海市到金山卫的铁路专用线（包括一座黄浦江大桥）和一座油码头以及一些公用工程，节约投资2亿多元。其他三个项目都同意地方的初选意见。但上海市坚持金山卫的方案，认为金山卫建厂条件更完备、更优越：有滩地、荒地约966公顷，可少占农田；有可建万吨级深水码头的港址，以利原油输送；有可开发内河运输的张泾河，通连上海、浙江的沪杭公路和松金公路，水陆交通良好；张泾河可供作生活淡水及工业淡水，杭州湾海水可提供工业冷却水，有充沛的水资源优势；远离市区，地域宽广，环境容量大，风速大，有利于大气污染物的稀释与扩散；污水排放对生态影响较小；附近尚有大量滩地可供围用，城市的发展回旋余地大，有利于建设工业城市，符合上海市总体发展规划。当时争论不一。钱之光听了工作组的汇报，认真研究了双方的意见，决定让焦善民带领有关同志再去上海研究解决这个问题。焦善民到上海后，与中共上海市委领导一起三次实地考察，才取得共识，同意金山卫建厂方案。事后的实践证明：把这个厂建在金山卫，对长远发展是有利的，当时多花的2亿多元投资也是值得的。工作组将四个项目选厂工作写成简报，呈送国家计委。不久国家计委正式批准了四个项目的厂址方案。

（2）认真进行出国考察和对外谈判。从1972年2月中旬开始，出国考察工作启动。轻工业部、燃化部、对外贸易部共同组成两个化纤技术考察组，分别由轻工业部合成局局长李正光和机械局副局长王瑞庭负责，于2月中旬和3月初分赴日本和西欧考察，了解世界石油化工、化纤的技术状况，并选择引进对象，4月中下旬回国。

钱之光在北京医院病房里听了考察组的汇报。轻工业部于5月向国务院写了考察情况和进口化纤设备安排方案的请示报告。5月24日国务院领导批示同意，并委派对外贸易部的资深专家柴树藩主持同外商谈判。此前柴树藩在干校劳动，他熟悉对外工作，是国务院领导提名把他紧急调回北京的。

为适应对外谈判工作的需要，钱之光决定成立轻工业部成套设备进口办公室（简称进口办），由焦善民副部长兼主任，李正光、王瑞庭、牛迪义（基建局副局长）、陈锦华（计划组副组长）为副主任，并从机关内部和部属五七干校抽调了一部分化纤方面的工程技术人员以及外语翻译等。当时的主要任务是和对外贸易部联合组成对外谈判小组，同外商进行谈判，签订合同。轻工业部主要负责技术谈判，对四大化纤项目的筹备、计划安排等工作进行督促检查。对外贸易部主要负责商务谈判。各个项目都派人参加相应的对外谈判工作。

最先开始对外谈判的是上海项目，其后是四川、辽宁项目。从1972年6月开始到次年9月结束，历时一年多。先后同日本、法国、联邦德国、意大利四国的14家厂商签订了16个合同，引进41套生产装置。表25-1为四大化纤项目引进生产装置一览表。

表 25-1　四大化纤项目引进生产装置一览表

企业名称	项目名称	装置名称		生产能力	承包国别及厂商
上海石油化工总厂	化工一厂	以煤柴油为原料生产乙烯加氢汽油成套设备		115000 吨 / 年	日本三菱油化
	化工二厂			74000 吨 / 年	日本住友
	涤纶厂	聚对苯二甲酸乙二醇酯成套设备		25000 吨 / 年	日本东丽
		涤纶成套设备	长丝	1755 吨 / 年	日本帝人制机
			假捻丝	658 吨 / 年	
			短纤维	6034 吨 / 年	
	腈纶厂	丙烯腈成套设备		50000 吨 / 年	日本旭化成
		丙烯腈废液处理装置		氰化钠 8000 吨 / 年	日本新泻
		乙醛装置		30000 吨 / 年	联邦德国伍德公司
	塑料厂	聚乙烯成套设备		60000 吨 / 年	日本三菱油化
	维纶厂	聚乙烯醇成套设备		33000 吨 / 年	日本可乐丽
四川维尼纶厂		醋酸乙烯和甲醇成套设备		82000 吨 / 年和 95000 吨 / 年	法国斯贝西姆公司
		其中：制氧装置		16250 立方米 / 小时	
		聚乙烯醇成套装置		45000 吨 / 年	日本可乐丽
辽阳石油化纤总公司	一厂、二厂	以石脑油为原料生产聚酯、锦纶 66、聚合级乙烯、聚合级丙烯联合装置			法国德西尼布公司
		其中：催化重整装置		150000 吨 / 年	
		蒸汽裂解装置		乙烯 73000 吨 / 年	
				丙烯 43700 吨 / 年	
		芳烃抽提装置		161200 吨 / 年	
		裂解汽油加氢装置		45500 吨 / 年	
		环氧乙烷装置			
		乙二醇装置		44000 吨 / 年	
		对二甲苯装置		57000 吨 / 年	
		制氢装置		4×10^6 立方米	
		对苯二甲酸、对苯二甲酯装置		88000 吨 / 年	
		聚酯装置		87000 吨 / 年	
		硝酸装置		53500 吨 / 年	
		环己烷装置		44500 吨 / 年	
		醇酮装置		42880 吨 / 年	
		己二酸装置		工业级 30640 吨 / 年	
				精己二酸 28240 吨 / 年	
		己二腈装置		2000 吨 / 年	
		己二胺装置		20800 吨 / 年	
		锦纶 66 盐装置		46640 吨 / 年	
		结晶装置		45760 吨 / 年	
		通用设备装置			
		公用工程生产装置			
		废液、废渣处理装置		320 立方米 / 小时	
		锦纶 66 聚合—纺丝—拉伸加热成套设备		8400 吨 / 年	法国 Rhone-Poulenc
		低压聚乙烯成套设备		35000 吨 / 年	联邦德国伍德公司
		聚丙烯成套设备		35000 吨 / 年	意大利斯拿姆公司
		锦纶 66 长丝聚合纺丝		8400 吨 / 年	法国隆波利公司

企业名称	项目名称	装置名称	生产能力	承包国别及厂商
天津石油化纤厂	化工分厂	以石脑油为原料生产对二甲苯和苯成套设备	对二甲苯 64000 吨／年，苯 20778 吨／年	日本日晖公司
		生产化纤级对二甲苯、二甲酯成套设备	90000 吨／年	联邦德国埃森克鲁伯考贝尔公司
	涤纶厂	聚对苯二甲酸乙二醇酯成套设备	84720 吨／年	日本帝人制机公司
		以聚酯熔体为原料生产涤纶原丝成套设备	29994 吨／年	日本东洋纺公司
		以涤纶原丝为原料生产涤纶短纤维成套设备	33600 吨／年	
		涤纶短纤维纺丝机配套部件		日本村田机械公司

上海石油化工总厂（简称金山工程），以石油为起始原料，以煤焦油裂解产生烯烃、重整产生芳烃产品，生产聚乙烯醇、丙烯腈和聚酯三种化纤原料，以及聚乙烯等塑料产品，并配备部分涤纶纺丝生产线。从日本引进 8 套生产装置，从联邦德国引进 1 套生产装置。

四川维尼纶厂（简称川维），以当地天然气为原料，生产乙炔，制成醋酸乙烯，再聚合成聚乙烯醇。这是根据中国国情采用的工艺路线，生产成本低，国外尚无先例。其中，醋酸乙烯和甲醇成套设备从法国引进，聚乙烯醇成套设备从日本引进。

辽阳石油化纤总厂（简称辽化），以石脑油为起始原料，以烷基转移和异构化技术提取芳烃为主的工艺路线，达到多产锦纶、涤纶及其原料的目的。从法国、联邦德国和意大利等国引进 25 套生产装置。

天津石油化纤厂（简称天化），由于水源落实晚，1975 年才开始启动对外谈判工作。该厂以石脑油为起始原料，生产聚酯和涤纶短纤维。其中，化工装置从日本、联邦德国引进，两条年产 1.5 万吨涤纶短纤维生产线从日本引进。

在对外谈判工作开始之前，钱之光对参加对外谈判工作的同志一而再、再而三地提出严格要求。一要坚持引进与自力更生相结合，要把有限的外汇资金真正用到最关键的地方，凡是国内能够制造并适合大化纤项目使用的设备，国内能够承担的勘察设计、施工安装等工作，都应由国内安排解决；二要选择技术先进成熟、适合中国国情、价格又比较合理的生产装置；三要货比三家，并要选择实力雄厚、富有经验、信誉好的公司和承包商。各项目的谈判小组都努力做到了这几点。引进的生产装置和工艺技术，基本上是国外当代（20 世纪 70 年代初）工业生产的水平，技术比较先进成熟，自动化程度高。在谈判过程中，有时因价格分歧，合同迟迟签订不了，甚至谈判破裂的都有。如上海项目的腈纶成套设备，原打算从日本引进，在与日本爱克斯伦公司谈判中，因要价太高又坚决不肯让步，使谈判破裂。钱之光就召集有关部门认真研究决定，除部分仪表阀门从国外引进外，立足国内自行设计、制造和配套安排。后在国务院直接领导下，组织了一次大会战。轻工业部把上海、山东、河北、河南、山西等地十四五个纺织机械厂组织起来投入设计制造；冶金部动员了鞍山、大连、北京、太原、上海的十多个钢厂提供防腐蚀性强的钢板；一机部安排安徽、广东的仪表厂研制有关自动化仪表。在各方通力协作下，用了一年半时间，完成了我国第一套自行设计、制造的腈纶成套设备，保证了建设的需要。

又如辽阳项目，在谈判中因 1000 多万美元的价格分歧，合同迟迟签订不了。法国总统蓬皮杜访华时，亲自出面做工作，希望中国政府在价格上让步，并说这个项目签订后，会在欧洲和世界上引起轰动。最后党和国家领导从大局考虑同意了，中法双方终于把这个合同签了下来。

（3）奠定中国化纤工业雄厚基础的决胜之战。为了把这批具有重大战略意义的进口项目建设好，国务院专门发文把四大化纤列为全国的建设重点，要求各项目所在省市和中央主管部门切实加强领导，同时要求全国有关部门都来关心支援。

经国家计委、国家建委、轻工业部和有关省市共同研究商定，这几个建设项目的管理体制采取在中央统一计划下，以块块为主、条块结合的体制。总体规划、建设任务和生产准备工作，由省（市）根据国家批准的方案，统一领导；设计任务书、年度建设计划，由国家计委审批；扩初设计、施工力量和安装机具，由国家建委审批和解决；安排进口装置和国内设备分交，由轻工业部归口；对外谈判、合同签订和组织执行，由外贸部负责，轻工业部参加；燃料、原料用油，按照国家计划，由燃化部供应；配套化工原料，按省（市）、轻工业部、燃化部分工的范围，分别安排解决；炼油厂、电站、港口、码头、铁道和项目本身的建设，统一纳入省（市）规划；其年度和远景建设计划，由国家统一安排，分别列入燃化部、水利电力部、交通部的基本建设计划；所需投资、设备、材料，由国家统一平衡，有关部委分部门归口安排。

根据上述要求，钱之光等研究决定：加强充实"进口办"。除焦善民、李正光、王瑞庭、牛迪义、陈锦华等正副主任外，又增加了三位副主任，其中，有计划组副组长马彦，纺织设计院副院长俞鲤庭，国家计委轻工局局长沈海清。马彦、牛迪义、沈海清为专职副主任，其他几位都是兼职副主任。1976 年 7 月，又调来兰州石油化工公司副经理兼总工程师林华为专职副主任。后又有阎杰三、孙志清、林仲、翟敏任专职副主任。内设机构有综合组、计划组、对外组（后改为生产准备组）、基建组、物资组、机械组，正式编制 100 人。除原有负责对外谈判工作的人员和翻译外，充实了有关计划、工程建设、纺织机械和物资供应等方面的人员。他们来自部内有关司局、部属五七干校，省（市）纺织工业厅（局）和企业，基本上是原纺织工业部从事计划、化纤生产、基本建设、纺织机械、物资供应等方面的干部。1976 年 7 月，随林华从兰州石油化工公司调来 10 位工程技术人员，分别充实到有关各组。当时"进口办"的职责，为安排进口装置和相应的抽丝、塑料加工等建设项目、成套设备组织进口、国内设备分交和有关各部之间的联系，以及参与对外谈判、合同签订和组织执行等。钱之光从归口部的角度出发，还要求"进口办"全面地、及时地掌握整个项目的建设进程以及遇到的困难和问题，以便于向国务院领导和中央各有关部委汇报反映，及时研究解决办法，为此决定向每个项目派出得力的联络组常驻建设现场。这些联络组分别由李正光、牛迪义、马彦、张乐山、高乃志等率领，深入建设现场了解情况，每天用电话汇报到"进口办"。

"进口办"有专人昼夜值班，并把各项目的情况编印成《情况反映》，及时报送钱之光等领导人及有关方面，成为他们必不可少的信息资料。1977 年 12 月 5 日，中央决定原轻工业部分为轻工业部和纺织工业部，"进口办"随之撤销，其业务由纺织工业部有关司局分别负责。因此，当时曾有人戏称"进口办"为"小纺织部"。

在各项目开工建设之前，钱之光于 1973 年年末专门召开了进口项目建设会议。遵照党中央、国务院关于进口设备工作的批示，认真讨论了按照什么指导思想来建厂和建设一个什么样的工厂的问题。大家认识到，中央下这么大的决心，引进设备建设现代化的大型石油化纤联合企业，必须坚持党的基本路线和坚持社会主义建设总路线，必须坚持"百年大计，质量第一"的方针。建设工作既要多快，又要好省；必须坚持独立自主、自力更生的方针。引进这几套设备，是为了洋为中用，抢时间，争速度，加快建设步伐，绝不能因为引进技术，而削弱自力更生的信念；凡是国内能解决的，都要自己解决。还必须坚持发扬艰苦奋斗、勤俭建国的革命传统，精打细算，厉行节约，反对贪大求洋求全。

各项目所在省市也都根据中央、国务院的要求，成立了由主管经济工作的书记、省长、市长亲自挂帅的建设指挥部或领导小组，对建设工程实行统一领导，并抽调富有经验的干部和选择最好的设计单位、施工队伍，负责具体的建设工作。还根据各省市自身的特点和条件，组织不同形式的大会战，调动各方面的力量投入到工程建设中去。各引进装置的生产商、供应商也能重合同、守信用，按时交货。国产的配套设备也衔接得比较好。总的来说，在各方面的齐心协力配合下，四个化纤项目都做到了建设进度快，工程质量好，投料试车顺利，生产的产品质量好，陆续达到了设计能力。

上海石油化工总厂在四大化纤项目中最先筹建，最早开工建设。9 套引进生产装置，国内配套的还有 9 套。建设规模为年产乙烯 11.5 万吨，合成纤维 10.2 万吨（其中，腈纶 4.7 万吨、维纶 3.3 万吨、涤纶 2.2 万吨），聚乙烯塑料 6 万吨。全年耗用大庆原油 180 万吨。全场建筑面积 159.7 万平方米，其中，生产系统 94.7 万平方米，计划投资 21.94 亿元，是上海解放以来最大的一个建设项目，工程量大，技术要求高。为确保高速度、高质量、高水平地建成投产，上海市委、市革委在全市进行了总动员，组织全市 16 个局、24 个工业公司、23 个设计单位、6 个勘察部门和 500 多家工厂，采取对口包建办法，从筹建、编制扩初设计、配备领导班子、培训技术力量、生产准备，直到建成投产，分工包干。在设备安装阶段，安装力量和各类物资紧张，他们就从纺织、机电、冶金等系统抽调机修、保全工两三千人到工地支援。在运输紧张时，便规定黄浦江隧道定时专供上海石油化工总厂工地使用。几乎是倾全市之力来保证该厂的建设。《人民日报》对这个巨大工程发的一则长篇报道，以"千军万马战金山"来形容其建设场面。就这样第一期工程从 1972 年 6 月开始筹建，经过一年半准备（包括勘察设计、"三通一平"和地下管网施工等），两年半建设（1974 年为土建高潮，1975 年为安装高潮，1976 年上半年施工安装基本结束），一年衔接平衡、投料试生产，到 1977 年 7 月就打通 3 条生产线的全流程，拿到合格产品，前后总共 5 年完成建设任务。1979 年 6 月 27 日经国家正式验收，1979 年 11 月起正式交付生产。到 1981 年底累计生产各类化学纤

图 25-3　上海石油化工总厂部分生产装置

维 33 万多吨，建厂总投资已全部收回，经济效益十分显著（图 25-3～图 25-5）。

辽阳石油化纤总厂是四大化纤项目中生产化纤原料和化纤产品数量最多的一个项目。25 套引进生产装置，国内配套的还有 19 套。建设规模为年产乙烯 7.3 万吨，聚酯切片 8.6 万吨，锦纶 66 盐 4.5 万吨，聚丙烯、聚乙烯各 3.5 万吨，涤纶短纤维 3.2 万吨，锦纶长丝 0.8 万吨。全年耗用石脑油 14.3 万吨。计划投资 29.46 亿元。参加建设的有轻工业部直属纺织设计院等 28 个勘察设计单位，基建工程兵三〇〇部队、〇二四部队、化学工业部第九化建公司以及省内 9 个地市的施工队伍共 38 个施工单位约 5 万人。1973 年 8 月开始筹建，1974 年 8 月正式破土动工。经过 5 年建设，1979 年 10 月第一套引进生产装置——蒸汽裂解装置开始投料试车，年底打通了烯烃生产线。1980 年相继打通了芳烃生产线和聚酯生产线。1981 年 8 月最后打通了锦纶生产线，转入全面试生产阶段。1982 年 11 月 26 日经国家验收，从 1983 年元旦起正式交付生产（图 25-6 和图 25-7）。

四川维尼纶厂引进 7 套生产装置，

图 25-4　上海石油化工总厂腈纶生产线

图 25-5　上海石油化工总厂二号泊位丙烯腈卸船

图 25-6 辽阳石油化纤总厂部分生产装置

图 25-7 辽阳石油化纤总厂部分生产装置

图 25-8 四川维尼纶厂

国内配套的还有 2 套。建设规模为年产聚乙烯醇 4.5 万吨、甲醇 9.5 万吨、维纶短纤维 4.2 万吨及牵切纱 0.3 万吨。年耗用天然气 1.82 亿立方米。计划投资 9.55 亿元。组织了省内外 18 个设计院所和 22 个施工单位近 3 万人参与建设工作。1973 年开始筹建，1974 年 8 月 30 日正式破土动工，1978 年 12 月引进装置开始投料试车；1980 年 6 月考核结束，生产出了合格的聚乙烯醇。1981 年 12 月，维纶短纤维和牵切纱全部建成，具备生产能力。1983 年 5 月 19 日经国家验收，整个工程总评为良好，同年 7 月 1 日正式交付生产。由于最初对天然气开采量预计过高，到该厂建成投产时天然气供应不足的问题仍未解决，因此没有能满负荷生产，几年后才得以解决（图 25-8）。

天津石油化纤厂是一座生产聚酯切片和涤纶短纤维的石油化纤厂，除引进装置外还配套国产涤纶短纤维生产线 4 条。建设规模为年产聚酯切片 8.1 万吨、直接纺涤纶短纤维 5.2 万吨。年耗用石脑油 18 万吨，总投资 13.76 亿元。参建的有轻工业部直属纺织设计院、化工部第一设计院、北京石油设计院等 15 个设计单位和中石化四建公司等 22 个施工单位共 2.5 万人。天津市委还特地为该厂配备了一个结构比较合理（领导班子中有 50% 的技术干部和专业干部）、大多数领导成员比较稳定、基建和生产一肩挑的工程指挥部领导班子。并组织全市各行各业、各方面的力量，为化纤建设开绿灯。市经委组织交通局及港口等 32 个单位支援引进设备的大件运输。市计委组织8个区（县、局）的48个工厂为化纤工程加工非标设备，并在现场设立了物资供应联合办公室。市农委组织郊县5000余民工参加化纤工程会战。市财贸委组织一商、二商、粮食等部门积极为工地职工生产需要服务。由于水源落实较晚以及受唐山大地震的

图25-9　天津石油化纤厂

影响，国务院批准推迟建设，到1977年9月20日才全面破土动工。1980年主体工程基本建成。1980年11月18日用外购对苯二甲酸二甲酯片进行投料试车。1981年6月11日重整加热炉、点火，8月25日生产出涤纶短纤维，只用了75天，创国内同类设备投料试生产的最好水平。1983年12月25日经国家验收，1984年元旦起正式交付生产（图25-9）。

轻工业部在集中主要力量建设4个成套引进项目的同时，还抓紧纺丝配套工程的建设。从1975年开始，相继新建了黑龙江涤纶厂（建设规模为涤纶短纤维1.6万吨），营口化纤厂（建设规模为锦纶长丝8000吨），扩建了丹东化纤厂（建设规模为涤纶短纤维1.6万吨）。

（4）以极度负责的态度一抓到底。建设工作开始后，钱之光更是全身心地关注着建设的一举一动。1977年9月还亲赴上海石油化工总厂深入了解建设情况。以后由于健康原因，在医生和其他部领导的劝阻下，未能再次亲临建设现场，成为他一生的遗憾，但他始终具体指导着这些项目的建设。他每天走进办公室，第一件事情就要看"进口办"编印的《情况反映》，从中了解工程建设的进展情况及有什么困难和问题。这些困难和问题，只要是部里能解决的，他都会亲自安排有关司局抓紧解决；部里解决不了，他会亲自出马，向有关部委或国务院领导反映，并提出解决问题的建议。各项目负责人来部汇报建设情况，他都亲自接谈，并问得很细很深入。上海石油化工总厂指挥部负责人之一龚兆源，在一期工程建设期间，曾6次到北京汇报工作，钱之光都亲自听取汇报，有时还去他的住处看望，使龚兆源深受感动。这样大的工程建设，方方面面，难免会出现这样那样的问题，钱之光总是以极度负责的态度一抓到底。先后有这样几个突出事例：

辽阳石油化纤总厂原设计没有考虑地震设防问题。1974年8月正式开始施工不久，1975年2月辽宁海城地区发生了7.3级地震；辽阳地区震感强烈，相当于6.5级。为保证辽阳石油化纤总厂的安全，钱之光迅即召集有关部门认真研究，决定按7度设防要求修改原设计方案，并责成直属纺织设计院负责并组织参与辽阳石油化纤总厂的其他设计单位昼夜兼程进行修改，消除了一大隐患。

四川维尼纶厂建设中，有人怀疑四川省化工研究所根据中试结果设计制造的天然气脱硫装置能否过关。这关系到四川维尼纶厂建成后能否顺利投产。钱之光得知后，让焦善民派专

人前去调查，详细核实中试资料，确认能够达到规定要求的脱硫效果。直到脱硫装置建成后的实际效果说明是成功的，钱之光才放下心来。

上海石油化工总厂的国产腈纶纺丝设备，原先准备引进，由于日方要价太高，又坚决不让步，才被迫参照前几年从英国引进的腈纶纺丝设备自行设计制造。按计划已在1975年4季度开始试车，到1976年上半年已开出了5条生产线（总共12条），但生产情况不正常，产品质量差，原材料消耗也远远超过设计定额。纺织厂不愿接受，产品大量积压，这将影响到总厂的正常运转。这时候，总厂上上下下，对这套设备能否继续使用议论纷纷。有的抱怀疑和悲观的态度，有的甚至主张干脆报废，重新从国外引进。1977年9月3日，钱之光亲自到上海石化总厂。在深入了解情况后，对总厂及所属单位负责人作了腈纶大会战的动员报告，指出，搞好金山一期工程，关键在于解决好腈纶厂的生产问题，并决定由李正光负责，会同总厂各协作单位共同对工艺、设备、管理诸问题进行整改。先后对纺丝机、水洗机、卷曲、铺丝定型箱、切断机等200多项设备的1000余台主机、1700余台泵阀、6000余米管道进行检修、改装、调换，大幅度改善装置的"跑冒滴漏"；对生产工艺进行大胆改革及探索，制订出符合生产装置实际情况的腈纶生产工艺；对全厂29%的干部、职工进行技术培训和加强纪律教育，批判"文革"中形成的无政府状态流毒，并建立以责任制为中心的多项管理制度。在企业经营方面也作了一些改革，终于使腈纶分厂转危为安：生产能力超过了设计指标，产品质量达到了国际水平，两次获得国家银质奖，成为纺织厂的抢手货，并成为各分厂创造利税较多的一个分厂。

工程质量问题，是钱之光最操心的。一而再、再而三地叮嘱"进口办"，要把确保工程质量作为工作的重中之重，千万不要出事情。他要求勤加督促检查，组织项目之间的互相检查和巡回检查，把隐患消灭在萌芽状态。对检查出来的问题，绝不手软，整改一定要彻底。例如，有一次在工程质量大检查中，发现辽阳石油化纤总厂的地下输气管道用的是铸铁管，并且铸铁管的质量低劣，成为一大隐患。钱之光明确指出，宁肯多花2000多万元投资，一定要重新返工改用钢管，以保证万无一失。

（5）党中央和国务院对四大化纤的建设关怀备至。国务院专门发文件，把这批成套引进项目列为全国的建设重点，要求全国有关部门都来关心支援。有问题反映上去，都能及时解决。如日本商人反映上海石油化工总厂是建在金山卫围海造地的软土层上，地基不好，虽打了很深的桩，但仍怕出事故。领导非常重视，要求一定要采取措施，确保工程质量。

1973年6月，国务院领导到上海石油化工总厂现场视察。当时建设前期工作进度相当快，仅半年多时间就在杭州湾填海造了7.08平方千米的土地，准备把引进的项目建在那里。国务院领导听取了有关人员的汇报，从引进设备的谈判情况，投产后预计的收益，投资、年利息的数额，厂区、生活区的布置，污水处理和污染问题的解决，一直到进口设备的运输，都详细询问，并实地考察了规划厂区。两年后即1975年夏天，国务院领导陪同外国贵宾到上海参观，绕道视察金山工地。当时从国外引进的超大装置、超重设备有三四层楼高，当时没有大平板车，上海交运局的职工，特别是扎竹排的师傅，充分发挥中国水运工人的聪明才智和丰富经验,设计出极为巧妙的装运方案,带着这些庞然大物,从黄浦江浮运到工地码头(图25-10),再用扒杆当作起重机械,用自己改装的大件运输车辆安全地送到现场。并用整体吊装办法,既快又准确地安装在预先做好的塔基上,做到塔起灯亮,改变了国外那种先吊空塔,然后再搭起脚手架进行高空作业的施工方法。国务院领导听了汇报以后,连称老工人了不起,工程建设应该重视他们的经验。在看

图 25-10　千方百计运输上海石化超大设备

了污水处理试验情况后,强调一定要下决心解决好污染问题。回到北京后国务院领导决定在金山主持召开一个现场会,介绍金山石化的经验,推动基本建设战线的整顿工作。于是在国务院的领导下,由国家建委的宋养初、李景昭、李后、李灏、李超白,轻工业部的焦善民、陈锦华、牛迪义等做具体的准备工作。会议于 1975 年 8 月 8 日~16 日在上海石油化工总厂召开,国务院有关部委、各省市主管基本建设的负责人,以及全国 22 个进口成套设备建设项目和其他重点建设项目的领导干部、工人、技术人员共 330 人参加。

国务院领导在报告中说,最近,中央几位领导来金山看这里的建设情况,都认为这个项目搞得很好,打出了高速度,体现了自力更生的精神。在这么短的时间内完成这么多的投资,建设一个这样复杂的现代化的企业,这样高的速度,在中国的基本建设史上还从来没有过。我们希望所有进口项目,所有重点项目,所有基本建设单位,都能学习金山,赶上金山,进而超过金山。

焦善民代表轻工业部参加了这次会议,并在大会上发言。这次会议开得很成功,对当时国内基本建设整顿工作,特别对几个成套引进化纤项目的建设起了很大的推动作用。

上海、辽阳、四川等一批特大型石油化工企业的建设,决策于 20 世纪 70 年代初,开工建设于 70 年代中后期。国务院领导高度重视这批重点建设项目,因为它们密切关系着国计民生。钱之光认真执行国务院领导的正确指示,坚持工程进度服从工程质量,坚持工程不合格就不惜推倒重来,对施工管理工程质量方面发现的问题都是一抓到底。就这样,这位纺织经济战线的领导人终于在他有生之年,不负党中央的嘱托,通过建设四大化纤为中国化纤工业奠定了雄厚的基础。

2. 四大石油化纤项目建成投产的重大作用

四大石油化纤项目的建成投产,使中国化纤工业上了一个大台阶,对解决全国人民"衣被甚少"问题,对减轻农业负担,对发展石油化工事业以至国民经济全局,都起了重大的作用。

第一,四大石油化纤项目的引进,是中华人民共和国成立以来第一次同西方发达国家进行大规模的交流与合作。合作伙伴主要是日本、联邦德国、法国和意大利等国家的 28 家厂商。

他们不仅带来了西方发达国家的先进技术、先进工艺和先进设备，还带来了先进的管理理念和管理方法，带来了最新的市场信息，使中国有关行业开阔了眼界，真切了解到西方发达国家石化工业发展现状和发展趋势，看到了究竟什么是先进技术，什么是高度发达的工业，什么是高效率的劳动生产率；也看到了中国和西方发达国家在石化工业方面的巨大差距，增强了追赶发达国家先进技术的紧迫感。

第二，四大石油化纤项目的引进，对中国化纤工业的发展和科技进步起了重要作用，使中国合成纤维生产上了一个大台阶。中国化纤工业本来没有基础，起步又晚，到20世纪50年代中期，才以黏胶纤维为起点，恢复与新建了几个中小型企业；60年代逐步转向发展合成纤维，通过从民主德国和日本、英国小规模引进黏胶纤维和维纶、腈纶成套设备，与自力更生相结合增建了一批中小型化纤企业。1972年，全国化纤年产量只有13.7万吨，其中，合成纤维5.03万吨，仅占当年国内纺织原料总量的5.5%，不能从根本上解决纺织原料不足的问题。而且多数化纤企业规模偏小，用人多，管理水平低，消耗大，成本高。这次引进的四大石油化纤项目，居于当时世界最先进水平，技术装备先进，高速、高效、大型化，产量高。建成后每年可生产合成纤维35万吨，比当时已有生产能力增长6倍，使化纤在整个纺织原料中的比重提高到18%左右。纺织原料不足的矛盾因而有了比较大的缓解。引进项目中有不少新技术，还填补了中国石油化工、化纤工业的空白。如以煤、柴油为原料的管式裂解技术生产乙烯、丙烯和芳烃；以烷基转移和异构化技术，从 C_7 到 C_9 芳烃中最大限度地获取对二甲苯；以天然气为原料生产维纶和甲醇；年产1.5万吨涤纶短纤维的大型纺丝设备等。这些新技术的引进，有利于中国缩短自己摸索研制的时间，对中国化纤工业的工艺技术创新有重要的借鉴作用。

第三，对解决全国人民的吃、穿、用，特别是穿衣问题起了重要作用。四个项目生产的合成纤维数量大、品种多，可广泛适用于棉、毛、麻、丝、针织、复制等各个纺织行业，生产丰富多彩的衣着用品、家庭用纺织品以及部分产业用纺织品。在化纤工业快速发展的情况下，到20世纪80年代初，涤棉布、涤纶长丝织物和中长纤维布等已完全摆脱了供不应求的局面，以至出现滞销和库存积压的状况。这表明，纺织品供应短缺的矛盾已有明显缓解，为取消布票，敞开供应创造了有利条件。一年之后，到1983年12月，中国政府正式宣布停止实行了30年之久的棉布凭布票限量供应的办法，布票从此退出了历史舞台，这是中国纺织工业发展中的一个历史性的里程碑。老一辈党和国家领导人，包括钱之光在内，为之操劳后半生，解决全国人民穿衣问题的夙愿得到了圆满的解决，受到全世界的瞩目。

第四，四大石油化纤项目的引进，对于支援农业生产，减轻农业负担，也起了一定的作用。长期以来，受耕地面积限制，粮食作物与其他经济作物，特别是与棉花争地的矛盾比较突出。20世纪60~70年代，周恩来亲自抓棉花生产，给各地做工作，要求多种棉花。即使这样，棉花播种面积还是长期徘徊在7400万亩左右，比中华人民共和国成立以来曾达到的最高水平9383万亩（1956年）低20%多，棉花总产量也就是4000多万担（200多万吨）。四大石油化纤项目建成后，每年生产合成纤维35万吨，相当于1100多万亩棉田生产的棉花。

就是说，可以用1100多万亩耕地来多生产一些粮食作物。上海石化、辽化两个项目每年生产的13万吨聚乙烯、聚丙烯，主要用于生产农用薄膜，对农作物的增产增收有重要的作用。

第五，通过这次四大石油化纤项目的引进，为国家和地方培养了一大批工程技术人才和对外经济合作人才，为以后的民营化纤企业大发展和参与经济全球化创造了条件。

四大化纤项目的建成投产，对解决全国人民的穿衣问题起到了重要作用。但在建设之初，对轻工业部和钱之光能不能把这一批高技术的石化企业建设好，很多人都捏了一把汗。在党中央及中央有关部委的直接领导和支持下，钱之光运筹帷幄，呕心沥血，遵循基本建设的客观规律，紧紧依靠地方，充分发挥广大参建职工的聪明才智，到1981年底四大化纤项目已全部建成投产。平均每个项目的建设工期约六年，其中，短的只用了四年两个月。这些事实打破了有些人认为纺织工业部搞不了石油化工的偏见。

1981年，钱之光以81岁高龄，被全国人大常委会任命为国务院顾问，退出第一线领导岗位。钱之光为之奋斗近三十年的化纤工业，从零起步，经历了自力更生发展黏胶纤维，走电石—乙炔路线发展维纶，兴建大型石油化纤基地等几个不同阶段；从引进国外先进技术入手，在认真消化吸收基础上创新发展自己的技术，提高中国化纤生产的软、硬件国产化水平，使中国化纤工业从无到有，从小到大，有了长足的发展。到1981年底，全国化纤工业的建设规模已达到130万吨，其中已建成投产63万吨。总共用于化纤工业的投资为110亿元，占同期纺织工业总投资的54.3%。此时，化纤企业已遍布大江南北，全国除西藏、青海、宁夏、新疆外，都建有规模不等的化纤企业。1981年中国化纤的实际生产量为52.73万吨（其中，黏胶纤维14.26万吨，合成纤维38.47万吨），已跻身于世界化纤生产大国的行列，相当于美国1949年、日本1960年、英国1968年的生产水平，为解决全国人民的穿衣问题做出了重大贡献。

四、建设中国最大的石油化纤新基地——江苏仪征化纤

20世纪70年代初，钱之光在同焦善民等商议化纤发展问题时，就在设想建设上海、辽阳、四川、天津四大化纤项目，把全国化纤产量搞到50万吨后，第二步再搞50万吨。这样，全国人民的穿衣问题就有望得到更好的解决。国务院领导1975年8月在接见全国轻工业抓革命促生产会议代表时，反复讲要把几个大的石油化工、化纤进口装置搞好。搞好了市场会起变化，可能会改变纺织工业的面貌。

1. 再建三个大化纤项目

1976年10月，中国的社会主义建设事业很快进入了一个新的发展阶段。1977年第四季度，轻工业部向国务院汇报的纺织工业长远规划提出：到20世纪末，要建设10个大化纤厂，以解决长期存在的"生产赶不上需要，原料供应赶不上生产"的矛盾，满足全国人民的穿衣需要。1978年2月5日，经中央批准由国家计委汇总向国务院提出的规划中提到，今后8年全国要引进60多个大型成套设备项目，第一批1978年成交45个项目，其中，纺织工业有

3个项目，即上海石油化工总厂化纤二期工程、江苏仪征化纤厂、河南平顶山锦纶帘子布厂。

1978年2月，3个项目开始筹建。4月，国家计委、国家建委、纺织工业部、外贸部、上海石油化工总厂、江苏仪征化纤厂等单位共20人组成的中国化纤技术考察团，由纺织部副部长王瑞庭任团长，国家计委副主任顾秀莲为顾问，到美国、日本、联邦德国、英国，对化纤工业进行为时两个月的考察，并对出国前与外商进行过技术交流的一些生产装置作了重点考察。之后，经过货比三家，认真谈判，1978年12月下旬签订了一批对外合同：上海石油化工总厂化纤二期工程，从日本三井、钟纺公司引进年产22.5万吨精对苯二甲酸和20万吨聚酯的成套设备，合同总价3.97亿美元；仪征化纤项目，从联邦德国吉玛公司引进年产53万吨聚酯的成套设备。这些引进成套设备的生产工艺都具有当时的世界先进水平，不仅在中国以往引进的同类装置中单系列生产能力最大，在世界上也是少有的（图25-11~图25-14）。

仪征化纤项目的建设方案，原先按1978年2月5日中央批转国家计委提出的方案，是从原油裂解开始到精对苯二甲酸、乙二醇等主要化工装置和聚酯成套设备的一条龙生产体系，并以此组织对外考察和谈判。对这个建设方案，部门之间产生了分歧：化学工业部坚持主张化工和聚酯、抽丝分开建设。国家建委组织专家多次论证，各抒己见。论证的焦点是南京扬子公司今后能否按计划供应精对苯二甲酸和乙二醇等原料。钱之光虽然对

图25-11　江苏仪征涤纶一厂奠基

图25-12　江苏仪征化纤二期工程

图 25-13　江苏仪征化纤干法纺丝生产线

图 25-14　江苏仪征化纤产品启运现场

分开建设方案中的许多不切实际的经济观点和措施不完全赞同，但考虑到长期争论下去会贻误大好时机，于是以大局为重，服从国务院领导提出的分开建设方案。从原油裂解到精对苯二甲酸、乙二醇等主要化工装置，由化工部所属南京扬子公司负责在南京建设，所生产的精对苯二甲酸和乙二醇送到仪征化纤厂，从聚酯开始由仪征化纤厂负责建设。因为有这么大的变动，仪征化纤项目只能重新部署工作。

河南平顶山锦纶帘子布厂项目，也在 1978 年 12 月下旬，同日本旭化成、蝶理公司签订了合同。引进连续缩聚直接纺丝技术，以锦纶 66 盐为原料年产 13000 吨锦纶帘子布的成套设备。

在此期间，各项目的筹建工作进展迅速。就仪征化纤项目而言，1977 年 6 月，由焦善民、俞鲤庭带领的选厂组，会同江苏省领导和有关部门踏勘了几个地方，从输油管线、交通条件以及建厂所需的其他条件综合论证，择优选定仪征县西部的胥浦公社为建厂地址。该厂址西距六朝古都南京 66 千米，东距历史文化名城扬州 30 千米，占地约 9.7 平方千米。1978 年 7 月，正式成立仪征化纤筹建指挥部。钱之光主持部务会议讨论决定，由王瑞庭兼任仪征化纤厂总指挥，凌则之、季国标和江苏省的张耀华为副总指挥。并从纺织工业部有关司局和江苏省抽调一批骨干力量，负责分管各方面的工作。1978 年 10 月，国家计委正式批复同意建设江苏石油化纤总厂，即仪征化纤厂。征地拆迁、勘察设计、安置失地农民、施工队伍进场、"三通一平"等建设前期工作，随即紧锣密鼓地展开。到 1980 年 11 月，已征用土地 976 公顷，施工队伍已进场 1.1 万人，开工面积已达 14 万平方米，引进装置也已陆续运抵现场。然而，情况发生了变化。

2. 三个化纤项目的调整和建设情况

1978 年 12 月 18～22 日，中共十一届三中全会在北京召开。会议决定，从 1979 年起把全党工作重点转移到社会主义现代化建设上来。1979 年 3 月，中央政治局会议决定用三年时间调整国民经济。1979 年 4 月，中央经济工作会议进一步提出了"调整、改革、整顿、提高"的八字方针。一批国家重点项目，特别是 22 个成套设备引进项目，由于当时存在着急于引进的偏向，导致引进规模过大，远远超过当时国力所能承担的程度，因此成为这次经济调整的重点。国务院和有关部门对此采取十分慎重的态度，逐个进行认真分析研究，区别对待，有的缩小了规模，有的退回了部分合同，有的推迟建设，有的停止对外谈判，也有按原计划进行建设的。纺织工业的三个项目分为两类：

第一类是河南平顶山锦纶帘子布厂，1978年已完成了引进成套设备的签约工作，并且这个项目属于辽化的配套项目，所生产的浸胶帘子布，又是制造汽车、飞机、拖拉机轮胎不可缺少的橡胶骨架材料，是当时国际上流行的一种新型材料，其性能优于棉帘子布和强力黏胶帘子布，也填补了中国锦纶帘子布的空白。因此，国务院正式批准按原定计划进行建设，总投资为3.46亿元。在河南省、平顶山市和纺织工业部的共同努力、密切配合下，组织17个设计、施工单位的广大职工日夜奋战，从1980年4月1日破土动工，到1981年12月投料试车一次成功，总工期只用了18个月，成为纺织工业战线20世纪70年代以来第一个按对外合同规定工期建成投产的工厂。1983年经国家正式验收，交付生产。在1983年全国评比中，该厂被评为国家优质工程，其总体设计、土建和公用工程的设计，先后被评为部级优秀设计项目一等奖和国家级优秀设计项目金质奖。

第二类是上海石油化工总厂化纤二期工程和仪征化纤项目，被列为缓建项目。1979年上半年，国家计委在研究全国22个成套设备引进项目调整时，曾提出把仪征化纤项目列为停建项目，征求纺织工业部的意见。钱之光得悉这个消息后，立即同其他部领导商量。他认为，仪征化纤项目停建，损失太大，并且停建以后，何时才能恢复重建将会遥遥无期。如果能改为缓建，就可以想别的办法建起来。过去我们从原料搞起，再搞纺丝，现在聚酯设备已经进来了，我们可以设法先进口精对苯二甲酸和乙二醇等原料，从聚酯搞起，接着搞纺丝，无非在长江边多建一个码头，把这些原料直接卸货到厂。所需建设资金也可以想别的办法解决。大家都同意钱之光的见解，于是纺织工业部正式向国家计委表态，建议把停建改为缓建。

在全国22个成套设备引进项目中，有一些项目也存在类似情况。当时国务院派人率代表团去欧洲同外商商谈，其中，纺织组由外贸部人员和仪征化纤项目副总指挥、总工程师季国标任正副组长，同联邦德国的吉玛公司具体商谈。中方提出在原合同基础上分期分批交货，延长付款期限等，吉玛公司表示理解，并同意中方的意见，因此，中方在经济上几乎没有受什么损失。代表团回国后向国务院写了分期建设的报告。1980年11月，国务院最终决定把仪征化纤项目列为缓建项目。由"停"建改为"缓"建，一字之差，挽救了仪征化纤项目。但两个项目都缓建，使得年已八旬的钱之光寝食难安。他一方面要求两个项目积极妥善地处置建设现场的各项工作，认真做好已到厂的进口设备的保管工作；另一方面组织研究复建的方案，并亲自向有关部委呼吁，力争早日上马。此时钱之光虽已退出第一线领导岗位，但他仍不遗余力地为复建创造条件。即使后来国务院正式批准仪征化纤工程先建一个分厂后，钱之光在居家安度晚年期间，仍惦记着仪征化纤的后续建设问题。在国家计委批准建设二期工程并在1990年10月全部建设投产后，仪征化纤的领导带着建设全程录像片，向钱之光作了汇报，钱之光十分高兴并称赞搞得好。

国家建委崔志农回忆："1981年2月的一个早晨，钱老赶在上班前亲自到国家建委，向主持日常工作的韩光同志反映情况，要求尽快恢复建设。事后，韩光同志对我说：'为了发展化学纤维，解决人民穿衣问题，钱老是日夜操劳，呕心沥血，我们深受感动。'"

在各方面的努力下，1981年7月1日，国务院批准上海石化总厂化纤二期工程恢复建设；一个多月后，于1981年8月6日，又批准仪征化纤项目先建一个分厂。上海石化总厂化纤二期工程批复建设后，全厂职工努力拼搏，从1983年11月起，一些主要生产装置开始试运行；至1985年11月，10套主要生产装置均已试车运行；1986年1月1日正式交付生产。由于该项目依托老基地扩建，收到了建设速度快、投资省、经济效益明显的显著效果。

3. 靠改革创新激活仪征化纤项目

仪征化纤项目从1980年11月获准改为缓建项目以后，一方面妥善地处置建设现场的各项工作，认真细致地做好已到进口设备的保管工作，为复建创造条件；另一方面具体研究分期建设方案和建设资金筹措等问题。建设资金早一天落实，就可以早一天恢复建设。建设资金从何而来，成为当时从纺织工业部到仪征化纤项目建设现场上上下下议论的中心话题。在改革、开放、搞活新政策的启迪下，仪征化纤项目的建设者们意识到，要救活仪征化纤项目，必须突破基本建设以财政拨款、无偿使用的投资模式，大胆提出"一次规划，分期建设；借贷建厂，负债经营"的方针。先建一个分厂（一期工程），建设规模为聚酯切片20万吨，涤纶短纤维12万吨，以及相应的配套工程。计划用三年时间基本建成，总投资概算为10亿元。除前期已投入的国家拨款3亿元外，尚缺7亿元靠借贷解决。当时还仔细算了一笔账：工程早投产一天，可为国家多创造100万元利润；晚竣工一天，就要多付利息32万元。钱之光召开部党组会，听取了仪征化纤项目总指挥王瑞庭的汇报和借贷建厂的建议，并组织部机关有关司局对仪征化纤项目投产后还贷能力的测算论证。有关司局一致赞同和支持这个建设方案。钱之光还亲自同有关部门沟通，争取政策支持，促成尽快恢复建设。功夫不负有心人，经过半年多的努力，一个由纺织工业部和中国国际信托投资公司（以下简称中信公司）联合建设的新方案终于形成。主要内容是组建仪征化纤工业联合公司，通过国内集资和国际融资，进行借贷建设，负债经营。这不能不说是当时国内特大型企业建设经营的一个创举。这个建设方案得到了国务院领导的认可。1981年8月6日，国务院正式批准先建一个分厂。同年12月19日，纺织工业部和中信公司联合投资建设的仪征化纤工业联合公司在北京宣告成立。

自从国务院正式批准仪征化纤工程先建一个分厂之后，仪征化纤的建设者不等不靠，迅速转入正式施工阶段。江苏省组织各方力量支援仪征化纤建设；解放军临汾旅也赶赴现场参加攻坚。参加建设的4万多名职工战天斗地，在负债经营的压力下，带来了新的建设速度。从1982年1月全面恢复建设，到1984年12月30日聚酯装置投料试生产一次成功，实现了原定目标，即"3年基本建成，10亿元投资不突破"。所需精对苯二甲酸和乙二醇等原料，因南京扬子公司乙烯工程缓建，经国家计委协调，先由仪征化纤项目进口解决，因此，仪征化纤很快就获得明显效益。

与此同时，为配合上海石油化工总厂化纤二期工程和仪征化纤项目复建的需要，中国纺织机械工业战线也在展开一场年产 1.5 万吨涤纶短纤维纺丝设备国产化的攻坚战。这种大型纺丝设备当时只有美国、德国、日本等少数国家能制造。1981 年 3 月，钱之光召开部务会议，讨论决定立足国内生产，除引进部分单机、图纸、关键部件和配套件外，其余全部由国内自行设计制造。5 月 9 日，国家领导人在一份文件上，对国产 1.5 万吨涤纶短纤维纺丝成套设备的试制工作做了重要批示："这可以算一项先进设备的攻关项目。这套设备明年成功以后，应考虑公开表扬，长志气，鼓干劲。"批示有力地推动了这套设备的研制工作。在纺织机械行业内外 70 多个科研、设计、制造和使用单位共同努力下，取得圆满成功。上海石油化工总厂化纤二期工程原计划从日本引进两条生产线，需花费巨额外汇；后改为进口部分单机和设备制造技术、图纸资料，节省了大笔外汇。仪征化纤项目原计划全部使用国产 1.5 万吨纺丝设备；后因改为借贷先建一个分厂，还贷任务艰巨，希望先引进两条生产线，其余仍使用国产设备。这个方案得到钱之光的同意。这样，既引进了国外的新技术，又有助于设备国产化。在 1986 年 4 月 2 日，这项年产 1.5 万吨的大型涤纶短纤维成套设备，在仪征化纤通过国家级鉴定，并荣获国家重大技术装备办的褒奖。由此，我国进入了用国产大型、成套设备装备化纤工业的新时期。

仪征化纤一期工程进入分线投料阶段时，国家计委批准建设二期工程，包括涤纶二厂、涤纶三厂和相应的水电气等公用工程及辅助配套工程，总投资 19 亿元。1987 年 9 月，涤纶二厂开始投料试生产。1990 年 10 月，涤纶三厂最后一条聚酯生产线投产成功，标志着仪化工程全部建成。三个主体厂的建设投产周期越来越短。涤纶二厂的建设周期两年零九个月，比涤纶一厂提前了三个月。涤纶三厂的建设周期仅为两年半，又比涤纶二厂提前三个月。整个一期、二期工程比国家计划提前 14 个月全面建成，一座环境优美、设施齐全的化纤新城屹立在扬子江畔。

五、发展成为世界化纤生产大国

如果说，改革开放前 20 多年，党和国家第一代领导人高瞻远瞩、不失时机地果断决策，纺织工业奠基人钱之光呕心沥血，甘冒风险，迎难而上，创建了新中国的化纤工业，并奠定了比较雄厚的基础；那么，改革开放后的发展轨迹则是：紧随社会主义市场经济体制的改革和社会主义现代化建设前进步伐，中国化纤工业走上了持续发展的快车道，用了不到 20 年的时间，就发展成为世界第一化纤生产大国。其中缘由如下：

一靠改革开放，极大地调动了各方面的积极性，参与中国的社会主义现代化建设，这是关键。

二靠市场拉动。在 1983 年宣布取消布票，实行纺织品敞开供应后，纺织工业部不失时机地提出重点开发服装、装饰用纺织品和产业用纺织品，1986 年又根据中央的精神，提出开发国内外两个市场，利用国内外两种资源，以扩大出口为突破口，全面振兴纺织工业，并适时发布有利于发展化纤工业的产业政策，使中国的化纤市场需求长期保持热销态势，这是基础。

三靠有利国际环境。由于国际环境的不稳定性和国际石油价格涨落不定，特别是20世纪70年代两次石油危机的冲击，美国、日本、西欧等发达国家不仅没有兴趣再大量投资于化纤工业，而且还相继削减一般的化纤生产，压缩甚至完全退出那些经济效益差的品种，因此化纤生产增长率在逐步递减。60年代为9.41%，70年代为5.36%，80年代为2.54%，90年代初降至1.79%。其中，美国、英国、法国已进入负增长时期。同时，许多国家和地区的外商，看好中国的化纤市场。由此，化纤工业逐步由发达国家向发展中国家转移。从1985年开始，每两年一次由纺织工业部和联合国工业发展组织联合召开的国际化纤会议，每次都能提供世界化纤工业的技术进步、新产品开发等信息，这些都为中国化纤工业提供了发展机遇。

1. 四个特大型化纤企业发展迅猛

国内最先建成的三大石油化纤企业之一——上海石油化工总厂，根据国务院令，于1983年4月18日起全部移交到中央、国务院批准成立的中国石油化工总公司管理。辽阳石油化纤总厂、四川维尼纶厂和天津石油化纤厂也全部交给中国石油化工总公司管理。它们在划归中国石油化工总公司管理后，根据总公司的统一规划，在化纤方面都有不同程度的发展。如上海石油化工总厂的腈纶从4.7万吨发展到2000年的11.48万吨，辽化总厂的涤纶从3.2万吨发展到2000年的12.8万吨，四川维尼纶厂的涤纶长丝年产量达1.1万吨，天津石化的涤纶从5.2万吨发展到2000年的19万吨。

2. 充分利用自身有利条件，把企业做大、做强，提高企业竞争力

隶属纺织工业部的平顶山锦纶帘子布厂和仪征化纤厂，此时也充分利用自身有利条件，把企业做大、做强，提高企业竞争力。

（1）平顶山锦纶帘子布厂（图25-15）。该厂从1986年开始，第二期工程和2万吨技改项目相继动工，到1988年锦纶帘子布的生产能力已达到5.5万吨，产品质量达到世界同类产品的先进水平。国内市场的占有率达30%以上。1995年开始，产品进入欧美市场。此外，该厂还生产80万标准套橡胶轮胎、15.5万吨尿素、6.5万吨锦纶66盐和工程塑料、BCF地毯丝等。并以技术输出为条件，于1995年与法国罗纳和越南河内工业织布厂合资建设了越南神龙锦纶公司。

图25-15 平顶山锦纶帘子布厂

（2）仪征化纤厂。该厂在一期、二期工程全面建成后，于20世纪90年代初就发起组建企业集团，通过兼并、收购、承包、控

股、参股等方式，形成以仪征公司为核心企业，横跨9个省市，联合24家大型化纤纺织企业、4所高校和科研单位，紧密层、半紧密层齐全的规模化企业集团，并着手进行股份制改组。1992年9月，被国家体改委批准为首批在境外上市的9家股份制试点企业之一。1994年3月在香港和上海成功发行H股和A股股票，共募集资金41.1亿元，打开了通向国内外资本市场的大门。他们面对东南亚金融危机和世界经济波动冲击国内化纤市场的局面，迎难而上，在国家"八五"计划推出三期工程——新建年产25万吨精对苯二甲酸、6万吨聚酯切片和2万吨涤纶长丝、1.2万吨中空三维卷曲短纤维三个项目，总投资36.7亿元。1993年11月正式开工建设，1995年5月、8月、9月相继建成投产。接着于1997年启动第四期工程——新建年产9万吨直接纺涤纶长丝和以内涵为主的技术改造工程。长丝项目1999年3月全面建成投产后，不仅显现低成本的优势，而且使中国传统的长丝生产工艺由此加快了向世界领先技术迈进的步伐，长期困扰中国化纤业的产品结构性矛盾得到缓解。技改工程着重在于提高聚酯设备的国产化水平和增容10%~30%，打破了国外对聚酯工业技术的垄断，形成具有中国特色的、也是仪征化纤的完整聚酯技术。精对二甲苯酸装置扩容改造后，年生产能力从25万吨增至35万吨。

仪征化纤在壮大经济实力的同时，还致力于开发新产品，如6.6分特三维中空纤维、7.15特细特高强纤维等，填补了国内空白，市场供不应求。其他如半有光、有光、超有光聚酯切片，棉型、中长型、毛型、缝纫线型涤纶短纤维，中空系列立体卷曲纤维及长丝产品，稳稳地占领了国内市场。并从1986年开始，陆续进入日本、泰国、新加坡、马来西亚、澳大利亚、南非和美国等市场。按照市场规律，在公司内部机制上也进行了许多改革。仅仅用了20年时间，使这个特大企业在计划经济体制下立项和开始建设，在改革开放政策的推动下建成投产，在向社会主义市场经济转轨过程中进一步发展壮大，成为中国最大的且以聚酯业为中心的化纤原料生产基地，跻身于世界大型化纤企业之林。

1997年8月，经国务院批准成立中国东联集团公司，由仪征化纤、金陵石化、扬子石化、南京化工集团组成，总资产450多亿元，成为"油、化、纤"综合发展，有机化工与无机化工相互配套的中国最大的石油化工、化纤、化肥基地。1998年7月随东联集团加入中国石油化工集团公司。

3. 出现"五个共同发展"的生动局面

在上述几个大型石油化纤企业取得新发展的同时，一批大中型化纤企业和许许多多小化纤厂也陆续建成投产，形成"五个共同发展"的生动局面。

（1）以仪征化纤与上海石化总厂二期工程等特大型骨干企业为主，大、中、小化纤企业共同发展。到2000年底，全国国有及年销售收入500万元以上非国有化纤工业企业共有834家，比1980年的177家增加了657家；工业总产值（不变价）1322亿元，为1980年53.5亿元的24.7倍。在全国834家化纤工业企业中，大中型企业240家，占28.78%；工业总产值（不变价）989亿元，占74.75%。小企业户数占了70%以上，遍布大江南北许多省市；

平均每个小企业的工业总产值（不变价）仅5623万元，看来与化纤工业具有技术、资金密集的特点有些格格不入。但在中国化纤工业大发展的初期，由于国内市场对化纤的需求旺盛，各地都有发展化纤工业的积极性而资金有限，实行大、中、小企业共同发展的产业政策，既属不可避免，却又是成功实践。

（2）纺织工业系统内与系统外化纤工业企业共同发展。到2000年底，全国化纤生产能力共773.16万吨，其中，系统外占60%，即使扣除原由纺织工业系统内建设、后划归中国石化总公司的上海石化总厂、辽阳石油化纤总厂、四川维尼纶厂、天津石油化纤厂和仪征化纤总厂等五个石油化纤工业企业化纤生产能力109万吨后，系统外仍占有48.9%。以化纤生产量计算，2000年全国化纤生产量共695.42万吨，其中系统外占39%；即使扣除原由纺织工业系统内建设、后划归中国石化总公司的仪征化纤等五个石油化纤工业企业的化纤产量112.52万吨后，系统外仍占22.8%。纺织工业系统外，不仅有中国石化总公司、中国石油天然气总公司，化工、军工、农林口的大中型化纤企业，乡镇集体以及私营经济也都在积极发展化纤工业，并且企业规模都不小。据粗略统计，企业规模在1万~5万吨的有55家，生产能力共114.47万吨；企业规模在5万~10万吨的有11家，生产能力共74.63万吨；企业规模在10万吨以上的有11家，生产能力共221万吨。三者合计77家，生产能力410万吨，占纺织工业系统外生产能力466.63万吨的87.86%。详见表25-2。

表25-2　纺织工业系统内与系统外化纤工业企业的生产情况

项目	1978年		2000年		1978年		2000年	
	生产能力（万吨）	占比（%）	生产能力（万吨）	占比（%）	产量（万吨）	占比（%）	产量（万吨）	占比（%）
化学纤维总计	38.1		773.16		28.46		695.42	
其中：纺织工业系统内	33.63	86.37	306.53	39.65	26.48	93.05	424.16	60.99
1. 黏胶纤维	13.38		60.81		11.52		54.18	
其中：纺织工业系统内	12.3	85.95	47.90	78.77	10.74	93.24	44.45	82.04
2. 合成纤维	24.72		709.85		16.93		639.85	
其中：纺织工业系统内	21.33	86.30	253.09	35.65	15.74	92.96	379.71	59.34

资料来源：中国纺织工业协会统计中心，2000年纺织工业统计年报（综合版、企业版）。

（3）国有及国有控股企业、集体企业、港澳台企业、外企与私企共同发展。到2000年末，全国国有及年销售收入500万元以上非国有化纤工业企业834家中，国有及国有控股企业233家，占27.94%；集体企业173家，占20.74%；外企及港澳台企业212家，占25.42%。详见表25-3。

表25-3　各种经济成分的化纤企业比例情况

项目	全部	国有及国有控股企业	集体企业	外企及港澳台企业	其他
企业数量（家）	834	233	173	212	216
其中：人造纤维企业	138	46	23	41	28
合成纤维企业	564	165	107	132	160
工业总产值（不变价）（亿元）	1322.96	675.86	231.91	394.33	20.86
其中：人造纤维企业	151.31	117.26	4.63	28.29	1.13
合成纤维企业	1140.68	556.41	215.49	353.99	14.79

资料来源：中国纺织工业协会统计中心，2000年纺织工业统计年报（综合版）。

据农业部统计，到1997年末，全国乡镇企业中有化纤制造业1524家，年平均从业人数达到15.86万人，总产值（按现价计算）231.68亿元。这些乡镇化纤企业中不乏佼佼者。地处浙江慈溪宗汉镇的中国金轮公司（现属宁波锦纶股份有限公司），主要生产锦纶6帘子布。这个厂的创始人是从收购处理锦纶废丝起家的，积累了一些资金后，他聘请上海化纤九厂退休工程师周幼霖当顾问，周幼霖建议他把握住当时市场对轮胎骨架材料需求的大好时机，生产锦纶6帘子线，然后织成帘子布供应橡胶厂生产轮胎。就这样两人一起开始了艰苦的创业过程。首先是设计和安排乡镇企业试制了大型缩聚釜、纺丝机和浸胶设备，其规格之大是国内仅有的。经过两年的努力，投入试生产一次成功，达到年产3万吨的规模。其总投资只有进口5000吨锦纶长丝价格的三分之一。全厂从聚合、纺丝到浸胶全流程的生产技术和全部设备均为国产。最初的生产能力不大，随着自身积累的增加，用"滚雪球"的办法使企业不断发展与提高，成为全国最大的锦纶帘子布生产厂。

（4）基本建设（外延性扩大再生产）与更新改造（内涵性扩大再生产）共同发展。随着时间的推移，从基本建设为主，逐渐转向基本建设与更新改造并重，推动化纤工业的发展。1980～2000年，全部国有及年销售收入500万元以上的非国有化纤工业的固定资产投资共计达到973亿元，其中，基本建设575亿元，占59%；更新改造398亿元，占41%。黏胶纤维的发展壮大，主要靠老厂的技术革新、挖潜改造。在广泛吸收国外先进技术的基础上，研制成功大容量的黄化机和溶解机、高效能筛滤机、高速新型纺丝机及多级闪蒸、真空结晶等单机及其配套设备；并针对黏胶纤维生产中产生的废气、废液污染环境问题，开发了二次浸渍工艺、低锌少毒工艺等，使20世纪50～60年代兴建的一批老厂的产量翻番，产品质量提高，原材料及能耗下降。最早从原民主德国引进成套设备建设的保定化纤厂（现保定天鹅化纤集团）几经改造、扩建，黏胶长丝年产量已由原来的5000吨，提高到2000年的1.9万吨。第一批依靠自己的技术力量和机器设备建设的南京化纤厂、新乡化纤厂、吉林化纤厂，年生产能力当时均为3400吨。到2000年南京化纤厂的黏胶纤维生产能力达到1.4万吨；新乡化纤厂（现新乡白鹭化纤集团公司）的黏胶纤维生产能力达4.2万吨；吉林化纤厂（现吉林化纤集团公司）的黏胶纤维生产能力达7.7万吨，其中长丝2.2万吨。

合成纤维工业中也有这样的例子。仪征化纤厂在20世纪90年代后期进行的聚酯设备和精对苯二甲酸的增容改造工程，平顶山锦纶帘子布厂2万吨技改项目，都取得投资少、工期短、经济效益好的成果。烟台氨纶公司，在吃透一期工程引进日本成套设备、技术的基础上，凭借自己的力量，扩建了二期、三期、四期工程，不仅生产能力从320吨扩充至2500吨，并形成了多种本厂专有技术，具备了成套技术的出口能力。

（5）以涤纶为主，腈纶、锦纶、丙纶、氨纶及黏胶纤维共同发展。2000年全国化纤生产能力和化纤生产量达到773万吨和695.4万吨；与1978年相比较，分别增长20倍和24倍。从大类品种看，除维纶外都有大幅度增长。维纶也曾有过辉煌：20世纪80年代初，维纶产量曾达到10万多吨，在解决全国人民穿衣过程中立下汗马功劳，后来在产业用纺织品领域也有新的贡献。涤纶、锦纶、腈纶崛起后，不论服用性能还是产业用性能等，均优于维纶；同时生产维纶的原料聚乙烯醇用作浆料和涂料的经济效益又高于维纶。因此，维纶逐渐淡出市场。详见表25-4。

表25-4　1978年和2000年化学纤维生产情况的对比

项目	生产能力（万吨）			生产量（万吨）		
	1978年	2000年	同比（%）	1978年	2000年	同比（%）
化学纤维总计	38.1	773.16	2029.3	28.46	695.42	2443.5
1. 黏胶纤维	13.38	60.81	454.5	11.52	54.18	468.9
2. 合成纤维	24.72	709.85	2871.6	16.93	639.85	3779.4
（1）涤纶	7.02	563.28	3988.6	5.05	517.50	10247.5
（2）锦纶	3.54	49.93	1410.5	2.49	40.36	1620.9
（3）腈纶	6.62	50.12	757.1	4.13	47.37	1147
（4）维纶	6.52	8.45	129.6	4.83	2.54	52.6
（5）丙纶	0.77	33.52	4353.2	0.23	29.44	12800
（6）氨纶	0.25	1.24	496		0.93	

资料来源：中国纺织工业协会统计中心年报资料。

通过以上"五个共同发展"，中国化纤工业的生产规模上了一个大台阶，跃居世界首位。在纺织纤维加工总量中的比重，提高到2000年的58.9%。与此同时，为更好地适应国内外两个市场不同层次的需要和提高竞争优势，不少大企业逐渐加大投入，大力研制开发新品种，发展差别化纤维。在黏胶纤维工业，除了普通型的长丝和短纤维外，还开发了阻燃黏胶纤维、中空黏胶纤维、高湿模量黏胶纤维、细旦黏胶纤维和高卷曲黏胶纤维等。合成纤维工业中，陆续开发了细旦、超细旦和复合技术产品，但品种不多，数量不大，尚处于起步阶段。高科技纤维还处在研制阶段。

纵观中国化纤工业在20世纪50年的发展历程，可以概括为：远见卓识，兴业有方；历尽艰辛，终成大业。20世纪50年代中期，根据中国当时的工业基础和资源情况，从发展黏胶纤维起步，同时为合成纤维的发展作准备。60年代逐步转向发展合成纤维，合成纤维起步时走电石—乙炔路线发展维纶，同时利用煤化工资源发展小合纤。70年代，随着中国石

图 25-16　厦门白鹭 4 万吨氨纶生产线

图 25-17　福建长乐景丰科技 4 万吨锦纶长丝生产线

图 25-18　恒力集团 DTY 车间

图 25-19　盛虹集团纺丝车间

油工业的崛起，兴建了以石油（天然气）为起始原料的四个大型石油化纤基地。接着在 80 年代一鼓气建成仪征化纤等特大化纤企业，并且还有比较强的科研、设计力量，和专门培养化纤专业人才的化纤工业院校，以及能自主设计制造化纤机械的能力，由此奠定中国化纤业的雄厚基础（图 25-16 ~ 图 25-19）。

中国化纤工业的高速发展，对较好地解决全国城乡居民的衣被需要，以及实现"衣被天下"的千年梦想；对支援工农业生产和国防建设，缓和粮棉争地的矛盾；对扩大纺织品出口创汇等方面都起到了重要作用。同时在发展过程中也积累了许多经验：诸如，从中国的国情出发，紧跟世界化纤技术的发展步伐；统筹规划，确定各阶段的发展重点，循序渐进；坚持引进、消化、吸收、再创造，在吸收国外先进技术的基础上，组织跨部门、跨地区的社会大协作，逐步实现技术开发的自主化和装备国产化；注重化纤及化纤原料的配套发展；充分调动中央和地方的两个积极性等。结果是使中国化纤工业发展少走了不少弯路。

六、迈步走向化纤制造业强国

从 21 世纪开始，我国进入全面建设小康社会、加快推进社会主义现代化的新的发展阶段。党的十六大报告指出：综观全局，21 世纪头 20 年对我国来说，是一个必须紧紧抓住并且可以大有作为的重要战略机遇期。正是在这个机遇期，我国化纤工业取得了令人震撼的巨大成就。

1. 我国化纤工业发展最快、步子最大的时期

到 1986 年实现化纤 100 万吨的生产量（按建设规模来说，1980 年就已达到 100 万吨），前后共用了 30 年时间，可见当时艰苦创业阶段，要搞 100 万吨化纤多么不容易。第二个 100 万吨用了 6 年时间，第三个 100 万吨用了 3 年时间。到 2000 年，全国化

纤产量已达到 694 万吨。其后十多年，除了个别年度外，每一年增加的产量少则 150 万吨左右，多则达到 400 万吨以上，多数年度在 250 万～300 万吨。到 2015 年，全国化纤产量已跃升至 4832 万吨，为 2000 年的 6.95 倍，占同年全球化纤总量（6096 万吨）的 79.3%。按大类品种计，除了个别品种外，都有不同程度的增长。我国化纤工业的产量情况见表 25-5。

表 25-5　我国化纤工业的产量情况

产品名称	我国化纤工业的产量（万吨）				2015/2000 同比（%）
	2000 年	2005 年	2010 年	2015 年	
化学纤维总计	695	1629	3090	4832	695
1. 再生纤维	54		217	385.2	713
（1）黏胶纤维	53.79	118	183	343.6	638
（2）醋酯纤维			29.01	36.4	
2. 合成纤维	640	1497	2852	4446.4	694
（1）涤纶	516.50	1283.38	2513.33	3918.0	758
（2）锦纶	38.97	71.66	161.8	287.3	737
（3）腈纶	47.93	76.53	65.72	72.0	150
（4）维纶	2.81	4.17	5.66	10.0	350
（5）丙纶	29.07	27.46	33.83	25.9	93
（6）氨纶			27.43	51.2	

资料来源：国家统计局，统计口径为全行业。

2. 我国化纤工业技术进步最快、自主创新成果最多的时期

我国化纤工业在科学发展观和科教兴国战略指引下，技术开发和自主创新能力明显增强，对全行业的高速发展发挥了重大作用。

在化纤工业技术装备方面，对化纤行业发展贡献最大的项目是国内产、学、研结合自主创新的聚酯和涤纶长短丝直接纺技术装备，荣获国家科学技术进步三等奖。这套技术装备，使大规模聚酯纺丝项目的建设投资大幅度下降，建设周期大幅缩短。其中，年产 20 万吨成套聚酯设备的单线连续缩聚产能每天达到 600 吨，而 20 世纪 80 年代每天仅为 100 吨；每万吨产能的投资额降至 1000 万元左右，仅为 20 世纪 90 年代的 1/10～1/15。涤纶直接纺长丝技术每分钟的卷绕速度达到 7000 米，而 20 世纪 80 年代仅为 3000 米；每万吨产能的投资额仅为 20 世纪 90 年代的 1/12～1/15。涤纶短纤纺丝设备每条生产线的产能达到 4 万吨以上，每万吨产能的投资额仅为 20 世纪 90 年代的 1/8～1/10。这些自主研发的设备、技术，奠定了 21 世纪初十多年期间涤纶大发展的基础。"十五"期间建成的 1472 万吨聚酯产能中，85% 是使用中国自主研发制造的技术装备；即使在由国外承建的 15% 聚酯项目中，有60%～70% 仍然采用中国产的装备和技术；"十五"期间建设的 1127 万吨化纤抽丝产能中，65% 的长丝项目和 60% 的短纤维项目，都是采用自主研发的技术。"十一五"期间建设的

聚酯和涤纶产能，仍以采用自主研发的技术装备为主。

自主研发的年产 4.5 万吨的黏胶纤维生产线，是我国纺织行业近二十年来唯一获得国家科学技术进步一等奖的项目。该项目主要研发的大型黄化机及配套的干法黄化工艺、双循环节水技术等 11 项新技术和 12 项新型装备，实现全线自动控制和柔性化生产，产品质量既好又稳定，能适应多种原料和生产系列差别化、功能化产品，能源消耗低，三废排放量显著减少。该技术装备已在化纤行业大面积推广应用。

这些自主研发的化纤工业技术装备产能大、技术高、成本低，不仅满足了纺织行业发展的原料需要，增强了我国纺织品、服装的国际竞争力，而且节省了基建投资和宝贵的外汇。

在化纤产品方面，通过国内产、学、研结合，自主开发了许多种新型纤维。其中，高性能纤维碳纤维 T300、芳纶 1313 和 1414、芳砜纶、聚对二苯甲酸丙二酯纤维（PTT）、超高分子量聚乙烯、聚苯硫醚、碳/碳复合材料、玄武岩纤维等，已在工艺技术、配套装备、产品应用等方面取得突破性进展，生产已初具规模，并可部分替代进口，初步满足航空、航天等领域的急需。

高功能性纤维类有 PA6/PE 共混海岛法超细纤维、热塑性高聚物基纳米复合功能纤维、高导湿涤纶、复合型导电纤维、抗菌纤维、高品质熔体直纺超细旦纤维等，已在工艺技术配套装备、产品应用等方面取得较好进展，生产已初具规模，并可部分替代进口。

生物基纤维类有大豆复合纤维、聚乳酸（PLA）纤维、竹浆纤维、麻浆纤维等，已实现产业化生产。

3. 我国纤维工业生产结构优化比较明显的时期

随着自主研发成功大型成套化纤技术装备，为建设规模经济、效益显著的大型化纤企业和淘汰落后产能创造了条件，使生产集中度不断提高。化纤产能达到 20 万吨/年及以上生产规模的企业，在 2000 年还是凤毛麟角，全国 415 家化纤企业（其中包括兼有化纤生产的纺织、印染等企业近 90 家）中仅有 5 家，合计产能仅占全行业的 19%；2005 年增加到 22 家，合计产能占全行业的比例提高到 41%；2015 年增加到 59 家，合计产能占全行业的比重进一步提升到 66.9%。与此同时，"十一五"期间共淘汰落后产能 300 多万吨。聚酯、涤纶行业具有国际先进水平的装备比例，2010 年已达到 75%。产业链结构也进一步优化，龙头企业上下游自主配套能力有所增强。

化纤产品结构也进一步得到优化，化纤产品品种更加丰富。以差别化率为例，2000 年为 22%；2005 年达到 31%；2015 年提高到 58%。其中，用于产业用纺织品的化纤品种和数量增幅尤为显著。

4. 节能减排工作取得明显成效，开始进入化纤工业发展与环境保护、生态文明建设和谐而行的新时期

随着自主研发成功的大型成套化纤技术装备和推广应用以及落后产能的淘汰，为节能减排提供了技术保障。以 2010 年与 2005 年比较，每吨化学纤维综合能耗下降 30.4%，用水量下降 25.7%，废水排放量下降 25%，COD 排放量下降 20%，SO_2 排放量下降 25%。黏胶纤

维行业水重复利用水平，平均提高 20 个百分点。聚酯行业水重复利用水平，2010 年已达到 95% 以上。

七、把握机遇，应对挑战，建设化纤强国

我国化纤工业从无到有，从小到大，已经成为化纤生产大国、消费大国、贸易大国，现正走在建设强国的路上。现在我国化纤行业在建设规模、科研、技术上，在产量、质量、品种上，在国际国内两个市场上，在专利、标准上，在绿色环保、可持续发展上，在国际地位上，都在一步步向前推进。

在中国经济进入新常态的大背景下，化纤行业也开始进入转型升级、创新发展的新阶段。新的历史时期，化纤工业要贯彻创新、协调、绿色、共享的发展理念。

1. 创新驱动，升级发展

加快完善化纤工业创新体系，推进跨行业、跨领域融合创新。在现有化纤产业技术创新战略联盟基础上，发展更多的产、学、研、用参加的创新联盟，推动行业的创新发展。大力发展高性能纤维和生物基化学纤维，提高化学纤维的高功能化、差别化水平。提升化纤生产智能化、柔性化、网络化水平。加快发展服务型制造和生产性服务业。预计到 2020 年，大中型企业研发经费支出占主营业务收入的比例由目前的 1% 提高到 1.2%，发明专利授权量年均增长 1.5%。产业创新平台建设进一步推进，并发挥关键作用。涤纶、锦纶、再生纤维素纤维等常规纤维品种产量继续保持世界领先地位；碳纤维、芳纶、超高分子量聚乙烯纤维等高性能纤维、生物基纤维基本达到国际先进水平。

2. 控制总量，平衡发展

坚持优化存量，从严控制新增产能，依法淘汰落后产能，加快化解过剩产能。优化行业组织机关和区域结构，加大兼并重组，推动产业集聚，提高综合竞争力。预计到 2020 年，化纤差别化率提高到 65%，产业用化纤比例提高到 31%，高性能、生物基纤维有效产能将进一步扩大。

3. 绿色制造，持续发展

坚持低能耗，循环再利用。推广应用先进节能减排技术设备，完善绿色制造的技术支撑。积极推广绿色纤维标志产品，全面推行行业清洁生产论证和低碳论证体系。

4. 开放合作，共同发展

抓住"一带一路"建设机遇，推进化纤工业装备、技术、标准、服务的国际化。积极有效引进国外化纤工业的高端技术、先进管理经验以及高素质人才，加快形成化纤工业国际化发展的新格局和对外合作升级版。预计到 2020 年，全国化纤产量可能达到 5700 万吨，平均增速 3.3%。化纤加工量占纺织纤维总量的 80%。

中国在 20 世纪末（2000 年）将化纤制造业总产量发展到 695 万吨，这是里程碑式的巨大成就。更令人想不到的是，进入 21 世纪后的十多年间，出现了更大的发展局面：2005 年

达到 1665 万吨；2010 年达到 3090 万吨；2015 年中国化纤总产量 4832 万吨，其全球占比竟已达到三分之二左右，并已是同年美国和西欧化纤总产量（452 万吨）的 9.8 倍。国家有关经济领导部门和纺织系统业界人士，对中国化纤制造业在世界范围后来居上是有所期待的，但在短短 15 年间就出现如此惊人的发展成就，出乎许多人的预料。

化纤制造如此惊人的发展成果，是国家经济领导机关和纺织、石化、轻工、林业、商贸等相关部门共同努力的结果。2015 年，化纤总产量 4832 万吨，既是出自上海石化、仪征石化、辽阳石化、天津石化、四川维尼纶厂、神马实业、保定天鹅化纤、吉林化纤、新乡白鹭、烟台氨纶等这些老国企的再创业，又是出自恒天集团、桐昆集团、恒逸集团、荣盛集团、盛虹集团、浙江华峰氨纶、唐山三友信兴达化纤公司、安徽皖维公司、福建长乐力恒锦纶、恒申合纤等众多民营企业，是这些民营企业艰辛、砥砺前行多年，终于赢得超常发展的历史性成就。

第二十六章　服装工业发展成大工业

中国的服装（指以机织面料制作的机织服装）以其悠久的历史、精湛的技艺、绚丽的色彩、丰富的内涵而闻名世界，并素有"衣冠王国"之称。但服装制作的生产方式，长期停留在"家务劳动＋个体裁缝或裁缝铺"的阶段，连"工场手工业"都不多见。直到19世纪后期，东南沿海的一些商埠（首先是上海），逐步兴起了"工商一体、前店后厂"的规模化经营模式，并出现了一些以工业方式生产男衬衫、西裤、风雨衣、职业装的中小型服装工厂。1886年，中国第一家针织厂诞生，从事汗衫和袜子的生产。从此，中国服装业逐步形成两大系列，机织服装以外衣为主，针织服装以内衣为主，平行发展，比翼齐飞。

中华人民共和国成立后，特别是改革开放后，服装业步入了发展的快车道，并在20世纪80年代中后期，完成了由手工业向大工业生产方式的过渡。到2015年，已发展为全国年产服装308亿件（其中机织服装164亿件，针织服装144亿件），全年出口服装1412.5亿美元（其中机织服装700.5亿美元，针织服装712亿美元）。无论生产规模、出口量值、内销量值，都在世界范围创历史新高。现今，中国已成为世界上最大的服装生产国和服装出口国，并正迈开大步向服装强国挺进。

一、中国服装业的萌芽时期

作为近现代服装工业的核心设备、技术基础，缝纫机和针织机的发明，跟纺纱机、有梭织机一样，也是第一次工业革命的产物。缝纫机的发明，是18世纪和19世纪之交，由英国人托马斯·山特、法国人蒂莫尼亚、美国人梅萨特·胜家等三人接力完成的。最终在1851年定型并设厂制造胜家（SINGER）缝纫机，并从美国走向世界。针织机的发明，由英国人威廉·李在1589年发明手摇针织机开其先河，几经完善后在19世纪70年代升级为电动针织机，开始工业应用。但这两项服装机械的推广应用，很不顺利。特别是能够大幅度提高生产效率的缝纫机，曾在法国遭到手工业缝纫工人的激烈反对。再则，服装制作的手工艺，与工业化成衣、流水作业的矛盾，确实很不易统一。因此，服装的商品生产，由手工业转向工

图 26-1　苏广成衣铺

业化，在世界范围实际上推迟至 19 世纪中期才开始起步。在中国，更是 20 世纪 20～30 年代的事。

中国近代服装业萌芽于 20 世纪初期的上海等大商埠，基础是康乾盛世后一百多年间东南沿海各地日益繁荣的商品经济。20 世纪初期，上海开始涌现中式成衣铺，开设较早的有沪帮冯章生、苏州帮俞宝山、宁波帮应鹤年。1917 年，由沪、苏、宁三帮集资成立上海成衣业公所（行会组织），正式形成服装行业。当时的成衣业，以苏州帮的手艺精巧、广州帮的式样新颖著称，因此上海绝大多数设有正式店面的中式成衣店铺，都取名为"某某苏广成衣铺"，以广招徕（图 26-1）。

1842 年，随着国际贸易日益昌盛和中国实行五口通商，西装进入中国上海。西方的服装裁剪技术及使用缝纫机加工服装的工艺随之而来，新型服装店迅速崛起。1896 年，浙江鄞县人张有福在上海开设福昌西服店，奉化人江良通在上海四川北路开设和昌西服店，宁波人李来义在上海开设李顺昌西服号。1917 年川沙人金鸿翔、金仪翔兄弟在上海开设鸿翔西服公司女子部。与此同时，广东、天津、青岛、北京、大连、哈尔滨等地，也有一批能工巧匠活跃在服装业，并逐步形成各具特色的流派。当时分为本帮裁缝（做中式服装为主）、红帮裁缝（又称奉帮，专做西服）、大帮裁缝（做军装、制服为主）等裁缝行帮。这些店铺都把服装生产和经营集于一体，生产组织方式仍以个体小作坊为主，是兼具手工业和商业性质的老式店铺。

20 世纪初，由于缝纫机在服装生产中的推广使用，一些纺织服装加工作坊规模相应扩大，逐渐形成一批中小型服装工厂，也有直接开设服装厂的。1933 年，川沙县人傅良骏在上海开设新光标准内衣制造厂，生产标准（司麦脱）牌男式衬衫，开始时职工不到 10 人，仅 3 台缝纫机。后来逐渐扩大成为中型服装工厂，并以"新光内衣"名义成为上市公司。同年，朱燮林投资开办上海康派司衬衫厂，开始时仅有简易工场 8 平方米、1 台缝纫机、几只炭熨斗、几把剪刀，雇工 3 人，生产康派司牌衬衫。后来也发展成为中型工厂，成为著名品牌。

1941 年太平洋战争爆发，上海百业萧条，服装行业一度衰落。

抗日战争胜利后，服装市场重现繁荣。1947 年，全国共有以机织衣料为原料的服装厂 1785 家，每个工厂平均为 26 人。其中，稍具规模的是上海、南京、武汉、西安、北平（北京）等地的一些官营服装厂，以生产军需被服为主。民间的服装业多数是前店后厂、亦工亦商、产销一体，生产以手工为主，缝纫机为辅。如上海一地，1946 年，仅女式时装店就有 230 家，1947 年中式成衣店、摊发展到 5000 余户，从业人员 1.5 万余人。1948 年，西服、时装、童装店就有 993 家。1949 年，上海解放前夕，全市共有服装作坊店铺、摊贩 6600 余家，遍布闹市区街巷，从业人员近 4 万人。当时，上海服装业已具有雄厚的技术力量，精湛的传统工艺，信息灵敏的服装设计，为上海赢得"东方巴黎"的美称。苏南无锡、苏州、常州和汉口、广州等经济重镇，其发展水平大致相仿。

二、中华人民共和国服装工业的初步兴起

中华人民共和国成立后，中央明确服装工业（指机织服装）由轻工业部归口管理。但原属纺织系统、商业系统和其他系统的服装企业，隶属关系都没有变。因此，服装工业点多面广，管理分散，形不成产业形象。再加上当时社会风气崇尚节俭，穿着旗袍、西装成了不合时宜的小资产阶级情调的服饰，绸缎、呢绒服装成了滞销的奢侈品，长袍马褂更不用说了。取而代之的是全国城乡盛行中山装、人民装、列宁装。大批服装店随之改产或代客加工。据上海市的统计，1954 年，全市机器缝纫业由 1950 年的 727 户增加到 2229 户，服装摊贩达16881 户，约 2 万余人；而西服、时装业的生意却是另一番景象，一大批厂店关闭，部分厂店转产布料服装，甚至像培罗蒙西服这样的名店，一度也曾主打卡其布列宁装和中山装。此后在全面调整工商业的方针指导下，各地服装业的生产规模很快得到恢复，并有不同程度的发展。

20 世纪 50 年代中期，随着社会主义改造的推进，大部分服装小作坊、小生产合作社组织起来，成为合作联社或小工厂。这些合作联社或小工厂绝大多数为集体所有制。1956 年，私营服装工商业转为公私合营后，一些小的服装厂也相继扩大了规模，并逐步用工业缝纫机替代家用缝纫机，用蒸汽熨斗和烫台替代炭火烙铁，用各种电动裁剪工具替代手工剪刀。在企业管理方面，小作坊、小生产者的管理模式逐步被大工业管理模式替代。各地服装业的产、供、销、人、财、物基本进入了有序的科学管理系统。绝大多数服装企业都建立了经济核算体系和产品质量管理体系，服装工业化生产的格局逐渐形成和壮大，生产品种随之增加；并有部分服装出口，从主销东欧转向世界各地。随之而来的，有些外商看好中国服装工业的加工质量，通过"三来一补"等方式，寻找合作对象。1978 年，上海东昌服装厂首先与日商伊藤万株式会社，以补偿贸易方式，引进先进的缝纫整烫设备 86 台，组成日产针织睡衣裤800 套的生产车间。同年，上海第十二服装厂与日商三井株式会社，以补偿贸易方式，引进年产西服 10 万套的生产设备，组成分工细密的 140 人流水生产线，人均日产西服 2.5 件，提高工效 67%。这类服装企业虽然为数不多，但颇有影响，许多服装企业纷纷从国外引进先进设备，提高生产的机械化程度，并改扩建厂房，使企业面貌为之一新。

据有关统计资料，中华人民共和国成立初期全国有服装厂 2000 家左右，从业人员 5 万多人，年产服装 4000 多万件。到 1980 年，全国共有服装企业 22100 家，从业人员 90.9 万人，年产服装 9.45 亿件，比 1950 年增长了 15 倍。同年出口服装总额 16.53 亿美元，占全世界服装出口的 4.1%，在中国纺织品服装出口总额中的比例为 37.5%。

从中华人民共和国成立初期进行社会主义改造后，到 20 世纪 80 年代初期，中国服装企业一直分散在纺织工业系统、手工业系统和商业系统。此外尚有解放军总后勤部所属的一批军需被服厂，多数是大型企业，技术水平和管理水平较高，在满足军队需求的同时，还生产部分职业制服供社会需要。后来也发展到相当大的规模，2011 年改组为际华集团。

纺织系统的服装企业均属国有企业，数量很少但较有规模，例如上海的新光内衣、大地雨衣、海螺衬衫等，北京的大华衬衫厂、长城风雨衣厂等。

商业系统的服装企业，主要是大中城市一些工商一体的国营名店名厂，如上海的培罗蒙西服、鸿翔女装，北京的红都服装、雷蒙西服、蓝天时装、友谊服装厂等（图 26-2 和图 26-3）。

图 26-2　北京红都服装公司

图 26-3　上海鸿翔服装公司

手工业系统（归口第二轻工业部手工业管理局）的集体所有制服装厂，当时是中国服装工业的主体，主要是城市区属或街道归口的手工业性质的中小型服装厂，以及数量庞大的乡镇服装厂。中华人民共和国成立后许多年间三者平行发展。

三、改革开放给中国服装工业带来了活力

改革开放和市场需求的强劲拉动，特别是在纺织品长期凭证定量供应取消后，居民需要大量添置衣服，在一段时间内出现超常性需求，大大激发了各地各个方面发展服装工业的积极性。

1. 首先是乡镇服装企业的崛起

尤其是在一些交通便利、农民商品观念比较强、历史上缝纫业又比较发达的乡镇和社队率先行动，蜂拥而起创办小型服装厂。厂房、设备因陋就简，技术主要靠聘请国企的退休老师傅或星期天工程师传、帮、带。供销靠自己闯，发扬"走遍千山万水、吃尽千辛万苦、想尽千方百计、说到千言万语"的精神去找原料、开拓市场。一些乡镇企业的领导和管理人员，样样都干，既当领导，又跑供销，又下车间劳动。1984 年春，中央和国务院相继发布 1

号和 4 号文件，肯定了社队企业在振兴农村经济中的重要作用，把社队企业的名称改为乡镇企业，并颁布了一系列放宽搞活的政策，从而有力地推动了乡镇企业的全面发展。同时，乡镇企业充分发挥自己的灵活经营机制和劳动费用低廉的优势，开始以超常的速度发展，真可谓异军突起。

1987 年 10 月，党的十三大提出，在实现第二步奋斗目标过程中必须坚定不移地贯彻执行"注重效益、提高质量、协调发展、稳定增长"的经济发展战略方针。主管乡镇企业的农业部，根据这一战略方针，结合乡镇企业发展中存在的困难和矛盾，提出乡镇企业必须进行五个战略转变：从主要靠增加投入的外延发展转向依靠科学技术，实行内涵发展和外延发展并重；从注重产值增长转向注重产品质量，做到经济效益、社会效益、生态效益并重；从单一依靠国内市场逐步转向实行国际国内两个市场同时开拓；从企业分散经营转向专业化、社会化协作，发展多种形式企业集团和企业群体；从传统小生产经营转向科学的现代化企业经营管理。经过几年的治理整顿，乡镇企业过猛的发展速度得到控制，大部分乡镇服装企业得到巩固提高。

到 2000 年，全国国有及年销售收入 500 万元以上的非国有服装工业企业 6130 家中，集体经济就有 1270 家，占 20.7%；工业总产值（不变价）1820 亿元中，集体经济有 380 亿元，占 21%；出口交货值 1115 亿元中，集体经济有 175 亿元，占 16%。

在这 1270 家集体经济服装工业企业中，不乏佼佼者。雅戈尔、杉杉、罗蒙、红豆、雅鹿、波司登等，后来还发展成了国际知名的大型服装企业。雅戈尔尤具代表性。

雅戈尔集团股份有限公司的前身是一个以 2 万元知青安置费于 1979 年创办的青春服装厂，百十号人，一应设备都是职工自带，只能为别的厂家零星加工一些小产品。1980 年，插队 15 年的李如成自愿来到这个岌岌可危、行将倒闭的小厂，在宁波地区率先推出按劳取酬的计件工资制和承包制。偶然一次机会了解到已是上海优质名牌产品的开开衬衫要找加工点，经过锲而不舍的努力，青春服装厂作为开开的分厂，由开开有偿提供商标及相关的技术、信息，自行生产、自营销售。当年就创利上百万元，次年销售达 1000 万元，利润翻番。李如成称它为"借梯上楼"。后来，青春服装厂巧妙地推出自己的第一个品牌——北仑港，很快就走红大江南北，当年评上省优，翌年被商业部通报为全国畅销产品。两年多的时间，借梯实现了"三级跳"。国门大开后，面对外国品牌大量占领中国市场的局面，李如成把目标瞄准了享誉世界的国际品牌皮尔·卡丹，并经过不失时机的不懈努力，1990 年 8 月成立了中外合资雅戈尔制衣公司，引进 300 套最新的一流设备，一跃进入 90 年代初的国际先进行列。1993 年 6 月，宁波市首家规范化改制乡镇企业雅戈尔集团股份有限公司正式成立，明确了政府、企业、个人的投资比例，依据公司法确立了企业独立的法人地位，初步建立了现代企业制度，企业真正进入了高速发展期。1994 年，又从德国、意大利、日本等国引进具有国际水准的西服专用设备。与意大利一家公司进行技术合作，请专家来指导，大获成功。1998 年 11 月，在 A 股上市，进入资本市场。如今，这个集团拥有 20 多家下属企业，员工近 8000 人，有亚洲最大的全封闭衬衫生产基地，年产衬衫 1200 万件，并有一个亚洲最大的

图 26-4　雅鹿服装集团

西服生产基地，年产西服 200 万套，名列 2015 年度中国纺织服装行业主营业务收入 100 强第 14 位。雅戈尔的发展历程，可谓中国改革开放的一个缩影，也是 20 世纪民族服装工业从小到大、从传统到现代化、从中国走向世界的一个典型代表（图 26-4～图 26-8）。

2. 港、澳、台商和外商纷至沓来

港、澳、台商和外商纷至沓来的主要原因，一是看好内地（大陆）旺盛的服装需求；二是看好明显的比较优势——工费很低；三是规模大，而且有棉、毛、麻、丝和化学纤维门类齐全的纺织工业作为服装业的依托；四是看好政局稳定安全。1987 年，意大利最大的制衣公司——GFT 国际公司"与天津纺织系统合资创办津达制衣

图 26-5　雅戈尔服装集团

图 26-6　罗蒙服装集团

图 26-7　红豆集团服装专卖店

图 26-8　杉杉集团服装专卖店

公司大获成功。到 2000 年，内地国有及年销售收入 500 万元以上的非国有服装企业 6130 家，工业总产值（不变价）1820 亿元中，外商投资和港、澳、台商投资企业就有 2670 家，占 43.6%，工业总产值（不变价）862.9 亿元，占 47.7%。港资溢达中国控股有限公司，名列 2015 年度全国纺织服装行业主营业务收入 100 强第 31 位。

3. 民营服装企业也在这个时期迅速崛起，并在激烈的市场竞争中发展壮大

1978 年，党的十一届三中全会后，温州首先抓住改革开放的先机，办起了一批以民营经济为主的服装企业。以中小企业居多。当时称为"温州模式"。这个地方生产的服装，当时在人们心目中是低端工业产品的形象。经过十多年的艰苦奋斗，温州的服装业提高得很快，出现了整体实力明显增强，质量大幅度提高，市场占有率不断上升，在全国的影响面和知名度迅速扩大的良好局面。到 2000 年，温州已有服装企业 2500 多家，其中，年销售收入 500 万元以上的企业 800 多家，年销售超过亿元的企业 16 家。温州服装企业单体规模并不大，但通过社会分工协作聚合，形成一个具有不同规模的各类服装专业生产基地，并大举引进先进设备，如德国的黏合机、日本的自动拉布裁床、意大利的全自动系列整熨机和计算机控制服装辅助设备等，使服装生产设备整体水平全面提高。1999 年 9 月，温州的 5 家男装企业代表中国出现在巴黎中国文化周舞台上。2001 年 7 月，温州的 6 家男装企业代表中国参加德国科隆国际男装展，其产品受到国内外同行的称赞。国家服装质检中心专家评价说：温州服装整体水平在国内已处于领先地位。温州服装有共同特点：创新意识强，富有特色风格，紧跟国际潮流，更新换代快，已从过去的模仿为主演进到以自我创新为主的阶段。不少知名企业开始与知名设计师联手，使企业产品定位更趋明朗，设计风格更有个性。

服装制造业是竞争行业。在市场准入门槛很低，集体企业、民营企业、外资企业纷至沓来的情况下，国有及国有控股的服装企业，从全局而言，已微不足道。据中国纺织工业协会统计中心提供的资料，2000 年全国国有及国有控股的服装企业仅有 568 家，工业总产值（不变价）112 亿元，占全部国有及年销售收入 500 万元以上非国有服装企业中的比例分别为 9.3% 和 6.6%。出口交货值 53.7 亿元，所占比例只有 4.8%。但中国服装工业总公司、三枪集团、华润纺织、际华国际等大企业，以及国家管理的许多服装设计、科研机构和服装院校，仍在服装工业发展中起着引领作用。

四、注入现代科技和文化艺术因素，全面提升服装工业

1. 建立全国服装研究设计中心

1981 年 11 月，轻工业部主办的新中国成立以来第一个大型服装展销会在北京展览馆举行。国务院主要领导参观展销会后，对轻工业部领导说："为改造我国传统的服装工业，要建立一个全国服装研究设计中心，一所服装学院。"1982 年 2 月 18 日，轻工业部正式上报全国服装研究设计中心组建方案。国家经济贸易委员会两天后就批准组建，明确这个中心为"企业性质，实行独立核算、自负盈亏"，并要逐步成为中国服装工业的技术指导中心和学

術研究中心。当年年底，由轻工业部二轻局服装处处长张韵清牵头成立筹备处，并从1984年起先后建立了中国服装研究中心大连分中心、天津分中心、石家庄衬布分中心、新疆服装研究设计中心和总后勤部特种功能服装分中心。1985年3月15日，轻工业部决定由朱秉臣、盛中鹏、谭安正式组成中国服装研究设计中心领导班子。

2. 成立中国服装工业总公司

为改变服装行业点多、面广、线长、形不成产业形象的现状，轻工业部于1984年6月6日成立企业性质的中国服装工业总公司，由于宗尧、朱秉臣、王中辉组成领导班子，并要求各省、直辖市、自治区也成立类似性质的公司，逐步把服装行业组织起来，形成一定的产业优势。1985年5月25日，国家经贸委正式批准成立中国服装工业总公司，定位为既是企业又赋予政府管理职能。中国服装研究设计中心隶属于中国服装工业总公司。1986年11月，国务院决定把服装和丝绸归口纺织工业部实行行业管理，以利于更好地发挥全行业的优势。次年，国家经贸委发文明确强调：经国务院同意，"授权企业性服装工业总公司继续实行行业管理，对行业的发展、规划、技术改造、衣料供应、情报信息等方面进行协调服务。"据此，中国服装工业总公司在制定法规、质量评比、企业考评、重新修订《服装号型》国家标准、制定《中国老年人服装标准》（试行）等基础性工作后，重点抓了现有服装企业的技术改造和行业发展规划，逐步把服装行业组织起来，武装起来，把行业形象树立起来。

早在1984年，随着纺织品市场形势的变化，纺织工业部就提出重点开发服装、装饰用纺织品和产业用纺织品三大支柱产品。"七五"期间（1986～1990年），国家又把服装列为消费品工业的重点。中国服装工业总公司抓住这一难得的契机，筹集国家拨款、贷款和企业自筹资金共13.5亿元，对553个服装鞋帽企业进行一些必要的改造，建立西服、时装、衬衫、童装、丝绸服装、羽绒服装等13个样板厂。

"七五"期间，全国用于服装及制品业的固定资产总投资达34.83亿元，其中，基建12.94亿元，更新技术改造21.89亿元，引进设备38000台（套），使机织服装生产能力提高了很多。1990年，全国机织服装产量达到31.75亿件，出口金额39.52亿美元，比1985年的12.6亿件和出口11.98亿美元分别增加了1.5倍和2.2倍。

"八五"期间（1991～1995年），服装工业继续得到国家的扶持，安排中央专项110个，总投资8亿元，用汇8000万美元。按统一标准建设了一批样板厂，变"一大三低"（大路货、质量低、档次低、售价低）为"一深三高"（深加工、高质量、高档次、高售价），并拉动其他方面的投入。全国用于服装及制品业的固定资产投资额达101.84亿元，其中，基建38.6亿元，更新改造63.2亿元。1995年全国机织服装产量达到96.8亿件，出口金额134.6亿美元，比1990年的31.7亿件和出口金额39.5亿美元，分别增加了2倍和2.4倍。

3. 采用先进技术装备

要改造中国传统的服装工业，必须采用先进的技术装备。在这方面，见效最快的是"洋为中用"，把国外先进的技术装备引进来。"七五"和"八五"期间，全国已有659个服装企业推广使用计算机辅助设计（CAD系统）和辅助管理。有20多家服装企业还配备有计算机控制的服装吊挂传送系统。每分钟3500转的高速平缝机、立体熨烫包装，小批量、多品种生产方式的模块式组合，自动裁剪系统等高新设备、技术也已得到推广。根本的还是要靠自力更生。"六五"期间（1981～1985年），国家经委拨款1亿元用于服装机械厂研制新的服装机械。经过3年的研究攻关，先后创新和改造服装专业设备4大类32种，其中多头绣花机等替代了进口。

随着时代的进步，世界科技发展日新月异，服装生产前沿科技——计算机集成制造系统（CIMS）被列为"八五"重大科技攻关项目（1993年纳入国家新技术"863"计划）。并建立服装设计与加工工艺示范中心，由西北纺织工学院（现西安工程大学）、中国科学院、清华大学、航空航天工业总公司、一机部自动化所、武汉大学等16个单位67名专家组成攻关队伍，用了两年半时间攻下了5个专题：服装信息系统（CIS）、服装计算机辅助设计系统（CAD）、服装计算机辅助裁剪系统（CAM）、柔性加工系统（FMS）、服装计算机辅助工艺计划（CAPP），并实现了上述5个单元技术的"初步集成"，后上升到"网络集成"，多品种西服可在一条生产线上同时加工生产，实现了小批量、多品种、高质量、短周期的计算机控制的生产经营模式，并可提高企业整体运行效率10%～20%。就中国服装产业来说，它标志着由工业经济向知识经济迈出了重要的一步。1996年11月，"八五"国家科技攻关重大科技成果颁奖大会上，这个项目荣获国家奖。项目专家组副组长、服装CIMS办公室主任闻力生教授荣获先进个人奖。

此外，中国纺织大学（现东华大学）研制的吊挂传输式服装生产系统，荣获1993年国家科技进步三等奖（图26-9和图26-10）。

4.多种经营模式并存

随着改革的深化，服装行业内一批股份制企业，开始以资产为纽带，以提高市场竞争力为目标，采取兼并、租赁、参股、合资等多种方式组建集团公司，以实现生产要素的优化组合和资源的合理配置，增强公司的经济实力。还有一些服装企业，获准在沪深A股上市，进入资本市场，或取得外贸自主权。与此同时，服装展销（展览）会、服装基础理论研讨会、服装流行趋势预测、创办服装报刊杂志以及服装设计大赛、服装知识竞赛等接踵而来，并通过媒体的宣传报道，把一个崭新的时尚现代服装概念传播给国内外广大消费者（图26-11～图26-22）。

图26-9　新型服装车间

图26-10　宿迁永鼎服装自动吊挂生产线

图 26-11　南极人集团服装专卖店

图 26-12　际华集团服装生产车间

图 26-13　报喜鸟集团服装专卖店

图 26-14　柒牌集团服装专卖店

图 26-15　阳光集团总部和专卖店

图 26-16　北京时尚控股有限责任公司

图 26-17　以纯服装专卖店

图 26-18　上海晨风集团股份有限公司服装生产车间

图 26-19　浙江金三发集团有限公司（服装辅料）

图 26-20　真维斯国际（香港）有限公司

图 26-21　浙江太平鸟集团有限公司

图 26-22　北京爱慕内衣有限公司

5. 服装展览（展销）魅力无穷

1981 年 11 月，轻工业部在北京展览馆举办中华人民共和国成立以来第一个大型展销会和新号型服装展销会，向消费者展示当时的"名优特新"产品以及服装业的新成就。

1983 年春，在北京农业展览馆举办五省市服装展销会。

1985 年 9 月，由中国丝绸公司主办的"新丝绸之路——1985 年时装发布会"在日本东京、筑波、名古屋、大阪作时装表演，受到热烈欢迎。同年 9 月，首次出展第 50 届巴黎国际女装博览会。这次出展，缘于中国驻法使馆商务参赞张振昆对出访法国的轻工业部副部长

图 26-23 轻工业部巴黎考察团

季龙的鼓励，称巴黎是世界服装之都，曾有"衣冠王国"之誉的中国服装业也应在这里有一席之地。1985 年 1 月末，轻工业部派出由 7 人组成的中国服装设计师考察团（图 26-23），参观巴黎国际女装博览会和国际男装博览会，并摸清了参展的有关事宜，轻工业部党组同意参展。中国服装研究设计中心为此召开全国 17 个省市区服装公司经理和研究所所长会议，专题研究部署首次出展问题。这次出展，只租了 21 平方米，根本不够升国旗的条件。中国服装工业代表团一再向法国女装协会秘书长要求升五星红旗。开展第 3 天，法国女装协会被中国代表团的爱国主义热情感动了，终于友好地决定：换下法国三色旗，升起中国五星红旗（因凡尔赛宫 1 号展览馆门前旗杆有限）。为了树立中国服装国际形象，中国服装工业代表团邀请中国国际航空公司驻巴黎办事处挑选空姐充当中国模特，法国电视三台在博览会开幕当天晚上黄金时间，把中国首次参展作为头条新闻播报说："中国模特真漂亮，中国服装真美，法国又增加了一个竞争者。"

1987 年 9 月，中国服装业在巴黎掀起了第二次高潮。中国时装表演队由上海服装公司时装表演队挑选了 8 名模特和聘请的 12 名法国模特，身着上海服装研究所设计师陈珊华设计的 10 套红黑礼服和中国服装研究设计中心设计师辅助设计 10 套红白便服，在亚洲组第一个登台亮相。演出结束，在 980 名模特集体向观众谢幕之后，中国模特队作为压轴，单独向观众谢幕，这是主办单位给中国的殊荣。中国代表团成员和模特们流下激动的热泪。当地报纸给予高度评价：她们不仅轰动巴黎，也传播于世界（图 26-24）。主办单位称赞说："中国是第二届巴黎国际时装节头号新闻国。"中国驻法大使周觉破格两次在使馆本部会见代表团全体成员，并为代表团成功演出庆功，称赞代表团"传播了中国文化，为祖国赢得了荣誉"。

1998 年 10 月，中国服装业在巴黎掀起了第三次高潮。由中国服装研究所设计中心支持、沈阳黎明服装集团主办的"华夏黎明——中国古今服饰展演"，捷足先登巴黎卢浮宫顶级"天桥"，首次跻身法国高级成衣发布圈，获得巨大成功，谱写了中国服装发展史新的篇章。卢浮宫内最多可容纳 1492 个座位的勒诺特大厅爆满到 1800 多

图 26-24 中国模特在世界时装之都巴黎

人。观众席上有法国前总理、外交部长、交通部长及三军首领，有近 70 个国家的外交使节和多个国家驻联合国教科文组织的使节，有皮尔·卡丹、卡芬、崔布亚等著名设计师 21 人，法国服装界的著名人物等。33 个模特伴着悠扬的中国乐曲，展示从夏朝以来四千多年的 120 套服装，令观众耳目一新。著名设计师卡芬说："人们在短短几十分钟重温几千年，我被这绚丽的色彩迷住了。"

此后十多年间，中国服装研究设计中心和中国服装工业总公司几十次组团，带领服装行业的企业家和设计师，前往纽约、东京、米兰、伦敦、香港等世界服装之都开展交流、展览、展示与合作。

在此期间，国内许多地方掀起了一股"办节办会"的热潮。1988 年 8 月，由大连发起，并邀请中国服装工业总公司和中国服装研究设计中心联合举办大连国际服装节，首开中国办服装节之先河。

1989 年 9 月，由北京市贸促会主办，中国服装工业总公司协办的北京时装节在北京农展馆开幕，有 13 个省市和法国、中国香港的共 150 家工商企业参展。

1992 年 10 月，由中国服装工业总公司主办的'92 中国服装博览会在上海开幕。上海市委书记参观后表示，希望以服装为龙头，带动整个纺织行业的发展，加快我国服装纺织一体化进程。

1993 年 4 月，首届中国国际服装博览会在北京开幕。23 个省、市、自治区的 300 多家服装企业，中国港台及法国、意大利、美国、德国、日本、韩国等国家和地区的 200 多家服装企业参展。世界时装设计大师——意大利的瓦伦蒂诺、费雷和法国的皮尔·卡丹应邀举行专场时装表演（图 26-25）。此后，中国国际服装服饰展览会成为常态展会，每年举办一次，延续至今。

图 26-25　皮尔·卡丹初来中国

1997 年 6 月首届中国乡镇企业服装服饰展览会在大连开幕。全国 500 多家乡镇企业和 24 家外资企业参展，展示乡镇企业的新面貌。

地方性的展览（展销）更是数不胜数。

通过各种不同形式的展览、展销或时装节，对树立中国服装的国内、国际形象，培养中国的服装设计师，促进服装工业的创新发展，加快中国服装纺织一体化进程，以及开拓国内外服装市场等方面，都收到了良好的效果。

6. 研讨会作用不可小觑

1987 年 8 月，中国服装研究设计中心和《中国服装》杂志社主办的全国首届服装基础理论研讨会在北京召开。专家学者就"服装创作设计的民族化与时代感问题"展开广泛深入的研讨。多数人认为，服装民族化，就是民族发展的历史长河中逐渐积淀的，具有本民族特有的民族精神、民族气质和民族时尚的，受到本民族人民喜爱的民族文化；时代感，就是一定时期内的一定生产力所创造的物质文化和精神文明的统一，为大多数人接受和熟悉的时代风尚在服装上的表现。《人民日报》发表文章，评论这次研讨会标志着"服装没有理论的时代一去不复返了！"

1988年10月，得到联合国开发计划署、香港纺织联合会、香港精英国际展览公司支持赞助的首届北京国际服装基础理论研讨会在北京开幕，邀请法国、美国、日本、中国香港和内地知名专家、学者参加，研讨会主题仍然是"服装的民族化与时代感"。除了论文外，有些与会专家为论证各自论点，展演了120套服饰代表作，把前一年国内研讨的学术思想深化了一大步。

1993年5月，趁着首届中国国际服装服饰博览会创办之机，召开了第二届服装理论研讨会。这次研讨会主题仍然是"服装的民族化与时代感"。瓦伦蒂诺、费雷、皮尔·卡丹、佐佐木·注江等国际服装巨擘与中国专家学者相继登台，结合自己的服装作品，纵论"服装文化的昨天与今天"，开阔了人们的视野，深化了人们的思想。

在此期间，"我国西服结构研究""中国服装流行趋势研究""我国服装工业发展战略预测研究""以服装为龙头运行机制研究"等软课题相继展开，并选择了一些地区、服装企业作为实验基地。特别是流行趋势预测研究，采取边研究、边发布、边推广的方法。1986年10月首次在人民大会堂发布研究成果，之后成为常态发布会，每年两次，与国际同步。通过流行趋势发布，昭示中国优秀传统文化底蕴的时装，营造全国时尚的氛围，逐步提高全民服饰文化素养，同时引导生产和消费，在纺织大格局中发挥龙头作用。

7. 把服装设计放到了重要位置

1985年11月，第一个全国服装设计大赛的擂台——首届全国服装设计"金剪奖"在全国政协礼堂举行颁奖仪式，由中国服装工业总公司、中国服装研究设计中心和《中国服装》杂志社主办，中央电视台和《经济日报》协办。全国21个省、直辖市、自治区选拔的67位选手展示了268件（套）作品，人们称这些金奖得主为"服装状元"。"金剪奖"是国家最高级的一项实用设计赛事，强调在实用基础上创新。这个以选拔人才、繁荣设计为宗旨的金剪奖大赛每两年举行一次，延续至今。

中国服装研究设计中心还与全国妇联、共青团中央、部分省市自治区和企业联手举办香港服装设计公开赛、"大连杯"中国青年设计大赛、"中华杯"（上海）全国服装设计大赛、"蒙妮莎杯"职业女装设计赛、"鄂尔多斯杯"全国羊绒服装设计赛、"汉鼎杯"全国皮革服装设计赛、"富瑞施杯"职业装设计赛、"黎黎杯"全国少儿服装设计赛、"枫叶杯"全国青少年服装设计赛、"秋韵杯"全国丝绸服装设计赛等。中国服装工业总公司与有关单位组织过"真维斯杯"服装设计赛等。这些赛事从不同角度、不同层面推动了服装设计观念的更新和设计人才的脱颖而出（图26-26~图26-35）。

图26-26　2007年中国时尚大奖

图26-27　"兄弟杯"服装设计大赛

图26-28　2016年中国时尚大奖颁奖

图26-29　美丽婚纱

图26-30　女性职业装

图26-31　海员职业装

图 26-32　朴素大方的校服

图 26-33　更具现代气息的中学生校服

图 26-34　工业职业装

图 26-35　空姐职业装

8. 成立服装设计师协会

为了让更多的服装设计师有自己的"家"，1993年9月，经民政部注册，成立了服装设计师协会。服装设计师在中国社会的地位和作用日益显著。

9. 服装模特表演团体的成立及各种模特大赛

服装设计师可以通过各种服装设计大赛，奋发上进，脱颖而出，成为名设计师。服装模特表演同样可以通过各种赛事让他（她）们脱颖而出，成为名模。

1980年11月，上海市服装公司成立业余时装表演队，1982年7月批准为专业时装表演队。为配合服装展销，曾在静安体育馆演出22场。当时还在筹建中的中国服装研究设计中心与上海市服装公司商定，这支表演队对内称"上海服装公司表演队"，对外称"中国服装表演队"，这是中华人民共和国成立以来建立的第一支模特表演队。1983年五省市服装展销会期间，这支表演队应邀到北京表演，并进中南海向中央领导汇报表演，得到中央领导肯定。1987年9月在第二届巴黎国际时装节上正式亮相，1988年8月、9月，又先后在香港第二届国际成衣展和纽约国际服装博览会上表演，引起巨大轰动。

1990年9月，中国服装表演艺术团经纺织工业部批准在北京成立。当年12月在广州举办首届中国最佳模特表演艺术大赛，叶健江夺得中国模特第二个冠军。1991年10月，第二届中国最佳模特表演艺术大赛暨世界超级模特选拔赛在北京举行，这次比赛的冠军陈娟红，后来在1992年7月美国举办的世界超级模特大赛上荣获世界超级模特称号，亚军瞿颖成了艺坛的多面手。这种大赛将中国时装模特表演推上了国际舞台，谢东娜、岳梅先后摘得世界超级模特桂冠。1994年起又增添了全国"模特之星"大赛，每年举行一次，新星辈出。经过二三十年的实践，模特表演已成为传播服装艺术的一种好形式（图26-36）。

图26-36　2008年中国最佳职业装模特

10. 纺织工业部对中国服装工业发展做出的贡献

在中国服装工业发展壮大过程中，纺织工业部领导为中国服装工业的崛起殚精竭虑，付出了很多心血。

1986年，国务院提出了振兴纺织工业、扩大出口、增创外汇的新战略目标，并决定将服装行业划归纺织工业部管理，形成大纺织的格局，以便从原料到最终成品一条龙地进行开发，实现纺织服装一体化协调发展。之后，纺织工业部领导用更多的精力和时间研究服装工业的发展问题。在引领中国服装工业总公司和中国服装研究设计中心积极开展服装理论研讨、服装展览展销、服装设计大赛、服装模特大赛等活动的同时，1987年报经国家教委同意，把纺织工业部直属的北京化纤工学院改建、扩建为北京服装学院，面向全国招生，招生规模由2000人增至3000人。以后又在上海建立了一所服装学院，以缓解全国服装工业高中端人才奇缺、服装教育事业和服装工业发展严重脱节的状况，由此带动全国 40 所高校增设服装系或服装专业。

为加强服装的科研设计工作，监督保证服装产品质量水平，在全国范围内先后建立了近 30 个服装设计研究所，2 所国家级服装质量检测中心，35 个地方质量检测站。

伴随着社会主义市场经济体制的建立和服装业的发展，1989 年 10 月，纺织工业部倡议与轻工业部、农业部、商业部、经贸部在内的 19 个发起单位组成中国服装协会筹委会。1991 年 10 月经民政部审查合格，批准中国服装协会注册登记。这个全国性组织立足于"协调"，着眼于"服务"，很好地发挥了协会作为政府与企业之间的桥梁纽带作用。根据周恩来的遗愿，国家文物局和纺织工业部于 1992 年第四季度正式批准建立了中国装饰艺术博物馆。

五、党和国家领导人对美化人民服饰、发展服装业的关心和支持

中国服装工业之所以能在短短二三十年间发展成为世界上最大的服装生产国和服装出口国，除上面所提到的大量基础性工作和开创性活动，把一个时尚的行业形象树立起来，推向全世界之外，党和国家领导的关心与支持起了至关重要的作用。

1981 年 11 月，国务院主要领导在参观中华人民共和国成立以来第一个大型服装展销会（全国新号型服装展销会）后说，为改造我国传统的服装工业，要建立一个全国研究中心，一所服装学院。

1983 年 6 月，中央领导提出"提倡穿西服、两用衫、裙子、旗袍"，并特别强调中老年人的要求应该得到满足。

1986 年 8 月，国务院领导提出了振兴轻纺工业、扩大出口、增创外汇的战略目标。之后不久，国务院又决定把全国服装行业划归纺织部管理，以便更好地发挥纺织和服装相结合的综合优势。

1987 年 12 月，国务院领导在全国纺织工业厅局长会议闭幕时的讲话指出，中国古代有句话叫作"衣食住行"，四个字概括了人类生活的必需要素。本来"吃"应该是第一位的，吃不饱肚子就无法生存下去。但是，这四个字却把"穿"放在前面。我个人认为，这种排列是人类发展有了比较高的社会文化之后，才能够产生的。衣服可以蔽体御寒，还可以美化生活，反映自己的精神面貌。如果一个人连肚子都吃不饱，还能讲究穿什么衣服吗？我这么说，是因为穿衣问题确实是物质文明和精神文明的一个侧面。而这个问题要靠纺织工业来解决。人们改善自己的生活、美化自己的生活，这是人类发展的一个很自然的要求，表明一个社会的物质文明和精神文明有了发展……怎样使衣服的质量提高一点，品种花色丰富一点，让人们穿得好一点，这不只是青年们，也不只是姑娘们，同样也是老年人关心的问题。老年人同样希望穿得舒服一点、整洁大方……中国的青年人、女同志穿得漂亮一点不是一件坏事情，这会改变外国人对我们两个文明建设的看法，我认为这是纺织部的一个很重要的任务，不可

忽视这个任务。

1991年1月，国务院领导在听取纺织工业部领导汇报时指出：展销会、服装表演是好事，不是坏事，可引导消费。农民服装、小学生服装、孩子的服装、中老年服装如何适应时代潮流要很好地研究，多发展针织品，衬衣可发展些高档精品，用料省。农村市场要开发，现在农民主要穿中山装，如何更新换代？夹克衫比较好，穿起来比较随便，青年农民会欢迎的。总之，消费问题要研究，品种花色要适应消费者的需要，同时加以引导。

六、针织服装占领中国服装工业半壁江山

随着时代的进步、科技的发展，1896年，中国第一家针织厂——上海云章衫袜厂（1902年改名为景纶衫袜厂）在上海开业，生产汗衫和袜子。1906年创制锦地衫（凸纹汗衫）、椒地衫（小网眼汗衫）、桂地衫（大网眼汗衫）等新品种，受到国内和国外市场的欢迎。1908年，云章厂的汗衫开始出口南洋，首开国产针织品的出口历史。当时中国的针织品市场被英国、德国、美国、日本等国的大洋行霸占，民族针织业经营极为艰难。云章衫袜厂创办后的二十年间，国内针织内衣业始终未获发展。第一次世界大战爆发后，洋货进口锐减，国内针织业才有了发展的转机，但抢先发展的不是中国民族资本，而是日本商人。1917年，日商伊藤洋行创办兴祥棉织厂，为上海第二家内衣厂，生产卫生衫裤兼售针织坯布。之后，民族针织内衣业才陆续发展起来。其间历经抗日战争、解放战争的影响，起起伏伏。1949年中华人民共和国成立前夕，全国主要针织内衣设备不到1000台，按解放前产量最高年份及当时全国人口计算，每人每年仅能分得内衣0.73件。

中华人民共和国成立后，针织业才得到广泛重视。原来针织行业比较集中的上海、广州、天津、汉口、江苏等地的针织业有所发展，并有计划地把一些小厂合并改组或者陆续迁往内地。原来基础比较薄弱的地区，也陆续兴建了一批针织内衣厂。到1978年，全国针织内衣（棉毛衫裤、绒布衫裤和汗布衫裤）的总产量达9.31亿件，比1952年0.67亿件增长12.9倍。1971年，上海首开针织外衣之先河，试制维棉、腈棉、涤棉经编或纬编面料的两用衫和衬衫，一时供不应求。

改革开放以后，20世纪80～90年代，在纺织品市场需求强劲的拉动下，原有的针织服装企业增添了发展活力。乡镇集体的和民营的针织服装企业异军突起，中国港澳台资和外资通过"三来一补"等形式介入中国大陆（内地）的针织服装业。几股力量汇聚一起，推动中国的针织服装业获得超常的发展。

1. 针织服装产量猛增

据中国纺织工业协会（现中国纺织工业联合会）统计中心提供的统计资料，2000年，全部国有针织企业及年销售收入500万元以上的非国有针织企业已达到1917家，工业总产值（不变价）562亿元，生产各类针织服装102亿件，其中，棉毛类衫裤29.5亿件，绒布类衫裤9亿件，汗布类衫裤25亿件，毛针织衫裤12.5亿件。

中国
纺织
工业
发展历程研究
(1880~2016)

2. 技术装备水平有所提高

改革开放以来，中国针织业的技术装备大幅度增长。棉毛机 1978 年只有 9200 台，2000年已增至 14576 台，台车也从 5310 台增至 16502 台，经编机从 1242 台增至 1562 台，纬编大圆机从 580 台增至 5835 台。更重要的是，上述各种技术装备的性能、功能和生产能力，都远远超过 1978 年的水平。高速经编机、双轴向经编机、电脑绣花机、电脑横机等高性能设备竞相涌现。一些地区特别是沿海地区，针织生产正从小圆机、大批量、长流程向大圆机、多品种、短流程工艺过渡。

3. 针织服装品种多元化

首先是原料的多元化。长期以来，棉针织服装使用的原料几乎都是棉纱，并以 32 英支普梳纱为主。现在，使用精梳纱、混纺纱、高支纱的比重在增加，有些地区使用精梳纱的比例已达到 30% 左右，80 英支、100 英支、120 英支棉纱的用量也在逐年增加。涤纶、腈纶、氨纶、丙纶等化学纤维在针织服装中的使用比重逐步提高。中国的稀有动物纤维如山羊绒、兔毛、牦牛绒等，除直接出口一定量的原料外，都被国内针织服装业用来生产高档的羊绒制品和兔毛混纺产品。

其次，针织内衣品种变化快，外衣化、时装化、高档化日趋明显。

4. 针织服装贡献突出

针织服装业具有投资少、工艺流程短、见效快等特点，不仅为繁荣城乡经济、吸纳劳动就业、丰富国内市场做出了贡献，而且成为中国出口产品的重要角色之一（图 26-37 ～ 图26-42）。以 2000 年为例，全国针织服装生产量为 102 亿件，其中，棉针织服装 63 亿件，毛针织服装 12.5 亿件。出口量达到 72.48 亿件，其中，棉针织服装 35 亿件，毛针织服装 2.5亿件。按 2000 年末全国 12.66 亿人计算，每人每年可分得内衣 8 件多，比中华人民共和国成立前的 0.73 件高出 10 倍多。

图 26-37　北京铜牛集团

图 26-38　恒源祥集团

图 26-39 即发集团大圆机车间

图 26-40 上海三枪制衣集团内衣展示厅

图 26-41 鄂尔多斯集团羊绒衫产品

图 26-42 恒源祥老店

七、服装制造发展成现代化产业

中国服装业在总体上由手工业转向大工业，仅用了三四十年时间，现在已经发展成了一个庞大的现代化工业部门。机织服装、针织服装和羽绒服装企业加在一起，组成覆盖全国城乡最大的一个产业群体，成功地担起了改善全国 13 亿多人民穿着的重任。到 2013 年，全国仅规模以上的服装企业就已多达 15710 家（其中机织服装企业 11356 家，针织服装企业 3310 家，服饰制造企业 1044 家）。同年工业销售产值 1.94 万亿元，占全部纺织工业的 30%；出口交货值 4728 亿元，占全部纺织工业的 51%，真正达到了举足轻重的程度。

1. 中国服装产量早在 2000 年已开始跃居世界首位

2000 年，中国服装总产量达到 209 亿件，为 1978 年 16 亿件的 12 倍。其中，机织服装从 1978 年的 6.7 亿件增加到 2000 年的 106 亿件，增长 14.8 倍；针织服装从 1978 年的 9.3 亿件增加到 2000 年的 102.2 亿件，增长 10 倍，均居世界各国之首。生产主要集中在广东（65 亿件）、浙江（32 亿件）、江苏（26 亿件）、山东（18 亿件）、福建（13 亿件）和上海（11 亿件）。地区分布情况见表 26-1。

表 26-1　中国服装总产量地区分布情况

区域		1978 年			2000 年		
		合计	机织服装	针织服装	合计	机织服装	针织服装
全国服装产量（亿件）		16.04	6.73	9.31	209.3	106.4	102.2
东部地区	服装产量（亿件）				183.2	93.0	90.0
	在全国占比（%）				87.8	87.4	88
中部地区	服装产量（亿件）				17.8	8.5	9.2
	在全国占比（%）				8.5	8	9
西部地区	服装产量（亿件）				7.6	5.2	2.9
	在全国占比（%）				3.6	4.8	2.8

2. 中国服装除满足国人需要外，一半以上出口到世界各地

据中国纺织工业协会统计中心和海关提供的资料，2000 年，出口各种服装 116.4 亿件，为全国服装总产量的 55.6%。其中，机织服装出口 43.95 亿件，为全国机织服装产量的 41.3%；针织服装出口 72.5 亿件，为全国针织服装产量的 70.9%。按金额计算，总共为 292.8 亿美元，占中国纺织品服装出口总额 520.78 亿美元的 56.22%。其中，机织服装 172.26 亿美元，平均每件单价为 3.92 美元；针织服装 120.54 亿美元，平均每件单价为 1.66 美元。

这个时期，中国服装出口不仅数量有所增加，而且品种有所扩大，产品质量有所提升。中国出口服装已经进入许多国家的高端市场。

中国内地服装出口遍及五大洲两百多个国家和地区，其中，前几名分别为中国香港（36 亿件、57 亿美元）、日本（26 亿件、101 亿美元）、欧盟（6.7 亿件、23.8 亿美元）、美国（6.4 亿件、31.4 亿美元）、澳大利亚（4.8 亿件、7.9 亿美元）。

3. 具有区别于其他发展中国家的比较优势

到 2000 年，中国服装行业已经形成一个集庞大的企业群体和相应的科研、教育、内外贸为一体的、比较完整的体系，并有规模大、门类齐全的纺织工业作为依托。这是区别于其他发展中国家的优势。

4. 与服装业发达国家比较还有差距

我国服装工业整体情况与服装业发达国家相比还存在差距，主要表现在：

（1）缺少世界名牌。

（2）缺少享誉世界的名设计师。

（3）服装科技落后，以计算机控制的生产经营模式普及率还比较低，功能性服装、新面料辅料与服装的结合等方面的研究还处于起步阶段。

（4）在服装出口方面，一般贸易的出口虽有增长，但还只占 53.6%，来料加工占

24.5%，进口料加工占 20.7%。

八、21 世纪以来中国服装工业出现大发展局面

进入 21 世纪以来，我国进入全面建设小康社会，加快推进社会主义现代化的新的发展阶段。21 世纪初的 10 多年间，中国服装制造业坚持走新型工业化道路，在大力推进名牌战略、加快产业结构和产品结构调整步伐方面，又上了一个大台阶，成为这一时期发展最快、出口创汇最多、最贴近人们生活、最受世人关注的产业之一。

1. 服装生产持续快速增长

经济全球化的发展，加上我国加入 WTO，为服装行业提供了新的发展机遇。20 世纪与 21 世纪之交初期，许多地方出于服装行业吸纳劳动力多、污染少，国内外市场需求旺盛的考虑，十分看好服装业，确立了服装业在本地的战略地位，分别提出了"服装兴省""服装兴市"或"服装兴镇"的口号，并陆续出台一些对服装产业的鼓励政策，大力兴建服装工业园区，完善服装产业链，因而大批民营中小服装企业如雨后春笋般迅速兴起，并以从事出口服装生产为主。一批极具特色的休闲服装城、出口服装城、衬衫名镇、童装名镇等产业集群应运而生。到 2008 年，全国已授予名城（镇）称号的有 66 个。其中，中国男装名城 5 个，中国休闲服装名城 8 个，中国针织名城 13 个，中国毛衫名城 6 个，中国童装加工名城 5 个，中国羽绒服（防寒服）名城 4 个，中国牛仔名城 4 个。

为应对后配额时代的竞争，从 2004 年开始，服装业内一些有实力的企业，普遍加速设备更新改造步伐，提高装备水平和产品科技含量。许多品牌企业再投巨资，以新建、并购、联盟、延伸、虚拟等多种方式，扩大服装生产规模，形成服装行业的"航母"，夯实品牌竞争的基础。如电信的巨头中域集团已介入休闲服装领域，食品行业的娃哈哈、太子奶大举进入童装市场。麦当劳 2004 年开始全球同步运作，向中国高档服装市场挺进。外贸公司也在打造"服装航母"，他们利用资金、销售网络、标准化管理方面的优势，高起点、大手笔，旨在占领服装产业的制高点。

国外众多知名品牌和中高档服装生产能力，纷纷向中国转移。采取合资、收购、嫁接等多种方式，在长江三角洲和珠江三角洲与中国企业共同建立起配套的产业链。面向国际和国内两个市场，既扩大了服装生产，又拓宽了我国服装销往世界各地的渠道，带动了我国服装出口的增长和中高档服装的出口比例。

在进入 21 世纪的 10 多年里，尽管在激烈的竞争中，一些没有优势和实力的服装企业，包括原有的国有和集体企业以及新建的中小企业，遭到淘汰或被兼并、转产，但总的来说，服装行业规模和服装生产量呈现增长的态势。具体增长情况见表 26-2。

表 26-2　2000～2015 年中国服装生产量的增长情况

年度	规模以上服装企业生产量① (亿件)			全社会服装企业生产量 (亿件)		
	合计	机织服装	针织服装	合计	机织服装②	针织服装
2000	71.6	35.9	33.5	218.2	116.0	102.2
2001	77.8	38.5	36.3	227.7	112.0	115.7
2002	87.7	45.9	40.9	247.5	122.0	125.5
2003	98.4	49.4	47.8	361.0	136.0	225.0
2004	118.3	55.7	61.1	418.0	150.0	268.0
2005	148.0	71.0	76.6	465.0	170.0	295.0
2006	170.0	81.0	88.6	512.0	180.0	332.0
2007	201.6	94.6	107.0	512.0	178.0	334.0
2008	221.0	96.5	124.4	460.0	155.0	305.0
2009	237.5	101.7	135.8	400.0	138.0	262.0
2010	285.2	121.1	164.2	436.0	147.0	289.0
2011	254.2	133.1	121.1	436.0	146.0	290.0
2012	267.3	135.1	132.2	436.0	146.0	290.0
2013	271.0	139.2	131.8			
2014	299.0	155.0	144.0			
2015	308.0	165.0	144.0			

①规模以上服装企业生产量数据来自国家统计局。

②全社会服装企业生产量中的机织服装生产量数据，来自中国服装协会。

2. 坚持不懈用高新技术改造服装业

这一时期，服装行业面临的竞争越演越烈，既有国内的竞争，又有国外同行业的竞争。为应对这种局面，21 世纪初期，行业内一些有实力的企业，着重在提高装备水平和提高产品科技含量方面加大投入力度，加速设备更新改造的步伐。普遍采用电液气一体化、无油或微油润滑系统、直驱式电动机、计算机多程序控制方式的设备，以及继续推进服装设计、推档、制板、剪裁计算机的应用，计算机控制的企业生产企划管理，Mis 管理信息系统，网络信息系统的信息收集分析等新技术。到 2009 年，一些服装大企业又不约而同地引进节约用工、提高劳动效率的自动化设备，并对烦琐的流程进行了轻装改造，使服装制造业流程更为简、快、灵。到 2011 年，"科技兴业"再掀高潮，以"节能、高效、智能化、专业化、专用化、多工序集成化"为主流的新一轮大规模技术改造全面铺开；优势企业则以信息化与工业化深度融合为特征进行全流程改造，大大提高了快速反应能力和市场支撑能力，进一步增强了我国服装行业的国际竞争力（图 26-43～图 26-46）。

国际一流水平的生态抑菌绒技术，2003 年前后首次引入我国羽绒行业。其羽绒服产品系列在国内外市场大受欢迎，成为运用高新技术提升服装产品科技含量的成功范例。持久抗菌、安全自洁功能的抗防螨羽绒制品、防寒服、运动衣、衬衫、内衣等系列产品，开辟了纺织服装功能化之先河，填补了国内空白，走在了国际的前沿。

图 26-43　服装吊挂生产线

图 26-44　先进的缝纫设备

图 26-45　电脑绣花机

图 26-46　服装生产车间

3. 实施名牌战略，把我国服装业进一步推向国际化

品牌是全球经济一体化的营销基础，有利于增加销售额和利润。在全球纺织品服装回归自由贸易体制后，我国服装业面临深刻的变革。中国服装协会会长杜钰洲在 2004 年全国服装行业工作会议上发表题为《紧紧抓住和用好重要战略机遇期，大力推进中国服装品牌战略》的工作报告，号召全行业树立科学发展观，走新型工业化道路，大力推进中国服装品牌战略，把提高服装行业国际竞争力的"质量、创新、快速反应"三个热点，作为中国服装品牌战略的工作重点。会后，众多服装企业闻风而动，在经过半年之久的评选后，中国服装品牌风格、品质、策划、创新、潜力、营销、公众、价值、推动、成就十个大奖的品牌最终揭晓，并在 2005 年 3 月举办的首届"装点中国——2003/2004 中国服装品牌年度大奖"会上颁奖。这是中国服装原创品牌第一次以群体的姿态，向世界展示自己的形象，吹响了本土原创服装品牌启航的号角。同时，杜钰洲又亲自倡导和主持由中国纺织工业协会和中国纺织企业文化建设协会共同开展"中国纺织十大品牌文化"推介活动，每年一次，每次以一个知名品牌命名，并对"中国纺织十大品牌文化""中国纺织品牌文化优秀奖"和"中国纺织品牌文化建设若干位杰出人物"进行表彰，把推广先进的品牌文化、繁荣品牌文化、提升品牌价值作为产业升级的一种时代精神，提高纺织工业的国际竞争力，加快从纺织大国向纺织强国前进的步伐。到 2007 年，中国纺织服装行业已经拥有 404 个"中国名牌"产品，江苏阳光精纺呢绒和波司登羽绒服荣获"中国世界名牌"产品称号。截至 2016 年，总共向全行业推介了波司登、

阳光、雅戈尔、红豆、喜盈门、洁丽雅等100个纺织服装知名企业的品牌文化。

除此之外，有些服装企业为了加快创立本企业国际品牌的进程，采取收购国外品牌，或与国外品牌合作，或与国外知名企业合资，推出新的品牌，占领国内外市场。也有一些服装企业加快了品牌走出去的步伐，到海外寻求市场，在中东、东南亚、俄罗斯、澳大利亚和新西兰等国家和地区开设专卖店的品牌个数不断增多，一些品牌已经初步打开了通往欧、美、日等发达国家市场的道路。

从总体上看，中国服装品牌在国际上仍处于弱势地位。为改变这种状况，需要借助宣传的力量。以往各种各样的展会很多，主要是邀请国外知名厂商来华展示他们的产品和技术管理经验等。我国应邀到国外参展的只是少数，展出的中国品牌也不多，尤其是服装设计师品牌。2006年10月，中国服装协会带领设计师谢锋和其品牌"吉芬"走上了国际顶尖设计舞台——巴黎时装周进行品牌发布，成为中国第一个真正走向国际的服装设计师品牌。海外世界对中国服装的印象也由此发生转变，对中国服装品牌和设计的认可及关注度开始提升。

为了展示中国纺织服装行业的整体品牌和中国纺织服装产业升级的成果，需要一些由中国人自己主办的展会办到国外去，办到工业发达的国家去。从20世纪90年代开始，由中国纺织工业协会主办、中国国际贸易促进会纺织行业分会、中国服装协会先后同德国、法国、美国的会展公司合作，分别在巴黎、纽约等地成功举办了中国纺织服装贸易展览会。北京、山东、浙江、江苏、广东、上海等省市的近百家拥有自主知识产权和自有品牌的优秀企业，如山东的新郎希努尔、孚日、如意、兰雁、即发，江苏的波司登和红豆，上海的申达，浙江的乔顿、梦娜、博洋，北京的爱慕和顺美，广东的名瑞和圣地亚等，展出涵盖男女服装、休闲装、服饰品、各类纺织面料和家用纺织品等。通过展会，加强了中欧、中美纺织业界的信息沟通、文化交流、产业对接和贸易合作。尤其是在中国自主品牌服装发布会上，通过中国模特的精彩演出，演绎具有中国特色的服装潮流，发布年度流行趋势，使欧美民众加深了对中国纺织品、服装的认知度。

4. 服装企业开始新一轮战略转移，并初见成效

改革开放三十多年来，我国的服装业一直保持着快速发展的态势，但偏重在东部地区。由于经营环境的变化，广东、浙江、江苏等省部分服装企业聚集地区的土地、电力、劳动力资源紧缺，以及当地环境和条件难以吸引人力、缺乏品牌发展文化氛围等原因，从新世纪开始，这些地区的服装业就以不同方式进行新一轮的战略转移。各种企业根据自身不同的发展策略，采取不同的转移方向。

一些有一定规模和经济实力的品牌企业，从品牌的提升、产品定位的准确性以及打造国际化通路的需要，把自己的总部和设计转移到上海、北京、深圳、广州等城市。这些城市都是国际潮流登陆点。上海、北京两市又将服装制造业列为都市时尚产业，为服装产业的发展创造了良好的政策和文化环境，信息资源也丰富。

生产基地的转移，虽仍然主要流向土地、电力供应成本相对较低和劳动力充裕的地区，但转移企业对投资环境的要求已不同于过去。开始时主要强调政策优惠，强调"亲商、安

中国纺织工业发展历程研究（1880～2016）

商、富商"，后来则着重于"公平、稳定、透明、可预见"的综合商务环境以及协作配套的专业化、社会化服务。因此，这一轮转移仍偏重于就近流动，如江苏南部企业到苏北发展；粤南地区向粤北和东西两翼转移；福建、浙江、上海等省市的一些服装企业就近向周边的江西、湖南等省转移。中西部和东北地区虽有劳动力资源等优势，但由于缺乏时尚产业的生存、发展因素，转移到这些地区的服装企业不够多。

到 2007 年前后才正式拉开了梯度转移的帷幕。一些有一定规模和经济实力的品牌企业，如杉杉、雅戈尔、报喜鸟、红豆、波司登等上市公司，率先在安徽、江西、四川、河南、重庆和苏北地区大规模投资。法派、培罗成、高邦、凯撒等大企业也将西服、衬衫、职业装等大类产品生产线迁往外地。同时，承接转移的内陆地区也通过专业工业园区建设，提升服务手段、劳动力培训以及在土地使用、税收等方面采取优惠措施，吸引优质资产投资和回乡创业团队。

国务院为此出台了一些法规，如关于产业转移的四项基本原则："坚持政府引导与市场运作相结合，坚持产业转移与产业升级相结合，坚持优势互补和互利共赢相结合，坚持节能环保和可持续生产相结合。"国务院有关部、委及行业协会，不遗余力地与地方政府联手推动服装产业的转移工作。如 2009 年 7 月，由中国服装协会主办，河南省服装协会、荥阳市政府承办的 2009 年中国服装产业转移工作会，在荥阳召开；8 月，由工业和信息化部、中国纺织工业协会指导，工信部消费品工业公司、中国纺织企业家联合会、江西省工业和信息化委员会主办，江西省宜春市奉新县人民政府承办的全国纺织产业转移工作交流会在奉新县召开；10 月，由中国纺织工业协会、重庆市政府主办的中国服装产业转移工作研讨会在重庆召开；2010 年 11 月，由中国纺织工业协会、河南省政府主办的全国纺织产业转移工作会议在郑州召开，在同时举办的中国郑州 2010 年产业转移系列对接活动中签约 43 个服装产业转移合作项目，投资总额达 107 亿元。

通过各有关方面的共同努力，服装生产转移已初见成效。以规模以上服装企业产量为例，2008 ~ 2013 年，中西部地区服装产量占全国服装总产量的比重从 10.92% 增至 20.35%，上升了 9.45 个百分点，详见表 26-3。

表 26-3　不同地区规模以上服装企业产量在全国占比情况

地区	2008 年	2009 年	2010 年	2011 年	2012 年	2013 年
东部地区（%）	89.08	87.60	86.81	84.06	82.13	79.65
中部地区（%）	10.00	11.30	11.62	14.32	16.13	18.39
西部地区（%）	0.92	1.10	1.57	1.62	1.74	1.96

5. 服装出口一再创佳绩

1986 年，确立"以扩大出口为突破口、带动纺织工业全面振兴"的战略决策，国务院决定将服装和丝绸两个行业归口纺织工业部管理，形成大纺织格局，发挥纺织工业综合优势，极大地推动了我国服装业生产和出口贸易的快速发展，并取得了喜人的业绩。1991 年，服

第五篇
纺织工业产业链的演化

367

装出口 90 亿美元，超过了纺织品出口，占纺织品、服装出口总额的 53.8%。1994 年服装出口 237.2 亿美元，占全球服装出口总额的 16.89%，成为全球服装第一出口大国。

1995 年 1 月 1 日，WTO《纺织品与服装协议（ATC）》生效，全球服装出口配额在十年内分阶段取消。我国服装业抓住这一利好机会，大力推动服装出口。同时，为抵御 1997 年亚洲金融危机的影响，1998 年和 1999 年国家三次上调了服装出口退税率。从 1996 年 12 月的 6% 上调到 1999 年 7 月的 17%，使我国服装出口额 1997 年达到 318 亿美元；1998 年和 1999 年略有小幅下降，仍保持 300 亿美元；2000 年就止跌回升，增至 360 亿美元，继续保持全球服装第一出口大国地位，占全球服装出口总额 1977.8 亿美元的比例上升至 18.2%。

进入 21 世纪，我国在 2001 年 12 月 11 日正式成为世界贸易组织成员。这给我国服装出口带来了前所未有的发展机遇。在各方面的共同努力下，2002～2013 年的 12 年间，服装出口额以年均 110 亿美元的规模递增，2013 年服装出口总额已达到 1782 亿美元，占全球服装出口总额 4700 多亿美元的比例进一步上升至 37.8%。详见表 26-4。

表 26-4　2000～2015 年中国服装出口额和出口量

年度	服装出口额（亿美元）				中国占比（%）	中国服装出口量（亿件）		
	全球	中国				合计	机织服装	针织服装
		合计	机织服装	针织服装				
2000	1997.8	292.8* 360.2	172.26* 188.7	120.54* 134.3	18.2	116.43	43.95	72.48
2001	1944.5	366.6	189.6	119.4* 134.6	18.8	124.94	46.86	78.08
2002	2038.7	413.0	205.9	159.9	20.3	146.55	53.03	93.52
2003	2335.7	520.6	250.8	206.8	22.3	177.44	62.57	114.88
2004	2592.8	618.6	289.8	258.0	23.8	203.22	66.2	136.97
2005	2756.4	741.6	350.3	308.7	26.9	219.7	74.3	145.4
2006	3114.1	953.9	437.2	449.0	30.6	266.2	84.7	181.5
2007	3458.3	1152.3	473.2	613.3	33.3	296.6	89.3	207.3
2008	3649.1	1204.0	524.2	605.8	33.4	295.5	85.9	209.5
2009	3156.2	1072.6	467.2* 419.7	537.6 461.0*	34.0	259.8	79.2	180.6
2010	3514.2	1298.2	483.8	667.14 573.7*	36.9	295.5	87.0	208.5
2011	4165.2	1537.7	630.8	690.3* 801.7	36.9	292.2	84.6	207.6
2012	4226.9	1596.1	612.3	755.7* 870.5	37.8	289.1	81.1	208.0
2013	4596.6	1782.2	682.6	842.9*	31.5	313.6	88.3	225.3
2014	4832.8	1516.8	726.8	790.0	31.4	326.9	106.2	220.7
2015		1412.5	700.5	712.0		304.3	108.9	195.4

注　1. 数据来源于 WTO 及中国海关统计资料。

　　2. 服装出口额中包括附件，其中带 * 的数据不包括附件。

（1）我国服装出口构成的变化。这十多年间，我国服装出口除出口额高速增长（2013年比2000年增加了3.9倍）以外，出口构成也有很大变化。

一是"一般贸易"已占主导地位。20世纪70～80年代，我国服装出口以来料加工或进料加工方式展开，加工贸易占了主导地位。随着我国纺织工业的升级改造、创新发展，纺织面料的质量、花色、品种已能逐步替代进口面料。因此，我国服装出口额中"一般贸易"的比例逐步上升，2013年已达到73.76%，比2000年的53.6%上升了20个百分点。进料加工和来料加工的比例，从2000年的45.2%下降到2013年的19%。这表明我国服装业经过多年的发展，已形成较为完整的产业链，大纺织的优势逐渐显现出来。

二是服装出口企业性质多元化，民营企业成了主力军。随着改革开放的深入和加入世贸组织，进出口经营权从审批制转向自动登记制。除原有国有企业、集体企业和三资企业直接出口服装外，民营服装企业的服装出口额猛增。2000年仅3.2亿美元，2013年达到1051.5亿美元，占全国服装出口总额1782.2亿美元的59%。民营服装企业成了我国服装出口的主力军。

三是出口服装的质量档次提高了。如今中国的出口服装不仅已经摆进了许多国家的高端市场，而且中国自主品牌的出口规模在逐步扩大，国外消费者的认知度在提高。中国服装设计师已开始走出国门，展示自己的品牌。

四是出口服装的地区分布有所改善。2013年中部地区出口服装99.5亿美元，西部地区出口服装182.4亿美元，占全国的比例分别为5.6%、10.2%；分别比2000年提高1.7%和7.6%。

（2）我国服装出口没有发生变化的方面。

一是保持世界服装出口第一大国的地位没有变，并且占全球服装出口总额的比例在逐年上升，从2000年的18.2%到2005年达到26.9%，2010年超过30%，达到36.9%，10年间比例上升了一倍。之后虽然有所回落，2013～2014年仍保持在30%以上。

二是服装仍是我国主要出口商品的地位没有变。在我国制成品转向以机电产品和技术密集型产品出口为主的转变过程中，服装出口额在我国商品出口总额中的比重虽呈下降趋势，但仍居第三位。

三是服装是我国最大类别贸易顺差商品没有变。21世纪以来的10多年，我国服装出口贸易始终保持顺差的地位，2001～2012年，顺差总额8016亿美元，占同期全国顺差总额17098亿美元的46.9%。其中，2001～2004年，每年服装顺差额都远远大于全国贸易顺差额，为我国社会主义现代化建设积累了大量的外汇资金，也为我国对外贸易顺差和外汇储备做出了重要贡献。

四是我国内地服装出口以美国、欧盟、日本和中国香港四大市场为主的格局没有变。我国服装出口到美国、欧盟、日本的比例，2000年为87.5%，2012年虽降为61.7%，但仍为主销市场。其中，出口到美国的服装已占该国进口总额的39.4%，欧盟已占41.9%，日本已占77.2%。

第二十七章　在全面小康社会建设中蓬勃兴起的家用纺织品制造业

　　中国的家用纺织品制造业既是一个传统行业，又是一个新兴产业。20世纪80~90年代以来，随着经济社会快速、持续发展，人民生活水平普遍提高，城乡市场对家用纺织品的需求日益扩大。家纺制造业已成为中国纺织工业新的增长点。

一、中国家用纺织品的数千年历史

　　家用纺织品，顾名思义，凡是在家里用的除了服装、鞋帽、袜子以外的纺织品，大到床上用品被褥、被单、蚊帐、枕头、被罩等，小到各种绳带、线团、手帕等，品种成千上万（图27-1~图27-5）。许多品种已有数千年的历史，如今最普及的毛巾，最初是在粗布基础上发展起来的。1875年，汉阳有4家织户生产毛巾，其织物组织类似斜纹布，表面没有毛圈。1894年，湖北织布局生产的毛巾，则是采用蜂巢结构，有凹凸组织，易于吸湿。1900年，上海川沙县的一些有识之士，将土布木织机改造成毛巾木织机，并开设毛巾厂，置木织机30余台，开始生产有毛圈组织的毛巾。1912年，三友实业社创办于上海，马正昌棉织厂创办于嘉定，1918年，三友实业社又在嘉定建立分厂，至此我国毛巾工业渐具规模。到1920年，上海及川沙地区已有大小毛巾厂75家，成为当时的毛巾生产基地。"五四"运动后，国人抵制洋货、提倡国货的热潮，为国产毛巾开拓了市场，并把称雄一时的日本铁锚牌毛巾挤出中国市场，同时开始向中国香港和澳门、南洋群岛等地出口。当时以面巾和浴巾为主，原料为16英支的本色粗棉纱，织后漂白。毛巾两端的档头，常用红、蓝等色纱织造，也有在织后加印颜色的。抗日战争期间，棉纱资源受阻，川沙一些毛巾厂生产萎缩。抗日战争胜利后，全国各地和南洋群岛要货迫切，上海毛巾业再度发展。1946年，月产毛巾64万打，浴巾7700条，毛巾被14970条。其后几年，由于国民党政府控制棉纱和外汇，限制民族工业纺织品的生产和出口，加上美国剩余物资大量倾销，毛巾业又陷入困境。

图 27-1　床单

图 27-2　窗帘布艺

图 27-3　家纺四件套

图 27-4　沙发套

图 27-5　毛巾被

又如小产品手帕，早在汉代就以蚕丝为原料，以手工方式制作成丝巾，主要供皇室和贵族使用。1840 年（清道光二十年）鸦片战争后，欧美手帕开始输入中国。20 世纪初，英国塔牌手帕、瑞士双鱼牌手帕、捷克三花牌手帕在中国沿海城市的供应日渐增多。1915 年，上海源昌手帕厂以日本漂布为原料做成棉布手帕，因吸水性比丝巾好，很受人们欢迎。20 年代又推出印花手帕，因款式新颖，花样美观，当时称之为"文明手帕"。30 年代，上海几家手帕厂按英国塔牌手帕，试制成功 40 英支单面缎条手帕，成为手帕品种的一大发展。此后印花、绣花、抽纱等手帕多达近 20 个品种，有的以绸缎、麻纱为原料，其中部分高档品种已出口到中国香港和南洋群岛，并在当地有一定名气。40 年代，随着纺纱技术改进、精梳纱增多以及漂染技术改进，手帕质量不断提高，开发出了 60 英支、80 英支、100 英支高档棉织缎条手帕，有的可与英国名牌产品媲美，于是国产手帕出口大幅度上升，占生产量的一半左右。

二、家用纺织品从小商品到大纺织产业链的重要一环

从中华人民共和国成立至今，家用纺织品的发展过程大致分为三个阶段。

第一个阶段，从 1949 年到 1983 年停发布票、实现敞开供应之前的短缺经济时期，党和

国家还是尽力把一些必不可少的家用纺织品生产安排好。1960年，国务院领导在听取纺织工业部汇报工作时就指出："针织品要维持住，小百货不能搞烂，这是政治问题。"这段时期，必需的家用纺织品同样得到了发展。如毛巾的生产量，1952年为2.24亿条，1983年为12.97亿条，增长了4.8倍，超过了同期纱和布料增长的倍数。再如床单，1957年只生产622万条，1983年增至10489万条。再如毛毯，1952年为71.7万条，1983年增至1621万条，增长了22倍。

第二个阶段，从1984年到2000年。此前部分纺织品已开始出现滞销积压现象。这表明纺织品产需之间的矛盾，已经由数量不足逐渐转变为品种花色不能满足市场需要。随着对外开放的不断深入和人民生活水平的提高，过去"四菜一汤"花型的床单，发展成了"几件套"式的床上用品。随着居民住房条件的改善和宾馆饭店的增加，一部分宽幅印染企业转向生产窗帘布、沙发布和布艺产品。

为保持纺织工业稳定健康发展，纺织工业部于1982年提出了"三个转移"的方针，即把发展纺织工业的指导思想和工作重点，从着重抓速度、抓产量、抓扩大生产能力，切实转移到着重抓品种质量，抓经济效益和抓技术改造上来。当时就提出要发展装饰用纺织品的新品种，如旅游用品、家具布、窗帘、沙发布、台布、床罩、地毯等。1983年又提出，今后几年，在全国范围内要重点开发"十大类品种"，其中有针织品和装饰用品两类。1984年又提出要在"十大类品种"基础上，重点开发"三大支柱"产品（服装、装饰、工业用纺织品）。这样，就把开发装饰用纺织品提到了更高的层面。接着纺织工业部在1985年还组建了一个全国纺织装饰品总公司和南北两处纺织装饰品开发设计中心。同时，为适应开发新品种、提高产品质量和档次的需要，陆续引进了不少先进设备，与装饰品有关的就有花色捻线机、钩编机、缝编机、针刺簇绒地毯生产线等。化纤生产企业根据纺织品开发的需要，积极开发出多种差别化化学纤维、空气变形纱等。一些省市也相继成立了地区性的装饰品公司。现有纺织企业中也有相当一部分向家用纺织品延伸。经过几年的努力，虽陆续开发了不少品种，包括床上用纺织品、卫生盥洗用纺织品、餐橱杂饰用纺织品、墙面贴饰用纺织品、地面铺设用纺织品、挂帷遮饰用纺织品等，但总量不多。按当时测算，这类纺织品仅占纺织品总量的7%左右，与一些发达国家相比较，相差甚远。来自中央主管部门的举措行动和许多信息，引领民间资本更多地投向家用纺织品行业。江苏、浙江、山东、广东等省率先兴建了一批家纺企业，并且有一定的集中度。同时，港澳台商和一些外商也纷至沓来，创办了近百家中外合资的家纺企业，约占同期中外合资纺织企业总数的10%。据有关部门统计，2000年末，全国大大小小生产各类家用纺织品的工厂已有几万家。

第三个阶段，即进入21世纪以来，中国国民经济持续高速发展，中国经济的国际化程度越来越高。国内旅游业的迅速发展，城镇化的推进以及城乡居民收入稳步增长，为家用纺织品行业的持续发展提供了良机。中国纺织工业协会和中国家用纺织品行业协会，致力于组织和引导规模以上的家纺企业和产业集群，积极参与企业信息化建设、名牌工程建设、自主品牌建设、先进企业文化建设以及国内外的产品展览等，促进产业升级和企业做大做强。据国家统计局统计，到2010年，全国规模以上（全部国有及年销售收入500万元以上非国有企业）的家纺企业已达2590家，全年工业总产值2113亿元，销售产值2073亿元，出口交货值543亿元。从2011年起，国家统计局提高了规模以上企业的标准：年主营业务收入2000万元及以上工业法人企业。按此标准，2014年，规模以上的家纺企业有1809家，主营业务收入2605亿元，在全国纺织工业规模以上企业数和主营业务收入中占比分别为4.7%和3.9%。与此同时还形成了20多个家纺产业集群。列入中国家用纺织品行业协会统计的15家产业集群，2010年工业总产值2445亿元，销售产值2200亿元，出口交货值578亿元，在家纺行业已占有半壁江山（图27-6～图27-16）。

图27-6　即发集团

图27-7　山东滨州亚光集团

图27-8　愉悦家纺集团

图27-9　富安娜家纺

图27-10　华孚集团

2008年，中国纺织工业协会首次对全行业企业竞争力进行了一次综合测评，评出了2007～2008年度中国纺织服装企业500强（其中：五星企业150名，四星企业200名，三星企业150名），其中家纺企业47家（五星企业14家，四星企业33家），占9.4%。这些

图 27-11　水星家纺

图 27-12　博洋家纺

图 27-13　叠石桥国际家纺城

图 27-14　孚日家纺

图 27-15　真北集团

图 27-16　上海龙头家纺有限公司

企业的科技创新能力比较强，绝大多数企业有自主品牌，在市场上保持相当高的占有率，是中国纺织工业先进水平的代表，堪称是行业的脊梁。

协会在促进产业升级和规模以上企业做大做强的同时，还对纺织行业蓬勃兴起的产品集群现象进行了深入的调查研究，并选择了纺织产业集中度较高、规模效益比较明显、对纺织品市场影响力较大、对产业发展和区域经济贡献较突出的产业集群，进行重点跟踪和指导服务，以及分别授予中国纺织产业基地市（县）和特色城（镇）称号。到2008年授予中国纺织产业特色名城145个，其中家纺行业就有22个（浙江10个，江苏7个，山东2个，安徽、青海、新疆各1个）。

大力发展服装、家纺、产业用三大终端产品，是我国纺织业在20世纪80年代定下的极为重要的产业政策。当时，参照发达国家的经验，对三大终端产品的比例，曾有 4 : 3 : 3 或各占三分之一等几种设想。经过 30 年的努力，中国家用纺织品产业终于出现了大局面。2014 年，三大终端产品制造业的比例分别是 46.8 : 28.6 : 24.6，家纺行业占比已接近 30%。

三、家纺产品是中国的传统出口商品

新中国成立之前，毛巾、被单、浴巾、绒毯、线毯和手帕就大量销往新加坡、印度尼西亚、菲律宾、缅甸、中国香港等国家和地区。据上海纺织工业志的资料：1937 年，上海生产的手帕就大量出口到东南亚一些国家，1946 年的出口量占到生产量560 万打的 70%。毛巾、被单、浴巾、绒毯、线毯、围巾的出口量，约占生产量的 30%。

新中国成立后，家纺产品继续保持一定数量的出口。改革开放三十多年间，家纺出口的步子越来越大。例如小小的手帕，为解决手帕出口的产销矛盾，经国务院领导批示，于 1982 年 1 月 1 日正式成立工贸合一的上海手帕进出口公司，积极开展外贸活动。在国际市场萧条的形势下，当年出口创汇 4300 万美元，1992 年达 5018 万美元，占世界手帕市场进出口量的四分之一。又如抽纱工艺品出口，1955 年仅 420 万美元，到 1978 年已增至 24358 万美元，1988 年达到 68692 万美元，10 年内增长了 1.8 倍。再如毛毯出口，1950 年仅 2 万条，到 1988 年已增至 341 万条。

随着家纺行业做大做强，出口品种越来越多。除毛巾等传统产品外，布艺类和床上用品的出口增幅尤为明显。据中国海关统计：家纺产品出口额 2000 年为 54.2 亿美元，2005 年为 141.8 亿美元，2010 年为 297.8 亿美元，2014 年为 420.9 亿美元，14 年内增长了 6.8 倍。2014 年，在全国纺织品服装出口总额 3069 亿美元中，家用纺织品的出口总值占比达 13.7%。主销市场第一位是美国，其次是日本、欧盟、中国香港、阿联酋、俄罗斯，这几个主销市场占出口总金额的 70% 左右。出口品种类别以被子最多，其次是床上用织物、毯子、地毯、窗帘、装饰制品和浴巾等。出口金额前五位的省市，依次为浙江、江苏、山东、上海和广东。详见表 27-1。

表 27-1　家用纺织品出口量值

产品类别	2005 年		2010 年		2014 年	
	数量	金额（亿美元）	数量	金额（亿美元）	数量	金额（亿美元）
被子	52.04 万吨	25.27	92.31 万吨	48.16		61.3
床上用织物	80780 万条	17.32	174833 万条	37.26		68.7
毯子及旅行毯	31184 万条	12.60	55160 万条	23.75		46.9
地毯			56041 平方米	19.56		26.8
窗帘	37024 万件	11.67	54494 万件	19.29		24.3
装饰用织物	43482 万件	7.98	18659 万件	12.55		60.3

产品类别	2005 年		2010 年		2014 年	
	数量	金额（亿美元）	数量	金额（亿美元）	数量	金额（亿美元）
浴巾	40126 万条	6.35	55573 万条	12.15	214986 万条	15.3
刺绣品	7.93 万吨	7.01	9.25 万吨	10.10		14.4（2013 年）
缝纫线	14.83 万吨	4.31	20.83 万吨	7.78		9.5（2013 年）
餐桌用织物			78214 万件	6.94		9.0
厨房用织物			10654 万条	3.48		15.7
睡袋			4095 万个	3.12		
毛巾织物	217050 万条	6.11				14.9

家纺产品的进口量不是很多，2000 年为 20.74 亿美元，2011～2014 年保持在 10 亿～17 亿美元的水平。

四、家纺产品国内市场伴随小康社会建设不断发展

据国家统计局的数据，2014 年，1809 家规模以上家纺企业实现内销产值 1997.6 亿元，16 家产业集群内销产值 2362.5 亿元。中国家纺协会跟踪的 237 家重点家纺企业，内销产值 639 亿元。

从大类品种看：1809 家规模以上企业内销产值 1997.6 亿元之中，床上用品占 48.1%，同比有所下降；毛巾产品占 23.2%，同比略有增长；布艺产品占 7%，同比也略有增长。其他各类产品共占 16.7%。

家纺产品专业市场的销售额，保持稳定增长的态势。最具代表的海门叠石桥床品交易市场，2014 年的交易额同比增长 9.1%。海宁布艺专业市场，2014 年的交易额同比增长 10.5%。主营毛巾的河北高阳纺织商贸城，2014 年的销售额同比增长 4%。

中国已进入全面建成小康社会的决胜阶段。政府继续大力推进工业化、信息化、城镇化、农业现代化和大众创业、万众创新，以及加快农民工市民化，抓好"一带一路"建设，促进国际产能合作，将为家用纺织品行业带来很大的发展空间。中国家纺将大有作为，继续成为纺织行业主要的经济增长点。

第二十八章　大有可为的产业用纺织品制造业

随着科学技术日新月异和中国社会主义现代化建设事业蓬勃发展，中国的产业用纺织品生产由少到多，至今已广泛用于工业、农业、渔业、交通运输、土木工程、基础设施、环境保护、医疗卫生、文化体育、航空航天、国防建设以及人们日常生活的方方面面，成为中国纺织工业实现由大到强转变的重要增长点。

一、中国产业用纺织品的发展历程

中国的产业用纺织品有着悠久的历史。据有关资料记载，距今两千一百多年的汉代，造船业已经很发达，并且造船技术也有很大进步，发明和应用了橹、布帆和船尾舵。当时的船帆用麻布做成。依据船的大小，帆的面积有大有小。布帆的应用是人类利用风力的一项重大发明，它为船舶提供了强大的动力，随之海运业也逐步发展起来。东汉时期，在先进的造船技术和大型船帆设计、制作的基础上建立的远洋船队，由广东出发，沿东南亚诸国海岸，过马六甲海峡，经南亚诸国沿岸，到达阿拉伯一带，又经阿拉伯转达古罗马帝国，这样一条海上航线也已经开通。东南沿海各地的海洋渔业，也因船帆的发明和不断改进，得以发展。除了布帆外，船用绳缆等纺织品也是不可或缺的，而且消耗量很大。

19 世纪末，中国近代工业兴起后，产业用纺织品也逐步开发出来。据《中国近代纺织史》记载：1870 年在广东就已有缝纫线厂；1912 年浙江鄞县人潘厚生在上海闸北创立诚丰木线厂，仿制洋货；清末民初，绣花制品盛极一时，绣花用线（以桑蚕丝为原料）和花边生产得到发展；到 20 世纪 20 年代，以棉布为基布的绝缘材料黑胶布，包覆于电线裸线的表面，制成日常用的电线，由于制作方便，应用面广，在中国各工业城市都有生产。之后，根据国内外电器工业发展的需要，又研制成功以蚕丝绸作基布，涂以绝缘油脂，经烘干成黄蜡绸，后改用薄棉布作基布，称黄蜡布，切成带状，成为包覆电器的绝缘材料。同期又试制成功浆纱用呢、纺织机器用绒辊呢、印刷呢和造纸用毛毯等工业用呢，并逐步替代进口。20 世纪 40 年代，利用国产苎麻股线生产管状织物作为消防水龙带，每段 50 米，最大管径 4 英寸，承受水压每平方英寸达 400 磅，打破了舶来品对国内市场的垄断。其他如麻袋、麻包布、帆布、各种带子（如宽紧带、腿带、背带等）以及医用卫生纱布、橡胶布等都已有生产。还有中国的一些传统手工产品，如油布、油绸等供制伞、雨衣、防雨布等用，这类油布、油绸以平纹织物为基布，上涂桐油或苏子油，或亚麻仁油等干性油。以粗布制者，多为黄色，以漂白布制者为精品，用颜料着色，其中淡黄、淡绿色的主要供包装用。但由于当时中国经济落后，不少产业用纺织品为外国厂商所垄断，国内能自行生产的仅此而已。

中华人民共和国成立后，在努力发展纺织生产，解决全国人民缺衣少被的同时，也很注重产业用纺织品的生产与发展。1949 年 10 月，就在中国最主要也是最大的黄麻产区——浙江杭州筹建新中国第一个黄麻纺织厂，生产麻袋、麻包布和麻纱线；1950 年 8 月 1 日建成投产后，又接连数次扩建，成为当时全国最大的麻纺织厂，缓解了麻袋需求的燃眉之急。之后，各地纷纷兴建麻袋厂，到 1978 年，麻袋厂已遍布全国 27 个省、直辖市、自治区，共有黄麻纺锭 9.55 万枚，麻织机 6105 台，年产麻袋 2.89 亿条（按国际惯例，麻袋制品，包括黄麻纱线和麻包布，不列入产业用纺织品序列之内，但黄麻制品却是地道的产业用纺织品）。

此后，为配合汽车制造业和交通运输业发展对轮胎的需要，着手研制以长绒棉为原料经纺织加工制成棉帘子布，并新建或扩建了几个帘子布厂（车间）。1967 年前后，又新建和扩建了几个强力黏胶帘子布工厂。到改革开放前夕，中国的帘子布产量已达到 4.67 万吨，其中，棉帘子布 3.59 万吨，化学纤维帘子布 1.08 万吨。

20 世纪 60～70 年代，中国纺织工业加快了产业用纺织品的发展步伐。除了上述帘子布外，再举两个有关国防建设的例子。

图 28-1　降落伞

一个是研制降落伞用绸和配套的绳带线（图 28-1）。1960 年 2 月，国产喷气战斗机问世，原有的桑蚕丝绸和棉布降落伞的强力低、重量重、体积大，很不适应高空训练和实战需要。根据国家有关部门提出的达到美国同类伞水平的要求（美国伞绸原料是 30 旦锦纶丝，这类原料当时国内还未开发生产），上海市丝绸工业公司所属上海第六丝织厂和上海合成纤维实验厂合作，用两年多时间，重点攻克锦纶丝条干不匀、伸长率不够、捻度不匀等引起织品透气量不稳的三道难关。调整工艺参数和织物组织结构，克服织造难关，研制成功的降落伞绸包括配套的绳、带、线，制成"伞兵－4"型伞，重量由原来的 17 千克减为 11 千克。经空降兵组织试跳 720 具／次，使用性能良好，受到部队欢迎。后又由印绸厂设计迷彩图案制成印花锦纶丝伞绸，使降落伞绸更具有隐蔽功能。到 1970 年前后，这种伞绸已扩大到 7 个省市共同生产。除"伞兵－4"型伞外，还制成多种用途的降落伞，如体育运动伞、滑翔伞、投物伞、飞行员救生伞、战机着落伞等。1966 年，在上海又试制成功为投掷中国第一颗氢弹爆炸试验配套的高强锦纶丝伞绸。

另一个是研制特种分离膜元件。1956年，党和国家领导人指出，我们现在比过去强，以后还要比现在强，不但要有更多的飞机大炮，而且还要有原子弹。在今天的世界上，我们要不受人家欺侮，就不能没有这个东西。试制原子弹，一项最关键的任务是首先要生产金属铀235。在天然铀矿中同位素铀235的含量只有0.714%，其余为铀238。必须利用铀235和铀238重量差的特性，将铀矿石经气化，通过特种分离膜元件，进行多级的逐级分离装置浓缩，从而集聚高纯度的铀235核反应材料。当时苏联援助中国建立一个核燃料工厂，生产铀235。设备由苏联供应，关键生产技术由苏联专家掌握。分离膜元件是核燃料厂大量需要，而且要定时更换的元件，也由苏联提供，生产技术全部保密。1959年，中苏关系恶化，苏联专家全部撤走，分离膜元件也停止供应，因此，党中央果断决定不惜一切代价，要攻克分离膜的研究和生产技术。1960年10月，紧急下达铀同位素甲种分离膜代号"真空阀门"研究的通知。上海市纺织局承担其中织造镍网的任务，动员全系统力量，点名抽调优秀技术人员集智攻关，并把研究、中试、生产三个方面的工作交叉进行，先后用了不到三年的时间，在上海冶金部门提供合格镍丝的基础上，通过丝织机的改造，优选工艺，自制金属网织造用工业筘（钢筘），培训工人以及厂房改造等，终于能批量生产合格的镍网，并且用这种镍网制成甲种"真空阀门"元件。在核燃料厂分离铀235的得率，比苏联同规格镍网制成的"真空阀门"高出两个百分点。

此外，在研制民用的产业用纺织品方面也有很多成果，如面粉工业用筛绢，丝织人造血管，聚氯乙烯（PVC）浸塑手套，乳胶消防水带，高档的羽绒登山服、背心、裤子、睡袋、帽子、手套、脚套，造纸工业用的针刺植绒毛毯，纺织器材弹性针布的底布毛毡等，其中有的填补了国内的空白，有的替代进口，打破了国外产品垄断中国市场的局面。

改革开放后，产业用纺织品的生产和使用进入了快速发展的新阶段。为保持纺织工业快速、持续发展，纺织工业部在1983年就提出要开拓产业用纺织品的新领域，如土工布、传送带芯、胶管芯等，特别要不断扩大化学纤维在工业用布、公共用布和劳动用布中的比重，并要在多用维纶方面取得突破，如维纶篷盖布，使用期限可以比棉帆布长一倍多，全部推广使用后一年就可以为国家节约资金1.2亿元。当时的产业用纺织品在纺织品总量中只占13%。1984年，在研究制订纺织工业第七个五年计划（1986～1990年）时，把产业用纺织品的地位提高到纺织工业支柱产品之一，旨在推动纺织工业向更深更广的领域延伸，引导消费，促进消费。

随着改革开放的步步深入，各省市、各有关部门的积极性和创造性被激发起来。国外先进的科研成果和生产技术，通过展览、技术交流、人员往来迅速传播到中国，其中有许多产业用纺织品，尤其是非织造布（早先称无纺布）的多种生产技术装备、繁多的品种和宽广的用途吸引人们的眼球。许多省市和产业部门根据自身需求，从国外引进技术装备，兴建不同规模、不同产品种类的产业用纺织品工厂。同时，国外一些厂商也看好中国的消费市场和中国相对低廉的人力成本，通过"三来一补""合资合作"等不同形式来华投资兴办产业用纺织品工厂。到1988年末，在中外合资经营、中外合作经营和外商独资的982个纺织工业企业中，有100家专门生产产业用纺织品，主要品种有农用和服装工业用非织造布、工业用缝纫线、卫生用品、塑料编织袋和线带、花边等。

其后二十多年间，随着社会主义建设事业蓬勃发展，产业用纺织品的投资、生产、技术创新和销售都保持了快速增长，并且在国内形成比较完整的产业链。产业用纺织品所需原料，除了丰富的天然纤维资源外，还有庞大的化学纤维资源。所需生产技术装备已形成批量生产能力，并已有一支科研开发的专业人才。

二、十六大类产业用纺织品的生产规模

根据国家标准，产业用纺织品以产品最终用途为主要依据分为十六大类。各大类产品的纤维加工量（有的年度称产量）见表28-1。

表28-1　各大类产业用纺织品的纤维加工量

项目	2000 年		2005 年		2010 年		2012 年		2015 年
	数量（万吨）	占比（%）	数量（万吨）	占比（%）	数量（万吨）	占比（%）	数量（万吨）	占比（%）	数量（万吨）
产业用纺织品总计	173.8	100	365.4	100	821.7	100	1010.3	100	1341
1. 农业用纺织品	24.6	14.15	31.0	8.48	51.7	6.29	57.7	5.71	72.1
2. 建筑用纺织品	1.2	0.69	14.4	3.94	35.6	4.33	45.6	4.51	41.4
3. 篷帆类纺织品	25.0	14.38	68.5	18.75	152.3	18.53	176.5	17.47	227.2
4. 过滤与分离用纺织品	15.0	8.45	26.7	7.31	55.9	6.80	74.0	7.32	110.8
5. 土工用纺织品	4.0	2.30	10.1	2.76	40.5	4.93	59.7	5.91	85.4
6. 工业用毡毯（呢）	6.5	3.74	9.6	2.63	25.3	3.08	32.7	3.24	43.5
7. 隔离与绝缘用纺织品	4.0	2.30	10.5	2.87	24.6	2.99	31.1	3.08	41.7
8. 医疗及卫生用纺织品	20.0	11.50	32.0	8.76	70.3	8.56	90.6	8.97	132.9
9. 包装用纺织品	10.0	5.75	31.6	8.65	66.7	8.12	74.8	7.41	94.1
10. 安全与防护用纺织品	7.0	4.03	10.5	2.87	22.7	2.76	26.4	2.61	34.4
11. 结构增强用纺织品	20.5	11.80	31.7	8.67	61.1	7.44	86.5	8.56	116.2
12. 文体与休闲用纺织品	3.0	1.73	8.0	2.19	26.8	3.26	29.7	2.94	37.5
13. 合成革用纺织品	17.0	9.78	38.2	10.45	71.1	8.65	90.0	8.91	107.6
14. 线、绳、缆、带纺织品	7.0	4.03	13.0	3.56	43.7	5.32	51.0	5.05	67.7
15. 交通工具用纺织品	5.0	2.88	9.8	2.68	42.2	5.14	49.8	4.93	65.4
16. 其他产业用纺织品	4.0	2.30	19.8	5.43	31.2	3.80	34.2	3.38	43.1

资料来源：根据中国纺织工业协会（联合会）编著的《中国纺织工业发展报告》中产业用纺织品运行分析所列数据整理，表列数据均为全社会口径。

各类产业用纺织品包含的内容与应用情况如下。

1. 农业用纺织品

应用于农业耕种、园艺、森林、畜牧、渔业、水产养殖业等领域，有助于提高农产品的品质和产量，减少化学药品用量，节约水资源，提高劳动生产率和经济效益。产品品种繁多，

并随着农业科技的进步，不断有新的产品问世。我国的农业用纺织品以往多用于农副产品的包装储运等方面。到 20 世纪 80 年代中期，北京、上海、湖北、山东、河北、辽宁、吉林、黑龙江等省市相继开始了非织造布应用于蔬菜、花卉、茶叶、柑橘、人参、水稻、草坪等作物的试验研究，取得了显著的经济效益和生态效益。最早开发成功的丰收布、寒冷纱、遮阳网、防虫网作为保护栽培配套设施的覆盖材料，可以改善农作物的微气候条件，适应农作物生长要求，提高农作物的品质和产量，实现增产、增收。如丰收布以其透气性、透水性好，成为一种比塑料地膜效果更理想的新材料，用于覆盖蔬菜，可以杜绝塑料地膜凝露所造成的根烂叶枯的现象。20 世纪 90 年代，又研制成功"一布多用"的系列覆盖栽培技术，如非织造布二道保温幕覆盖栽培技术、非织造布小拱棚栽培技术、护根栽培和无土栽培等。在众多非织造布中，纺粘法工艺的生产成本比较低，因而在农业栽培中用得最多，使用的面也最广。

渔业和水产养殖业用纺织品在农业用纺织品中占有很大比例，主要有各式渔网——拖网、张网、流刺网、围网等，以及养殖业用的淡水围养、网箱、海水围箱和紫菜、海带、贝类养殖的人工礁等。过去都是用棉、麻、丝等天然纤维，自从锦纶、维纶、涤纶、丙纶等合成纤维相继问世后，以其密度小、耐腐蚀、强度高的特点，逐步替代天然纤维用于渔业和水产养殖业，提高了捕鱼和养殖效果。近年来，借鉴国外使用超高强聚乙烯绳网，实现网具大型化，保持渔业持续发展的实践经验，我国也开始试用，已取得良好效果。

进入 21 世纪，我国农业用纺织品用量快速增长，2012 年比 2000 年增长了 1.3 倍。随着农业科技进步和把发展海洋经济提升为国家战略，农用纺织品的用途越来越广阔，前景很好（图 28-2）。

2. 建筑用纺织品

建筑用纺织品（图 28-3）是指应用于长久性或临时性建筑物和建筑设施，具有增强、修复、防水、隔热、吸音隔音、视觉保护、防晒、抗酸碱腐蚀、减震等建筑安全、环保节能和舒适功能的纺织品。以往用得最多的要数油毛毡作防水密封材料。最初用纸和棉纤维作为油毡的基布，这种油毡的使用寿命短，时间一长就会霉烂，一般两三年就要漏雨，国家已立法禁止使用。后采用玻璃纤维作基布，虽然可以克服霉烂的缺点，但断裂强度差，不耐变形。现在用涤纶或维纶针刺法非织造布及纺丝成网法非织造布作基布，

图 28-2 农业用纺织品前景广阔

图 28-3 建筑用纺织品（张迈建 摄）

涂以改性沥青，使用寿命可以长达 20 年以上。其他如建筑用增强材料，目前应用的有碳纤维增强材料，用于加固各种建筑，如梁、柱、板、剪刀墙屋架、桥梁交通铁路等，在各省市已呈普及之势，年用量在 400 吨以上。再如水泥纤维加固材料，目前已开始采用丙纶、高模量维纶等合成纤维，按一定比例掺入砂浆或混凝土中，以防止混凝土产生裂缝，虽然用量还不多，但已越来越为人们所接受。再如膜结构建筑，具有结构轻、跨度大的优点。近年我国每年都有 10 多个体育场馆、剧场、飞机场和仓库等采用膜结构建筑，但仅限于半永久性和临时性建筑，永久性建筑所用的膜材还有赖于从国外进口。据中国产业用纺织品行业协会的调查统计，我国建筑用纺织品的生产销售增长幅度最大，2000 年仅 1.2 万吨，2012 年猛增至 45.6 万吨，增长 37 倍。

3. 篷帆类纺织品

篷帆类纺织品（图 28-4）是指应用于运输、储存、广告、居住等领域的纺织品。这类产品的用途面广量大，其性能要求有一定的强伸度、耐撕破力、耐热、耐老化、不漏水、难燃。以往以棉纤维为主，如火车、货车、汽车、船舶用篷布，仓储用布，野外作业及救灾用帐篷，箱包用布，油井塔衣以及鞋面等。我国化学纤维工业崛起后，以其优异的性能逐步替代棉纤维成为篷帆类纺织品的主要原料，从维纶篷帆布发展到涤纶、锦纶篷帆布，其用途也大为拓展，如旅游用帐篷、充气式帐篷、各种游艇用布、灯箱广告用布等。随着市场经济的发展，灯箱广告用布的用量越来越大，在国内已形成多个集中的灯箱布产区，产量已居世界第一。据中国产业用纺织品行业协会的调查统计，我国篷帆类纺织品的产量，2012 年达到 176.5 万吨，为 2000 年的 7 倍。

图 28-4　篷帆类纺织品

4. 过滤与分离用纺织品

过滤与分离用纺织品（图 28-5）应用于液体、气体的过滤与分离。随着国家对环境保护的高度重视和人民生活水平提高后对健康的期望值越来越高，对液体、气体的过滤与分离，废气、废水的排放，要求也越来越严格，以保持良好的生态环境和居住条件。由此，过滤与分离用纺织品将会面临新一轮高速增长的机会。近年来，随着芳纶、聚苯硫醚纤维、聚酰亚胺纤维

图 28-5　生产高温聚苯硫醚烟尘过滤材料设备
（陆慕寒　摄）

中国纺织工业发展历程研究（1880~2016）

的国产化以及助剂厂商研发成功的配套整理剂，我国高温滤袋的生产技术和装备水平显著提高，并已形成规模化生产能力，已基本上取代了进口产品，占据了国内市场，出口量不断增加。其产品主要用于钢铁、水泥、火电行业和垃圾焚烧烟气净化的许多领域。江苏阜宁县阜城镇经过近30年的发展，已成为我国最大的高温过滤材料生产集群。到2012年，集群现有企业146家，其中规模以上43家，资产总额20亿元，生产总值31.4亿元，产销率达96%。产品除供应内销外，已有部分出口到韩国、日本、菲律宾、巴基斯坦等国家和中国台湾地区，年出口创汇1000万美元。

过滤与分离用纺织品中，用量最大的要数香烟过滤嘴，近年来耗用醋酸纤维丝束20万吨上下。

5. 土工用纺织品

土工用纺织品（图28-6）主要用于岩土工程和土木工程中的隔离、疏水、防渗、保护、加固等，以保证工程质量，延长工程使用寿命。要求土工用纺织品具有强度高、弹性好、耐腐蚀、不易霉烂和吸湿性好的特点。所用原料多种多样，锦纶、涤纶、

图28-6　防水土工格栅（布）

维纶、丙纶、黏胶纤维和麻类纤维都可以。加工方法也多种多样，机织、针织、非织造和复合都行。从性价比考虑，选用丙纶非织造布的居多。

以往在我国国力尚不强的情况下，土工用纺织品的用量微不足道，1997年仅2.5万吨，主要用于水利工程和防汛。据有关部门统计，到20世纪90年初，全国累计只有5000多项水利工程使用非织造布、编织布及其复合制品等土工合成材料。1998年，全国发生特大洪水灾害以后，由于国家领导和各有关部门的重视，使土工合成材料的生产、应用、研究等各个方面都发生了巨大的变化。土工合成材料的应用范围不断扩大，测试技术、施工水平、理论研究、技术创新等方面的发展更为显著。1999年，国家经贸委分两批公布了39家土工（土工合成材料）生产企业和原料生产企业，并给予资金和政策支持。这些都极大地推动了土工用纺织合成材料的发展。现已形成比较完整的产业链，能够生产绝大部分土工用纺织品（一些特殊用途的高端产品还要依靠进口），产品的档次和质量处在较高水平。在我国南水北调、长江三峡水利工程、病险水库堤坝加固、铁路和高铁建设、高等级公路和高速公路的建设与维修、输油（汽）管线建设、河道湖泊整治以及垃圾填埋场建设等重大基础设施建设中发挥了重要作用。如在青藏铁路建设工程中采用国产土工合成材料，成功解决了高原地质裂缝、冻土隔断、保温防渗等系列难题。2012年，全国土工用纺织品的用量已达60万吨，比1997年的用量增长了23倍。

6. 工业用毡毯（呢）

这类产品的品种也很多，用途很广，如造纸工业用的各种造纸毛毯，印刷业用的套毯，

纺织机械器材工业用的皮辊呢，钢丝针布的底布，发电机组用的绝缘毡，轿车用的隔音垫，文体用的钢琴呢、网球呢，还有清污、吸油毡毯，防弹、防爆毡毯，抛光用毡等。据中国产业用纺织品行业协会调查统计，2000年全国用量为6.5万吨，2012年已增至32.7万吨。

以造纸用毛毯为例，以往都以澳洲羊毛为原料，经机织加工制成。20世纪70年代初，上海工业用呢厂自行设计制造国内第一台针刺植绒机，生产出脱水性能好、纸面无印痕、收缩稳定、使用寿命长的针刺植绒毛毯，深受造纸厂欢迎。接着又试制成功国内第一台无纬针刺植绒机，使造纸毛毯生产跳出传统的织缩工艺，形成短流程的生产线（1984年获国家科技发明三等奖，1987年在南斯拉夫萨格勒布博览会上获金奖）。经过热定形后的纯化学纤维（一般用锦纶、涤纶为原料）无纬针刺毛毯，使用寿命比纯羊毛毯提高1~4倍。为适应我国造纸工业产业升级的需要，20世纪80年代先后从德国、瑞典引进螺旋圈干网全套设备和中高档网毯织机，国内纺机行业也积极研制现代化的造纸网毯专用设备。到2012年，全国规模以上的造纸网厂和造纸毛毯企业已分别达到32家和21家（均不包括外商独资企业），生产各种网389万平方米，造纸毛毯9463吨，产品质量有明显提高。

7. 隔离与绝缘用纺织品

这类产业用纺织品是采用纺织纤维材料加工而成的，分别具有或同时兼有隔离作用和绝缘性能，如电绝缘纺织品，电池、电容器、变压器隔膜，电缆包布，电磁屏蔽纺织品等。

8. 医疗及卫生用纺织品

医疗及卫生用纺织品（图28-7、图28-8）是应用于医疗与卫生领域，具有医疗、医用防护、卫生和保健功能的纺织品。这类产品面广量大。据中国产业用纺织品行业协会调查统计，2012年，医疗卫生用纺织品的生产量为90万吨，比2000年增长了3.5倍。按其用途，大致可归纳为四类：一类是人们日常生活用，如老人及病人失禁用品、妇女卫生巾、一次性尿布（裤）、婴幼儿尿不湿、口罩和擦拭布、湿餐巾等。现在一般都采用以涤纶、丙纶或其他纤维为原料的非织造布加工制成。一类是医院用，包括医务人员的工作服、消毒隔离服和病床用品，现在比较多的还是用棉布之类的纺织品，用非织造布制作的一次性消毒隔离服已在有些部门少量使用；一类是橡皮膏、包扎布、绷带等医用材料，一部分已由非织造布替代；还有一类是以各种特性纤维制作模拟人的脏器器官，为人类带来了福音。中国在1957年就由上海中山医院和上海丝绸工业公司技术研究所合作开始

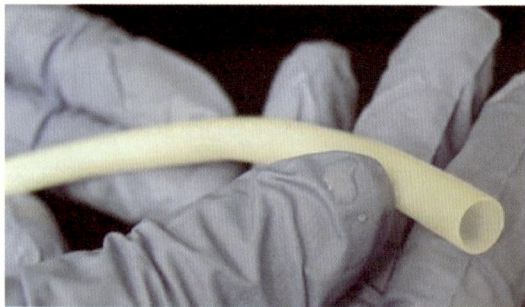

图28-7　人造血管

图28-8　婴儿纸尿裤

研究丝织人造血管。经过数年不间断的研究改进和动物实验，到 1962 年已具备生产直型和分叉型及粗细直径规格的真丝系列人造血管，并正式提供各医院作临床应用。1983 年研制成功用真丝和涤纶交织的人造血管，不仅保留了原全真丝人造血管的优点，并且改善了有规律的螺旋状皱缩和稳定性。1983 年，苏州丝织试样厂和上海胸科医院合作研制成功的机织涤纶毛绒型人造血管，北京纺织研究所和北京第二医院、北京宣武医院合作研制成功的可溶性止血纱布，都已进入临床应用阶段。人工肝、肺、肾和人工关节等国内尚在少量研究阶段。这一类医用纺织品虽然量少，但发展空间大，附加值也高。

9. 包装用纺织品

包装用纺织品是指应用于存储和流通过程中，为保护产品、方便储运，按一定的技术方法而制成的纺织品。这类产品用途也十分广泛，2012 年的产量已达到 75 万吨，比 2000 年增长了 6.5 倍。以往的包装用材料主要是两大类，一类是麻袋、麻包布（按国际惯例，这类包装物不计入产业用纺织品内），还有一大类就是纸。石油化工兴起后，大量用塑料薄膜和塑料编织袋替代麻袋、麻包布和纸作为包装材料，由此带来严重的白色污染。为此国家又颁布限塑令，各大超市和商场不再免费提供塑料薄膜袋，服装等生产领域也改用非织造布替代薄膜包装袋（图 28-9）。

图 28-9　非织造布购物袋

10. 安全与防护用纺织品

安全与防护用纺织品是指在特定的环境下，为保护人类免受物理、生物、化学和机械因素伤害的，具有防爆、防火、防尘、防生化、防辐射、防弹和救生等功能的纺织品，如救火服、隔热服、抗菌防臭服、阻燃服、防弹服（图 28-10）、防辐射服和救生用的缓降器、气压垫等。2012 年的产量已达到 26 万吨，比 2000 年增长了近 3 倍。这类产品主要用于军队、公安、消防和冶金、地质矿产、石油、化工、电子、煤炭、核工业等产业部门一线职工的职业服装。目前这类产品大部分是采用棉布或涤 / 棉布进行阻燃等后整理剂处理，少数是采用芳纶等高性能纤维。

图 28-10　防弹服

11. 结构增强用纺织品

结构增强用纺织品（图 28-11）是指应用于复合材料中起到增强作用的纺织品。大类品种包括轮胎帘子布、非织造布及各种纤维、纱线和织物，如轮胎、输送带、传动带、胶管等橡胶制品用的帘子布、帘子线，增强风力发电叶片用的纺织材料（图 28-12），增强轻质建

图 28-11　结构增强用纺织品

图 28-12　用纺织材料制造的风力发电叶片

筑材料用的纺织材料，增强汽车、船舶和机器部件用的纺织材料，增强航空航天部件预制件用的纺织材料等。

我国生产的帘子布以往使用长绒棉为原料，化纤工业崛起后，顺应全球的科技发展趋势，生产帘子布的原料逐步为黏胶强力丝、锦纶和涤纶所替代。棉帘子布的产量由 1978 年的 3.59 万吨降到 2000 年的 7200 吨，仅作为力车胎和胶管的增强材料。以化学纤维为原料的帘子布，2012 年的生产量已达到 75 万吨，占全国增强材料 86 万吨的 87%。目前重型车用轮胎和飞机轮胎以锦纶 66 浸胶帘子布为主，轻型车和轿车轮胎以锦纶 6 和涤纶帘子布为主。钢丝帘子布的使用量还很少。

输送带主要用于采矿、采煤工业、土木工程和工业生产过程中原料、半成品和成品的运输，有扁平型、弯曲型、密闭型。根据输送物体和输送环境，又分为普通及耐热、耐寒、耐油、耐燃、防静电等不同类型。无论哪种类型，都要求具有耐弯曲性、耐疲劳性、耐冲击性和伸长性小的特点。输送带的骨架材料有棉、黏胶强力丝、锦纶 6 和锦纶 66、维纶、涤纶等。不同的骨架材料各有优缺点：黏胶强力丝虽有伸长小、模量高的优点，但耐湿热老化性欠佳；维纶的永久伸长小、模量高、与橡胶黏合容易，但耐冲击性和耐热性欠佳；锦纶 6 和锦纶 66 的耐弯曲性、耐疲劳性和耐冲击性优越，但有永久伸长和弹性伸长的缺点。虽然如此，目前除了棉帘子布已很少用于输送带外，其他品种都在用。近期开发的利用聚酯纤维永久伸长小的特点作为经线，纬线用锦纶 6 或锦纶 66，效果比较好。

传动带有平皮带、三角带和齿形皮带之分。平皮带为帆布和橡胶黏合而成。三角带上层和底层都为橡胶外覆帆布。传动带的性能要求主要为耐弯曲疲劳性、防止蠕变性以及骨架材料与橡胶的黏合性，还要在正常动力传动中保证正常的摩擦系数，减少打滑。平皮带的骨架材料有黏胶、锦纶、涤纶、棉和钢丝，外覆材料用棉帆布。三角带比较多的是用涤纶。

近几年来大力发展的风电行业，其叶片主要应用经编玻璃纤维织物为增强材料。现在国内已有企业开始使用碳纤维预浸料，开发风电叶片的支撑梁。

此外，用芳纶、碳纤维、高强高模聚乙烯纤维等制作的复合材料、蜂窝材料，在航空航天、军事国防、基础设备建设、交通工具、体育休闲等领域中的使用量在不断增加。

12. 文体与休闲用纺织品

这类产业用纺织品应用于文化、体育、休闲、娱乐等领域中的各种器具、器材、器械及防护用品。随着全民健身运动的普及和大力发展文化事业，文体与休闲用纺织品的生产与需求快速增长，2012年已达到30万吨，比2000年增加了9倍。

13. 合成革用纺织品

通过模仿天然皮革的物理结构和使用性能来制造合成革（图28-13）所需的基布。目前革基布仍以机织布为主，其次是针织制革基布和非织造革基布（针刺非织造布和水刺非织造布）。机织革基布虽然仍是市场的主体，但随着社会的发展，人们生活水平的提高，已逐渐沦为低端产品。合成革用途广泛，是制作鞋、靴、箱包、球类、家具和装饰的首选产品，市场容量大，前景辽阔。我国又是合成革生产大国，2012年，革基布产量已达到90万吨，比2000年增加了4倍多。为巩固和扩大合成革市场，有待努力提高现有产品质量和大力发展针织革基布及非织造革基布等多功能革基布品种，实现革基布的精细化、多样化和高端化。

图28-13　合成革

图28-14　登山绳索

14. 线、绳、缆、带纺织品

线、绳、缆、带纺织品（图28-14）大到各种舰船用缆绳，小到人们日常生活不可或缺的线头线脑，用途十分广泛，量大面广。所用原料从传统的棉、麻、蚕丝拓展到黏胶纤维和维纶、涤纶、锦纶、丙纶等合成纤维。性能也有显著提高，不但强度高，而且耐湿、耐腐蚀、耐疲劳，使用寿命长。其中，舰船用的牵引用绳、登山绳索更需高强、高模的纤维质量。为适应高速缝纫机需要，研制成功的工业用缝纫线（用羟基乳液浸渍处理的涤纶缝纫线）强力高、耐磨好、缩水小、可缝性好、结头少，不仅适宜缝制棉、毛、麻等织物及鞋帽、皮革、帆布等制品，而且成为上海家用纺织品进出口公司的主要出口产品，畅销欧美、东南亚等二十多个国家和中国港澳地区。

随着城市高层建筑兴起和城镇化建设的推进，消防水带的需求量激增，并对其质量提出更高的要求。20世纪80年代，上海消防水带厂和上海市公安局消防处根据公安部要求，经过三年艰苦攻关，选用国产锦纶长丝作纬和涤/棉纱作经，用双梭织机织成管坯，以优质天然橡胶作内衬，制成高压衬胶消防水带，具有耐高压、耐磨、不渗漏，使用后不发硬，可连续使用等优点，从而实现全国消防水带的升级换代，并出口到东南亚等国家。

图28-15　交通工具用纺织品

15. 交通工具用纺织品

交通工具用纺织品（图28-15～图28-19）包括内饰用纺织品、安全带、安全气囊、过滤、填充用纺织品。一些交通工具用纺织品生产公司见图28-20～图28-27。据中国产业用纺织品行业协会调查统计，2012年交通工具用纺织品的数量达到50万吨，比2000年增加

图28-16　航天航空用结构增强材料

图28-17　大飞机用阻燃织物

图28-18　航海用超强缆绳

图28-19　神舟飞船主降落伞用纺织品

图28-20　山东天鼎丰非织造布有限公司

图28-21　江苏旷达汽车织物集团公司

图 28-22　浙江金三发集团

图 28-23　山东俊富公司

图 28-24　大连瑞光非织造布集团有限公司

图 28-25　福建鑫华公司非织造布生产车间

图 28-26　上海华峰超纤材料公司

图 28-27　厦门三维丝环保公司

了 9 倍。以汽车用纺织品为例，除轮胎帘子布外，还有座椅面料、车内地毯、安全带、隔音隔热毡、安全气囊等，平均每辆汽车需用 20 平方米左右的纺织品，并要求豪华、舒适和具有阻燃、抗静电、耐日晒等安全性能。目前座椅面料以涤纶为主，车内地毯以丙纶为主。

三、我国产业用纺织品的四大发展趋势

新中国成立以来，产业用纺织品的发展随着科技的进步不断开发前行，品种越来越多，技术含量越来越高，使用范围越来越宽，经济价值越来越明显，呈现以下四大发展趋势。

1. 非织造布异军突起，已成为发展产业用纺织品的重要基础

20 世纪 50 ~ 60 年代，中国纺织业仍沿用过去的老办法制造产业用纺织品。除工业用毡、

制帽用毡等毡制品外，都是采用机织、针织和编织生产工艺。从现代纺织技术的观点看，毡类产品就是一种非织造布。古代游牧民族用动物的毛，如羊毛、骆驼毛等，加入一些热水，用脚踩或棍棒打击，使这些动物毛黏合在一起呈片（块）状，就是一种早期的非织造布产品。元代女纺织技术家黄道婆把原先使用的小竹弓弹棉花改成绳弦大弓，用木椎敲击弓弦，使棉花蓬松后做成棉絮，如同现今的蓬松棉被一样，也可算作另一种非织造布产品。

作为非织造布的机械化试验研究，国外起步较早。1870年，英国一家公司就曾设计制造了一台针刺法非织造布样机。1892年就有人在美国专利申请中提出气流成网机的设计。1942年，美国一家公司生产了数千码的黏合法非织造布，并第一次使用"非织造布"这个术语。当时使用的纤维原料以纺织厂的下脚料和再生纤维为主，产品以粗厚的垫絮类用品为主。此后，化学纤维工业兴起，有力地推动了非织造布的研究开发进程，黏胶纤维迅速成为非织造布生产中应用最多的一种原料。合成纤维工业化生产后，又逐步替代黏胶纤维成为制造非织造布的主要原料。非织造布的生产工艺技术也日趋成熟，并有较大的突破，纺丝成网法、射流喷网成布法等新技术，有逐步取代黏合法等传统技术的趋势。全世界非织造布的生产量也迅速增长，1961年约为4万吨，1970年就增加到20万吨左右，1990年增加到152万吨，1995年达到245万吨。非织造布的用途也日益扩大，广泛应用于众多的产业部门，并取得良好的经济效益和社会效益。

我国非织造布的试验研究工作要晚得多。1958年，纺织工业部纺织科学研究院上海分院（后更名为上海市纺织科学研究院）成立了非织造布研究组，着手非织造布的试验研究工作。经过五六年的努力，到1964年才形成中国第一条浸渍黏合法非织造布生产线和第一条纤网型缝编非织造布生产线。

改革开放推动了我国非织造布行业的发展。从1983年开始，沿海一些工业发达地区率先从德国、奥地利、日本和中国台湾等国家和地区引进不同工艺的非织造布生产线。投资主体有纺织工业系统内的，也有纺织工业系统外的，有乡镇集体企业，也有三资企业，五花八门（图28-28）。

图28-28　大连华纶纺粘水刺超细纤维非织造布生产线

与此同时，国内非织造布的研究开发利用以及工艺设备的研制工作，也取得可喜的进展：上海市纺织科学研究院研究开发的黏合、缝编、针刺法非织造布生产线，荣获1988年国家科技进步三等奖；上海市合成纤维研究所研制的丙纶喷丝直接成布，荣获1992年上海市科技进步二等奖；朝阳衬布总厂研制的热熔黏合衬，荣获1996年国家科技进步三等奖。在工艺设备的研制方面，纺织机械工业先后完成了浸渍法、针刺法、热轧法、熔喷法和纺粘法生产设备的研制工作，并形成足够的设备制造能力。其中，有些生产设备已达到国际水平，基本上能适应国内非织造布工业持续发展的需要。在非织造布原料方面，与国内的化学纤维工业形成良性互动的局面。过去，化学纤维工业的发展推动了非织造布工业的发展；现在，非织造布工业的发展，反过来又促进化学纤维工业的发展。化学纤维工业不仅为非织造布工业开发了许多新品种，如高吸湿性黏胶纤维、双组分纤维等，还开发了纺丝成网等非织造布新技术。中国非织造布和产业用纺织品行业协会曾在有关部门的共同努力下，对 1997 年全国 574 家非织造布企业做过一次调查。当时全国共有非织造布生产线 1015 条，生产能力 53.7 万吨，实际生产量 29.3 万吨。纺粘、水刺、针刺和黏合非织造布的发展比较快。到 2000 年，全年产量已近 50 万吨。2010 年已增至 343.8 万吨，10 年内增长了 5.8 倍。其产品已广泛用于产业用纺织品的诸多领域，所占比例 1997 年为 22%，2000 年为 28.9%，2012 年提高到 34%。到 2015 年，全国非织造布产量已高达 443 万吨。但中国非织造布的质量品种还落后于工业发达国家，有些技术尚未突破，如涤纶薄型纺粘布、丙纶厚型纺粘布、闪蒸法非织造布等。非织造布企业的规模偏小，年生产能力在 1000 吨左右的占 60% 左右，5000 吨以上的只有 20 多家企业。产品开发能力薄弱，产品档次低，品种少，缺乏竞争能力，影响非织造布的进一步发展。1997 年和 2010 年全国非织造布行业的基本情况对比见表 28-2。

表 28-2　1997 年和 2010 年全国非织造布行业的基本情况对比

工艺	1997 年					2010 年				
	企业数（家）	生产线（条）	生产能力（吨）	生产量（吨）	产量占比（%）	企业数（家）	生产线（条）	生产能力（吨）	生产量（吨）	产量占比（%）
总计	574	1015	53.70	29.28	100	（771）			343.8（236.5）	100
针刺		345	12.96	7.29	24.9				82.51	24
热黏合		169	11.04	6.86	23.4				24.07	7
化学黏合		306	17.13	8.82	30.1				27.5	8
纺粘		28	7.53	4.73	16.2	380	1017	247.72	162.98	47.4
熔喷		86	0.74	0.34	1.2	59	92	5.85	2.76	1
水刺		10	1.80	0.35	1.2	107	190	47.4	30.9	8.99
缝编		60	1.20	0.48	1.6					
湿法		10	1.00	0.40	1.4				3.4	1
浆粕气流成网		1	0.3						10.3	3

注　1. 括号内数字为国家统计局提供的规模以上企业统计。

　　2. 括号外数字为中国产业用纺织品行业协会提供的全行业数字。

2. 化学纤维已逐步替代天然纤维成为产业用纺织品的主要原料

过去产业用纺织品都以棉花、羊毛、麻和蚕丝等天然纤维为原料。在化学纤维问世以后，以其优异的性能逐步替代天然纤维成为产业用纺织品的主要原料，并由此带来产业结构的调整。下面列举两个突出的例子。

一是帘子布行业。新中国成立后，为适应交通运输业发展中对轮胎的需要，纺织工业部就着手研制以长绒棉为原料经纺织加工制成棉帘子布，并新建或扩建了几个帘子布厂（车间）。20世纪60年代，紧跟发达国家使用黏胶强力丝制作帘子布的步伐，在1967年前后又新建和扩建了几个黏胶强力丝帘子布工厂。随着中国石油化学纤维工业的崛起，又发展到用锦纶6和锦纶66制作帘子布，并成为中国轮胎工业主要的骨架材料。棉帘子布产量1978年达到峰值，为35919吨，到2000年只剩了7200吨，在帘子布总产量中的比重从76.8%降至3.5%，产品主要用于力车胎和胶管。

二是麻袋工业。新中国成立初期，有关部门鉴于麻袋供应不足带来的种种困境，曾把麻袋作为一种战略物资对待，在1949年10月就筹建我国第一个黄麻纺织厂。到1990年前后，全国共有黄麻纺锭30多万枚，麻织机1.8万余台，麻袋年产量达到9.3亿条。随着聚烯烃编织袋（俗称蛇皮袋）和非织造布的崛起，麻袋工业逐步走下坡路。仅十年左右时间，到2000年黄麻纺织设备已缩减了三分之二，其中，黄麻纺锭从30多万枚减至10万枚，麻织机从1.8万余台减至6570台，麻袋年产量从9亿条左右减至6770万条。

其他产业用纺织品被化学纤维替代的比比皆是，现粗略归纳如下。

（1）锦纶主要用作轮胎骨架材料、过滤材料、渔业及水产养殖业、产业用毡等。

（2）涤纶主要用于革基布、土工织物、车辆内饰材料、轿车帘子布及其他骨架材料、篷盖帐帆布等。

（3）丙纶主要用于医疗卫生用品、包装材料、农业用材料、汽车铺地材料、土工及过滤用布、揩布等用即弃材料等。

（4）维纶主要用于篷帆布、线带、绳缆等产品和包装材料等。

（5）黏胶纤维主要用于医用卫生材料和帘子布骨架材料等。

除以上常规化学纤维外，具有耐腐蚀、耐高温、阻燃、高强度高模量的特种化学纤维如聚四氟乙烯、芳纶1313、芳纶1414、碳纤维等，主要用于国防用品等。

棉花、羊毛、麻类和蚕丝等天然纤维，在一些传统的领域如篷盖帐帆布、革基布、医疗卫生用品、包装材料、隔音隔热和保暖等，仍保有一定比例的使用量。

3. 产业用纺织品应用前景广阔

随着我国社会主义现代化建设事业高速发展和科学技术的突飞猛进，以及化学纤维和非织造布工业的迅速崛起，我国产业用纺织品的生产销售持续保持了较高的增长，应用领域日益扩大，越来越广泛地用于工业、农业、交通运输、土木建筑、治水治土、环境保护、医疗卫生、文化体育和国防建设，并起着重要的作用。据中国产业用纺织品行业协会的调查统计，1988年，全国产业用纺织品的纤维加工量为53万吨，占当年纺织纤维加工总量650万吨的

8.2%；2012 年，全国产业用纺织品的纤维加工量增至 1010 万吨，为 1988 年的 19 倍，占当年纺织纤维加工总量 4500 万吨的 22.5%。2012 年，非织造布产业用纺织品为 343.8 万吨，在全国产业用纺织品中所占比例已上升到 34%。见表 28-3。其余产业用纺织品仍沿用机织、针织和编织等传统生产工艺。

表 28-3　全国产业用纺织品加工情况

项目	1988 年	2000 年	2005 年	2010 年	2012 年
全国产业用纺织品纤维加工量（万吨）	53	173.8	365.4	821.7	1010
全国纺织品纤维加工总量（万吨）	650	1360	2690		4500
全国产业用纺织品占比（%）	8.2	12.8	13.6	20	22.5
其中：非织造布加工量（万吨）		50	117.7	279.5	343.8
非织造布在产业用纺织品中的比例（%）		28.8	32.2	34	34

现今，产业用纺织品生产已遍布全国大部分省、直辖市、自治区。主要集中在广东、浙江、江苏、山东、辽宁、福建、湖北、河南、上海九省市，并已形成九个各具特色的产业集群：江苏阜宁县阜城镇主产过滤、分离用纺织品，山东陵县（现为德州市陵城区）主产土工用纺织品，湖北仙桃彭场镇主产医疗与卫生用纺织品，浙江绍兴夏履镇主产非织造布及制品，浙江长兴县主产衬布，福建龙溪县主产革基布，江苏常熟支塘镇主产非织造布及其生产设备，江苏仪征真州镇主产非织造布和防水材料，浙江天台县主产过滤、分离用纺织品。其中，2012 年报送统计数据的七家产业集群共有企业 1357 家（其中规模以上企业 372 家），主要产品产量 122.2 万吨，全年实现工业生产总值 294.6 亿元。

4. 产业用纺织品出口与日俱增

在全球经济一体化的进程中，我国产业用纺织品企业走出国门的趋势也不可阻挡。河南省神马集团的锦纶 66 浸胶帘子布率先起步，1995 年以技术输出为条件，与法国罗纳公司和越南河内工业织布厂合资建设了河内神龙锦纶公司，标志着我国在锦纶 66 帘子布制造方面由技术引进到技术输出的飞跃。另外，在产业用纺织品出口方面，步子也越来越大。据中国海关的统计资料，2001 年，我国产业用纺织品的出口值为 10.75 亿美元，2005 年增至 24.27 亿美元，2010 年又增至 110 亿美元，2012 年达到 178 亿美元，10 年间增长了 15.6 倍。2013 年又在这个基础上增长了 10.8%。出口产品中表 28-4 所列 6 大类产品的出口值占了近 80%。

表 28-4　我国产业用纺织品的出口值　　　　　　　　　　　单位：亿美元

年度	产业用纺织品总计	塑料涂层织物	医疗卫生用品	篷帆类制品	包装袋	非织造布	产业用玻璃纤维制品
2012	178	48.6	28.2	18.3	17.3	16.2	11.1
2013	192.7	52.5	30.4	19.2	18.5	19.7	11.9

出口前十位的分别是美国（2012 年为 27.6 亿美元，2013 年为 28.4 亿美元）、日本（12.3 亿美元和 12.4 亿美元）、印度（两年均为 8.6 亿美元）、韩国（6.8 亿美元和 7.7 亿美元）、越南（6 亿美元和 7.8 亿美元）、中国香港（5.7 亿美元和 8.5 亿美元）、德国（5.6 亿美元和 6 亿美元）、印度尼西亚（5 亿美元和 5.1 亿美元）、俄罗斯（4.8 亿美元和 5.3 亿美元）、英国（2012 年为 4.1 亿美元）、菲律宾（2013 年为 4.9 亿美元）。这前十位国家和地区之和，占到全国产业用纺织品出口总额的 48.6%。

2012 年，我国产业用纺织品的主要出口省市为浙江（50.9 亿美元）、江苏（29.5 亿美元）、广东（21.4 亿美元）、山东（15.4 亿美元）、福建（14.3 亿美元）、上海（13.2 亿美元）。这六个省市的出口额占出口总额的 81.3%。

2012 年，*Nonwovens Industry* 第 5 期有一篇文章《2011 年世界非织造布贸易开创新纪录》称：过去十年全球非织造布贸易稳步增长，中国成为全球领先出口国。2001 年，中国非织造布的出口只有 4.3 万吨，其中 3.19 万吨出口到亚洲。直到 2004 年，中国的非织造布贸易还处于逆差。但中国的非织造布出口一直保持增长，2011 年，中国成为世界最大的非织造布卷材出口国，全年出口非织造布 45.1 万吨。其中，20.7 万吨出口到亚洲市场，主要流向日本、韩国、越南、印度和印度尼西亚。欧盟和美国是除亚洲外中国最大的非织造布出口市场，中国在欧盟进口非织造布份额中占 19%，在美国占 16%。南美洲、中东、俄罗斯、土耳其、非洲也是中国非织造布的重要出口地区。该文还指出：中国非织造布出口额中，64% 是来自短纤维非织造布产品，长丝非织造布的贸易还呈逆差。

进入 21 世纪以来，受世界经济危机和全球经济复苏乏力以及出口市场竞争激烈的影响，我国产业用纺织品的出口有点波动，但一直保持向上的发展态势，出口额逐年上升。进口的产业用纺织品，主要是一些技术含量比较高的医疗卫生、造纸用纺织品和塑料涂层织物、非织造布等，2005 年为 23 亿美元，连续多年维持在这个水平，2012 年增至 36.6 亿美元。

在我国推进伟大复兴中国梦的进程中，国民经济仍将保持平稳较快发展。低碳经济、节能减排、环境治理、资源循环利用已经成为经济发展的新模式。新能源、新材料和航空航天领域的进一步发展，医疗保障体系的逐步完善，人们防护意识的增强等，都显示出产业用纺织品市场需求潜力巨大。同时我国传统纺织品、服装产能已占全球 50% 以上，不仅面临资源、环境、劳动力等要素制约，也面临着发展中国家的激烈竞争。为开拓纺织品的新型应用领域，发展产业用纺织品成了必然的选项。要充分发挥产业用纺织品产业技术创新联盟（2012 年末成立）的作用，建立以企业为主体、市场需求为导向、产学研用结合的产业技术创新机制，优势互补。集中力量突破产业用纺织品行业亟待解决的问题和关键技术瓶颈，在产品档次、专用原材料开发和工艺技术等方面缩小与发达国家的差距，提高产业整体竞争力，使产业用纺织品制造成为中国纺织工业实现由大到强转变的重要环节。

第二十九章　发展纺机制造业，为纺织工业大发展开辟坦途

19 世纪后期，随着缫丝和棉纺等机器工业先后出现，纺织机械器材制造业在上海、江苏等地逐步建立起来。但在西方列强经济侵略下，半个多世纪没有得到应有的发展。直到中华人民共和国成立前夕，仍然只能以从事修配业务和制造纺织业辅助设备为主。中华人民共和国成立后，在中国共产党的领导下，凭着社会主义制度的优越性，用了不到半个世纪的时间，中国纺织机械制造业已形成比较完整的工业体系，并具有较强的纺织机械器材制造能力，成为中国纺织工业持续发展强有力的后盾。

一、纺织机械制造业在中国的初步兴起

1861 年，英商怡和洋行在上海创办以蒸汽为动力的机器缫丝厂（这是中国第一家机器缫丝厂），1889 年，李鸿章创办的上海机器织布局（中国第一家动力机器棉纺织厂）建成投产后，纺织机械器材制造业应运而生。初始都是简单维修的小型铁工厂。1887 年，上海永昌机器厂制造成功第一台缫丝机。到 1914 年第一次世界大战前夕，仅上海一地就有缫丝机制造厂 10 家，轧花机制造厂 17 家，袜机和配件厂 3 家。纺机修配规模较大的有协泰、炽丰、大隆、东东、永源 5 家。

第一次世界大战期间（1914～1918 年）和战后十余年间，由于西方国家暂时放松了对中国经济的侵略（只有日本、美国在华经济势力仍有所扩张），中国的纺织机械器材制造业才蓬勃兴起。在上海就有信义机器厂、诚孚铁工厂、苏中机器厂、生生、永业、安泰、铸亚、中冠、申新九厂铁工部等一批比较大的工厂建成投产。原有的协泰机器厂也扩充厂房，增添设备，为染织厂制造染缸、染布机等印染机器部件。当时国内最大的大隆机器厂有职工五百多人，开始生产织机配件，继而生产纺纱机的罗拉、钢领等专件。后又派人到日本学习梳棉机的锡林、道夫的翻砂技术，之后又曾制造过粗纺机、精纺机、捻线机、并条机、给棉机等设备；并和上海铁工厂合作，先后仿制成功日本丰田式、平野式全铁织机和全铁毛巾织机。由德国垄断的针织机和袜机，因"一战"停止出口后，中国的针织机、袜机制造厂在十年间

从 3 家发展到 36 家（主要生产手摇袜机）。此外，江苏、山东、陕西、重庆、云南、湖北等机器纺织工业比较集中的地区，也陆续开办了一些小型的纺织机械厂和配件厂。

20 世纪 30 年代，中国的机器印染业已有所发展，但配件供应困难。当时橡胶辊、布夹和烘筒等主要配件都要分别向荷兰、日本和英国购买。于是先后有人开办了一些小型的印染机械厂。在上海就有源兴昌、兴鸿昌、聚昌协 3 家，能制造结构简单的卷染机、烘燥机、平洗机等。以后又与橡胶厂联合，试制出了橡胶辊。接着又有专门承做和修理烘筒的延昌铁工厂，生产布夹的正利马铁厂，生产轧车、烘燥机、平洗机、拉幅机等设备的源丰、公平、大中、公大等小铁工厂。

抗日战争期间，这些纺机制造厂遭到不同的厄运。当时国内最大的大隆机器厂，在 1937 年"八·一三"事变后就被日军强迫占领，改名为大陆铁工厂，专为日军生产军火。此时大隆创办人严裕棠另办了泰利机器厂，1939～1941 年期间共制造和销售成套棉纺机器 4.2 万锭。1941 年太平洋战争爆发后，日军在上海强迫收购钢铁和机床，加上供电严重不足，许多纺机制造厂、铁工厂陷入困境。

抗日战争胜利后，纺机制造业获得了良好的复苏契机。国民党政府经济部纺织事业管理委员会下属中国纺织建设公司（简称中纺公司）负责接收和经营日伪在沦陷区的纺织、纺机工厂及其事业单位。1946 年 1 月开始，接收日商在上海的丰田机械厂（改组为中纺公司第一机械厂）、东亚铁工厂（改名为中纺公司第二机械厂）、东华纱厂和丰田汽车修理厂（改名为中纺公司中国纺织机械制造公司）以及远东钢丝针布厂。接着在天津接收了雷原、安原、大和、谦宝、北支大信兴、昭通及北平（现北京）的钟渊、昭和 8 个小工厂，整合、改组成中纺公司天津第一机械厂；在青岛接收了日本丰田式铁工厂，改名为中纺公司青岛第一机械厂。这些厂虽有一定的规模，但多数厂仍以生产配件为主。1947 年，中纺公司曾试图组织所属机械厂制造 3 万纱锭和 1000 台织布机的成套棉纺织设备，但由于国民党政府无心建设，后来成为泡影。

由宋子文等人在抗日战争期间组建的中国银行西安分行投资的雍兴实业股份有限公司所属西北机器厂，拥有各种生产设备 260 多台，职工 800 多人，除修造纺织机械外，还承担过全程纺织机械的制造。上海的大隆和泰利共有年产 4 万～5 万锭成套棉纺机器的生产能力，因限于销路，1946～1948 年才生产了 5.3 万锭。上海信义厂、无锡开源机器厂、苏州大毅铁工厂、重庆豫丰机器厂等也曾生产过全程棉纺设备。

中国的纺机工业，从 19 世纪末到中华人民共和国成立前夕将近六十年时间，虽累计创办了四百余家中小型纺织机械厂，但总体来说基础薄弱，技术条件差，以配件制造业务为主。这就是中华人民共和国纺机工业赖以起步的基础。

二、纺织系统自己动手制造成套纺织设备

中华人民共和国成立后，党和政府把纺织工业的恢复与发展摆上了重要的位置。恢复和发展纺织工业，首要的问题是成套纺织设备从哪里来。过去近六十年间，纺织工业的成套设

备几乎全是向外国购买的，不是英国就是美国、德国、比利时、瑞士、日本，甚至维修所需的主要机器配件也都依赖外国。当时面临一些西方国家对中国在经济上实行封锁，再加上中国当时财政经济困难，外汇十分拮据，不可能向国外购买纺织成套设备来大规模发展纺织工业。即使通过正常贸易可以向苏联和东欧国家购买，但国与国之间也讲究贸易平衡，我国出口的物资数量少，进口的东西就不能多，而且国家要进口的重要物资和重工业设备很多，因而能购买到的纺织设备数量很有限。并且从贸易洽谈、签订合同到交货，一般要两年左右时间，远水解不了近渴。因此，解决纺织成套设备问题的出路，只能是依靠国内自己制造。

立足国内自己制造纺织成套设备，当时也还面临两种选择：一种是依靠机械制造工业部门，另一种是把纺织工业部门自身的机修力量组织起来，自己动手制造。这两种选择，体现了两种完全不同的精神状态。中华人民共和国纺织工业第一代领导人钱之光、陈维稷、张琴秋等在认真研究分析后认为：一是新中国所继承的薄弱工业基础中，主要的构成是轻工业，机械制造业的力量十分有限。新中国成立初期，百废待兴，机械制造工业部门不仅要为自身的恢复发展做出努力，而且还要为国民经济其他部门的恢复发展提供大量的通用设备，如机床、电动机、泵阀、锅炉、风机等，仅此一项，任务已十分繁重，很难再为专业部门提供专用设备，即使能制造一些专用设备，也是排在后面。二是纺织工业系统自身已有一支以配件维修业务为主的纺机制造力量，这支力量过去是分散经营、各自为战，现在只要把这些厂组织起来，加强领导，形成"拳头"，在技术上、经济上再给予扶植，还是基本具备制造成套纺织设备的实力的。基于上述分析，并在广泛征求有关各方面和专家的意见后，他们果断地决定：由纺织工业部自己动手制造纺织成套设备，走自己武装自己的道路。这在当时来看，是解决纺织成套设备最现实、最可靠的办法。

部领导做出决策之后，立即付诸行动，提出在 1951 年计划制造 10 万锭棉纺成套设备，用以装备由中国自行设计、施工建设，也是新中国最早建设的咸阳、邯郸、武汉的三个棉纺织厂。1950 年 3 月，钱之光亲自主持召开新中国成立后第一次全国公营纺织厂厂长会议，全国公营纺织机械厂厂长同时参加了会议。钱之光委托陈维稷主持公营纺织机械厂厂长会议，专门讨论如何自己动手制造纺织成套设备问题。经过讨论，确定纺织机械工业的工作方针和基本任务是在原有基础上进行技术改造，扩大整机生产并进行分工。会议还确定了近期的纺织机械生产计划，要求保质按量完成。从这次会议开始，逐步形成"统一规划、合理分工、专业生产、全国成套、统一分配"的方针，产品生产和分配由纺织工业部统一管理，成为计划经济时期纺织机械工业生产建设的成功经验。

这次会议后，在部领导的亲自过问下，立即调兵遣将，从多方面调集了一批纺织机械方面的专业人才充实到部机关。杨炳勋是最早从解放区调纺织工业部的机械专家，之后从天津纺机厂调来吴本蕃、任邦怀，从青岛纺机厂调来杨思本，还有英国留学归来的陈安磐、李度，以及新毕业的大学生白家骏、王乐山、温崇福等，由他们具体负责组织第一批棉纺成套设备的设计、制造工作。同时还大胆起用了一批有技术专长和管理经验的专业人员担任纺机厂的厂长或总工程师，如上海中纺机厂的潘祖培、上海二纺机厂的陈文熹、青岛纺机厂的顾鼎祥、天津纺机厂的姜家祥等。这些专业人员包括抽调到部里的任邦怀、费启能、吴生林，后来曾分别由部提名为全国人大代表或全国政协委员。

各公营纺机厂迅速行动起来。根据公营纺机厂厂长会议确定的工作方针和基本任务，以及各自的生产方向和具体生产任务，一方面在调整生产组织管理工作基础上坚持生产，另一方面有针对性地进行技术改造和改建扩建。经过上下各方面的共同努力，到1951年末，完全依靠自己的力量，成功制造出中华人民共和国第一批棉纺织成套设备。不仅完成了当时新建咸阳、邯郸、武汉三个棉纺织厂所需15.88万锭和2592台织布机的制造任务，还初步形成以上海第二纺机厂制造棉纺细纱机、青岛纺机厂制造梳棉机、天津纺机厂制造粗纱机、上海中纺机厂制造织布机为主的生产体系，为其后大批量制造纺织成套设备奠定了初步基础。不仅如此，还收获了多项创新成果。上海中纺机厂针对铸工生产线的落后面貌，由设计科科长费启能在既无国外技术资料又无国内先例的情况下，主持设计采用机械化造型和砂处理的铸工车间，变繁重手工劳作为机械化生产，1952年7月建成投产，成为国内铸造技术的划时代创举，当时被誉为远东第一流。纺织工业部领导钱之光给予很高的评价，并增拨200亿元改造资金。这项创新成果首先在纺机系统推广，后在国内机械工业传播推广。同年，工程师朱建霞用铜粉配制合金粉末，自行设计模具，烧结出国内第一只铜合金含油轴承。上海第二纺机厂为提高细纱机龙筋、车面加工效率，将龙门刨床改为龙门铣床，以高速铣削加工代替了刨削，提高了加工质量，加工效率提高4倍以上。青岛纺机厂葛孚枢（留美回国机械专家）利用美军的废旧坦克发动机作为动力头，自制梳棉机锡林和道夫的车削、磨削专用机床，解决了这两个重要部件的加工难题。该厂还采纳设计科科长吴梦祥的建议，把机床排列改按加工工序需要排列。这是机械工业"成组加工"的尝试，大大提高了生产效率。

值得一提的是，在组织制造第一批棉纺织成套设备过程中，注重发挥私营纺机修配厂的重要作用。据统计，仅上海一地就组织了300多家工厂参与进来，承担10万锭配套设备的制造任务。

在组织制造棉纺织成套设备的同时，根据国家新建浙江麻纺织厂的急需，采用同样办法，把上海、无锡、杭州等地的六七家铁工厂组织起来，用了一年时间，参照英国的老旧麻纺织设备，设计制造了中国第一套黄麻纺织设备。其机械性能有较大提高，在同样原料条件下，细纱强力提高了20%，断头率降低了39%。

第一批棉纺织成套设备能够按时制造成功，充分表明，当时决定自己动手制造纺织成套设备，自己武装自己的政策是切实可行的，对国家、对纺织工业本身都有利，不仅弥补了机械工业部门当时生产能力的不足，而且保证了纺织工业自身发展的需要，又锻炼了纺机工业的职工队伍，鼓舞了士气，坚定了信心，以迎接新的更大的制造任务。这样一种于国家和部门都有利的做法，当时却有人不理解，认为应该把纺织机械归口到机械工业部。钱之光得知后，一方面勉励纺织机械行业，努力做好自身的工作，取得更好的业绩；另一方面向中央领导和经济领导部门宣传纺织工业部自己制造自用成套纺织设备的有利条件和具体打算，以理服人。同时，拿出了事实：纺织工业部组织纺织系统自身的机械厂，只用了一年左右的时间，就设计制造出十多万棉纺锭和 2000 多台织布机，满足了当时新建三家中型纺织厂的需要。因此，政务院在讨论各部行业归口时，中央财经委员会主任就特地关照财委重工业处处长沈鸿："纺织系统的机械厂和修配厂他们已组织生产自用的纺织成套设备，你们就不要收他们的了，可以仍归纺织工业部领导。领导短短几句话，充分体现了对纺织工业部和钱之光的支持和信任。

其后许多中央领导人在不同场合，都充分肯定纺织工业部自己动手制造纺织设备是正确的，并给予很好的评价。

1955 年初，中央领导在中南海观看纺织工业部举办的小型纺织展览会。几位领导评价说，"你们搞得不错，很有收获。""依赖别人是靠不住的。重要的关键部件和有的原材料，国内不能供应的，可以进口一点。""你们自己搞设备，开了一个好例子。"

1956 年 3 月初，钱之光代表纺织工业部党组汇报纺织工业"一五"计划执行情况、基本经验以及远景规划设想。毛泽东再次肯定了纺织工业部自己动手制造纺织设备的经验。在汇报到纺织工业设备制造和已有 60 万锭成套设备制造能力时，毛泽东说，专用机器有条件自己搞的，就自己搞，不要依靠机械部门。60 万锭生产能力小了，应再搞一些。在汇报到第二个五年计划期间，机械工业部门不能全部满足纺织工业所需要的通用机械时，毛泽东说：你们野心不大，斗争性不强。重工业部门都积极地抓，你们老是推。凡是机械部不干的，你们都干，积极抓人，自己干，这样才有保证。钱之光听了深受鼓舞，更加坚定了抓纺织机械制造的决心，以至于后来，有些为纺织机械配套专用的电动机、轴承和仪器仪表都由纺织系统自己干，纺织工业部因此在当时被誉为是半个机械部。

三、建立强大的纺织机械工业体系

钱之光等认为，要保证纺织工业大规模建设的需要，仅靠原有的几个纺机厂是远远不够的，还必须适当建设一些新企业，逐步建立起一个比较完整的、与纺织工业发展相适应的纺织机械工业体系。因此，在整顿改造利用原有几个纺机厂的同时，就着手筹建由纺织工业部直接管理的经纬纺织机械厂、郑州纺织机械厂和沈阳纺织机件厂。

经纬纺织机械厂，前身是新中国成立前的交通银行、国民党政府经济部工矿调整处和花纱布管理局于 1940 年联合筹办的经纬纺织机械制造公司。当时厂址在广西柳州，1942 年开工，生产锭子和钢领等纺机配件，在广西等地销售。1944 年，日军侵占柳州前，主要机器拆运到贵州独山，日军进占独山前，这批机器又转运重庆；1945 年，在重庆又购买了一家小铁工厂继续生产锭子和钢领。抗日战争胜利后，该公司关掉了重庆的小铁工厂，在杭州购买了 800 亩土地，并向交通银行借了 150 万美元外汇，从美国订购了一批机床设备，准备建一个较大规模的纺织机械厂。但由于种种原因，未能完成。中华人民共和国成立后，人民政府接管了该公司。1950 年 8 月在上海江宁路设立了经纬纺织机械制造厂筹委会，任命陈易为主任，孙友余、许长卿为副主任，陆景云为总工程师。由于沿海地区不断遭到骚扰破坏，1950 年 2 月 6 日上海又遭到轰炸，钱之光等人研究决定把经纬纺机厂内迁到山西榆次。1950 年 11 月，经纺织工业部批准，厂址选定在山西榆次。1951 年 3 月到年底，曾在榆次郭家堡村设立该厂太原办事处，钟衍为主任、沈毅为副主任。筹委会在上海从行业内外调集、聘请了一批领导干部、管理和技术专家，并招收了一些技术人员、技术工人和技校学生，随即开展筹建工作，筹划选择厂址、工厂设计和培训职工等事宜。陆续聘请的技术专家有陶源长（日本留学归来的纺机专家）、费启能（设备设计专家）、徐燮魁（热处理专家）、荣科（英国留学归来的铸造专家）等。1951 年 5 月，由纺织工业部部属新民公司设计、施工，开始建设。上海的筹委会陆续迁移到建厂工地。孙友余任建厂委员会主任（后任厂长），并由部领导商请中共山西省委陆续派来多位地厅级干部参加建厂工作。

1954 年 8 月 1 日，经纬纺机厂建成投产，生产规模达到年产 50 万锭全程纺纱机（清花机除外），成为国内规模最大、最先进的纺织机械制造厂。如铸工车间，从型砂处理到铸件清整等一系列工序，基本上实现了机械化连续生产；机械加工车间除采用原经纬厂向美国购买的机床（包括人民政府接管前已经运抵青岛的机床以及中途转运到菲律宾后经交涉追回的机床）外，又从捷克、民主德国和苏联进口了一些机床，其中，有多轴自动车床、半自动车床、多轴铣床和专用设备等高效率设备。同时还配备有比较完整的工具、机修、热处理和检验化验等设备。这个厂很注重工厂的环境建设，绿化工作做得好，成为花园式工厂，而这一做法在当时却不被理解。钱之光感到单靠说服不行，就特地安排时任山西省省长的王士英带领一批当地干部到苏联参观，看了苏联工厂的绿化情况，思想上大有变化，认可了这一做法。

郑州纺织机械厂始建于 1949 年 10 月。当时，中央领导征询从香港回来的民主建国会创始人之一李葆和先生的工作安排。李葆和说，我是搞工业的，河南人，我愿回河南继续搞工业建设。中央领导欣然同意，并安排河南省政府洽谈落实。河南省政府征得李葆和同意，在郑州郊区划出 1000 亩土地，兴建当时河南最早、最大的一个机械厂，定名为河南省机械厂，任命省工业厅厅长郭富海兼任筹建处主任，由郑州市市长宋致和兼任厂党支部书记，原武汉大学毕业生、从延安归来的杨志超任厂长，李葆和任经理。同时，从地方抽调一批县团级干部任中层干部。班子组建后，招贤纳士，先后招聘了美国留学归来的薛谨、程嘉言和比利时归来的吴鹏龄等，还有从国内招聘的李继明、杨型璋，从行业内调入的方铭骥、张华胄、陈农等一批专家，从事工厂的各项专业技术工作。

厂建起来后生产什么产品，却意见不一。此时恰逢民营苏州大毅铁工厂破产，由河南省政府出面收购，除部分员工和厂房外，全部固定资产都归了河南省机械厂。大毅厂原是生产纺织机械的，当时河南省机械厂利用其人力、物力资源，开始生产纺织机械。1951 年就生产出了第一批 32 台粗纱机，继而又生产出了 4800 锭成套棉纺设备，在新乡建了一个小型纱厂。1953 年，因纺织工业发展的需要，经纺织工业部与河南省政府协商，将河南省机械厂划为纺织工业部直属企业，改名为国营郑州纺织机械厂，从事纺织机械生产。在部统一规划下，这个厂的产品结构曾进行多次调整，不断进行技术改造，形成了一个近万名员工的直属骨干企业。开始时安排这个厂生产棉纺清花设备，以后陆续生产印染和后整理成套设备、黏胶短纤维成套设备、从乙炔鼓风机到烘干机的聚乙烯醇成套设备和水洗、称量、醛化、牵伸、烘干等维纶辅助设备，以及从鼓风机、分馏塔到氧压机等空分设备。20世纪70年代又建成年产2000吨的小型涤纶短纤维生产线。后来为辽化、天津大化纤项目生产年产4000吨、7500吨的生产线，为仪征化纤项目引进技术生产年产15000吨的涤纶短纤维生产线，还为四大化纤项目生产腈纶、维尼纶生产线。涤纶生产线成熟后，供应国内和出口许多个项目，还为2348工程项目、金山腈纶项目和淄博等湿法腈纶提供成套设备。之后，又引进美国杜邦技术为秦皇岛、抚顺、宁波等5个干法腈纶项目提供成套设备。后来进入非织造布行业，生产水刺工艺、针刺工艺等非织造布成套设备。

郑州纺织机械厂（图29-1）后来归中国恒天重工管理，更名为郑州纺机工程技术有限公司。企业定位和产品定位仍以纺织机械为主，与以往不同的是，不仅单机成台，而且工艺成线，工程成套，向"解决方案"发展。清梳联合机实现连续化、自动化之后，台时产量达到100公斤以上。浆纱机和剑杆织机处于国内先进水平，畅销国内外。化纤机械实现大型化、连续化和智能化之后，黏胶短纤维单线年产能达到10万吨，涤纶短纤维单线年产能达到6万吨。非织造布水刺工艺和针刺工艺成套生产线的技术达到国际先进水平，畅销国内外市场。

图29-1 郑州纺织机械厂旧颜与新貌

东北地区的纺织工业在战争中损毁严重，为能尽快恢复生产，在1950年全国公营纺织会议上，东北纺织管理局局长罗日运提出在沈阳建设纺织机件厂。钱之光支持这个意见，并通过有关部门动员，上海苏中机械厂（私营企业）将设备和部分人员在傅积和带领下于1950年6～7月间迁往沈阳，组建成公私合营性质的沈阳纺织机件厂，林仲为厂长。这个工厂为东北地区纺织工业的恢复和发展发挥了重要作用。1953年开始研制新型并条机，从此，由零星修配逐步转向生产并条机为主。1956年更名为沈阳纺织机械厂，其产品列入全国成套范围内。企业屡经扩建，发展成为纺机行业的又一个骨干企业。

为加强纺织机械的设计研究工作，1953年7月，纺织工业部决定在机械局设计处基础上，再从各地调集上百名设计人员，改组成立纺织机械设计公司（1959年更名为纺织机械研究所）。第一机械工业部原人事司长、北大工学院纺织系毕业的李承文以归队名义调来任经理，杨炳勋、张宗宜任副经理。公司下设纺科、织科、印染科（原在上海为分公司）、化学纤维科、标准科等科室，负责研究制定全行业的基础标准、设计规程和开展各种纺织设备的设计研究工作。

经过五年多的艰苦努力，纺机工业体系的框架已基本形成。承担全国纺织成套设备制造任务的纺机厂，从 1952 年的 8 个增加到 34 个，具有年产 60 万～70 万棉纺锭的制造能力。

之后，由于工业管理体制的改变，纺机工业经历了一次折腾。1958 年，根据国务院"关于改进工业管理体制的规定"，原由纺织工业部直接管理的纺机行业和 10 个工厂（8 个纺织机械厂、1 个钢丝针布厂和 1 个公司，共有机床 5000 余台，职工 3 万余人，分布在上海、天津、青岛、郑州、榆次、沈阳等地），从 6 月起下放给地方管理，并由一机部归口，统筹安排；原属纺织工业部的机械制造管理局也移交给一机部，更名为一机部七局。两部商定：纺机厂下放后，纺机产品的生产任务由一机部统一安排，原有各厂的协作分工不变，产品仍由全国配套。

一些纺机厂下放后，生产出现了混乱现象。有的省市根据自身需要，给纺机厂增加了许多其他任务，或者把制造纺机的钢材挪作他用，或者为了争相发展纺织工业，提出来要在省内各自成套生产纺织设备，而且指标高得惊人。初步汇总各地要求，1958 年当年就要生产近千万锭的成套棉纺设备，超过当时生产能力的十多倍，以至 1958 年原定生产 120 万锭棉纺设备的计划到 7 月底仅完成了 30 万锭，纺织工业系统的大规模建设受到重大影响。于是在 8 月 25 日，以纺织工业部党组名义向中央写了报告，如实反映上述情况，引起了中央的重视。当年下半年，北戴河会议期间，党和国家领导人就明确指出：纺织机械不要打乱，让他们自己搞下去。当时上海市市长柯庆施也说，纺织机械是特殊情况，其他制造设备的工业就不要收了。会议期间，钱之光为保护下放地方的 10 个纺机厂能继续保持原有的协作分工不转向，提出了一个妙招，就是在有关省市的"大跃进"指标中，单独列出全国协作成套的任务和所需钢铁材料，并"戴帽"下达。

同年 9 月 11 日，国务院决定纺机工业仍划归纺织工业部统一领导，一机部七局也仍划归纺织工业部领导，更名为纺织机械司。下放地方管理的各个纺机厂改为纺织工业部和省（市）双重领导、以纺织工业部为主的管理体制。好在这次下放时间不长，生产没有受到太多的影响。

到了国民经济调整期间，在"调整、巩固、充实、提高"方针的指引下，为适应纺织工业发展的需要，又先后新建了邯郸纺机厂、河南省纺机厂、武汉纺机厂、杭州纺机厂，并把咸阳的一个纺织器材厂改建为咸阳纺机厂。同时对现有纺机厂的管理体制作了一些调整。根据国家经济委员会 1961 年 12 月"关于调整 94 个企业隶属关系的通知"，又将原双重领导的上海纺织机械制造公司和郑州、青岛、天津、沈阳、经纬等纺织机械厂改由纺织工业部直接管理，并从 1962 年 1 月 1 日起正式实行。为照顾上海市纺织工业设备维修需要，经与上海市纺织工业局具体研究后，把上海纺织机械制造公司及所属 20 个厂划归纺织工业部直接管理，公司所属的其余 8 个厂划归上海市纺织工业局直接管理。之后，于 1962 年 5 月 24 日经纺织工业部同意，上海纺织机械制造公司把所属的 20 个厂改组为 8 个厂，即中国纺织机械厂，上海第一、第二、第四、第七纺织机械厂，上海印染机械厂，远东钢丝针布厂，洪鑫胶木厂。

1964 年 8 月，国家经济委员会又同意将邯郸纺织机械修配厂、常州纺织仪器仪表厂、陕西纺织器材厂划归纺织工业部所属的纺织机械公司管理。

1964 年 9 月，党中央、国务院决定在工业交通部门分行业试办托拉斯，先由中央各部试办第一批 12 个托拉斯公司，其中包括纺织工业部所属纺织机械公司。根据试办中国纺织机械工业公司的实施方案，把各直属厂的产、供、销、人、财、物和技术都集中由公司统一领导管理。"文化大革命"开始后，托拉斯公司停办；上海的纺机分公司及所属纺织机械厂全部下放给上海市，由上海市纺织工业局革命委员会具体领导，其余直属厂仍归属中国纺织机械工业公司。托拉斯的试点时间虽然不长，但已初见成效，企业管理工作有了很大提高，生产也有较快的发展。

1964 年，党中央做出加快三线建设的部署，并对一、二线建设采取"停"（停建一切新开工项目）、"缩"（压缩正在建设的项目）、"搬"（将部分企事业单位全部搬迁到三线）、"分"（把一些企事业单位一分为二，分出部分迁往三线）、"帮"（从技术力量和设备等方面对三线企业实行对口帮助）的方针。钱之光等部领导组织纺机公司和有关部门认真研究后，从纺机工业的现状和着眼于纺织工业发展的需要，决定采取"分"的方针。从沿海部分纺机企业中分迁一部分机床设备和管理干部、技术人员及技工，在内地建了六个纺织机械厂和专件厂。

（1）利用原湖北黄石煤矿机械厂厂房，由上海印染机械厂搬迁年产布夹丝光机 23 台的生产能力，建设起黄石纺织机械厂。后来发展成为内地制造印染设备的一个主要纺织机械厂。

（2）利用原甘肃白银纺织厂厂房，由上海远东钢丝针布厂成套搬迁年产弹性针布 3000 套和相应的弹性底布生产能力，由青岛纺织机械厂成套搬迁年产金属针布 1200 套的生产能力，建设白银纺织针布厂。后来发展成为内地的一个生产针布的重点厂。

（3）利用原湖南常德茅湾农业机械厂和七一机械厂厂房，由上海纺机专件厂搬迁全部棉纺机械冲制件的生产能力，建设常德纺织机械厂。

（4）利用原湖南邵阳钢厂的厂房，由上海纺机专件厂成套搬迁年产精纺锭子 50 万套的生产能力，建设邵阳纺织机械厂，后搬迁到衡阳市，是内地制造锭子、锭子轴承、罗拉轴承的一个专件生产厂。

（5）利用原陕西渭南纺织厂厂房，由青岛纺机厂成套搬迁年产纺织专用电机 3 万千瓦的生产能力，建设渭南纺织机械厂。后发展成为内地一个制造专用电机的制造厂。

（6）由沈阳纺织机械厂搬迁设备，新建湖北宜昌纺织机械厂，生产捻线机和初复捻机等。

采取这种搬迁办法，以老带新，从领导干部、技术力量、管理业务和队伍培养等方面，为新厂创造了比较有利的条件，使新厂上马快、收效早。这些厂一般都在两三年内形成生产能力。

其后为适应发展化学纤维工业的需要，1968年11月开始在湖南邵阳新建以制造化学纤维设备为主的邵阳第二纺织机械厂。1971年10月建成投产，为纺织机械工业在内地增添了一个由中国纺织机械工业公司直接管理的骨干企业。

至此，纺机工业的布局大体告成，并已基本形成一个较强的纺织机械工业体系，能够承担国家计划任务的纺机厂从1952年的8个增加到153个（1978年）。其中，129个地方纺机企业承担20%左右的国家计划任务。国家计划内的纺机产量从1952年的2万吨增加到1978年的19.25万吨，纺机产品的品种已涵盖棉、毛、麻、丝的纺织、印染、针织和化学纤维等13个主要行业，形成了种类比较齐全的产品系列，基本保证了纺织工业发展的需要。同时，还建立了四个全国性的纺织机械研究所，其中，三个分别设在上海、郑州、邵阳的纺机厂内。另外，各纺机厂还有设计研究机构，可以共同完成纺机科研和设计任务。为培训纺机专业人才，除在纺织工业部直属的纺织大专院校和中等技术学校内设立纺织机械专业（以设计为主）和机械制造工艺及设备专业，还在一些技工学校培训各类技术工人。这些都为其后纺机工业的进一步发展奠定了比较好的基础。

四、改革开放促成纺机制造业大发展

跟随改革开放的步伐，国有纺机企业的改革、改组工作不断推进。1980年，国务院批准成立中国纺织机械工业总公司，直属纺织工业部。1986年7月，纺织工业部批准中国纺织机械工业总公司把由公司直接管理的19个纺织机械厂、所全部下放给各有关省、市。1988年6月，根据国家改革管理体制，实行政企分开、组建企业集团的要求，在北京成立宏大纺织机械制造集团。1992年，经纺织工业部和国有资产管理局批准，宏大纺织机械制造集团为国有资产授权经营的试点企业集团，1996年，又作为全国百户建立现代企业制度试点单位，并依据《公司法》改组为国有独资有限责任公司，定名为中国纺织机械（集团）有限公司。1998年，国家政府机关与所属企业脱钩后隶属于中国恒天集团公司，为中国恒天集团公司的全资子公司（图29-2和图29-3）。

图29-2　中国纺机集团直属经纬纺机厂

图29-3　青岛宏大纺机厂

2003 年，经国家批准，中国纺织机械（集团）有限公司实施债权转股权，由国有独资改为投资主体多元化的有限责任公司，并建立了规范的法人治理结构。该集团现拥有全资子企业 11 家，控股子公司 14 家，其中，经纬纺织机械股份有限公司于 1996 年 1 月 12 日发行 H 股和 A 股股票，分别在香港和深圳上市。现今中国纺织机械（集团）有限公司已成为一个跨多个省市、结构完善和具有国际先进水平的棉纺织、化学纤维、非织造布、印染成套设备生产能力，面向国内外市场的大型企业集团。

为进一步贯彻落实党的十四届三中全会《中共中央关于加强社会主义精神文明建设若干问题的决议》的精神，加快企业组织结构调整，发挥国有企业整体优势，实现资产要素的合理配置，逐步推行现代企业制度，经上海市经委批准，由上海纺织国有资产经营管理公司出资，在合并原上海纺织机械（集团）联合公司和上海纺织设备器材联合公司的基础上，1994 年 7 月组建了太平洋机电（集团）有限公司。该集团包括中国纺织机械股份有限公司、上海二纺机股份有限公司、上海纺织机械总厂等 33 家国有企业和国有控股公司。集团成立后，对下属企业进行了调整，统一管理有实力、专业性强、有现代规模的生产企业 13 家（其中包括中国纺织机械和上海二纺机两家上市公司），科技开发中心 1 家，子公司 3 家。1999 年，为加快上海市产业结构调整步伐，经上海纺织控股（集团）公司和上海电气（集团）总公司平等协商，并根据市政府常务会议纪要精神，从 1999 年 9 月 7 日起，太平洋机电（集团）有限公司整体划转至上海电气（集团）总公司。经过近几年的调整、整合，集团拥有 9 家企业和 1 家技术中心及进出口贸易等机构，成为中国最具实力的纺织机械及器材制造大型现代企业集团之一，能向国内外市场提供棉纺成套设备，化学纤维成套设备及印染、机织、针织、毛纺等各大类设备。

由此，原有的大部分国有纺机厂经过改革、改组，形成一南一北各具特色、面向国内外市场的两大纺机集团。

改革开放极大地调动了各方面的积极性。在纺机市场需求旺盛的拉动下，20 世纪 80 年代，一批军工企业中的部分生产能力，在"军转民"政策鼓励下进入纺织机械行业，生产纺织机械产品。高峰时期曾有 110 多个军工企业生产过纺织机械产品，至今还有一些军工企业仍在生产纺织机械产品，为纺织机械工业的发展做贡献。

与此同时，有些纺织工业比较集中的地区和纺机企业所在地，农民商品经济观念比较强、条件比较好的乡镇，也自行开办了一些中小型纺机厂，生产纺织机械产品，抢占市场。到 2000 年末，全国集体所有制的纺机企业达到 104 家，工业总产值（不变价）31 亿元，分别占全国纺机企业数和工业总产值（不变价）的 21% 和 14%，已成为中国纺机行业一支重要力量。如浙江泰坦股份有限公司，从一个固定资产只有 23 万元、濒临倒闭的新昌金属制品厂，在陈其新厂长带领下，按照"精神立业，艰苦创业，科技兴业，育人强业"的发展理念，逐步壮大成为全国研发和制造新型纺织机械的十强企业，先后被列为国家级重点高新技术企业，浙江省"五个一批"小型巨人重点骨干企业，浙江省名牌产品和著名商标企业，企业总资产达到 5 亿多元。在纺机产品方面逐步形成了织造、纺纱、加捻三大系列，年产 800 台倍捻机、3000 台无梭织机（其剑杆织机的速度已达到 450～580 转/分钟）和 500 台转杯纺纱机的生产能力。并累计获得省部级以上科技成果 50 余项，其中，国家级科技成果 15 项、自主知识产权的专利 30 多项，从而确立了在全国纺织机械行业举足轻重的地位。

民营纺机企业中的佼佼者，如专攻绢纺、亚麻纺设备的浙江金鹰纺机公司、专攻紧密纺罗拉的同和纺机等，也呈现快速发展的态势。

境外资本也纷至沓来，通过合作、合资和独资等不同形式到中国投资创办纺织机械厂。到 2000 年末，全国共有外商独资和港澳台商投资的纺机企业 66 家，工业总产值（不变价）43 亿元，分别占全国纺机企业和工业总产值（不变价）的 13% 和 19%，也已成为中国纺机行业一支重要力量。

图 29-4　东台东飞马佐里纺机有限公司

江苏东台市东飞马佐里纺机有限公司（图 29-4），其前身原是 1958 年建设的一家国防军工企业，1977 年转为民用企业，改建成东台纺织机械厂，生产细纱机、捻线机等产品。1997 年，在全国纺机行业率先实现产权制度改革，2000 年与意大利马佐里公司合资新建东飞马佐里公司，集研发、制造、销售、服务于一体，瞄准现代化、数字化、专业化的高端产品，比照欧洲汽车生产的质量管理体系，坚持不懈地用高新技术、高新设备武装生产工艺流程，建立先进的柔性加工中心系统，用电液压控制的全自动铸造生产线系统和先进的产品检测控制系统，带动和保证了技术创新和产品质量进一步提高。产品从单一细纱机到自动化、数字化、智能化、环保型纺织机械高新产品，从单机型到提供全流程的成套纺织设备系统，从贴牌生产到拥有 148 项国家专利的自主品牌。产品已销往全国 26 个省、市、区的 1000 多家企业，并远销欧美、东南亚、中东等 30 多个国家和地区。公司先后被评定为国家火炬计划重点高新技术研发基地，江苏省技术密集、知识密集型企业，江苏省百强高新技术企业，中国纺织机械制造业十强企业。公司董事长朱鹏 2005 年荣获全国首届发明创业奖，成为全国 50 大发明人之一。

再如，常州纺兴精密机械有限公司，原为适应中国建设上海金山、辽化、天津和江苏仪征等大化纤基地需要，于 1984 年新建的常州喷丝板厂，成套引进瑞士英高克公司的产品设计制造技术。1993 年 12 月，与台湾怡兴机械股份有限公司合资，利用台资完成了建厂以来最大的一次技术改造，使喷丝板产品的制造手段进一步优化，明显增强了开发能力，并保持同国外先进水平同步发展，使喷丝板制造技术在国内始终处于领先地位，产品已全部实现替代进口，以产顶进，国内市场占有量达 80% 左右，每年可为国家节约外汇 800 多万美元。不仅如此，现在每年还能出口数百万美元，产品已销往韩国、东南亚、美国、日本和欧洲等

36个国家和地区的230多家企业。

一批境外知名的纺织机械企业如瑞士立达公司、德国欧瑞康集团公司、比利时必佳乐公司、意大利意达公司、德国巴马格公司、生产自动络筒机的日本村田机械、生产织机开口装置的史陶比尔公司等，也纷纷移师中国，在中国建立独资企业或研发中心，使产品在中国扎根（图29-5～图29-8）。

图29-5　德国欧瑞康集团公司

图29-6　德国巴马格公司加弹机

图29-7　瑞士立达公司

图29-8　比利时必佳乐公司剑杆织机

如日本村田机械，1976年初王瑞庭率团访问该公司，通过金山项目开始合作之后，1986年该公司在北京设立了首家外商纺织机械服务中心，为中国客户提供技术服务。1998年3月，在上海保税区成立了全资的村田机械上海有限公司，推介和销售村田产品，提供售后服务。2002年6月，又在上海青浦设立村田机械青浦制造有限公司，主要生产自动络筒机部件返回日本组装，月生产量最高达到12000锭，先后组装倍捻机、生产涡流纺纱机部件。

综上所述，中国的纺机企业现在已遍及全国22个省市，涉及纺织机械、电子、军工等多个行业。国有及国有控股、集体、中外合资、外商独资以及民营企业共同发展提高，改变了以往一家独大的局面，形成多元竞争的格局。

五、新型纺织机械的国产化

20世纪80年代，党和国家审时度势，抓住一些发达国家产业结构大调整的机遇，把中国纺织工业推向世界，开发两个市场，利用两种资源，参与国际经济大循环，促进纺织工业的全面振兴。出口纺织品要求档次高、质量好、批量小、花色品种多、适销对路、交货及时。要做到这一点，关键在于要有高端的纺织机械产品。于是，中国纺机工业的产品结构性矛盾日益显现出来，低端设备混乱，高端设备失守。每年从境外进口的高端纺织机械产品，1986年用外汇就达到8.17亿美元，同年全国纺织品出口换来的外汇也只有71亿美元。以后各年纺机产品进口有增无减，用汇最多的1993年达35.49亿美元。针对这种情况，1987年2月9日，国家经济委员会专门成立了振兴纺织机械领导小组。随后，国务院领导又明确指出：振兴纺织工业首先要振兴纺织机械工业。到20世纪90年代初，国务院再次明确指出：中国的纺织企业只有加快技术改造才有前途，而改造如此之大，量如此之多，如果都依靠进口设备，国家没有那么多外汇，必须当机立断地把新型纺织机械国产化抓上去。但是，国产化光靠自己消化吸收、攻关、开发，进展太慢，必须引进技术、技贸结合，走桑塔纳的道路。因此，把振兴纺织机械工业上升为国家层面的一项重大政策措施，不惜花费巨资，采取技贸结合等方式，从国际知名纺织机械制造企业引进国际名牌高端纺机产品的设计、制造技术，辅以进口必要的先进加工设备。通过几个专项，一步一步地实现高端纺机产品的国产化。

1. 改革开放初期，从境外引进技术3000项的规划

国家提出的从境外引进技术3000项，实际引进的项目有4450项。其中，纺织工业先后利用国拨外汇2.6亿美元，引进技术和设备457项；使用中国银行贷款1.6亿美元，引进技术和设备131项。从中采取技贸结合的方式，即通过购买相当数量的整机和部件，引进相应纺机产品的设备制造技术的有8个项目。同时，在引进主机设计制造技术时，还引进了不少纺织机械专用基础件、配套件和检测仪器的设计制造技术。

2. 1986年，引进技术消化吸收重大项目计划（简称"十二条龙"）

所谓"一条龙"，就是以产品为龙头，以工艺技术为基础，以节能为重点，把技术攻关、新产品试制、新工艺使用，国外新技术的引进和消化，国内新技术的推广和转移，企业的技术改造和新产品批量生产等各个环节配套抓起来，避免引进技术、消化吸收和产品创新脱节。气流纺纱机和剑杆织机作为"一条龙"项目名列其中。采用技贸结合方式，从意大利施密特公司引进TP500系列型剑杆织机，从捷克埃里泰克斯公司引进BD200SA型气流纺纱机的设计制造技术以及相关的专用基础件、配套件的设计制造技术。

3. 腈纶干法纺丝成套设备技术

20世纪80年代，国家在推进大化纤建设时，用巨资引进年产30万吨乙烯成套设备。与此同时，又从美国杜邦公司引进腈纶干法纺丝工艺成套设备的设计图纸和有关制造技术，由中国纺机工业组织有关纺机厂承担实现国产化。

4. 1992年4月的自动络筒机和无梭织机引进技术与国产化（简称"两机"专项）

该项目批准的总投资为14.86亿元和国拨外汇1.56亿美元。总共从德国、英国、丹麦、日本、瑞士、法国、意大利7个国家的17家公司引进19种纺机产品和相关专用基础件、配套件的设计制造技术。

5.1998 年 7 月的印染工艺设备"一条龙"专项

根据当时印染和后整理工艺技术的关键和薄弱环节，组织全国 15 个单位共同攻关，其中，有 11 个纺机厂、4 个使用单位和中国纺织大学（现东华大学）、中国纺织科学研究院，就新型棉、涤/棉染整设备中的高效蒸箱、退煮漂机、预缩整理机、热定形机、伺服传动平网印花机、磁棒式圆网印花机、间歇式染色机、自动调色系统进行攻关，总投资 2 亿元。

6.2006 年实施的纺织工业结构调整专项

国家投入5.6亿元，加上地方配套资金和企业自筹资金，共200多亿元，用于纺织行业公共服务平台建设；用于化学纤维、新材料及产业用纺织品发展；用于支持新型纺织设备研制；用于支持节能减排印染技术；用于支持新型纤维和非棉天然纤维的应用及产品开发。在新型纺织设备44个项目中，有化学纤维非织造布、纺纱、织造、针织、印染机械的研发和产业化。

7.2007 年的重大纺织机械装备专项

针对棉纺织机械中的关键产品和涤纶短纤维、印染机械产品中的一些薄弱环节，支持 10 个纺机企业进行技术改造，提高研发能力和工艺制造水平，扩大生产，适应纺织工业发展的需求，总投资 9.8 亿元。

8.2007 年的新一代纺织设备专项

以实施新技术为目的，以纺织工业产业升级为目标，有 9 个课题，涉及产、学、研、用共 21 个单位参与。

与此同时，在产、学、研、用相结合的方针指引下，一些纺机企业、中国纺织大学、中国纺织科学研究院等院校和科研院所、设备使用单位结合，在引进、消化、吸收基础上，共同研发成功一大批高端纺机产品。

通过以上种种重大专项，研制开发出国产的高端纺机新产品数量之多，前所未有。据有关部门粗略统计，1986～1990 年有 1000 多种，其中 200 多种达到了 20 世纪 70 年代末、80年代初的国际先进水平。90 年代开发的纺机新产品也近 1000 种，列入国家重中之重的自动络筒机、清梳联合机、喷气织机、片梭织机等高端装备均具有国际上 90 年代的先进水平。这些高端装备的推广使用，提高了纺织品的质量，增强了品种花色，增强了纺织品的市场适应能力和竞争能力，同时纺机工业自身也受益。凡承担专项任务的各个纺织机械厂、关键零部件的协作厂，不论行业内外，不论中央企业还是地方企业，一视同仁，都得到了国家在资金和政策方面的支持。同时使这些承担单位建立健全了开发创新机制，显著提升了纺机工业的整体制造水平、开发能力和批量生产能力，有的还掌握了产品的核心技术和自主知识产权。

六、学创结合不断提升纺机产品水平

工欲善其事，必先利其器，新中国纺织工业第一代领导人钱之光等十分重视把世界上先进的科研成果作为我国纺织工业的起点，通过学习、消化、吸收，创新发展自己的技术，形成新一代技术含量更高、性能更好的纺织机械。

中国纺机工业创建五十多年来，是在创新道路上紧跟纺织工业发展的需要，一步一步地发展提高的。

20 世纪 50 年代，完全依靠自己的力量，设计制造纺织工业发展急需的棉纺织成套设备、黄麻纺织成套设备、缫丝设备和棉印染成套设备，侧重点在于解决设备的有无问题。这在当时是很了不起的事情。有了这些设备，以后再逐步改进提高就比较容易些。这些设备的设计理念比较突出的一点，在于尽可能提高机械化水平，用机器替代手工劳动，把大批纺织工人从劳动条件差、手工操作多和劳动强度较大的老工艺设备中解放出来。

20 世纪 60 年代，以引进消化吸收、自主研制黏胶纤维成套设备和维尼纶成套设备为主，同时研制新一代的棉纺织、毛纺织和印染成套设备。这些设备比较突出的一点在于工艺流程缩短了，机器速度和效率提高了，适应性扩大了。

20 世纪 70 年代，侧重点转向积极探索研制腈纶、锦纶、涤纶成套设备，以适应大规模发展化学纤维工业的需要。

改革开放以来，着力点放在通过技贸结合，从国际知名纺机制造商引进知名高端纺织装备的设计制造技术，实现国产化；通过产学研用相结合，消化吸收，自主开发一部分高端纺织装备，确保纺织工业的振兴和纺织产品走向世界市场。

还值得一提的是，由纺织工业部和中国国际贸易促进会主办的中国纺机展览会，1988年 7 月举办第一届，以后每两年一次，坚持至今。每届展览会都有二三十个国家和地区的国际知名纺机制造厂商，数十家携带先进纺织机械和相关的基础件、配套件、检测仪器参与；国内也有数十家纺机企业展出部分设备。每届展览会后都组织专家评估点评，这对纺机产品的研发提高有积极的意义。

就这样，学创结合，不断提升了纺机产品水平。

1. 化学纤维设备

中国化学纤维设备制造 20 世纪 60 年代初从黏胶短纤维成套设备起步，逐步发展。

（1）黏胶纤维成套设备。20 世纪 60 年初，以民主德国引进的黏胶纤维成套设备和从苏联购买的黏胶纤维成套设备的设计图纸为借鉴，自主设计制造短纤维成套设备，一台短纤维纺丝机的年产量为 3400 吨。现在的短纤维纺丝机采用了组合喷丝头，一台纺丝机的年产量已达到 45000 吨以上，提高了 12 倍，荣获国家科技进步一等奖。黏胶长丝纺丝机由半连续纺发展到现在连续纺，纺丝速度提高到每分钟 120 米以上，丝饼的重量由半连续纺的 600克提高到连续纺的 10 千克。长丝纺丝工艺流程过去是间歇式，长达 90 多个小时；现在的连续纺工艺集纺丝、牵伸、水洗、上油于一体，并直接卷装成型，整个工艺流程时间仅 5~7分钟，耗水量降低 90% 以上（图 29-9）。

（2）维尼纶成套设备。20 世纪 60 年代，借鉴从日本引进的维尼纶成套设备，结合生产实践中的一些革新成果，仿制成功全流程的维尼纶成套设备，建设了 9 个维尼纶厂。一台纺丝机的年产量号称 1 万吨，实际只有 7200 吨。继 9 个维尼纶厂之后，用于上海石化总厂一期工程维尼纶分厂和四川维尼纶厂。其后由于维纶行业整体发展方向不明朗，其设备、技

图 29-9　黏胶纤维设备

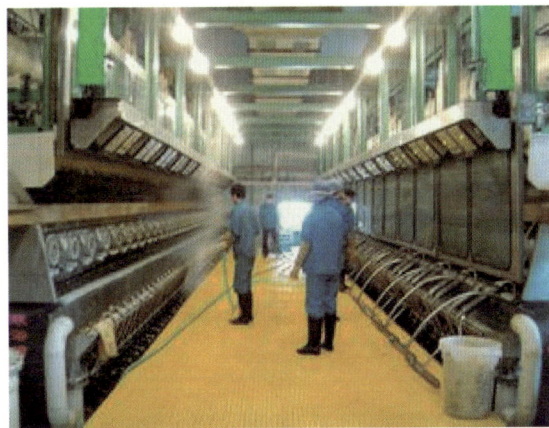

术进步不大。

（3）腈纶成套设备（图 29-10）。20 世纪 60 年代，借鉴从英国进口的腈纶成套设备，采用硫氰酸钠一步法（湿法纺丝）生产工艺，采取边测绘仿制、边攻关、边试制，完成第一套国产的年产 2000 吨腈纶成套设备，按期交付总后勤部"2348 工程"使用。在这个基础上，为上海石化总厂腈纶分厂配套制造了 11 条主机工艺成套设备。同时还设计制造了

图 29-10　腈纶成套设备

聚丙烯腈废料废液的回收成套设备。接着转向纺丝工艺技术，使一条线的生产能力从 2000 吨提高到 4000 吨、6000 吨、8000 吨。90 年代，为与年产 30 万吨乙烯装置配套，采用技贸结合方式从美国康泰克斯和杜邦公司引进针梳机和两步法干法工艺设备的设计制造技术，成功制造了年产 3 万吨腈纶的成套设备，用于秦皇岛、抚顺、淄博、宁波和茂名建设的五个腈纶生产厂。

（4）锦纶成套设备。1957 年，从民主德国进口一套年产 300 吨锦纶长丝装置。四大化纤中辽阳石油化纤总厂的锦纶设备部分，只进口了样机和相应的图纸技术资料，以此开始由国内制造锦纶成套设备。后来从日本旭化成和津田驹公司引进聚合纺丝、织造、浸胶成套工艺和设备，建设河南平顶山锦纶帘子布厂，为国内学习掌握工艺与成套设备制造创造了条件。在此基础上，通过消化吸收，逐步形成了自己的、成熟的工艺生产技术和成套设备的制造能力，并具有一定的优势。

（5）涤纶短纤维成套设备。20 世纪 70 年代初，为适应一些省市发展小化纤的需要，先后研制成功年产 800 ~ 1000 吨的小型涤纶短纤维成套设备。从聚酯切片开始，包括切片干燥机，VD403 或 VD404 纺丝机和牵伸、切断、打包机等。随着技术水平的不断提高，单台纺丝机的年生产能力从 1000 吨（VD404 型）提高到 4000 吨（VD405 型），再提高到

7500 吨（VD406 型），适应当时建设上海石油化工总厂、辽阳石油化纤总厂和天津石油化纤厂的需要。之后，在仪征化纤厂建设过程中采取技贸结合的形式，引进单台纺丝机年产能力 1.5 万吨的部分单机、图纸、关键部件和配套件，其余全部由国内自行设计制造，实现国产化，受到国务院的特别嘉奖。现在已经发展到 3 万吨、5 万吨（图 29-11）。

（6）涤纶长丝成套设备。在 20 世纪 70 年代初，为适应一些省市发展小化纤的需要，在引进技术、消化吸收的基础上，研制成功小型涤纶长丝成套设备（VC405、VC406 型）。当时卷绕速度每分钟只有 1000 多米，现在可以达到 4000～5000 米（图 29-12）。

图 29-11 涤纶短纤生产线

图 29-12 涤纶长丝生产线

图 29-13 丙纶生产线

图 29-14 20 世纪 50~60 年代大量使用的棉纺设备

涤纶的聚酯装置，以往引进的每一套年生产能力为 6 万吨，中国纺织工业设计院通过消化吸收，再创新提高，除增压泵等少数关键设备和部件以外，其他部件可以自己设计并通过纺机厂制造成套设备，每一套装置的年生产能力发展到 20 万～30 万吨，并有了自己的知识产权。

（7）其他纤维的成套设备。丙纶长丝、短纤维、膜裂纤维、扁丝、BCF 地毯丝和烟用过滤嘴醋酸纤维丝束的工艺技术和成套设备，也都比较成熟，并在不断改进提高（图 29-13）。

2. 棉纺织设备

1951 年，第一批棉纺织成套设备设计制造成功后，1952 年着手组织设计新一代棉纺成套设备。1954 年完成设计、制造、定型工作，定名为"54 型"。与第一批棉纺设备比较，机械化、自动化、连续化程度和生产效率提高了，工艺过程也缩短了（图 29-14）。例如，开清棉工序采用单程式开清棉联合机，把两道工序缩短为一道，且结构简单，占地面积省，生产效率和产品质量都有所提高，手工操作大为减少；并条机采用两道并条代替三道并条；单程粗纱机代替两道粗纱等。棉纺工艺过程从九道缩短为五道或六道，这对棉纺企业生产和新厂建设具有很大经济价值。

随着科技日新月异，纺织工业战线涌现了大量创新成果。同时国内外对纺织品质量、花色品种的要求也更高了。根据纺织工业部领导的指示，纺织机械公司和纺织工业部研究院从1964年开始，又组织使用单位和纺机设计、制造单位，共同对54型棉纺成套设备进行一次大的改进。集国内外创新技术成果，研制成功65型棉纺成套设备，其中，高效能开清棉联合机、高产量梳棉机、高速并条机、高效细纱机、自动轧纹机等都已赶上或接近当时的世界先进水平。

到20世纪70年代末，在65型棉纺成套设备基础上，通过消化吸收进口成套设备的优点，又作了100多项的系统改进，使这套新型棉纺设备在制造质量、使用性能、可靠性和适应性等方面，又上了一个台阶，由纯棉纺到棉与化学纤维混纺，由短纤维混纺到中长纤维混纺都行，并实现了生产的优质、高产、大卷装和车间运输、清洁工作的机械化。这套设备除用于国内建设新厂外，还出口到泰国、巴基斯坦等国家。

1985年以后，中国纺机工业逐渐形成了技贸结合、引进技术、合作生产和自主研制新型纺织机械的高潮，造就了FA系列棉纺成套设备和GA系列织造成套设备。其中，开清棉流程产量达到500～600千克/小时，梳棉机产量为30～50千克/小时，并条机速度为350～600米/分钟，粗纱机（悬锭）锭速900～1000转/分钟。后来又推出了超长细纱机：1000锭以上的长车，带自动集体落纱，其工艺锭速在20000转/分钟以上，成纱质量达到乌斯特公报25%的先进水平（图29-15）。此外，紧密纺、赛络纺技术和设备也批量生产。

20世纪70年代，国内已有多个单位研制气流纺纱机，但都形不成气候。80年代以技贸结合方式引进捷克埃里泰克斯公司BD200SA型气流纺纱机的设计制造技术，实现国产化后，形成年产200台和6万头纺纱器的生产能力。随后已有近10家企业先后研发生产不同型号、不同技术水平的气流纺纱机，并实现产业化（图29-16）。

络筒机的发展已进入第四个阶段。20世纪50年代初，使用的是往复式络筒机。1953年设计制造第一套纺织成套设备时，仿制美国利松那公司的槽筒式络筒机，并根据国情，在

图 29-15　细纱长车

图 29-16　气流纺纱机

图 29-17　自动络筒机

设计制造过程中作了比较多的改动，提高了使用性能，包括空气捻接器、电子清纱器和定长装置等。随着技术进步，转向研发半自动络筒机和自动络筒机。到 20 世纪 80 年代，通过引进技术、合作生产，先后从德国赐来福公司和意大利萨维奥公司引进自动络筒机和全部设计制造技术，同时进口相应的关键机床和检测仪器，分别由上海第二纺织机械厂和青岛纺织机械厂承担，各自形成 500 台和 100 台生产能力。在消化吸收引进技术的基础上，青岛纺织机械厂现已形成三种机型、上千台自动络筒机的生产规模。车速已达到每分钟 200 米的水平，并实现了细纱与络筒的联接自动化、连续化，成为国内首家批量生产自动络筒机的企业（图 29-17）。

20 世纪 50 年代初普遍使用的棉织机是 1511 系列自动织机，是上海中国纺织机械厂于 1948 年 2 月试制成功的中国第一台国产自动换梭织机——中国标准式（丰田 G 型）。虽然采用了 30 多项改进措施，但基本型没有多大的改变，仍以换梭为主。1979 年，对 1511 型、1515 型老机进行 65 项技术改进。1984 年完成的新型 GA611 型、GA615 型系列自动换梭织机，运转效率提高了，布面质量改善了，机物料消耗减少了。

中国的无梭织机研制还是比较早的。1958 年就已能批量生产喷气织机。接着研制成功剑杆织机和片梭织机，并少量生产用于毛织物。由于当时科研力量不足以及其他一些原因，没有继续深入研制完善提高。直到改革开放后，以技贸结合方式，先后从意大利施密特公司、日本津田驹公司、日本日产公司引进 TP500 系列剑杆织机、ZA202 型喷气织机和 ZW 系列喷水织机的设计制造技术，分别由上海中国纺织机械厂、咸阳纺织机械厂和沈阳纺织机械厂承担。在消化吸收引进技术的基础上，各自形成年产 TP500 Ⅱ 型 500 台，国产化率达到 80% 的制造能力（图 29-18）。

与此同时，中国纺织机械厂还自行研究开发符合中国国情的 GA741 型及其衍生产品 GA743、GA745 普及型剑杆织机。GA741 型的年产能力达到 1000 台，并在 1989 年荣获国

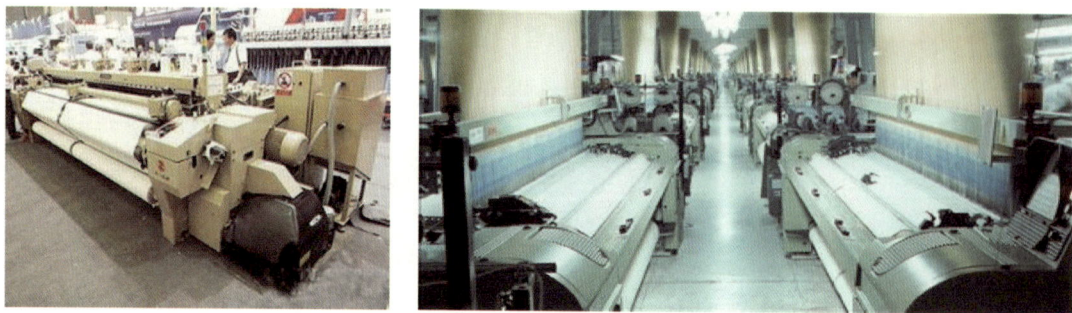

图 29-18　新型无梭织机

家发明银质奖。

3.印染设备

1953年着手设计新中国第一代棉印染机械,1954年完成设计制造定型工作,定名为54型。其后的二十多年间,经过了三次系统的设计发展改进,包括65型(1965年设计)、71型(1971年选型)、74型(1973年选型)。其中,74型印染设备生产量最大,至今全国仍有70%的印染企业配备着这种设备。这几种类型印染设备的特点,是改原来的间歇式生产为连续化生产,主要适用于大批量、中低档大路产品生产,对中高档、小批量、多品种、快交货的应变能力差。当时的滚筒印花机分有四色、六色和八色三种型号。

改革开放以来,通过引进技术、技贸结合等多种方式研制生产的系列产品,包括连续前处理设备、丝光、轧染、圆网印花、平网印花、定形、均匀轧车、间歇式染色机等。其中,磁棒式圆网印花机可以印12套色和16套色,满足了印染工业发展的基本需要,并有少量出口(图29-19~图29-21)。

图 29-19 平网印花机

图 29-20 圆网印花机

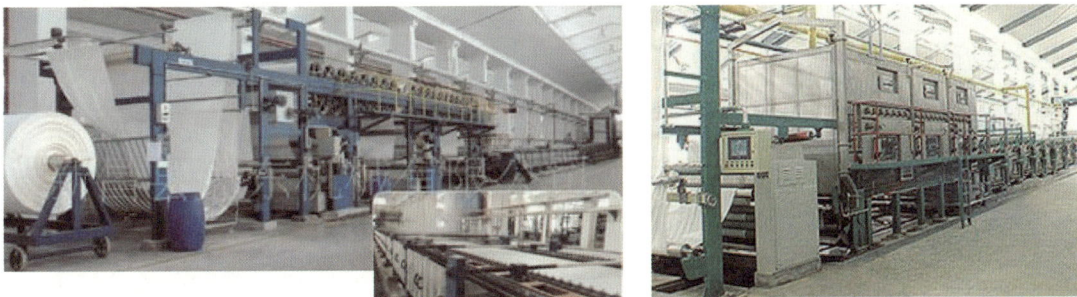

图 29-21 国产染整设备

4.毛纺织设备

20世纪50年代,借鉴引进设备、定型并试生产第一套58型毛纺织染整成套设备,为中国毛纺织工业发展创造了良好条件。

改革开放以来，借鉴先后引进的、具有国际先进水平的毛纺织工业设备，通过技贸结合，自主研制了 FB、FN 系列设备，包括毛型化学纤维纺设备、混纺毛纺设备等，从而提高了毛纺工业的总体水平。其中，精纺针梳机 FB321，车速达到 100 米 / 分钟；悬锭毛粗纱机 FB401，转速达到 800 转 / 分钟；毛细纱机 FB502、针织绒细纱机 FB504 都有微机显示功能；系列化的精、粗毛梳毛机 FB213、FN201、FB221 等，都具有相当的国际水平。引进日本 OKK 技术合作生产的针梳机，也已批量生产（图 29-22）。

图 29-22　现代化毛纺设备

5. 麻纺织设备

20 世纪 50 年初，为适应发展黄麻纺织的需要，曾仿照英国的旧黄麻纺织设备，赶制了整套黄麻纺织设备，其机械性略高一筹。后在生产实践中进行了一系列的技术革新改造，到 60 年代设计研制了第一批公制的黄麻纺织成套设备。以后又陆续研制成功了麻袋自动缝边机、高速并条机、高速整经机和麻布量检机等新型设备，适应了黄麻纺织工业迅速发展的需要。

苎麻纺织设备最初是采用棉纺织设备改装的。20 世纪 80 年代初研制成功的梳理新工艺及设备，替代了劳动条件差、手工操作多、劳动强度高的老工艺设备。还引进技术，研制成功苎麻剥麻机及苎麻脱胶、煮练工艺设备，为 80 年代大规模建设新厂创造了条件。

亚麻纺织方面，20 世纪 80 年代中期，研制开发了 FX 系列长、短亚麻全程设备，其中，有些设备接近国际水平（图 29-23）。

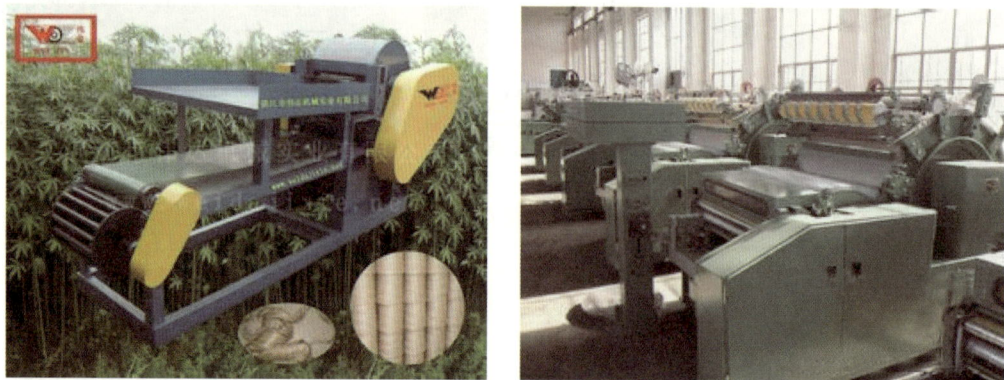

图 29-23　现代化麻纺设备

6. 丝绸设备

20 世纪 50 年代，先后研制成功立缫机、自动换梭丝织机和台板丝网印花机等主要设备，逐步替代完全用手操作的坐缫缫丝机、手工换梭的铁木丝织机和"一缸两棒"的丝绸练染设备，提高了丝绸产品的产量、质量，减轻了工人的劳动强度。70 年代自主研发创新的圆盘煮茧机与原笼式煮茧机相比，占地面积小，煮茧时间短，节约了材料和蒸汽。绢纺行业的梳理制绵新设备，甩掉了切绵、圆梳工序，摆脱了手工操作多、劳动强度大、工伤事故多等落后面貌。80 年代中期又开发研制自动缫丝机、自动煮茧机等先进的缫丝设备，并已大量推广应用。缫丝设备的机电一体化程度已达到世界水平（图 29-24 和图 29-25）。

图 29-24　老式缫丝机　　　　图 29-25　自动缫丝机

7. 针织设备

自 20 世纪 60 年代起，针织机械开始系列化。70 年代发展了大圆机和经编机，并研制成功具有世界先进水平的单程式自动袜机，把编织罗纹口、袜身和缝袜头等三道工序在一台袜机上完成，实现了织袜全过程自动化。改革开放后，采用引进技术合作生产的有 KS 系列高速经编机、MRSS32 多梳节拉舍尔经编机、DV96SA 提花双面大圆机等，以及以许可证贸易方式引进技术的 MC-720 电脑横机，均已形成系列化产品供应市场。同时，通过消化吸收上述技术，已研制成功许多更适合中国国情的经编、纬编机械产品，普通的钩编机也已批量生产（图 29-26 和图 29-27）。

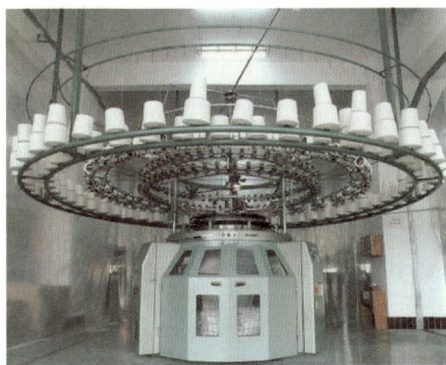

图 29-26　针织大圆机　　　　图 29-27　经编机

8.非织造布设备

1964年，中国自行研制的第一条浸渍黏合法非织造布生产线和第一条纤网型缝编非织造布生产线投入生产，但此后却长期停滞不前。

改革开放后，在引进、消化、吸收的基础上，结合中国国情，先后研制成功黏合工艺的、热风工艺的、热轧工艺的、水刺工艺的、针刺工艺的非织造布成套设备，并实现了国产化和批量生产，不仅供应国内，并且还有出口（图29-28和图29-29）。

图29-28　宏大研究院出口的非织造布设备

图29-29　非织造布生产线

七、纺机产品大批量进入国际市场

1955年，我国就采用接近当时世界水平的国产棉纺织成套设备（2.1万枚纱锭和196台织布机）帮助缅甸建设一个棉纺织厂。一个曾经长期以来完全靠进口纺织设备发展纺织工业的落后的国家，解放后仅8年，就能出口纺织成套技术设备，一举成功，当时在亚洲引起了极大反响。1954年6月，党和国家领导人访问印度和缅甸，与印、缅两国共同倡导了不同社会制度国家和平共处的五项原则。由于当时国内正展开用国产设备大规模建设棉纺织厂，缅甸方面提出了帮助他们建设棉纺织厂的要求。缅甸领导说，缅甸曾向美国借债办了一个纺织厂，由美国专家设计。因缅甸棉花纤维粗而短，不能纺20英支纱，需要进口美棉，并且这个厂的产品质量差、产量低，每年亏本。缅甸所需纺织品不能自给，每年要花好多外汇进口纺织品，人民衣着仍然困难。现在打算招标建设第二个纺织厂，但如果不能用缅甸自己的棉花，那就需要用更多的美棉，也不好办。国家领导人回国后，就布置纺织工业部和农业部一起组成纺织技术访问小组去缅甸实地考察。钱之光在接到指示后，立即责成部直属纺织设计院选派几名技术骨干同农业部人员一起去缅甸，考察后发现缅甸不仅生产的棉花短而粗，而且拟建厂的地点气候炎热，常年温度高、湿度大。他们带回了一批缅甸生产的棉花。钱之光在听完纺织技术访问小组汇报后指出，这是我国第一个援外项目，也是我国工业部门第一个援外项目，事关国家声誉，只许成功，不许失败。随后，纺织设计院抽调三十余名技术骨干组成综合组集中办公。为了摸清缅甸棉花的纺纱特性，先用带回的缅甸棉花进行试纺，取得生产所需参数，据此制订了合理的工艺条件和应选用的国产棉纺设备。针对缅甸气候炎热、湿度大的特点，在空调工程设计方面，采取一些特殊方法，达到防暑去湿，保证生产能正常稳定运行和有良好的操作环境。投标成功后，用了两年时间就建成投产。由于采用当地棉花，工艺合理，成纱质量好，成本又低，产品供不应求，连年盈利，厂内的操作环境又好。缅甸当局对此大为称赞，不少资本主义国家也纷纷派人去参观。

在这第一个援外项目成功后，朝鲜、越南、柬埔寨、斯里兰卡和也门等 6 国也都要求中国帮助他们建设纺织厂。那个时期，先后建设了 12 个援外纺织成套项目。

1964 年，党和国家领导人访问非洲 14 国，并宣布中国对外经济技术援助的八项原则，深受亚非拉国家的欢迎。仅 1964 年、1965 年两年，就承接了 12 个国家 20 个纺织成套项目。

1971 年，中国恢复在联合国的合法席位后，中国的国际威望越来越高，要求中国帮助建设纺织厂的也越来越多，仅 1972 年就承接了 11 个纺织工业项目。缅甸在上述第一个招标项目建成后，中国在 1967 年又帮助他们建成了密铁拉棉纺织厂，1978 年又帮助该厂完成 4 万锭的扩建工程。该厂从 1978 年开始，连续 4 年获得缅甸第一工业部模范厂的称号和奖励。1980 年，中国又援助缅甸建设了瑞洞涤棉纺织厂，规模为 4.1 万多锭和 63 英寸宽幅织机 600 台。这个厂建设仅用了 26 个月时间，而且质量好，纱布的单产和总产都超过了设计值。

截至 1984 年，中国纺织工业总共为亚洲、非洲、拉丁美洲和欧洲 42 个国家和地区的 62 个纺织工业援建项目，提供由中国制造的棉纺锭 130 万锭、棉织机 2.6 万台、棉印染生产能力 3.5 亿米、线锭 4.1 万锭、毛纺 7000 锭、麻纺 2500 锭、针织设备 70 台、缫丝机 336 台。这些设备一般都具有使用性能好、操作简便、能耗较少、价格便宜、便于吸收劳动力等特点，已成为发展中国家普遍欢迎的技术和设备。这些纺织设备投产后，运转正常，产品质量良好，对受援国家发展民族经济、满足人民消费需求，都起到了一定的作用，也让中国在国际上赢得了良好声誉。

在做好援外工作的同时，中国纺织业还通过正常贸易渠道出口一些纺机产品。1959 年开始起步，总额 280 万美元，到 1978 年虽只有 2034 万美元，但可以说中国制造的纺机产品已被一些国家认可，在国际贸易中已占有一席之地。

改革开放以来，中国纺织工业对外经济技术合作公司和纺织机械企业相互合作，积极拓展对外工程承包业务，纺机出口明显增多。据统计，近 20 年内已出口棉纺成套项目近 60 个，约 250 万锭。其中，叙利亚杰布莱项目 24 万锭棉纺成套设备的投标中，击败了德国、意大利、日本、法国等国的 9 家公司，以 1.825 亿美元中标，这是中华人民共和国成立以来中国纺织工业在国外承建的最大棉纺项目，在中东，乃至世界上有很大的影响，同时还积极拓展印染、毛纺织、麻纺织、丝绸、针织、化学纤维设备、纺织器材和其他各种纺机配件出口。

进入 21 世纪以来，中国的纺织机械制造业已进入纺织机械主要出口国行列。从 2011 年起，每年出口 20 多亿美元，2014 年已突破 30 亿美元（主要是针织机械、印染后整理设备、纺纱机械）。出口规模相当可观，而且在东南亚、南亚市场很受欢迎。

第六篇

原料和市场

纺织工业的主体是加工工业。纺织工业的持续发展乃至大发展，必须有两个前提条件。第一，必须依托于稳定、可靠和尽可能丰富的棉、毛、麻、丝、化学纤维等纺织原料资源；第二，必须致力于开辟、发展国内国际两个市场。有关化学纤维生产的发展，本书第五篇已有专章阐述，这里不再涉及。

纺织工业作为加工工业部门，把配合农、牧、养殖业，抓好棉花、羊毛、麻类作物、蚕茧的产供销、初加工以及品种改良，列为发展纺织工业的第一要务。

正如马克思所说，没有棉花，就没有现代工业。中华人民共和国成立以来半个多世纪的纺织工业发展历程反复证明：没有充足的、高品质的、成本价格适宜的纺织原料供应，纺织工业的发展就会成为一句空话，不仅如此，连提升纺织品质量、提升国际竞争力，都会是一句空话。

纺织工业要用好国内国际两个市场的问题，这项重大战略更是意义非凡。抓住经济全球化的历史性机遇，用好国内国际"两种资源、两个市场"，使纺织工业有更大、更好的发展。这项基于深化改革开放国策和纺织系统参与经济全球化等成功实践的纺织工业大战略，是20世纪80年代中期，由国务院和纺织工业领导部门直接决策的。

纺织工业的发展，立足于本国的原料资源和国内纺织品、服装市场。在当代中国，就是致力于全面建设小康社会，在更高水平上满足十几亿人民群众的纺织品、服装消费需求。围绕这个重大民生问题，考虑周密地推进纺织工业的生产建设。在这项根本方针引导下，中国社会的"人均"纺织品、服装消费量，终于在20世纪和21世纪之交开始超过世界平均水平。

中国纺织工业经过很大的努力，才能将全国纺织品出口从1950年的3000万美元起步，逐步推进到1970年的3.4亿美元、1980年的27.5亿美元。正是在用好国内国际"两种资源、两个市场"的大战略引导下，通过大进纺织原料、大出纺织品服装，参与国际大循环，纺织品、服装出口外销出现了大局面：发展到1990年的168.9亿美元，2000年的530.4亿美元，2010年的2120亿美元，2015年的3069亿美元。其跳跃式的发展和所达到的贸易规模，在世界范围堪称空前。

第三十章　始终抓紧棉、毛、麻、丝纺织原料资源，保障纺织工业持续发展

纺织原料与纺织工业的关系，用唇齿相依、休戚与共来形容并不为过。没有纺织原料，也就没有纺织工业。现代人类利用的纺织原料可以分为两大类：一大类是农牧业生产的纺织原料，习惯称为天然纤维，主要有棉花、羊毛、麻、蚕丝和羊绒、兔毛等；另一类是化学纤维，主要有黏胶纤维和合成纤维。后起之秀的化学纤维，为纺织原料开辟了新的途径。

中国拥有丰富的天然纤维资源和利用天然纤维造福于人类的悠久历史。有关考古资料证实，早在原始社会晚期，先人们就利用麻葛等野生植物纤维搓成线、织成布遮体避寒。同时开始种桑养蚕，成为世界上最早利用蚕丝的国家。西汉中期，棉花才开始流入中国，并逐步取代麻和蚕丝，成为主要的纺织原料。到 20 世纪 80 年代初，我国已跃升为全球第一产棉大国，产量占全球棉花总产量的四分之一。

一、棉花：终成世界最大产棉国

（一）中国植棉业的早期发展历史

中国历史上最古老的纺织原料是麻和蚕茧。西汉中期，棉花开始传入中国西北和东南边疆地区，即现在的云南、广东、广西、福建和新疆等地。宋末元初，才由南北两路相继传入长江流域和黄河流域。由于这一地带的生态条件更适宜种棉，且经济效益胜过丝、麻，再加上当时的政府倡导种棉，使棉花种植有了比较快的发展，并逐步取代麻成为主要的纺织原料。明清时期又有了新的发展，江苏、山东、河南、河北、湖北、陕西六省成为主要产棉区，四川、安徽、湖南、浙江等省次之。到清朝中期，辽宁省也开始种植棉花。20 世纪初，棉花产区进一步北移，形成了五大棉区，由南向北、自东向西，依次为华南棉区、长江流域棉区、黄河流域棉区、北部特早熟棉区和西北内陆棉区，覆盖全国 20 多个省市的 200 多个县。其中黄河流域棉区的种植面积占全国的比重最大；据上海市棉纺织工业同业公会筹备会发行的

《中国棉纺织统计史料》和中国农业科学院棉花研究所编辑出版的《中国棉花栽培学》所列1919～1949年的数据分析，30年的平均棉田面积为3274万亩，其中前10年为2750万亩，中间10年为3907万亩，后10年为3166万亩。最高年份为1937年，曾达到6000万亩。30年的平均棉花产量为922.7万担，其中前10年为863.6万担，中间10年为1091.6万担，后10年为812.9万担，最高年度为1936年，达到1697.6万担。

中期棉田面积和棉花产量之所以有较大的增加，其主要原因可以归结为两点。一是国内棉纺织工业的迅速发展。1936年全国已有510万棉纺锭，为1919年的4倍多，内需纺织用棉近千万担。二是进口棉花锐减。1932～1935年，世界棉花产量处于低谷时期，因而1932年进口棉花锐减至371.2万担，比1931年减少了近100万担。之后又逐年减少，到1936年进口量已减至53.4万担。这一增一减，为国内棉花生产创造了很好的发展机遇，出现了中国棉花生产发展的鼎盛时期，1936年全国棉花生产量达到1697.6万担的峰值。

但好景不长，1937年日本侵华战争爆发，大批国土被占，扼杀了中国棉花生产发展的良好势头，致使棉田面积和棉花产量大幅度下降。到1945年抗日战争取得伟大胜利之时，全国棉田面积已减至约2700万亩，棉花产量也减至595万担，分别为1936年的45%和35%。

抗日战争胜利后的几年间，棉花生产有一定的恢复。头两年连续增产，分别达到720万担和1000万担左右。但好景不长，随即出现美棉大量倾销的局面，1946年高达680万担，相当于同年全国棉花总产量的94.4%。上海的棉纺织工业当时几乎全部使用美棉，而国产棉花在上海几乎无人问津。因而，棉田面积和棉花产量又开始下降。1949年棉田面积减为4040万亩，棉花产量降至889万担。在此期间，棉花生产不景气，除了美棉倾销和国内战争的因素以外，棉花种子退化的影响也比较明显。据中华棉业统计会估计，20世纪30～40年代，全国棉田面积中有一半左右种植的是美国陆地棉品种，其余为国内自己培育的适合当地自然条件的中棉品种。但这些品种都免不了退化，平均亩产随之降低，1949年降低到22市斤，比1936年的31.6市斤下降了9市斤。棉花价格低，棉农被迫改种其他作物，这也是当时棉花减产的一个重要原因。

综上所述，新中国成立前的棉花生产一路走来，从无到有，从少到多，到20世纪30年代，棉田面积和棉花总产量都达到了高峰，并积累了许多经验，为其后发展棉花生产奠定了比较好的基础。从而支持了已有500万锭规模的棉纺织工业体系，为全国老百姓的衣被消费做出了贡献，并已跻身全球棉花生产大国前列，位居美国、印度之后，名列第三。

（二）新中国的棉花生产

中华人民共和国成立前夕，为保障纱布的军需民用和应对投机商人挑起的"二白一黑"（大米、纱布和煤炭）之战，中财委主持召开上海财经会议，就上海纱厂搬家问题、生产问题和棉花问题做了重点深入的研究。并决定组建由中财委直接领导的花纱布公司，加强棉花的采购工作。同时尽可能多地购进外棉，全力维持上海纺织、印染等主要行业的开工率，维持到三分之二。中财委并决定召开专门会议讨论棉花收购问题，讨论价格政策，最重要的是工农业产品比价等，并指出，工农业产品比价实质是人民政权同农民的关系问题。过去在东北有过教训：之前规定12斤粮等于1斤棉花，结果农民都不种棉花了；后来改为13斤粮等于1斤棉花，还规定了种棉花免缴公粮，农民便积极种棉花。这说明，价格政策很重要，必须注意研究掌握。

1. 具有重要历史意义的第一次全国棉花会议

1949年9月，中财委授权钱之光主持召开中华人民共和国成立之前的第一次全国棉花会议。出席会议的有上海中纺公司副总经理吴味经（纺织纤维专家，号称棉花大王）以及河北、江苏、河南和解放不久的湖北荆州产棉区的代表共30多人，绝大多数是从事棉花工作多年的人士。

这次棉花会议的主要议题，是根据上海财经会议的决定，就本年度原棉收购与供应问题，原棉加工检验分级问题，扩大第二年棉田面积、改良棉花品种和粮棉比价等问题进行研究，提出解决的具体办法。与会代表从回顾国产棉花的发展历程谈起，在七八天的深入讨论中，提出了许多积极建议和有益意见。经归纳综合，形成了共识。

钱之光做了会议总结：纺织工业在全国轻工业中占最大的比重，过去相当一部分原棉依赖进口，本国棉产业未能适应纺织业需要而迅速发展。现在主要产棉区及纺织工业中心已经解放，为了改变纺织业的被动局面，维持和恢复纺织产业，并促进国民经济的发展，本年度原棉供应问题的解决，不是单纯的采购问题，而是有关国计民生、具有重大政治意义的工作。会议要求各产棉区大力加强收购和调运棉花，支援上海、青岛、天津等地的纺织生产，以保持社会稳定。同时就迅速恢复和发展棉花生产，提出四点建议。

（1）扩大棉田种植面积。1950年扩大到约5400万亩，大体上恢复到1936年的水平，以适应现有棉纺织厂生产的需要。

（2）适当调整粮棉比价。暂定为8∶1，即以标准级（长度7/8英寸，品级中级）每斤皮棉折合8斤小米，以照顾棉农利益，奖励棉农的生产积极性。

1950年9月1日，政务院财政经济委员会制订了棉粮比价，以标准级每斤皮棉折合小米8斤、小麦7斤或大米6斤半（均为商品粮）。

（3）抓紧改良品种。选择美国培育成功的斯字棉、岱字棉等优良品种，作为棉种改良的方向。并决定将这项重要任务交棉花专家吴味经主办，请吴味经设法将中华人民共和国成立前滞留在香港的斯字棉、岱字棉种追回，迅速分发给产棉区用于棉种改良。

（4）尽快建立棉花检验机构，开展棉花检验工作。

会后，钱之光将会议情况和已经通过的四条建议，写成会议纪要报中财委，很快就作为中财委的决定在全国贯彻执行。这不仅对中华人民共和国成立初期恢复、发展棉花生产起到了决定性作用，而且对中国棉花种植业其后的大发展具有历史性的重要作用（表30-1）。

表 30-1　中华人民共和国成立初期棉花生产的发展

年度	棉田面积（万亩）	棉花总产量（万担）	亩产（市斤）	收购量（万担）
1949	4155	889	22	
1950	5679	1385	24	837
1951	8227	2061	25	1485
1952	8364	2607	31	2000

1950～1952 年，全国棉田面积翻了一番。棉花总产量，1952 年比 1949 年增加了近 2 倍，亩产量增加了 40%。这对纺织工业的迅速恢复与发展，是有力的支撑。第一个五年计划期间，除了个别年度棉田面积略有减少（1953 年为 7770 万亩）和 1956 年扩大至 9383 万亩外，其他年度都能保持在 8000 万亩以上。棉花产量受气候影响，呈现两丰两歉一平的年景，但总体上是平稳发展的态势。

为了保证纺织工业用棉，保证人民生活所需絮棉的供应，政务院于 1954 年 9 月 14 日发布命令，决定从 1954 年秋季新棉上市起，在全国范围内实行棉花的计划收购（简称统购）。由中国花纱布公司委托供销合作社代理收购业务。禁止私人商贩经营棉花买卖和加工。此前实行的是市场调节，自由购销。国家统购后，供销社掌握大部分棉花资源，花纱布公司也直接收购一部分，公私合营纱厂联合购棉处也直接从农村收购一些棉花，允许私商进行贩运。实行统一收购后，不仅收购进度快，国家也能够掌握更多的棉花，以保证纺织厂的正常生产。

2. 棉花问题成了政府长期花大气力抓而终未抓上去的尖锐问题

由于经济工作上的"浮夸风"等错误，加上三年自然灾害的影响，全国棉田面积和棉花产量由 1958 年的 8334 万亩和 3938 万担，连续四年下降，到 1962 年为 5246 万亩和 1500 万担，给纺织工业造成了很大的困难。党和政府对此高度重视，自 1962 年起，周恩来亲自抓棉花生产，每年召开一次全国性的棉花会议。到三年调整结束，1965 年，全国棉田面积和棉花产量恢复到 7500 万亩和 4196 万担。但接下来的十年"文革"，全国的棉花种植业也深受影响。毛泽东指示：必须把粮食抓紧，必须把棉花抓紧，必须把布匹抓紧。每年召开一次的全国棉花会议，即使在处境十分困难的情况下也没有间断，而且棉花会议的规模越开越大，不仅各级干部参加，主要产棉区的县委书记、县长也参加。党和国家领导人亲自主持会议，给大家做工作，要求各地多种棉花，多卖棉花给国家。同时，农业部门在棉花新品种选育和推广、粮棉两熟栽培、棉花病虫害防治等方面也做了许多工作。即使这样，多年来棉花产量一直徘徊在 4500 万担左右的水平。扣除农民自用棉花，再扣除军用和城市居民用的絮棉，能够用于纺织工业的也就 3500 万担左右。当时，还有一个粮棉争地的问题：要增加棉花产量，就要扩大棉田面积，势必减少粮田，进而影响吃饭问题，那就会影响全局，毕竟粮食还是最重要的。因此，棉田面积和棉花产量一直维持或略低于 1965 年的水平。棉花供需之间的缺口不断扩大，进口棉花不断增加。这段时间，棉花问题之所以成为政府长期花大气力抓而终未抓上去的尖锐问题，其症结在于农业生产发展缓慢，粮棉生产水平较低，"吃饭"和"穿衣"问题都没有得到很好解决，反而相互矛盾，相互排挤。

3. 谁也未曾预料到的历史性变化

1978 年，党的十一届三中全会决定把工作的着重点转移到社会主义现代化建设上来，并调整国民经济，实行改革开放，在农村实行家庭联产承包责任制，使粮食生产有了较快的发展，缓解了粮棉争地的矛盾。同时，为棉农发展棉花生产采取了不少政策措施。一是价格政策，从 1978 年起对棉花价格进行了几次调整：自 1978 年 8 月 1 日起，棉价提高了 10% 左右；1979 年 2 月，国务院发出《关于提高棉花收购价格和保证棉农口粮供应》的通知，从 1979 年新棉上市以后，全国平均提高收购价格 15.2%，棉短绒收购价平均提高 19.9%；1979 年 12 月，国务院在北京召开棉花生产会议，要求棉花产量在 1～2 年内达到历史最高水平，每年增产棉花 400 万担；并从 1980 年起再提高收购价格 10%，超购加价 30% 的政策不变。二是奖售政策，1978 年国务院还明确规定：自 1978 年棉花收购年度起，每交售 100 斤皮辊棉，奖售化肥 80 斤；每交售 100 斤锯齿棉，奖售化肥 84 斤；并从 1979 年棉花生产年度起，改按上年实际棉花交售量，在 3 月底前给社队预拨 40%，7 月底前再预拨 30%，不再按计划面积预拨。并明确规定：棉花奖售化肥，要专项调拨，专款专用，收购棉花后直接和基本核算单位结算。改进预拨办法，目的是为了鼓励植棉社队按国家计划种植，多产棉，多卖棉，为国家多做贡献。三是购留政策，1962 年 12 月，中共中央、国务院在发展棉花生产的决定中，对社员自留棉留用量，进行了必要的调整，明确规定以植棉生产队为单位，按社员人口每人留用一斤、一斤半，最多不超过两斤，这项政策保持不变。

除以上政策外，农业科技进步继续取得较大进展，主要有以下几方面。

（1）为了充分利用棉区自然资源，发挥植棉优势，棉田区域布局发生了战略性转移。南方棉区的棉田面积和棉花产量均呈下降趋势；北方棉区均呈上升趋势；山东、河北、河南三省棉区棉花生产发展尤为迅速，棉田面积过于分散的状况有所改变。

（2）棉花新品种选育和推广。到 20 世纪 80 年代初，自育品种的种植面积占全国棉田面积的 80% 以上，基本取代了国外引进品种。国内育成品种的共同优势，是单产普遍高于国外引进品种。全国平均亩产 1984 年达到 121 市斤，比 1978 年的 59 市斤翻了一番多。

（3）棉区耕作制度改革。从南方棉区逐步实现两熟制（即棉田实行间套复种一年两熟栽培，是解决粮棉矛盾、增加经济收入的重要措施）以来，到 20 世纪 80 年代初，江苏、上海等地已由两熟套种向麦后移栽方面发展；北方棉区中水肥条件较好的地区，麦棉两熟栽培技术有较快发展。

（4）棉花栽培技术。采用塑料薄膜育苗移栽，是中国棉花栽培技术的一大特点。在长江流域和黄淮平原棉区的两熟棉田，棉花育苗移栽是克服粮棉两熟栽培的时间和空间矛盾，实现粮棉双丰收的关键措施；在盐碱地棉田应用，对保证全苗促早发夺高产起重要作用。自 20 世纪 80 年代起，育苗移栽面积迅速扩大。各地多年试验结果，移栽棉比直播一般增产 20% 左右。地膜覆盖植棉，是在 20 世纪 70 年代末开始发展起来的一项新技术，已成为西北内陆棉区、北部特早熟棉区、黄河流域棉区旱地，盐碱地棉田和两熟棉田创高产的重要措施。

（5）棉花病虫害综合治理也有较大进展，因病虫害造成的棉花产量损失减少了。

在以上多种因素共同作用下，1980年以后，棉花种植面积逐年扩大，产量连年大幅增加。1983年，棉花种植面积达到9116万亩，总产量9274万担，收购9000万担，比1978年翻了一番多。从1982年起，国产棉花已自给有余，并开始出现供过于求的情况。从此结束了依靠进口棉花平衡收支的历史，由进口国变为出口国。面对这样的形势，国务院于1984年3月6日发布《关于控制棉田面积和搞活等外棉政策的通知》，指出根据国外市场供求情况，今后对棉花的政策应当是稳定和适当控制棉花种植面积，积极鼓励改良品种，提高单产，提高质量。具体内容：一是适当控制冀、鲁、豫三省棉田面积，分别控制在1300万亩、2300万亩和1400万亩。从棉花质量和纺织能力布局等方面考虑，南方棉田不宜再过多压缩；二是为了有利于控制北方棉花种植面积，适当缩小南北方棉农收益上的悬殊，从1984年新棉上市起，适当调整北方棉区（包括江苏、安徽、湖北三省实行北方加价比例的棉区）超基数收购的奖励，每斤棉花奖售粮食由两斤改为一斤半，要粮给粮，要钱给钱；三是等外棉（即国家规定的七个等级以外的棉花）的经营要放开，允许上市买卖，多渠道经营。从1984年新棉上市起，国家收购等外棉不加价，不奖售粮食和化肥，收购价格和销售价格也放开。1984年10月26日，国务院又发出《关于加强棉花产购销综合平衡的通知》，一是重申根据当前棉花产需变化情况，近两三年内要适当控制种植面积，总产量以不超过9000万担为宜。农业部门要抓紧落实品种改良规划，自1985年起，争取两年内，用较好的品种取代鲁棉一号和其他混杂低劣品种。在五年内，全国建立50个优质棉花基地县，种植优质棉2000万亩，实现良种区域化。二是从1985年新棉上市起，对棉花生产、收购、零售等政策进行调整：对棉花实行计划收购，国家收购计划确定为8500万担；北方棉区的超购价格比例由"倒二八"改为"倒三七"，即30%按统购价，70%按超购加价。南方棉区继续实行"正四六"比例，即60%按统购价，40%按超购加价；取消棉花收购配售粮和扩大棉田补助粮。对口粮紧缺的棉区，可按统购价供应口粮。对于棉农口粮补助，河北、陕西、山西三省暂时保留，上海市予以取消；修订棉花标准，调整等级差价；按国家收购计划在春耕开始前，由棉花经营部门向棉农签订棉花收购合同。合同内的，按国家规定的价格和奖励政策进行收购；完成合同后多余的棉花，由生产者自行销售，棉花经营部门可议购议销，价格随行就市。对棉农的自留棉，国家停止换购。此外，对棉花的销售和出口也提出了具体要求和一些政策性措施，如，敞开供应高质量的絮棉，实行优质优价；经营絮棉的政策性亏损，由企业负担改为财政补贴。又如，要求外贸部门积极组织棉花出口，要在2～3年内，力争每年出口1000万担以上，并可实行盈亏单独核算，财政部予以照顾。又如，要求纺织工业部门积极扩大纯棉织物生产，消费部门扩大纯棉织物的适用范围，外贸部门积极扩大棉纺织品的出口等。

尽管国务院发出了预警，但没有能有效遏制棉田面积继续扩大、棉花产量继续增加的趋势。1984年创造了中国棉花发展史上的最高纪录，棉田面积达到10385万亩，棉花总产量达到了12517万担，亩产121市斤，与1978年比较，分别增长了42%、189%和105%，详见表 30-2。

表 30-2　改革开放后棉花生产的发展

年度	棉田面积（万亩）	棉花总产量（万担）	亩产（市斤）	收购量（万担）
1978	7300	4334	59	4086
1980	7380	5414	73	5363
1981	7778	5935	76	5821
1982	8743	7197	82	6993
1983	9116	9274	102	9004
1984	10385	12517	121	11929

　　随着棉花生产的迅速发展，国内棉花生产由不足到过剩，所有的仓库被动用起来，棉花库存高达 1 亿担，大量资金被占压。棉花进口基本停止，转向出口棉花。但仍然有上千万担棉花收不上来，棉花价格直线下跌约 36%，造成全国性的卖棉难。农民怨声载道，有的甚至采取烧毁棉花的极端办法表示对棉花政策的不满。国家第一次受到棉花过剩的困扰，加上这几年国内纺织品市场第一次出现疲软，纺织品库存急剧上升，纺织企业处境艰难，利税连续下滑。几方面因素叠加在一起，其困难程度可想而知。在此情况下，曾一度对棉花市场实行放开经营。接着，1985～1986 年，棉田面积和棉花产量连续大幅度下降：1986 年棉田面积仅 6459 万亩，比 1984 年减少 3926 万亩，棉花产量降至 7081 万担，与 1984 年比较下降了 43.4%。1987 年开始才略有回升；直到 1989 年，每一年的棉花销量都大于收购量，不仅用光了原有的库存，还被迫重新进口，供需矛盾再次尖锐。为稳定市场，国家决定恢复对棉花的统一收购，统一经营，关闭棉花市场，并逐步强化集中分配资源的措施。

　　为切实鼓励棉农和地方政府的积极性，促进棉花生产，国务院于 1989 年 2 月 28 日发出《关于提高棉花价格和实行棉花调出调入包干的通知》：从 1989 年新棉上市起，棉花收购价在国发〔1989〕2 号文件规定的标准级皮辊棉 50 公斤 211.42 元的基础上，提高到 236.42 元；其他等级的棉花，按等级差价率计算。新疆长绒棉价格也要适当提高。1989 年新棉上市起，实行棉花调出调入包干办法；调出任务必须保证完成，超过国家定购任务的部分三七分成，即上交国家 30%，省、自治区留 70%。棉花是国家管理的计划商品，实行调拨包干后，仍必须坚持国家统一计划和规定的收购、供应价格，坚持由供销合作社统一经营。不放开棉花市场，不搞价格双轨制。除此之外，地膜覆盖、育苗移栽、化学调控、病虫害综合防治、模式化栽培、配方施肥等成熟的主要技术进步项目的推广，以及北方棉区麦棉二熟面积的扩大，缓解了粮棉争地矛盾，共同为棉花生产再上一个新台阶创造了条件，1990 年开始又出现了大回升的好形势。1990 年，全国棉田面积升至 8382 万亩，棉花产量增至 9018 万担。1990 年、1991 年两年粮食大丰收后，出现了卖粮难的情况，部分地区就改种棉花，1998 年，全国棉田面积增至 10252 万亩，棉花产量又提高到 11350 万担，双双接近 1984 年的最高纪录。而棉花需求方面又是另一番景象：国内纺织品市场疲软，产品供过于求；纺织品出口又受到西方一些国家的制裁。纺织品的库存积压很多，占用了大量流动资金，企业利息负担很沉重，国家要求企业做好限产压库工作；显然，限产压库和棉花产量多之间有矛盾。

为妥善应对这一轮棉花大丰收的到来，国务院于 1991 年 8 月在北京召开了一次棉花工作会议，把原由商业、农业、纺织部门分别召开的会合在一起。并决定：在棉花收购旺季要派驻联络员，国务院要派几个巡视组，农业部、商业部、技术监督局、工商管理局和监察部都参与工作，会议效果很好。在国务院领导高度重视下，这轮棉花大丰收的收储工作平稳有序。

由于纺织品市场持续疲软，纺织品出口没有明显好转，棉花需求不振，又导致 1993 年棉田面积大幅下滑至 7478 万亩，比 1992 年减少了 2774 万亩，棉花产量也下滑至 7478 万担，比 1992 年减少了 1540 万担。面对这种下滑态势，国务院于 1993 年 8 月在京召开全国棉花工作会议，邀请了 25 个产棉省市和有关部委领导参加，研究稳定棉花生产的问题。其后连续几年朱镕基都到会讲话，使棉花生产基本保持在 9000 万担左右的水平，没有再出现大起大落的局面。

随着整个国民经济的发展和改革开放的深入，现行棉花购销体制越来越不适应商品经济发展的要求。1996 年 9 月召开全国棉花工作会议，研究确定在棉花经营、市场、价格"三不放开"的条件下，把省级调拨改为在国家计划指导下的供需直接见面，实行双向选择的交易会方式，具体成交价格在国家规定的浮动幅度内协商确定。两个月后，全国首届棉花交易在郑州交易市场举行。

1999 年 1 月，国务院发出深化棉花流通体制改革的决定：从 1999 年 1 月新的棉花年度起，棉花的收购价格、销售价格主要由市场形成，国家不再作统一规定。国家主要通过储备调节和进出口调节等经济手段调控棉花市场，防止棉花价格的大起大落。

进入 21 世纪以来，纺织工业进行了重大的结构调整，经历了两个根本性转变。再加上 2001 年 12 月中国正式成为世界贸易组织成员，纺织工业走上了持续发展的快速道，对棉花需求趋旺。国内棉花生产量除了少数年度因天气灾害减产外，都是增产的趋势。2001～2013 年平均年产棉花 12738 万担，其中 2007 年为最高达到 17615 万担，再创历史新纪录。13 年的平均年产量比 2000 年的 8640 万担提高了 47%。即使这样，仍然不能满足国内需求，还需靠进口棉花来弥补。进口最多的 2012 年达到 513.7 万吨（10274 万担），相当于同年国内棉花产量的 78%。

在此期间，值得称道的是，我国科学家在"863"计划的支持下，经过多年的悉心研究，让中国有了自己的转基因抗虫棉花。20 世纪 80 年代末，棉铃虫的危害使中国的棉花产量减少了一半，连杀虫剂都毫无作用。当时，美国科学家开发了转基因抗虫棉花来抵御害虫。孟山都公司试图将其技术以高价出售给中国。据 2010 年的一项数据显示，中国转基因抗虫棉育成并审定的品种超过 200 个，种植面积超过 6000 万亩，占棉花总种植面积的 80%，累计减少农药使用量 65 万吨，农田环境污染指数降低 21%，农民增收 250 亿元。而且抗虫棉产品走出国门，向印度、澳大利亚等国转让，在国际棉种市场争得了一席之地。

这十多年的主要问题还是在棉花价格方面。一是国产棉花价格高，据中国棉花信息网资料，国产棉比进口棉价格每吨要高 1000 多元，2007 年，中国曾是世界上棉花价格最高的国家。二是价格波动幅度大，据全国棉花价格交易市场资料，收购价格放开后，每吨国产棉的收购价格 1999 年为 7920 元，2000 年为 10380 元，2001 年为 7200 元，2002 年为 9340 元，2003 年为 15560 元，以后年度价格也是高高低低，很不稳定。有的年度在一年内跌跌涨涨起伏波动很大。2003 年棉价起伏波动是棉花市场开放以来最大的一年，也是中华人民共和国成立以来非常罕见的一年。第一次受"非典"影响，从 3 月 31 日的 13418 元／吨跌至 5 月 26 日的 12136 元／吨。第二次因 9 月、10 月连续一个多月阴雨，棉花单产大幅下降，棉价短时间内迅速飙升，9 月 1 日为 12932 元／吨，到 11 月 30 日升至 17608 元／吨。面对这种价格高、波动幅度大的局面，国家主要通过滑准税政策❶和大量收抛储备棉进行调控，并取得实质性成效。中国棉花已基本实现了政府调控下的市场化。

4. 进入 21 世纪以来，中国的主要产棉区有很大的变化

进入 21 世纪以来，中国棉花产量一直保持在较高的水平。2000 年为 441.7 万吨，2005 年为 571.4 万吨，2010 年为 596.1 万吨。

2014 年全国产棉 617.8 万吨（12360 万担），主要产棉区依次是：新疆（367.7 万吨）、山东（66.5 万吨）、河北（43.1 万吨）、湖北（36.0 万吨）、安徽（26.3 万吨）、河南（14.7 万吨）、湖南（12.9 万吨）、江苏（16 万吨）、江西（13.4 万吨）。总的趋势是植棉业的重心已西移新疆（图 30-1～图 30-7）。

图 30-1 新疆大规模植棉业

❶ 滑准税政策是近年来中国政府直接针对棉花市场实施的最重要的政策，也可以说是控制中国棉花市场的核心政策。滑准税的滑动范围为 5%～40%。其首要作用是相对于关税内配额提高了进口棉花的关税，相对提高了进口棉的价格，进而相对提高了国产棉的竞争力。第二个作用是，压缩了因国际棉价波动引起进口棉价格波动的空间，减弱了因国际棉价下跌形成的成本优势对国内棉花销售的冲击。总的来说，滑准税政策对稳定棉花价格起到了至关重要的作用，也能起到扩大棉田面积、保持棉农利益的作用。但需要有一些其他配套政策和措施：一是充分利用国家储备，实现新旧棉花年度价格的平衡过渡，保证市场供应，保护纺织企业利益；二是提高棉花补贴，如 2007 年发放良种补贴，提高国内棉花生产量，又如新疆棉外运的运输补贴等；三是加大收购资金支持。

图 30-2　高产棉田

图 30-3　机器采棉

图 30-4　人工采棉

早期轧棉机（1871年）

超声波自动轧棉机

现代化轧棉车间

图 30-5　轧棉车间

图30-6 现代化棉花仓库

图30-7 夏津棉花交易市场（徐国营 摄）

　　进入 21 世纪以来，世界主要产棉国一直是中国、印度、美国和巴基斯坦、巴西、乌兹别克斯坦。2014/2015 年度，占前三位的是：中国（653 万吨）、印度（642 万吨）、美国（355 万吨）。同一年度，主要出口国为：美国（245 万吨）、印度（91 万吨）、巴西（85 万吨）、乌兹别克斯坦（53 万吨）、澳大利亚（52 万吨）。

　　早在 1955 年，中国已是世界第二棉花生产大国（当年产棉 152 万吨，仅次于美国的 320 万吨）。由于棉纺织业快速、持续发展的需要，中国自 20 世纪 80 年代以来，实际上一直采取用好国内国际两种资源的方针。各个时期视纺织业需要和国际棉花市场行情，每年都或多或少进口一些棉花。进入 21 世纪以来，每年进口量往往多达 200 万～300 万吨，以至 500 万吨。2014/2015 年度回落至 180 万吨。好在这种大量利用进口棉花的现象，是在棉纺织工业原料基本立足国内的情况下出现的，既符合中国的国家利益，又符合国际合作共赢的原则。

二、羊毛：世界第一大绵羊毛生产国

　　中国养羊业历史悠久，有中国土种绵羊、细毛羊、半细毛羊、山羊等多个品种。地域分布广，其中，中国土种绵羊主要集中在新疆、甘肃、青海、宁夏和陕西五地，内蒙古、东北三省、西藏、山西、河南、河北、山东等地也较多。根据国民党政府中央畜牧农业实验所的报告，1935 年中国绵羊约有 3400 万头，原毛羊毛产量约 3.78 万吨。许多畜牧业工作者估计，抗日战争前（1937 年）大约有 3850 万头，其中新疆 1150 万头、西藏 350 万头、青海 350 万头、甘肃 260 万头、宁夏 100 万头。抗日战争期间，养羊业遭到破坏，绵羊数量有所下降。抗日战争胜利后虽有恢复，但速度缓慢，1949 年时全国绵羊减少到 2600 万头。中国土种绵羊的剪毛量低，一般每头羊剪毛量在 1 公斤左右，并且品质差，纤维粗短，弹性差，土杂多。其中可供毛纺织工业使用的，仅能维持当时毛纺织工业设备加工能力的 15% 左右，而且只能做一些粗呢、粗毛毯之类的产品。当时毛纺工业所需要的细毛、半细羊毛都靠进口解决。

由于中国土种绵羊的羊毛品质差，不能适应毛纺织工业的需要，有关部门在 20 世纪初开始，着手研究试验羊种改良工作。1912 年曾在山西、河北张北、湖南石门三处设立羊种场，引进少量美利奴羊加以繁殖。1917 年，北平农业专科学校输入美利奴种羊 70 多头，只作为标本式饲养，并没有与改良羊种结合起来。1919 年山西省羊种场美利奴种羊增至 3000 多头。1933 年，新疆地区政府得到前苏联政府和专家援助，引进兰布里耶羊和德国美利奴羊数十头，于伊犁设种羊场，到 1943 年，场内已有四代以上杂交种 5000 头，连同周边农家饲养的共有 3 万头以上。日军侵占东北、华北期间，曾在东北设立了 13 个种羊场。第二次世界大战结束后，1946 年联合国曾赠送中国考立代羊约 1000 头。但这些种羊场规模小，并各自为政，没有统筹规划，加上经济、社会不稳定，这个时期，中国土种绵羊的改良工作进展不大。

中华人民共和国成立后，在恢复和发展畜牧业的同时，继续从国外引进优良种羊，改良中国绵羊品种，研究国产羊毛的开发利用。

经过三年恢复时期的努力，全国绵羊头数和产毛量基本上恢复到抗日战争前的水平，1952 年，绵羊头数达到 3688 万头，绵羊毛（原毛）收购量达到 3.63 万吨。之后稳步增长，到 1978 年，全国绵羊头数增至 9640 万头，原毛收购量达到 13.82 万吨。改革开放以来，在一系列政策支持下，保持了继续增长的态势。2000 年，绵羊毛收购量增至 29.3 万吨，2012 年增至 42 万吨，相当于 1952 年收购量的 11.5 倍，1978 年的 3 倍。并且羊毛品质因羊种改良也有所提高。尽管如此，仍然不能满足毛纺织工业发展的需要。

羊种改良。工农部门密切配合，在原有基础上有较大的进展。从 1950 年到 20 世纪 80 年代初，先后从国外引进良种羊 3 万头，用于改良中国绵羊品种，并育成了新疆、东北等地毛、肉并用的细毛羊品种。新疆建设兵团培育的美利奴羊，每头羊平均产毛量已经达 5.2 公斤，羊毛品质相当于澳大利亚 22 微米品质支数羊毛的水平。但由于牧区建设、羊毛价格、牧民饲养习惯和机制不健全等因素，羊种改良的推广工作依然任重道远。

20 世纪 50 年代，为了适应毛纺织品出口苏联和东欧国家需求逐年上升的形势，以及其后在 20 世纪 60 年代向资本主义国家出口的需要，国家采取了“以进养出”的方针，用进口羊毛加工成毛纺织品出口。同时展开国产羊毛的研究利用工作。1973 年，国家指示“要发展和保护自己的羊毛生产，保护自己的工业”。全国毛纺织工业广大职工在“吃好用好国毛，努力用国毛代替外毛”方面取得了很大成绩。国毛不但用于生产长毛绒、毛毯和粗纺呢绒，而且大量用于生产绒线和精纺毛织品，内销的精纺毛织品已基本上都用国毛生产。原来完全依靠外毛的工业用呢已大部分改用国毛。以国毛生产的出口产品也逐步增加。一些国毛产品如北京毛纺厂生产的 38 支粗平混纺花呢，天津毛织厂生产的拷花大衣呢，当时在国际市场上已享有一定声誉。到 20 世纪 70 年代末，国毛在毛纺原料中的比重，已由 20 世纪 50 年代的 50% 上升到 80% 左右，有力地推动了国内的养羊业，也支持了毛纺织工业的发展。

进入 21 世纪以来，中国毛纺织工业出现了更大的发展局面。2000～2012 年，呢绒产量由 2.78 亿米发展到 6.33 亿米。国产绵羊毛资源，相应地由 29.2 万吨发展为 40 万吨（其中细羊毛 12.5 万吨，半细羊毛 13.2 万吨，其他 24.3 万吨）。绵羊毛的总产量，从 2010 年起已超过澳大利亚、新西兰、英国、伊朗、阿根廷、俄罗斯、印度、土耳其、乌拉圭、南非等传统羊毛生产国，开始居世界首位；但在毛种改良、分级、除杂、收购等环节，还需促请农牧部门力求加强。

根据用好国内国际"两种资源，两个市场"的国策，中国毛纺织工业在 2015 年进口羊毛 35.3 万吨、毛条 1.2 万吨。毛纺织工业所需要原料，大体为国产羊毛与进口羊毛各占一半。自 1986 年起，中国一直是世界最大的羊毛进口国。

除了绵羊毛外，中国还盛产山羊绒、兔毛、牦牛绒、骆驼绒等稀有动物纤维，这都是毛纺工业的珍贵原料。

山羊绒由于纤维细、成卷曲状，富有轻柔、滑糯等优点，被誉为"软黄金""纤维钻石"。按其天然颜色，分白绒、青绒、紫绒、红绒四类，以白绒最为珍贵。中国的山羊数量也相当多，而且增长比较快，20 世纪 50 年代初有 2000 万头左右，到 20 世纪 50 年代末增至 5000 万头上下。此后持续增长，20 世纪 90 年代达到 1 亿头左右。随之山羊绒的收购量也迅速增长。20 世纪 50 年代仅 2000 吨左右，2000 年达到 1.1 万吨，占全世界山羊绒总产量的 55% 以上。羊绒的品种，由紫绒占 70% 发展为白绒占 70%。主要产区分布于内蒙古、新疆、青海、甘肃、宁夏、西藏、陕北和河北北部、辽宁西部等地。

1958 年前后，中国经多年研究，打破了国外的技术垄断，初步掌握了山羊绒分梳技术，并建立了山羊绒分梳专厂后，上海、北京、内蒙古等地用自己分梳的山羊绒生产了大量山羊绒产品，如羊绒衫、羊绒呢、羊绒大衣呢、羊绒毛毯等。羊绒纺织品、服装诸大类产品品种基本齐全，畅销国内外市场。

全国羊绒产量，到 2014 年已进一步发展为 19278 吨。主产地依次为内蒙古、陕西、新疆、山西、西藏、河北、辽宁、山东、河南。经过分梳初加工后，以原料形态大量出口的山羊绒，在 2015 年也已达到 2596 吨，创汇 21 亿美元。

图 30-8　澳洲良种美利奴细毛羊

中国的兔毛资源也颇为丰富，年产量最高时达 2 万吨，其产量和保有量占世界兔毛总量的 85% ~ 90%。主要产区分布于江苏、浙江、安徽、山东、上海、河南等地。兔毛是纺织领域的小宗原料。受兔毛纺织品市场较小的限制，全国兔毛年产量在 2010 年已萎缩到 7000 吨左右。其中半数用于国内毛纺织业，半数以原料形态出口。兔毛和山羊绒一样，具有纤维细和轻、柔、滑的特性，但其抱合力差，一般多采用与山羊绒、羊毛、棉花、化学纤维进行混纺（图 30-8 ~ 图 30-21）。

牦牛绒和骆驼绒的纤维细度，比山羊绒和兔毛

图 30-9　内蒙古半细毛羊

图 30-10　新疆细毛羊

图 30-11　新疆养羊场

图 30-12　电动剪毛

图 30-13　手工整理羊绒

图 30-14　全国最大山羊绒集散地宁夏同心

图 30-15　鄂尔多斯绒山羊王

图 30-16　鄂尔多斯羊绒集团

图 30-17　河北清河绒业基地

图 30-18　安哥拉毛兔

图 30-19　抢收驼绒

图 30-20　牦牛绒

图 30-21　清洗山羊绒车间

要粗些，其保暖性甚好。但由于带有驼色、褐色，在工业利用上受到一定的限制。

三、麻类纤维：苎麻、亚麻托起麻纺织工业新局面

中国是一个盛产麻类纤维的国家，大麻（现称为汉麻）、苎麻、黄麻、青麻、洋麻、亚麻以及罗布麻、剑麻等都有生产，并且分布地区很广。各地都有适宜生长的麻类作物，其中许多是纺织工业的重要原料。

1. 苎麻

苎麻被外国人称为"中国草"，是麻纤维中品质最优良的，适宜纺制高级衣料（图 30-22）。盛产于长江流域和沿海各省，在中国栽培和利用的历史最为悠久。早在 4700 多年前的新石器时代，先民们就已经绩麻织布，手工纺织技术达到相当高的水平。长沙马王堆一号汉墓出土文物中，就有几块精细的苎麻布，与现代细麻布相仿。直至近代，湖南浏阳、江西万载、四川荣昌隆昌、浙江诸暨等地用苎麻手工织成的夏布，仍是中国有名的传统纺织品。

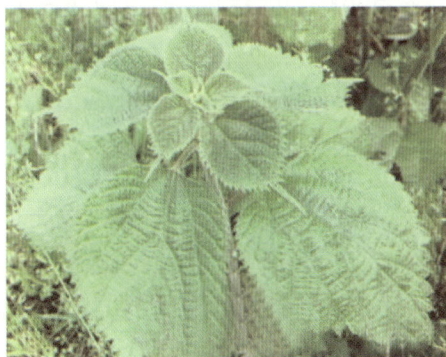

图 30-22　苎麻叶

18 世纪，英国人首先把中国苎麻种子带回英国种植；1844 年中国苎麻输入法国；1855 年输入美国。这些欧美国家虽经多年努力，除法国、比利时外，苎麻并没有得到普遍发展。

据有关资料记载，1914 年中国的苎麻原麻（俗称麻皮，每公斤可精制"洗麻"0.5 公斤）达 330 万担，1914～1917 年平均为 215 万担，约有 25% 远销国外。1937 年，全国苎麻种植面积达到 259 万亩，生产原麻 240 万担。抗日战争期间，无数麻田遭到破坏，产量大减。抗日战争胜利后略有恢复，1950 年，苎麻产量仅 49 万担。

中华人民共和国成立后，国家大力扶持植麻业，发放农贷和专用化肥，使苎麻种植业逐步得到恢复：全国苎麻的种植面积和产量，分别从 1952 年的 67 万亩、81 万担提高到 1958 年的 134 万亩和 120 万担（其中苎麻收购量从 44 万担提高到 78 万担）。之后受经济工作"浮夸风"的影响，以及粮麻争地、争肥、争劳动力的矛盾迟迟不能缓解，接着又是"文革"的影响，苎麻种植面积大幅减少，苎麻产量下降。直到 1981 年，苎麻种植面积和苎麻产量一直徘徊在 60 万亩和 60 万担左右。

改革开放给苎麻种植业和苎麻纺织工业带来了活力。许多省市都把发展苎麻原料作为发展当地经济、脱贫致富的重点工作来抓。当时，国家领导人就说过，种棉花要占良田，影响粮食生产，而山上可以种苎麻，腾出农田生产粮食，既解决人民的穿衣问题，又解决人民的吃饭问题。并指示湖南要大幅度发展苎麻生产，要充分利用充裕的苎麻原料，要支持多设苎麻纺织厂。此外，发达国家经济的复苏，以及国际上"麻热"浪潮的出现，苎麻纺织品售价上升、销量激增，也促使中国苎麻的种植面积和苎麻产量飙升，2000 年分别达到 9.6 万公顷（144 万亩）和 322 万担（16.1 万吨）。与 1980 年比较，种植面积增加了 1.2 倍，苎麻产量增加了 4.4 倍。

21 世纪开始的几年，苎麻生产呈现平衡上升的态势。到 2004 年，种植面积增至 12.6 万公顷（189 万亩），产量增至 25.5 万吨。之后受国际金融危机的影响，国际市场需求萎缩，中国苎麻制品出口受阻；加上苎麻价格持续滑坡，直到 2010 年 4 月才略有上涨。再则，国家对粮棉种植有补贴而对麻类作物没有补贴，引起麻农的不满，"挖麻""毁麻""弃收"现象越来越多，导致苎麻种植面积急剧下降，2011 年的种植面积已不足 2 万公顷（30 万亩），只有 2004 年的 15%，产量已不足 6 万吨。2015 年更已降至 10 万亩，纤维产量不足 2 万吨，将使苎麻纺织业面临"无米之炊"的困境。所幸的是，江西、湖南苎麻种植业的良好基础仍然存在。更重要的是，内外销售市场仍保持相当规模。2010 年，全国生产苎麻布 3.1 亿米（略高于同年亚麻布的 2.64 亿米），同年出口苎麻布 9537 万米/2.5 亿美元，略高于 2000 年的 7918 万米/0.96 亿美元和 2005 年的 8006 万米/1.1 亿美元。全国规模以上苎麻企业，2014 年生产苎麻布 5.04 亿米，同比有所下降，但绝对数仍相当可观，同年出口苎麻布上升为 1.43 亿米/6.7 亿美元，国际市场呈现回暖态势。这个古老纺织行业的 38 家规模以上企业，近年正致力于发展苎麻服装和设备技术现代化、生物脱胶、清洁生产，整个行业正处于从守成到创新发展的转型期间（图 30-23～图 30-26）。无论苎麻生产还是苎麻纺织业，都有重整旗鼓的期望。

图30-23 石河镇优质苎麻基地

图30-24 湖北咸宁苎麻脱胶中心

图30-25 当代万载夏布生产线

图30-26 杜钰洲考察株洲雪松苎麻
纺织公司

2. 黄麻、洋麻

中国种植黄麻的历史也很悠久。江西、安徽、广东、广西、四川和云南等地都曾发现有野生的黄麻。19世纪末，浙江、台湾等地相继从印度引进黄麻种植。

黄麻属于亚热带与温带作物，性喜高温多湿，故中国黄麻产区都在长江流域及其以南地区，全国以台湾最适宜栽培黄麻，产量也最多。其次是浙江，再次是江苏。此外广东、广西、福建、安徽、江西、湖北、湖南、云南、贵州等地也有种植。据中农所的不完全统计，1937年全国黄麻麻皮产量约为210万担，尚不能满足国内的需求。抗日战争时期，黄麻生产受到破坏。抗日战争胜利后，并没有得到恢复。到1949年，全国黄麻和洋麻的种植面积仅有43万亩，黄麻和洋麻的产量仅为74万担。

洋麻学名槿麻，也称红麻，在中国的栽培历史较短，大约在20世纪初从印度和前苏联引进。从印度引进的，先后在浙江、江苏、广东等地推广种植。1927年，东北公主岭农事试验场从苏联引进种子后，即在辽河一带推广种植。日本帝国主义侵占东北、华北后，竭力在这些地区推广种植。仅东北各地，1943年的种植面积就达到82万亩，产量为44.8万担。

黄麻纤维细而柔软，纺纱性能好，适宜于纺细支纱。洋麻纤维粗硬，品质较差。两者适当搭配用于生产麻袋、麻布等制品。

中华人民共和国成立后，为解决国内对麻袋、麻布的急需，国家非常重视黄麻和洋麻的生产。采取因地制宜、积极发展的方针，有计划地在黄麻、洋麻产区扩大种植面积，建立原料基地。到 1952 年三年恢复时期结束，全国黄麻、洋麻种植面积飚升到 237 万亩，为 1949 年的 5.5 倍；产量为 611 万担，为 1949 年的 8.2 倍。1953～1978 年的 20 多年间，随着国民经济大局的起伏，黄麻、洋麻种植面积增增减减，1962 年降至 6.2 万公顷（93 万亩）。1978 年最高达到 41.2 万公顷（618 万亩）。黄麻和洋麻产量也是起起伏伏，1961 年降至 12.25 万吨（245 万担），1978 年增至 108.8 万吨（2176 万担）。改革开放初期，继续保持增长的态势，到 1985 年黄麻和洋麻种植面积和产量双双创历史最高纪录，种植面积达 99 万公顷（1487 万亩），产量达 411.9 万吨（8238 万担）。随着中国化学纤维工业的崛起，聚丙烯烃编织袋（俗称蛇皮袋）和非织造布迅速发展，大量替代麻袋、麻布；同时黄麻（图 30-27～图 30-29）和洋麻纤维又没有找到更多新的用途（有一段时间曾用作化学纤维地毯底布，但好景不长，又被逐渐淘汰），仅仅 10 年左右，到 2000 年黄麻和洋麻纺织设备已缩减了三分之二，麻袋年产量从 9 亿条左右减至 7000 万条以下，随之黄麻和洋麻生产开始走下坡路。从种植面积看：1990 年为 30 万公顷（450 万亩），2000 年减为 5 万公顷，2009 年再降为 2 万公顷（30 万亩）。从产量看：1990 年为 72.6 万吨，2000 年减为 12.6 万吨，2010 年再减为 6.9 万吨；2014 年进一步萎缩为 5.6 万吨。虽说黄麻纺织业已萎缩到只剩三分之一，其原料资源却已成供不应求的局面，每年需从孟加拉国进口。2009 年共进口 9.57 万吨，超过了国内的生产量。2014 年全国进口黄麻原料 3.4 万吨，勉强维持着已大大萎缩的黄麻纺织业（全国规模以上黄麻纺织企业已不足 10 家）的生产。市场对资源配置的基础性作用，表现明显。

图 30-27　黄麻种植园

图 30-28　黄麻纱线

图 30-29　江西鄱阳县待运的黄麻

3. 亚麻

中国种植亚麻的历史比较久远。最早是由西北地区引入，以收籽打油为主要目的，当时称胡麻。这种麻的纤维品质差。20 世纪 30 年代，日本帝国主义侵占中国东北期间，开始在黑龙江、吉林推行种植纤维用亚麻，1939年产量达0.44万吨，经初步加工后全部运回日本。所以当时在东北地区只有几个亚麻原料加工厂，没有亚麻纺织厂，而且日军在战败前破坏了这些亚麻原料加工厂。抗日战争胜利后虽然修复了一些，但由于没有亚麻纺织厂，生产出来的亚麻纤维没有出路，农民种的亚麻也都出现积压，因此，亚麻生产没有得到恢复。

亚麻纤维制品在国外却倍受珍重。犹如中国的丝绸一样，亚麻是古代文明的象征。在古埃及祭司就穿亚麻布，被认为是圣洁和光明的象征。法老的木乃伊被裹在结实的亚麻布内，完整地保存至今。有的国家待嫁的姑娘，以有无和有多少亚麻工艺织物来衡量其嫁妆的贵重程度，显示姑娘及其家庭身份的高低。有的国家参加宴会的男宾，以其礼服口袋能露出一块亚麻手绢角来显示他的装束不凡。有些国家包装贵重宝石的衬布，也以使用亚麻布才相称。当年新建的中国北京饭店开始营业不久，有外宾提出在三个方面改进后才符合国际宾馆的标准，其中一个方面就是必须以亚麻织物替代其他织物作为室内用品。由此可知，中国用亚麻细布制作的抽纱、刺绣或印花加工制成的各种家用工艺品，以至于后来的亚麻服装畅销国外的原因。

中华人民共和国成立后，很快就在苏联的援助下建设了哈尔滨亚麻纺织厂。亚麻纤维因此才有了出路。这个厂生产的亚麻细布大部分供给了外贸，加工成抽纱刺绣品或家用工艺品，出口到东南亚、西欧和拉丁美洲等国家和地区，并且供不应求。另外两种亚麻制品，即防水帆布和水龙带，也是工农业生产和国防建设的重要物资。在"哈麻"建成并见成效后，国内又新建了几个亚麻纺织厂。特别是在改革开放后，在"开发两个市场、利用国内外两种资源"的方针指导下，中国的亚麻纺织工业有了很大的发展，带动了中国的亚麻种植业。1980年，亚麻种植面积达9.3万公顷（139.5万亩），生产亚麻纤维18.3万吨。此后20年间呈波浪形的态势，2000年种植面积增至9.6万公顷（144万亩），亚麻纤维增至21.4万吨。2001～2005年间呈现上涨趋势，种植面积不断扩大，产量猛增至66.9万吨。从2006年开始，由于国家对粮食、棉花种植有补贴（如良种补贴），而对麻类作物没有补贴，引起麻农的不满；加上受国际金融危机影响，国际市场需求萎缩，中国亚麻产品出口出现负增长，企业普遍开工不足，对亚麻纤维需求减少。因此，"挖麻""毁麻""弃麻"现象越来越多，导致种植面积急剧下降，2009年仅1.3万公顷（19.5万亩），到2015年再减到不足10万亩，而且这种下降趋势还在延续。由于亚麻纤维产量锐减，不得不大量进口，2015年全国亚麻纺织企业消耗亚麻21万吨，其中进口亚麻原料16.4万吨，占比87.6%。黑龙江曾经是中国最大的亚麻种植基地，2000年萎缩至0.5万亩，良种繁育体系荡然无存，亚麻产量和质量降至低谷。纺织业所需亚麻原料几乎全部进口。

国产亚麻纤维产量之所以下降的一个重要原因是没有优质高产、抗逆性强的品种。原有品种退化现象比较严重，亩产水平只有先进国家的五分之一。不仅亩产原茎数低，而且原茎的出纤维率和纤维中长纤维率都低。因此，只能靠从欧洲进口优质亚麻纤维来替代。亚麻种植业这一态势，尚有待扭转。

中国现在已是世界最大的亚麻纺织品生产、出口国。2015年，全国亚麻纺锭（长麻纺）

已达 65 万枚，对于近年呈现亚麻生产萎缩的问题，业界人士的共识是：随着绿色、环保产品的深入人心，亚麻等绿色纺织原料将越来越受到追捧，随之而来的是麻纺行业的整体市场提振。全国 54 家规模以上亚麻纺织企业，2014～2015 年生产、出口均已回归稳定、增长状态。2014 年生产亚麻布 4.6 亿米，同比增长 13.7%。同年出口亚麻纱线 3.2 万吨，同比增长 11%。至于亚麻原料依赖从欧洲进口，在中国进行纺织加工后，再以纱线、织物、服装等商品形态返销欧洲，这非但不是坏事，反而说明了中国亚麻纺织业已达到较高的发展水平（图 30-30～图 30-33）。

图 30-30　亚麻田

图 30-31　荷兰专家在中国亚麻育种场传授亚麻
　　　　　育种技术

图 30-32　亚麻织物

图 30-33　亚麻家用纺织品

四、蚕茧：恢复"丝国"的历史地位

丝绸是中华民族的骄傲，古代文明的象征。根据史籍和出土文物的考证，早在 4000～5000 年前的新石器时代，中原地区已开始种桑养蚕，从事丝绸生产。数千年间多次改朝换代，种桑养蚕、丝绸生产都一直传承了下来，并有所发展提高，成为中国社会生产中一个较为重要的经济事业。在棉花尚未传入中国之前，丝绸一直是中国人的重要衣着品之一。随着丝绸生产的发展，中国生产的丝绸和麻布早在公元前 5 世纪后半叶就已见于波斯（今伊朗）市场，后来在汉、唐时期又发展成一条闻名中外、横贯欧亚大陆的陆上丝绸之路，以及通向朝鲜、日本、印度、印度尼西亚、阿拉伯等地的海上丝绸之路，把种桑养蚕和丝绸的生产技术传遍这些地区，导致欧亚一些国家丝绸业的兴起。到明末清初，由于长期战争的摧残以及清朝贵族统治者对广大汉族地区实行残酷镇压与掠夺，社会生产遭到严重破坏，桑蚕丝绸生产随之濒临危境。同时，清朝统治者还严密封锁海域，直到鸦片战争发生时对蚕丝的输出禁限更严。这种闭关锁国政策对桑蚕丝绸生产非常不利，也影响国外先进生产技术的传入。清朝中后期才废除"海禁"。为稳定统治，开始重视恢复农业生产，并下诏饬抚官吏劝慰农民发展桑蚕生产。由此，桑蚕丝绸业才得以恢复发展。在桑蚕丝绸基础较好的江苏、浙江两省太湖流域一带，恢复发展得更快一些。浙江湖州一带的桑蚕丝绸，不仅成为农村主要副业，而且也是城镇的主要手工业，发展成为国民经济的一大财源。江苏盛泽地区的蚕桑业，几乎占农业生产的一半比重。无锡、武进、金坛、宜兴、丹阳、句容等地先后成为蚕桑丝绸的新兴地区。江苏北部的盐城、泰州等地，从此时起也开始试种桑树。珠江三角洲地区盛产的蚕丝再度远销国外，经营蚕桑比种植其他作物获利较大，因此更加速了蚕桑的发展。南海、顺德地区一改原来的果基鱼塘为桑基鱼塘，即在鱼塘周围种植桑树，兼收蚕桑与鱼塘之利。乾隆年间，南海、顺德一带曾掀起弃田筑塘、废稻树桑的高潮，不少乡镇相继变成了桑塘专业和丝绸生产基地。四川地区为改变土种蚕丝，还在全省和各县设立蚕务局，并从浙江引进了优良蚕种，移植胡桑和鲁桑。山东地区蚕丝业的恢复发展也比较快，淄博一带的农民，每年春天家家养蚕，乡民一年之需多半仰给于此，到 1910 年全省蚕茧产量达 2 万吨。湖北、湖南地区也有较大的发展。湖南当时的巡抚向浙江购买桑苗发给农民栽植，桑园面积达到 50324 亩，而且在屋旁溪边均种植桑树，因而使蚕茧产量逐年增加，1907 年达 1250 吨，1914 年增至 2428.9 吨，1933 年进一步增至 4850 吨。甘肃、新疆等地的蚕桑事业，在这个时期也有较大发展。左宗棠在西北期间就大办蚕丝业，先后从浙江湖州寻觅熟谙蚕桑工匠，带蚕种到新疆、甘肃，教民育蚕种、栽桑、养蚕、煮茧、缫丝、织绸等各项技术。他自己和帮办曾在甘肃栽了几百棵桑树，并在南疆哈密、吐鲁番、库车、阿克苏、和田等地建立推广蚕桑的官方机构——蚕桑局，引进"胡桑"，以改良当地的桑树品种，为后来新疆蚕桑业的发展奠定了基础。1907 年新疆当局再次聘请了一位熟谙桑蚕的浙江绍兴人赵贵华，对南疆的桑蚕业进行详细的考察，并由他定出改进蚕桑事业八项办法，交南疆当地官吏宣传和推广。1～2 年后收效很大，蚕丝产量由 30 余万斤增至 1910 年的 70 余万斤。

　　20 世纪 20～30 年代，受世界经济危机的严重影响，中国蚕桑业逐渐衰退。特别是抗日战争期间，被日本帝国主义破坏的桑田多达 200 余万亩，半数以上的丝绸工厂毁于炮火。抗日战争胜利以后，蚕桑丝绸业不仅没有得到恢复，反而更为萧条。桑田荒芜，蚕农破产，工厂倒闭，1949 年全国桑蚕茧产量仅有 62 万担。

　　柞蚕也是中国的一项特产，柞蚕纤维不仅强力较高、吸湿性强、有弹性，还具有绝缘、耐酸碱等特点。特别是它的色光柔和，使得柞绸服装穿着舒适、美观、大方。柞蚕丝也是工业上用作滤材和劳保用品的较好原料，因而柞蚕丝绸曾是中国传统的出口产品。

早在公元前1100年的西周时期，中国人就已发现野生的柞蚕，并用来缫丝织绸。许多历史资料证实，周朝以后柞蚕已由野生自然生长发展到人工饲养。元朝时得到巨大发展，由山东、河南普及到辽宁、吉林、黑龙江等地区，并传到朝鲜和日本。所以，中国素有柞蚕生产基地之称。清朝末年，山东半岛地区年产柞蚕茧在12500吨左右，丰收年度可达到15000吨以上。辽宁的柞蚕茧年产量曾高达80亿粒（折合5.2万吨）。好景不长，20世纪前半叶，华北、东北地区社会动荡、战乱频频，柞蚕业遭到严重破坏，柞蚕茧产量一落千丈。1949年全国柞蚕茧的产量仅为1.2万吨。

回顾中国桑蚕和柞蚕丝绸发展的历史，虽然历朝历代对这两种纺织原料的政策不一，有的朝代发展得快一点，有的朝代有所忽视，却一直处于世界领先地位，并传授到许多国家和地区。但在20世纪前、中期，由于长期战乱和城乡社会普遍贫困等种种因素，中国的蚕丝事业一落千丈，反而被日本超过了。到1914年，日本的桑蚕茧丝绸的生产量和出口量均已超过中国，成为日本发展经济获取外汇的功勋产业。这一令国人心痛的局面，一直延续到1970年才得到扭转。

中华人民共和国成立后，党和政府对恢复发展桑蚕、柞蚕和丝绸纺织工业十分重视，各地的积极性也很高。从三年恢复到"一五"计划期间，各蚕茧产区在建立农业生产合作社后，推广了小蚕共育和联合养蚕等措施，提高了蚕茧的单位产量和质量。有关部门会同工厂对蚕茧实行联合收购，收购价格稳中有升，使蚕茧生产很快得到恢复。1952年，桑蚕茧产量达到6.25万吨，比1949年翻了一番，由于蚕茧增长过快，经营管理又跟不上，曾造成一定的损失。为此，在1953年压低了茧价，结果又导致蚕茧产量下降。1954年，在"发展生产，保证供给，产销结合，有计划发展"和"保证对苏出口，扩大对外贸易"决策指导下，结合调整茧价，使得桑蚕茧产量稳定在6.5万～7万吨。1958年，国家调整了桑蚕茧价格，从每100千克166元提高到200元，促使桑蚕茧产量增至7万吨以上。三年困难时期曾大幅下降了一半。之后，国家又适当提高了桑蚕茧价格，从每千克200元提高到230元，并给予化肥、粮票、布票等奖售物资，鼓励农民养蚕。同时，丝绸工厂把养蚕作为工厂的第一车间来抓，帮助解决一些蚕用物资，推广先进的养蚕技术和参与桑蚕茧收购，使桑蚕茧逐年稳步上升，1970年达到12.15万吨，超过日本重居世界第一的位置。1978年增至17.35万吨。1978～1990年，国家又先后三次提高了桑蚕茧的价格，从每100千克230元提高到960元，大大激发了蚕农的生产积极性。到1990年，全国桑蚕茧产量已达到53.43万吨，占世界桑蚕茧总产量的65%左右。同年全国桑蚕丝产量为42973吨，占世界桑蚕丝总产量的62%左右。

进入20世纪90年代，随着改革开放的继续深化，简政放权扩大地方和企业的自主权后，由于宏观管理调控机制等跟不上社会主义市场经济发展的步伐，在蚕丝出口利润较大的驱使下，桑蚕茧的收购秩序混乱。蚕茧收购单位、部分工厂以及投机商等纷纷抬价抢购桑蚕茧，茧价从每100千克960元哄抬至1800元左右。此后，由于丝绸服装出口受限、茧丝积压、茧价大幅度下跌，挫伤了蚕农的生产积极性，自1995年起蚕茧产量又连年下跌，1996年仅

50.8 万吨，比 1994 年下降了 40%。在这个过程中只有山东省保持了良好的收购秩序，蚕茧质量也居全国之首。他们的具体做法是：蚕茧一直由贸工农一体化的山东省丝绸公司收购，并制定了蚕茧收烘的规章制度，还与蚕农订立了供销合同等。根据他们的经验，国家制订了蚕茧收购管理条例，指定了蚕茧收购单位，并逐步完善了蚕茧市场的调控秩序。蚕茧收购实行中央指导下的省级政府定价机制，并加强监督检查，茧价日趋稳定，才扭转了蚕茧产量下跌的局面。之后十多年间，茧价逐步有所提高，桑田面积基本上稳定在 1200 万亩上下。茧产量有波动，高的年份达到 78.47 万吨（2007 年），低的年份为 48 万吨（2003 年），平均保持在 62 万吨左右，2013 为 64.83 万吨。

在这期间，桑蚕茧生产之所以能保持比较快的发展，可以归结为：一是政府在蚕茧价格上，与其他经济作物保持一个较为合理的比价——茧、棉比价基本维持在 1:0.8～1:1；二是根据气候、土壤、经济、技术、人口等因素，选择有利于蚕业生产的地区建立基地，并根据"巩固提高、稳步发展"的方针，巩固提高老基地，稳步发展新基地。在四川、浙江、江苏、山东、安徽等省建设了年产茧 500 吨以上基地县 100 多个，其产量约占全国总产量的 80%。东桑西移也取得明显成效，其中以广西发展最快，2000 年时桑田面积为 30 万亩，茧产量为 3 万吨，到 2007 年桑田面积增至 201 万亩，茧产量增至 20.5 万吨，分别提高了 5.7 倍和 5.8 倍。在全国桑田和茧产量中的比重已分别达 14% 和 26%；三是科学养蚕成果显著，至今已选育了 40 多个优良桑种；4 次更新桑蚕品种，使茧层率提高了 5%，茧丝长度提高了 300 米，出丝率提高了 4%。在养蚕方面推广了炕房育、小蚕共育以及方格簇等先进技术，使蚕茧的每公顷单位面积产量从 1949 年的 155.5 千克提高到目前的 652.54 千克，提高了 3.2 倍。

现时中国桑蚕茧生产在全球范围内，虽处于领先的地位，但依然面临周边国家的激烈竞争，不能等闲视之。在联合国、日本、韩国、法国等支持下，南亚、中东、非洲、东欧以及独联体等国家和地区都在积极发展桑蚕茧事业，帮助当地农民尽快富起来。尤其是印度，已发展成为丝绸生产第二大国和丝绸消费第一大国。

柞蚕茧的恢复，在 20 世纪 50 年代初是比较快的。1952 年全国柞蚕产量已达 6.1 万吨，比 1949 年的 1.2 万吨增加了 4 倍多。之后由于管理体制和经济政策多变等原因，致使柞蚕生产几起几落，至今未见大起色。1953～1978 年，年平均产量只有 3.8 万吨，其中在 5 万吨以上的只有 6 年。产量最低的一年（1961 年）只有 0.45 吨。其后有所恢复，但仍然低迷，2000 年的柞茧产量为 4.7 万吨，2012 年产量为 7.5 万吨。

除桑蚕茧和柞蚕茧外，20 世纪 70 年代，广西根据本地区条件，曾大量发展木薯蚕（蓖麻蚕品种），并在这一基础上建设了 3 个绢纺厂。经过多年实践后发现：发展木薯茧的效益不如直接发展桑蚕事业，便当即改了过来。现在广西已发展成为中国桑蚕丝第一生产地。

综上所述，中国农牧业为纺织工业提供的纤维原料种类之多、数量之大（少数品种除外）以及发展之快（少数品种除外），在全球范围内堪称第一。在为中国纺织工业持久发展，解决全国人民穿衣问题，扩大纺织品服装出口，为国家积累资金、增创外汇以及扩大劳动就业等方面，都起着至关重要的作用。同时，上述种种原料的快速发展，已成为数亿农牧民脱贫致富奔小康的支柱产业。数十年来，在科学种植、培育优良品种等方面取得不少新成果，推动了多种原料向更高水平发展。但由于多种复杂因素的干扰，造成原料生产几次大起大落，个别品种已濒临消亡的边缘，对国家、纺织工业和农牧民都是重大损失。为此，亟须在深化改革进程中，探索形成一种稳定生产的有效机制（图30-34～图30-37）。

中国
纺织工业
发展历程研究
（1880～2016）

图30-34 规模化桑园

图30-35 现代化桑田

图30-36 工厂化养蚕

图30-37 科学养蚕

我国农牧业生产的各种纺织原料的发展概况见表30-3。

表30-3 我国农牧业生产的各种纺织原料发展概况

项目		单位	新中国成立前 最高值及年份	1949年	1978年	2000年	2014年	新中国成立后	
								最高值及年份	最低值及年份
棉花	种植面积	万公顷	400 1937年	277.0	486.7	404.1		569.3 2004年	349.7 1963年
	产量	万吨	84.9 1936年	44.45	216.7	441.7	617.8	782.4 2007年	69.2 1950年

项目		单位	新中国成立前 最高值及年份	1949年	1978年	2000年	2014年	新中国成立后	
								最高值及年份	最低值及年份
绵羊毛	绵羊头数	万头	3850 1937年	2622	9640				2852 1950年
	产量	万吨	3.78 1935年	3.64	13.8	29.3	42.0	42.0 2014年	2.33 1951年
黄麻和洋麻	种植面积	万公顷		2.87	41.2	5.0		99.1 1985年	2 2009年
	产量	万吨	10.5 1937年	3.7	108.8	12.6	5.6	412.0 1985年	5.6 2014年
苎麻	种植面积	万公顷	17.23 1937年	4.47	3.6	9.6	不足10万亩	51.7 1987年	2 2011年
	产量	万吨	1.2 1937年	4.05	2.6	16.1	不足2万吨	56.75 1987年	6 2011年
亚麻	种植面积	万公顷				9.6	不足10万亩		
	产量	万吨	0.44 1939年	1.7	9.4	21.4		66.9 2004年	1.2 1962年
桑蚕茧	桑田面积	万公顷					84.69	95.2 2007年	
	产量	产量		3.1	17.3	50.0	81.9	81.9 2014年	3.35 1950年
柞蚕茧产量		万吨		1.2	5.5	4.7	7.6	7.8 2008年	0.45 1961年
山羊绒收购量		万吨		0.21	0.4	1.1	1.93	1.93 2014年	0.07 1950年

第六篇

原料和市场

第三十一章 立足"扩内需、惠民生"，用好世界最大的国内纺织品市场

面对人口众多的中国社会对纺织品、服装的庞大消费需求，中国纺织工业在中华人民共和国成立后许多年间，或是愁生产能力，或是愁原料资源，或是愁设备、技术，却基本不愁（或很少愁）国内市场。自20世纪50年代到20世纪和21世纪之交，从解决人民群众普遍温饱、有饭吃有衣穿问题，到致力于小康社会以至"全面小康"建设、提高纺织品服装供应水平，纺织工业的国内市场一直呈现扩大的态势。反过来，庞大的国内市场，为中国纺织工业提供了极为广阔、稳定的发展空间。

中国纺织工业现今在全球范围"半天下"的庞大工业规模，立足于当代中国庞大的纺织品服装内销市场。

一、曾经的历史场景：与人口很不相称的国内纺织品市场

纺织品是民生必需。作为世界第一人口大国，中国理应是世界上最重要（至少是居世界前列）的纺织品市场。

但实际情况却是：从清末到民国时期，百年积贫积弱的中国，受制于城乡社会普遍贫困和频繁战乱，国内纺织品市场甚为有限。棉纱、棉布销售总量，甚至还不及当时欧洲英国、法国、德国、意大利等中型国家一国的市场规模，与人口根本不成比例。至于呢绒、丝绸，在当时的中国社会更绝对是奢侈品。

第二次世界大战结束后那几年，中国纺织工业和纺织品市场稍有起色。一些民族资本纺织企业生产的比较实用且价格适中的纺织品，开始在国内市场畅销。棉纺织品有丝光卡其、丝光府绸、大花哔叽、灯芯绒；毛纺织品有中厚花呢、派力斯、法兰绒、海力斯和纯毛绒线；丝绸品有格子纺、电力纺、织锦缎、丝绸被面；针棉织品有中支纱针织内衣和印花床单、丝光毛巾等，在一些大中城市大行于市。

当时尚在萌芽时期的服装制造业中，少数得风气之先的企业，采取工业方式生产的男式衬衫、风雨衣、长毛绒大衣，还有现成西装，开始以商品形态进入大中城市市场，逐步取代

传统的家庭缝纫和苏广成衣铺、红帮裁缝店。

经过半个世纪历练的中国近代纺织业，棉、毛、麻、丝纺织各行各业，到此时都已开始形成一批畅销城乡市场的产品。诸如，申新纺织系统的金双马棉纱，永安纺织系统的金城牌纱线和大鹏细布，常州大成纺织系统的蝶球牌细布，嘉丰纺织厂的嘉禾牌棉纱，公营的中国纺织建设公司的兰凤纱、龙头细布、五福布、四君子哔叽、水月牌色布，上海新丰印染厂的白猫花布、白猫牌泡泡纱，上海仁丰染织厂的190士林蓝布，青岛阳本印染厂的士林布、大花布，毛纺织业的章华花呢、寅丰花呢、元丰花呢、协新派力斯、仁立海力斯（粗纺呢绒）、哈尔滨提花毛毯和英雄牌绒线、皇后牌绒线、蜜蜂牌绒线，丝绸业的"美亚丝绸被面"和电力纺、真丝双绉，从上海、江苏、浙江、广州针棉织行业脱颖而出的鹅牌汗衫、飞马牌棉毛衫裤、菊花牌针织衫裤、钟牌414丝光毛巾、三角牌毛巾、太平洋牌床单、大统牌方格床单、民光牌印花被单，上海新光内衣染织厂的司麦脱衬衫，上海标准服装制造厂的康派司衬衫，上海永新染织厂的ADK雨衣等。

原本就看重中国市场的欧美各国纺织业，在第二次世界大战后几年间迅速卷土重来。美国本土制造的精纺、粗纺呢绒，迅速占领了中国几个大城市的高端毛纺织品市场。美国纺织业此时正处在全盛时期。第二次世界大战后先是在上海等大城市倾销墨尔登呢、中厚花呢、拷花大衣呢、罗斯福大衣呢（阔条贡呢）等高、中档呢绒，接着是大量倾销问世不久的尼龙丝袜、尼龙绸等化学纤维纺织品。在这个历史时期，尼龙丝袜甚至成了中国社会的热门词条。

在民族资本纺织业迅速恢复、发展和发达国家高档纺织品涌入中国市场双重因素影响下，上海的四大百货公司（大新、永安、先施、新新）、三大祥布店（协大祥、宝大祥、信大祥）和集中了培罗蒙、雷蒙、培蒙、ADK、王兴昌、鸿翔公司等众多高端服装店的"时装大道"南京路和静安寺路，常年门庭若市。

上海、天津等大城市纺织品、服装市场这一历史场景，虽说是第二次世界大战后胜利国大城市特殊历史条件的产物，并不具有当时中国城乡市场的代表性，但在一定程度上可以说明：中国纺织工业的国内市场有很大的潜力。就中国纺织工业的发展环境而论，看好国内市场，并预见到它将发展成为世界最重要以至最大的纺织品、服装市场，并不需要从经济学的深奥道理中找根据。

当然，"世界最大的国内市场"从前景到成为经济、社会的现实，是有若干必要条件的，而且得有相当长的发展过程。这就是：城乡社会由普遍贫困渐渐转变为普遍富裕（至少是相对富裕）；本国的纺织工业发展到足够强大，并将发展的基点立足于国内市场；纺织工业和相关商贸事业，注重技术创新和产品创新、经营手段创新，善于引导社会大众对纺织品、服装的适度消费。三者缺一不可。这在中华人民共和国成立后纺织工业和相关商贸事业半个多世纪的发展中，是有许多历史经验和历史教训的。1950年，在全国棉布总产量仅为25.2亿米（人均4.6米），而且市场完全放开的情况下，当年全国棉布零售量仅为21.7亿米，人均消费仅3.9米。之所以会出现如此反常的供过于求现象，是因为全国刚解放，各地城乡社会普遍贫困。如果将当时的中国纺织品市场规模进行国际比较，问题就更清楚了。中华人民共和国成立初期，国民经济恢复时期，1952 年，在全国人口近 6 亿（占世界总人口 20% 左右）、城乡市场纺织品完全放开的情况下，全国衣着类商品社会零售额仅为 50.8 亿元，而同年美国衣着消费支出为 90 亿美元以上。按当时实际汇率匡算，这一年中国的纺织品市场规模，约略相当于美国的 1/15，而这还只是对纺织品消费支出的绝对数进行比较，并没有考虑人口的因素。直到 20 世纪 50 年代前期，中国社会城乡居民的纺织品消费水平还是很低的，中国纺织工业的国内市场规模还是很小的，在世界上无足轻重。

改变这一经济不发达的状况，实非易事。直到 1970 年，在纺织品生产跟不上社会、市场需求，国家不得不继续实行布票制度（从 1954 年开始实行的发布票限量供应制度，到此时已 15 年）的情况下，中国城乡居民衣着消费仅为 170 亿元人民币。而同年美国的衣着消费支出为 518 亿美元。按当时的实际汇率匡算，两者的差距为 1：24。造成这一巨大差距的主要因素，不完全是城乡居民的购买力（此时人民群众的购买力已有所提高，而且纺织品的价格很便宜），而是纺织工业产能不足、纺织原料资源不足。

1980 年，中国纺织工业的市场规模已开始大幅度上升，纺织品零售额达到 414 亿元。同年，美国的纺织品服装市场规模也在上升，已达到 1132 亿美元。因此，直到改革开放初期，中国的纺织品服装市场规模，与美国的纺织品服装市场相比，仍停留在 1：24 左右。美国是世界最大的纺织品服装市场，其市场规模一般为全球平均水平的 3～4 倍。中国是发展中国家，直到 1980 年与美国的差距还很大。这一客观现实实属无奈，但可以理解。

20 世纪 70～80 年代，中国的纺织品服装市场规模大体上已接近英、法、德、意等 5000 万～6000 万人口的欧洲国家的水平，但仍有很大差距。1970 年英国的全国衣着消费支出为 28 亿英镑。按当时实际汇率匡算，那年中国的纺织品服装市场规模（人民币 170 亿元），约略相当于英国市场的 60%。其后到 1980 年，中国的纺织品服装市场上升为 414 亿元，英国的纺织品服装市场上升为 90 亿英镑；按当时实际汇率匡算，中国的纺织品服装市场规模约相当于英国的 42%。

进入改革开放时期后，中共中央和中央人民政府在最初 10 多年间，致力于解决全国人民吃饱穿暖这一最基本的民生问题，紧接着又致力于小康社会建设并大获成功。而其起跑点的社会实情，就纺织工业而论就是如此严酷。

二、最大的国内纺织品服装市场：从前景到现实

实行改革开放国策以后的 30 多年间，20 世纪 80～90 年代，中国国内纺织品服装市场情况大变。进入 21 世纪以后的 10 多年间，更是情况巨变。变化之大之巨，远远超过国人预期，并使世人瞩目。1980～2000 年，中国社会先后致力于温饱社会和小康社会建设。全国城乡居民衣着消费零售额，从 1980 年的 414 亿元人民币猛升到 2000 年的 3300 亿元人民币左右（约合 520 亿美元）。同期美国的衣着消费支出由 1132 亿上升到 2100 亿美元左右，增

速也甚为可观。但中、美两国的差距明显缩小了。按当时的实际汇率匡算，两国纺织品服装市场规模，由1:24缩小为1:4左右。与英国的纺织品服装市场规模相比，则由1980年相当于英国市场的40%左右，转变为在1996年赶上英国，其后迅速拉开距离。发生这样大变化的最重要因素是：城乡居民购买力持续提升；棉、毛、麻、丝纺织各行各业和化学纤维制造业大发展；国务院和工商部门对城乡居民纺织品服装消费政策引导得宜。三个重要因素同时起重要作用。还应该看到：20世纪80～90年代中国纺织品服装市场的大发展，并非是"独步世界"的经济现象。这个历史时期，欧美一些发达国家和日本、澳大利亚等，虽存在纺织服装工业急剧萎缩的问题，但通过增加进口量和广泛采取"委托加工OEM"经营模式，其国内纺织品服装市场仍保持稳定并有所发展。当时中国纺织品服装市场拉近与发达国家的差距，并非易事。

进入21世纪后的10多年间，中国纺织工业出现新一轮大发展的局面。2014年，全国纺织工业（规模以上企业）主营业务收入为67220亿元，扣除出口交货值（9664亿元）后供应国内市场的纺织品服装总值为57556亿元。其中三大终端产品为19837亿元（服装15601亿元，家纺1997亿元，产业用纺织品2239亿元），主要面向城乡居民的服装和家纺，商品总值为17598亿元。按当年实际汇率匡算约为2793亿美元。到此时，中国的国内纺织品服装市场总规模，已与美国纺织品服装市场总规模并驾齐驱（当然，在"人均"方向尚有相当大的距离）。更值得注意的是：据欧盟统计局估算，2010年，欧盟27国纺织工业（纺织品、服装）营业收入为1475亿欧元，加上纺织品服装净进口值为508亿欧元，2010年，欧盟27国纺织品、服装市场总规模近2000亿欧元，按当年汇率匡算，约合人民币1.8万亿元。而在2010年，中国纺织品服装工业销售总值为39965亿元，扣除出口7965亿元后，供内销的纺织品服装的商品总值为3.3万亿元，与欧盟27国纺织品服装销售总值1.8万亿元相比，已超出78%。2014年，中国纺织工业销售总值58860亿元，扣除出口交货值，加上进口纺织品服装总值后，到这一年中国国内纺织品服装市场规模达5.15万亿元，已超过美国和欧盟（27国）居世界首位。

纺织品服装国内市场规模的巨大变化，真切体现了中国共产党"执政为民"的理念和执政能力。20世纪80年代前、中期，基于纺织工业的快速发展和纺织原料资源的稳定增长，中国社会的纺织品供需关系发生了质的变化。1982～1983年，甚至出现了许多棉织品免收布票和城乡居民听任布票过期作废的现象。水到渠成，经过国务院和纺织工业部、商业部郑重研究后，国家正式决定在1983年底取消实行了30年的布票制度。由此，中国社会首先在纺织品服装供给和消费这一环，告别困扰中国社会多年的短缺经济。取消布票之日，全国城乡纺织品服装市场风平浪静。纺织品服装产供销体制顺利过渡为社会主义市场经济，中国纺织品服装市场由此更加繁荣。自20世纪80年代中期以来的30多年间，西装热、牛仔裤热、羊毛衫热、夹克衫热、运动衫裤热、羽绒服热、休闲服装热、唐装热，消费热点一个接着一个。流行色、流行款式、时装设计、时装模特、时装表演，成了中国社会的热门话题和流行词条。服饰个性化、多样化，成了中国城市以至乡镇的社会新常态。世人谈及中国社会的巨变，往往首先是议论中国社会服饰的巨变，这不是偶然的。

中国是人口大国，并拥有根基深厚的手工纺织业商品生产、商品交换传统，拥有"丝绸之路"的辉煌历史。进入 21 世纪以来，中国纺织工业将 80% 左右的产品用于国内市场，将中国社会的服饰和家用纺织品消费水平，成功地推向国际先进水平；将 20% 的产品用于国际贸易，取得了世界纺织品服装贸易三分之一的市场份额。在统筹兼顾国内、国际市场的前提下，中国发展成了与美国、欧盟（27 国）三足鼎立的态势，成为世界范围最重要的国内纺织品服装市场之一。这一历史性的经济发展成就，已成为中华人民共和国经济发展极为光辉的一页。

表 31-1 给出了中国纺织工业规模以上企业的市场规模。

表 31-1   中国纺织工业规模以上企业的市场规模   单位：亿元

年度	工业销售产值		出口交货值		进口纺织品服装		表观市场规模	
	纺织品	服装	纺织品	服装	纺织品	服装	纺织品	服装
2010	27973	11992	4620	3345	1114	159	24467	8806
2011	28934	15222	3722	4469	1191	252	26403	11005
2012	32068	13194	3816	4570	1247	285	29499	8909
2013	31776	17200	3735	4420	1358	336	29399	13116
2014	38091	20769	3948	5168	1288	437	35431	16038

资料来源："工业销售产值"和"出口交货值"据历年《中国纺织工业发展报告》；"进口纺织品服装"据《纺织工业统计年报》；"表观市场规模" = 工业销售产值 – 出口交货值 + 进口纺织品服装总值。

三、"前 30 年"：国内纺织品市场商品结构的大变化

纺织工业是典型的商品生产部门。从纱线、织物到服装、家纺等各类终端产品，其市场属性都很强。但随着产业链、生产分工、工艺技术的发展，并受到经济管理体制、社会习俗的影响，进入商贸渠道的商品结构往往有很大的变化。

20 世纪上半叶，近代纺织工业（主要是棉纺织业）在中国兴起初期，纺织系统的产业链仅仅是纺、织、染三个环节。相应地，进入城乡市场的商品形态，也仅是棉纱（供应织染厂和手工织布业）、坯布，坯布主要供应印染企业、手工染坊和城乡居民直接缝制衣被（经由布店、绸布庄等零售商业渠道供应城乡居民家庭）。在一些纺织全能厂和纺、织、染全能厂，其棉纱、坯布的商品属性则是不完整的。至于毛、麻、丝纺织各行业和针织、印染业，当时工业规模还很小，其商品结构更为单一。以下是 1949 年前后中国纺织品市场商品结构的清单。

（1）棉纱、棉线（股线）、棉布（市布）、棉印染布（漂布、色布、花布）、色织布。

（2）毛线（绒线）、毛织物（呢绒）、毛毯、毛针织品（羊毛衫）。

（3）麻纱、麻线、麻布（苎麻布）、麻袋（黄麻、洋麻麻袋）、篷帆布。

（4）蚕丝（桑蚕丝、柞蚕丝）、绢丝、真丝绸、丝绸被面。

（5）针织内衣（汗衫背心）、棉毛衫裤、卫生衫裤（绒衣、绒裤）、袜子手套。

（6）染织业生产的毛巾、被单、手帕等纱线制成品。

（7）少数刚采取工业方式的服装企业生产的男式衬衫、风雨衣和少量现成西装、现成秋冬大衣。

纺织产业的主导产品——棉纱、棉布，在中国经济发展中一向居于重要地位。早在20世纪30～40年代，上海已设有机器纺织业同业公会，并且开办了花纱布交易所。著名的新闻媒体《新闻报》《申报》，都设专栏逐日报道名牌棉纱、棉布、印染布的市场行情。1949年8月，中财委在上海召开的全国经济工作会议，把棉纱、棉布生产和市场问题列为重要议题，对棉纱、棉布问题的研究具体而细致。

20世纪50～60年代以至70年代，是中国纺织工业奋发图强、埋头苦干、集中力量发展棉纺织工业，致力于更多地生产品质优良（特别是纱、布的内在质量）的棉纱、棉布，解决人民衣被甚少这个重大民生问题的重大历史时期。中共中央和中央人民政府，高瞻远瞩，用大力气建设化学纤维制造业以增加纺织原料资源、建设纺织机械制造业，自力更生发展纺织工业。在统筹兼顾的发展战略指导下，棉、毛、麻、丝纺织各行各业，都在这个历史时期奠定了可观的工业基础，开始为繁荣国内纺织品市场做贡献。

就国内纺织品市场来说，这一时期的中心问题，是稳步发展棉布（市布）、棉印染布、棉针织品和毛巾、被单等家用纺织品的生产和货源，足额兑现全国城乡每人每年10几尺布票的定量供应。在人口增加很快而棉花生产丰歉不定、纺织工业大建设刚刚起步的艰难条件下，要解决好这个民生大问题，并非易事。20多年间，曾出现过严重折腾：1960年前后，全国棉花严重减产，使纺织工业大幅度减产。结果，那几年国家不得不将布票定量削减到7～8尺。但总的来说，在这二三十年间，由于纺织工业总体快速、稳步发展，从国务院到农、工、商三部门，对保证纺织工业生产、建设都高度重视，国内纺织品市场一直保持着货架充实、花色品种丰富的局面。尤其是棉纺织品，虽说是定量供应，城乡人民衣被消费的基本需要是有可靠保障的。1955～1980年，全国棉布产量从43.6亿米发展到81亿米，增加近一倍，高于同期全国人口增加60%的幅度。这样，就在货源上为繁荣城乡纺织品市场提供了有力支撑。

值得注意的是，这一时期棉、毛、麻、丝纺织业都有所发展，特别是在化学纤维工业奠定了初步基础。在城乡纺织品市场日益繁荣的形势下，中国国内纺织品的商品结构、商品形态，出现了一系列重要的变化。

最为重要的一个变化，是化学纤维纺织品开始进入中国纺织品市场的商品序列，并在不多几年间就发展成了大产品。

随着化学纤维工业在中国的迅速兴起，一些化学纤维与棉花、羊毛、苎麻、蚕丝混纺交织的新型纺织品，开始有声有色地进入城乡市场，作为时尚衣料、时尚服装流行于中国社会，并有若干新产品发展成了大产品。

其中天字第一号的是棉型涤纶短纤维与棉花混纺，混纺比例为65/35或50/50的"涤棉布"。开始时以港式词条"的确凉"为名，后来正式定名为"涤棉布"。最先登场的是涤棉细布及其制成品的确凉衬衫，接着是蓝灰色的的确良卡其（涤卡）及其制成品的确良西裤、上衣在市场上大热。由涤纶衍生的中国纺织品市场的大产品，还有毛型涤纶与羊毛混纺的毛涤纶（薄花呢、中厚花呢）；涤纶与苎麻混纺的麻涤纶织物。当时谁也不可能预料到：涤棉布、毛涤纶这些化学纤维混纺产品，后来竟发展成了中国社会最普遍的衣料。

在这个时期先后形成的化学纤维与天然纤维混纺以至纯化学纤维的纺织品市场大产品，还有锦纶（尼龙）短纤维与羊毛混纺的混纺华达呢，用锦纶长丝织制的尼龙绸，用锦纶或丙纶织制的化学纤维地毯，腈纶与羊毛混纺的毛线、毛毯、羊毛衫，纯腈纶的拉舍尔毛毯，纯棉型黏胶纤维织制的人棉布，纯黏胶长丝（人造丝）织制的人丝绸缎，以及用锦纶长丝、短纤维织制的袜子、手套等。这个时期，还出现了从化学纤维工业直接衍生的两项纺织产业链大产品：化学纤维轮胎帘子布和非织造布（无纺布）。

这个时期第二个重大变化是：针织产品生产规模的扩大，以及针织外衣开始进入国内纺织品市场的重要产品序列。传统的针织行业，在这个时期开始致力于发展针织外衣。到后来，大众化的、舒服、美观而价格适中的针织内外衣，竟发展到与机织服装并驾齐驱，共同支撑起庞大的国内城乡服装市场，并成了中国最重要的出口创汇产品之一。由于针织业的工业规模急剧扩大，针织企业的生产分工细化，竟使针织坯布也发展成了独立的内外销商品。受棉针织业大发展的影响，毛针织、丝针织商品的生产，也在这个时期起步了。尤其是毛针织内外衣，后来竟发展成了大产品。

总之，与中国纺织工业的大发展同步，中国国内纺织品市场的商品结构，在"前30年"出现了相当大的变化。到1980年前后，可列出统计数的大类商品已发展为以下几类。

化学纤维：黏胶纤维、合成纤维。

棉型纱：纯棉纱、化学纤维／棉混纺纱、棉型化学纤维纱、棉型合股线。

棉型布：纯棉布、化学纤维／棉混纺布（特别是涤棉布）、棉型纯化学纤维布（特别是"人棉布"）、帆布、轮胎帘子布。

印染布：漂白布、染色布、印花布。

针织品：针织内衣、针织外衣、针织布、袜子、手套。

纱线复制品：毛巾、被单。

毛纺织品：毛线（纯毛、混纺、纯化学纤维）、精纺呢绒（纯毛、混纺、纯化学纤维）、粗纺呢绒（纯毛、混纺、纯化学纤维）、毛毯（纯羊毛毯、腈纶毛毯、人造毛毯）。

丝绸：真丝、绢丝、真丝绸（真丝、化学纤维／真丝交织绸）、化学纤维长丝绸。

麻纺织品：苎麻布（纯苎麻布、麻涤混纺布）、亚麻布、黄洋麻麻袋、麻布、丙纶编织袋。

非织造布（无纺布）。

服装制造业：机织服装、针织服装。

四、改革开放带来了国内纺织品市场商品结构的巨变

20世纪80年代前期，中国的温饱社会建设取得显著成就。在紧接着登场的小康社会建设中，纺织品供给和纺织品市场成了领跑者。20世纪80年代至21世纪第一个15年间，国内纺织品市场变化之大，令世人瞩目。最重要的变化，发生在纺织产业链的下游行业。这个时期，纺织工业开始致力于发展深加工产品，特别是服装、家用纺织品、产业用纺织品这三项终端产品。

起步于20世纪80年代中期的提高工业化成衣率，以工业生产方式取代此时尚处于手工业阶段的服装生产方式。国家在产业政策、经济管理体制、现代化服装生产线引进、服装设计人才培养等一应环节，支持这一"调结构"的重大行动。更为重要的是以多种多样的方式引导消费。人们的消费理念渐渐变了，过去那种把注重服饰美与"小资产阶级思想"划等号的"左派幼稚病"，被中国社会摒弃了。服装生产实现了工业化，服装消费水平纳入了小康社会建设。结果就在几年间，服装成了城乡纺织品市场的主要商品，到后来甚至出现了城乡市场布店基本退出历史舞台的现象。

1980～2000年，全国衣着消费品零售额由414亿元扩大到3297亿元，考虑币值、物价因素后，增长幅度仍达到5倍以上。进入21世纪以来的10多年间，全国规模以上企业服装产量从2000年的71亿件（其中针织服装34亿件，机织服装37亿件），发展到2015年的308亿件（其中针织服装144亿件，机织服装164亿件）。2014年，全国服装行业规模以上企业15821家，工业销售产值21056亿元；扣除同年出口交货值4896亿元后，2014年全国内销服装总值多达16160亿元；再加上进口服装，就服装的市场规模而论，已与美国近年的服装消费支出并驾齐驱。

由发展深加工产品和倡导服饰美引发的纺织品消费热潮，很快就连锁反应到家用纺织品生产、消费领域。20世纪80～90年代，在当时统称为纺织复制行业的众多规模不大的一些染织厂、毛巾厂、被单厂，抓住改革开放和小康社会建设的历史性机遇，开始致力于产品创新和市场营销。起初几年，是一波接一波的工艺技术、艺术设计以至产品包装面貌一新的印花床单热、丝绸被面热、提花毛巾被热、提花毛毯热。几年后，又发展到围绕居室美掀起床品四件套热、布艺沙发布热、布艺窗帘布热、布艺桌布热。甚至连价格不菲的化学纤维满铺地毯，也进入寻常百姓家。全国城乡大规模的住宅建设，加上一些星级餐馆、饭店、高端礼堂、高档写字楼、豪华娱乐场所对高端家纺产品的需求，迅速把家用纺织品生产和市场推向空前规模。作为大纺织产业链的三大终端产品之一，家用纺织品制造业在21世纪第一个10年间，从大纺织系统的一个小行业迅速发展成了规模可观的新兴行业。家用纺织品的生产和内外销，都进入了国家统计局的经济、社会发展统计数据。据国家统计局统计，2015年，这个新兴行业已拥有规模以上企业1847家。2014年，工业销售产值已达2614亿元（其中出口交货值547亿元）。提供给国内市场的家纺商品总值达2067亿元，内外销比例为80%与20%。

面向各个产业部门的产业用纺织品的生产和市场，也在 21 世纪第一个 10 年得到了大发展，成为大纺织产业链的重要组成部分，并正在继续延伸扩大。

产业用纺织品在中国，原先仅是工业部门间的若干协作产品，包括轮胎帘子布、造纸毛毯、水龙带、传送带、合成革基布、工业用毡等。商品性不强，市场规模甚为有限。20 世纪下半叶逐步发展，但直到 1997 年，总产量还仅为 122.7 万吨。其中较为重要的是：轮胎帘子布 20 万吨，医疗卫生用品 20 万吨，合成革基布 17 万吨，篷盖帆布 10 万吨，以及配套生产的非织造布 30 万吨。

进入 21 世纪以后，随着经济社会的高速发展，产业用纺织品制造业在市场的拉动下，与服装、家纺行业一起得到了大发展，而且有后来居上之势。到 2014 年，全行业已拥有规模以上企业 1795 家，主营业务收入 2702 亿元。2015 年，全行业纺织纤维加工总量 1341 万吨，占大纺织产业链纺织纤维加工总量的 25.3%。其中最重要的产品是：篷帆类纺织品 227 万吨，医疗卫生用纺织品 133 万吨，结构增强用纺织品 116 万吨，合成革基布 108 万吨。

与产业用纺织品配套生产的非织造布，到 2014 年已发展为 436 万吨；扣除进出口因素后，提供国内市场的实际消费量多达 385 万吨。

从 20 世纪 80~90 年代到 21 世纪初期的 30 多年间，在社会主义市场经济和小康社会建设的新形势下，中国纺织工业在商品供应数量和产品品种两个方面，都极大地丰富了国内市场。国内纺织品服装市场的商品结构，发生了重大变化。一系列产品升级换代，发展为进入国家统计局统计序列的重要产品。包括以下几种。

（1）化学纤维。

再生纤维：黏胶短纤、黏胶长丝。

合成纤维：涤纶、锦纶、腈纶、维纶、丙纶、氨纶。

（2）服装。

针织服装：棉针织服装，毛、麻、丝针织服装。

机织（梭织）服装：羽绒服、西服套装、衬衫等。

（3）印染布。在海关统计和行业统计中，分列八类商品：纯棉染色布、纯棉印花布、棉混纺染色布、棉混纺印花布，合成长丝织物、涤纶短纤纺织物、T/C 印染布、人纤短纤织物。

（4）针织品。发展为针织服装和针织织物两大序列。

（5）家用纺织品。计列床品、毛巾类、窗帘布三大类商品。

（6）产业用纺织品。在行业和海关统计中计列 16 类商品：医疗卫生用纺织品、篷帆类纺织品、合成革用纺织品、结构增强用纺织品、过滤与分离用纺织品、土工用纺织品、建筑用纺织品、交通工具用纺织品、安全与防护用纺织品、农业用纺织品、包装用纺织品、文体与休闲用纺织品、隔离与绝缘用纺织品、线绳（缆）带类纺织品、工业用毡毯（呢）类纺织品，其他。

（7）将业已发展为大行业的化纤长丝织造业，从丝绸工业中划出，单独计列统计数据。

（8）将业已形成相当规模的非织造布（无纺布）列为纺织工业主要产品。

（9）将轮胎帘子布列为纺织工业主要产品。

（10）在丝绸业统计中，单独计列蚕丝被统计数字。

（11）毛纺织工业在行业和海关统计中，分别计列：羊绒、羊毛条、毛纱线、毛织物、毛毯、针织人造毛皮、地毯、羊毛衫、毛机织服装、毛绒围巾。

（12）麻纺织业。分别计列亚麻布、苎麻布统计数据。

（13）棉纺织品。近年通常将棉纺、棉布的总称改为棉型纱、棉型布。在棉型布中，分别计列纯棉布、棉型混纺布的统计数据。有时，还在棉型混纺织物中单列涤棉布的统计数据。

进入 21 世纪以来，2000～2015 年，中国纺织工业又上了一个大台阶，出现了"纺织大国既成，纺织强国在望"的新局面。"世界最大的国内纺织品、服装市场"的预期，真正成为了现实（表 31-2～表 31-4）。

表 31-2　纺织工业国内市场规模及商品结构（一）

年度		2000	2005	2010	2012	2013	2014	2015
棉纱 （万吨）	产量（全社会）	660	1451	2573	2984	3200	3379	3538
	出口（海关口径）	21.0	46.9	52.5	44.7	52	43.1	34
	供内销	639	1404	2520	2939	3148	3336	3504
棉布 （亿米）	产量（全社会）	277	484	800	849	883	894	893
	出口（海关口径）	27.9	54.9	78.8	78.6	91.2	83.8	83.0
	供内销	249.1	429.1	721.2	770.4	791.8	810.2	900.0
印染布 （亿米）	产量（规上）	170.9	362.2	602.0	566.0	542.4	536.7	509.5
	出口（海关口径）	19.1	41.3	56.1	55.3	60.8	63.8	62.9
	供内销	151.8	320.9	545.9	510.7	481.6	472.9	446.6
呢绒 （亿米）	产量（规上）	2.8	3.3	5.7	6.0	5.8	6.0	6.3
	出口（海关口径）	0.37	0.99	0.87	0.86	0.8	0.8	0.7
	供内销	2.43	2.31	4.83	5.14	5.0	5.2	5.6
苎麻亚麻 织物 （亿米）	产量（规上）	1.2	2.2	5.7	9.6	9.1	9.6	8.8
	出口（海关口径）	2.4	2.5	2.6	2.8	2.7	3.0	3.2
	供内销			3.1	6.8	6.4	6.6	5.6
蚕丝及绢 丝（万吨）	产量（规上）	7.73	13.25	21.7	12.6	13.7	17.8	17.2
	出口（海关口径）	1.08	1.67	0.94	0.78	0.68	0.54	0.49
	供内销	6.65	11.58	20.76	11.82	13.02	17.26	16.71
真丝织物 （亿米）	产量（规上）			7.7	6.96	9.35	7.17	6.24
	出口（海关口径）	1.3	2.9	2.7	2.1	1.67	1.56	1.29
	供内销			5.0	4.86	7.68	5.61	4.95
化纤长丝 织物 （亿米）	产量（规上）				395	420	425	433
	出口（海关口径）				95.8	106.5	113.0	116.0
	供内销				299.2	313.5	312.0	317.0

注　1. 产量统计口径：棉纱、棉布、化纤为"全社会"；其他产品均为"规模以上企业"。

2. 出口统计口径：均为海关总署全社会口径。

表 31-3　纺织工业国内市场规模及商品结构（二）

年度		2000	2005	2010	2012	2013	2014	2015
机织服装（亿米）	产量（规上）	37	71	121	135	139.2	155.9	165
	出口	43.9	74.3	86.9	81.1	88.0	106	109
	供内销			34.1	53.9	51.2	49.9	56
针织服装（亿米）	产量（规上）	34	77	176	136	132	144	144
	出口	72.5	143.4	208.5	208	225	220.7	195
	供内销							
非织造布（万吨）	产量（全社会）	8.8	35.0	175.8	236.4	384	436	443
	出口				48.4	55.8	65.6	72.8
	供内销				188	342.2	385.6	370.8

注　出口数值来自海关统计口径，含"规模以下企业"出口量。

表 31-4　纺织工业国内市场规模及商品结构（三）

年度		2000	2005	2010	2012	2013	2014	2015
再生纤维（万吨）	产量（全社会）	54	111	183	273	370	372	385
	出口（海关口径）	0.25	1.84	10.04	26.9	18.1	26.3	22.0
	供内销	53.75	109.2	172.76	246.1	351.9	345.7	363.0
合成纤维（万吨）	产量（全社会）	640	1497	2852	3487	3792	4017	4446
	出口（海关口径）	2.0	24.9	64.3	73.1	79.6	96.4	103.8
	供内销	638	1472	2788	3414	3713	3920.6	4242.2

五、国内纺织品、服装市场销售渠道和商贸业态的重大演变

纺织品是中国最古老的商品。早在先秦、两汉就已形成的"丝绸之路"，其商业源头一直可以追溯到商周和春秋战国时期。商周时期，青铜器上铭刻的"匹马束丝"的商品交换，《诗经》中"氓之蚩蚩，抱布贸丝"的记载等一系列历史记录，说明早在 3000～4000 年前，纺织品已开始成为商品，进入中华古文明。在中国商业史上，绸庄、布肆与茶庄、盐铺，贩丝、贩绸与贩茶、贩盐一起，是最早形成商业和规模经营的商贾活动。

从机器纺织业在中国兴起到 20 世纪中期的七八十年间，纺织业的产品包括棉纱、棉布、呢绒、绸缎、苎麻布和毛巾被单、针织内衣袜子，始终都是中国社会城乡市场的重要商品，是最具典型性的由市场主导其产供销的商品。

中华人民共和国成立后，面对纺织品供给与消费需求的突出矛盾，为保障全国亿万人民群众衣被消费的基本需求，国家曾在 1954～1983 年的 30 年间，采取限量供应棉布、棉针织品的布票制度。这一时期，纺织业的主要产品特别是棉纱、棉布的商品属性曾被削弱。棉纺织品的产供销，曾全部纳入计划经济并由单一的公有制经济掌控。每年发多少尺布票和布票的兑现，曾经是纺织工业部、商业部两部部长以至国务院主要领导直接过问的民生大计。几

十年后的今天，实事求是回顾这一段历史，应该说这并不是计划经济的内在要求，而是那个时期纺织原料、纺织工业产能、纺织品产量跟不上日益增长的消费需求的情况下，切实保障民生需求的较为妥善的一项权宜之计。

1. 进入改革开放时期以后（20世纪80～90年代），纺织原料（特别是化学纤维）持续增产，纺织工业出现大发展的局面

特别是1983年底取消布票以后，纺织产品的商品属性得到充分发挥，纺织工业在总体上迅速适应了社会主义市场经济的发展环境。在市场经济主导下，中国的国内纺织品市场以及刚由手工业转变为大工业生产的服装制造业的经营模式、商贸业态，发生了一系列重大变化。

（1）纺织品、服装市场完全放开。民营企业和个体工商业，广泛进入中国纺织品、服装市场。并从改革开放初期大举进入纺织品、服装零售市场，发展到大举进入纺织品、服装批发市场。

（2）外资企业特别是香港纺织品、服装连锁企业，从作为时尚服装境外供货商起步，迅速发展到主导广东、福建城镇新兴服装市场，进而大举进入全国各地大中城市服装市场。

（3）基于县域经济和中、小微企业扎堆效应的数以百计的纺织品、服装产业集群或专业市场，在市场经济大环境中迅速崛起。相当大一部分产业集群或专业市场，到20世纪和21世纪之交已发展到空前规模。其后又经过十多年的发展，到21世纪第一个10年后期，200多个纺织品服装产业集群或专业市场，已在总体上发展成为中国纺织品服装内销的干渠。

（4）在纺织品服装销售渠道、商贸业态多元化的竞争环境中，单一的公有制纺织品、服装批发（采购供应站）流通体系被打破了，后来甚至被边缘化了。

20世纪80～90年代，纺织工业的快速、持续发展，引发出纺织品服装销售渠道和商贸业态一系列重大变化，其直接结果是：全国各地城乡纺织品、服装市场的日益繁荣，全国10亿人民的衣被消费普遍改善；基于纺织工业的纺织品、服装商贸系统，新创造了数以百万计的社会就业岗位。

2. 进入21世纪以来，随着纺织工业新一轮大发展和深化改革开放，纺织品、服装市场发生了更大的变化

（1）大纺织系统各行各业，特别是三大最终产品行业的一些大型纺织、服装企业，纷纷建立直接掌控的销售网络。一些大型家纺、服装企业在全国各地建立的品牌专卖店、加盟店、连锁店，往往多达几百个以至上千个。

（2）全国各地众多新兴的大型超市和大型购物中心，几乎都将销售大众化服装和家用纺织品列为主要业务。一些大型超市销售的服装和家用纺织品，更因其薄利多销并贴近中低收入家庭，市场竞争力特强。一些大型购物中心聚集的中外名牌服装、家纺门店，则以其引领时尚取胜，在相当大程度上取代了传统的纺织品服装商店。

（3）在20世纪80～90年代异军突起的纺织、服装产业集群或专业市场，进入21世纪以来发展势头更为强劲。绍兴国际轻纺城、石狮休闲服装市场、虎门女装市场、海城西柳国际服装城、海宁经编市场、盛泽丝绸市场、海门叠石桥家纺市场等，在这个时期都已发展成了规模空前、商品向高中端发展的纺织品服装商贸经营实体。

（4）纺织品、服装电子商务及网购模式的崛起。21 世纪第一个 10 年间，纺织品、服装电子商务及网购模式开始兴起。起初时业务规模不大。经过几年摸索，特别是"支付宝"解决商业信用问题后，服装、家纺产品的网购业务迅速发展起来。2013 年，中国电子商务交易总额为 10.28 万亿元，纺织服装行业交易额为 2.38 万亿元，占比 23%；其中纺织服装企业间（B2B）电子商务交易额占比接近 50%。服装、家纺产品网络零售总额，2013 年达到4900 亿元（其中服装 4340 亿元，家纺 560 亿元），占全国网络零售总额的 49%。2014 年，服装、家纺产品网络零售额为 6700 亿元，同比增长 37%，并继续领跑全国网络零售市场。其中服装网购总额为 6153 亿元，已占到全国服装内销总额的 30%。纺织品、服装电子商务及网络零售的迅速发展，与我国纺织工业长期以来致力于标准化工作和品牌战略有直接的关系。

表 31-5 所示为我国近年来服装网购的发展情况。

表 31-5　2011 ~ 2014 年服装网购的发展　　　　　　　　　　单位：亿元

年度	2011	2012	2013	2014
服装网购总额	2035	2950	4349	6153
服装网购占服装内销总额的比重（%）	14.5	17.4	21.8	30.8
重点大型零售企业服装零售额占服装内销总额比重（%）	11	12	10.5	10 左右

资料来源：中国纺织工业联合会。

（5）中国在纺织品、服装市场准入的问题上，门槛相对较低。进入 21 世纪以来，越来越多的国际著名服装企业，直接进入中国市场，开设各自品牌的专卖店。而且往往较易取得成功，不久就将在我国的门店发展到几十家以至几百家。如日资的优衣库（UNIQLO）2002 年进入中国，到 2014 年已发展到 289 个门店；西班牙服装业正品折扣店 ZARA，2006年进入中国，到 2014 年已发展到 145 个门店，以其国际时尚名牌和适中的价格，吸引中国消费者特别是城市白领女性。2002 年以来进入中国市场的国际品牌服装专卖店统计见表31-6。

表 31-6　2002 年以来进入中国市场的国际品牌服装专卖店

品牌	经营的商品	进中国市场时间	在中国开设门店数（截至 2014 年中）
UNIQLO（日资，优衣库）	时尚、平价女装男装	2002 年	289 个（2015 发展到 370 个）
MANGO（西班牙，芒果）	时装、西装、皮衣、羽绒服	2002 年	128 个
ZARA（西班牙）	时装、休闲服	2006 年	145 个
MUJI（日资，无印良品）	平价时装、休闲服	2006 年	108 个
C&A（欧洲百年老店，荷兰）	时装	2007 年	61 个
H&M（欧洲名店，瑞典）	男女时装	2007 年	209 个（2015 年发展为 232 个）

品牌	经营的商品	进中国市场时间	在中国开设门店数（截至 2014 年中）
GAP（美国名牌）	休闲装、童装	2010 年	83 个（2015 发展为 110 个）
合计			1024 个

一些在 20 世纪 80～90 年代就已进入中国市场的国际名牌服装厂商，2013～2015 年更已将在中国的门店数进一步扩展。德资阿迪达斯（ADIDAS）已拓展为 500 多家门店；美资耐克（NIKE）公司，已发展到 300 多家专卖店、7000 多家专柜。

1980～2014 年的 30 多年间，在相对较低的市场准入国策影响下，中国进口服装总值也呈现加速度发展的趋势（表 31-7）。

表 31-7　中国进口服装总值变化情况

年度	总值（亿美元）	年度	总值（亿美元）
1980	0.15	2011	40.1
1990	0.48	2012	45.2
2000	11.9	2013	53.4
2005	16.3	2014	69.3
2010	25.3		

现在的中国，不仅是世界第一纺织品、服装出口国，同时又是纺织品、服装的主要进口国。这个有出有进的局面，很好地体现了国际合作共赢的理念。同时还在一个重要侧面，反映了中国推进小康社会建设的新局面。

第三十二章　大举进入世界市场

　　纺织品服装国际贸易，是 18 世纪以来全球货物贸易的重要组成部分，是当代经济全球化的一项重要内容。

　　纺织品服装国际贸易的大发展，是在第二次世界大战后的六七十年间。1960 年，全球纺织品服装贸易（出口总额）还仅 64 亿美元（纺织品 52 亿，服装 12 亿）。到 1980 年发展为 955 亿美元。其后快速上升为 1990 年的 2189 亿美元，2000 年的 3548 亿美元，2014 年的 7974 亿美元。50 多年间增长了 120 倍以上。扣除美元币值因素后，增长倍数仍高达 85 倍左右。

　　工业革命以后的英国和德国、法国、意大利、比利时诸国，拥有棉花、羊毛资源优势的美国，明治维新后的日本，都曾是（直到 20 世纪中后期）最重要的纺织品服装出口国，并从中得到重大经济社会利益。

　　中国机器纺织业的发生、发展，迟于欧美发达国家整整一个世纪。直到 20 世纪上半期，还是发达国家倾销纺织品的必争之地。中国社会当时常用语"洋纱""洋布"，就是因此而得名。20 世纪 30 ~ 40 年代，除传统的蚕丝出口外，开始有少量棉纱、坯布、坯绸、针织汗衫等初级产品的出口，全国纺织业每年出口的纺织品总值约为 4000 万美元。

　　中华人民共和国成立初期，党和国家致力于解决全国 5 亿 ~ 6 亿人民的温饱问题，并限于纺织工业生产规模和很少适合外销的货源，仅有少量纺织品出口苏联、东欧和港澳地区。1950 年，全国纺织品服装出口仅为微不足道的 2600 万美元。整个 20 世纪 60 年代，纺织品服装年出口额一直徘徊在 5 亿美元上下（1960 年为 5.49 亿美元，1970 年为 4.95 亿美元）。虽然如此，这 5 亿美元的外汇收入（考虑美元与黄金比价因素）现值应在 175 亿美元左右。更应指出，这 5 亿美元的纺织品服装出口创汇，在 1960 ~ 1963 年全国出口商品收汇总额中，所占比重每年都在 30% 左右。对缓解当时国库外汇储备困境，仍起了相当重要的作用。由此可见，纺织品服装出口创汇的重要性和起步之难。

一、进入世界市场的重要一步

经过 20 世纪 50 年代和 60 年代之交一番严重折腾的中国纺织工业，出现了新一轮的发展势头。同时，国家急需轻纺工业多出口一些商品换取自由外汇。扩大纺织品服装出口规模的问题，从国家经委到纺织工业部，都提到重大议事日程。这在当时就是要使中国制造的纺织品服装大量出口到资本主义国家市场，即所谓扩大对资出口。这是一个重大转变，无论产品结构、产品档次、产品设计都发生重大变化。

纺织工业部高度重视此事。扩大对资出口首先得弄明白资本主义国家市场纺织品、服装国际贸易的情况。纺织工业部派出的由生产司侯忠澍率领的一个专家小组，不负众望，圆满完成欧洲市场调研工作，并提出一系列切实可行的对策。接着，又选派得力干部常驻香港，依托香港华润公司进行市场动态调研和收集国际市场时尚样品。

全国各地纺织系统在"情况明"的基础上，迅速围绕扩大对资出口调整产品结构，确定主打产品，部署生产企业，安排外贸销售渠道，以及相应的技术措施、技术改造项目等。纺织品服装流行色、流行款式的研究和发布，在这时设立了专门的机构。由香港华润公司发起举办的广交会（图 32-1），此时也开始发挥重要作用。从此时起，中国出口纺织品服装的主销市场，开始由苏联、东欧转移到亚洲、非洲、美洲、西欧的资本主义市场。到 20 世纪 70 年代中后期，销往一些发达国家的纺织品服装，已占中国纺织工业出口总值的 50% 左右。

图 32-1　广交会

主销市场的改变，还拉动了纺织业许多主要产品的升级换代。3036 跳鲤细布、4040 府绸、冰山牌涤棉漂白细纺府绸、荷花灯牌灯芯绒、金三杯牌真丝印花绸、雪莲牌羊绒衫、上海及广州生产的针织内衣、湖北沙市生产的床单等，一大批物美价廉的中国名牌纺织品，成了国际市场的抢手货。

这一战略转移的过程，大体用了十三四年时间，直到 1973 年才大见成效。1973 年，全国纺织品服装出口达到 12.1 亿美元（纺织品 8.6 亿，服装 3.5 亿）。其后又经过多方面的市场开拓，在 1973～1978 年实现纺织品服装出口翻番，达到 24.3 亿美元（纺织品 17.2 亿美元，服装 7.1 亿美元），开始在世界市场（1978 年全球纺织品服装出口总额为 691 亿美元）占有小小的一席之地（在全球占比 3.5%）。

二、用好国内国际"两种资源、两个市场"，大举进入世界纺织品服装市场

进入改革开放新时期后，中国许多经济事业迅速起飞。纺织品服装出口创汇，是与世界经济直接接轨的事业，更是成了起飞最早、最快的经济领域。抓住工业产品大举进入世界市场先机的轻工业部，钱之光早在 1977 年秋就组织一个小班子，研究制订扩大纺织品出口（不含当时尚分散在二轻、商业口的服装制造业）的规划和相应产业政策，指定张朴副司长为总负责人，钱之光部长亲自过问其事。经过近一个月的反复研究，最后大着胆子提出了 1978～1982 年纺织业出口创汇翻番，由 13 亿美元发展到 26 亿美元的建议。五年翻番并不是一件容易的事。方案虽然提交了，底气并不是很足，深恐是否有点冒进了。幸好，当时正值改革开放初期，发展经济是人心所向，内外环境有利。1978 年重组的纺织工业部，很快就在引进国际先进设备、开展三来一补贸易、探索工业自营出口、开发国际市场适销产品等方面，做了一系列大动作。结果不仅达成规划目标，并有所超前：全国纺织品出口创汇，在 1981～1983 年，分别为 26.8 亿、25 亿、29 亿美元。与此同时还有两个重要收获："中国制造"的纺织品大举进入世界市场的成功经验和坚强信心。

正是在这样的形势下，20 世纪 80 年代中期，党中央、国务院对扩大纺织品服装出口提出了更高的要求，并出台一系列新的政策、措施，对发展纺织品服装国际贸易给予重点支持（图 32-2）。

纺织品服装出口，原先统一归口在外贸系统。纺织企业仅是提供货源，对出口创汇既无经营权也无经营责任。更为麻烦的是：企业与国外客户之间隔了一道墙，产销不能直接贯通。针对这个弊病，国务院在 1985 年 1 月做出了"出口纺织品要积极搞工贸结合，结合的形式可以多种多样"的决定。由此打开了纺织工业直接面向国际市场、纺织企业自营出口的大门。

1985 年 8 月，116 次国务院常务会议专门讨论轻纺工业出口问题。明确指出我国的对外贸易在一定时期内要靠纺织。1986 年 10 月，国务院 121 次常务会议专题讨论扩大纺织品出口、振兴纺织工业问题。会议再次提出纺织品是我国一个时期增加出口创汇的重点，必须采取

图 32-2　举办国际性会展

切实有效的政策和措施，尽快把纺织品出口搞上去。国务院提出的发展目标是：1990年达到100亿美元，再用5～10年争取超过200亿美元。国务院121次常务会议还决定：将服装业从手工业系统划出归口纺织工业实行行业管理。这一体制调整很有利于扩大纺织品服装出口。

1988年6月，国务院指示纺织工业部：放手搞"两头在外"，即要用好国内国际"两种（原料）资源、两个市场"。

在党中央、国务院一连串密集的方针政策和措施促进下，纺织品服装出口终于出现了大发展局面。

国务院期望纺织系统到1990年把纺织品服装出口做到100亿美元，结果仅用三年时间就达到目标。全国纺织品服装出口，从1985年52.9亿美元扩大到1988年的113.3亿美元（其中纺织品64.6亿美元，服装48.7亿美元）。

国务院期望纺织品服装出口创汇，从1990年起再用5～10年争取超过200亿美元。结果，在1992年就达成目标，并且大大超过预期（达到253.3亿美元，其中纺织品85.8亿美元，服装167.5亿美元）。如果按国务院期望目标中的远期方案，即再用10年时间，在1996年突破200亿美元来衡量，那就更是超前达到预期了。因为到1996年，中国纺织品服装出口已达371.4亿美元（纺织品121.1亿美元，服装250.3亿美元）。

1985～1994年，中国纺织品服装出口在全球的占比由5.1%急剧上升为12.3%，由世界第十位跃居世界第一位，并以此进入"世界第一纺织品出口大国"的发展阶段。

三、在经济全球化中顺势而为，不经意间发展成为"世界工厂"

中国古代汉唐盛世，曾经出现过"齐鲁衣被天下"的盛况，那是就华夏大地的范围而言。现今的"衣被天下"，是指世界范围，并不是轻易能达到的纺织业发展水平。

中华人民共和国成立后的许多年间，国家致力于解决国内市场纺织品供应和人民群众温饱问题，能够用于外贸出口的纺织品货源有限。说来令人难以置信，前面已经提及，直到1965年，全国纺织品服装出口额仅为4.8亿美元（其中纺织品2.9亿美元，服装1.9亿美元）。

20世纪80年代中后期，在取消布票、服装行业归口纺织系统管理，特别是国务院明确提出用好国内、国际"两种资源、两个市场"等一系列新因素推动下，纺织品、服装出口开始起飞。1988年，破纺织品、服装出口100亿美元大关（实为113.3亿美元）；2000年，破500亿美元大关（实为530.44亿美元）；2005年，破1000亿美元大关（实为1175.4亿美元）；2007年，破1500亿美元大关（实为1756.2亿美元）；2010年，破2000亿美元大关（实为2120亿美元）；2014年，又创3069.6亿美元的历史新高。真可谓势如破竹。

全球纺织品服装出口总额，2012年为7083.5亿美元，同年中国纺织品服装出口总额为2550.6亿美元，在全球占比36%。中国纺织品这一出口总额，相当于同年欧盟（27国）的5倍，并大于排名"2012年全球纺织品服装出口国（地区）10强"中第2～10位九国的总和（2238

图 32-3　中国加入世界贸易组织签字仪式

亿美元），成了当之无愧的"世界工厂"。图 32-3 所示为中国加入世界贸易组织签字仪式。

中国纺织工业现今的"世界工厂"地位，在世界工业史上有过先例，但极少。最典型的一个先例，是英国纺织业在其"工业革命"后的全盛时期，即 19 世纪末，英国发展为世界上最大的工业国。20 世纪上半叶，英国棉纺织业曾发展到 6330 万锭、毛纺织业曾发展到 516 万锭的庞大规模。1910~1913 年，世界棉织物贸易总额 134.5 万吨中，英国占了 77.5 万吨，即 58% 的份额。无疑，正是工业革命的源头英国纺织业，开了"世界工厂"的先河。但即使是当年英国纺织业也是经过近一个世纪的艰辛历程，才发展为"世界工厂"的。其后，美国的棉纺织业和化纤制造业，意大利的毛纺织业，在其全盛时期也曾出现过类似的大局面。但无论是英国纺织业或美国、意大利纺织业，其全盛时期的工业规模和纺织品服装出口规模，都跟当今中国纺织业不能相比。1960 年以来，中国纺织品服装部分年度的出口情况见表 32-1。

表 32-1　中国纺织品服装部分年度的出口情况

年度	纺织品服装出口总额				纺织品出口				服装出口			
	全球 (亿美元)	中国 (亿美元)	占比 (%)	排名	全球 (亿美元)	中国 (亿美元)	占比 (%)	排名	全球 (亿美元)	中国 (亿美元)	占比 (%)	排名
1960	64	5.39	8.4		52				12			
1970	188	4.95	2.6		124	3.4			64	1.55		
1980	955	44.1	4.6	10	554	27.6	4.9	9	401	16.5	4.1	8
1985	1032	52.9	5.1	5	559	32.4	5.8	4	473	20.5	4.3	5
1990	2189	140.7	6.4	4	1099	72.2	6.6	4	1090	68.5	6.3	3
1995	3077	379.7	12.4	1	1503	139.2	9.3	3	1574	240.5	15.3	1
2000	3548.4	530.4	15	1	1570.6	161.4	10.4	1	1977.8	360.7	18.2	1
2005	4786.1	1175.4	24.1	1	2029.7	410.5	20.2	1	2756.4	741.6	26.9	1
2010	6029.5	2120.0	35.0	1	2515.3	825.2	32.8	1	3514.2	1294.8	36.8	1
2014	7973.6	2982.2	37.4	1	3140.8	1116.6	35.5	1	4832.8	1866.1	38.6	1

中国
纺织工业
发展历程研究
（1880~2016）

四、中国纺织业外贸出口的若干亮点

1. 外贸依存度比较适当，兼顾发展国际贸易与"扩内需"

中国纺织业"世界第一纺织品服装出口大国"和"世界工厂"的地位，是在纺织工业庞大设备、生产规模的基础上形成的，出口的量值都很大。如2010年出口棉织物78.8亿米，扣除同年进口棉织物8.6亿米后净出口为70亿米左右，甚至已高于1965年全国棉织物年产量（62.3亿米）；但如果以2010年全国棉织物年产量（800亿米）来衡量，则又仅为同年产量的8.8%，外销比例并不大。

近年来，纺织系统在经济统计中采用了一组用来分析工业部门外贸依存度的综合性指标，即工业销售产值中出口交货值的占比。用这一方法来衡量中国纺织工业（规模以上企业）的外贸依存度，得出的结果在2004年为31%。其后一直缓缓下降，比例保持在15%～20%。这样并不太高的外贸出口依存度，反映在纺织品服装外贸上，却是出口量值都占了全球的30%左右；反映在国内城乡纺织品服装市场上，则是商品供应日益丰富，符合"扩内需"的要求。2010年、2012年和2013年全国纺织行业（规模以上企业）外贸出口依存度见表32-2。

表32-2　全国纺织行业（规模以上企业）外贸出口依存度

年度	工业销售产值（当年价）（万亿元）	其中：出口交货值（万亿元）	外贸出口占比（%）
2010	4.67	0.84	18
2012	5.28	0.87	16.5
2013	5.67	0.87	15.3

2. 抓住经济全球化大趋势，依托中国纺织业的规模和技术，推进"原料资源—工业加工—产品销售"的国际大循环，从中获取可观的外汇收入

中国纺织业的大发展，特别是20世纪80年代中期以来的"30年大发展"，是在深化对外开放、主动参与经济全球化、放手用好国内国际"两种资源、两个市场"的情况下出现的。

20世纪80年代中期，纺织系统开始实行用好国内国际"两种资源、两个市场"的发展战略。开始时是"摸着石头过河"，搞点少量的"以进养出"，即进口一点原料加工成纺织品用于出口换汇，以及创办"三来一补"，即中小纺织企业搞点小规模的"原料、市场两头在外"。后来渐渐明白了，既然可以把进口的纺织原料加工成高档产品再出口，何必束缚自己手脚。于是，中国就成了既为世界最大的棉花、羊毛生产国，又是世界最大、最为开放的棉花、羊毛市场。从而，又从原料资源方面为中国纺织业做大做强创造了条件。从2005～2006年棉花年度起，中国几乎每年都进口几百万吨原棉，用于做大做强纺织工业。本来就需依靠进口羊毛、进口亚麻纤维的毛纺织业、亚麻纺织业，更是如法炮制，也大为奏效。详见表32-3和表32-4。

表 32-3 中国纺织工业的"国际大循环"：进口原棉做大棉纺织业

项目＼年度	2007/2008	2010/2011	2013/2014
全球棉花产量（万吨）	2607	2521	2565
中国产棉量（万吨）	807	640	670
中国进口原棉（万吨）	251	261	318
中国消费原棉（万吨）	1090	958	804

表 32-4 中国纺织工业的"国际大循环"：进口羊毛做大毛纺织业

项目＼年度	2006	2010	2011
全球羊毛产量（万吨）	225	204	204
中国羊毛产量（万吨）	38.8	38.6	39.3
中国进口羊毛（万吨）	29.9	33	33

3. 为弥足珍贵的贸易顺差做出重要贡献

当代世界衡量各国财政经济状况，有一个重要标志：国家外汇储备。而国家外汇储备充实与否，又取决于货物贸易和商业服务贸易的贸易顺差。近年来，中国在国际经济交流中很有底气，原因之一就是巨额的外汇储备和不断在"进账"的贸易顺差。纺织工业近年来在出口创汇方面的成功，不仅表现在出口创汇的绝对数上，更为重要的是每年都为国家创造巨额贸易顺差。

20 世纪 60 年代，当时纺织业每年出口创汇总共只有 4 亿～5 亿美元；扣除进口纺织原材料用汇 1.2 亿～2.5 亿美元后，仅有 2 亿～3 亿美元的贸易顺差。

20 世纪 70 年代，在年出口创汇平均 13 亿美元的情况下，扣除进口纺织原材料用汇后，每年贸易顺差净创汇平均数上升为 5.5 亿美元。

20 世纪 80 年代，在年度平均创汇 70 亿美元的情况下，扣除进口纺织原材料用汇后，每年贸易顺差净创汇平均数猛升为 55 亿美元左右。

20 世纪 90 年代，中国纺织业的贸易顺差增大。在纺织品服装出口由 1995 年 380 亿美元跃升为 1999 年 431 亿美元的情况下，扣除进口纺织原料和纺织机械用汇后，这两个年度分别净创汇 177 亿美元和 281 亿美元。

进入 21 世纪以来的 10 多年间，中国纺织工业大举进入国际市场，出现了纺织品服装出口连续破 1000 亿美元大关、1500 亿美元大关、2000 亿美元大关、2500 亿美元大关的实绩。相应地出现了贸易顺差连破 500 亿美元、1000 亿美元、1500 亿美元、2000 亿美元大关的实绩，详见表 32-5。

表 32-5　2000～2012 年中国纺织工业进出口额及贸易顺差

年度	纺织品服装贸易			全国货物贸易	
	出口（亿美元）	进口（亿美元）	贸易顺差（亿美元）	贸易顺差（亿美元）	纺织占比（%）
2000	530.4	138.9	391.5	241.2	162.4
2001	534.8	136.4	396.4		180.1
2002	618.6	144.2	474.4		160.2
2003	789.6	156.4	633.2		254.2
2004	952.9	166.4	784.5		252.0
2005	1175.4	171.0	1004.4	1018.8	98.6
2006	1470.9	180.5	1290.4	1774.7	72.7
2007	1756.2	187.4	1569.8	2622.0	59.8
2008	1896.2	186.5	1709.7	2954.0	57.9
2009	1713.3	169.2	1544.1	1960.6	78.8
2010	2120.0	203.2	1916.8	1831.0	104.7
2011	2541.2	231.6	2309.6	1551.4	148.9
2012	2625.6	248.6	2311.0	2377.6	97.2

资料来源：《纺织工业统计年报》《中国纺织工业发展报告》。

　　还应指出，纺织工业的净创汇即大纺织口径的贸易顺差，在这个时期出现了几个新因素。

　　（1）在化纤制造业大发展的情况下，这个行业自身也已有出口创汇，到 2010 年出口量值甚至已相当于大纺织系统进口化纤的量值。

　　（2）纺织机械制造业已发展为出口量值相当可观的行业，从而减少了大纺织口径中的纺织机械贸易逆差。

　　（3）随着用好国内国际"两种原料、两种资源"战略的实施，进口纺织原料用汇大增到 2010 年的 95 亿美元。

　　在上述三项新因素交叉作用下，大纺织口径的净创汇，总的来看仍保持着与纺织品服装贸易顺差同步发展的局面：2000 年为 353 亿美元，2005 年为 907 亿美元，2010 年更创造了 1810 亿美元的历史新高。

　　弥足珍贵的贸易顺差，来之不易。每年几百亿美元以至上千亿美元的巨额贸易顺差，更不可轻易视之。

第七篇

工业布局、企业结构和产业集群

中华人民共和国成立以来，国家对纺织工业有一项长期坚持的国策：通过宏观管理、合理调整纺织工业布局，做到东、中、西部各自扬长避短，都拥有适当规模的纺织业，既有利于发展地方经济，又有利于国民经济全局。

纺织工业是对地域、社会、人文、地理适应性较强的制造业。在现代化的交通运输条件下，在"就原料"或"就市场"的问题上，也已没有必然性。

"前30年"在计划经济条件下，着重做了中、西部纺织新基地建设的大文章。"后30年"在社会主义市场经济条件下，东、中、西部纺织工业产能的配置进一步趋于合理。

群星灿烂的纺织企业群，是中国纺织工业的根基，是中国国民经济赖以稳步、持续发展的"实体经济"重要组成部分。来之不易，要珍视，更要给予激励和支持。

初兴于20世纪80年代，与县域经济紧密结合，由民营中、小、微型纺织企业"扎堆"形成的几百个纺织服装产业集群（专业市场），在中国纺织工业联合会支持并正确引导下，异军突起，已发展成为中国纺织工业极具特色的、重要的组成部分。

第三十三章　纺织工业布局调整的辩证发展

纺织工业布局的合理调整，一直是中国纺织界普遍关注的问题。

改变纺织工业过于集中在东部沿海地区的局面，本来是中华人民共和国成立后许多年间的定论，并已将这一产业政策付诸实施。可是，经济问题往往是十分复杂的。进入社会主义市场经济新时期以来，在中西部地区纺织工业普遍得到加强的情况下，东部沿海纺织业出现了更大的发展局面，而且是有质量、有显著经济效益和社会效益的大发展。

一、东南沿海城市纺织业高度集中的历史局面

20 世纪上半叶的"上、青、天"纺织业"衣被中华"。

20 世纪 50～60 年代，中国纺织产业系统（不含香港、澳门、台湾）有一个常用简略语"上、青、天"。纺织界人士用这简略语来概括上海、青岛、天津三市纺织业，既无褒意也无贬意。

这不是偶然的。1949 年，上海、青岛、天津三市，集中了全国棉纺织工业产能的 62%（308 万锭），毛纺织工业产能的 82%（10.7 万锭），以及绝大部分的印染、针织、纺织复制品企业。仅上海一地，就有棉纺设备 235 万锭，占全国的 47%；毛纺设备 7.7 万锭，占全国的 62%。天津一地，就有棉纺 41 万锭、毛纺 1.6 万锭。青岛一地，就有大中型棉纺织厂 10 家，32 万锭。而且，三市纺织业中的主体部分，在当时归中央人民政府纺织工业部直接管理，是在国民经济中很有分量的 67 个大中型国营纺织工厂。

早在中华人民共和国成立前夕，如何管理并利用好上海、青岛、天津三市的纺织工业，就已成为党中央十分关注的问题。上海、青岛纺织业的原棉供应问题、开工班次问题，上海纺织厂是否搬至内地等问题，甚至摆上了 1949 年 8 月在上海召开的全国财经会议的主要议程。1949 年 4 月末，党和国家领导人在天津与工商业上层人士会晤时，专门去东亚毛纺厂做调研。这也折射出"上、青、天"纺织业当时在国民经济中特殊而又重要的地位。

如果再加上江苏、浙江的棉纺织业、丝绸业、麻纺织业，此时中国纺织业高度集中在东部沿海城市的工业布局特点就更为突出了。江苏、浙江两省是中国机器纺织业的重要发源地。

图 33-1　浙江嘉兴绢纺厂原貌

图 33-2　石家庄大兴纱厂

图 33-3　唐山华新纱厂

图 33-4　山西晋华纺织厂

江苏一省，当时就已有棉纺 64 万锭。两省拥有南通大生纱厂系列、无锡申新纱厂和庆丰纱厂系列、常州大成纱厂系列和（苏州）苏纶纱厂、（嘉定）嘉丰纱厂、（宁波）和丰纱厂等众多知名纺织企业。江苏、浙江两省还是当时中国的丝绸业重要基地。当时，江苏拥有缫丝机 3 万绪、丝织机 1.5 万台，浙江拥有缫丝机 3.6 万绪、丝织机 8500 台，两省丝绸行业生产能力在全国占到三分之二。图 33-1 为浙江嘉兴绢纺厂原貌。

华北地区的河北、山西、内蒙古和北京，在中华人民共和国成立初期多多少少已有点纺织工厂，但三省一市总共只有 17 万棉纺锭、1.2 万毛纺锭。较有名气的工厂仅有石家庄大兴纱厂（图 33-2）、唐山华新纱厂（图 33-3）、北京清河毛纺厂、仁立麻纺织厂和山西的晋华纺织厂（图 33-4）、晋生纱厂、太原毛纺厂，内蒙古的绥远毛织厂，但规模都不大。华北腹地三省一市纺织

业经济总量仅及天津市的二分之一左右。

华中地区的河南、湖北、湖南和地处华东腹地的安徽、江西的纺织业，当时除湖北外都还处于起步阶段。拥有棉纺设备 10 万锭以上的省，仅湖北一地。五省总共只有棉纺设备 46 万锭，毛纺织则还是空白点。五省纺织业的经济总量，约为上海市纺织业的 20%。但湖北省特别是武汉市，是当年张之洞在"洋务运动"中兴办纺织业的所在地，虽在抗日战争中曾经遭受重创，在中华人民共和国成立初期仍是华中最重要的纺织业基地，拥有申新四厂、震寰纱厂和裕华纱厂等著名企业。原河南郑州的豫丰纱厂，由于时局紧张迁到重庆（图 33-5）。

图 33-5　抗战时期迁到重庆的豫丰纱厂

图 33-6　湖南裕湘纱厂

湖南第一家机器纺织厂是湖南第一纱厂，后改为湖南裕湘纱厂（图 33-6）。

西北地区陕西、甘肃、宁夏、新疆、青海，此时列入全国工业统计表中的纺织业产能，陕西有 16 万棉纺锭、新疆有 1.5 万棉纺锭、甘肃有 1000 毛纺锭。除陕西外，西部广大地区可以说是纺织业的空白点。

西南地区的四川、云南、贵州、西藏，此时列入全国工业统计表中的纺织业产能，四川有 22 万棉纺锭和 7000 毛纺锭，云南有 5 万棉纺锭，贵州有 5000 棉纺锭。四地纺织业经济总量，约略相当于上海纺织业的 10%。

东北三省由于一些历史原因，当时已进入纺织业小规模发展时期。此时除吉林省外，辽宁、黑龙江都已有一些纺织业基础。黑龙江此时已有棉纺 5.3 万锭，毛纺 2000 锭。辽宁情况比较特殊，此时已有 36 万棉纺锭、1.9 万毛纺锭。散布在大连、金州、瓦房店、熊岳、辽阳、沈阳、营口和锦州的一些棉纺织厂，此时是东北地区国民经济的重要支柱。但三省纺织业的总规模仅有 41 万棉纺锭、2.1 万毛纺锭，三省纺织业的经济总量约略相当于天津市的纺织业。

华南地区的广东、广西、海南、福建，此时仅广东有 3.8 万棉纺锭。除此之外，整个闽粤大地，此时只有一些小型棉织厂、针织厂和丝织厂，而且，连这样的小工厂都屈指可数。此时闽粤大地的纺织业经济总量，还不及江苏省苏州、无锡、常州、南通四市中任何一市的纺织业。

20 世纪中期，中国纺织工业这样的地区布局，并非出自清朝、民国政府的引导或经济政策，而是手工纺织业历史传承、纺织业发展客观经济规律，以及"半殖民地经济"等多种因素交汇下形成的。

东南各省本就是中国手工棉纺织业最发达、产品最优良（如松江土布、南京紫花布、浦东色织布等）的地区。江苏、浙江的蚕桑业和手工丝织业，本就是中国最重要的蚕丝、绸缎产地，著名的湖丝、云锦、吴绫行销全国。清代朝廷在这里设置的江宁织造、苏州织造，在当时已进入工场手工业阶段。从手工纺织业重镇萌生机器纺织业，再自然不过了。

东南各省即使在积贫积弱的时期，商品经济仍相对活跃。在这里多办一些纺织工厂，在当时明显比较合理。当时的半殖民地经济形态，也在相当大的程度上造成了棉纺业高度集中在东部沿海城市的局面。当时中国只有 500 万棉纺锭，其中 230 万锭属于外资企业。为便于控制并有利于进出口贸易，这些外资纺织工厂几乎全数开设在上海、青岛、天津三市。

东部沿海城市在发展现代工业中先走一步，本是客观经济规律使然，未始不可。但过于集中在东南沿海城市，对中国经济社会的发展毕竟不太合理。无论是对于全国各地区域经济的平衡发展，对于纺织工业的快速、持续发展，都很不利。因此，调整纺织工业布局，处理好东、中、西部纺织业协调发展的问题，早在中华人民共和国成立初期就已成为既定的产业政策。

中华人民共和国成立伊始，党中央、政务院即专设纺织工业部管理全国纺织工业，随即在 11 月中旬，决定各个大区军政委员会都设立纺织工业管理机构。华东地区的纺织工业比重特别大，设立华东军政委员会纺织工业部即华东纺织工业部。东北、华北、中南、西南、西北等五个大区设立纺织管理局，如西北纺织管理局等。华东纺织工业部后改名华东纺织管理局，并在青岛设立分局。

正是在这样的管理体制和经济发展战略引领下，中国纺织工业在其后几十年间，出现了在发展中逐步调整、完善纺织工业布局的历史进程。

二、国家集中力量在中西部建设五个纺织工业新基地

中华人民共和国成立后，国家在"一五"和"二五"计划时期，集中财力、物力，在中西部安排了五个纺织工业基地的建设。纺织工业部贯彻执行党和国家领导人关于"纺织工业要向内地发展"的指示，选址时充分体现了调整工业布局的指导思想。

在大规模建设纺织工业之前，纺织工业部早在国民经济三年恢复时期，就为自力更生建设现代化纺织工厂进行了充分准备和探索。1951 年上半年，由中国工业部门自行设计、施工并采用国产成套棉纺织机器的西北国棉一厂、邯郸第一棉纺织厂、武汉第一棉纺厂，先后破土动工。这一探索很成功，三个厂到 1952 年就全部竣工生产。更值得高兴的是：本着"中等适用技术"和学创结合的方针，完全由中国人自行设计、试制的成套棉纺织设备，在这些新厂顺利通过了生产的考验；其后在进一步完善后定型为"五四型"棉纺设备，大量用于新厂建设和老厂设备更新，效益十分显著而且影响深远。

经过各方面的认真准备，1953 年 4 月，北京国棉一厂、石家庄国棉一厂、西北国棉三厂相继动工。同年稍后，规模巨大、设计更为完善的北京国棉二厂、石家庄国棉二厂（图 33-7）、郑州国棉三厂、西北国棉四厂同步破土动工；四个大厂的建设，采用纺织工业部设计院

图 33-7　石家庄国棉二厂

476

的同一套图纸。同一套图纸的四个大纺织厂后来形成特殊的兄弟厂关系，互帮互学，一时传为美谈。又稍后，北京国棉三厂和北京印染厂、北京针织总厂，石家庄国棉三厂、四厂和印染厂，邯郸国棉五厂、六厂，郑州国棉四厂、五厂、六厂和郑州印染厂，西北国棉五厂、六厂和西北第一印染厂，相继破土动工。北京、石家庄、西安、郑州、邯郸成为了五大纺织新基地。

1. 建设速度惊人

五大纺织新基地在"一五"时期相继破土动工的 26 座纺织厂（都是大中型纺织厂），在 20 世纪 50 年代中后期相继竣工投产。一些规模巨大的纺纱厂、织布厂，几乎都是一次试车成功，马上转入"开足机器，开足班次"满负荷运行。设施完善的职工住宅区和单身工人宿舍，都是跟生产区同步建成。整个工厂建设时期一般为一年半，投资回收时间一般为两三年，以至 20 个月左右，五大纺织新基地的 26 座现代化纺织工厂，连同国民经济恢复时期业已建成的邯郸国棉一厂、郑州国棉二厂，总规模为 156 万棉纺锭。这在当时，恰好相当于上海、青岛、天津三市国营棉纺织厂棉纺锭的总和，也即等于以前"外资在华设厂"几十个外资棉纺织厂设备规模的总和。

2. 五年五座纺织城

中华人民共和国成立伊始就已确定的"大规模建设纺织工业"的大战略，就这样首战告捷。

这五大纺织新基地，都处在当时的中国中部"京汉路""陇海路"铁路沿线，并位于主要产棉区冀、豫、陕三省，因而，也就很好地体现了合理调整工业布局的产业政策。

这五大纺织新基地，后来在生产效率、产品质量、经济效益、出口创汇和企业管理、职工思想政治工作、职工精神面貌等诸多方面，都在中国纺织业起了标杆的作用，人才、英模辈出。连片的现代化纺织城，真不愧为社会主义的经济基础。不要说在 20 世纪 50 年代的中国，就是在当时的一些发达国家也很少见。20 世纪 50 ~ 80 年代，党和国家领导人频频带领国宾参观北京国棉二厂、三厂，绝不是偶然的。

后来，这五大纺织新基地保持了近半个世纪的全盛时期。石家庄、邯郸、郑州、西安纺织基地是当时中国纺织工业的骨干。

三、西北、西南少数民族地区纺织工业从无到有、从小到大

中国纺织工业在工业布局的合理调整中，充分发挥了社会主义的制度优势。中华人民共和国成立后不久，在安排中西部地区五大纺织新基地的同时，还通过经济政策引导、宏观调度和"五年计划"的建设项目安排，有计划、有步骤地在中西部少数民族地区布局建设了一大批现代化纺织工厂，如新疆乌鲁木齐和石河子的棉纺织、毛纺织企业，北疆伊犁的毛纺织工厂，南疆喀什和阿克苏的纺织企业；青海西宁的毛纺织、棉纺织企业；宁夏银川的棉纺织、毛纺织企业；内蒙古呼和浩特和包头的毛纺织、棉纺织企业；广西南宁、柳州和桂林的棉纺织企业，田阳、桂林和南宁丝绢纺织企业；云南昆明纺织企业；贵州贵阳和遵义棉纺织企业等。

这些分布在西北、西南少数民族地区的现代化纺织工厂、纺织基地，对少数民族地区的社会发展做出了非常重要的贡献。

20世纪50～80年代，这些地区虽然都有发展纺织工业的愿望，但地方财政力量单薄，很难自己解决建设纺织工厂的资金问题，只能创办针织、复制行业的一些小型企业。这时，中央计划经济体制发挥了历史性作用：只要是合理的布局，合理的规模，国家就给钱给物调配人才，帮助一些少数民族州、县、市在适当时机把纺织业发展起来。乌鲁木齐纺织工业基地的建设，在西北、西南少数民族地区颇具代表性，而且最为成功。

1952年7月，乌鲁木齐七一棉纺织厂在上海等老纺织基地的全力支持下，经过两年半胜利建成，从而真正开启了新疆发展纺织工业的历史进程。1950年，新疆生产建设兵团就富有远见地提出了在乌鲁木齐建纺织工厂的方案。这个方案很快就得到当时国家计委和纺织工业部批准。兵团广大官兵怀着发展新疆经济、造福人民的浓厚感情，用农垦艰苦奋斗积累的资金，投入这个现代化中型棉纺织厂的建设。建厂所需的工程技术和工厂管理人才，以至技术工人，都是上海、青岛等老纺织基地支援来的。援建的队伍分成许多批次，每批都是数以百计的技术人员、管理人员和熟练工人远赴新疆。军民协同奋战，结果不仅把3万锭的七一棉纺织厂如期建成，而且从一开始就把工厂管理得很规范。其产品优良，效益显著，成了新疆工业的一颗明珠。

建成七一棉纺织厂后，新疆生产建设兵团在50年代后期又增建七一第二棉纺织厂，将七一厂发展成企业集团。并以"农八师"为主力开辟石河子纺织基地，先后建成石河子八一棉纺织厂和石河子八一毛纺织厂。20世纪70～80年代，自治区政府在国家计委和纺织工业部支持下，整合地方系统、兵团系统、外贸系统等各方面的力量，致力于乌鲁木齐市纺织工业的更大发展，又先后建成天山针织厂、永红针织总厂、天山染织厂和新疆第二毛纺织厂、中外合资天山毛纺织股份有限公司等骨干企业。到20世纪末，乌鲁木齐市已拥有大中型纺织厂18家，纺织职工3.3万人。其中，棉纺织厂8家，共42.5万锭；毛纺织厂4家，共1.6万锭；棉针织、毛针织企业各两家，生产"金天山"牌羊毛衫、羊绒衫，"蝶王牌""芳婷牌"针织内衣；化纤厂4家，具有生产2万吨涤纶长丝的生产能力。经过半个世纪的努力，这个边疆地区终于建成了规模甚为可观、门类相当齐全的纺织工业新基地。

乌鲁木齐纺织基地的成功建设，不仅带起了石河子纺织基地，而且带起了全新疆的纺织业。伊犁、库尔勒、和田、喀什、阿克苏、奎屯等一系列小型纺织基地，先后在天山南北涌现出来。整个新疆的纺织工业，1995年已发展到棉纺织工业139万锭，相当于中华人民共和国成立初期全国棉纺织工业总规模的四分之一；毛纺织工业12万锭，正好相当于中华人民共和国成立初期全国毛纺织工业的总规模。"九五"期间，新疆实施优势资源转换战略，实现了把新疆建设成为全国最大的优质棉花生产基地、西北最大的优质纱布基地的规划。21世纪第一个十年间，新疆棉花总产量已发展到占全球的四分之一，从而为全国纺织工业的大发展创造了重要条件。近年来，纺织产业向中西部转移，新疆纺织行业的发展日新月异（图33-8、图33-9）。

图 33-8　新疆服装工业

图 33-9　新疆纺织工人

经过半个多世纪的持续发展，中国西北、西南和南方少数民族地区的纺织业几乎都发展到可观的规模，已在中国纺织工业系统占有一席之地。

1. 内蒙古

到 2000 年已拥有 15 万棉纺锭、5 万毛纺锭。到 2010 年已发展到拥有规模以上工业企业 260 家，工业销售产值 448 亿元（其中，出口交货值 47 亿元），从业人员 5.9 万人。鄂尔多斯的羊绒纺织业名扬全国。

2. 新疆

到 2000 年已拥有 183 万棉纺锭、11 万毛纺锭、3 万绪缫丝机。到 2010 年已拥有规模以上工业企业 131 家，工业销售产值 212 亿元（其中出口交货值 3.3 亿元），从业人员 5.36 万人。

3. 青海

到 2000 年已拥有 6 万棉纺锭、3 万毛纺锭。到 2010 年已拥有规模以上工业企业 15 家，工业销售产值 27 亿元，从业人员近万人。

4. 宁夏

到 2000 年已拥有 2.2 万毛纺锭，其羊绒纺织业已在全国开展销售活动。到 2010 年已拥有规模以上工业企业 48 家，工业销售产值 84 亿元（其中，出口交货值 9.6 亿元），从业人员 1 万多。

5. 甘肃

到 2000 年已拥有 18 万棉纺锭、8 万毛纺锭。到 2010 年已发展到拥有规模以上工业企业 46 家，工业销售产值 24 亿元（其中，出口交货值 2.2 亿元），从业人员 2.8 万人。建成于 20 世纪 70 年代的兰州第三毛纺织厂，是全国一流大型毛纺织企业。

6. 云南

到 2000 年已发展到拥有 25 万棉纺锭、8 千毛纺锭。到 2010 年已发展到拥有规模以上工业企业 32 家，工业销售产值 25.8 亿元（其中，出口交货值 3 亿元），从业人员近万人。

7. 贵州

到 2000 年已拥有 21 万棉纺锭、6 万毛纺锭。2010 年已发展到拥有规模以上工业企业

19 家，工业销售产值 8 亿元，从业人员 7 千多。

8. 广西

到 2000 年已拥有 58 万棉纺锭、1 万多毛纺锭。2010 年已发展到拥有规模以上工业企业 232 家，工业销售产值 147 亿元（其中，出口交货值 14 亿元），从业人员 6.4 万人。特别重要的是，现在的广西已替代江苏、浙江，发展成中国最重要的丝绸工业基地。

9. 西藏

西藏的手工纺织业有悠久的历史，而且有毛纺原料资源。20 世纪 60 年代，纺织工业部安排上海纺织业迁一个小型毛纺织厂到林芝，这就是当时社会上经常提及的林芝毛纺织厂。可惜的是，这个工厂后来由于生产经营不善，不得不关停了。尽管如此，到 2010 年西藏也已有规模以上纺织企业 3 家。

四、中国纺织工业布局的三张经济地图

纺织业本就是深深扎根于中国社会的经济事业。中华人民共和国成立后 60 多年间社会相对稳定、人民群众消费能力不断提高；而且发展纺织工业已成为国家和社会共识，纺织工业所必须的原料资源、机器设备、技术人才等条件日益完备；其间还出现了经济全球化的历史性机遇。在这样的特定历史条件下，中国纺织工业出现了快速、持续发展的局面；随之，纺织工业的地区布局也出现了大变化。如果将 60 多年间纺织工业布局变化，分时期标识在几张纺织工厂繁星点点的经济地图上，也许更能说明问题。

1. 第一张经济地图

20 世纪 50 年代初，国民经济"三年恢复时期"胜利结束那年，中国纺织工业的布局就好像广袤星空中，在一个局部空间集中了十几颗耀眼的星星。那就是：东部沿海上海、青岛、天津三市；江苏省"苏、锡、常、通"四市；长江中上游的武汉、重庆两市；东北地区"沈大铁路"沿线的沈阳—辽阳—瓦房店—金州—大连；南粤大地的广州、佛山；八百里秦川的西安、咸阳、宝鸡等。就是这些大大小小十几个纺织工业基地，在当时构成了中国纺织工业 90% 以上的产能。同时，这也是中国纺织工业大发展的起跑点。

2. 第二张经济地图

20 世纪 80 年代中期，中华人民共和国"前 30 年"与"后 30 年"之交。

此时，中国纺织工业已经奠定基础，中国社会的温饱问题已经解决，小康社会建设已经提到议事日程，纺织工业新一轮大发展已经起步。

经过三十多年的快速发展，此时中国纺织工业的经济地图上已是繁星点点。全国各地称得上纺织基地的市、县纺织业已经近百。"上、青、天"三市纺织业的经济总量在全国的占比已经合理下降，但还在继续繁荣。江苏的"苏、锡、常、通"纺织业不仅还在继续发展，而且已在设备、产品、企业管理等多个方面进入全国纺织业前列。尤其是乡镇企业异军突起，成为江苏纺织业的中坚力量。1985 年已有 47 亿总产值，1990 年达 178 亿元，超国有企业。

江苏纺织业呈现两个特点：一是股份制企业化，带动了国有企业的改革；二是集聚程度越来越高。如民营企业江阴阳光、常熟波司登，已成为全国同行业的领军企业。中西部的石家庄、邯郸、郑州、西安、北京五大纺织新基地，此时正处在全盛时期。全国30个省、市、自治区都已有了纺织工厂。

全国所有省、市、自治区的省会城市（除西藏外），出于发展区域经济和增加财税收入的现实需要，几乎都变成了中、小型纺织业基地。反过来，纺织业又成了这二十几个省会城市的支柱产业以至先导产业。

全国所有省和自治区，都有若干（少则两三个，多则五六个）条件合适的省辖市，在此时有的已经变成了中小型纺织业基地，如四川的南充、绵阳，河南的洛阳、新乡、开封，山东的济宁、淄博、潍坊、德州，湖北的黄石、沙市、襄樊（今襄阳），吉林省的吉林市、白城等，有的甚至变成了大型纺织业基地（如浙江的宁波）。后来成了大气候的绍兴、江阴等县（市）纺织业，已经开始起飞。此时，闪耀在中国纺织业经济地图星空上的明星城市，已经近百。

3. 第三张经济地图

21世纪第一个十年末，进入改革开放新时期后的第35年。

此时，中国纺织业的工业布局，已经可以用"星罗棋布"来形容了，出现了200多个纺织产业集群地区，共挺中国纺织工业的大局面。

在此之前的一些传统纺织基地，包括几个较老、较大的纺织工业基地，在社会主义市场经济的发展环境中有所消长。上海、天津、北京等特大城市纺织业，以及青岛、广州、武汉、西安、咸阳、郑州等大城市的纺织业，在地方政府调整经济结构中不同程度上"瘦身"，或者移入附近的经济开发区。这是中国经济发展到较高阶段的合理调整。代之而兴的，是新兴的巨大纺织工业产能，这就是数以百计的以市（县）镇区域经济为主的纺织工业基地，遍布全国二十多个省市自治区。这对于中国纺织工业布局的影响之大，实在出人意料。如山东省邹平县，2013年有800余万纱锭，6万台织机，20万从业人员。福建长乐市，2013年有600余万纱锭，锦纶民用丝产能60万吨以上。江苏江阴市周庄镇2013年有化纤产能305万吨，化纤纺织企业550余家。浙江桐乡市洲泉镇2012年有化纤产能405万吨，化纤业总资产达170亿元。湖北仙桃市彭场镇2012年有非织造布生产企业385家，实现销售收入236亿元。

五、纺织工业布局调整的"螺旋形上升"

纺织工业的布局调整，在作为一项重要产业政策定下来之后，在"前30年"是通过国家计划来实施的：国家在充分利用沿海地区纺织业、管好沿海地区基地的同时，集中财力在中西部安排纺织业新厂、新基地建设。20世纪50年代"一五"时期石家庄、邯郸、郑州、西安、北京五大纺织新基地的建设，就是当时最为重要的一步。稍后在西北、西南少数民族地区建设的许多棉纺织厂、毛纺织厂，更是在国家计划的支持下实现的。现今中国纺织厂星罗棋布的局面和中西部一些省市区域经济发展的大局面，都在相当大的程度上得益于纺织工业的调整布局。

国家把纺织业的新厂建设项目更多地安排在中西部各个省区，并不等于沿海地区停止发展纺织业。甚至在计划经济时期，国家也在山东半岛腹地淄博、潍坊、德州等地，在江苏北部的盐城、徐州等地，甚至在江苏、浙江两省的省会南京、杭州和商业城市宁波、嘉兴等地，在"五年计划"中安排资金建设了许多各具特色的国营纺织厂。

进入社会主义市场经济新时期以来，在市场的催化下，东部沿海地区迅速出现了新一轮纺织工业大发展局面。特别是商业气氛浓重的江苏、浙江、山东、福建、广东五省，出现了以纺织服装"产业集群／专业市场"为主力的纺织发展热潮。从而在纺织业经济统计中，出现了这样的新数字：2010年，江苏、浙江、山东、福建、广东五省纺织业（规模以上工业企业）的工业总产值在全国纺织工业中的占比已达75%。这个数字概念表明，纺织工业的布局调整，在中西部发展纺织业已大见成效的情况下，东部沿海地区纺织业不仅出现了新一轮大发展，而且已使纺织业经济总量在全国纺织业中的占比，回归到几乎跟中华人民共和国成立初期相同的比重，而且是有质量、有效益的新发展。

纺织工业布局调整这一现象，也许可以用辩证法中的"螺旋式上升"来解释。中国纺织工业布局的演变见表33-1。

表33-1　中国纺织工业布局的演变（按工业总产值匡算）

按省（自治区）市	1995年		2010年		按地区	1995年		2010年	
	工业总产值（亿元）	占比（%）	工业总产值（亿元）	占比（%）		工业总产值（亿元）	占比（%）	工业总产值（亿元）	占比（%）
江苏	1426	24.2	10539	22.6	华东沿海：上海、江苏、浙江、福建、山东	3436	58.4	30683	65.6
浙江	866	14.7	9218	19.8					
山东	498	8.5	7306	15.6					
广东	693	11.7	5187	11.1					
福建	162	2.8	2629	5.6	华南：广东、广西、海南	745	12.7	5358	11.5
河南	173	3.0	1798	3.9					
湖北	274	4.7	1380	3.0					
河北	219	3.7	1267	2.7					
辽宁	171	2.9	1012	2.17	华中：河南、湖北、湖南、安徽、江西	735	12.5	5515	11.9
上海	484	8.2	947	2.0					
江西	62	1.05	885	1.9					
四川	48	0.8	845	1.8					
安徽	158	2.6	819	1.8	华北：北京、天津、河北、山西、内蒙古	497	8.5	2289	4.89
湖南	68	1.2	633	1.3					
内蒙古	42	0.71	458	0.98					
天津	104	1.8	277	0.6					

按省（自治区）市	1995 年		2010 年		按地区	1995 年		2010 年	
	工业总产值（亿元）	占比（%）	工业总产值（亿元）	占比（%）		工业总产值（亿元）	占比（%）	工业总产值（亿元）	占比（%）
新疆	48	0.82	217	0.46	东北：辽宁、吉林、黑龙江	258	4.4	1263	2.71
重庆			216	0.46					
北京	88	1.49	211	0.45					
吉林	41	0.69	209	0.45					
陕西	63	1.07	163	0.35	西北：陕西、甘肃、宁夏、青海、新疆	138	2.3	523	1.1
广西	44	0.75	157	0.33					
宁夏	3		90	0.19					
山西	44	0.75	76	0.16					
黑龙江	46	0.78	42	0.09	西南：云南、贵州、四川、重庆、西藏	73	1.2	1099	2.3
青海	5		28	0.06					
云南	16	0.3	28	0.06					
甘肃	19	0.3	25	0.05					
海南	8		14		合计	5882	100	46684	100
贵州	9		9						
西藏	0.3		0.8						
合计	5882	100	46684	100					

注　1995 年为全部国企及年销售 500 万元以上非国企口径，1990 年不变价。2010 年为"规模以上（销售收入 500 万元以上）"企业口径，当年价格。

第七篇　工业布局、企业结构和产业集群

第三十四章　群星灿烂的纺织企业

纺织工业是中国最大的传统产业，同时也是当代中国规模最大的工业之一。企业数以万计，从业人员人数达两千多万。

纺织工业的庞大经济规模，及其在中国经济、社会发展中的重要地位和作用，其根基正是"大纺织"产业链各行各业的众多企业。其中有相当一部分是设备精良、管理规范、员工素质高的现代化企业。

一、从艰辛起步到初具规模

中国近现代纺织企业，从19世纪90年代建成上海机器织布局、上海华新纺织新局、湖北纺纱织布官局、宁波通九源纱厂、无锡业勤纱厂、苏州苏纶纱厂、杭州通益公纱厂、南通大生纱厂算起，经过磕磕绊绊的早期发展，到20世纪30～40年代才算初具规模。在20世纪40年代后期，全国各省市总共有大中型纺织企业300家左右，全国纺织职工为75万左右。纺织系统各行各业的设备规模如下。

棉纺织工业：500万锭，50万台棉织机。

毛纺织工业：12万锭，近2000台毛织机。

麻纺织工业：3万锭，900多台麻织机。

丝绢纺织工业：14万绪缫丝机，4万台丝织机。

印染工业：四千几百只半机械化染缸，八九十台滚筒印花机和轧染机。

如果用现今的眼光衡量20世纪中期中国纺织工业的企业数和设备规模，实在算不了什么。可是在当时的历史条件下，中国纺织工业的主体行业棉纺织业，其设备、生产规模却还能进入世界前10名行列，居美国、英国、印度、苏联、法国、德国之后位列全球第七。在积贫积弱百年的中国，更是当时最大的传统产业。

1. 棉纺织企业

这个时期的中国纺织工业部门，各行各业的企业结构、企业规模和设备、技术水平，都大异于今。企业平均规模很小，用人却很多；劳动密集型工业的种种特征，在棉纺织、毛纺织、丝绢纺织业等众多企业中表现都很突出。从 19 世纪后期到 20 世纪 40 年代后期的 70 年间，全国各地创建（以及改组、并购后成立）的 287 家棉纺织企业，平均规模为 2 万锭左右，表 34-1 所示为棉纺织业早期重要工厂的规模。其中 1 万锭以下（含 1 万锭）的小纱厂为 119 家（许多小纱厂甚至仅一二千锭）；1 万多锭到 3 万锭的纱厂（当时已被视为中型偏小的纱厂）为 106 家；3 万多锭到 4 万锭的纱厂（当时已被视为中型纱厂）为 28 家；4 万多锭到 6 万锭的纱厂为 23 家（当时已被认为是大型纱厂）。至于 6 万锭以上到 10 万锭的棉纺织厂（当时已被视为特大型纱厂），在全国范围也仅有屈指可数的十几家：中纺公司上海第一、第六、第七、第十二、第十七、第十九厂，中纺公司天津第一、第二棉纺织厂；辽东半岛的金州纺织厂；申新纺织公司申一、申三、申六、申八、申九；永安纺织二厂、三厂和四厂；南通大生纱厂、大生副厂。

表 34-1　棉纺织业早期重要工厂的规模

厂名及所在地	建成年份	设备规模
上海机器织布局	1890	3.5 万锭，530 台织机
上海：华新纺织新局	1891	9000 锭，50 台织机
武昌：湖北织布局	1988	4.06 万锭，1000 台织机
上海：华盛纺织总局（1913 年改名"三新"）	1894	6.45 万锭，750 台织机
宁波：通九源纱厂	1896	1.7 万锭，216 台织机
无锡：业勤纱厂	1897	1.45 万锭
苏州：苏纶纱厂	1897	2.45 万锭
杭州：通益公纱厂（1928 年改为三友实业社杭州制造厂）	1897	2 万锭
上海：老公茂纺织局	1897	4 万锭
上海：怡和纺织局	1897	5 万锭
上海：鸿源纺织局	1897	4 万锭
上海：瑞记棉纺厂	1897	4 万锭
武昌：湖北纺纱官局	1897	5 万锭
萧山：通惠公纺织局	1899	1.02 万锭
南通：大生纱厂（一厂）	1899	2.3 万锭，400 台织机
南通：大生一厂副厂	1924	1.5 万锭
无锡：振兴纱厂	1906	3 万锭
宁波：和丰纱厂	1906	2.2 万锭
上海：振华纱厂	1907	1.1 万锭
上海：九成纱厂	1907	9400 锭
崇明：大生第二厂	1907	2.6 万锭
江阴：利用纱厂	1908	1.5 万锭
安阳：广益纱厂	1909	2.2 万锭
上海：公益纱厂	1910	2.5 万锭，300 台织机
上海：内外棉三厂	1911	2.3 万锭
上海：内外棉四厂	1913	3.36 万锭

厂名及所在地	建成年份	设备规模
上海：申新一厂	1916	始建时 1.3 万锭，250 台织机
无锡：申新三厂	1921	始建时 4.5 万锭，500 台织机
汉口：申新四厂	1922	始建时 1.5 万锭，273 台织机
上海：德大纱厂	1915	始建时 5.4 万锭
天津：直隶模范纱厂	1916	3 万锭
上海：溥益纺织厂——新裕纺织第一厂、第二厂	1916	2.5 万锭
天津：华新纱厂	1918	2.5 万锭
青岛：华新纱厂	1919	1.5 万锭
济南：鲁丰纱厂——成通纱厂北厂	1919	1.6 万锭
芜湖：裕中第一纱厂	1919	1.9 万锭
天津：恒源纺织公司	1920	3 万锭
汉口第一纱厂	1920	4.4 万锭
上海：宝成第一、第二厂	1920	4.2 万锭
上海：日华纺织公司	1918	6.5 万锭
上海：大中华纱厂	1921	1.12 万锭
上海：华丰纺织公司	1921	1.5 万锭
上海：大康纱厂	1921	10 万锭
上海：丰田纱厂	1921	4.4 万锭
青岛：富士纱厂	1921	3 万锭
无锡：丽新纺织印染公司	1920	400 台织机
无锡：庆丰纺织公司	1921	8 千锭（始建时）
常州：大纶纱厂—大成纺织染公司第一厂	1921	1 万锭（始建时）
海门：大生纱厂第三厂	1921	8 千锭，420 台织机
长沙：经华纱厂——湖南第一纺织厂	1921	3 万锭
唐山华新纱厂	1922	8 千锭（始建时）
石家庄大兴纱厂	1922	2 万锭
武昌裕华纱厂	1922	1.5 万锭
武昌震寰纱厂	1922	2 万锭
汲县（卫辉）华新纱厂	1922	1 万锭
上海：公大纺织公司	1922	1 万锭（始建时）
上海：同兴纺织公司（2 个厂）	1922	3.1 万锭
上海：永安纺织公司第一厂	1923	3.8 万锭，1286 台织机
青岛：宝来纱厂	1923	3 万锭
青岛：钟渊纱厂	1923	4 万锭
榆次：晋华纺织公司	1924	9600 锭
上海：永安纺织第二、第四厂	1925	4.5 万锭（始建时）
沙市纺织公司	1931	2 万锭
上海：申新九厂	1932	6.9 万锭，500 台织机
营口纺织公司	1932	3.6 万锭

厂名及所在地	建成年份	设备规模
济南：成通纺织公司	1932	1.5 万锭
嘉定：嘉丰纺织厂	1935	1.2 万锭
上海：纶昌纱厂	1935	4.2 万锭
广州：广东纺织厂棉纺织部	1935	1.5 万锭
昆明：云南纺织厂	1935	5200 锭

2. 棉印染工业

20 世纪上半叶，随着机器棉纺织业的大规模兴起，洋纱、洋布逐步取代土布，全国各地先后建成了 107 个棉印染厂。其中 100 个印染厂建在上海，仅有 7 个厂分别建在无锡（丽新印染厂）、宁波（恒丰纺织印染厂）、广州（泰盛染织厂）、青岛（青岛第一印染厂和阳本染印厂）、沈阳（沈阳染整厂）、辽阳（辽阳染印厂）。这 107 个印染企业，多数是产品专业化的中小型工厂。规模较大的有中纺公司系统的上海第一、第二、第三、第四、第五、第六印染厂，青岛第一印染厂，沈阳、辽阳染织厂；民营的上海达丰印染厂、仁丰印染厂、光新印染厂、永安印染厂、大新印染厂、信孚印染厂，无锡的丽新印染厂，青岛的阳本染印厂；归口染织业的上海新光内衣染整公司、新丰印染厂、光中染织厂。棉印染业早期重要工厂的创建见表 34-2。

表 34-2　棉印染业早期重要工厂的创建

厂名	建成年份	设备与产品
上海达丰染织厂	1911	棉纱线漂白丝光染色
上海老正和染厂	1916	为绸庄和零星客户代染衣片、土布、棉纱等
中纺青岛第一印染厂	1917	硫化元布、士林蓝布、海昌蓝布等
无锡丽新纺织印染厂	1920	直贡呢、华达呢、府绸、横贡缎等
上海丽新印染厂	1937	
上海光华漂染厂	1923	190 士林蓝布
上海纶昌印染厂	1923	"七玫瑰"印花布
上海元通漂染厂	1926	生产漂色花布，6000 号漂布为名牌产品
上海恒丰纺织印染厂	1929	花哔叽、士林蓝布、花麻纱等
上海大新振染织厂	1932	士林蓝布、士林灰布、硫化元布、毛元布等
中纺上海第一印染厂	1930 ~ 1932	"四君子"哔叽、直贡呢、水月牌阴丹士林布等。规模、设备、产量均为"远东第一"，有染色机、印花机等 44 台组
青岛阳本印染厂	1934	1947 年时有染缸 24 只、印花机 2 台

3. 毛纺织工业

毛纺织企业工序多、投资大，市场面较窄，企业规模更是普遍偏小。中华人民共和国成立前 70 年间，先后建成（或改组后成立）的 124 个工厂，几乎全是中小型企业，其中重要工厂规模见表 34-3。连 20 世纪 40 年代在国内知名度较大的十几个毛纺织厂（中纺公司上

表 34-3　毛纺织工业早期重要工厂的规模

厂名及所在地	建成年份	设备规模
甘肃兰州织呢局	1880	粗纺 1080 锭，毛织机 22 台
上海日晖织呢商厂	1909	精纺 1750 锭，毛织机 44 台
北京溥利呢革公司（清河制呢厂）	1909	精、粗纺 4800 锭，毛织机 44 台
武昌：湖北毡呢厂	1910	毛纺 1000 锭，毛织机 18 台
满蒙毛织公司—沈阳毛织厂	1918	精粗纺共 7200 锭，织机 180 台
上海：中国维一毛绒纺织厂	1919	粗纺 420 锭
沈阳：裕华毛织公司	1922	粗纺 1020 锭，毛织机 60 台
天津：海京毛织厂	1923	粗纺 1800 锭，毛织机 40 台
天津：倪克毛纺厂	1925	粗纺 2160 锭，毛织机 28 台
上海：章华毛纺厂	1925	精纺 2000 锭，粗纺 1750 锭，毛织机 44 台
哈尔滨毛织厂	1924	走锭 1500 枚，毛织机 43 台
天津：美古申纺毛厂	1927	毛纺 1500 锭
天津：仁立毛纺织厂	1931	粗纺 1008 锭，毛织机 22 台（初创时）
上海：安乐棉毛纺织厂	1932	纺锭 600 枚，毛织机 24 台
上海：怡和纱厂毛纺织部	1932	毛纺 4700 锭，毛织机 100 台
天津：东亚毛纺织厂	1932	毛纺 4700 锭
上海：密丰绒线厂	1934	绒线锭 5800 枚
广州：广东省立毛纺织厂	1935	毛纺 2500 锭，毛织机 42 台
上海中国毛绒厂	1935	毛纺 1952 锭
川康毛纺厂（犍为县）	1938	粗纺 320 锭，毛织机 16 台
无锡：协新毛纺织厂	1935	精纺 2000 锭，毛织机 60 台（初创时）
上海：振兴毛绒纺织厂	1941	毛纺 2940 锭，毛织机 36 台
上海：寅丰毛纺织厂	1938	精纺 2400 锭，毛织机 52 台
上海：信昌毛纺织厂	1938	毛纺 3224 锭，毛织机 48 台
乐山：西南毛纺织厂	1939	毛纺 2500 锭
上海：元丰毛纺织厂	1940	精纺 1600 锭，毛织机 26 台
上海：庆济毛纺厂	1940	毛纺 2000 锭
重庆：中国毛纺织厂	1940	精纺 3960 锭，毛织机 100 台
上海：华丰毛绒厂	1946	帽式精纺 2500 锭，绒线 1224 锭
上海：中纺第一毛纺织厂	1946	毛纺 2700 锭，毛织机 70 台
上海：中纺第二毛纺织厂	1946	毛纺 1680 锭，毛织机 128 台
上海：中纺第三毛纺织厂	1946	毛纺 1650 锭，毛织机 80 台
上海：中纺第四毛纺织厂	1946	毛纺 1966 锭，毛织机 48 台

海一毛、二毛、三毛、四毛；上海的章华、寅丰、元丰、协新、怡和、密丰毛纺厂；无锡的协新毛纺厂；天津的东亚毛纺厂和仁立毛纺厂；北京的清河毛纺厂；重庆的中国毛纺厂等）也只是中型厂规模。一些重要的精纺呢绒厂，几乎都是 2000 ~ 5000 毛纺锭。几个重要的粗纺呢绒厂，更只是几百锭或 1000 锭的毛纺厂。

中国近代毛纺织工业第一家工厂，起步于清末"洋务运动"。左宗棠于 1880 年创设的甘肃兰州织呢局，虽说仅是 1080 枚毛纺锭、22 台毛织机的规模，却是中国近代毛纺织工业的起步，其历史作用应予肯定。

"二战"后几年间，上海、无锡、天津一些民族资本毛纺织企业（章华、寅丰、元丰、协新、东亚、仁立等），在与卷土重来的欧美名牌毛纺织品激烈竞争中取得不菲成绩，显示了中国纺织工业的发展潜力。

4. 麻纺织工业

中国麻纺织业早期重要工厂的规模见表 34-4。

表 34-4　麻纺织业早期重要工厂的规模

厂名及所在地	建成年份	设备规模
湖北制麻局	1897	2420 纺锭，139 台麻织机
上海：同利机器纺织麻袋公司	1905	4400 纺锭，175 台麻织机
汉口：美伦机器制造麻袋公司	1909	
上海：东亚制麻公司	1916	3040 纺锭，148 台麻织机
沈阳：奉天制麻公司	1922	4000 纺锭，230 台麻织机
上海：怡和纱厂黄麻纺织部（新怡和麻袋厂）	1927	2420 纺锭，139 台麻织机
广州：广东纺织厂麻部	1933	2000 纺锭，42 台麻织机
辽阳纺麻公司	1939	3000 纺锭，100 台麻织机
沈阳：钟渊工业公司	1939	6000 纺锭
重庆苎麻纺织厂	1940	
辽阳：东亚亚麻公司	1943	5000 纺锭
无锡：天元麻纺厂	1946	1440 纺锭，70 台麻织机
无锡：天元麻毛棉纺织厂	1947	10100 纺锭，468 台麻织机
中纺上海第一制麻厂	1946	3168 纺锭，148 台麻织机
中纺上海第三制麻厂	1946	8054 纺锭，468 台麻织机

5. 丝绸工业

如果说纺织工业是中国工业化的先导产业，那么由手工业逐步转向机器纺织的丝绸业（特别是缫丝业），则可以说是中国近代纺织工业在萌芽和早期发展阶段的先导行业。

19 世纪中后期，在清朝政府被迫逐步解除"海禁"，实行"五口通商"，海上丝绸之路重新趋向繁荣的历史条件下，备受西方社会宠爱的中国蚕丝（生丝），很快成为中国与欧洲各国贸易往来的主要商品。蚕茧不易存储，必须在中国就地缫制成为生丝方能运往西方市场。而当时的中国手工缫丝业的生产技术和生丝品质，已远逊于欧洲的意大利、法国。历史情景如下。

1860年，英商怡和洋行在上海创设中国第一家机器缫丝工厂——怡和纺丝局，配置缫丝机100台。

1872年，中国商人陈启沅在广东南海创设中国第二家机器缫丝工厂——继昌隆缫丝厂。

1878年，美商旗昌洋行在上海开办中国第三家机器缫丝工厂——旗昌丝厂。

1902年，德商利用山东的柞丝和桑蚕资源，在青岛沧口开设规模庞大的德华缫丝厂，生产丝绸远销欧洲。并为此专设一所职业学校，1902～1907年，先后有1700人通过培训进入德华缫丝厂生产岗位。由此创建了青岛近代最早的机器纺织企业。

1902年，又是英商怡和洋行，在上海创办中国第一家绢纺工厂——怡和绢丝厂，配置绢纺机2100锭。

1877年，德商在烟台创设宝兴祥机器缫丝局，配置丝织机200台，成为中国第三家机器丝织工厂。

其后，民族资本丝绸企业的发展非常迅速，逐渐占据主导地位。

1860～1948年，中国总共创办了114家机器缫丝工厂，11家绢纺厂，118家机器丝织工厂，83家机器丝绸染整、印花工厂，重要工厂的规模见表34-5。整个中国近代丝绸工业，在20世纪30年代达到了相当可观的规模。

表34-5 丝绸工业早期重要工厂的规模

厂名及所在地	建成年份	设备规模
一、缫丝		
上海：怡和纺丝局	1860	缫丝机100台
广东南海：继昌隆缫丝厂	1872	采用法式蒸汽缫丝机。1872～1881年先后办起11个丝厂，各有四五百名工人
上海：旗昌丝厂	1878	缫丝机50台
上海：公和永缫丝厂	1882	缫丝机100台
武昌：湖北缫丝局	1895	缫丝机200台
苏州：苏经丝厂	1896	意大利式直缫车336台
烟台：华泰丝厂	1901	缫丝机538台
青岛：德华缫丝厂	1902	大型工厂
重庆丝纺厂	1909	意大利直缫车324台
杭州：纬成公司丝厂	1917	座缫机100台
嘉兴：纬成公司裕嘉丝厂	1921	缫丝机289台，绢纺400锭
硖石：中国蚕丝公司第三丝厂（原双山丝厂）	1926	直缫机132台，座缫机100台
海宁：中国蚕丝公司第二丝厂（原升新丝厂）	1921	直缫机180台，座缫机288台
嘉兴：中国蚕丝公司第一丝厂（原禾兴丝厂）	1929	意大利立缫、座缫机240台

厂名及所在地	建成年份	设备规模
二、丝织		
杭州织造局	1864	丝织机 580 台
烟台：宝祥兴机器缫丝局	1877	丝织机 200 台
苏州：锦云丝织厂	1917	丝织机 112 台
上海：文记绸厂	1918	丝织机 104 台
上海：美亚绸厂	1920	丝织机 12 台
上海：美亚第四织绸厂	1924	丝织机 103 台
上海：美文电机织绸厂	1926	丝织机 136 台
上海：美亚第九织绸厂	1930	丝织机 122 台
上海：勤工丝织厂	1932	丝织机 101 台
上海：九昌织绸厂	1941	丝织机 134 台
上海：中国蚕丝公司第一、第二实验绸厂	1946	丝织机 202 台
青岛：中国蚕丝公司第三实验绸厂（原青岛日华兴业丝织厂）	1946	丝织机 302 台
上海：新光内衣新大织造厂	1947	丝织机 230 台

6. 针织工业

1589 年，英国牧师威廉·李（William Lee）发明以编织技术为基础的手摇针织机，用来生产内衣、袜子。19 世纪 70 年代的英国纺织业，将其发展为高速运转的电动针织机。仅隔 20 年左右，得风气之先的上海，就在 1896 年出现中国第一家针织工厂——云章袜衫厂。这个厂规模很小，仅有 20 台圆筒针织机、11 台横机，但影响巨大。在此后近半个世纪内，全国各地总共成立了大大小小 130 家针织工厂，主要集中在上海。针织工业早期重要工厂的创建见表 34-6。

表 34-6 针织工业早期重要工厂的创建

厂名	建成年份	产品
上海云章袜衫厂	1896	
上海景纶袜衫厂	1902	金爵牌、蓝鹰牌内衣
上海中华第一棉针织厂	1914	菊花牌袜子、内衣
上海工足织造厂	1919	链工牌袜子
广州利工民针织厂	1923	金鹿牌、蓝鹿牌内衣
广州全新织造厂	1932	303 牌、555 牌汗衫
上海莹荫针织厂	1928	双枪牌、三枪牌内衣

值得注意的是，这个当初完全由中小企业构成的小行业，后来竟有相当一部分发展成为名厂名牌，包括上海景福袜衫厂（云章袜衫厂的后身），生产菊花牌内衣的上海中华棉针织厂，生产鹅牌内衣的上海五和针织厂，上海工足织造厂，生产金鹰、蓝鹿牌内衣的广州利工民针织厂，广州全新织造厂，生产三枪牌内衣的上海莹荫织造厂等。由莹荫织造厂发展而成的上海针织九厂，甚至发展成了中国大纺织产业范围的大企业——三枪集团。

7. 服装制造业

以工业方式（工厂制，采用缝纫机械，建立生产流水线，批量生产标准化的各类服装）生产服装，是从 19 世纪中期（1851 年）美国胜家公司定型并批量生产缝纫机（其后又发展到工业用缝纫机）开始的。中国服装工业的发展晚一些，20 世纪 20～30 年代才出现几家真正意义的服装工厂，开始有服装工业的萌芽。它们是专门生产男式衬衫的上海新光内衣制造厂和上海康派司衬衫厂，专门制作卡其布雨衣的上海永新雨衣染织厂，以及前店后厂模式的上海培罗蒙西服公司和上海鸿翔时装公司，但其领头羊作用不可小觑。服装制造业早期重要企业的创建见表 34-7。

表 34-7　服装制造业早期重要企业的创建

厂名	建成年份	规模生产形式和产品
上海新光标准内衣制造厂	1933	自织自染，大批量生产司麦脱（SMART）衬衫
上海康派司衬衫厂	1943	大批量生产康派司（COMPASS）衬衫
上海永新雨衣染织厂	1933	自织自染，大批量生产 A.D.K 卡其布雨衣
上海培罗蒙西服公司	1921	前店后厂，日产高档西装 40 余套
上海鸿翔时装公司	1928	前店后厂，批量生产女式大衣等

8. 家用纺织品制造业

20 世纪上半叶，在市场经济中应运而生的家用纺织品制造业（当时统称为"复制业"），先后建成毛巾、被单企业 36 家，手帕企业 26 家，织带企业 56 家，制线企业 22 家，帆布企业 13 家，而且几乎都是中小型企业。但由于其产品贴近民众日常生活，而且这些中小企业为求生存发展，普遍注重产品质量并实行品牌战略，创立了许多名厂名牌。如三友实业社三角牌毛巾，上海萃众毛巾厂钟牌 414 毛巾，民光织物社、太平洋被单厂、大统被单厂在被单设计、制造方面的创新，以及中国飞轮制线厂飞轮牌木纱团在全国各地畅销及其社会知名度等案例，都已载入中国纺织工业（以至中国工业）的史册。家用纺织品制造业早期重要工厂的创建见表 34-8。

表 34-8　家用纺织品制造业早期重要工厂的创建

厂名及所在地	建成年份	设备和产品
上海：三友实业社	1912	毛巾织机 24 台，被单织机 8 台，生产三角牌毛巾
上海：锦乐织造厂	1934	毛巾织机 44 台，被单织机 2 台
上海：民光织物社	1935	毛巾织机 38 台，被单织机 30 台
上海：中国萃众制造公司	1939	毛巾织机 48 台，被单织机 42 台，生产 414 牌毛巾
上海：太平洋织造厂	1939	毛巾织机 30 台，被单织机 54 台
上海：大统被单厂	1939	毛巾织机 8 台，被单织机 52 台，生产大方格被单
上海：汉阳手帕厂	1935	1940 年后发展到手帕织机 120 台，缝纫机 42 台，月产手帕 4 万打
上海：中国飞轮制线厂	1929	并线机 674 锭。飞轮牌木纱团畅销全国，并出口到南洋各地

中国
纺织工业
发展历程研究
（1880～2016）

492

二、20 世纪中期的中国纺织企业群

中国纺织业从 19 世纪后期艰辛起步，在饱经忧患、屡遭挫折之后，到 20 世纪中期已初具规模，挤进了世界纺织工业前 10 位，并涌现数以百计的成功企业。

上海、青岛、天津三市的庞大纺织企业群，当时大体占全国纺织工业的三分之二。这三个纺织工业主要基地，以及苏南、杭嘉湖、武汉/重庆、西安/咸阳、广州/佛山、冀中/豫北、辽东半岛等地的纺织业，当时都出现大体上正常发展的局面。上海的杨树浦地区、曹家渡地区，青岛胶州湾沿岸的"四方—水清沟—沧口"一线，天津的海河两岸，当时几乎都是纺织工业的天下。

作为"二战"的胜利成果，由公营的中国纺织建设公司、中国蚕丝公司接管的 69 个大中型日资纺织企业（丰田、日华、内外棉、钟渊、大康、同兴、宝来、上海纱厂、隆兴纱厂等纺绩株式会社，包括 38 个棉纺织厂、13 个印染厂、6 个毛纺织厂、1 个麻纺织厂、3 个丝绢纺织厂、2 个针织厂、5 个纺织机械器材厂、1 个化工厂），当时生产、经营和企业管理已走上轨道。其名牌产品如龙头细布、五福市布、四君子哔叽、水月牌漂布等，量大面广，主导着全国的棉纱、棉布市场（中华人民共和国成立初期，国家甚至将龙头细布的市场行情，作为计算币值的"折实单位"的四项要素之一）。由中国纺织建设公司总公司和青岛、天津、东北三个分公司集聚的大量纺织专业人才，更是成了推动纺织工业大发展的宝贵财富。

民族资本纺织企业，当时也已形成颇为可观的工业规模。许多企业由于经营管理得法，已在棉、毛、麻、丝纺织各行各业中脱颖而出。特别是在市场经济客观规律催化下，涌现了众多名厂名牌。

1. 棉纺织业

经过半个世纪的发展和优胜劣汰，当时已出现申新、永安、大成、大生、华新、裕大华、诚孚等七大系统（集团）并列争雄的局面。七大系统的棉纺织工业总规模，已达到 150 万锭左右，占了全国棉纺织工业的 30%。

2. 印染行业

印染行业此时出现了一大批名厂名牌，如济南东元盛漂染厂的漂布、色布，由陈孟元创办的青岛阳本印染厂的大花布；由谢克明创办的上海仁丰印染厂生产的阴丹士林蓝布，更是已名扬全国，成为当时中国社会穿着最为普遍的衣料。

以白猫花布闻名的上海新丰纺织印染厂，当时正处在生产经营的黄金时期。树立在上海跑马厅（现人民广场）附近静安寺路上的白猫花布大广告牌，以其唯美的女性形象轰动全上海，至今还可以在网络上搜索到。

3. 毛纺织工业

"二战"后几年间，在与卷土重来的欧美各国优质呢绒、毛线的商战中，涌现了章华花呢（由刘鸿生创办的章华毛纺厂）、协新派力斯（协新毛纺厂）、仁立海立斯（天津仁立毛纺厂）、抵羊牌毛线（宋棐卿创办的天津东亚毛纺厂）等名厂名牌毛纺织品。

4. 丝织业

由蔡声白创办并以科学管理出名的（上海）美亚织绸公司，当时已发展成为拥有九家织绸工厂的庞大企业集团。美亚丝绸被面当时已在全国各地畅销。

5. 针织业

由五位"海归"人士任士刚、罗庆藩、杨光启、钱箕传、梁悟庵在 1924 年创办的上海五和织造厂，其鹅牌汗衫、卫生衫，以其优良服用性能和极其高明的广告宣传，当时已在全国范围畅销，并大量出口。五和织造厂当时在上海跑马厅附近那块"草坪上的五只白鹅"立体广告，使整个上海滩迅速认同了鹅牌汗衫，堪称中国广告史的首项杰作。由五和厂安排的"游弋在杭州西湖上的五只鹅型小船"，也堪称广告杰作。

创办于 1930 年的上海莹荫针织厂，其内衣先是取名"双枪牌"，后在 1936 年改为"三枪牌"；这个新颖并易记的品牌，其实是上海莹荫针织厂爱好射击运动的经理干庭辉，在"连中二元""连中三元"后的神来之笔。就靠着这项高明的品牌战略，这家针织厂在当时已开始赢得社会知名度，为其后身上海针织九厂发展壮大为上海三枪集团奠定了基础。

6. 纺织复制行业

早在"二战"前就名扬全国的上海三友实业社，因其在淞沪抗战时的爱国行为受到国人尊重。到此时，其主打产品西湖牌、三角牌毛巾，在市场上正如日中天。

由李康年在 1937 年创办的萃众毛巾厂钟牌 414 毛巾，由于品质优良而且商标设计高明，到此时也已发展成为全国名牌纺织品。414 毛巾当时在上海家喻户晓。说来可笑，所谓"414"其实是寓意"试一试"。

原来规模不大的上海大统被单厂，在闵淑芬、范成森等技术专家（同时又是进步人士）主持下，在被单艺术设计方面作了巨大创新，这个时期已发展成了全国被单行业第一品牌。

7. 服装工业

刚刚开始由手工制衣转向工业化成衣的服装业，在这个时期出现了两个名厂名牌。

由傅良骏创办并推行科学管理的上海新光内衣厂，采取织造—漂染—制衣—销售一条龙经营模式推出的 SMART（司麦脱）衬衫，兼顾商品品质和时尚，并制订适合国情的产品价位，当时已发展为中国销量最大的中上等衬衫，在工商业界享有"中国的 ARROW 衬衫"之誉。连新光内衣股票在证券市场都成了热门。

由陈汉泉创办的上海永新染织厂推出的 A.D.K 风雨衣，也是采取织造—染整—制衣的经营模式，实现防雨卡其布、风雨衣赶超英、美同款产品。本为"红帮裁缝"、事业成功人士的陈汉泉，对 A.D.K 这个品牌的设计也相当高明。A.D.K 三个英文字母，原意竟是 AMERICA DRESS KING 这个中国式英语（洋泾浜英语）的缩写（后来又在内部解释中将 AMERICA 改为 ASIA）。风雨衣本是欧美中上等人士的时尚衣着，A.D.K 这个商标，不仅当时在十里洋场的上海很吸引人，即使在现今也可以作为时尚衣饰品牌设计、宣传的参考。

这一节专门讲了新中国成立前中国纺织工业的具体历史场景，希望有助于读者对中国纺织工业的早期工业基础形成一些具体的概念。同时，上面讲到的一些在市场经济中涌现的成功案例，例如鹅牌汗衫、SMART 衬衫、A.D.K 风雨衣、三枪牌内衣、钟牌 414 毛巾、阴丹士林布、白猫花布、龙头细布、寅丰花呢等，对于纺织行业在社会主义市场经济条件下推进品牌战略，也是很有参考价值的。

三、群星灿烂的当代中国纺织集团

（一）百年老厂的凤凰涅槃

1.江苏大生集团：屹立东方 120 年的中国民族资本纺织企业

名列 2015 年度中国纺织服装企业竞争力 500 强榜单的江苏大生集团有限公司，其前身为清末状元、中国近代实业家张謇创办于 1899 年的大生纱厂。南通大生纱厂这块金字招牌，不仅引领了 19 世纪和 20 世纪之交实业救国的爱国主义行动，而且引领了中国纺织业从一开始就关注人才教育的先进理念。

1996 年，以南通第一棉纺织厂（大生纱厂后身）为核心，改制创立江苏大生集团有限公司。2004 年进一步改组成为多元化经营的国有控股集团公司。公司现拥有全资、控股、参股公司 20 个。大生集团的纺织染部分，旧貌换新颜，装备了国际上最先进的紧密纺长车纺纱生产线和宽幅无梭织机，主要产品由棉纱、棉布扩展到印染布、毛毯、呢绒、羊毛衫、巾被、针织服装等领域。

在南通市政府和张謇后人张绪武等推动、协助下，这家直到 20 世纪中期尚有"老爷机器"走锭纺纱机在车间运行着的 120 年老企业，近年已成功地走上创新驱动的发展道路，并以建成"万锭用工 25 人"的智能化、数字化纺纱车间，以拥有 3.8 米特宽幅喷气织机为傲。

2.无锡一棉纺织集团：百年老厂再创伟业

由申新纺织系统荣氏家族在 1919 年创办于无锡的申新三厂，历来是苏南地区纺织业的领军企业。其后身无锡第一棉纺织厂，现在已是中国最现代化的纺织厂之一，并已发展为多元化经营的庞大企业集团；以棉纺织为主，涉足色纺、服装，拥有 50 万枚紧密纺纱锭、780 台织机；年产色织纱线、针织用纱线等高支纱线 2.6 万吨，高档织物 3000 万米；产品 75% 供出口，主销欧、美、日、韩、东南亚市场。更值得注意的是，这个百年老企业，由于设备、技术现代化，在设备规模由 10 万锭扩大为 50 万锭的情况下，职工数却已由万人降到 2500 人，创造了纺纱生产线万锭用工不到 25 人的新水平。

（二）百年老基地的再创业

1.上海纺织（集团）有限公司

成立于 2001 年的上海纺织（集团）有限公司，是上海市国资委旗下的一个特大型企业集团。

上海是中国纺织工业的主要发源地。从 19 世纪后期到 20 世纪末的 100 多年间，上海一直是中国最大的纺织工业基地。20 世纪中期，上海棉纺织工业的设备规模，曾经占全国棉纺锭总数的半壁江山。中华人民共和国成立后，在计划经济和全盘国有化的很长一段时间，国家设立纺织工业管理局直接管理上海市纺织企业。进入改革开放新时期后，1995年改制组建上海纺织控股（集团）公司。2001年为强调其国企属性，改称上海纺织（集团）有限公司，并在2011年划归上海市国资委管理。

20世纪90年代后期，在全国纺织工业战略大调整过程中，上海纺织业经历了大幅度压缩产能、压缩工作岗位和众多企业退出城区的艰难调整过程。上海纺织业广大干部、职工，以大局为主，为此作出了重大贡献。

领导纺织业在浴火中重生的上海纺织集团，现在是一家以科技为主导，品牌营销和进出口贸易为支撑，以纺织先进制造业和时尚产业为依托，拥有较完整的纺织服装产业链的集科工贸为一体的特大型企业集团。同时，也是上海最大的国际贸易集团。2016年，上海纺织集团总资产374亿元，员工2.1万人；拥有212家企业，2家上市公司。2016年实现营业收入530亿元，进出口近50亿美元，名列中国企业500强第290位，中国服务业企业500强第97位，中国纺织服装行业100强企业第4位，中国对外贸易500强第44位，中国纺织品服装出口第1位。

2. 青岛纺联控股集团有限公司

曾是中国三大纺织业基地之一的青岛，适应改革开放和市场经济的发展环境，在2002年整合全市纺织国企的资源，成立了青岛纺联控股集团有限公司。公司本着"资产调优，主业调精，产品调高，整体调强"的总体发展思路，成功地肩负起复兴、发展青岛纺织工业的使命。

在第二产业逐步退出青岛城区的情况下，青岛纺联高瞻远瞩，先后建设起以纤维科技为核心的四方产业园（青纺联技术中心），集纺、织、染、针织、服装为一体的台儿庄产业园，以针织服装为核心的城阳工业园，以印染为核心的莱西工业园。并积极投资与纺织业关系密切的关联产业，如以棉花加工为核心的非洲、新疆基地等。这些新成员单位专业分工明确，相互协同发展，从而闯出了青岛纺织工业"整体调强"的发展局面。

作为青岛百年纺织文明的传承主体和创新发展平台，青岛纺联现今已发展为以纺织为主业，以棉纺为核心产业，融工贸为一体，产学研相结合，产业链配套完整的大企业；年营业收入50余亿元，是中国纺织服装行业竞争力500强和全国棉纺色织业排行榜领先企业。

经过持续十几年的技术改造、设备更新，青岛纺联已在总体上升级为装备精良的大企业集团。拥有国际一流的紧密纺纺纱生产线，1.9~3.9米幅宽的喷气织机、片梭织机。棉纺精梳能力达到100%，无接头纱加工能力100%，合股线100%采用倍捻机，织物生产100%采用无梭织机。

3. 天津纺织集团（控股）有限公司

2001年时，在百年纺织工业大基地天津纺织工业局雄厚的基础上，改组而来的天津纺织集团（控股）有限公司，现在是国有独资性质的公司制法人实体。公司总部及城区各纺织厂，包括一棉、二棉、四棉等重要企业，整体迁移到天津空港开发区进行再创业。这个大型公司现有企业 333 家，其中国有及国有控股企业 104 个，集体企业 58 个，合资企业 48 个。在册职工 11.8 万人。生产、经营范围有棉纺、印染、色织、针织、家纺、产业用纺织品、毛纺织、丝绸、化纤、服装、纺织机械器材等十二个行业。拥有仁立（呢绒）、抵羊（毛线）、白玫瑰（针织）、飞天（家纺）、津达（服装）、OVER 2000（服装）等众多名牌。棉纺织业部分具有 40 万锭的工业规模；而且早在 2005 年时已有 50% 的纺纱能力、40% 的织造能力达到国际先进水平。

拥有宏伟、整齐、美观、现代化的厂房，现代化的机器设备。2015 年主营业务收入 407 亿元，2016 年出口额 7.7 亿美元。2005～2016 年 11 次进入中国社科院评选的中国企业品牌竞争力指数榜单（纺织企业第一名）。一系列的再创业成就，正如这个纺织业大基地的新定位：前沿纺织，高端纺织，现代纺织。

4. 石家庄常山纺织集团有限责任公司

华北工业重镇石家庄早在 1922 年已创设著名的大兴纱厂，并在 20 世纪 50 年代建成国家级棉纺织工业基地。建成后的半个世纪里，一直是中国棉纺织工业的重要基地。

在石家庄市属国有纺织企业的基础上，整合、改组而成的石家庄常山纺织集团有限责任公司（图 34-1），是河北省政府授权国有资产经营的全资国有企业。

为适应社会主义市场经济新的发展环境，在 20 世纪和 21 世纪之交，石家庄常山纺织集团整合一部分优良国企，将其改组为石家庄常山纺织集团有限责任公司（常山股份），并随即在深交所上市，成为一家集生产、科研、贸易为一体的大型纺织上市公司。与此同时，石家庄常山纺

图 34-1　石家庄常山纺织集团有限责任公司

织集团将所属工厂、企事业单位逐步迁移到正定县纺织工业园区致力于再创业。

在正定县良好发展环境和上市公司社会责任感、产品结构亟需升级换代等新目标、新因素共同作用下，常山纺织集团领导班子"撸起袖子"踏踏实实苦干十几年，终于成功地实现再创业。

公司整体装备水平达到了国际一流、国内领先水平，设备、生产规模比石家庄纺织基地时期扩大了许多。公司现在拥有 8 家大型棉纺织分（子）公司：棉一、棉二、棉三、棉四、棉五五个分公司，以及恒盛分公司、恒新纺织有限公司、赵州纺织有限公司，现有纺锭 80 万枚，织机 1.2 万台（其中无梭织机 2400 台），年产棉纱 12 万吨、坯布 3.5 亿米，产品从纱线到棉布全面升级。

公司旗下还有纺织机械分公司、常山恒荣进出口公司、房地产开发公司等，在职员工达2.5 万人。

石家庄常山纺织集团有限责任公司近年在中国纺织服装企业竞争力 500 强和中国纺织服装行业主营业务收入 100 强榜单中，都位于前列。

（三）社会主义市场经济的道路越走越宽广

1. 安徽华茂集团有限公司的成功之道

在始建于 1958 年的安庆纺织厂基础上发展起来的安徽华茂集团有限公司，是安庆市政府授权的国有独资企业，是列入 520 户国家重点企业榜单的重要纺织企业，同时又是中国棉纺织工业的排头兵企业和中国棉纺织精品生产基地。

华茂集团现有棉纺设备 50 万锭，其中紧密纺占三分之一，年产 6~330 支高档棉纱线 5.5 万吨。织造部分配置无梭织机 1054 台，年产 1.2~3.6 米宽幅高档坯布 8000 余万米。

作为中国棉纺织精品生产基地，华茂集团一贯地重视设备、技术现代化和产品结构创新。纺纱部分，精梳纱比重达 70% 以上，无接头纱比重达到 100%，无卷化率达 50%。织造部分，无梭织机的比重达到 100%。乘风牌精梳纱线和银波牌高支高密纯棉坯布，双双荣获中国名牌产品称号。产品远销日本、意大利、德国等对产品品质要求十分严格的发达国家市场。

华茂集团现有两个工业园，有纺织、针织、丝光烧毛、进出口等子公司，并有六家合资企业，近年已将生产经营领域延伸到服装制造、服装零售。华茂集团旗下的安徽华茂纺织股份有限公司（华茂股份），是华茂集团控股的上市公司。

在华冠雄、詹灵芝等企业家精心管理下，华茂集团创造了国有纺织企业在社会主义市场经济条件下成功运营的一系列宝贵经验，已成为中国纺织工业的一面旗帜和最具影响力的大企业之一。

2. 上海三枪集团有限公司：品牌战略的杰作

成立于 1994 年的上海三枪集团，其源头可以追溯到建立于 1937 年的上海莹荫针织厂。1966 年改制改组为国营上海针织九厂。1977 年苏寿南开始担任上海针织九厂厂长，精心打理企业，很快就使生产、经营又上了一个大台阶。在 1994 年，兴旺发达的针织九厂兼并五和针织二厂、上海国棉五厂、百达针织厂、统一袜厂和上海针织一厂、二厂、十七厂、二十厂、二十二厂九家企业，成立实力雄厚、产业链完整的上海针织内衣集团。苏寿南兼任针织九厂厂长和上海针织内衣集团总经理。针织九厂和上海针织内衣集团，其后又在 1998 年作为上海纺织控股公司的优质资产，整体进入管理范围更大的上海龙头股份有限公司，并改用现名上海三枪集团有限公司。

为取得更大的发展空间，上海三枪集团的生产基地，从市区整体迁移到浦东康桥的三枪工业城，占地 15.2 万平米，拥有完整的针织服装产业链和设计打样中心，拥有国际一流的生产设备，生产规模发展到可年产针织品 9000 吨以上。更可贵的是，拥有三枪牌、鹅牌、菊花牌、金杯牌等一批针织业著名品牌的三枪集团，经过持续多年的自我发展、优势扩展，实现了飞跃式发展，成了当代中国针织行业规模最大、最具竞争力的十大针织企业之一。

三枪集团以品牌起家，高度重视品牌战略和品牌营销策略。三枪集团拥有 29 家销售分公司、400 多家专卖店，3000 多个销售网店，营销网络遍布中国各主要省市。

从 1994～2005 年，三枪集团连续十几年名列全国针织行业市场占有率第一位，2005 年实现主营业务收入 14 亿元。三枪集团生产的高端针织内衣远销世界 70 多个国家和地区，出口总值从 1999 年的 1000 多万美元发展到 2005 年的 8118 万美元。

三枪集团旗下有 16 个海内外、中外合资的控股和参股子公司。近年三枪集团与美国迪士尼公司在婴儿、儿童及青少年内衣系列方面的战略合作，尤为耀眼。

3.（江苏）华芳集团有限公司：在社会主义市场经济大环境中快速崛起

崛起于江苏张家港市塘桥镇的华芳集团有限公司，是以纺织为主，多元拓展的大型股份制企业，集棉纺织染、毛纺织染、针织、制衣为一体，现属国家大型企业、江苏省重点企业集团，可年产棉纱 35 万吨、棉型布 2 亿米、呢绒 2500 万米，总资产 105 亿元，员工 35000 人，占地面积 300 万平方米，2010 年全集团实现营业收入 230 亿元。

这家始建于 1975 年的纺织企业，经过四十多年持续发展，综合实力已在全国同行业中居领先地位，并且有强大的国际市场竞争力；棉纺设备规模处于世界前列，毛纺织跻身世界最大的精纺呢绒生产基地之一。华芳集团在 2014/2015 年度中国纺织服装企业竞争力 500 强中居第 23 位，在 2015 年度中国纺织服装行业主营业务收入 100 强中居第 11 位。

华芳集团旗下设有棉纺公司、色织公司、织染公司、金田纺织公司、毛纺织染公司和一个上市公司（华芳纺织股份公司），并在山东夏津、新疆石河子、河南修武建有纺织工业园。

华芳集团董事长秦大乾将企业理念设定为：我们总在超越。

4. 恒源祥的五次转型

一项统计显示，当代中国曾经辉煌过的 50 年以上的老字号，约有 80% 已经终结生命历程。

纺织老字号企业恒源祥在刘瑞旗担任董事长后，不断探索适应时代发展的新模式。刘瑞旗认为，众多老字号走向衰亡的根本原因，就是没有发现品牌的神奇作用。只有依靠品牌的魔杖，与时俱进，才能形成不可复制的独特性。

纵观恒源祥 90 年历程，从上海南京路一家毛线商店到中外知名毛纺织企业品牌，经历了五次重大转型。

（1）第一次转型，发生在 1935 年，恒源祥从零售走向制造。

1927 年，恒源祥创始人沈莱舟开办了一家人造纤维绒线商号——恒源祥字号由此诞生。恒源祥取自于"恒罗百货 源发千祥"的对联，暗涵"恒古长青、源远流长和吉祥如意"的古代中国商界的吉祥文化意境。

1935 年，为打破洋货垄断，沈莱舟与人合资在沪创办了第一家毛纺厂——裕民毛纺厂，生产地球牌、双洋牌粗细绒线。恒源祥的业务和资本规模得到了迅速拓展。

1949 年，恒源祥已经拥有了 7 家工厂、3 家店铺，并在 25 个行业中参股，成为了上海滩上赫赫有名的绒线大王。

（2）第二次转型，发生在 1956 年，恒源祥从私营走向国营。

1956 年全国工商企业公私合营后，恒源祥转为国有，业务领域大幅收缩，重新成为一家专营毛线的商店。"文革"期间，恒源祥更名为大海绒线商店；1978 年，恢复恒源祥绒线字号。

（3）第三次转型，发生在 1991 年，恒源祥从老字号走向轻资产品牌。

1987 年，刘瑞旗出任恒源祥绒线商店总经理。1988 年，恒源祥被刘瑞旗注册成商标。1991 年，恒源祥与工厂开展授牌合作，恒源祥品牌的手编毛线畅销市场。1996 年，恒源祥已经成为中国也是世界上最大的手编毛线的产销企业。1993 年，恒源祥绒线商店进入上市公司万象股份。1998 年，恒源祥品牌成为万象股份总商标。

（4）第四次转型，发生在 1998 年，恒源祥从单品走向多品。

1998 年，手编毛线的利润已经无法支撑一个大品牌。恒源祥利用品牌无形资产，向家纺、服饰、针织、日化等领域拓展，以轻资产模式构建了现代恒源祥集团的产业框架。2001 年，恒源祥在万象股份实施了 MBO 收购，企业成功转制。

品牌授权的核心是知识产权。恒源祥集团充分重视线上和线下的品牌权益保护，不断加强和完善集团自身品牌授权体系的建设和监管力度。

（5）第五次转型，发生在 2005 年，恒源祥从品牌经营策略走向文化创新战略。

刘瑞旗 1987 年任上海恒源祥绒线公司总经理，1998 年任上海万象集团股份有限公司总经理，2001 年任恒源祥（集团）有限公司董事长、总裁。他深入研究世界品牌发展历程，创造性地在中国率先推行品牌授权，取得轻资产发展的巨大成功。

2005 年 12 月，恒源祥集团正式成为北京 2008 年奥运会赞助商，这是奥运会历史上第一家非运动纺织服装类企业赞助商。

2006 年，恒源祥全面启动文化战略导入，"祥文化"广告家喻户晓。

2007 年，加大转型力度，确认长期战略目标。

2008 年，刘瑞旗总结出了品牌价值创造和实现的循环法则，"成为历史一部分"是刘瑞旗在新世纪提出的企业发展目标。

2008 年 11 月，恒源祥成为中国奥委会的首家合作伙伴。

2010 年，恒源祥成为上海世博会特许生产、零售商。

2012 年 11 月，恒源祥继续成为 2013～2016 年中国奥委会赞助商。连续三届相继为北京、伦敦、里约奥运会中国体育代表团制作礼服（图 34-2）。

2015 年 4 月 15 日，劳伦斯世界体育奖颁奖典礼盛大开幕。千余名体育界、文娱明星云集上海大剧院。恒源祥与奔驰、万国表等国际品牌一起，再次成为聚光灯下的焦点。

图 34-2　参加伦敦奥运会的中国体育代表团身着恒源祥制作的礼服

5. 常州黑牡丹（集团）股份有限公司：黑牡丹花开更艳

位于苏南纺织重镇常州市的黑牡丹集团，原先是一家普普通通的中小型色织布工厂。进入改革开放新时期以来，黑牡丹集团瞄准国内国外牛仔布市场，在牛仔布织造技术和产品营销方面狠下功夫。

现今的黑牡丹集团，具备年产牛仔布 6000 万米、牛仔服装 800 万件套、各类色织布 600 万米、纺纱 1.5 万吨的生产能力，形成了纺纱、织造、整理、服装一条龙的庞大生产体系。现有员工 3000 多名。

2005 年，黑牡丹牛仔布被评为中国名牌产品。黑牡丹商标被评为中国驰名品牌。

黑牡丹牛仔布远销美国、日本、俄罗斯、澳大利亚等 50 多个国家和地区，被外商誉为中国牛仔布第一品牌。

黑牡丹（集团）股份有限公司在 2014/2015 年度中国纺织服装企业竞争力 500 强中榜上有名，位居第 127 位。

6. 新申集团有限公司：亚麻纺织业的奇迹

创建于 1988 年，位于苏州市吴江区震泽镇的新申集团有限公司，成功运用原料、市场"两头在外"的发展战略，完全凭着自己的实力，在短短二三十年间，发展成为中国亚麻纺织业的领军企业，实在是一个奇迹。

这家专注于亚麻纺织品设计、研发和生产的亚麻纺织公司，现在总资产 12 亿元，员工人数 3000 以上，占地 500 亩。拥有引进的英国麦凯麻纺设备 1.9 万锭，意大利无梭织机 480 台。年纺纱能力 3600 吨，年产亚麻面料 1200 万米以上。主要依靠从法国、比利时进口的亚麻原料，加工成高档亚麻漂布、色布、色织布、提花布，进入内外销市场，实实在在地通过"两头在外"战略推进了新申集团的亚麻纺织事业。

2014 年起，各种创客空间出现在产业集群。一些龙头企业大胆尝试与创客携手创新的利益合作模式。新申董事长李建峰以"亚麻梦想家"的理念召唤年轻创客与新申形成既紧密又灵活的开发创新联盟，建立了指标、利益和自主权明晰的驱动机制。新品开发从面料、服装、家纺，延至家庭和汽车装饰领域。企业负担较轻，却充满创新活力。恰逢麻质时装风潮渐起，在新申集团等优质企业的带动下，吴江麻纺产业集群乃至整个亚麻纺织产业呈现出时尚化、国际化及合作共赢的发展势头。

2016 年初冬，2016～2017 新申集团·中国亚麻流行趋势在北京 798 艺术区中国国际时装周和上海 PHVALUE 时尚第一汇，先后登上中国最具影响的时尚发布平台。

7. 吉林化纤集团有限责任公司

吉林化纤集团有限责任公司（图 34-3）位于吉林省吉林市风光旖旎的松花江畔。其前身是始建于 1960 年的吉林化学纤维厂。中国发展化纤制造业是从发展黏胶纤维（再生纤维）起步的。20 世纪 60 年代，在国家计委直接安排下，纺织系统成功建设了上海安达化纤厂、南京化纤厂、新乡化纤厂、吉林化纤厂、杭州化纤厂五大"万吨级"大型黏胶纤维厂。由此造成了 1970 年全国化纤产量 10.1 万吨（其中黏胶纤维 6.5 万吨）的局面，并奠定了化纤工业的初步基础。从那时起，吉林化纤厂一直是中国化纤行业备受重视的老先进。

进入改革开放新时期后的三十年间，吉林化纤继续稳步发展。1995年吉林化纤集团有限责任公司成立，出现了更大的发展局面。吉林化纤集团旗下现有吉林化纤股份有限公司、吉林奇峰化纤公司、吉林市拓普纺织产业开发公司、吉林吉盟腈纶公司、吉林艾卡黏胶纤维公司、四川天竹竹资源开发公司、丹东吉丹化纤公司、湖南拓普竹麻资源产业开发公司等十几家子公司；集团总资金78亿元，占地200公顷，现有职工万余名；主导产品已发展为黏胶短纤维、黏胶长丝、腈纶、化纤浆粕、纱线、纸制品六大系列，450多个品种；生产能力发展到年产黏胶纤维16万吨，腈纶23.6万吨，化纤浆粕5万吨；产品质量长期居全国同行前列，产品畅销国内20多个省市，远销日本、德国、美国等欧美国家。

图34-3 吉林化纤股份有限公司

值得一提的是，2016年10月，吉林化纤1.2万吨大丝束碳纤维项目开工建设。项目总投资18亿元，拟建6条2000吨/年大丝束碳纤维生产线，最终形成年产1.2万吨大丝束碳纤维的生产规模，吉林化纤将打造一个"中国碳谷"。进入21世纪的十几年间，吉林化纤集团一直在中国大纺织产业链中处于重要地位，在2015年中国纺织服装企业主营业务收入100强企业榜单上，吉林化纤集团位于中间段位（第56位）。

8.新乡白鹭化纤集团有限公司

新乡白鹭化纤集团有限公司的前身是新乡化纤厂，它与吉林化纤厂、南京化纤厂、杭州化纤厂等企业是中国第一批自行设计、自行建设的大型化纤工厂，在计划经济时期是先进企业；进入社会主义市场经济时期以来，发展规模更大、更有显著社会经济效益了。

新乡白鹭化纤集团有限公司现在既是国家级大型国企，同时又是河南省30家重点企业之一，占地132万平米，拥有高中级工程技术人员400余名，新乡白鹭集团近年获得多项桂冠：全国五一劳动奖章、中国明星企业、全国环保先进企业、全国模范职工之家。新乡白鹭化纤集团一贯锐意进取，经过半个多世纪的稳步、持续发展，已将黏胶纤维的生产规模由万吨级提升到十万吨级。集团具有年产黏胶短纤维5万吨、黏胶丝5万吨，外加锦纶、涤纶、氨纶8000吨的产能，总生产规模是新乡化纤厂初建时的20倍，黏胶丝产能居亚洲第一位。公司新增产能10万吨高品质黏胶纤维一期工程4万吨生产线在2009年8月建成投产。集团旗下的白鹭集团印染公司是经营国家126亿资产的经营实体，拥有国内最先进的特阔幅印染生产线，具有加工宽幅印染布7100万米的产能。

2015年在大纺织产业近4万家规模以上企业中，进入2015年中国纺织服装企业主营业务收入100强榜单（居73位）。年产3×2万吨超细旦氨纶项目一期工程在2017年2月开工奠基，更显示了这家企业现今的实力，为新乡化纤增添了新的发展潜力和新的光彩。

（四）五项重要因素共同作用下，民企办起了一批大型化纤企业

1970~2000年，中国化纤工业将化纤的产量由45万吨发展到2000年的659万吨，可以说是一项重大成就。由此，奠定了中国化纤工业深厚基础，开辟了中国化纤工业大发展的道路。

进入21世纪以后，2000~2015年，中国化纤产量又由659万吨猛增到2015年的4832万吨，可以说是一个奇迹。

如果说奠定中国化纤工业深厚基础的是上海化纤公司、丹东化纤厂、保定化纤厂、南京化纤厂、吉林化纤厂、新乡化纤厂、杭州化纤厂、兰州腈纶厂、北京维尼纶厂、湖北化纤厂、上海（金山）石化、辽阳石化、天津石化、仪征化纤公司、平顶山帘子布厂等众多国企，那么中国化纤工业后来的大发展局面则是在多种所有制共同发展和社会主义市场经济的国策指导下，由众多国企、民企共同托起的。

崛起于苏南、杭嘉湖地区和福建长乐等地的一批民营化纤企业，不仅发展成为了当代中国化纤工业（近2000家企业）的主要组成部分，而且在其中涌现了恒力集团、桐昆集团、恒逸集团、盛虹集团、荣盛集团、长乐力恒锦纶公司、长乐恒申化纤公司等一批大型化纤企业。

民间企业家办起了一批大型化纤企业，从根本上说当然是受惠于多种所有制共同发展和社会主义市场经济两项国策。具体来说，是由下述五项因素共同作用的结果。

（1）国内市场对纺织品的庞大需求，为一些民营化纤企业提供了巨大发展空间。

（2）20世纪90年代开始发展的资本市场，使一些资质较好的中小型纺织企业有可能通过社会融资、银行贷款等方式，解决企业扩张的资金问题。

（3）国家在20世纪70~80年代，通过引进、消化、吸收得到的各种主要化纤产品制造核心技术，特别是涤纶成套设备国产化核心技术。

（4）国家富于远见地培养了大量化纤工业人才，此时已经到了收获期，给创办化纤企业（包括大型化纤企业）提供了人才支持。

（5）这些化纤企业内部有一些有毅力、有魄力、有远见的企业家。

1.恒力集团有限公司

恒力集团是江苏省现有民企中规模较大的航母级企业集团。在2014年度中国纺织服装行业主营业务收入100强排行榜上，恒力集团第一次列100强榜首。2010年，江苏纺织工业总产值率先登上万亿级，恒力集团的销售收入为1000多亿元，在本省"十分天下有其一"。恒力集团创造了民间资金建设大型化纤企业的经济奇迹。

恒力集团董事长陈建华13岁便辍学谋生。因为一次事故摔伤，无法继续在原来所在的

建筑行业工作，便开始收丝厂残次品，"骑着自行车到盛泽，到浙江嘉兴那边去收，一天收一两百斤，挣二三十块钱"。通过到各个丝厂将残次品收集起来，整理、再利用……陈建华的第一桶金赚到 200 万元。

1994 年 5 月，陈建华以 369 万元认购了南麻镇办集体织造厂，将其更名为吴江化纤织造厂。接着采取了三大措施整改：一是借钱补发全部拖欠的工资；二是不担保、不欠债、不进亲戚朋友，以杜绝三角债及管理弊端；三是紧抓原料进口和产品销售两道关，减少脱产人员，避免内部腐败。第一个月，陈建华就借钱引进了 1200 锭网络车。1995 年织造厂盈利 1000 多万元，1996 年盈利翻倍至 2700 多万元。

此后，选准风口购买设备，新建工厂，进行扩张，甚至在亚洲金融危机时期也不例外。2010 年 1 月，恒力集团签约投资 260 亿元在大连长兴岛建设石化产业基地更是个大手笔。在 2 年间，填平了 3 平方公里的海面，原本的岛屿如今与陆地连在了一起。招商 6 天后陈建华便前往大连考察，14 天后签署协议，3 个月完成奠基，6 个月完成全部采购，7 个月设备安装完毕，2 年填岛连路完成。

图 34-4　恒力集团生产车间

快马加鞭之下，2010 年，恒力集团（图 34-4）建成了以石化、聚酯新材料、地产和织造等四大板块为主业，热电、机械、金融、酒店等多元化发展的巨型企业。集团拥有 12000 台自主改进的喷水织机和喷气织机，8500 台倍捻机及其配套设备；由此形成的化纤单体产能和超亮光丝、工业丝、化纤长丝织物织造产能，都是全球之冠。

恒力集团还将产业链延伸到聚酯上游 PTA 炼化。2015 年 12 月，恒力石化（大连）炼化有限公司 2000 万吨 / 年炼化一体化工程举行了开工典礼。该项目计划投资 740 亿元，计划用两年半时间，建设 450 万吨 / 年芳烃联合装置、2000 万吨 / 年炼油化工装置、公用工程及辅助生产设施和码头工程，预计 2018 年年中建成投产。

2016 年，恒力集团 PTA 产能 660 万吨，涤纶丝产能 160 万吨，公司总营收 2516 亿元。

二十多年，恒力集团从江南一家小厂，发展成为全球大型化纤长丝织造企业和全球化纤长丝生产基地，是全球最大 PTA 工厂之一。在全国工商联颁布的 2016 年度中国民营企业 500 强中位列第 8 位。

2. 盛虹集团有限公司

也是崛起于江苏吴江盛泽镇的盛虹集团（图34-5）成立于1992年，是国家级大型企业集团。盛虹集团以印染起家，前身是一家乡镇中小企业，后来发展到以石油、纺织、印染为主业，员工3万人，拥有年产190万吨差别化涤纶长丝总产能和年产150万吨PTA工厂。盛虹集团旗下有18家印染分厂，年印染加工能力达20亿米。2016年12月，盛虹石化发布了盛虹炼化一体化项目环境影响评价全本公示，备受瞩目的盛虹1600万吨/年炼化一体化项目正式亮相。该项目总投资714亿元，将满足盛虹集团对于原料PX的需求。该项目预计2019年投产。

图34-5 盛虹集团总部

2016年，盛虹集团位列中国企业500强榜单第169位，同时位列全国工商联颁布的中国民营企业500强第25位。在纺织系统，盛虹集团在2015年度纺织服装主营业务收入100强榜单中排第75位。

3. 浙江桐昆控股集团有限公司

崛起于浙江桐乡市的浙江桐昆控股集团有限公司（图34-6）是一家以PTA、聚酯和涤纶制造为主业的大型股份企业、上市公司。其前身为成立于1982年的桐乡县化学纤维厂。2001年，改制为股份制公司后，持续、超常发展到拥有总资产200亿元左右。旗下有5个直属工

图34-6 桐昆集团桐乡恒基差别化纤维公司

厂，14家控股公司，职工15000人。公司现已具备350万吨聚合和410万吨涤纶长丝（POY、DTY、FDY）年生产加工能力，居世界涤纶长丝企业产能和产量的前列。

2016年，桐昆集团PTA产能150万吨，涤纶丝产能410万吨，公司总营收255亿元。

桐昆集团经营理念为：行纤维之事，利国计民生；打造百年桐昆，实现永续经营。从2002年起，桐昆集团连续15年名列中国企业500强，2016年排名第345位。2015年，桐昆集团位列全国纺织服装企业主营业务收入100强第5位。

4. 浙江恒逸石化股份有限公司

崛起于浙江萧山的浙江恒逸石化股份有限公司是一家专业从事PTA、聚酯长丝织造、化纤加弹丝的民营大型企业集团，成立于1994年，2011年上市，其前身为1974年创办的萧山县衙前公社针织厂，1993年改制为恒逸实业总公司，1994年进一步改组为浙江恒逸集团有限公司。进入21世纪第二个十年以来，恒逸实现超常规发展，总资产达到400亿元左右，年产值上升到600亿元左右。

集团旗下参控股企业具备年产PTA1350万吨、聚酯（PET）260万吨、涤纶低弹丝（DTY）

图 34-7 恒逸集团文莱 PMB 石化项目

图 34-8 荣盛集团涤纶丝生产车间

35 万吨、己内酰胺（CPL）20 万吨、聚酰胺（PA6）16.5 万吨的生产能力，在国内同行中形成了独一无二的"涤纶＋锦纶"双产业链驱动发展的模式。2012 年 4 月，恒逸集团文莱 PMB 石化项目（图 34-7）的启动，标志着我国化纤行业走出去战略迈出了关键性的一步，同时，也标志着恒逸集团正式进军国际石油炼化产业。

2010 年，恒逸集团位列中国民营企业 500 强第 26 位。2016 年，在中国企业 500 强中排名第 177 位。2015 年，在全国纺织服装企业主营业务收入 100 强中排名第 6 位。2016 年，恒逸石化总营业收 324 亿元。

恒逸集团的经营理念是：永不止步，缔造辉煌。

5. 浙江荣盛控股集团有限公司

崛起于浙江萧山的荣盛集团（图 34-8），其前身是创建于 1989 年的一家生产涤纶网络丝的小工厂，以 8 台有梭织机和租用 8 间平房起家。经过 16 年的潜心经营，到 2005 年，荣盛集团已经发展成为一家生产 PTA—聚酯切片—涤纶加弹丝为主业的大型化纤企业，主要产品聚酯切片（PET）、涤纶预取向丝（POY）、涤纶牵伸丝（FDY）、涤纶低弹丝（DTY）畅销全国，并进入欧美等国际市场。荣盛集团总资产 40 亿元，旗下的企业有荣盛石化股份公司、浙江荣翔化纤有限公司、浙江荣盛化纤技术研发公司、浙江荣盛贸易公司等 10 家子公司。到 2014 年，荣盛集团已经进入全国纺织服装企业主营业务收入 100 强第 10 位。

2016 年，荣盛石化 PTA 产能 1350 万吨，涤纶丝产能 110 万吨，总营收 455 亿元。

荣盛集团的经营理念：诚信企业，追求卓越。

（五）苏南模式哺育出江苏一批大型纺织、服装企业

江苏省是中国近现代民族工业的发祥地，而机器纺织工业，又可说是江苏省的"母亲工业"。张謇、荣宗敬、荣德生、刘国钧、刘靖基、查济民、陆润庠、唐保谦、唐骧廷、严裕棠等是大生、申新、大成、苏纶、庆丰、丽新等著名纺织企业创办人，当年都在这里捷足先登。

1987 年后，广东三资企业风起云涌，浙江私营经济红红火火；而改革大潮略显迟来的苏南，却涌现出更多创立自主品牌的弄潮儿和相对稳健的企业巨无霸。江阴阳光集团、无锡红豆集团、常熟波司登集团等，都是最早"叫红"的乡镇企业。2010 年，江苏率先跨入万

亿级纺织服装大省。2014年江苏共有27位上榜福布斯中国富豪，其中，陈建华夫妇、高德康家族来自苏州；无锡为周建平家族、陆克平家族、周耀庭家族……这些都是开启苏南模式的第一代创业人。

1. 江苏阳光集团

江苏阳光集团的前身是江阴市精毛纺厂。1986年，陆克平任江阴市精毛纺厂厂长。1986年，27岁的陈丽芬担任技术科长，她以充分的市场调研、独到的眼光和悟性，提出了立即上马5000锭精纺纱锭的建议。第一批精纺呢绒面世，一销而空。1991~1993年，当许多同行企业还在生产色彩庄重但略显沉闷的老色调呢绒时，该厂以"七彩世界"精纺呢绒系列对市场发动三轮"轰炸"，迅速成为呢绒市场的新宠。

1994年，江阴市精毛纺厂组建为江苏阳光集团。两年后拥有职工8600余名、精纺纱锭10万锭，年产精纺呢绒1800万米。

阳光集团的设备，从法国、德国、意大利、日本等八个国家引进，同时，建起了博士后科研工作站、国家级技术中心、毛纺研究所等三大研发机构。1995年，阳光集团就开发出国内首屈一指的180支超薄型精纺呢绒，两年间销量达300多万米。后来又陆续开发出具有国际先进水平的300支超细高支精纺呢绒及各种功能性产品。

2. 波司登国际控股有限公司

1976年白茆人民公社二大队兴办社队经济，成立缝纫组，八位农民搬来八台缝纫机，日后竟开启了一段商海传奇。

1978年后，国家一系列搞活经济的富民政策，带来了苏南农村脱贫致富的新希望。高德康自告奋勇跑业务，骑自行车往返于上海与常熟：拉单、销售、送货。1980年，靠信誉质量，缝纫组生意日渐红火，此后他们成立了山泾村服装厂。

1988年，山泾村服装厂以每年25万元的品牌使用费为天工服装厂加工秀士登牌羽绒服。后来山泾服装厂更名为常熟市康博工艺服装厂，高德康也第一次获得政府表彰——常熟市1991年度优秀厂长（经理）。

1992年，受改革开放的鼓舞和启发，高德康11月注册了波司登商标。一个现代化的羽绒服装研发和生产基地初现雏形。常熟市康博工艺服装厂更名江苏康博集团股份有限公司，高德康任董事长。

1995年1月，高德康引入专业设计团队，对羽绒服大动手术，使原本厚、重、肿的防寒服向轻、薄、美转化。这一年，康博公司生产68万件，销量达62万件，销售额超2亿元，毛利润达3000多万元，取得了第一个全国羽绒服销量冠军。

1998年10月28日，江苏康博公司成为国有上市企业华联控股的子公司。秉承优化国控民营的共识，高德康与华联负责人董炳根密切搭档；结果是合作共赢，康博公司迅速壮大，成为华联控股的重要盈利来源。

2001年，康博公司改为波司登股份有限公司。同年一些保暖内衣品牌强势进入羽绒服市场，挑起"鹅鸭大战"。波司登牵头同类企业开展危机公关，主导召开中国羽绒服质量管理研讨会，发布《羽绒服质量宣言》，宣传行业质量管理典型和羽绒服消费知识，倡导绿色消费，同时率先调整原料结构，在鹅、鸭两种羽绒的利用上都取得新进展。2001年10月10日，波司登首家全面推出高鹅绒绿色环保羽绒服，以过硬的产品品质和新品成果，迅捷瓦解"鹅鸭"之争，促进了行业的健康发展。

2003年9月，Chitosanto生态抑菌绒应用推广新闻会在北京人民大会堂举行。波司登应用全球领先的生物技术，推出生态抑菌羽绒服，掀起功能性服装生态潮流。

2004年7月，波司登与战略合作商回购华联控股持有的48%股权，涉足资本运营。同年旺季，单周零售额突破3亿元，全年销售额超35亿元，各项财务指标创历史新高。2005年12月18日，全国范围波司登系列单日零售额超1亿元，当月销售超20亿元。

2007年同年10月11日，波司登国际控股有限公司在香港证交所主板成功上市，其品牌发展随之起飞，步入黄金时期。图34-9所示为波司登羽绒服广告。

图34-9　波司登羽绒服广告

2007年9月11日，波司登羽绒服获得中国世界名牌产品称号。此时，全国服装行业仅此一家。2008年11月2007全国追求卓越大会上，夺得全国质量奖。2011年4月，波司登荣获中国工业大奖，在消费品生产企业中仅此一家。2013年的中国服装百强（销售收入、利润、销售利润率）企业排名，波司登包揽三项第一。

3.红豆集团有限公司

1983年，周耀庭出任港下针织厂厂长。周耀庭虽出生农村，却富有远见卓识和谋略。工厂缺乏资金，他动员职工集资，转化为职工福利股，为后来的股份制改造埋下了伏笔。职工的广泛持股，也使得企业出现困难时能够同舟共济。

1992年，江苏第一家省级乡镇企业集团——红豆集团宣告成立。周耀庭与时俱进，积极探索集体经济的最佳模式。实行"大家都有，不等所有"的新集体经济——股份合作制经济，被称新苏南模式。

1995年，周耀庭打破传统观念，提出一方水土用八方人、全球招才、竞争聘用等新观念，在纺织行业率先以百万年薪招聘总经理，引起广泛关注。最初请国营厂老厂长当领导，才非所用，第一年亏了 200 多万元。经过竞聘海选，一个复旦大学毕业的年轻人进入集团决策层的视野。这个年轻人上任后，第一年就扭亏为盈，上缴纯利润 200 多万元。

当年的一个乡镇小针织厂，在周耀庭、周海江（全国工商联副主席）父子主持下，在无锡市、江苏省以至全国范围，都成了知名度很高的大企业。现今的红豆集团有限公司，是江苏省重点企业集团，以纺织服装（针织内衣、休闲服装）为主业，多元化经营，拥有 13 家子公司，其中两个是上市公司。红豆集团在 2014/2015 年度中国纺织服装企业竞争力 500 强中位列第 11，在 2014 年中国纺织服装行业主营业务收入 100 强中位列第 5，在 2016 年中国企业 500 强中排名第 265 位。

4. 江苏梦兰集团

崛起于苏州市常熟虞山镇，以床上用纺织品制造为主业的江苏梦兰集团，其创办者钱月宝在 1972 年以八根绣花针起家，以村办作坊式小厂起步。经过四十几年的奋斗和巧干，梦兰集团现今已在中国家用纺织品制造业中位居前列。

梦兰集团的巨大成功，其主要因素之一是致力于品牌战略。梦兰集团推出的金梦兰、银梦兰、铜梦兰牌的全棉、真丝、亚麻、竹纤维家用纺织品系列，不仅畅销全国，并已进入世界市场。

进入 21 世纪以来，梦兰集团的事业越做越大，已开始实行多元化经营的大战略。但其主业理念仍然很明确，并有许多新发展。金梦兰等家纺品牌，在 2006 年中国 500 最具影响力品牌榜单中位于家纺行业榜首，品牌价值被评估为 72 亿元。在 2014 年中国纺织服装行业竞争力 500 强中居第 29 位。

（六）从红帮裁缝故里走出来的现代化大型服装企业

从 20 世纪 80 年代中期开始，一些中国服装生产工业化的里程碑式故事，每每出现在宁波。其实，从红帮裁缝或隐或显的轨迹看，宁波人书写中国服装业辉煌篇章的历史，可追溯到一百年前。

1. 杉杉、雅戈尔、罗蒙跨出创办大型服装企业第一步

1989 年，中国第一个服装广告出现在电视上。"杉杉西服，不要太潇洒"的广告词家喻户晓。很快，杉杉西服供不应求。1991 年，郑永刚在工厂挂出横幅"做中国西服第一品牌"。

几乎同时，李如成说服澳门南光国际贸易公司老板曹贞退掉返程机票，与他承包的青春服装厂谈资本合作。1990 年 8 月，中外合资雅戈尔制衣公司成立。凭借与上海开开服装公司数年合作的基础，李如成一次性投入数百万美元，从日本、德国、美国等国引进了三百多套一流专用设备，终止风头正健的北仑港品牌，新创 YOUNGOR（雅戈尔）品牌，开始了中国衬衫大王的圆梦之旅。

1993～1999 年，杉杉西服的市场占有率连续七年全国第一。1995～2015 年，雅戈尔衬衫和雅戈尔西服分别稳居国内同类产品市场综合占有率第一。

1996 年，杉杉率先重金招聘中国顶尖设计师，与张肇达、王新元携手在次年推出设计师原创高端女装品牌法函诗。与此同时，雅戈尔李如成与刘洋签约，开始转型全系列男装品牌；并掉头向上游延伸，建设纺织面料基地。早在 1994 年，雅戈尔派员工赴意大利切维斯学艺。1996 年，意大利板型的雅戈尔西服成为国内西服市场的一匹"黑马"。

1996 年 1 月 30 日，杉杉以 1.1 亿元注册，成为中国服装业第一家上市公司；1998 年，雅戈尔以 2.5 亿元注册，也在上海证交所挂牌。1999 年，郑永刚把总部转移上海后，李如成却平心静气坚守故土，坚守主业，致力于把雅戈尔做大做强，在 2014 年度中国纺织服装行业主营业务收入 100 强中居第 18 位。

图 34-10　罗蒙服装卖场

罗蒙集团始创于 1984 年，是以设计、生产和销售中高档西服及系列服装为主业的现代化大型股份制企业集团。罗蒙集团在总裁盛静生的带领下，先后被评选为国家级重合同守信用企业、中国民营企业 500 强、中国制造企业 500 强，罗蒙品牌获得中国驰名商标、中国名牌产品及国家质量免检产品等荣誉称号。图 34-10 所示为罗蒙服装卖场。

2. 宁波申洲针织的超常发展

申洲针织有限公司（图 34-11）在针织服装事业低调苦干，不鸣则已，一鸣惊人，到 2014 年，竟已在全国服装主营业务收入 100 强中居第 15 位。申洲针织为职工建起的上千套永久性住房，为稳定职工队伍提供了有力保证。申洲针织在为世界名牌加工的同时，还成功延伸出休闲品牌马威（图 34-12），开出了千家门店，每年宁波服装节期间，直销馆疯狂抢购的场面，总是出现在马威。

图 34-11　申洲针织有限公司

图 34-12　申洲集团马威休闲品牌

中国纺织工业发展历程研究（1880~2016）

红帮裁缝，兴起于清末民初，是对宁波裁缝的统称。出现于中国近现代东西方文化交融初期的红帮裁缝，成就了中国的第一套西装、第一套中山装、第一家洋服店、第一部西装。技艺精深、师徒传承、精明商道、前店后厂，使"红帮"成为驰名中外的手工缝纫业工匠流派。更令人想不到的是，这个本来是手工制衣业的一个工匠流派，竟哺育出今日宁波庞大的现代服装工业。

（七）齐鲁大地涌现一批现代版大商大贾

1. 魏桥纺织：世界最大的棉纺织企业

位于山东邹平县魏桥镇的山东魏桥纺织股份有限公司，主营业务是生产中高端棉纺织品（棉纱、棉坯布、牛仔布），企业规模大，技术装备全面领先。图34-13所示为其生产车间。

2003年，魏桥纺织作为中国最大的棉纺织品制造商，在香港联交所上市。到2015年魏桥纺织已拥有四个生产基地（均位于山东省境内）。2015年，魏桥纺织主营业务收入97.65亿元，毛利率约5.7%。

魏桥纺织创办人张士平1964年到邹平县第五油棉厂参加工作。张士平担任该厂厂长后，就展开了大刀阔斧的改革。

图34-13　山东魏桥纺织股份有限公司生产车间

张士平还以其独特的理念和视野，认为要使企业超常发展，一定要瞄准国际市场。为此，一定要严格按照世界一流的设备技术和标准来建设企业。这一举措，使魏桥纺织迅速发展到650万枚纱锭和相应的织、染、服装加工能力，成为世界范围最大的棉纺织企业，神速登顶中国纺织服装企业500强榜首。张士平得到社会广泛肯定，被选为第九届、第十届、第十二届全国人大代表，于1995年获得全国劳动模范称号，并被评为2015年中国十大经理年度人物。

2. 山东如意集团：技术＋品牌＋资本的大战略

山东如意集团（图34-14）前身为始建于1972年的济宁毛纺织厂。1993年，全民所有制的山东如意以定向募集方式设立股份公司，注册资本3280万元；其中国家股2280万股，法人股920万股，内部职工股80万股。

20世纪90年代中期以后，如意毛纺

图34-14　山东如意集团

不断获得纺织科技和新产品开发的金奖、银奖，成为全球奢侈品服装品牌的主要供应商之一。那时，这个国企身份的创新型纺织企业没有明显的扩张之势，而是启动向下游服装产业链的适度延伸，率先实施名牌战略。

1998 年，山东如意与意大利 NOGARA 合资，随即以重金换取高水平的原创设计，并创立中意混血儿——路易丝漫女装高档品牌。

2002 年 5 月总投资 2 亿元的路嘉纳服装工业园投产运营，突出科技、时尚、简约的设计理念，在吸收意大利工艺和西装版型精华的同时，开发出防辐射西装、清凉西服、高支轻薄西服、可机洗西服、生态西服、成衣染色西服和旅行西服等创新服饰，外观匀称，线条流畅，高工艺技术含量的服装达总投产量的 90% 以上。

从 2000 年起，如意集团每年都要投入销售收入的 5% 以上用于新技术、新产品的研发，仅 2011 年上半年的研发投入就超过 5 亿元；新产品、新设计的储备数以千计，在全国吸纳 1000 多名高科技人才；并与武汉纺织大学、东华大学、天津工业大学等院校联手建立如意科研基地，专攻世界领先纺织技术。

2002 年，如意集团继赛络菲尔纺纱技术及系列产品获国家科技进步二等奖后，与徐卫林教授合作、历时七年研究出的嵌入式如意纺技术，实现产业化成果，获 2014 年国家科技进步一等奖。这是新中国纺织工业获得的科技最高奖，也是纺纱技术发展的一项重大突破。

经过持续创新，如意集团已将如意纺升级到第三代技术，拓展至棉纺、麻纺和化纤等领域，并通过对毛、棉、麻、化纤等各种纤维的任意组合，创造出多元化、多组分、多功能的系列产品。高抗皱性面料服装，经搓揉挤压可始终保持笔挺；羽绒服可改成单片薄衣，保暖性能不减反增；超细羊毛扩大了毛纺织业的产品领域，羊毛做成了轻薄透气的衬衫。

2011 年，如意集团以如意纺技术为依托，创立了高端品牌皇家如意。用这项尖端技术研制的围巾，国际市场售价 1.6 万多元，10 倍于产品成本还供不应求。原料来自青藏高原阿里地区的小山羊羊绒，纤维细度平均不到 14 微米，如意纺技术还原了这种珍贵原料纤细、柔滑的魅力。

21 世纪以来，如意集团逆向抓住世界金融风暴等历史机遇，以品牌和技术为资本，开始了一系列"蛇吞象"的资产扩张，涉足毛条制造、毛精纺、服装、棉纺织、棉印染、针织、化学纤维、牛仔布、家纺等产业。

2014 年，如意集团旗下共有超过 10 个自主品牌，皇家如意更是在中法建交 50 周年之际登上了法国高级成衣发布秀场。在此之前，如意集团还相继收购了印度 GWA 毛纺公司、英国哈里斯花呢公司、英国泰勒毛纺公司等国际知名品牌公司；利用如意纺技术对这些外企进行技术提升和产品对接。通过占领技术制高点和内外并举的全球布局，如意集团走上了大发展之路。

2015 年中国纺织服装行业主营收入排行，济宁如意投资有限公司位列第一；同时位居 2015/2016 年度中国纺织服装企业竞争力 500 强榜首。

3. 鲁泰纺织：齐鲁衣被天下的现代版

山东鲁泰纺织股份有限公司始创于 1987 年，是从淄博一家小纱厂转化而来的中外合资企业，现已发展为从棉花育种、种植，纺纱、织布、漂染、整理到制衣，直至品牌营销的全产业链特大型棉纺织企业。图 34-15 所示为鲁泰纺织开业庆典的场面。

全公司拥有棉纺设备 65 万锭、线锭 8.4 万枚，全公司总共拥有达到国际先进水平的机器设备 2 万余台。公司总资产 80 多亿元，员工 3 万余人，现有 36 个工厂，12 家控股总公司。它还拥有一项特殊的事业和资产：优质长绒棉基地 15 万亩。公司在 1997 年和 2000 年先后发行 B 股、A 股（图 34-16），成为表现优秀的上市公司。

图 34-15 鲁泰纺织开业庆典

鲁泰纺织的主产品有纱线、色织面料、衬衫三大系列。近年的生产规模为：年产色织布（面料）1.9 亿米，匹染面料 8500 万米，衬衫 2000 万件。

2012 年主营业务收入 59 亿元，出口创汇 7.02 亿美元，多年居全国色织行业前列。鲁泰纺织荣获 2014 年度全球卓越绩效奖和第三届中国工业大奖，

图 34-16 2000 年 12 月 25 日鲁泰 A 股上市

产品 85% 销往美国、英国、意大利、新西兰、日本等国家和地区，高档色织面料出口市场占全球市场 18%，100 英支纯棉色织布荣获出口商品免检认定证书。在 2014 年国家科学技术奖励大会上，由鲁泰纺织股份有限公司与山东康平纳集团有限公司、机械科学研究总院联合研制的筒子纱数字化自动染色成套技术与装备获得国家科技进步一等奖。

鲁泰纺织的泰格蕾芬衬衫于 2007 年通过中国名牌认定。

鲁泰纺织还被中国产品质量协会评为质量信誉 AAA 级企业。

4. 即发集团控股有限公司：从一个小针织厂发展到中国针织业巨头

崛起于针织行业的山东省即发集团，其前身是始建于 1955 年的一个典型的小针织厂。经过半个世纪的实干和巧干，再加上受惠于改革开放的国策，即发集团已发展成为中国纺织系统一个典型的大型纺织企业。

即发集团旗下现有 30 多个企业，职工 2 万多人，总资产 15 亿元，占地 130 万平方米。其主产品为针织品、手套、袜子和棉纱，产品 95% 出口欧美各国和日本。

中国大纺织系统各行各业，2014 年规模以上企业数为 39326 家。即发集团在 2015 年度全国纺织服装企业主营业务收入 100 强企业榜单中居第 21 位。

带领即发集团从一个小针织厂发展为国家大型企业的陈玉兰，得到了全国人大代表、全国劳动模范、全国优秀女企业家等多项社会荣誉。

5. 孚日集团股份有限公司：中国家纺制造业新星

崛起于山东手工纺织业老基地高密的孚日家纺，其前身为始建于 1987 年的高密毛巾厂。经过三十年的奋斗，已发展成为中国出口创汇最多的，专门从事中高档巾被系列产品、床上用品、装饰布系列产品制造销售的大型家纺企业。超常发展的孚日家纺，已形成棉纺、家用纺织品制造和国内外销售一体化的完整产业链。公司 2006 年在深交所上市。

在 2015 年度全国纺织服装企业主营业务收入 100 强中，孚日家纺居第 28 位。

孚日集团将企业目标设定为：做精，做强，做长；并将企业宗旨定位于领跑行业、领引潮流、领先世界。

（八）中西部地区纺织业的明珠

1. 鄂尔多斯集团：中国羊绒事业的领头羊

依托内蒙古珍贵的羊绒资源发展起来的内蒙古鄂尔多斯投资控股集团有限公司，其前身伊克昭盟羊绒衫厂是内蒙古自治区纺织公司在 1979 年改革开放初期，与日本三井物产以补偿贸易方式引进羊绒加工技术设备创建的一个中型毛纺织厂。1981 年建成投产，王林祥任厂长。1989 年变更管理体制，改名为内蒙古鄂尔多斯羊绒衫厂。

由于资源条件优越，机器设备先进，而且经营管理有方，这家工厂建成后不久，就在全国毛纺织行业显露头角。主产品羊绒衫、羊绒围巾披肩、羊绒服装面料畅销全国并进入发达国家高端纺织品市场。建成投产 20 年的 2001 年，主营业务收入 24 亿元。到 2007 年进一步发展为 123 亿元，同年实现利税 17.7 亿元。出口创汇 2001 年为 9973 万美元，到 2007 年时发展为 3.8 亿美元。

随着事业的发展，特别是多元化经营，企业进一步改名为内蒙古鄂尔多斯集团。旗下的内蒙古鄂尔多斯羊绒集团股份有限公司在上交所上市（A 股、B 股），进入资本市场。内蒙古鄂尔多斯集团到 2007 年已拥有总资产 183 亿元，成员企业 115 家，员工 24000 人，羊绒制品的产销能力占中国 40%、世界 30%。

鄂尔多斯集团从一开始就高度重视品牌战略。公司提出了长民族志气、创世界名牌的响亮口号。2015 年进入中国品牌价值研究院评选的 2015 年中国品牌 500 强排行榜（居第 97 位）。经权威机构评定的鄂尔多斯 ERDOS 品牌，品牌价值达 150 亿元，在全国纺织工业居领先地位。2017 年 6 月 1 日，内蒙古羊绒研究院揭牌仪式在鄂尔多斯集团现代羊绒产业园举行（图 34-17）。其旨在以市场为导向，科技创新为依托，通过自主创新和产学研联合，建立一支以针织、机织、纺纱、新产品研发、检测、染整等各领域技术研发与应用为主要研究方向的科研人才队伍，保证了鄂尔多斯集团持续发展。

图 34-17　内蒙古羊绒研究院揭牌仪式

2. 新疆天山毛纺织股份有限公司：天山北麓一枝珍贵的雪莲花

创建于1980年的天山毛纺织公司，是我国首批、纺织行业第一家引进港资（香港唐氏家族投资）的合资企业，公司总部位于乌鲁木齐市新市区。初创时企业规模不大，期望值也不高。三十几年来，充分发挥合资企业管理严格、设备先进和便于国际接轨的特点，逐渐做大做强。

现在的天山毛纺，已是一家专门从事羊绒衫、羊毛衫生产加工和经营销售的知名企业，而且已拥有完整产业链：绵羊、山羊优良品种研究和养殖，原毛、原绒初加工，纺制针织毛纱，织制羊绒衫、羊毛衫，毛纺织产品销售和售后服务。

天山毛纺在生产加工环节，三十多年来坚持自主研发为主，拥有一支强大的设计师和工艺技术队伍，并在上海设有产品设计和技术中心。

天山毛纺在企业经营环节，一直坚持时尚、优质、大众化的产品定位。公司高度重视销售问题，在全国设立了14个销售公司，并在香港设立了外销公司。由于合资公司便于与国际接轨，能够紧跟国际流行趋势，天山牌羊绒衫、羊毛衫在国内、国外两个市场上都处于优势地位。

1999年，天山牌商标被国家工商总局认定为中国名牌。2002年，天山系列毛纺织产品获得国家产品质量免检证书。

在国际上，天山毛纺1999年获得西班牙国际质量成衣奖；2001年，贴牌生产的BONGENIA品牌羊绒衫，获得瑞士国内羊绒衫产品质量第一的称号。

作为全国纺织系统的一项综合性评选，天山毛纺在2015/2016年度处于中国纺织服装企业竞争力500强榜单的中间段位。

3. 新野纺织股份有限公司：中原地区新涌现的大型棉纺织企业

河南省纺织工业在改革开放新时期，成功地实现了再创业、新崛起。1980~2015年，棉纺由120万锭增加到1800万锭，跃居全国第二位；棉纱产量由20.4万吨增加到672.6万吨，跃居全国第三位，增长幅度惊人。

新野纺织在河南省南阳地区的新崛起，更是令人瞩目。其前身新野棉纺织厂是一个中型纱厂。现今的新野纺织集团股份有限公司，已发展成为拥有三个生产分厂的大型纺织企业。2016年生产棉纱16.6万吨，棉型布1.5亿米。其产业链已延伸到色织布和毛巾、床单，以及在新疆的一个棉花生产基地。更为重要的是，全公司三分之二关键机器设备，是属于国际先进水平的现代化技术装备。全公司综合效益和各项重要技术经济指标，持续位居全国棉纺织业前列和全省第一。2012/2013年度，在中国棉纺织行业竞争力20强榜单中居第14位。2015年度，在中国纺织服装行业主营业务收入100强榜单中居第41位。

新野纺织在2006年成为上市公司，顺利进入资本市场后，以其可观的经济实力，不断谋划新的发展领域。近年，其投资9亿元的新疆两个纺纱项目已经投产，投资10亿元的公司本部针织染整项目顺利开建。

4. 湖北孝棉实业集团有限公司：天仙配牌纱线在市场上畅销

作为湖北省纺织企业的排头兵，孝棉实业及其前身孝感棉纺织厂在市场经济严酷考验下，能够生存下来并有所发展，实属不易。目前，孝棉实业旗下有孝感高新纺织实业有限公司、孝感安华纺织有限公司、襄阳安华纺织有限公司等现代化纺织企业。

孝棉实业现以纱线、棉坯布、色织布、印花布、扎染布、服装为主产品。孝棉实业是建于 20 世纪 70 年代的中型棉纺织厂，现已发展到拥有棉纺 32 万锭，可年产纱线 4 万吨，坯布 1400 万米，各式服装 200 万件，毛巾 200 万打。其生产的天仙配牌 10 ~ 80 英支纱线在市场上畅销。

孝棉实业近年先后被中国棉纺织行业协会列入全国棉纺织企业排头兵（50 强）榜单；进入 2014/2015 中国纺织服装行业竞争力 500 强中间段位（第 164 位）；在 2015 年度中国纺织服装企业主营业务收入 100 强中居第 85 位。

（九）中国丝绸企业无愧于"一带一路"的历史光荣

1. 万事利集团：谱写丝绸之都新篇章

位于丝绸之都杭州笕桥的万事利集团有限公司，其前身是创办于 1975 年的笕桥丝绸厂。经过四十多年的发展，已成为一家以丝绸文化创意和高档丝绸生产为主业的现代化企业集团。

2017 年 6 月，"一带一路"丝绸文化高峰论坛在万事利举行，杭州市丝绸行业协会会长、万事利集团董事长屠红燕参加了论坛。

万事利集团的主营业务是丝绸画、丝绸面料、丝绸服装、丝绸印染、纺织品设计。该集团从科学技术和文化艺术创意两个方面，持续致力于这些主产品的产品品质和产品设计。万事利集团为做到丝绸科技研究常态化，配置了专职人员达 200 人的强大科技队伍，为持续有力地推进丝绸产品设计，配置了 150 人的设计、研发团队。

万事利集团的成功，还在于企业的品牌战略。万事利品牌的命名，符合中国社会乐见吉祥如意的国情，加上万事利生产的丝绸品质好、艺术设计水平高，产品在国内外市场得到广泛认可。

早在 1999 年，万事利已被国家工商总局评定为中国驰名商标，使万事利成为当时中国丝绸行业唯一一个驰名商标。2006 年中国品牌价值研究院发布其评估的中国最有价值商标榜单，万事利以 6.65 亿元商标评估价，成为当年中国最有价值商标的纺织行业第一名。近年先后入围 2014/2015 年度纺织服装行业竞争力 500 强（第 37 位）和 2014 年度中国纺织服装行业主营业务收入 100 强（居第 44 位）。

2. 丝绸之路控股集团有限公司：无愧于丝绸之路的名称

2017 年 6 月，中国（浙江）丝瓷茶与人类文明学术研讨会在湖州召开，丝绸之路公司董事长凌兰芳作"湖州丝绸产业转型升级的生死时速"的发言。

1998 年创建于浙江省湖州市的丝绸之路控股集团，是一家以缫丝、织绸和丝绸服装、丝绸家纺制造为主业的大型丝绸企业，拥有 16 家子公司，3200 多名员工，在湖州、杭州当地和广西来宾、四川广安、四川凉山建有五大蚕桑基地。这一家仅有 20 年历史的新企业，现在已是中国丝绸制造业生产规模最大、产业链最完整、创新能力最强的龙头、品牌企业之一。

丝绸之路控股集团拥有 3000 吨生丝、1000 万米绸缎、50 万套丝绸服装的生产能力，拥有两个在欧洲的品牌设计工作室，拥有制丝、数码织造、时尚家纺等多个研发团队。其主产品生丝、绸缎、丝绸服装远销欧美、日本、中东等国家和地区，在国内市场走名牌名店路线，进入一线城市的几百家品牌商场。

3. 金富春集团：深深植根缫丝以至蚕桑事业的基业

1950 ～ 2000 年，中国丝绸工业将生丝产量从 3100 吨逐步恢复到 7.5 万吨，业已达成复兴丝绸业的主要目标。其后又有新发展，2015 年，全国 404 家规模以上缫丝企业产丝 17.2 万吨。广西、四川、江苏、浙江、安徽等新老蚕桑事业比较发达的省份，涌现了一大批现代化缫丝厂。位于浙江省富春市的金富春集团有限公司极具有代表性。

创建于 2000 年的金富春集团，是一家以制造白厂丝、丝绸面料（真丝弹力系列、交织弹力系列）、丝绸服装为主业的大型丝绸企业，年产白厂丝 200 吨、包芯丝 270 吨和真丝弹力丝绸面料 800 万米。金富春牌真丝弹力绉、乔其纱等用于服装和家纺的新型绸缎，是浙江省的名牌产品。

金富春集团在 2013/2014、2015/2016 两个年度中国纺织服装企业竞争力 500 强中都榜上有名，这在丝绸企业历史上是很不容易达到的。

四、做大做强纺织企业的新选项：进入资本市场

20 世纪 80 年代末，中国改革开放对资本产生的巨大需求，使汇聚社会资本的股份制和证券交易所应运而生。1990 年 12 月，深圳证券交易所和上海证券交易所相继开市，新中国证券市场由此启航。到 2017 年 3 月底，沪深 A 股市场（人民币普通股票）总计有 3138 家上市公司。B 股市场（人民币特种股票，以人民币标明面值，以外币认购和买卖）的上市公司有 100 家。

据不完全统计，到 2017 年 3 月底，在 A 股市场上市的纺织业上市公司（含棉纺、毛纺、丝绸、麻纺、针织、印染、家纺、服装、化纤、产业用纺织品、鞋类、纺机、缝纫机制造等）有 127 家，约占沪深两市 A 股市场的 4%。其中通过沪深主板上市的公司 66 家，通过中小板上市的公司 50 家，通过创业板上市的公司 11 家。国有资本控股公司有 24 家，约占纺织业 A 股上市公司的 19%。随着民营纺织企业的发展，纺织业上市公司已成为沪深两市民营企业最集中的板块之一。

同样以 2017 年 3 月 31 日为截点，在香港联交所上市、归类到纺织业公司的总计 181 家，剔除关联度不大的若干行业后，与纺织业直接相关的公司有 120 多家，企业户数与大陆 A 股市场纺织业上市公司的数量大体相当。这 120 多家上市公司中，约有三分之二诞生于香港，其特色和优势集中在投资控股、分销代理国际品牌、供应链管理等方面。从大陆去香港上市的公司有三四十家，其中有连续多年规模和营业收入蝉联棉纺织行业第一的魏桥纺织，有羽绒服行业的领军企业波司登。

除沪深两市和香港联交所外，还有 20 家左右纺织公司在美国、新加坡等地上市。

**（一）第一个十年：100 家纺织业上市公司后来的不同命运（1990 年 12 月～
2000 年 12 月）**

如果把沪深两市开业以来的 26 年分为 3 个时间段，会发现在每一时间段、每个节点上，纺织业上市公司的变化都和中国经济发展进程、资本市场培育过程存在鲜明的关联特征，也和纺织行业的产业结构升级换代紧密吻合。表 34-9 所示为三个时段纺织业上市公司数量和现存以纺织为主营业务的公司比例。

表 34-9 三个时间段纺织业上市公司数量和现存以纺织为主营业务的公司

时间段	上市公司（家）	现存以纺织为主营业务的公司（家）
1990 年 12 月～2000 年 12 月	100	32
2001 年 1 月～2010 年 12 月	60	48
2011 年 1 月～2017 年 3 月	48	47

20 世纪 90 年代中后期，沪深两市曾被赋予国企解困的历史使命。作为国企解困突破口的纺织行业，在这一时段进入上市高峰期。在 1996～2000 年，先后有 68 家纺织企业上市。其中 1996 年的上市公司数量达到 20 家，迄今为止没有超过那个年份的。到 2000 年 8 月，沪深两市 A 股上市公司突破 1000 家时，纺织业上市公司已达 97 家，占同期上市公司总数 9.7%，这个数字可能会成为空前绝后的纪录。

从 1990 年 12 月 1 日到 2000 年底，纺织业上市公司总数非常巧合地达到 100 家。从构成看，呈现出三大鲜明的特点。

一是纺织行业中的国有骨干企业集中均在这一时期上市。如当时在全国纺织行业起着引领作用的标杆企业嘉丰棉纺织厂、中纺机、上海二纺机、安庆纺织厂等；在八家央企中，除际华集团外，原纺织部系统的华联控股、经纬纺机、仪征化纤、中纺投资、中国服装、华源股份、华源发展七家公司全部在第一个十年上市。

二是化纤企业在 20 世纪 90 年代的上市数量非常集中，高达 35 家，占同期纺织业上市公司三分之一以上。其中涤纶长丝企业占据半壁江山，真实反映了 20 世纪 90 年代我国化纤工业的产业结构和"八五""九五"时期资本市场对发展化纤工业的倾斜。

三是上市公司地域分布范围很广。除广西、西藏，以及后来列为直辖市的重庆没有纺织企业上市外，其他省市自治区均有纺织企业在这一时期进入资本市场。因此，在 20 世纪 90 年代纺织业上市公司中，可看到明显的两极现象：既有经济发达地区的明星企业、行业栋梁，也有相对不发达地区一些名不见经传的企业。

资本市场对行业发展的促进作用很快得到验证。从 1998 年起，纺织业上市公司的资金效率由负转正，在 A 股市场行业排名中连续三年进入前八位。

第一个十年上市公司数量最多，后来成败分化也最大。20 世纪 90 年代上市公司的招股说明书显示，从企业到各级政府还保留着刚刚从短缺经济走出来的惯性思维，募集资金方向

中国纺织工业发展历程研究（1880～2016）

大多用于发展产能和老厂改、扩建，大量的国民财富被用于重复建设。随着时间推移，上市时间越早的公司因产品老化带来的盈利水平下降、竞争力衰退更加凸显，这就为后来一些企业的转型或重组埋下了伏笔，成为第一个十年上市公司出现严重分化的深层原因。

企业进入资本市场的利害得失与成败，说到底还是取决于能否适应市场经济的发展环境，用好这笔社会资本。

以上海为例，1992～1993年，上海纺织控股集团公司旗下有六家公司进入A股市场，受到投资者众星捧月般的追捧。此后，嘉丰股份、二纺机、中纺机先后经重组离开上市公司行列，上海三毛的注册地虽然还在上海，但控股股东换成了重庆轻纺控股（集团）公司，但是绝不能由此得出国有控股公司难以适应股市考验的结论。经过资本市场的严酷考验，目前上海纺织控股集团公司旗下还剩下申达股份和龙头股份两家上市公司。这两家国有控股公司成功地经受住了股市的风风雨雨。

申达股份上市23年，通过稳健发展、多元经营，营业收入从1993年的8.53亿元发展到2016年的86.75亿元，增长9.2倍，不仅成为工贸结合公司中的佼佼者，也成为第一个十年入市发展最快的老牌上市公司之一，且发展后劲十足。2016年，申达股份收入的三分之二来自外贸进出口业务。以自营品牌为龙头，以面料设计开发为核心，成为其经营特色。

为实现汽车内饰纺织品亚洲第一的目标，申达股份已在仪征、铁岭、沈阳、长沙、天津、武汉、北京、常熟、佛山等多地布局生产基地，成为宝马、奔驰、上海大众、上海通用、一汽、东风汽车、广州丰田、天津丰田、华晨宝马等公司汽车内饰纺织品的主要供应商。近五年的复合增速达到16%，远超内外贸业务增速，带动了公司整体盈利水平的提升。为适应汽车行业全球采购的发展趋势，2015年申达股份又通过搭建海外平台，完成了两项具有战略意义的股权收购，不仅实现了从汽车内饰纺织品向附加值更高的汽车内饰行业的拓展，还从中国市场成功跨入北美市场。2016年，汽车内饰产品收入达到25.58亿元，占申达股份全部营业收入的近30%。

近年，申达股份已把附加值较高的纺织新材料业务作为下一步发展重点。2016年纺织新材料板块的毛利率已超越其他板块。

以纺织品外贸和针织为主营、拥有三枪、海螺等老字号品牌的龙头股份，2016年营业收入达到42.5亿元，比上市第一年1993年收入4.45亿元增长8.6倍。这家老资格上市公司，近年正在大力推进旗下各品牌的销售渠道转型和销售模式创新，并全力推进电商业务。三枪已推出多家ULOVE三枪生活新模式店；海螺衬衫通过和多家国际知名品牌的合作，正在通过多品牌的融合，牵手时尚向男士服饰的全品类转变。

纺织业上市公司的分化在化纤行业表现得最突出，且以涤纶长丝行业为最。第一个十年上市的琼化纤、黔凯涤、龙涤股份、辽源得亨、鞍山合成、四川广华、深惠中（后更名华联控股）等17家涤纶长丝企业中，除华联控股转型进入房地产行业外，其余十几家公司都先后经过重组退出上市公司行列，鞍山合成、龙涤股份被转到三板市场。

第一个十年上市的八家黏胶纤维企业中，九江化纤、保定天鹅、丹东化纤、湖北金环、山东海龙五家公司先后被重组。与此同时，新乡化纤、南京化纤、吉林化纤则生产经营保持稳定。其中，新乡化纤黏胶长丝的连续纺生产线多年来处于行业领先水平，2016年以主营收入36.8亿元、净利润1.15亿元名列黏胶纤维行业第一位。

20世纪70年代建设的九大维尼纶厂中，云南维尼纶厂、山西维尼纶厂、安徽维尼纶厂1996年、1997年先后进入资本市场。随着煤、化工行业整体步入低谷，2016年，云维股份的营业收入只相当于最高年份2012年的五分之一，山西三维比2012年缩水一半，两家企业均因连续亏损被列入ST行列。同时，皖维股份则始终稳步前进，在化工、建材、化纤多元发展后更名皖维高新，2016年，营业收入达到35.4亿元，实现净利润1.1亿元。

从地区角度剖析上市公司的利害得失与成败，同样是上述道理：能否顺应市场经济，用好这笔巨额社会资本金。在过去的26年中，以公司注册地统计，浙江、江苏、广东、上海、山东、福建六省市合计有139家纺织公司登陆A股市场，占纺织业全部上市公司的三分之二。因26年来国内产业结构、资本市场和纺织业均发生巨变，中西部地区纺织业上市公司的分化程度尤为明显。一些原本就只有一家纺织业上市公司的地区，仅剩下兰州第三毛纺厂的三毛派神和陕西西安的缝纫机企业标准股份。

四川省纺织业上市公司数量曾在西南地区很抢眼，名列全国第七位。从1993~1998年，先后有七家汇集了社会资本和员工持股的试点企业入市。但股份制改造并没有带来经营机制的同步变化，此后都因经营业绩不佳陆续进入重组企业的行列。

湖北省的六家上市公司全部集中在1996~2000年，后来只剩美尔雅一家主营业务属于纺织业。

各省市、央企纺织业上市公司总数、分化统计见表34-10。

表34-10 纺织业上市公司总数、分化统计

地区	累计上市公司总数	主业鲜明或多元化	转型、重组	地区	累计上市公司总数	主业鲜明或多元化	转型、重组
浙江	45	37	8	河北	3	2	1
江苏	32	21	11	宁夏	2	2	0
广东	22	15	7	天津	2	1	1
上海	16	9	7	吉林	2	1	1
山东	13	8	5	山西	2	0	2
福建	11	8	3	甘肃	1	1	0
四川	7	0	7	陕西	1	1	0
北京	6	5	1	青海	1	0	1
湖北	6	1	5	新疆	1	0	1
安徽	5	5	0	江西	1	0	1
内蒙古	4	1	3	云南	1	0	1
海南	4	1	3	贵州	1	0	1
辽宁	4	0	4	黑龙江	1	0	1
河南	3	3	0	央企	8	2	6
湖南	3	3	0				

注 统计时间为1990年12月1日至2017年3月31日。

在同样的历史条件下，第一个十年期间上市的 100 个纺织业上市公司中，涌现了一批很出色的资本市场的强者。从 20 世纪 90 年代（按上市时间排序）一路走来的神马股份、上工申贝、南京化纤、吉林化纤、经纬纺机、三毛派神、浙江富润、美达股份、华茂股份、雅戈尔、华西股份、江苏阳光、新乡化纤、金鹰股份、常山股份、鲁泰纺织等公司在进入资本市场后如鱼得水，组成了群星闪烁的纺织业上市公司阵容，在纺织行业各领域成为行业发展的领军企业或中坚力量。

鲁泰纺织股份有限公司是上述公司中的优秀代表，1997 年 8 月发行 B 股，2000 年 12 月发行 A 股。鲁泰进入资本市场 20 年，营业收入从 3.06 亿元增长到 59.82 亿元，实现净利润从 4004 万元增长到 8.05 亿元，分别增长 19 倍左右。

带领鲁泰一路前行的是第一任董事长刘石祯。1987 年，47 岁的刘石祯被上级从煤炭行业调到纺织业兼任淄博第七棉纺厂厂长，上任不到一年就引进外资，和泰国泰纶纺织有限公司合资成立了鲁泰。此后，刘石祯把全部心血浇灌在鲁泰核心竞争力的提升上，把一家名不见经传的小厂打造成产能规模和技术优势均达到国际顶尖水平的高档色织面料生产商和一线品牌衬衫制造商。近年来，鲁泰纺织 80% 以上的产品出口，占全球同类产品市场份额的 18% 左右。

20 世纪 90 年代，鲁泰已经形成集棉花种植、纺纱、漂染、织布、整理、制衣的产业链，鲁泰已连续多年位居色织行业收入榜首。自 2013 年以来，鲁泰拉开了海外布局的序幕，在柬埔寨、缅甸进行了试探性投资后，2015 年 3 月，在越南一次投资 1.5 亿美元建 6 万锭棉纺厂、3000 万米织布厂和年加工能力 600 万件衬衣的服装厂，该笔投资占公司净资产比例超过 14%。进入 2017 年，海外产能已经进入释放期。

更难能可贵的是，鲁泰在借助资本市场实现超常规发展的同时，不忘回报投资者。鲁泰 A 股上市 17 年，累计为股东分红 19 次，分红金额达 36.78 亿元。在棉纺、毛纺、色织、印染、针织、家纺等纺织行业中高居榜首，和同期上市的其他公司拉开明显差距。

2017 年 1 月 16 日，在纺织业呕心沥血 30 年的刘石祯因病去世，享年 77 岁。他的去世，不仅使纺织业同仁们沉痛哀悼，在资本市场也引来投资者的一片痛惜。他用鞠躬尽瘁和卓越才干书写了自己的传奇人生，用勤勉尽责、恪尽职守为纺织业上市公司留下了一座丰碑。

（二）第二个十年的纺织业上市公司：致力于借助资本市场谋求企业新发展、再创业（2001 年 1 月～2010 年 12 月）

进入 21 世纪以后，随着创业板和中小板的开通，资本市场不仅起到了对新经济的引领作用，也改变了上市公司的所有制结构，成为中国经济发展的一个资源配置平台。从 2001 年开始的第二个十年，纺织业上市公司的行列中出现一大批新面孔。民营经济、服装行业和名牌名企融成一体，成为无法分开解析的现象。在这个时期上市的 60 家公司中，通过中小板上市的公司 43 家，通过创业板上市的公司 2 家，合计占同期纺织业上市公司的四分之三；服装业及相关服饰业上市公司在第二个十年达到 19 家，位居纺织行业各子行业榜首。

2001 年 1 月 8 日，以休闲装为主业的红豆股份成为第二个十年伊始纺织业首家上市公司；2004 年 6 月，拉链、纽扣制造商伟星股份成为纺织业通过中小板上市的第一家公司；2009 年 10 月，户外装探路者成为创业板迎来的首家纺织企业。至此，服装业和直接相关产业实现了从男西装、女装、休闲装、户外装到服饰领域全覆盖。第二个十年是服装业上市公司最引人注目、最活跃的十年，也是服装经营领域中品牌基因元素开始大放光彩的十年。

带着狼文化、狼故事进入资本市场的七匹狼，成为男装企业中始终围绕品牌核心价值经营的企业。在国外品牌像潮水一般涌入中国市场的时候，七匹狼带着七个福建男人集体创业的故事进入资本市场。从上市后的爆发式增长到跌入低谷，再从低谷中爬起，七匹狼始终以自信、团队、挑战作为品牌的基因，从广告主题、表现形式、管理与维护等各方面，不断强化在目标消费群心目中的品牌形象与个性。七匹狼的发展史就是一部品牌经营史。

从 2004 年营业收入 2.46 亿元起步，到 2012 年的 34.77 亿元，再到 2014 年比 2012 年下跌 31%，在行业景气度一度下降、品牌企业纷纷进入关店潮的大背景下，七匹狼对产品、渠道、供应链进行了全面升级，有效提升了终端盈利水平。2016 年，七匹狼将主营业务收入恢复到 26.4 亿元。

在国内服装行业率先采取品牌经营模式、全部生产外包、靠品牌连锁经营获得飞速发展的美特斯邦威，曾经是第二个十年最耀眼的明星，其间斩获多项行业大奖和各种荣誉。从 1995 年的 100 多万元资金起步到上市前的 2007 年营业收入达到 31 亿元，美特斯邦威仅用了 13 年。从 2008 年上市到 2011 年，短短三年时间又实现营业收入 2.2 倍的增长，达到其上市后的顶点 99.45 亿元，净利润超过 12 亿元。遗憾的是，由于盲目扩张遭遇市场饱和、消费放缓、电商冲击，更多则是自身原因，美邦服饰从 2012 年开始一路下滑，2015 年营业收入下降到 63 亿元，比 2011 年缩水 37%，亏损 4.3 亿元。在经过全面整顿、对各种风险采取了管控措施后，2016 年，美邦服饰实现营业收入 65.2 亿元，实现净利润 3616 万元，恢复到中国服装行业一个成功企业的正常水平。

进入 21 世纪以后，家纺行业的快速发展，使山东高密的孚日股份、江苏南通的罗莱家纺（2015 年更名罗莱生活）、广东深圳的富安娜、湖南长沙的梦洁家纺（2016 年更名为梦洁股份）等公司登陆资本市场水到渠成。

以艺术家纺为品牌特色的富安娜，坚持把艺术、时尚元素和新材料融入家纺产品研发，清晰定位于中高端市场，上市以来始终保持收入和利润的稳步增长。2016 年，富安娜实现营业收入 23 亿元和净利润 4.39 亿元，与上市第一年的 2009 年相比，营业收入增长近 2 倍，净利润增长 4 倍，成为家纺行业盈利水平最高的企业。

在第二个十年上市的几家大型棉纺企业，命运各异。河南新野纺织发展成为行业的中坚力量之一，庆丰股份、德棉股份先后被重组。以安徽淮北二棉为主体、改制后上市的飞亚股份因 2007 年发生亏损，在次年被纺织业的色纺纱线研发、生产企业华孚控股集团进行了重组，更名为华孚色纺。2007 年，飞亚股份营业收入 4.31 亿元，亏损 5811 万元。2016 年，华孚色纺营业收入 88.37 亿元，净利润 4.8 亿元，发生了翻天覆地的变化，借壳上市后的华孚色纺通过三次定向增发总计募集资金 44 亿元，得益于这笔社会资金，在国内已建成东部在浙江、中部在安徽和江西、西部在新疆、海外在越南的生产基地，实现了境内外协同发展的格局。2015 年，华孚色纺在浙江成立了全国第一家色纺行业博士后工作站，建立了专业的色彩、材质和技术研发团队。

依托雄厚的资金实力，华孚色纺在新疆已建立从棉花种植加工、纤维染色、纺纱全流程产业链，正在建设中的阿克苏华孚色纺工业园总规模 100 万锭，可实现年产 16 万吨色纺纱，在越南投资建厂 28 万锭，染色能力 2 万吨。

在需求把握、趋势引领、时尚设计、标准制订、产业资源、营运模式、信息驱动等方面已打下深厚基础的华孚色纺，未来将通过整合电商平台，形成柔性供应链，成为时尚纺织品制造商兼时尚商品运营商的特大型纺织企业。

（三）进入第三个十年以来的纺织业上市公司：开始气势如虹（2011～2017 年）

从 2011 年开始的第三个十年，纺织业上市公司在总体上趋向更为成功。在企业实绩与股市表现良性互动下，化纤业巨头，棉纺织业、毛纺织业巨头，家纺业巨头和男装、女装、童装排名第一的上市公司，相继在这一时期出现。

化纤行业、特别是涤纶行业在资本市场相对沉寂了十几年以后，目前我国化纤行业规模较大、综合实力较强的民营大型化工化纤企业荣盛石化和恒逸石化（两家同在萧山），带着打造顶级化工化纤企业的追求，在两个十年之交聚首资本市场。与它们同步进入 A 股市场的还有同样来自浙江的桐昆股份。三大化纤业巨头在前后不到七个月的时间内相继入市，这是继仪征化纤之后久违了的气势，标志着我国化纤业经过多年的产业结构调整又上了一层楼。

从三家公司在大纺织产业链所处的位置和产品结构看，荣盛石化公司是国内生产规模领先的芳烃—聚酯切片—涤纶加弹丝生产企业，恒逸石化处在精对苯二甲酸（PTA）、聚酯纤维、己内酰胺等领域，桐昆股份则是化纤产品差别化率连续多年高于行业平均水平的涤纶长丝制造企业，产品包含 POY、FDY、DTY、复合丝等四大系列 1000 多个品种，因规格齐全被称为化纤行业的沃尔玛超市。

三家大型化纤企业上市后，通过首发和定向增发，荣盛石化、恒逸石化、桐昆股份分别募集资金 70 亿元、90 亿元和 62 亿元。荣盛石化用这笔社会资金投资新的芳烃项目。恒逸石化为突破原料瓶颈，跨出国门在文莱投资建设了 PMB 石油化工企业，并积极拓展 CPL-锦纶产业链。桐昆股份则通过在嘉兴连续建设两期年产 120 万吨 PTA 工程，跻身 PTA—聚酯—纺丝—加弹丝一条龙的大型化工化纤企业行列。

2010～2016 年，荣盛石化的收入从 158 亿元增长到 455 亿元，恒逸石化的收入从 185.9 亿元增长到 324.1 亿元，桐昆股份的收入从 147 亿元增长到 256 亿元，三家公司的营业收入分别名列 2016 年全部纺织业上市公司前三位。2016 年，荣盛石化、恒逸石化、桐昆股份的净利润分别为 19.2 亿元、8.3 亿元、11.3 亿元。

在两个十年的连接段，产业用纺织品公司也迎来上市高峰。2010年和2011年，先后有新纶科技、三维丝、旷达科技、先锋新材、华峰超纤等七家产业用纺织品公司进入资本市场，是沪深两市开业26年来少有的现象。产业用纺织品是近年纺织工业部门发展最快的行业，登陆A股市场的十几家产业用纺织品公司，已开始在医疗卫生、环保、过滤、汽车行业、公路建设用纺织品领域脱颖而出，成为产业用纺织品行业向高性能、多功能、舒适型、轻便化、模块化、智能化、系列化方向发展的领军企业。

这一时期表现突出的纺织上市公司如下。

1. 朗姿股份

2011~2016年，服装业上市公司总数（27家）继续排在所有子行业的第一位。但上市公司的构成与前两个十年已迥然不同。北京的朗姿股份、南京的维格娜丝、深圳的歌力思等中高端女装品牌公司在上市后，进一步致力于自创品牌和代理国外品牌的多品牌运营之路，彻底改变了前20年女装上市公司基本是外贸出口型企业的局面。

朗姿股份在2000年创立朗姿品牌后，又孵化出面向成熟女装、中淑女装、少淑女装等不同风格的新品牌。在积累了将中高端女装时尚品牌产业化运营及推广能力后，朗姿股份开始代理运营国外的中高端女装品牌；通过中韩两家上市公司，搭建起一个横跨女装、婴童等多品类的产业化运作平台。建立了8个品牌女装互为支撑、资源共享的营销中心；营销网络覆盖全国30个省市、近100个城市的大型高端商场、高端购物中心、机场等。多年来，我国女装品牌企业，10亿元一直是一块难以突破的"天花板"。2016年，朗姿股份营业收入达到13.68亿元，实现净利润1.64亿元，成为国内女装行业第一家突破营业收入10亿元的上市公司，也成为北京市首个建立博士后工作站的服装企业。

2. 森马服饰

以森马成人休闲装、巴拉巴拉童装双主业在2011年登陆资本市场的森马服饰，以小河有水大河满的经营理念、和谐共赢的价值观，有效整合供应商、加盟代理商、设计研发、品牌传播等各种资源，把两大品牌成功布局中国一二三四线市场，成为服装业上市公司中轻资产、高效益运营模式的成功企业。2016年，森马服饰营业收入首次突破百亿元，达到106.67亿元，净利润达到14.26亿元，分别比上市前的2010年增长70%和43%，定位0~14岁儿童的巴拉巴拉童装2016年销售收入超过50亿元，在森马服饰中占比已达47%，规模、增速都遥遥领先于其他童装企业。

3. 海澜之家

海澜集团旗下的海澜之家，2013年通过对凯诺科技重组借壳上市，迅速扩大了经济实力。2016年海澜之家实现营业收入170亿元，净利润31.23亿元。上市四年，海澜之家累计现金分红62.45亿元，年均分红高达15.61亿元，成为纺织业上市公司中的一匹黑马。

成就海澜之家逆市猛涨、超常规发展的因素，是与多数同业者相反的逆向思维。

其一，在别人纷纷关闭、收缩连锁门店时，海澜之家借商铺租金大幅下降攻城掠地。坚持黄金地段、钻石店铺的开店原则，实施从单店选址到全域布局的转变。通过在一二线城市积极抢占优质商业资源，进驻核心商圈，重点布局品牌形象店，实现了商圈价值最大化，极大地提升了品牌形象，催生了品牌溢价效应。到2016年底，海澜之家已拥有直营和加盟门店总计5243家，其中海澜之家门店4237家，爱居兔门店630家，海一家门店376家，遍布全国31个省、自治区、直辖市，覆盖了80%以上的县、市，单店销售指标居于行业前列。

其二，在多元化盛行的时候，海澜之家不仅是专做服装，而且只做男装。通过广告宣传、明星代言等整合营销模式，"海澜之家——男人的衣柜"已经在消费者中树立了鲜明的品牌形象，突出的性价比优势让海澜之家在短短几年内成为中国男装行业的国民品牌。

海澜之家近年已形成总部品牌管理—生产外包—总库物流—连锁销售的运营模式，建立了供应链、仓储、货品、门店销售为核心的综合信息系统，实现了从研发生产到产品入库，从仓储、货品调配到门店销售的信息畅通，提高了效率、精细化程度和对需求变化的快速反应能力。海澜之家在全国选择200家试点门店开启"线上下单就近发货"的模式，大大缩短了华东以外地区客户的等待时间，同时为公司深入探索O2O模式建立了强有力的基础。

回望26年中国纺织业上市公司进入资本市场以来的风风雨雨，会想起中国的一个成语"吃一堑、长一智"。

客观地讲，并非所有纺织企业都宜于上市进入资本市场，并非所有纺织业上市公司都能通过进入资本市场获得进一步发展，但综观一系列事实，也让人们看到了资本市场对促进社会资源最优配置和促进一些纺织企业更大发展的巨大作用。

第三十五章　纺织产业集群助阵中国纺织工业做大做强

如果说石家庄、邯郸、郑州、西安、北京五大纺织新基地的建设及其早期发展，是典型的中央计划经济的产物，无锡、常州、江阴、邹平、长乐、武汉、新野、兰州、乌鲁木齐、阿克苏等东、中、西部以大中型纺织工厂为主体的五六十个纺织基地的发展壮大，是区域经济动力机制的硕果，那么，自 20 世纪 80 年代以来，三十多年间全国各地先后涌现的二百多个纺织产业集群，则主要是社会主义市场经济的产物，是市场在资源配置中起决定作用的结果。

一些简易上马的纺织、服装产业集群（专业市场）在改革开放条件下初步兴起时，谁也不会料到，这一新的业态，经过近 30 年势如破竹的创业历程，到 21 世纪第一个十年后期，竟已发展到经济总量占全国纺织经济总量的 40% 以上，成为中国纺织工业的基础，纺织服装产品的主要生产地，中国纺织工业比较优势的代表。

一、集聚"大纺织"各行各业 20 万户中小微企业的纺织产业集群

最先起源于乡镇企业、城镇个体工商业户，自发扎堆的纺织产业集群（专业市场），如绍兴柯桥镇、海城西柳镇、佛山西樵镇、东莞虎门镇、海宁许村镇、海门叠石桥镇等名城名镇的纺织产业集群，无一不是在社会主义市场经济的大环境中，在二三十年间迅速发展起来并蔚为大观的。中国纺织工业协会因势利导，从 2002 年开始，通过开展纺织产业集群试点工作，进行产业引导和全方位服务，组织经验交流等有效手段，协同相关地区政府推动了纺织产业集群这一新业态的大发展。到 2016 年中纺联已批准 199 个市（县）镇为试点地区，被授牌为中国纺织产业基地市（县）、纺织产业特色名城名镇，其中 167 个集群位于浙江、江苏、广东、山东、福建、辽宁、河北等地区，32 个集群位于中西部地区。集群内共有企业 20 余万户，就业近 1000 万人。集群内规模以上企业的主营业务收入已占全行业规模以上企业的 40% 以上。

1. 中国纺织产业基地市（县）

辽宁的海城市，浙江省绍兴县、海宁市、桐乡市、杭州市肖山区，江苏省常熟市、江阴市、张家港市、太仓市、海门市、通州市，福建省晋江市、长乐市，广东省东莞市、开平市、中山市、普宁市、佛山市高明区，山东省淄博市周村区，安徽省望江县，江西省奉新县，河南省郑州市中原区等。

2. 中国纺织产业特色名城（名镇）

这些名城、名镇中，许多城、镇早在 20 世纪 80～90 年代就已闻名遐迩。

（1）广东。潮州市为中国婚纱晚礼服名城，佛山市南海区西樵镇为中国面料名镇，佛山市禅城区张槎镇为中国针织名城，佛山顺德区均安镇为中国牛仔服装名镇，东莞虎门镇为中国女装名城，东莞大朗镇为中国羊绒衫名镇，中山市沙溪镇为中国休闲服装名城，增城市新塘区为中国牛仔服装名城，博罗县园州镇为中国休闲服装名镇，普宁市流沙东街道为中国内衣名镇等。

（2）福建。石狮市为中国休闲服装名城，长乐市金峰镇为中国经编名城，龙溪县为中国革基布名城。

（3）浙江。乐清市为中国休闲服装名城，瑞安市为中国男装名城，嵊州市为中国领带名城，诸暨市大唐镇为中国袜子名镇，慈溪市为中国毛绒名城，桐乡市濮院镇为中国羊绒名城，嘉善县天凝镇为中国静电植绒名镇，义乌市为中国无缝针织服装名城，浦江县为中国绗缝家纺名城，湖州织里镇为中国童装名镇，海宁市许村镇为中国布艺名城，海宁市马桥街道为中国经编名城，绍兴市钱清镇为中国轻纺原料市场名镇，绍兴县慈亭镇为中国针织名城，绍兴县齐贤镇为中国纺织机械制造名城等。

（4）江苏。高邮市为中国羽绒服装制造名城，吴江市盛泽镇为中国丝绸名城，常熟市梅里镇为中国经编名城，常熟市古里镇为中国羽绒服装名镇，常熟市虞山镇为中国防寒服家纺名镇，常熟市碧溪镇为中国毛衫名镇，海门市三星镇为中国家纺绣品名镇，通州市川姜镇为中国家纺名镇。

（5）山东。即墨市为中国针织名城，文登市为中国工艺家纺名城，禹城市为中国半精纺毛纱名城，邹平市为中国棉纺织名城，高密市为中国家纺名城，枣庄市市中区为中国针织文化衫名城。

（6）上海。松江区叶榭镇为中国品牌服装制造名镇。

（7）安徽。繁昌县孙村镇为中国出口服装制造名城。

（8）江西。共青城为中国羽绒服装名城。

（9）河北。清河县为中国羊绒纺织名城，容城为中国男装名城，高阳县为中国毛巾毛毯名城。

（10）河南。安阳市为中国纺织服装名城，郑州市二七区为中国女裤名城。

（11）宁夏。灵武市为中国精品羊绒产品名城。

（12）新疆。和田市为中国手工羊毛地毯名城。

（13）黑龙江。兰西县为中国亚麻塑编名城。

（14）吉林。辽源市为中国袜业名城等。

中国纺织工业协会编纂的《中国纺织工业改革开放30年（1978～2008）》一书，在《托起当代中国纺织工业的一片蓝天》篇的《中国纺织工业的基础：纺织产业集群地区》中，对纺织产业集群作了如下概述：

在中国纺织工业高速发展中，形成了众多的纺织产业集群地区。这些产业集群地区在市场经济资源的配置条件下，产业集中度高，产品特色突出，企业数量众多，配套相对完善，规模效益明显，产业与市场互动。它们已经成为中国纺织工业的基础，纺织服装产品的主要生产地，是中国纺织工业产业比较优势的代表。

2002年，中国纺织工业协会开始进行了以县镇区域经济为主，以促进产业升级为核心内容的纺织产业集群试点工作。第一批选择了38个县、镇。到目前（2008年）已经有145个县、镇成为试点地区。这些地区有17万户企业，800万职工（基本上都是农民工），其经济总量占全国纺织经济总量的40%以上。除此之外，还有众多集群或地区没有统计进来，比如副省级、地市级区域的集群，如深圳市、杭州市、宁波市、温州市、郑州市，还有一些乡镇。可以说纺织产业集群经济占全国纺织经济的70%以上。纺织产业集群为中国纺织工业的发展，为地方经济的发展，做出了卓越的贡献。

21世纪第一个十年末，2009年9月初，中国纺织工业协会举行全国纺织产业集群发展研讨会暨第九批纺织产业集群试点地区授牌仪式，时任会长的杜钰洲在讲话中进一步阐明了纺织产业集群在中国纺织业发展中的地位和作用："作为在市场经济条件下形成的社会生产力组织方式，产业集群在纺织业发展中发挥着重要作用。目前，我国纺织行业五万多户企业（指规模以上企业）中，99.5%都是中小企业，它们绝大部分处在各自纺织产业集群的供应链上。即使大企业，也往往是在产业集群环境中成长起来的。"

国务院发展研究中心一位研究对外经济问题的权威人士在当时还指出：产业集群已成为我国纺织工业具备了高效率和增强核心竞争力的重要因素。

这里还必须指出：纺织产业集群的大发展，是与纺织服装专业市场的大发展同步的、共生的。两者互为条件，互为前提，相辅相成。二百多个纺织集群名城名镇，几乎是产业集群（专业市场）的"共同体"，是产业与市场互动的硕果。可以说，有多少纺织服装产业集群，就有多少与其协同发展（以至共生）的纺织服装专业市场。

《中国纺织工业改革开放30年（1978～2008）》一书在《中国纺织内销的干渠：纺织服装专业市场》一文中，列出了年销售额10亿以上的156个纺织服装专业市场。其中，很大一部分是与纺织服装产业集群共生、互动的市场，如绍兴柯桥的中国轻纺城、海城西柳的西柳中国商贸城、福建石狮的石狮服装城、东莞虎门的富民时装城、佛山西樵的广东西樵轻纺城、中山沙溪的中国东方丝绸市场、海宁的许村中国家纺城、海门的叠石桥国标家纺城、河北清河的世界羊绒之都、诸暨大唐的大唐袜业城、桐乡濮院的羊毛衫市场、嵊州的中国领带城、常熟的中国常熟服装城、湖州的织里童装城等。

全国各地 156 个纺织服装工业市场中，也有一些是依托大城市或省、市、自治区中心城市的商贸环境，作为纺织品、服装商贸大市场单独存在的。著名的广州白马服装市场、沈阳五爱市场、武汉汉正街、北京大红门服装商贸城、上海新七浦服装市场、郑州纺织大世界等，就属于这一类型。这一类专业市场赖以发展的货源，也有相当一部分来自附近的纺织产业集群。

中国纺织工业联合会现今将纺织服装专业市场认定为中国纺织内销的干渠，这也是当年很难预料的。

进入 21 世纪后的十多年间，中国纺织工业联合会更加明确地将推动纺织产业集群健康、有序发展列为一项重要的发展战略，并将这项工作引向常态化、制度化。纺织产业集群试点地区，从 2002 年的 38 个，逐步发展到 2010 年的 164 个、2013 年的 175 个。到 2016 年底，与中国纺织工业联合会建立试点关系的纺织产业集群已达 199 个。这近二百个试点地区，大多数是以县、镇为单位，分布在全国 21 个省区，且以长江三角洲、珠江三角洲、海西地区和环渤海地区为主。广东、浙江、江苏、福建、山东五省最集中，五省在全国占比超过四分之三。

2015 年，全国纺织产业集群地区累计完成工业总产值 3.98 万亿元，其中规模以上企业 3.12 万亿元。同年累计实现主营业务收入 3.8 万亿元，其中规模以上企业为 2.99 万亿元，在全国纺织工业规模以上企业中占比 42.3%。这一年，有十个纺织产业集群地区的纺织工业主营业务收入过千亿元，与纺织产业集群相辅相成的纺织服装专业市场，有四个销售总额过千亿元。

二、十个颇具代表性的纺织产业集群（专业市场）

这 200 多个纺织产业集群现今的发展水平和繁荣场面，无论就其集聚的企业数量，或是经济总量，不仅在中国纺织工业百年发展历程中是空前的，就是在世界范围也是开了先河。

这里，选取颇具代表性并已闻名遐迩的十个纺织产业集群，作为样本（不是排序）作一些扫描式的概述，留存史册。

1. 绍兴柯桥——中国轻纺城

位于绍兴市柯桥区的中国轻纺城（图 35-1），与改革开放新时期同龄。经过三十多年的创业、再创业，发展十分迅猛。

（1）柯桥纺织产业集群经过多年的集聚化发展，建立了包含上游的 PTA、聚酯等化纤原料，中游的织造、染整，下游的服装、家纺和轻纺市场等一条完整的产业链和市场产销体系。作为中国现今最大的纺织企业集聚地，柯桥现有各类纺

图 35-1 柯桥中国轻纺城

织企业近万家，2015 年产各类化纤 300 余万吨、印染布 163 亿米、服装 1 亿多件（套）。
其纺织产业经济总量已占到全国的 10% 左右。以纺织业为主的柯桥区工业总产值，近年已
发展到 3500 亿元左右。

（2）与柯桥纺织产业集群相辅相成的柯桥中国轻纺城，拥有服装、家用纺织品、服装
布料、各类坯布和轻纺原料、轻纺染料等各类市场，甚至细分到窗帘布艺市场、围巾市场。
服装布料市场经营布料 4 万余种。市场部分总面积 365 万平方米，南部是传统交易区，北部
是市场创新区，中部是国际贸易区（绍兴柯桥世界贸易中心），西部是原料龙头区，东部是
物流配套区。各个大类商品的市场，都是独立设置的偌大一组建筑物，高楼林立，车水马龙。

（3）柯桥中国轻纺城注册营业户 23000 多。国（境）外企业代表机构 1000 多家，国
（境）外采购商年均超过 1 万人，市场日客流量平均 10 万人次，日均成交 3 亿元左右，年
成交额 1000 亿元以上。创办于 1999 年的柯桥纺博会，经过 18 年的发展，已成为国内外知
名的面料展会。2016 中国柯桥纺织品博览会展览面积约 3.4 万平方米，展位多达 1400 个。
近年，全球每年有四分之一的面料在这里成交，纺织面料出口额超 100 亿美元。

（4）中国轻纺城与全国近一半的纺织企业建立了产销关系。巨额的纺织品交易，其货
源 70% 以上来自浙江省内纺织服装企业（其中 51% 来自柯桥区周边乡镇），20% 以上来自
外省，5% 左右来自国外。

2. 石狮——中国休闲服装名城

中国休闲服装名城石狮（图 35-2），早在 20 世纪 80 年代初就已形成全国性服装市场。经过三十多年的发展，石狮已形成以大众化、时尚服装为主体，涵盖纺织、印染、制衣、辅料生产、纺机制造等行业的完整产业链，成为中国乃至全世界服装业一个重要生产基地、商品集散地和服装流行趋势发布地。

石狮市现今的民营企业 1.05 万户中，相当一部分是大纺织产业链各行各业的中小微企业。全市 70% 的就业人口从事纺织产业。近年由石狮市和泉州、晋江等相邻地区在服装生产、经营中紧密协作形成的泛石狮服装业板块，拥有纺织、服装及关连行业的企业 1 万多家，年产值超过 1000 亿元。

图 35-2　中国休闲服装名城石狮

石狮纺织服装产业集群（专业市场），主要从事休闲男装、运动装、童装和服装面料的
生产、经营。这三类服装产品，在全国服装市场中占有较大份额。

石狮纺织服装产业集群近年致力于产业升级，从一般休闲服装转向时尚服装的生产经
营，全力打造"东方米兰"。

3. 海城市西柳镇——中国纺织产业名城、名镇

位于辽东半岛的海城市西柳镇纺织服装产业集群（专业市场），发端于20世纪70年代，经过40多年的发展，到2015年已扩展为占地4.5平方千米的工业、商贸紧密结合的经济板块。

西柳镇有两个工业园。其中，西柳工业园占地67万平方米，是省级高科技工业园。园内有棉纺织、印染、针织、服装等二十几家工厂，30%的产品在西柳市场销售。西柳服装工业园占地500亩，建产业用楼3.5万平方米，有40多家服装工厂。

专业市场部分已升格为建筑面积130万平方米的西柳中国商贸城（图35-3），摊位2.3万个，经营范围扩大为服装、鞋帽、家纺、布匹、针织品、纺织辅料和小商品、电子电器，年贸易额500亿元左右。

以海城、西柳众多中小微型纺织、服装工厂为依托的西柳服装城，是西柳市场的主体。作为"关外"最大的纺织品、服装商品集散地，西柳市场辐射东北三省、内蒙古和西北、中原各省区，并通过订单和东北边境贸易打入国际市场。

随着西柳市场的发展、壮大，海城市纺织、印染、服装工业企业已发展到6200家。其中，规模以上企业200多家。纺纱产能1.5万吨，棉型布产能2.5亿米，染整产能3.4亿米，化纤产能3万吨。以西柳镇为主要集聚地的纺织服装生产企业达到1200余家，其中，规模以上企业近百家，从业人员6.4万人。

图35-3 西柳中国商贸城

4. 虎门——中国女装名镇（图35-4）

闻名遐迩的南中国军事要塞虎门，虽有位于珠江口的区域优势，其经济、社会水平直到20世纪70年代，还只是一个年生产总值7500万元的滨海渔村。1979年率先引进外资建成全国第一家"三来一补"服装企业，由此开始了服装兴镇的历史进程。21世纪第一个十年末，发展到如下的水平。

全镇拥有上规模的服装工厂2000多家，年产服装2.5亿件（套）。

全镇65万常住人口中，从事服装业的有30万人。全镇各类服装服饰市场区域面积约7平方公里，40个专业市场经营面积245万平方米。聚集在富民时装城1平方公里地块的大型专业服装批发商场有23个，商铺1万多家，经营面积30万平方米。每天来虎门做服装生意的客商平均达20万

图35-4 中国女装名镇虎门

人次。

虎门服装工业还在国内外设有专卖店、连锁店1.5万间，销售网络覆盖全国，并已把销售网延伸到海外四十多个国家和地区。

从1996年起，由虎门镇政府主办的每年一度的中国（虎门）国际服装交易会，到2009年已连续举办了十四届。每年有几十万人来虎门参观"虎门服交会"。

围绕服装工业的织布、印染、绣花、拉链、纽扣等关联行业，已有147家工厂。相应建立面料、辅料批发市场十个，并已形成一平方千米的辅料销售聚集区。

目光远大的虎门镇政府，近年还联合多家战略合作伙伴，建设了虎门服装产业协同创新中心、虎门服装技术创新中心、虎门服装品牌推广中心等公共服务平台。

虎门全镇在服装业带动下，近年工业总产值已发展到近520亿元，居住人口发展到100万人。

除中国女装名镇的桂冠外，这个历史名镇还先后获得全国乡镇之星、全国小康建设明星乡镇标兵、2005年全国首届小城镇综合发展水平500强（第一名）、2008年中国乡镇综合实力500强（第一名）等荣誉。

5. 西樵——中国面料名镇（图35-5）

西樵的手工缫丝、丝织业有一千多年的历史。由它始创的蚕桑业"桑基鱼塘"生产方式，推动了我国南方地区丝绸业的发展。中国近代机器纺织业第一人陈启沅在1872年创办继昌隆缫丝厂，打下了蚕桑业、丝织业基础。从20世纪80年代开始，由国营丝织大工厂引领的西樵纺织业，孵化出了现今千家厂、千家店、万台机、亿米布，并主攻中高档织物、流行衣料的西樵纺织产业集群。

图35-5　中国面料名镇西樵

21世纪第一个十年末，西樵全镇拥有纺织企业（织造、印染、服装）845家，其中规模以上企业109家，拥有织机3万多台（其中50%是现代化的无梭织机），年产各类纺织面料（西装料、女装料、西裤料、衬衫料、服装辅料等）26亿米，相当于中华人民共和国成立时全国棉布总产量之和。西樵现今已成为全国第二大纺织面料产地和销售基地,全镇纺织工业总产值达到 115 亿元,全镇从事纺织工业的人数达 6 万多。

1997 年建成的广东西樵轻纺城占地 1000 亩,市场建筑面积 41 万平方米,拥有高档、豪华商铺 3000 多间。1999 年建成的西樵纺织产业基地,占地 24 平方千米,分为纺织印染功能、服装制造功能、纺织机械制造功能、科技综合功能四大功能区。

6. 盛泽——中国丝绸名镇

位于苏、浙两省蚕桑业、丝织业中心地带的中国丝绸名镇盛泽(图 35-6),早在唐代已以出产贡品吴绫名扬全国并久盛不衰。到清末,盛泽丝绸业的规模居全国第一位。但在 20 世纪前中期,盛泽丝绸业先后受到太湖流域蚕桑业一度衰落和中华人民共和国成立后一些历史原因的影响,曾经沉寂了几十年。

图 35-6 中国丝绸名镇盛泽

20 世纪 80 年代,在改革开放的大环境中,吴江市、盛泽镇两级政府开始致力于复兴丝绸业。从 1986 年创建东方丝绸市场起步,迎来了盛泽丝绸新的辉煌。

规模宏大的盛泽中国东方丝绸市场,现今市场总面积为 4 平方千米,市场内十大商区,万商云集。来自吴江、盛泽本地和全国各地以至国外、境外近 6000 家纺织品公司和商行,常驻东方丝绸市场。经营的商品除丝绸产业链的桑蚕丝、化纤长丝外,还扩大到棉布、服装、家用纺织品、纺织原料,纺织机械和配件。产品行销全国各地和世界一百多个国家和地区。2009 年实现商品交易额 630 亿元,多次名列中国纺织品服装市场榜首。

盛泽全镇现有工业企业 2300 多家。2009 年全镇实现工业总产值近 600 亿元,在全国乡镇中名列前茅。纺织业是盛泽的支柱产业,在盛泽工业总产值中的占比为 90%,全镇纺织业具有年产化纤 200 多万吨、真丝绸及化纤绸 70 亿米、服装 5000 万件的生产能力。设备技术现代化的进程也极为迅速,全镇现今已拥有技术先进的无梭织机 9 万多台,是国内无梭织机密度最高的城镇。

以中国东方丝绸市场为中心,盛泽本镇和邻近乡镇纺织产业集群有各类纺织工厂 5000

家，年产各类纺织品 120 亿米以上，生产规模居全国二百多个纺织产业集群的前列。在这一板块内的恒力集团、盛虹集团、鹰翔化纤公司、新民纺织科技等一批大型企业，近年在盛泽丝绸基地发展中互为前提的作用越来越大。

为落实创新驱动，盛泽镇近年致力于科技创新引领，以智能化改造为突破口，有效地推动了纺织产业的升级。

7. 海宁及其三大支柱——中国纺织基地市（县）

位于杭州湾的海宁市，现今不仅是观潮的胜地，更是列入中国纺织基地市（县）名单的纺织名城。海宁成为纺织名城，是因其出色的三个纺织服装产业集群（专业市场），也是海宁经济的三大支柱。

图 35-7　中国经编名镇马桥街道

（1）中国经编名镇马桥街道（图 35-7）。经编产业在海宁马桥街道已形成群体效应，企业规模大，总量优势明显，被评为中国经编名镇。

20 世纪 80 年代初，海宁市全市仅有两家针织厂，几台普通经编机。

21 世纪第一个十年末，海宁市仅马桥街道就拥有二百多家针织厂、六百几十台国际先进水平的经编机。大量生产服装用经编面料、家纺用经编面料、产业用经编针织物，总产值在全国经编行业占比 20%。

世界经编机主要供应商说：海宁、马桥是目前世界上高档经编机最密集的地方。先进的技术装备和巨大的工业规模，造成了马桥经编在全国针织行业的重要地位。

建立于 1999 年的马桥中国经编针织科技工业园，2008 年实现总产值 125 亿元，销售额 125 亿元，现在的目标是建设世界经编之都。

（2）中国家纺布艺名镇许村（图 35-8）。许村的家用纺织品制造业起步于 20 世纪 70 年代末、80 年代初，当时虽已有被面之乡的说法，但发展水平尚低。

随着 20 世纪末家居装饰热的兴起，有点工业基础的许村，抓住机遇迅速占据了家纺装饰布的头把交椅。

许村作为中国家纺布艺名镇，有三个全国第一：装饰布年产量超 14 亿米，居全国第一；产品覆盖全国所有省、市、自治区，市场占有率全国第一；产品远销 40 多个国家和地区，年出口量过亿米，外贸销售量全国第一。全镇共有家纺企业 9200 余家，其中规模以上企业 225 家，其工业总产值和销售收入都是 55 亿元。出口交货值 37 亿元，其中，自营出口 1.6 亿美元。

坐落在许村的海宁中国家纺城，是全国最大的家纺装饰类商品一级批发市场。该市场占地 200 亩，总建筑面积 20 万平方米，现有标准化铺位 2000 余间，经营户近 1400 家。2005 年成交额 38 亿元。

图 35-8 中国家纺布艺名镇许村

2006 年建成的 1.7 万平方米的海宁家用纺织品博览会会展中心，为国内外家纺品牌的展览提供了交流平台。

业已做大的海宁家纺集群，近年正在积极打造区域自主品牌的影响力，已有 31 家骨干企业授权使用海宁家纺区域名牌，68 家企业率先引入家纺产业联盟执行标准。

（3）海宁中国皮革城（图 35-9）。远离中国中西部牧区的东部滨海小城市海宁，竟发展成为中国最重要的皮革服装生产基地和裘皮服装的汇聚地，实在是浙商的一项杰作。

始建于 1994 年的海宁中国皮革城，到 2004 年起发展为年成交额 60 亿元的皮革专业市场。二次创业的新海宁中国皮革城占地 18 万平方米，拥有宽敞而现代化的商铺 1300 间，高峰时期日客流量达 5 万人次。海宁中国皮革城既是一个以品牌店、专卖店为主的现代化、商场化的大型

图 35-9 海宁中国皮革城

皮革专业市场，又成了长三角地区集皮革服装展示、购物、休闲于一体的高端旅游购物中心。就纺织工业的角度而论，海宁中国皮革城在皮革服装时尚化、大众化方面，起到了其他商贸业态无可比拟的作用。

8. 诸暨市大唐镇——中国袜子名镇

如果说针织业曾在许多年里是大纺织系统的一个小行业，那么织袜业又是针织行业的一个小行业。

诸暨大唐镇的浙商们却硬是把小小的袜子、小小的织袜业、小小的袜子商贸事业做出了令人拍案叫绝的大文章。经过二三十年的努力，在社会主义市场经济的大背景下，诸暨市

以大唐袜业产业集群（专业市场）为依托，在 21 世纪第一个十年间，把袜子年产量发展到一百几十亿双，高档袜、中档袜、低档袜各占三分之一。大量物美价廉的大唐袜子行销全球，年出口量达到三四十亿双，创汇 14 亿美元以上。其中三分之一销往美国，达四五亿美元。2010 年中国纺织工业协会授予大唐镇中国袜子名镇称号（图 35-10）。

图 35-10　中国袜子名镇大唐

小小的织袜业基地，也办起了国际博览会。进入 21 世纪以来，大唐已成功举办了十几届中国国际袜业博览会。大唐已成了实至名归的国际袜都。

9. 海门——中国最大的家用纺织品产业集群

位于江苏北部沿海的中国纺织产业基地海门市，在改革开放初期起步发展家用纺织品行业，现今已拥有中国最大的家用纺织品产业集群（专业市场）。全市集聚家纺工业企业 2500 多家，年产值超过 500 亿元，从业人员 6 万多，为千家万户提供了发家致富的机会。床上用纺织品在全国市场占有 40% 以上的份额。

图 35-11　海门叠石桥家纺市场

海门市家纺产业是与海门叠石桥家纺市场（图 35-11）相辅相成发展起来的。叠石桥家纺市场总建筑面积 150 万平方米，经营摊位九千几百个，经营 600 多个国内外知名品牌的家用纺织品。近年年成交额高达 500 亿元左右，外贸出口近 10 亿美元。

海门市的家纺工业企业主要分布在以叠石桥为中心几十千米范围内的工业园区、经济开发区及周边地区，近年已形成一条涵盖家纺"织、染、印、成品、研发、物流"的完整产业链。产品畅销全国各地和世界各国，出口产品除通过叠石桥家纺市场外销的 10 亿美元外，还有 20 亿美元左右的产品通过外地口岸销往世界各国。叠石桥家纺集群近年依托国家及市场采购贸易方式，开始致力于培育国际贸易新增长点。

图 35-12 羊绒纺织名城清河

10. 清河县——中国羊绒纺织名城

中国羊绒纺织名城授予河北省东南部小城清河县（图 35-12），而不是内蒙古、宁夏等山羊绒主产区，也不是最先研制、开发出羊绒衫、羊绒大衣呢的北京、上海纺织业。清河县靠着致力于改进山羊绒分梳技术并获得成功，再加上很高明的经营策略，终于赢得了羊绒纺织名城这块金招牌。

作为中国羊绒纺织名城，清河羊绒产业集群现今已拥有羊绒分梳机 2 万多台，羊绒纱生产线 140 条，羊绒衫电脑横机 2500 台，自动化数码印花生产线 3 条，年产羊绒纱 7000 多吨、羊绒衫 1400 万件。清河生产的高档羊绒制品，既有相当一部分出口欧美市场，也面向国内高端市场。

清河县羊绒产业集群生产的无毛绒，产量一度占到全国总产量的 60%，世界羊绒总产量的 40%。近年在羊绒纺织品产地增多的情况下，清河的市场份额有所下降，但仍然是中国最大的羊绒纱产地和羊绒集散中心。清河羊绒产业在全国发展了许多代理商和经销商，清河商户在全国开设的量体制衣店数量超过 1 万家。清河县近年还在羊绒事业领域积极推进"互联网 +"战略，到 2015 年后，全县有关网店数量超过 3 万家，从业人员超过 6 万人，年销售额达到 35 亿元以上，进入中国电商百佳县十强之列。

三、纺织产业集群的大发展

最早提出"产业集群"概念的美国学者迈克·波特，在总结了美国、意大利、日本等发达国家产业集群的经验后提出："产业集群就是互相关联的同一类型的产业在同一空间地域上进行集聚，并达到一定的群体规模以后，产生了波及效应。"

其实，中国纺织产业早在手工纺织业历史时期，就已有这方面的实践。远的不说，仅就清代和民国时期而论，社会知名度较大的手工纺织集群就有：棉织业的松江县（特别是乌泥泾）紫花布织户群，华北的高阳布织户群；丝绸业的名品湖丝产地吴兴县缫丝业织户群；造成"罗绮遍中原"局面的吴江县盛泽镇丝织业织户群；造成香云纱风行全国局面的佛山、南海丝绸业织户群；苎麻纺织业的江西万载夏布织户群，湖南浏阳夏布织户群等。

但这些手工纺织业的织户（以至工场手工业）集群，与当代中国依托先进设备技术、先进经营管理措施发展起来的二百多个纺织产业集群，是无法相比的。中国纺织产业集群在改革开放新时期三十多年间的大发展，及其总体上的巨大成功，是中国工业史以至经济史辉煌的一章。

这个大发展局面，不是出现在 20 世纪前中期中国机器纺织业早期发展阶段，不是出现在中华人民共和国成立初期以至 20 世纪 60～70 年代，而是姗姗来迟，起步于改革开放成为国策的初期，加速发展于深化改革开放的 20 世纪 80～90 年代，形成大发展局面于 21 世纪第一个十年。这样的历程，不是偶然的。

其一，是社会主义市场经济这项重大国策造成了经济发展的良好环境（包括纺织工业总体的发展环境，当然也包括最能适应市场经济发展环境的纺织产业集群的发展环境）。是社会主义市场经济，呼唤出数以万计的大纺织各行各业的中小企业和小微企业，并从制度、机制上为其生存、发展创造了条件。确定产品结构、采购原材料、购置设备（包括进口设备）、推销产品、企业利润分配等工业企业的一切要务，都由企业自主。纺织业市场宽广，办小型工厂投资不多，这样自然就有众多中小微纺织工厂应运而生。这些机制灵活的中小微纺织企业与很能适应市场经济的产业集群（专业市场），两者一旦结合成了经济共同体，往往几年就闯出了大局面。加上政府和行业协会因势利导、顺势而为给予政策支持和宏观指导，企业发展的道路就更顺畅了。绍兴柯桥、福建石狮、海城西柳、东莞虎门和海宁的马桥、许村等纺织产业集群（专业市场）的"大鳄"，就是这样从无到有、从小到大发展起来的，可以说都是典型的社会主义市场经济的产物。

其二，是党中央对中国特色社会主义的一项重要诠释，以公有制经济为主导、多种所有制经济共同发展。全国各地二百多个现今已具规模的纺织产业集群，一般都有若干中型国企以至少数大型国企的参与，但其主体部分是众多私营企业。正是党中央这一重要诠释，使数以万计的私营中小型和小微纺织企业获得了"准生证"，从而造成了纺织产业集群的大局面。

其三，是各省、市、自治区"社会主义统一市场"的真正形成。二百多个纺织产业集群，几乎没有一个是靠地产地销发展壮大起来的，而是作为销售网覆盖众多地区以至全国的经济组织而得到发展的。绍兴柯桥、福建石狮、海城西柳、东莞虎门、浙江海宁等产业集群（专业市场），都以万商云集而自豪。这很好地说明了"社会主义统一市场"的重要性。

其四，是全面建设小康社会的历史条件，造成中国城乡日益增长的消费需求和消费能力，从而为纺织工业提供了世界上最大的国内市场。而善于与时俱进且经营灵活的纺织品服装产业集群（专业市场），正好在这个时期逐渐取代传统的商业一、二、三级采购供应站，发展成为中国纺织品、服装内销的干渠，适应了这一新形势。否则，像清河羊绒、盛泽丝绸、虎门时装、高邮羽绒服装、濮院羊毛衫等这样一些高档纺织品、服装的集散地，是很难实现大发展的。

其五，参与经济全球化，也为中国众多纺织服装产业集群（专业市场）帮了大忙。绍兴柯桥中国轻纺城专设国际贸易区（绍兴柯桥世界贸易中心），吸引了一千多家国（境）外企业设立代理机构，派来一万多名常驻采购人员。虎门镇举办一年一度的中国（虎门）国际服装交易会。近年来，海门家纺市场每年出口家用纺织品近十亿元。大唐袜业每年出口袜子三四十亿双。参与经济全球化，有效地拓展了原本主要面向国内市场的纺织服装产业集群（专业市场）的发展潜力。

最后还应该指出，纺织产业集群（专业市场）的大发展，是在中国纺织工业总体实力迅速增强的条件下实现的。工业规模庞大的棉、毛、麻、丝纺织工业和化纤制造业，为主要居于中、下游的纺织服装产业集群，提供了大量的纱线、化纤、坯布和坯绸。快速进步中的中国纺织服装机械制造业，为纺织服装产业集群实现设备、技术的现代化创造了条件。

科教兴业

舍得在设备更新、新技术新产品研发和人才培育方面花大力气、下大本钱的"科教兴纺"大战略，已成为中国纺织工业二千万从业者的共识。

作为传统工业，当代中国的纺织工业早已不是本来意义上的劳动密集型工业。自动络筒机、自动落纱机、自动结经机、自动缫丝机、无梭织机、特阔幅织机、圆网印花机、平网印花机、高温高压筒子纱染色机、CAD 电脑设计、电脑控制多头绣花机等新型纺织设备的推广和使用，显示中国纺织工业正在迅速实现现代化。智能化纺纱车间也逐渐成为现实。

振兴纺织工业，首先振兴纺织专门人才教育事业。从张謇开始的"苟欲兴业，必先兴学"，"办纺织厂与办纺织教育同步"的发展理念，正在建设纺织强国的历史进程中继续发挥重大作用。

第三十六章　各项科技工作的循序开展

　　科学技术是第一生产力，抓纺织工业的生产建设首先要抓好科学技术。我国开始发展机器纺织工业时，依赖进口设备，除派青年学子远涉重洋到国外留学外，就是趁外籍技师和工匠在安装、调试和开车时，国内员工跟着他们学习。但因外籍技师和工匠多数在技术上比较保守，我国员工能够学到的知识相当有限。

　　抗日战争胜利后，组建中纺公司接管在华日资纺织企业。为保证各项工艺技术和管理工作能在接管后得以顺利延续，甚至留用了一批原有的日籍工程师。那时，中纺公司系统、外资企业和申新、永安、大成、大生等系统所属工厂，机器设备比较整齐、技术管理比较正规；而私营小厂往往机型杂乱，管理缺少章法，相互交流、借鉴的机会也少，技术和管理水平难以提高。

　　中华人民共和国成立以后，纺织工业部组织全行业做了方方面面的工作，才使我国纺织工业的科学技术水平不断提高。

一、中华人民共和国成立伊始，纺织工业部对高级科技人才的延揽

　　纺织工业部刚组建时，最重要的是要有人来抓技术工作。钱之光从全系统迅速调集了一批各类专业的技术专家，组成科技骨干队伍，同时大力兴办各级各类纺织院校，为大规模的经济建设培养和输送人才。

　　一直协助钱之光抓科技和教育工作的陈维稷，早年留学英国，回国后长期担任大学教授，抗战胜利后在上海担任中纺公司总工程师并兼任交通大学纺织系主任。他不仅对生产技术工作熟悉，对技术人员的情况也熟悉。他以技术专家的身份，长期从事党的统战工作，养成了虚怀若谷、礼贤下士的品格，在纺织科技人员中享有很高的威望。他是党和政府给钱之光配备的副手，钱之光对他很尊重。他在纺织工业部工作了 30 多年。在这期间，以科技专家、学者身份担任副部长的，始终只有他一人。他凭借在纺织科技、教育界工作几十年的资深经历和广泛人脉，协助钱之光团结了一大批工程技术人才，齐心协力地投身于新中国的纺织

事业。

原华东纺织管理局副局长张方佐，是早期被钱之光调来北京、委以重任的知名纺织专家之一（图36-1）。张方佐1924年毕业于东京高等工业学校纺织科，1925年回国后，长期

在纺织厂从事生产技术和企业管理工作，抗战胜利后担任中纺公司工务处副处长兼总工程师，主持全公司的生产技术工作。他还针对当时技术力量严重短缺的状况，举办了不同层次的技术人员训练班，并应聘兼任诚孚纺织专科学校校长、教务长。上海解放后，他担任华东纺管局副局长，主持全上海国营纺织企业的生产技术和管理工作，并兼任上海交通大学纺织系主任。张方佐不仅是一位资深的纺织工程技术专家，也是一位德高望重、桃李满天下的纺织教育家。

为了解决纺织系统专业人才短缺而原有高校师资不足的问题，陈维稷在纺织工业部建部伊始就提出"把分散的教学资源集中起来，首先办好一所重点院校，再由该校培养师资带动其他地区办学"的设想。此议得到钱之光的赞同，纺织工业部迅速作出决定：把华东地区原有的纺织院校合并，创办华东纺织工学院，委派张方佐兼任该院院长。张方佐充分利用他在华东纺管局的职务便利和在纺织科技界、教育界的广泛人脉，把学院的筹建工作大刀阔斧地开展起来。这一举措，比全国范围的高校院系调整提前了两年。从而使该校的首届毕业生，有幸赶上了国家第一个五年计划的实施。

图36-1 张方佐

图36-2 邱陵

1955年9月，钱之光组团考察苏联纺织工业，特邀当时在上海工作的张方佐参加。随即，钱之光邀请张方佐来北京主持筹建纺织科学院的工作。张方佐到北京后，运用他个人的声望和影响，从上海等老基地调集知名专家和技术骨干三十多人，包括棉纺专家邹春座、毛纺专家邱陵（图36-2）、印染专家郭焯民等，加上此前在副院长任理卿（图36-3）主持下从各地调来的人员，总人数已经达到七十多人，很快把纺织科学院组建起来。纺织科学院当时设有棉、毛、麻、丝、纤维材料、印染等研究室；第二年，又把成立不久的纺织机械研究所合并过来，成立了机电研究室；机械加工工场、棉毛纺织实验工场也陆续建成，投入使用。

纺织科学院建成后，张方佐又受钱之光委托，主持了65型成套棉纺织机械的选型、定型等工作。

中华人民共和国成立初期，妨碍纺织生产大发展的主要是纺织业产能不足，急需大量添置纺织机械。当时的纺织机器大部分

图36-3 任理卿

零部件是铸铁件；那时中国的铸件生产还没有实现机械化，需要通过手工翻砂作业来完成，劳动强度高而工效低，成为制约纺织机械生产的"瓶颈"。为了突破这个"瓶颈"，上海中国纺织机械厂从 1950 年开始由费启能（图 36-4）主持机械化铸工车间的设计和建造，1952 年 10 月顺利建成投产。费启能于 1952 年 12 月调入正在建设中的我国最大的纺织机械厂——山西经纬纺织机械厂，任副总工程师兼设备设计科科长，分工负责机械化铸工车间的建设。其后，费启能于 1954 年 3 月调入纺织工业部任顾问、机械局总工程师等职，并受聘为国家一级工程师。

图 36-4 费启能

中华人民共和国成立初期，科班出身的化纤技术人才在我国十分稀缺。李志方（图 36-5）早年赴美留学，曾任美国麻省理工学院研究员和美国两个人造丝公司工程师，化纤专家孙君立把他推荐给钱之光。李志方先后参加了上海安乐、辽宁安东（后改名丹东）两个人造纤维厂的恢复建设；1958 年又调到纺织工业部设计院，参与主持了南京、新乡、辽阳、仪征等大型化纤工程的规划和设计工作，1989 年荣获首批中国工程设计大师称号。

长期担任纺织工业设计院院长的俞鲤庭，早年在香港任《华商报》要闻版主编，1948 年秋与钱之光结识并一起来到北京；纺织工业部成立后，他到部里工作。俞鲤庭不但文笔出众，对于生产、建设方面的业务、技术工作，也能够通过刻苦钻研而很快入门。1952 年纺织工业部组建设计公司时，他被任命为经理。设

图 36-5 李志方

计公司升格为部属纺织设计院后，他先后担任设计院的副院长、院长。俞鲤庭在设计院，带领设计人员兢兢业业工作近三十年，完成了一系列工程项目的设计任务。他常年累月地冲在现场设计第一线，到后来，俞鲤庭对于纺织工厂，尤其是化纤工厂设计业务的熟悉程度，不亚于科班出身的技术专家。

对于工作上有所建树的技术干部，钱之光总是常记在心，想方设法予以重用。坐落于北京东长安街的纺织工业部办公楼，由许屺生工程师主持设计、刘毅工程师负责施工。这座办公楼虽然地处王府井和天安门之间的"寸金之地"，但又是天安门前金水河向东延伸的旧河道边，地基较差。当时大家忙于部署各新建纺织基地的建设，不可能为办公楼的建造下大力气，原想先简单建一幢应付急需，几年以后再建新的。不想这幢办公楼在许、刘两人的精心设计、精心施工下建得很好，造价低廉而又结实耐用。纺织工业部办公楼建成后，许屺生到设计公司、刘毅在基本建设局，都为纺织工业的基本建设做出了可圈可点的成绩（图 36-6）。

到 20 世纪 50 年代中后期，纺织工业部及其所属机构的技术骨干基本配备完成。其中有些专家在此后的政治运动中受到不应有的冲击，影响工作积极性的发挥时，纺织工业部领

图36-6　1951年，纺织工业部办公楼建设工地
（左起：刘毅、李狄、钱之光、孙泰恭、陈维稷）

导总是在运动高潮过去以后，给他们布置能够施展才华的工作，使他们从中感受到组织的关怀和领导的信任，继续兢兢业业地安心工作。"文化大革命"中期，中央国家机关干部下放时，为了保住这支队伍，纺织工业部报经国家计委批准，于1968年在湖北、湖南筹建了一个纺织厂、一个纺织机械厂，再加上此前已经获批列入计划的一个化纤厂，把纺织工业部机关和所属科研院、设计院的人员集中下放到这三个工厂。当年因"文化大革命"而未能分配工作的一百名应届大学毕业生，也一起安排留在这几个厂里。粉碎"四人帮"后，"一部两院"恢复工作，纺织工业部领导又把下放的干部分批调回使用。

二、基础性科学技术工作的持续加强

纺织基础性科学技术工作的开展是从中纺公司工务处开始的。

中纺公司建立初期，工务处的主要任务是尽快让大批处于停工、半停工状态的工厂恢复正常生产。但由于该公司所接管的日资工厂原来分属于内外棉、公大、东洋纺、上海纺、日华纺、同兴、大康、丰田"八大系统"，在经营管理上各有一套，给公司统一管理造成了不少困难。中纺公司为了加强集中统一的领导，除了在接收过程中陆续延揽有声望和才干的技术人员和管理人员，充实到技术管理部门和各厂的领导岗位以外，在恢复生产以后又在工务处副处长兼总工程师张方佐主持下，拟订了一套统一的工厂组织体系，包括由工务工程师室直接管理下的"试训课＋工场制"为基础的生产技术系统，和以总务、财务、物资三课分立的后勤管理系统。同时还在整个中纺公司系统，建立了自上而下以技术指挥系统为核心的运行机制。与此同时，狠抓制度建设，建立起一套所属企业必须统一遵守的技术管理规则和产品质量规范，制订了成品、半成品的统一质量标准，各种纱支的产量、质量定额，用棉、用电定额和成本折算比率。与此同时，公司还相应建立起专门的巡回督导团和技术促进组，前者定期到上海、青岛、天津等所属工厂，检查设备保养状况和产品质量、管理制度执行情况等；后者则负责编写从纺纱到织布各工序的保全运转技术标准与管理规程，统一和提高各厂技术水平。建立起正常的生产秩序以后，张方佐又在边实践、边总结经验的基础上，于1947年主持编纂了中纺公司第一部约90万字的管理规范《工务辑要》。该书详列设备、工艺、标准、产品、研究试验、培训及各项统计。通过这一部规范性管理制度的实施，从公司到企业，建立了以技术管理为核心的生产指挥系统和以工程师室为中心的技术管理系统。

但是，像这样比较规范的生产技术管理，只限于中纺公司系统实行，即使在中纺公司内

中国
纺织工业
发展历程研究（1880～2016）

部，也只是带来了短暂的景气。随着淮海战役的打响，特别是"金圆券"的发行，国民党统治区经济崩溃，物价飞涨，外汇紧缺，棉花运不到棉纺厂，造成工厂普遍开工不足，就谈不上企业管理了。

中华人民共和国成立初期，为了在设备有限的条件下迅速发展生产、供应市场，纺织工业部领导很注意抓设备生产率。陈维稷提出了"一个锭子（一年产）一件纱"的奋斗目标，得到广泛赞同。与此同时，为使所生产的纺织品耐穿耐用，又着重抓纱、布的内在质量。这个时期，针对新中国成立前留下的纺织工厂设备陈旧、机型杂乱、技术管理水平参差不齐、劳动条件差的状况，狠抓了基础性技术工作。一是制订统一的技术经济定额、技术管理规程和设备使用规程，逐步建立和完善产品质量标准和测试、计量技术。二是改善劳动条件，减轻劳动强度，搞好安全生产；为此采取了添置空调设备，加强车间照明，改天轴集体传动为单独电动机传动，在纺织机器容易发生工伤事故的部位加装防护设施，对笨重劳动施行机械化或半机械化等措施。三是针对中国粮、棉紧缺，开展工艺研究，以节约纺纱用棉和浆纱用浆。四是缩短纺纱流程，降低纺纱断头，努力提高生产效率。1954年10月，纺织工业部在青岛召开全国棉纺织技术专业会议（当时简称为"清钢浆会议"），研究、总结和交流、推广棉纺织厂清棉、梳棉工序节约用棉和浆纱工序节约用浆等26项技术经验，收到了显著成效。到1957年，棉纺设备生产率比1949年提高40%左右，基本实现了"一个锭子一件纱"的目标。此外，在盛夏酷暑天气，狠抓通风降温，使纺织厂闷热的生产环境得以改善。劳动条件的改善，带动了纺织工人生产热情的空前高涨，工厂的劳动生产率大幅提升。

三、科研机构的创建和科研工作的开展

纺织科研机构的创建，开始于20世纪30年代。1928年，当时的国民政府组成了以蔡元培（时任北大校长）为院长的国立中央研究院，下设各学科的研究所。建院初期设立的所、馆等下属机构有天文、气象、社会科学、地质、历史语言、物理、化学、工程、心理九个研究所，和自然博物馆、棉纺织染实验馆、陶瓷试验场、地磁观测台、天文陈列馆、气象台、测候所等附属机构。

棉纺织染实验馆是由中央研究院和棉业统制委员会合办的，1934年创办于上海，是我国纺织科研机构的雏形。实验馆设干事会主持馆务，由当时科技界、企业界、金融界的代表人士七人组成。棉业统制委员会常委、大生纱厂总经理李升伯为主任干事，棉业统制委员会委员、恒丰纱厂总经理聂其焜为会计干事，中央研究院朱家骅为文书干事，童润夫、邹秉文、周仁、徐韦曼为干事，傅道伸、任理卿为专任研究员，聂光育、李晔为兼任研究员，另有技师、技术员、试验员等。研究业务人员大都曾在国外学习和工作，见多识广，并且具有实际工作才能。

实验馆搜购了英、美、德、日、瑞士等国的新型设备和仪器，包括纺部设备31种，织部设备33种，实验仪器74种，并且配备了空调设备，利于科学实验的开展。实验馆于

1936年9月全部建成；但是由于"八·一三"抗战的爆发，不得不全部内迁。实验馆所有机器、仪器和图书资料在内迁过程中受到严重损毁，抗战胜利后未能恢复重建。

我国纺织行业早期的另一所科学研究机构，是申新系统代表人物荣尔仁创办的"公益工商研究所"。该所于1944年9月在重庆创办，1946年夏迁到上海。创办该所的动机是为了谋划战后申新系统的复兴。该所聘请经济学家刘大钧任所长，政治家、教育家吴稚晖任理事长，荣尔仁任常务理事。

研究所成立后，限于抗战期间的重庆基建条件，未能设立实验工场，实际研究工作侧重于经济研究。1946年夏东迁上海后，荣尔仁兼任所长，顾鼎吉任总干事，聘钱宝钧、张承洪为研究师。增设化学实验室，研究方向有所改变；曾向国外订购毛纺、针织、印染、整理等设备，增设五个实验工场；并充实研究力量，建成科研与生产相结合的研究所。可惜此后随着经济崩溃和通货恶性膨胀，原订宏伟规划未能付诸实施。该所最终于1956年4月由上海纺织研究院接收。

以上两个科研机构，由于种种原因，都没有把科研工作真正开展起来。应该说，像样的科研工作，是从中华人民共和国成立以后开始的。

为了推动纺织科学技术研究工作的开展，纺织工业部领导在1952年就安排早年曾在上海筹建棉纺织染实验馆的纺织技术专家、教育家任理卿，筹划建设纺织工业部属纺织实验馆。任理卿从实验馆的征地、委托设计、施工、订购仪器设备到商调科技骨干等，做了一系列工作。与此同时，华东纺织管理局在上海安乐人造丝厂旧址筹建了华东纺织研究所，主要从事纤维材料性能和棉纺大牵伸等项目的研究，并为各厂的成品、半成品进行质量检测服务。纺织工业部领导感觉到这还不够，尤其是人才的投入不够。1956年3月在北京正式成立部属纺织科学研究院，任命张方佐为院长，并调东北纺织管理局副局长谢红胜任党委书记、副院长，任理卿任副院长。随即把上海纺织系统的知名专家成批调来北京作为纺织研究院的技术骨干。

纺织科学研究院建成后不久，又感到"独木不成林"，于是又在全国最大的纺织工业基地上海，筹建了纺织科学研究院上海分院，后下放地方管理并改名为上海纺织科学研究院。图36-7、图36-8所示为中国纺织科学研究院和上海纺织科学研究院今貌。

图36-7　中国纺织科学研究院

图36-8　上海纺织科学研究院

1961年开始又作了专业调整，将已调来北京的丝、麻专业人员充实到上海分院，同时把针织方面的设备和人员调到天津，成立天津针织研究所。

随后又鼓励、支持各省、市、自治区纺织系统和企业成立各自的科研机构。到1960年，各地纺织系统相继建立了不同专业、不同规模的科研机构六十多个。1962年，纺织工业部选择其中条件较好的二院六所，即纺织工业部纺织科学研究院、上海纺织研究院、天津针织研究所、辽宁柞丝研究所、浙江丝绸研究所、陕西棉纺研究所、自贡化纤研究所和纺织工业部机械研究所，确定为纺织工业部的重点科学研究机构。1964年后又增加了北京毛纺研究所和陕西器材研究所。改革开放以后，又新建和恢复了一批。到1981年，全国纺织科研机构发展到97个，其中部直属的3个，隶属于省、市、自治区的30个，专职科研人员6250人，占科技人员总数的7.7%。到1997年，纺织科研和开发机构发展到129个，另有设计机构41个。此后，科研机构向高等院校和大型企业发展，工作方向和目标更加明确，容易获得实效。

半个多世纪来，尤其是改革开放以来，纺织系统的科研和设计机构，为纺织各行业的技术进步，做出了可圈可点的业绩。

如纺织工业部设计院在引进技术的基础上，研究开发的三釜工艺聚酯装置，超越了国外技术水平，为新建聚酯厂和推广直接纺丝工艺节省了大量投资，取得了巨大的经济效益。

又如大连合成纤维研究所，持续多年开展大流量溶体均匀分配、大直径喷丝组件结构和多孔初生纤维冷却成形等三大技术关键的试验研究，解决了大直径喷丝板自压密封、初生纤维环吹冷却成形均匀的课题，使喷丝板由400孔增加到1200孔、2210孔和3400孔，达到了世界同行业的高水平，获得了"六五"国家科技攻关奖和部科技成果一等奖。

大连合成纤维研究所在我国发展涤纶长丝方面尤为突出。他们不断完善"短丝多孔、长丝多头"的发展模式，把一些老厂的长丝纺丝机，从6头改为12头、16头和20头，最高纺速达到5000米/分，共建了90多条生产线，共2000多纺丝部位，年产量达到65万吨，大幅度提高了细旦丝的生产效率，降低了成本，确保了我国涤纶长丝的国际市场不受侵害。

从1995年开始，他们又以多组分、复合纺生产超细旦丝和功能性纤维为突破口，创新了海岛法、涤—锦复合法生产0.1~0.05旦超细长丝的纺丝技术和设备，共200多个纺位，产量近4万吨，占全国产量的半数。1997年研发的多组分花色复合纺丝和新奇复合纺丝获得国家专利，并在吴江建成了5000吨/年的生产线，已正式生产。

21世纪初，在郭大生主持下，大连合纤所又为东丽（南通）有限公司提供了16头生产5~20旦和12头生产30~70旦，年产7000吨锦纶长丝HOY装备和工艺技术。提供黑龙江涤纶厂（现龙江股份有限公司）的2万吨/年固相聚合及纺丝工程和宜兴华亚化纤有限公司的8万吨/年直纺涤纶20头FDY项目，均达到国际先进水平，2006年分别获得纺织行业设计一等奖和二等奖。

为表彰该所学科带头人郭大生在化纤工程设计领域的成就和贡献，2004年国家建设部授予他中国工程设计大师称号。

中国纺织科研事业的大发展及其较高水平，从一个重要方面反映了当代中国纺织工业的兴旺发达和发展水平。

四、技术政策、科技规划的制订和实施

纺织工业系统的各级管理部门从纺织工业生产建设的长远发展和实际需要出发，制订技术政策和科技规划，把各方面力量组合起来，围绕共同的目标努力奋斗。

中华人民共和国成立初期，要求所生产的纺织品耐穿耐用，着重提高纱、布的内在质量，在这一前提下，努力提高生产效率。1956 年编制《1956～1967 年纺织工业 12 年科学技术发展规划》，提出的科研课题涵盖面比较广，主要包括缩短纺纱工艺流程，提高织机生产效率，染整实行连续化、机械化和自动化，充分使用麻、丝等各种可纺纤维；提高染色牢度，解决织物缩水大、穿着变形等质量问题；增加新品种等。规划既有高瞻远瞩的目标，又有切实可行的步骤。

到 20 世纪 60 年代初，规划中的许多项目已经陆续取得成果并且开始应用于生产，使纺织生产过程的机械化、连续化程度有了提高。对于新型纺纱、新型织布技术的研究也获得了进展。化学纤维混纺工艺技术的研究，也取得了新成果。

1961 年制订《1963～1972 年纺织工业科学技术 10 年发展规划》和"三五"期间的技术政策，强调有重点地发展化学纤维；大力增加产品品种；既要重视外观质量，也要重视内在质量；采用先进可靠的新技术，与研究探索更新的技术相结合。这个规划比前一个规划要全面、详细得多。在这个规划和技术政策的指导下，纺织工业系统重点抓了一些高速、高效、连续化革新措施的推广应用，增添了生产中高档织物所需的设备，扩大了精梳、阔幅、高支高密织物的生产，还抓了棉纺织印染、针织和毛纺成套新设备的研制。这个时期的发展，显著缩小了我国纺织科学技术与世界先进水平的差距。

20 世纪 60 年代中期的"文化大革命"，使纺织科学技术工作虽然遭到了干扰，但由于广大科技人员的不懈努力，纺织科学技术仍然取得了一定的进展。

1981 年，纺织工业部组织全国纺织专家一百多人，从总结正反两方面的经验出发，认真讨论制订纺织工业"六五"期间科学技术的发展规划和十年设想。这个规划和设想，明确体现了科技工作为经济建设服务的方针，注意纠正以前制订规划课题偏多、偏大的倾向，使规划内容更加切合实际。这个规划，强调应用研究和开发研究，相应地开展基础理论研究；强调科研工作要远近结合，统筹安排，解决当前生产上亟待突破的技术关键问题；强调有重点、有步骤地对现有企业进行技术改造，发展和采用适合国情的先进技术；强调有选择地引进国外新技术及关键性技术，消化吸收，为我所用；强调大力开发新品种，提高产品质量；强调节约能源，加强"三废"处理和环境保护工作；强调科研成果的推广工作。所有这些，都对以后的纺织科技工作产生了重要的指导作用。

从总体上说，纺织工业部提出的纺织工业技术政策，是从我国的基本国情出发制定的，突出的特点是侧重于提高设备生产率。如纺纱倾向于发展高速、中卷装，织布主要推广自动

换梭织机，印染推广连续染色。这样做，能够在有限的经济条件下加快纺织工业的发展，但是劳动生产率难免低一些，劳动强度在有些环节也会高一些。

随着纺织科技发展规划的实施和技术政策的贯彻，纺织科学技术水平有了显著提高。

第一，纺织产品的水平有了显著提高，逐步从中、低档产品向深度加工和混纺、交织的中、高档产品发展。产品用途也由单纯用于衣着转向兼顾装饰用品和产业用品。这样做的结果，不仅国内人民的衣着质量和品种、花色日益丰富多彩，中国纺织品在国际市场上也受到越来越广泛的欢迎。

第二，纺织染加工的工艺技术和装备水平有了较大的发展和提高。各主要行业普遍有了生产效能较高的国产成套设备，包括专用于合成纤维织物加工的染整设备。还研制成功了一批具有独创性的技术和设备，如山羊绒分梳技术（图36-9）、自动抓棉机（图36-10）、半自动落纱机等。电子、激光、微波、红外线、计算机等新技术也在纺织生产领域得到广泛应用。

第三，科学技术研究工作逐步向纵深发展。凡国外已经采用或者已经取得阶段性成果的重大新技术，我国几乎都在研究，有的已经进入工业化试验。生产建设中一系列课题逐步得到解决。

图36-9 山羊绒分梳机

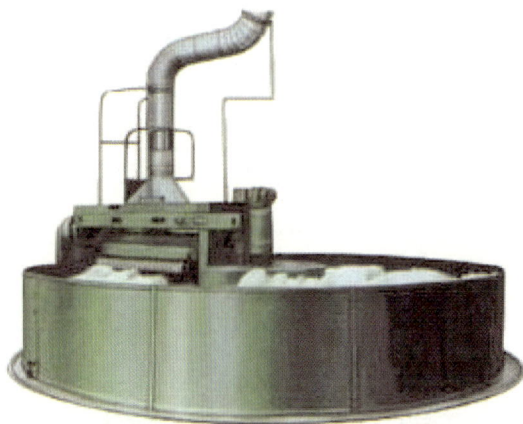

图36-10 圆盘式自动抓棉机

1977年国家制订"六五"计划时，纺织系统提出了到1995年的长远规划。在长远规划指导下，"六五""七五""八五"计划的科技攻关、技术开发及技术改造、技术引进，取得了较好的成效。重点研究开发了新型化纤生产工艺、新型纺纱技术、新型织造和染整加工技术（四新技术），并集中力量对气流纺纱机、自动络筒机、新型染整工艺和设备、非织造布工艺与设备、服装加工新技术等12项重大课题组织了科技攻关和开发，取得了突破性进展。一批新型化纤包括仿纱、仿毛、仿麻、仿丝和针织印染等新技术、新工艺开发成功。纺机行业通过消化吸收、引进制造技术和技贸结合等方式，研制开发出国产纺机新产品1000多种，其中近200种达到了20世纪70年代末、80年代初的国际先进水平。

在新材料方面，为国家重点工程、军事和医疗卫生等领域配套，组织了1200多个研究和试制项目，提供了碳纤维、芳纶、水溶性纤维、分离膜等40多种新型纤维和新型织物。

在老厂技术改造方面，纺织工业部制订并实施了《1985～1987技术改造三年实施计划》和《引进技术改造现有企业计划》，抓住八大重点关键性项目（即1.5万吨涤纶短纤维成套设备、高速纺丝、气流纺纱、细纱机关键部件、老织机改造、新型织机、圆网印花机、平网印花机），采取技贸结合等办法，使新型设备很快在生产企业中使用。同时，对棉纺、毛纺、丝绸、针织、化纤、染整六项系列装备进行了改造。

1995年，国家开始实施国民经济和社会发展"九五"计划和2010年远景规划。在这一规划的制订过程中，中央认为随着世界范围内科学技术的飞速发展和我国社会主义建设事业的不断前进，发展科学技术越来越显得重要。于是在1994年提出了"实现两个根本性转变"的要求，并且随即召开全国科技大会，颁布《关于加速科学技术进步的决定》，提出了"科教兴国"的战略。根据中央精神，中国纺织总会于1995年12月召开全国纺织工业科技大会，提出"科教兴纺"战略，开创纺织工业科学技术工作新局面。

一是大力研究开发新型纺织机械，用先进的装备武装纺织企业。"八五""九五"期间，通过自主开发和引进技术，共开发纺机新品种930个，大部分达到了20世纪80年代初国际水平。列入国家重中之重的自动络筒机、清梳联合机、喷气织机、片梭织机和精梳机等均具有20世纪90年代国际先进水平。"九五"期间，全国无梭织机拥有量从1.69万台增加到5.9万台，自动络筒机增加1000台，平网、圆网印花机增加200台，各种针织圆机增加500台，有效地增强了纺织品的市场适应能力和竞争能力。

二是大力开发采用新工艺、新技术的纺织品和服装，增加产品的技术含量和附加值，提高产品档次。这一期间，纺织工业每年都有大量的新产品、新品种、新花色投放市场。涤纶仿丝绸产品已形成仿绸、缎、绉、绢、乔其纱五大系列，新生产的仿毛、仿麻产品丰富多彩，天然纤维产品中较多地开发了精梳、阔幅、高支高密、低支粗厚织物及针织双丝光烧毛高级整理、经编绒类等混纺产品，以及防缩、涂层、阻燃、防静电等新型整理产品。此外，还有军工等部门需要的新型抗浸胶面料、聚氨酯微孔发泡涂层织物、降落伞用单向弹性织物、各种三维编织预制件等。

三是加大现有企业技术改造的力度。"八五"期间，加大对技术改造的投入，五年内纺织工业固定资产投资共1385亿元，其中技术改造资金847亿元，占61%，比"七五"增加近一倍。

四是进一步加强科学研究工作。国家"八五"纺织科技攻关项目共4个大项、15个子项、78个专题。到1995年完成40个专题，一批成果达到国际先进水平。

五是科技体制改革不断深化。1994年，全国129个纺织科研院所中，36个已进入企业或企业集团。各科研院所改革内部管理体制，实行责任制、聘任制、承包制等，增强了内部活力。

进入世纪之交的年代，中国纺织工业的总规模、总产量、总出口值都已稳居世界各国前列，成为世界公认的"纺织大国"。然而，就科技水平来说，同世界先进水平还有相当大的差距。近半个世纪来，特别是近二十年，世界科学技术突飞猛进。我国纺织工业一定要紧跟时代的步伐，不仅要在量的方面继续发展，更要在质的方面实现突破，在经营机制、产品水平、科学技术、经济效益等各方面全面赶超世界先进水平，使中国纺织工业成为当之无愧的"纺织强国"。

一是纺织产品及其生产技术要达到世界一流水平。创造成百上千种知名度高、得到社会认可的具有各自特色的名牌产品。纺织品、服装要系列化，形成多层次的产品结构，以适应不同阶层民众和不同国别市场的需要。要根据不同层次产品生产的需要，用先进的技术装备来武装生产企业，大幅度提高劳动生产率，逐步实现从劳动密集型向技术密集型的过渡。

二是科学技术要先行。无论应用技术还是基础理论研究，都要努力赶上世界先进水平。为形成强大的科技开发能力，既要善于吸收国外的先进科学技术成果，又要独立自主地解决重大科技课题，并把两者结合起来。对新原料、新产品、新装备的开发和研制，要从引进、消化、吸收为主逐步过渡到自主开发为主。要认真分析世界纺织科技的发展趋势，抓住关键问题，深入攻关，力求突破，真正做到科学技术超前发展。

三是坚持可持续发展战略，高标准做好环境保护和三废治理工作。特别是化纤行业和印染行业的废水和废气要得到根治，有严重污染的工艺必须淘汰；噪声严重的织造工艺要通过推广无梭织机等措施予以解决。要下大力气美化、绿化工厂环境和生活环境，把纺织工业建设成文明、整洁，符合持续发展要求的现代化产业部门。

五、纺织工业成套机器设备的更新换代

我国于1951年完成第一批成套棉纺织设备的制造。此后，大体每过十年，就推出一套新型的棉纺织设备，使纺织工业的装备水平提升一个档次。在这里，有一项成功的经验，就是组织科研单位、机械制造厂和纺织厂三结合，在汇总全行业的科研、革新成果的基础上，研制成一套新型的专业设备。

搞得最成功的是65型棉纺织成套设备。为了赶超世界纺织科技先进水平，1964年，纺织工业部专门成立了新技术办公室，从各地126个单位调集棉纺织、印染、针织各工序的科研、机械设计、使用单位的技术人员385人，集中到上海，分析研究世界各国设备的优点和国内革新创造的新成果。在此基础上，设计、制造适合我国国情的成套样机，再经试用、改进，定型后成批制造。钱之光让张方佐坐镇上海，主持这套新设备研制工作的组织领导和协调。张方佐把纺织研究院的许多技术骨干安排在试验现场，前后历时五年。这套65型棉纺织设备的技术水平，接近当时的国际先进水平。后来，这套设备在全国新建厂及援外项目中推广约1000万锭。

这套纺纱设备的生产技术水平与新中国成立前遗留下来的进口设备相比，锭子转速从9000转/分提高到15000转/分，细纱单位产量（折20支）从18公斤/千锭时提高到38

公斤／千锭时，细纱挡车工看锭数从 400 锭提高到 800 锭。

在毛纺织行业，1958 年正式生产出第一套毛条、粗梳、精梳定型设备，1962 年研制成功化纤纯纺和混纺的第二套定型设备。和旧设备相比，梳毛机单位产量从 10 公斤／台时提高到 50 公斤／台时，精纺机单位产量从 10 公斤／千锭时提高到 20 公斤／千锭时。

原来生产技术水平较低、手工操作比重较大的丝绸、麻纺、针织等行业，生产技术面貌的变化更大。

在这以后每过几年，纺织工业部就采取与此类似的方法，对已成套的设备进行系统的改进，使得成套设备的技术水平不断提高。

六、民用及出口纺织新产品的开发

中华人民共和国成立前，纺织工业的主要产品从当年中纺公司的工作总结中，大体可以概括如下。

棉纺织品：10 ~ 80 英支棉纱及细布、细斜、粗布、帆布及哔叽等。

毛纺织品：毛纱、绒线及制服呢、大衣呢、海立斯、凡力丁、女色呢、花呢、华达呢、法兰绒及哔叽等各种呢绒。

麻纺织品：麻纱、麻布及麻袋布等。

丝绢纺织品：生丝、绢丝、混纺丝及纺绸、织锦缎、羽纱、双绉等丝织物。

印染布：漂白细布、草黄平布、草黄军布、草绿细斜、精元平布、灰色细布、灰色光斜、士林细布、海昌蓝细布、印花哔叽、什色卡其布及贡缎等。

针织品：汗衫、背心、夹里布、卫生衫裤、运动衣、手套等。

中华人民共和国成立初期的纺织产品，大体沿袭以上门类。当时由于经济条件等方面的原因，各地纺织企业的生产技术工作侧重于提高纱、布的强力、耐磨等内在质量，同时着力解决印染布的"缩、脆、褪、萎"问题。

到了 20 世纪 60 年代初，国家要求发展纺织品对香港、澳门和部分东南亚地区国家的出口（当时称"对资出口"）。这些地区的纺织品市场需求，在产品档次上比当时内销市场供应的纺织品要高一些；在产品质量方面，并不像国内这样重视强力、耐磨等内在质量指标，而对布面外观质量的要求明显较高。为使我国生产的纺织品在品种、质量方面适应"对资出口"的要求，需要采取一系列技术措施。纺织工业部专门派人去欧洲考察国际市场上的时尚纺织品，后来又派人常驻香港了解市场情况和外商的意见。针对外商的要求采取了一系列技术措施，终于解决了布面外观问题，并且在国际市场创出了一批名牌。如 3036 跳鲤细布、4040 绿牡丹府绸等，成为当时香港市场的抢手货。

与此同时，纺织工业部围绕提高产品质量，增加花色品种，对部分工厂进行改建扩建。从 1961 年到 1963 年，共增添精梳机 824 台、捻线机 78 万锭、阔幅织机 1 万台，分别比 1960 年的拥有量增加 3 倍、54% 和 1 倍。与此同时，还增添了大批树脂整理等染整设备，扩大了精梳、阔幅、高支、高密等中高档产品的生产能力。

20世纪70年代，我国化纤（主要是合成纤维）工业开始大发展。上海、辽宁、天津、四川"四大化纤"的陆续建成，使我国化纤工业形成的生产能力从1970年的15.15万吨增加到1981年的63.39万吨（加上正在建设的"仪化"和上海石化二期工程等项目，总生产能力达130万吨左右）；化纤在纺织工业原料消耗中的比重从1975年的8.59%提高到1981年的21.7%。随着化纤生产突飞猛进的发展，和各种化纤在纺织工业中的广泛应用，化纤纺织品加工工艺技术的改进迈出了较大的步伐。

化纤纺织品的生产大发展，从"的确良"（涤棉细布）开始。在引进技术的基础上，研制成功了热定型机、热熔染色机、树脂整理机等设备，接着将棉布染整设备全面升级换代为能用于加工涤棉、涤黏、涤腈等混纺织物的"74型染整设备"。这套设备投入生产后，涤棉混纺织物的生产在各地迅速推广。随后，"中长化纤"仿毛织物也迅速发展起来。

20世纪70年代中后期，美国等西方发达国家的产业结构开始逐步调整，集中力量发展资本密集和技术密集型产业，纺织等劳动密集型产业逐步削弱，对进口纺织品的需求不断增加。这给中国发展纺织品出口提供了有利契机。为使我国的出口纺织品适应欧美发达国家市场的要求，各地纺织行业普遍装备了气流纺纱机、喷气织机、剑杆织机、喷水丝织机、筒子染色机、绢网印花机、宽幅经编机、纬编大圆机、电脑绣花机、化纤直接制条设备、色织大整理生产线，以及电子清纱、自调匀整、电子提花等装置。这些技术、设备的采用，使我国出口纺织品的产品质量和档次显著提高，并且逐步适应了海外市场对纺织品的小批量、多品种、深加工的要求。

随着我国纺织工业持续以较高的速度发展，20世纪80年代中期，纺织品、服装市场完成了从卖方市场向买方市场的转化。在新的市场形势下，纺织工业要持续发展，必须以市场为导向，调整产品结构，大力开发新的品种花色，开拓新的产品领域，寻找新的增长点。这已成为纺织业界人士的普遍共识。1984年，纺织工业部向全行业提出了重点开发"三大支柱"（后改称"三大领域"）产品（服装、家用纺织品和产业用纺织品），狠抓品种质量，发展深加工、精加工产品的要求。经过几年努力，取得了明显成效。

随着工艺技术和装备水平的提高，纺织产品的面貌发生了深刻变化。

棉纺织品从品种单调的中粗纱支织物为主，向中高档产品发展，还发展了经过防缩防皱整理、柔软整理、电光整理和烤花整理的织物。

毛纺织品发展到粗纺呢绒、精纺呢绒、毛线、羊毛衫、毛毯、山羊绒、驼绒、长毛绒、人造毛皮、工业用呢、工业用毯等十多个大类。

生丝质量从C、D级普遍提高到A级、双A级，有的一路攀升达到5A、6A级。绸缎从素色向提花、印花发展，并且采用各种添加剂整理以改善绸的手感和弹性。

黄麻纺织品从通用麻袋发展到纱支较高、组织细密的"海生袋"；苎麻纺织品从粗厚织物发展到细薄织物，从白织平纹织物发展到色织、提花织物、针织物和混纺织物；亚麻织物向宽幅、提花、针织品等方向发展。

针织品从中低档内衣、棉纱袜，向高支精梳内衣、高档起绒织物以及针织外衣发展。

产业用纺织品发展了土工布、轮胎帘子布、造纸毛毯、工业筛绢、绝缘底布、水龙带、人造血管、医疗卫生用品、降落伞绸、特殊用途的立体编织物等产品。

七、军工纺织品的研制

纺织工业的终端产品，除服装、家用纺织品外，还有产业用品。但在中华人民共和国成立前，我国生产的产业用纺织品只有电器绝缘材料、消防水龙带、伞用油布、篷盖布、医用纱布、造纸毛毯等少数品种。20世纪50年代初期，在朝鲜战争期间，开始发展军工纺织品生产，这是我国产业用纺织品首先开发的一个分支。

纺织工业是传统的民用工业。从总体上讲，劳动密集度较大而技术密集度较小。军工纺织品则不同，它的质量要求明显高于民用产品。如为航天、航空、核工业以及为部队特种装备配套的产品，要求具有高强力、高模量、耐高温、耐核辐射、防毒、无透气量等特殊性能；在组织结构方面要求采用立体三向、双层、异形、特密、特厚等特殊编织技术；在生产工艺方面要求采用高温高压、渗碳、涂层、复合、变性等高新技术（图36-11、图36-12）。

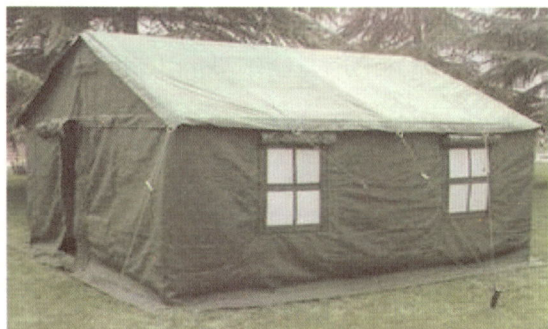

图36-11 军用帐篷

图36-12 迷彩面料

我国最早发展的军工纺织品，主要是仿制苏联的飞机蒙布、降落伞等产品。这些产品虽然需求量不大，但是时间要求急，产品性能要求特殊，再加上当时以美国为首的西方主要资本主义国家对中国实行封锁、禁运，研制过程中遇到了不少困难。考虑到上海是全国最大的纺织工业老基地，技术力量比较雄厚，就把这项艰巨任务交给上海承担，上海纺织系统为此做了许多工作。1955年，钱之光代表纺织工业部党组，向中共中央提出聘请苏联军工纺织品专家来华指导工作的要求，苏联政府同意派来军工布专家马尔钦柯和军工丝绸专家鲍里绍夫。在他们的帮助下，建立了严格的军工产品质量管理制度，包括定工厂、定品种、定设备、定人员、定协作关系的"五定"制度，以及不合格的原料不投产、不合格的半制品不放行、不合格的产品不交货的"三不"制度，严格按照"产品标准工艺设计卡"生产的制度等。各厂都培养了相应的质量检测队伍，配置了测试仪器，为保证产品质量提供了技术手段。军工纺织品的品种逐步增多，产品质量稳定提高。

20世纪60年代初，国家经济处于困难时期，再加苏联政府撤走专家、中止援助，军用纺织品的研制更加困难了。纺织工业部按照中共中央、中央军委的部署，积极承担了为"两弹一机"（原子弹、导弹和新型歼击机）配套的纺织新产品的研制任务。歼击机所用救生伞等产品，如用天然纤维制作不能符合要求，就研制用锦纶6和锦纶66制作。1962年，国家计委、国家科委把生产核燃料所需的精密镍网的研制任务交给纺织工业部负责。

镍网研制成功后，还接着研制了制网专用的整经机、卷纬机和织机。此后，随着镍网需求量的增多，又建设了织网专厂。铀的提炼需要过氯乙烯布作为过滤材料。1963年研制成功后，于次年建设了专纺车间。

1964年开始，纺织工业部按照中央的部署加强三线建设，从此改变了纺织系统只有上海一地承担军工纺织品任务的局面。到20世纪70年代，四川、陕西等地也成为纺织军工的重要基地。

纺织系统的各级领导对于军工纺织品的工作都十分重视，在研制以合成纤维为原料的军工纺织新产品方面继续取得了一系列成果。其中，为航天工业、核工业、人造卫星配备的聚酰亚胺观察裙，制造火箭发动机用固体燃料玻璃钢壳体的缠绕机，制作宇航服所用的高强、阻燃、伸长小的涤丝绸，耐高温、耐烧蚀、抗热震的碳/碳复合材料等；为航空工业配套的有用无捻、无定形锦纶长丝织制的不透气的翼形升力伞伞绸，兼有纽扣、拉锁和扎绳功能的新型尼龙搭扣带，用作无人驾驶飞机回收伞的高强锦丝伞绸等；为部队特种装备配套的有火箭扫雷锦丝爆破带、制作核潜艇反应堆电缆用的聚酰亚胺长丝、制作反坦克导弹缠包发射导线用的蚕丝绝缘线等。

改革开放以后，纺织军工重点研制以新型合成纤维为原料的新产品，研制成功了用于洲际导弹的高密高强锦丝筛网、聚丙烯腈碳纤维、碳/碳复合材料和耐高温合金金属网；用于通信卫星的高强锦纶长丝、高强重比锦丝绸；用于水下发射潜地导弹的涂层高强锦丝绸和加强耐燃橡胶的酚醛纤维等。

与此同时，军工科研成果向民用转移的工作，也取得了可观的收获。如把聚丙烯腈碳纤维制造用于纺织生产的静电消除器；把透气抗浸服材料应用于石油、建筑工人的工作服及民间的风雨衣；把水溶性纤维应用于甜菜育秧纸、高支麻纱混纺、抽纱刺绣等；把复合导电纤维应用于易燃易爆的石油、化工、火药、海轮码头工作人员的工作服；把芳砜纶用于机车的电动机绝缘套等。

纺织系统在军工纺织品的研制工作中，始终执行军民融合的方针。在开创阶段，把军工纺织品的研制任务，交由生产民品的企业承担。对三线建设时所建工厂安排军品生产任务时，也适当安排民品生产。改革开放后又抓了军工科研成果向民用的转移，从而节省了投资，加快了建设进度，取得了较好的经济效益和社会效益。

八、国际先进设备、技术的引进、消化和创新

中华人民共和国成立以后，纺织系统根据各个时期生产发展的需要，陆续从国外引进了一些纺织、染整和化纤的成套设备和单机。这些设备的引进，对于纺织工业中新兴行业的建设，对于开发新产品、提高产品质量和发展纺织品出口，都起到了较好的作用。

为了发展化纤生产和纺织染整加工，我国纺织系统在20世纪50年代，从民主德国引进黏胶长丝成套设备，建设了保定化纤厂。60年代，从日本、英国引进维纶、腈纶成套设备，建设了北京维尼纶厂和兰州化纤厂。70年代，除从日本、法国、联邦德国、意大利引进以石油、天然气为起始原料的成套化纤设备外，还引进了涤棉织物、中长纤维织物的染整生产线等。

引进技术对发展纺织产业，效果显著，也积累了不少经验。20世纪50年代，引进黏胶纤维的生产技术，经过消化、吸收后，靠自己的力量设计制造了成套专业设备，装备了南京、新乡、杭州、吉林等地的黏胶纤维厂，促进了这个行业的发展。60年代引进维纶、腈纶成套设备，装备了9个维纶厂及上海石化、川维等厂。在兴建大型石油化纤基地前后，纺织工业部组织科研设计单位、设备制造厂和化纤厂协作攻关，学创结合开发研制一系列设备。其中20套年产1.5万吨涤纶短纤维的成套设备，装备了上海石化总厂、仪征化纤厂；涤纶长丝高速纺丝生产工艺和设备，在各地广泛应用。这为此后新型化纤设备的制造提供了借鉴。

除了通过基本建设立项引进设备、技术外，纺织业管理还通过技术改造立项来支持企业引进技术。这里仅对1984～1990年实施的"引进先进技术装备，增加出口创汇"专项的规划和实施情况，作些简要介绍。

1. 化纤行业

重点是涤纶、黏胶纤维、维纶企业的设备填平补齐，提高产品质量，增加品种。

2. 纺织行业

以棉纺织品、印染产品、针织品、毛纺织品、麻纺织品、丝绸、粗厚织物、装饰织物、化纤混纺纯纺产品、各种服装10大类纺织产品为改造重点。其中，棉纺织品要求围绕增加气流纱、精梳纱、针织用纱、宽幅布的生产能力为主。淘汰陈旧落后设备，代之以气流纺纱机、精梳机；窄幅布机更新为宽幅布机、无梭织机等。采取这一方式总共更新纱锭113万锭，增加气流纺8.34万头，精梳机415套；更新布机2.9万台，内宽幅布机9500台，无梭织机2771台（包括片梭、喷气、剑杆织机）。其他9大类产品也都列出了具体改造目标。

3. 纺织机械行业

围绕10条生产线、203种单机及关键部件，重点抓好8个"重中之重"产品进行重点改造，以技贸结合方式引进国外先进制造技术。

4. 纺织器材行业

围绕金属针布等六类重点产品改造加工生产线，引进国外先进制造技术，增加检测手段。

这些技改专项完成后实现的经济效益，据不完全统计，年增产值120.6亿元，年增利税23.5亿元，年增创汇20.7亿美元。

引进适用的国外先进技术，和国内的科研、革新成果相结合，加以融合以至再创新，是我国发展科学技术、赶上世界先进水平的捷径。但引进技术需要支付大笔外汇，决不可掉以轻心。一定要"货比三家"，慎之又慎。要从我国经济、技术的实际情况出发，认真进行可行性研究。尤其重要的是，一定要着眼于引进技术的消化、吸收、再创新，而不是单纯地引进生产能力。

九、科技教育基金的创建和贡献

纺织工业部部长钱之光为推动科学技术的发展，高瞻远瞩，培养了一大批科学技术人才。钱之光逝世后，他的夫人刘昂意欲建立"钱之光科技教育基金会"，定期奖励为纺织科教事业作出贡献的科教人士和莘莘学子，以奖掖后人，进一步推进纺织科教事业。但钱之光一生清廉，并无积蓄。于是刘昂请陈锦华商请钱之光生前主持建设的上海、天津、辽阳、四川、仪征五个大型石油化纤企业募集资金。上海石化公司和香港华润集团有限公司等单位积极认捐。最后刘昂找出一幅钱之光生前收藏的清朝名画拍卖了四五十万元。1997年，基金会终于建立起来了。进入21世纪，情况有了新的变化。首先是国家加强了对基金会建设的管理，国务院颁布的《基金会管理条例》2004年6月1日正式施行；民政部于2007年启动了对基金会的评估工作，基金会的筹资下限从1000万元提高到2000万元。当时的中国纺织工业协会杜钰洲就提出要让"钱之光科技教育基金"在新的形势下发挥更大的作用。为此，他亲自找几位民营企业家，讲明意义，得到了他们的理解并慷慨捐助。经过几轮反复，逐级审批，2008年7月民政部正式批准注册"纺织之光科技教育基金会"（国家规定不能以领导人的姓名命名基金会）。注册资金达到了民政部规定的基金会注册"门槛"2000万元。其后几年，在杜钰洲、许坤元、王天凯等中纺联领导亲自宣传募捐下，又有30多家单位及个人先后为基金会捐资（图36-13）。到2013年底，累计捐款总额和基金会年末净资产都已超过亿元，已举办科技奖、教育奖等多个奖项，还在重庆办了一所希望小学。

图36-13 纺织之光科技教育基金会活动现场

国家评选科学技术进步奖从改革开放后开始。根据授权，纺织工业部（包括后来改称的中国纺织总会、国家纺织工业局）从1978年起逐年评审全国纺织工业科学技术进步奖，属省部级奖。由于国家机关机构改革的原因，2000～2003年曾停止评选。经过努力申请，2004年经国家科学技术部批准，作为协会组织，中国纺织工业协会科学技术奖可以奖励在全国纺织行业的基础研究、科技成果开发、创新及推广做出突出贡献的组织和个人，并同意可以从中推荐国家级的奖项。当年，中国纺织工业协会就召开了全国纺织科学技术大会，提出了纺织科技发展纲要，交流了科技发展经验，并对72项成果给予表彰和奖励。评奖涉及诸多费用，是很大一笔支出。过去纺织工业部评审时有行政经费开支，现在中国纺织工业联合会（原中国纺织工业协会，2011年更名）没有这笔经费，找企业赞助也不是长久之计。在基金会筹建时，中国纺织工业联合会领导就明确提出，将来评审中国纺织工业联合会科技进步奖时，由基金会承担所有费用。

从2004年到2013年，中国纺织工业联合会科学技术进步奖共评出1234项，其中一等奖99项，二等奖396项，三等奖657项，四等奖82项。其中联合会向国家推荐的项目，有2项获得国家科技进步一等奖，32项获得国家科技进步和科技发明二等奖。中国纺织工业联合会科学技术进步奖，极大地促进了全国纺织行业的科学技术发展。而从2008年开始，所有评审奖励费用都是由纺织之光科技教育基金会支出的。

在这之前，香港著名实业家、香港特别行政区大紫荆花勋章获得者查济民（图36-14），于1992年投入巨资创建了香港桑麻基金会（图36-15），从1994年开始陆续在五所知名纺织院校颁发奖学金；又于1997年开始颁发纺织科技奖。2007年查济民高寿谢世后，查氏集团继续增加投资，基金总额已达4500万港元。到2014年，共奖励优秀学生5294人次和优秀教师576名，累计发放奖学金、奖教金人民币1439万元；从1997年开始发放科技奖，到2014年共有265人获奖，累计发奖752万元。1998年至2001年间，还曾设立桑麻纺织杰出青年学者奖，先后有7人获奖，累计共发奖金19万美元。

图36-14　查济民　　　　图36-15　香港桑麻基金会活动现场

以上两个基金会颁发的奖项，对于我国纺织科技教育工作的发展，发挥着有力的鼓舞和激励作用。

第三十七章　纺织各行业工厂面貌的巨变

20世纪前中期，我国大部分纺织厂机器设备落后。许多老厂的纺纱、织布大车间，几十、几百台机器靠几根"天轴"集体传动，很不安全。纺纱车间的粉尘、织布车间的噪声、印染工厂的高温，是普遍现象。黏胶纺丝车间更是处在"天上掉水、脚下穿胶鞋"的操作环境。

如今发生了翻天覆地的变化，纺织厂的厂房结构由过去的锯齿形改成大跨度封闭式全空调的形式；尤其是进入21世纪以来，通过国家科技支撑计划"新一代纺织设备"项目和"新型纺织机械重大技术装备专项"等引领，纺织工业的设备、技术现代化在"十二五"期间结出了丰硕成果，以数字化棉纺车间、节能环保染整设备、高速高产大型化纤设备、高性能非织造布设备等为代表的新设备不断推出，受到国内外瞩目。

一、棉纺织厂

1. 纺纱

纺纱单机和成套设备在机电一体化、自动化、智能化、连续化、可靠性、节能和节约用工等方面，取得了较大进展（图37-1）。过去生产精梳棉纱，至少需要12～13道工序；现在简化后的流程是：由自动抓棉机抓棉、混棉，喂入清梳联合机，成条后进入条并卷精梳联合机，最后由粗细联或细络联成纱，工序缩短一半左右。梳棉机最高产量达120公斤/台时，精梳机速度可达450钳次/分。细纱机长车有1800锭，配有自动落纱、理管、插管、生头装置，并与络筒联接，筒子成形之后自动检测、包装。也有为追求产品的高品质仍采用并条机、粗纱机的。新型并条机单眼，高速大卷装，采用自调匀整；新型粗纱机采用自动落纱。工序之间的自动连接，减轻了劳动强度，节约了劳动力。过去纺纱车间万锭用工200多乃至300多人，20世纪90年代最好的企业减少到90多人，现在只要约30人，正在向20人和夜间无人值守迈进。在大跨度、全封闭的车间里，采用负压吸风除尘措施，以吸除灰尘，调整温湿度，改善劳动环境。

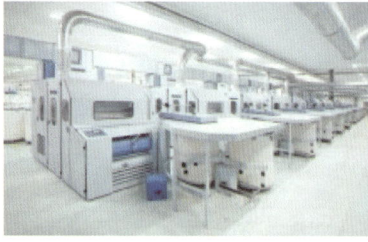

清梳联合机

新型并条机

新型精梳机

新型粗纱机

集体落纱细纱机

自动络筒机

气流纺纱机

赛络纺纱机

紧密纺纱机

图 37-1　纺纱单机和成套设备

2. 织布

过去有梭织机往复打梭噪声很大，在 85 ~ 104 分贝，工人易疲劳。现在无梭织机正逐渐替代有梭织机，国产喷气织机实际应用车速达 500 ~ 700 转 / 分，国产高档剑杆织机车速达 500 ~ 550 转 / 分，车间噪声一般在 50 ~ 60 分贝，是工人所能承受的水平。新型无梭织机的单机之间可以实现联网，形成"织造导航系统"，便于集中统一管理和操作。织布车间常见现代化织机种类如图 37-2 所示。

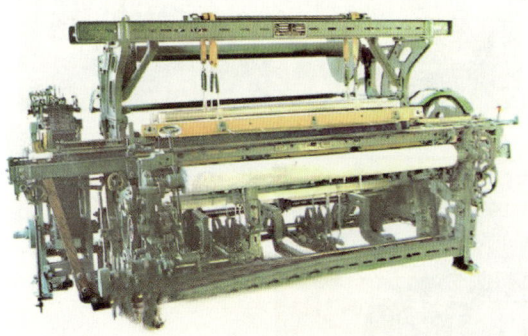

有梭织机

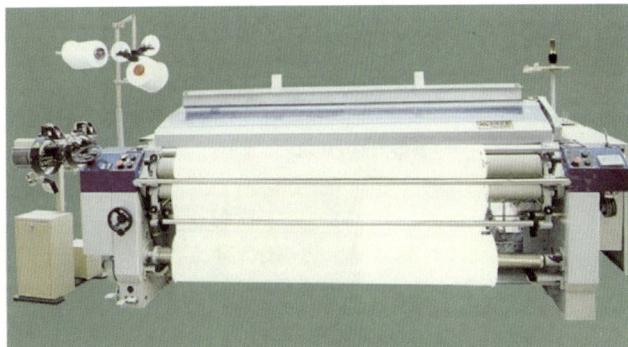

喷水织机

喷气织机

剑杆织机

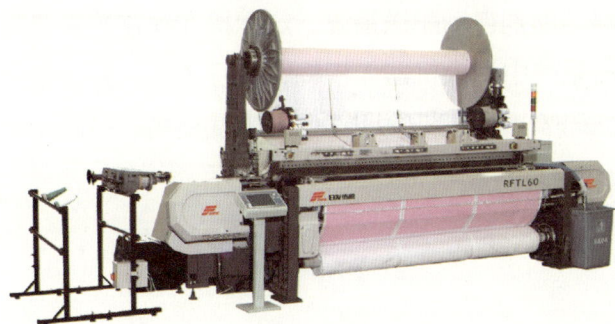

剑杆毛巾织机

片梭织机

图 37-2

新型大提花织机

提花剑杆织机

地毯织机

图 37-2　常见现代化织机种类

二、棉印染厂

目前大部分印染厂使用短流程高效印染设备，用蒸汽的烘燥机加了保温设施，夏季的印染车间温度大幅度降低。印染设备工艺参数的在线检测与控制技术，已取得长足进展。浓碱及双氧水浓度在线检测及自动配送系统、染料与助剂自动配送系统、定型机在线监控系统等数控系统，在不断发展中得到应用。生产物流系统中引入机器人机构，实行了从化料、染色到物料转运全过程自动化作业。国产纺织品数码喷墨印花机喷印速度大幅度提高，最高印速已超过 1000 平方米／小时。印染厂常用的现代化设备和设施如图 37-3 所示。

三、化学纤维厂

黏胶纺丝车间采用大容量纺丝工艺设备后，集纺丝、凝固、牵伸、上油、烘干和卷绕于一机，从纺丝到成型，过去要经过十几道工序、九十多小时，现在缩短到几分钟，比过去节水 90%

热熔染色机　　　　　　　　　　　筒子染色机

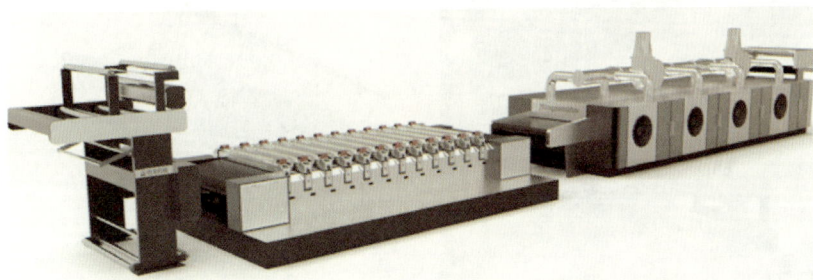

圆网印花机

平网印花机

树脂整理机　　　　　　　印染废水处理设施

图 37-3　印染厂常用的现代化设备和设施

以上。黏胶纤维无毒纺丝技术的研究也取得了进展。如保定化纤厂投巨资研发成功采用新溶剂生产高品质莱赛尔纤维（lyocell）的技术，已在高阳建设年产 6 万吨的绿色纤维园区。

　　我国研制的大容量涤纶短纤维数字化成套设备已完全成熟。如日产 200 吨的涤纶短纤维生产线，纺丝机采用大喷丝板大风量环吹风使丝束冷却；后处理设备采用变频调速传动、在线添加技术，为生产差别化纤维提供了技术支撑。这套设备已达到世界大容量涤纶短纤维设备的同等先进水平。锦纶、涤纶长丝生产线自动落卷和物流系统也研发成功。全自动高速卷绕头的锭长已从 1200 毫米发展到 1800 毫米。部分现代化化纤生产线和设备如图 37-4 所示。

黏胶长丝生产线

涤纶长丝生产线

涤纶短纤维生产线

高速弹力丝机

图 37-4　部分现代化化纤生产线和设备

四、产业用纺织品厂

近年，产业用纺织品应用领域拓展较快，纤维加工量大幅提高。过去只有造纸毛毯等几个品种，现在有了氨纶、芳纶、碳纤维等多种制品。其中，碳纤维用途广泛，经过多年攻关，国内已有千吨级生产线。国产多模头纺黏熔喷复合非织造布生产线和全自动汽车内饰一步法成型生产线已研发成功。涤纶纺黏和梳理成网的土工布生产线，已实现产业化推广，数控、在线检测也在非织造布装备中广泛使用。2015 年，我国产业用纺织品的纤维加工量已经达到 1341 万吨，占纺织工业纤维加工总量的 25% 左右。

五、针织厂

随着国产多功能针织圆纬无缝成型机试制成功，在同一台机器上已可实现单面、双面、提花、圆机、横机等多种编织功能。国内横机生产企业纷纷推出单机头多系统的电脑横机。国产经编机已普遍采用电子送经、电子牵拉、电子卷取和电子横移技术等。部分现代化针织设备如图 37-5 所示。

六、纺织专件和器材厂

纺织专件和器材的质量和使用寿命近年来也有多项突破。使用等离子抛光技术的金属针

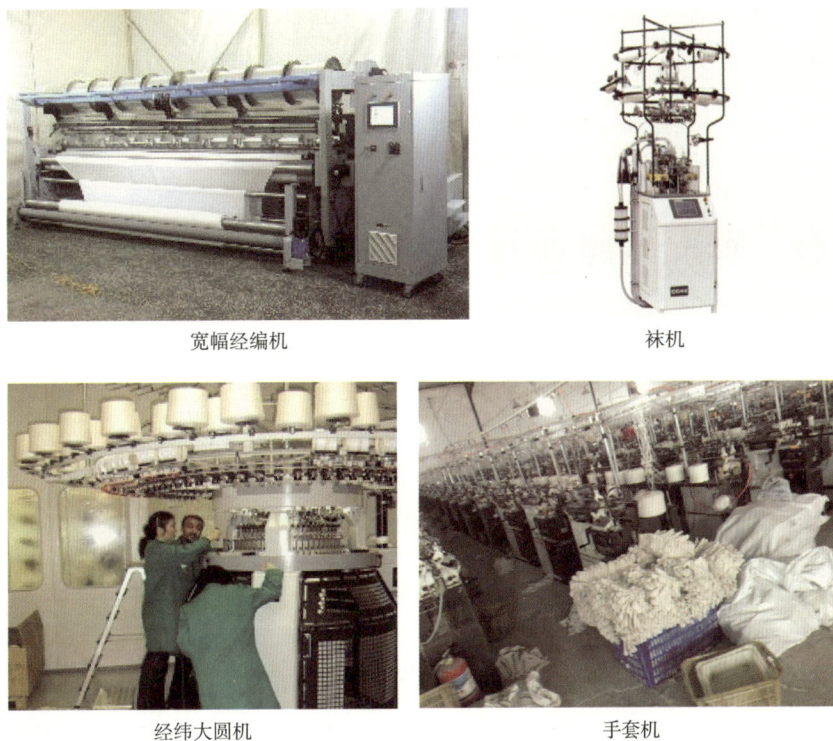

宽幅经编机　　　　　　　袜机

经纬大圆机　　　　　　　手套机

图 37-5　部分现代化针织设备

布，质量大幅度提高，延长了使用寿命和提高了梳理效果。2011 年 5 家钢丝圈生产企业成立技术创新联盟，与清华大学国家摩擦学重点实验室合作开发的"钢丝圈表面处理技术研究"项目，解决了长期困扰着纺纱厂因钢丝圈寿命短、不耐用而影响细纱机生产效率的问题。部分现代化纺织专件和器材如图 37-6 所示。

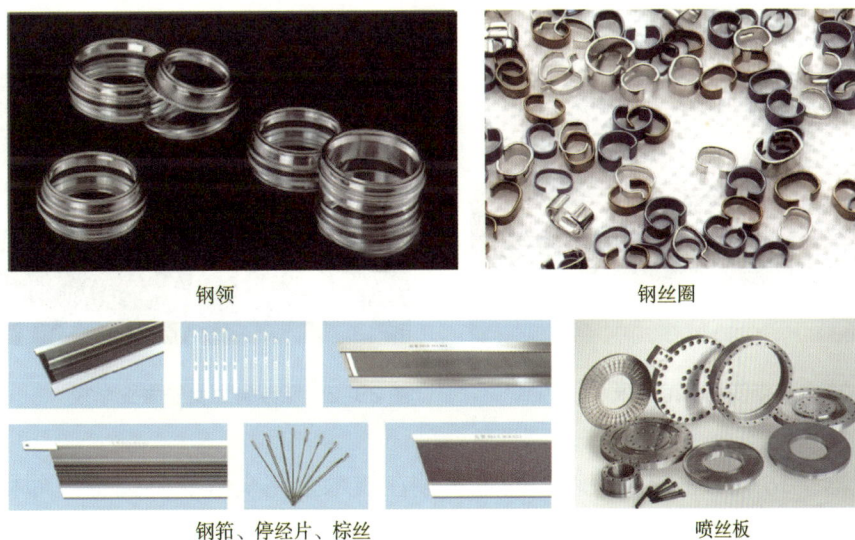

钢领　　　　　　　　　　钢丝圈

钢筘、停经片、棕丝　　　喷丝板

图 37-6　部分现代化纺织专件和器材

第三十八章　兴办纺织业与办教育同步

一、中华人民共和国成立前的纺织教育事业

我国的纺织教育事业，起步较早，但在中华人民共和国成立前，受国家政治、经济环境的影响，发展并不顺畅。第一次世界大战期间，西方帝国主义无暇东顾，中国纺织业一度兴旺，纺织教育也有了一定的发展；后在日军侵华期间，一些纺织院校横遭摧残，损失巨大。抗战胜利后虽有起色，但社会动荡，纺织教育事业总体进展不大。

我国纺织教育和机器纺织工业的发展一样，是从缫丝织绸开始的。1897年，杭州知府林启创办浙江蚕学馆（浙江理工大学前身之一，图38-1），成为我国纺织教育事业的先驱。接着在1912年，浙江蚕学馆的毕业生史量才，在苏州建立了女子蚕业学校（苏州大学前身之一，图38-2）。两校在此后近百年间，历经风霜，发展成为两所知名高校，执全国丝绸教育之牛耳。

图38-1　浙江蚕学馆外景

图38-2　江苏省立女子蚕业学校

我国的机器棉纺织工业起步较晚，而且早期在技术上完全依靠外国工程师和外国工匠。多年的实践使从业者痛感非自办纺织教育，无从改变受制于人的被动局面。于是，1912年张謇创办大生一厂时，就附设纺织传习所，以后扩大成为南通纺织专门学校，并亲任校长16年。与此同时兴办的，还有北京高等工业专门学校机织科，以及以纺织为重点科系的苏

州工业专门学校（简称苏工）和杭州高级工业职业学校（简称杭工）等。接下来，在第一次世界大战期间，面对事业发展而人才紧缺的状况，各大棉纺织企业相继筹办学校培养专门人才。有的称为"专门学校"，如华新；有的称为"职员养成所"，如申新、庆丰。私营企业在专业学校学生不能满足时，往往还招收相当于中学水平的青年进厂充当工务练习生，跟随技术人员熟悉生产，通过操作实践提高。

回顾纺织教育事业发展的历史，首先要关注张謇的奉献。张謇是中国近代史上倡导"实业救国"思想的代表人物，既是声名显赫的实业家，也是业绩昭著的教育家。他很早就认识到先进科学技术的重要作用。他说："外洋富民强国之本，实在于工，讲格致，通化学，用机器，精制造，化粗为精，化贱为贵，而后商贾有懋迁之资，有倍蓰之利。"他看到西方科学技术"较诸中国旧式工程，相差不可以道里计"，认为振兴实业，必须实行开放主义与拿来主义。他先后兴办了几十所各类职业技术学校和高等专科院校，希望通过本国专业技术人才培养，"十年以后，或有可用之才，不必借资于异域矣"。

南通纺织专门学校建成后，张謇亲自兼任校长16年。直到他高寿谢世后，才由儿子张孝若继任。张謇为学校的发展做了深谋远虑的安排，为保证学校有充裕的办学资金来源，规定学校的常年费用从大生各厂每年的余利中支付。为保证学校的教学水平，规定学校采用美国费城纺织学校的课程内容，并且聘请留学美、英专习纺织技术后回国的黄秉琪和丁士源任教。他还提倡"手脑并用"，要求学生"将欲行之，必先习之，有课本之学习，必应有实地之经验"。大生纱厂理所当然是学生的实习基地。到了学校规定的学生实习时间，就安排学生到大生各厂实习。为了方便操作，甚至在选址建校时就选择与大生纱厂只是"一墙之隔"的地方。这还不够，学校还陆续在校内开办了纺纱、机织、手织、染色、金工、针织六个实习所。"功夫不负有心人"，学校很快做出了成绩：1918年，该校毕业生协助上海厚生纱厂排装新机成功；1921年，毕业生又主持完成了大生三厂全部纺织新机的排装。此后，大生系统进一步加大对办学的支持力度。1923年，该校添设染化系，增购针织机，学生兼习棉毛针织技术。1927年改名南通纺织大学；1928年，南通纺织大学与同为张謇创办的南通农科大学、南通医学大学合并为南通大学（图38-3）。

图38-3　南通大学与张謇题写的校训

南通纺织大学是全国纺织高等院校的翘楚。到 1952 年全国院系调整前，该校共培养纺织科技人才 1700 多名，约占全国总数的 1/4。张謇为该校制订的办学理念，逐渐为多家纺织院校沿袭推广，促进了我国纺织工业技术队伍的成长壮大。

抗日战争之前，南通大学、苏工、杭工等校都发展到全盛时期。抗日战争开始后，各院校设置地先后陷入战区，受到重大摧残。蚕桑学校纷纷迁入农村上学或停办。北平大学、北洋大学等迁入在陕西城固的西北联合大学，后改为西北工学院纺织系。1937 年刚建立的交通大学纺织系迁到重庆上课。南通大学、苏工等迁入上海租界复课。杭工一度由浙江大学代办，在浙大内迁时因经费无着被解散，此后一直未能复校。抗日战争时期在内地成立的纺织院校，还有山西铭贤学院和中央技艺专科学校（在四川乐山）等。

抗日战争初期，上海租界一度成为棉纺织业能够有所发展的"孤岛"，纺织教育事业也相应有所发展。苏工迁沪后发展成私立上海纺织工业专科学校。申新公司创办了中国纺织染工程学院。诚孚公司设立了诚孚纺织专科学校。染织实业家诸文绮创办了文绮染织专科学校。

抗日战争胜利后，南通大学、苏工及北方几所院校相继迁回原址复校。战时一度停办的河北工学院、诚孚、文绮等校也先后恢复。西北工学院纺织系中，原由天津北洋大学纺织系西迁陕西的部分教职员工迁回天津，恢复建立北洋大学纺织系；其余部分继续在西安办学。

到 20 世纪 40 年代后期，全国纺织高等院校（包括综合性高校的纺织科系）见表 38-1 所列（按建立先后为序）。

表 38-1　中华人民共和国成立前纺织院校一览表（以建立先后为序）

院校名称	创办人或主要教师	简要校史
浙江省立杭州蚕丝职业学校	林启	前身是 1898 年林启创办的浙江蚕学馆，1936 年改组成杭州蚕丝职业学校，1958 年改组成浙江纺织专科学校，1964 年更名为浙江丝绸工学院，2004 年改组成浙江理工大学
江苏省立女子蚕丝学校	史量才	前身是 1903 年创办的上海私立女子蚕业学堂，1912 年史量才将其改组成江苏省立女子蚕丝学校，1949 年更名为苏南蚕丝专科学校，1960 年改组为苏州丝绸工学院，1997 年并入苏州大学
江苏南通大学纺织科	张謇、黄秉琪、丁士源	1912 年创办，抗日战争期间迁沪办校，1948 年迁回南通，1952 年并入华东纺织工学院，1977 年以南京工学院南通分院名义复建
上海交通大学纺织系	陈维稷	1937 年建系，抗日战争期间内迁重庆。抗战胜利后迁回上海，1951 年并入华东纺织工学院
私立文绮染织专科学校	诸文绮	1936 年开始筹办。抗日战争期间遭日寇破坏，抗战胜利后重建。1946 年秋开始招生，1950 年并入私立上海纺织工学院
西北工学院纺织系	傅道伸	1938 年建立，1957 年更名西安交通大学纺织系
私立诚孚纺织专科学校	李升伯、张方佐	1939 年建校，1950 年并入私立上海纺织工学院
山西铭贤学院纺织系		1939 年建立，1951 年并入山西大学纺织系，1952 年并入西北工学院纺织系
四川乐山技艺专科学校纺织科	高士愚、严宝仁	1939 年建立，1953 年并入天津大学纺织系

院校名称	创办人或主要教师	简要校史
上海私立中国纺织染工程学院	吴中一、唐鑫源	1940 年开始招生，1950 年并入私立上海纺织工学院
私立上海纺织工业专科学校	邓邦逖、周承佑	1942 年建校，1950 年并入私立上海纺织工学院
上海市立工业专科学校纺织科		1945 年建立，1951 年并入华东纺织工学院
江苏省立苏州工业专科学校纺织科	邓邦逖	1946 年组建，1951 年更名为苏南工业专科学校纺织科，1953 年并入华东纺织工学院
天津北洋大学纺织系	张朵山	1946 年建系，1951 年并入天津大学纺织系
河北工学院纺织系	张汉文	1947 年建系，1951 年并入天津大学纺织系
山东省立工业专科学校青岛分校		1949 年山东省 6 所学科相近的中专校合并组成省立工业专科学校，总部设在济南，青岛分校设纺织高工科

中等纺织技术学校（多数为高级工业职业学校，简称"高工"）有 20 多所。其中，办学历史较久，培养人才较多的，有杭州高工、济南高工、长沙高工、开封高工、武昌高工、常德高工、新会高工、兴宁高工、西北高工、雍兴高工、三原高工、秦安高工、兰州高工、临洮高工、石家庄高工、东北高工、成都高工等。

除此以外，各大纺织公司还根据生产需要，举办半工半读的各种专业人员训练班。中纺公司成立后，也于 1946 年开始设立了大专性质的技术人员训练班、进修班。

新中国成立前，纺织院校规模一般较小，系科设置局限于纺织、染化、缫丝三种，系科之下不分专业。多数院校师资力量薄弱，经费拮据，设备简陋，专业教材甚少，教学内容贫乏。但也有一些有名望的院校精心治学，培养出了一批基础较好、工作能力较强的人才，若干年后成为新中国纺织工业建设的领军人物和业务骨干。

二、中华人民共和国的纺织教育事业

中华人民共和国成立之初，纺织工业开始蓬勃发展，各地对纺织技术人才需求殷切；而旧社会遗留的纺织院校远远不能适应国家建设事业发展的需要。为了加强纺织院校的建设，1950 年 6 月，先把上海的 4 所私立纺织院校（中国纺织染工程学院、上海纺织工业专科学校、诚孚纺织专科学校、文绮染织专科学校）合并成为私立上海纺织工学院。1951 年 6 月，又在合并交通大学纺织系、私立上海纺织工学院和上海工业专科学校纺织科的基础上，加大投入，创办了华东纺织工学院。委派时任华东纺织管理局副局长兼上海交通大学纺织系主任的张方佐兼任院长，知名教授、纺织化学家钱宝钧担任教务长，1951 年 9 月开学授课。

此后在全国高校院系调整时，又把南通大学纺织科、武汉中南纺织专科学校、四川乐

山技艺专科学校印染班、苏州苏南工业专科学校纺织科、上海华东交通工业专科学校机械科、青岛工业学院纺织系等并入，成为中国规模最大的纺织高校。华东纺织工学院创办时，就设立了全国高校中第一个纺织机械专业；1954 年夏季，又增设了全国高校中第一个化学纤维专业；1960 年，被国家教育部确定为全国重点大学；1981 年，经国务院学位委员会和教育部批准，为中国首批具有博士、硕士、学士三级学位授予权的大学之一，并且设立了博士后流动站；1985 年，更名为中国纺织大学，1999 年更名为东华大学。现有上海松江和上海延安西路两个校区，主要院系包括纺织学院、服装艺术设计学院、机械工程学院、材料科学与工程学院、信息科学与技术学院等。东华大学校貌及建校初期校领导如图 38-4 所示。

东华大学的前身华东纺织工学院　　　　建校初期院长张方佐和教务长钱宝钧

东华大学新貌

图 38-4　东华大学校貌及建校初期校领导

　　纺织工业部在创办华东纺织工学院的同时，继续办好西北工学院纺织系，并在合并北洋大学纺织系和河北工学院纺织染系的基础上，建立天津大学纺织系。到 1956 年，先后将解放前留下的全部纺织院校和系科，分别并入上述一院二系。此后，天津大学纺织系和西北工学院纺织系，分别发展成为天津纺织工学院和西北纺织工学院，现今分别为天津工业大学和西安工程大学（图 38-5、图 38-6）。

图38-5 天津工业大学(原天津纺织工学院)

图38-6 西安工程大学(原西北纺织工学院)

2000年起，天津纺织工学院先后与天津经济管理干部学院、天津工业职业技术学院合并，更名为天津工业大学。学校彰显现代纺织和产学研办学特色，形成了以纺织复合材料、中空纤维膜分离技术、特种功能纤维材料、纺织油剂助剂、半导体照明与材料、机电设备集成制造等研究为特色的科研优势，承担和完成了国防高科技、国家攻关、"863""973"、国家自然科学基金、国家火炬计划和省部级哲学和社会科学基金等科研项目近千项。

西北纺织工学院于2006年更名为西安工程大学，是我国西部地区唯一以纺织服装为特色的高等学校。它注重人才培养，已赢得教育部"卓越工程师教育培养计划"高校、陕西省高水平大学建设高校、首批陕西省"2011协同创新中心获批高校"等荣誉称号。在长期的办学实践中，培养出了各类高级专门技术人才13万余名，为地方、行业和社会经济发展做出了重要贡献。

浙江、江苏原先的两所蚕丝学校，以后几十年间也都有长足的发展。原杭州蚕丝职业学校，1962年改组成浙江丝绸专科学校，1964年升格为浙江丝绸工学院。1998年，学校隶属关系由原纺织部直属改由中央和浙江省共建共管，以浙江省管理为主。学校及时调整办学思路，加大为地方经济、区域经济建设服务的力度，到世纪之交，已发展成为一所面向全国，以丝绸纺织为特色，以工为主，工、经、文（艺）多学科协调发展的高等学府。 2004年，学校改名为浙江理工大学（图38-7）。原苏南蚕丝专科学校，1960年改组为苏州丝绸工学院；1997年并入苏州大学，成为该校的纺织与服装工程学院（图38-8）。苏州大学的前身是创

图38-7 浙江理工大学（原浙江丝绸工学院）

图38-8 苏州大学纺织与服装工程学院（原苏州丝绸工学院）

建于 1900 年的江南名校"东吴大学"，费孝通、李政道、雷洁琼、马寅初等名人都是该校的校友。该校的纺织与服装工程学院，设有纺织工程系、轻化工程系、服装设计与工程系，以及丝绸科学研究院、现代丝绸国家工程实验室等。

20 世纪 50 年代后期开始，纺织工业部及各地又陆续新建了一批纺织院校，主要有以下几所。

北京纺织工学院成立于 1958 年，1961 年确定该校主要培养化纤人才，于是更名为北京化纤学院。1987 年又为适应发展服装产业的需要，扩改建为北京服装学院（图 38-9）。该校是迄今为止全国唯一的以服装命名，艺、工为主，艺、工、经、管等多学科协调发展，具有鲜明办学特色的全日制普通高等学校。

纺织工业部 1958 年建立青岛纺织专科学校，1978 年改建为山东纺织工学院，1993 年并入青岛大学成为青岛大学纺织服装学院（图 38-10）。该院在"校企合作"方面颇具特色，学院与企业共建教学实习基地 30 余个。

图 38-9　北京服装学院

图 38-10　青岛大学纺织服装学院

纺织工业部 1978 年新建武汉纺织工学院，1999 年更名为武汉科技学院，2010 年更名为武汉纺织大学（图 38-11）。该校以纺织命名，有纺织科学与工程学院、材料科学与工程学院、服装学院、现代纺织学院等特色学院。

1957 年，纺织工业部将榆次纺织机械工业学校迁到郑州，成立郑州纺织机械制造学校；1959 年，青岛纺织干校电机专业并入，改称郑州纺织机电学校。1980 年升格为郑州纺织机电专科学校，1987 年组建成郑州纺织工学院，2000 年更名为中原工学院，成为一所以工为主，以纺织、服装为特色，工、管、文、理、经、法、艺多学科协调发展的高等学校（图 38-12）。

前述 1912 年始建的南通大学纺织科，在 1952 年全国院系调整中并入华东纺织工学院，1977 年又开始复建，1979 年建成南通工业专科学校，1980 年改为南通纺织专科学校，1985 年升格为南通纺织工学院，1995 年改组为南通工学院。2004 年与南通医学院、南通师范学院合并，组建南通大学，下设纺织服装学院等 25 个学院。

1987 年开始，原属轻工业部管辖的我国服装行业，划归纺织工业部实行行业管理，促成了我国服装行业的大发展，服装教育随着得到了大发展，不少综合性院校纷纷设置纺织服

图38-11 武汉纺织大学

图38-12 中原工学院

装类二级学院和系、科。截至2015年，全国纺织服装类高校，包括综合性高校下设的二级学院和系、科，将近200个。至于各地兴办的纺织服装类职业学校和技工学校，就更多了。

三、纺织专业图书的编写与出版

发展教育事业离不开图书。我国古代就有总结手工纺织经验的图书出版。机器纺织工业开始发展后，早在1891年，就有英国传教士傅兰雅译成汉语的《纺织机器图说》和《西国漂染棉布论》两书在上海出版。接着在1897年，陈启沅著的《蚕桑谱》在广东出版。20世纪初，上海恒丰纺织新局编印了《纺织技师手册》。

20世纪20年代开始，教材的出版逐渐增多。早期出版的教材大多由留学回国人员参考国外出版物翻译编写，如朱仙舫的《理论实用纺织学》、樊鼎新的《棉纺机械算法》、黄浩然的《实用机织法》、张迭生的《染色学》等。到30～40年代，出版的教材就更多了，比较知名的有张方佐的《棉纺织工场之设计与管理》、吕德宽的《棉纺工程》、应寿纪的《纤维材料学》、傅道伸的《实用机织学》、杜燕孙的《棉漂练学》、诸楚卿的《染织概论》、张汉文的《毛纺学》、严中平的《中国棉业之发展》等。

尽管出版了几十种教材，并且各个专业都有一些，但是并不够用。多数教材内容偏重于对机器结构的介绍，包括机器的传动图、变换齿轮的计算等，而对工艺原理的阐述一般都比较简单。

中华人民共和国成立以后，针对当时纺织教育缺乏系统的专业课教材的情况，纺织工业部首先组织翻译出版苏联教材，以应急需。为此，纺织工业部在建部初期就在计划司下设置编译处，1953年4月又在编译处的基础上充实力量正式成立纺织工业出版社。当时翻译、出版苏联教材，成为编译处和出版社的一项主要工作。相比于以前出版的纺织教材，翻译、出版的苏联教材对于纺织工艺基本原理的阐述要深入得多。

然而，在几年以后，各校在教学实践中发现苏联教材有不少经院式的理论推导，篇幅冗长；所叙述的具体工艺、设备又与中国工厂所用的不尽相同，不完全切合中国的生产实际。主管教育和出版工作的陈维稷对此十分重视，于是从1959年开始，陆续组织编写出版各专业的自编教材。1959年纺织工业部召开教材工作会议，发动各校分工编写各专业的教材。纺织工业部成立了教材编审委员会，陈维稷任主任，下设15个专业课教材编审委员会，由专家、教授组成，统一制订了编审教材的原则和规划。每部教材稿都要经过有关专业课教材编审委员会讨论，遴选合适的人员编写，成稿后再由编审委员会组织审订，必要时还要通过试用，然后写出审查报告，报经陈维稷最终审定，才能交付纺织工业出版社出版。这套自编教材使用了几十年，期间经过几次修订，一直为各地纺织高校所采用，总体反映较好。

　　整套高校教材的编写出版工作大体完成后，纺织工业出版社又组织编写和出版了中专教材和工人培训教材。与此同时，还组织编纂了各专业的实用手册、中外文对照的专业词汇以及各种专著。

　　纺织工业出版社于1993年更名为中国纺织出版社。中国纺织出版社经过60多年的风雨历程，由纺织工业部编译处起步，从仅有8人的科技小社发展到今天的综合出版社。中国纺织出版社立足纺织、坚持特色，针对纺织工业生产、科研、教学等实际需要，有系统、有重点地编辑出版了各个门类、各个层次的纺织图书。为了不断提高纺织图书的编写、出版水平，从1978年至今，中国纺织出版社组织成立了九届编审委员会。针对信息传播方式、出版物载体的变化要求，中国纺织出版社正逐步打造数字纺织平台，向数字出版转型（图38-13~图38-17）。

图38-13　建社之初，社址设在纺织工业部，图为出版社全国通联会议与会代表合影

图 38-14 20 世纪 50 年代，以《郝建秀工作法》为代表的一批纺织技术图书和翻译出版教材成为出版社最早出版的图书

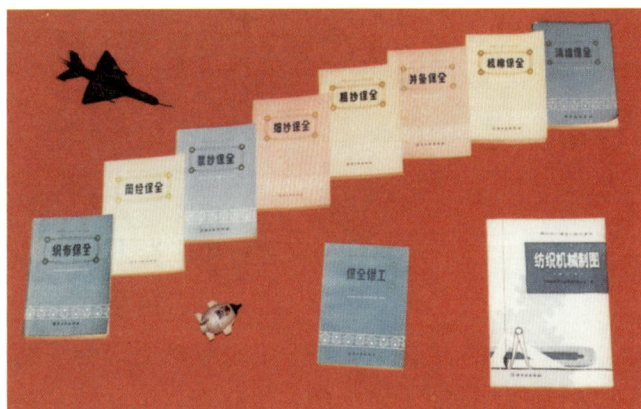

图 38-15 20 世纪 70 年代，工人培训教材开始出版

图 38-16 1998 年，中国纺织出版社由东直门南大街 4 号迁至东直门南大街 6 号

图 38-17 2013 年 3 月，中国纺织出版社迁至百子湾东里 A407 号

参考文献

［1］陈云.陈云文选：第二卷［M］.北京：人民出版社，1995.

［2］陈云.陈云文选：第三卷［M］.北京：人民出版社，1995.

［3］中国大百科全书总编辑委员会《纺织》编辑委员会.中国大百科全书：纺织［M］.
北京：中国大百科全书出版社，1984.

［4］邓力群.中华人民共和国国史百科全书［M］.北京：中国大百科全书出版社，
1999.

［5］陈锦华.陈锦华选集［M］.北京：中国石化出版社，2013.

［6］陈锦华.国事忆述［M］.北京：中共党史出版社，2005.

［7］周太和.当代中国的经济体制改革［M］.北京：中国社会科学出版社，1984.

［8］严中平.中国棉纺织史稿（1289—1937）［M］.北京：科学出版社，1955.

［9］《中国近代纺织史》编辑委员会.中国近代纺织史［M］.北京：中国纺织出版社，
1997.

［10］朱新予.中国丝绸史：通论［M］.北京：纺织工业出版社，1992.

［11］陈维稷.中国纺织科学技术史［M］.北京：科学出版社，1984.

［12］中国纺织编辑部.纺织工业光辉的十年［M］.北京：纺织工业出版社，1959.

［13］纺织工业部研究室.新中国纺织工业三十年［M］.北京：纺织工业出版社，
1980.

［14］邓力群，马洪，武衡.当代中国的纺织工业［M］.北京：中国社会科学出版社，
1984.

［15］吴文英，许坤元.辉煌的二十世纪新中国大纪录：纺织卷［M］.北京：红旗出版
社，1999.

［16］施颐馨等.上海纺织工业志［M］.上海：上海社会科学院出版社，1998.

［17］朱美琼.华润70年［M］.深圳：海天出版社，2009.

［18］中共上海市委党史研究室，上海总工会.上海纺织工人运动史［M］.北京：中

共党史出版社，1991.

［19］中国纺织工程学会．中国纺织工程学会 60 周年纪念册（1930—1990）［M］．北京：纺织工业出版社，1990.

［20］中国纺织工程学会．中国纺织工程学会 70 周年纪念册（1930—2000）［M］．北京：中国纺织出版社，2000.

［21］中国纺织工程学会．中国纺织工程学会 80 周年纪念册（1930—2010）［M］．北京：中国纺织出版社，2010.

［22］《钱之光传》编写组．钱之光传［M］．北京：中共党史出版社，2011.

［23］王烈．钱之光传［M］．北京：中国文联出版公司，1993.

［24］《无产阶级革命家钱之光》编委会．无产阶级革命家钱之光［M］．北京：中国纺织出版社，2001.

［25］谢燕．张琴秋的一生［M］．北京：中国纺织出版社，1995.

［26］薛庆时，蔡静渊，卜大乾．陈维稷传［M］．北京：中国纺织出版社，1997.

［27］张李文．杰出女性陈少敏［M］．北京：纺织工业出版社，1993.

［28］吴鹤松，张国和，薛庆时．风雨七十载：焦善民革命生涯［M］．北京：中共党史出版社，2007.

［29］计泓赓．荣毅仁［M］．北京：中央文献出版社，2006.

［30］刘国钧．刘国钧文集［M］．南京：南京师范大学出版社，2001.

［31］《何正璋传》编辑委员会．何正璋传［M］．上海：上海市新闻出版局，2001.

［32］梅自强，严灏景，张永椿，等．中国科学技术专家传略：工程技术编：纺织卷［M］．北京：中国纺织出版社，1996—2007.

［33］魏复盛．20 世纪中国知名科学家学术成就概览：环境与轻纺工程卷：第二分册［M］．北京：科学出版社，2014.

［34］钱尧年．2000 年新编中国暨世界纺织统计手册［M］．北京：中国科学技术出版社，2000.

［35］《中国纺织工业年鉴》编辑部．中国纺织工业年鉴［M］．北京：中国纺织出版社，1982—2000.

［36］中国纺织工业协会．中国纺织工业发展报告［M］．北京：中国纺织出版社，2001—2016.

附 录

附录一　纺织工业领导机关和协会组织沿革及历任领导

一、纺织工业部历任部长（1949 年 10 月～1993 年 3 月）

曾　山　1949 年 10 月～1952 年 8 月（因在华东军政委员会担任要职，实际未到纺织部就任）。

蒋光鼐　1952 年 10 月～1967 年 6 月。

钱之光　1949 年 10 月～1968 年 7 月，任纺织工业部副部长、党组书记，主持全面工作；

1968 年 7 月～1970 年 7 月，任纺织工业部革委会主任；

1970 年 7 月～1977 年 12 月，任轻工业部（由纺织工业部、第一轻工业部、第二轻工业部三部合一的轻工业部）部长、党组书记；

1977 年 12 月～1981 年 3 月，任恢复重建后的纺织工业部部长、党组书记（1981 年 3 月改任国务院顾问）。

郝建秀（女）　1981 年 3 月～1983 年 3 月，任纺织工业部部长、党组书记。

吴文英（女）　1983 年 3 月～1993 年 3 月，任纺织工业部部长、党组书记；

1993 年 3 月纺织工业部改组为"中国纺织总会"后，续任中国纺织总会会长至 1997 年 7 月。

二、纺织工业部历任副部长（副部级）

钱之光　1949 年 10 月～1968 年 7 月，以副部长、党组书记身份，主持纺织工业部全面工作。

陈维稷　1949 年 10 月～1970 年 7 月，任纺织工业部副部长；

1970 年 7 月～1977 年 12 月，任轻工业部副部长；

1977 年 12 月～1982 年 4 月，任纺织工业部副部长；

1982 年 4 月～1984 年 1 月，任纺织工业部顾问。

张琴秋（女）　1949 年 10 月～1968 年 4 月，任纺织工业部副部长、党组副书记。

韩纯德　1954 年 6 月～1955 年 4 月，任纺织工业部副部长，此后一度调离；

　　　　　1979 年 12 月～1982 年 3 月，调回纺织工业部任顾问（副部级）。

王达成　1954 年 10 月～1970 年 7 月，任纺织工业部副部长；

　　　　　1970 年 7 月～1977 年 12 月，任轻工业部副部长；

　　　　　1977 年 12 月～1980 年 9 月，任纺织工业部副部长；

　　　　　1980 年 9 月～1982 年 3 月，任纺织工业部顾问。

荣毅仁　1959 年 8 月～1968 年 7 月，任纺织工业部副部长。

李中一　1960 年 5 月～1965 年 7 月，任纺织工业部副部长。后调四川省。

张永清　1964 年 4 月～1966 年 7 月，任纺织工业部副部长。

李竹平　1964 年 4 月～1970 年 7 月，任纺织工业部副部长；

　　　　　1970 年 7 月～1977 年 12 月，任轻工业部副部长；

　　　　　1977 年 12 月～1982 年 3 月，任纺织工业部副部长、党组副书记；

　　　　　1982 年 3 月～1985 年 8 月，任纺织工业部顾问。

王雨洛　1966 年 1 月～1968 年 7 月，任纺织工业部副部长。

焦善民　1966 年 5 月～1970 年 7 月，任纺织工业部副部长；

　　　　　1970 年 7 月～1977 年 12 月，任轻工业部副部长；

　　　　　1977 年 12 月～1980 年 8 月，任纺织工业部副部长、党组副书记。

胡　明　1977 年 12 月～1982 年 3 月，任纺织工业部副部长、党组副书记；

　　　　　1982 年 3 月～1985 年 8 月，任纺织工业部顾问。

谢红胜　1977 年 2 月～1977 年 12 月，任轻工业部副部长；

　　　　　1977 年 12 月～1981 年 7 月，任纺织工业部副部长、党组副书记。

郝建秀（女）　1977 年 12 月～1981 年 3 月，任纺织工业部副部长、党组副书记；

　　　　　1981 年 3 月升任部长、党组书记。

王瑞庭　1977 年 12 月～1985 年 8 月，任纺织工业部副部长。

寿汉卿　1977 年 12 月～1982 年 3 月，任纺织工业部副部长。

李正光　1977 年 12 月～1982 年 3 月，任纺织工业部副部长；

　　　　　1982 年 3 月～1985 年 8 月，任纺织工业部顾问。

李　涛　1978 年 11 月～1980 年 11 月，任纺织工业部副部长。

朱致平　1979 年 12 月～1982 年 3 月，任纺织工业部副部长。

何正璋　1982 年 3 月～1988 年 4 月，任纺织工业部副部长。

季国标　1984 年 12 月～1992 年 9 月，任纺织工业部副部长。

杜钰洲　1985 年 9 月～1993 年 3 月，任纺织工业部副部长。

董绍杰　1983 年 7 月～1989 年 1 月，任纺织工业部中共纪律检查组组长（副部级）。

王曾敬　1988 年 5 月～1993 年 3 月，任纺织工业部副部长。

刘　珩　1990 年 8 月～1993 年 3 月，任纺织工业部副部长。

许坤元　1992 年 9 月～1993 年 3 月，任纺织工业部副部长。

黄　杰　1981 年 12 月～1982 年 3 月，任纺织工业部顾问（副部级）。

刘　瞻　1980 年 8 月～1982 年 3 月，任纺织工业部顾问（副部级）。

三、中国纺织总会（1993 年 3 月～1998 年 3 月）

吴文英　1993 年 3 月～1997 年 7 月，会长、党组书记。

刘　珩　1993 年 5 月～1998 年 3 月，副会长。

石万鹏　1997 年 7 月～1998 年 3 月，会长、党组书记。

季国标　1993 年 3 月～1998 年 3 月，副会长。

杜钰洲　1993 年 3 月～1998 年 3 月，副会长、党组副书记。

许坤元　1993 年 3 月～1998 年 3 月，副会长。

任传俊　1994 年 3 月～1998 年 3 月，副会长。

林乃基　1994 年 2 月～1998 年 3 月，党组成员，中央纪检组驻纺织总会纪检组长。

四、经贸委国家纺织工业局（1998 年 3 月～2001 年 2 月）

杜钰洲　1998 年 3 月～2001 年 1 月，局长、党组书记。

许坤元　1998 年 4 月～2001 年 1 月，副局长、党组成员。

祝新民　1998 年 4 月～2001 年 1 月，局党组成员、中央纪委驻局纪检组长。

王天凯　1998 年 5 月～2001 年 1 月，副局长。

五、中国纺织工业协会／中国纺织工业联合会（2001 年 2 月～ ）

第一届（中国纺织工业协会 2001～2006 年）

会长、党委书记：杜钰洲

2001 年　副会长、党委副书记兼纪委书记：许坤元

　　　　　秘书长、常务委员：陈树津

　　　　　常务委员：宋冬菊、李少苓

2002 年　副会长：陈树津、杨东辉、高　勇

2003 年　副会长：王天凯

第二届（中国纺织工业协会 2006～2011 年）

2006 年　会长、党委书记：杜钰洲

副会长、副书记兼纪委书记：许坤元

副会长：王天凯

副会长、副书记：陈树津

副会长、常务委员：杨东辉、高勇、张延恺、孙瑞哲、徐文英

秘书长、常务委员：杨纪朝

常务委员：宋冬菊

常务委员、财务总监：李少芩

2008 年（增补）　副书记：王天凯

2010 年（增补）　副会长：张莉

第三届（中国纺织工业联合会，2011 ~ 2016 年）

名誉会长：杜钰洲（2014 年 12 月辞去）、许坤元、林乃基

2011 年　会长、党委书记：王天凯

副会长、副书记：高 勇（兼秘书长）、孙瑞哲

副会长、常务委员：陈树津（2014 年改为顾问）、张延恺（2014 年改为顾问）、

徐文英、张莉（2015 年改为顾问）、杨纪朝、夏令敏

副书记：陈伟康

党委常委、纪委书记：王久新

顾问：杨东辉、宋冬菊、李少芩

第四届（中国纺织工业联合会 2016 年 9 月 ~ ）

党委书记、秘书长：高勇

党委副书记、会长：孙瑞哲

党委常委、副会长：杨纪朝、夏令敏

党委副书记：陈伟康

党委常委、纪委书记：王久新

副会长：徐迎新、陈大鹏、李陵申、端小平、杨兆华、孙淮滨

专家咨询委员会委员：王天凯、杜钰洲、许坤元、陈树津、张延恺、徐文英、张 莉、孙晋良、

郁铭芳、周 翔、蒋士成、姚穆、俞建勇

附录二　中国纺织工业大事记

一、实业救国的先导产业（1860～1936 年）

1860 年

中国生丝出口，1801 年为 484 公担（1 公担 =100 千克），1821 年为 2918 公担，1833 年为 4799 公担，1850 年为 12512 公担，1860 年（咸丰十年）为 41050 公担，出现高峰值，主销地为英国和美国。19 世纪 80 年代，生丝已发展为中国最重要的出口货物，同时也是在欧美各国最受青睐的中国商品。中国纺织业由手工业转向大工业机器生产，由开办机器缫丝工厂起步，兼具国内国外两个市场的推动力。

1862 年

英商怡和洋行在上海创办怡和丝局，拥有缫丝机 100 台，这是外商在华开办的第一家纺织企业。

1872 年

南洋华侨陈启沅引进近代缫丝机（座缫，以蒸汽缫丝），在广东省南海县西樵乡创办继昌隆缫丝厂。这是中国民族资本开设的第一家纺织企业。

1874 年

广东顺德创办怡和昌缫丝厂，有女工 500 余人。

1877 年

德商宝兴洋行在山东烟台创设机器缫丝局，有进口织绸机 200 台，以柞蚕丝织绸。

1878 年

美商旗昌洋行在上海建旗昌丝厂，初设缫丝机 50 台，数年后扩充为 400 台，工人 1100 人。

1880 年

中国第一家毛纺织企业——甘肃织呢局建成投产。日产粗纺呢绒 8 匹，匹长 50 尺，幅宽 5 尺。该厂由时任陕甘总督左宗棠兴办，从德国购买机器（粗毛纺 855 锭，织机 23 台），并聘请德国技师和技工。

1881 年

丝商黄佐卿在上海创建公和永缫丝厂，有缫丝机 100 台，1882 年投产，为上海第一家民族资本近代丝厂。

同年，上海董秋根创办的永昌机器厂开始制造缫丝机。上海张阿庄在郑家木桥创办的张万祥轧花机制造厂投产。

1882 年

早在 1878 年，前四川候补道彭汝琮禀呈洋务派代表李鸿章和沈葆桢，建议筹建上海机器织布局，李、沈分别准呈，李鸿章于 1879 年上奏清政府"试办织布局折"，清廷准奏，并给予"十年制造专利"。李鸿章先后委派郑观应、龚寿斋为总办，负责筹建。

1887 年

上海永昌机器厂制成缫丝机发售，这是中国最早制造纺织机械的工厂。

严信厚创办宁波通久源轧棉厂，有工人 300 余人，聘有日本技师。

1889 年

12 月 28 日，上海机器织布局几经周折建成开工，有纱锭 3.5 万枚、织机 530 台、工人约 4000 人，厂址在黄浦江中段西岸（现上海杨树浦路），原始股银 50 万两。该厂的建成，标志着中国近代机器棉纺织工业的诞生。但不幸于 1893 年全毁于火灾。

1890 年

英国棉纺织工业发展到 4051 万锭，美国为 1418 万锭，印度为 327 万锭，中国则是刚刚起步。

1891 年

上海道台唐松岩筹建的华新纺织新局建成开工，初置纺机 7000 锭、织机 50 台、轧花机 80 台。官商合办，由清廷委派聂缉椝主持，后改组为商办的恒丰纱厂，发展为 5.5 万锭的中型棉纺织厂。

法商接办旗昌丝厂，改名为宝昌丝厂，有缫丝机近 1000 台。

1893 年

洋务派代表人物张之洞 1888 年任两广总督时，决定在广州创设织布纺纱官局，并已电请驻英大使购置纺织机器，后因张之洞调任两湖总督，随之改在武昌设立湖北纺纱织布官局。1891 年动工开建，1893 年 1 月投产，有纱锭 3 万枚、织机 1000 台。

1894 年

李鸿章在 1893 年奏请设立官督民办的华盛机器纺织总局，天津海关道盛宣怀奉命同上海海关道聂缉椝共同筹建"华盛"。资本 80 万两白银，在已毁于火灾的上海机器织布局原厂址上建厂，易名为华盛纺织总厂。1894 年 9 月开工生产，初置 6.5 万纱锭、600 台织机。

张之洞又奏请开设湖北缫丝局，初始资本 10 万两，官商合办。两年后建成投产，有缫丝机 200 台，工人 300 人。其后几年又先后创设桑蚕总局、制麻总局，形成湖北纺织四局。

朱鸿度在上海创办裕源纱厂，初设纺机 2.5 万锭，为中国民族资本最早的棉纺厂之一。

浙江候补同知楼景晖在萧山筹办通惠公纱厂。

山西创建新绛纺织厂，后发展为山西纺织业的骨干企业。

1895 年

该年，中国已有纺织厂 79 家、17.5 万纺锭、1800 台织机，全国纺织产业工人总数 5 万，占当时全国产业工人（15 万人）的 1/3。

张謇筹办南通大生纱厂（大生一厂），初始资本 44.5 万两白银，内官股 25 万两，初设纺纱机 2 万余锭。1899 年 5 月建成投产，经营得法，后来发展为著名的民族资本棉纺织企业。

苏州商务局委派陆润庠筹办苏纶纱厂，1897 年建成开工，建厂初期为 2.45 万锭，后扩大到 5 万锭。始为官商合办，1908 年后转为民营。

英商怡和洋行在上海杨树浦筹建怡和纱厂，资本 115 万两白银、纱锭 5 万枚，1897 年 5 月投产。

1896 年

杭州人吴季英独资创办上海云章袜衫厂，为中国第一家针织厂。资本 5 万两白银，从英国、美国引进纬编针织机，生产汗衫、袜子，1902 年改组为景纶袜衫厂。

上海四川北路出现第一家西服店——和昌西服店。从此手工成衣铺（前店后工场）分为本帮（中式）裁缝和红帮（西式）裁缝两大流派。

1897 年

英商老公茂纱厂建成开工，资本 55 万两白银，有纱锭 2.5 万枚，1913 年增至 4 万锭，位于上海杨树浦。

美商鸿源纱厂建成开工，资本 100 万两白银、4 万纱锭。

德商瑞记纱厂建成开工，资本 100 万两白银、4 万纱锭。

林启创办杭州蚕学馆，次年招生开学，为中国第一所纺织学校。

1898 年

张之洞以白银 2000 两购买美棉种籽，在湖北种植。

1902 年

严裕棠创办上海大隆机器厂，开始时专修轮船，1905 年起专门从事纺织机器和机配件制造，在 30 年代已能制造细纱机，为民族资本纺机制造业的佼佼者。

英商怡和洋行在上海杨树浦创办绢纺厂，中等规模，有绢纺设备 2100 锭。

德商（德中蚕丝工业公司）在青岛沧口占地 300 余亩，按照欧洲工厂模式创设规模宏大的德华缫丝厂。建厂之初，就创办一所职业学校精心培训 100 个青年工人，使之成为生产技术骨干。这是青岛最早的机器纺织企业，生产的丝品风靡欧洲。

1903 年

史量才在上海高昌庙创办私立女子蚕业学校，自任校长和教员，开现代女子蚕业教育之先河。

张之洞创办湖北工业中学堂染织科（1907 年停办）。

周学熙、凌福彭等创办天津高等学堂附设甲等工业学校，内设染织科和实验工场。

1905 年

张謇等集资 80 万两白银，在上海崇明岛创设 2.6 万锭的大生第二纱厂。

张謇在南通创办资生铁工厂，专门从事纺织机器及纺织机配件制造。

1906 年

荣宗敬、荣德生等 7 人集资 27 万两白银，创办无锡振兴纱厂，有 1.2 万纱锭，1907 年 2 月建成开工。后发展到 2 万纱锭、252 台织机。

钱之湘、严荫庭等 9 人集资创设江阴利用纱厂，规模较小（1.5 万纱锭），但在苏南有影响力。

1907 年

顾之琛、戴瑞卿合办的宁波和丰纱厂建成开工，有纱锭 2.2 万枚，年产棉纱 1.2 万件，主产品为红荷蜂牌 20 支棉纱。

吴祥林与怡和洋行大班凯福合办的上海振华纱厂建成，有 1.1 万纱锭。

1909 年

郑孝胥等集资在上海日晖港创办的日晖织呢商厂建成开工，有毛纺 1750 锭、毛织机 44 台，为上海第一家毛纺织厂，因竞争不过进口呢绒，翌年倒闭。

孙家鼐在安阳创办广益纱厂，有 2.2 万纱锭。

广西平乐、梧州两地创设蚕业学校，桂林创设甲种工业学校染织科。

1910 年

祝大椿在上海创办中英合资的公益纱厂，有 2.5 万纱锭、300 台织机，后在 1921 年与英商怡和纱厂合并。

四川省缫丝业从 20 世纪初开始使用机器生产，这一年已有重庆恒源、天福等多家机器缫丝厂。

1911 年

上海第一家色织厂——荣大染织厂建立，所生产的布匹称为"爱国布"。

日商内外棉株式会社在上海开办的第一家棉纺厂内外棉第三厂建成开工，设纱锭 2.15 万枚，为日商在沪设厂之始。

苏州创办官办中等工业学校，设染织、绘画两科，学制三年，后升格为苏州（苏南）工业专科学校。

1912 年

江苏省在浒墅关创办女子蚕业学校。

张謇创办南通纺织专门学校，1930 年改称南通学校纺织科。

北京工业专门学校设立机织科，重点为毛纺织，1929 年改为北京大学工学院纺织系，1940 年并入西北联合大学工学院纺织系。

四川创办甲等工业学堂，设染织、机织、应用化学三个专业。

荣宗敬与王禹卿合资在上海设立纱布交易所，7 月 1 日正式开业。

诸文绮独资创办启明染织厂，首先采用棉纱丝光新技术，染制各色丝光纱线。

1913 年

沈九成、陈万运、方智达三人集资在上海四川路创办三友实业社毛巾厂。1915 年起生产经营迅猛发展。1917 年推出三角牌毛巾，质地优良，迅速成为名牌商品，其后将业务拓展到被单、被面、床毯、织花毛巾、西式窗帘等。1931 年，已发展为 3 万纱锭、750 台织机，员工 7000 余名。

1914 年

荣德生、荣宗敬兄弟开始在上海办纱厂。集资 30 万银元，在沪西购地 24 亩，建申新纺织公司第一纺纱厂（简称申新一厂）。购置英制纱锭 1.2 万锭，1915 年建成开工。由于经营得法，该厂后来发展到纱锭 7.25 万枚、织机 1111 台。

李紫云集资创办汉口第一纺织股份有限公司（即武昌第一纱厂），濒临长江，占地 170 亩，有纱锭 4.4 万枚、织机 600 台。后发展到纱锭 8.8 枚、织机 1200 台。

1915 年

穆藕初在上海创办的德大纱厂开工，并首先引进"泰罗制"管理方法。

北洋政府出资购买溥利呢革公司，改为官办的清河陆军呢革厂。

陈宝钦在上海创办物华绸厂，开创机器织绸之先河。

1916 年

北洋政府官员、北方实业家周学熙在天津创设华新纱厂（华新公司津厂）。

陈绍春、江干卿、宁松泉等集资，以"振兴实业"名义创设芜湖裕中纱厂，有 2 万纱锭。

谢梓南创办上海中华第一针织厂，生产菊花牌内衣，是当时上海最大的针织厂。

申新纺织公司并购恒昌源纱厂，成立申新二厂。

日商东亚制麻公司在上海设立，有黄麻纺 3040 锭、麻袋织机 85 台、麻布织机 63 台。

1917 年

12 月，上海华商纱厂联合会成立，聂云台任董事长兼总经理，1918 年 3 月改推张謇为会长，这是上海纺织业最早建立的同业公会。

1918 年

周扶九、徐静仁集资 70 万两白银创办上海溥益纱厂，因获利极厚，1921 年添设第二厂，其后经营不利，1935 年由金城、中南银行收购，改名新裕纺织第一、第二厂。

周学熙、王其康在青岛创设华新纱厂。

潘复、王占元、靳云鹏等集资创设济南鲁丰纱厂，几经改组后于 1937 年改名为成大纱厂。

1919 年

穆藕初等在郑州创办豫丰纱厂。

1920 年

吴兴商人莫觞清在上海独资经营美亚绸厂，初创时仅有丝织机 12 台，后发展为美亚织绸厂股份有限公司。在莫觞清和蔡声白（1921 年 4 月任公司总经理）主持下，到 1932 年已拥有 10 家织绸厂（1200 台丝织机）、2 家绸庄、1 家（丝绸）练染厂。设备先进，并具有完整产业链，成为中国丝绸工业的巨擘。

1921 年

张謇在江苏海门创办大生纱厂第三厂。有资本 300 万两白银、纱锭 3 万枚、织机 549 台。

刘国钧集资创办常州大纶纱厂，有职工 1000 余人。

华侨郭乐、郭顺兄弟的永安集团开始在上海投资纺织工业，集资 600 万元，筹办永安纱厂，次年建成开工，有 3 万纱锭、500 台织机，1000 余名工人，郭顺任总经理。

聂云台、荣宗敬等在上海创建中国铁工厂，专制纺织机械。

7 月，华商花纱交易所开业。

1922 年

周学熙、徐世昌等集资在河南汲县创设华新纱厂卫辉厂——卫辉华新纱厂。

鄂商徐荣廷将租办湖北官营纱厂获得的巨额利润用于创设石家庄大兴纱厂和武昌裕华纺织厂。

天津 6 家纱布商号集资创设的天津北洋纱厂建成开工。有纱锭 3.75 万枚。后在 1936 年因亏损由债权人中南、金城两银行接管。

唐保谦、蔡缄三等集资建设的无锡庆丰纺织厂竣工投产。初为小型厂，后（1946 年）发展到 7 万纱锭、532 台织机，工厂管理水平较高。

汉口申新纺织四厂建成开工，有纱锭 1.47 万枚。荣宗敬任总经理。

华北企业家周学熙、杨味云、王筱汀、李希明等集资创办的唐山华新纺织厂建成开工，有纱锭 3.36 万枚、织机 1057 台。

哈尔滨商人张道友、吕熙斋等集资创设哈尔滨毛织厂。

杭州都锦生丝织厂建成开工，后以丝织工艺品闻名。

聂云台在上海创办的大中华纱厂建成开工，有纱锭 4.5 万枚。

3 月 19 日，上海纺织工会浦东分会举行成立大会，与会者三百多人。陈独秀和中国劳动组合部代表李维汉到会讲话。

无锡唐骧庭、程敏等集资 40 万两白银创办的丽新纺织印染厂建成开工。

日商日清纺织公司青岛工场（又名隆兴纱厂）建成开工，有纱锭 4.2 万枚、织机 865 台。

1924 年

徐一春联合聂云台、徐秉台等集资，1919 年在山西榆次县筹建晋华纺织厂，1924 年建成开工。开工时纱锭 1.3 万枚，后发展到 4.2 万枚纱锭。

辽阳满洲纺纱公司建成开工，后改名为辽阳纺织厂。

1925 年

无锡申新纺织第三厂聘请汪孚礼等工程技术人员，以技术人员管理制（技师领班）取代封建工头管理制。

永安集团并购大中华纱厂，改为永安二厂，有 4.5 万枚纱锭。

民族资本嘉兴裕嘉分厂绢纺厂建成开工。

上海日资内外棉八厂工人，从 2 月 9 日起罢工。在李立三、邓中夏领导下，沪西工友俱乐部随即组织 22 家日商纱厂的 35000 多工人组成反帝总同盟，举行罢工。

5 月 15 日，内外棉七厂工人顾正红（中共党员）遭日本"大班"枪杀，此严重事件激起全市反帝高潮。5 月 30 日，3000 多工人、学生到公共租界闹市南京路举行示威游行。"老闸巡捕房"英国捕头下令开枪，死 13 人，伤者无数，酿成震惊中外的"五卅惨案"。

8 月 20 日，上海纱厂总工会成立，项英任委员长。会员有 12 万人。

1926 年

李升伯创办棉产改进所，引进美棉并改良国棉，在八个省推广。

陆绍云在天津任宝成纱厂工程师时，推行三班八小时工作制。

长沙创设公营的湖南第一纺织厂，有纱锭 4 万枚。

3 月 21 日，上海纺织工人英勇参加上海工人第三次武装起义。

10 月 24 日，上海工人第一次武装起义失败，纱厂工人出身的工运领袖陶静轩被捕，惨遭军阀当局杀害。

永安集团并购 3.8 万枚纱锭、240 台织机的鸿裕纱厂，改为永安三厂。

刘鸿生购进倒闭多年的日晖织呢厂，厂址移至浦东周家渡。1930 年完成改建工作，改名为章华毛绒纺织公司。

1929 年

年初，中共中央责成钱之光在上海创建丝绸厂，作为秘密联络点从事革命工作。

达丰染织厂研发的国产印花棉布问世。

申新纺织公司并购英商东方纱厂，改称申新纺织七厂。

荣宗敬在申新一厂旁建办新厂——5 万锭的申新八厂，职工 2281 人。

日商内外棉株式会社在上海澳门路内外棉第五、第六、第七厂旁，配套创办印染厂，专染精元（黑色）棉布。1930 年 1 月开工。

1930 年

中国纺织学会在上海成立，朱仙舫、朱公权、汪孚礼等 15 人任执行委员，朱仙舫为主任委员，后更名为中国纺织工程学会。

刘国钧以大纶纱厂为基础，创办大成纺织染公司，下设大成纺织一厂、大成纺织二厂。

营口商人王翰生等集资 50 万银元，开办营口纺织厂。有 5000 枚纱锭，1932 年建成开工。此时，营口共有小织布厂 87 家、织布机 1200 台。

湖北民生公司承租湖北纺织四局。

1931 年

1931 年，全国民族资本棉纺织业发展到 245 万锭，织布机发展到 1.7 万台。

荣宗敬以 40 万两白银买下三新纱厂（其前身为上海机器织布局和华盛纺织总厂），并将机器迁移到沪西澳门路新址，改名为申新第九纺织厂。有纱锭6.9万枚、织机815台，职工7167人，为当时中国最大的纺织工厂。1940年发展到13.8万锭。其主产品为双马棉纱、棉布，由于采用精梳、烧毛、丝光等新工艺，以其高品质在市场上享有良好的信誉。至此，上海申新纺织公司已拥有9家棉纺织厂，56.7万锭。

内外棉株式会社在上海宜昌路内外棉第三、第四厂旁，建立第二家印染厂。漂白、染色、印花、整理设备齐全，日产能力1万匹，其规模为全国以至远东之最。第二次世界大战结束后由中纺公司接收，更名为上海第一印染厂。

1932 年

苗杏村、苗海南在济南创设成通纺织厂。

永安集团在永安二厂附近新建拥有7万纱锭的永安四厂。

1933 年

徐炳启创办小型印染企业鼎丰印染厂。几经改组后于1938年改名为新丰印染厂，后在1943年开发出极具特色的白猫牌什色、印花布，在市场大受欢迎。工厂迅速发展，到1947年已拥有印花机4台，月产印花布210米，职工500余人。

广东省政府决定成立由省建设厅管理的丝织、制丝、棉纺织、毛纺织、绢丝麻纱五个纺织工厂，总厂定名为广东纺织厂。建厂初期有2万棉纺锭、120台棉织机、24台毛织机、68台丝织机。

上海申新一厂工人罢工，反对搜身制。

1934 年

穆伯仁、崔景三等集资在济南创设仁丰纺织厂。

宋传典集资引进美国毛条设备及精毛纺设备（2010锭），在天津创设东亚公司毛纺织厂（经理宋棐卿）。后在1938年又购买针织绒细纱机（2400锭）及前后纺设备，发展成为华北最大毛纺织企业。

永安集团并购3万纱锭的纬通纱厂，更名为永安五厂。次年，又配套建成拥有244台印染机械、日染4000匹布的大华印染厂。

陈志康独资在上海创办中国毛绒纺织厂，翌年建成开工。置精纺锭2000枚，生产皇后牌绒线。

1935 年

上海日资丰田纺绩公司设立铁工部，不久后改组为独立的丰田机械厂。第二次世界大战结束后改为中纺公司第一纺织机械厂。

1935年大成纺织染公司投资武汉震寰纱厂，厂名改为大成四厂。

1936 年

11月8~16日，上海全市日资纱厂工人举行反日大罢工，上海各界奋起支援，日本租界出动日本海军陆战队进行镇压。国民党政府逮捕支援反日大罢工的进步人士沈钧儒、李公朴等人，制造了"七君子事件"。由于中共地下党组织的正确领导和各界的有力支援，罢工以胜利告终。

刘国钧在常州筹办大成第三纺织厂，并在武汉参股震寰纱厂将其改为大成四厂。至此，大成系统共有纱锭 4 万枚、织机 1735 台，印染能力日产 5000 匹。

陈孟元集资 40 万银元，在青岛创办阳本染印厂，生产家庭牌、兄妹牌、牡丹牌印染布。

二、民族存亡时刻艰辛经营，"二战"胜利后再现发展势头（1937～1948 年）

1937 年

"七七卢沟桥事变"后，全国民情鼎沸。12 月 18 日，青岛市政府（何思源市长）下令将 9 家日资纱厂和 1 家印染厂的全部设备炸毁。

上海美亚织绸公司内迁部分机器设备（织绸机 60 台等）于重庆。

12 月 29 日，国民政府工矿调整委员会武汉办事处决定：申新、裕华两纱厂各拆纱锭 2 万枚，震寰纱厂拆纱锭 1 万枚，分批运大后方——四川。

刘国钧、刘靖基等在上海中华书局印刷厂旧址开办安达纱厂，次年 9 月开工生产，后于 1948 年移址浦东北蔡镇。

上海交通大学设置纺织系。交大内迁重庆时曾停办纺织系，后在 1946 年由陈维稷主持恢复，1952 年并入华东纺织工学院。

由中南、金城银行投资组建的诚孚公司接管上海新裕一厂、二厂，聘请童润夫、张方佐、吕德宽、李升伯等一批留学归国的纺织专家参加经营。

徐文照集资在上海闸北创办景福衫袜织造厂，生产飞马牌汗衫、背心、卫生衫裤。

1938 年

上海、无锡两地的申新纺织系统各厂因遭日军破坏，损失纱锭 40.7 万枚、织机 3226 台。

上海沦陷后，5 月，日军"军管"华资申新、永安、恒丰等 16 家棉纺织厂（共有纱锭 64.5 万枚）。

刘国钧、刘靖基为避日军干扰，在上海公共租界哈同路创建安达纱厂，有 1.44 万枚纱锭，于 8 月初开工。

王禹卿集资在上海创设寅丰毛纺织厂，有精纺锭 2000 枚、毛织机 38 台。

广东公纪隆丝厂在顺德创立，后以织帆船牌莨纱（香云纱）著称，产品畅销全国各地和东南亚。

内迁抗战大后方的常州大成纺织染公司将 230 台织机运抵重庆。与内迁的汉口隆昌染织厂、民生公司合营，组成大明染织股份有限公司。刘国钧、查济民在川江航运遭遇日机频繁轰炸的极度困难的情况下，完成这一爱国壮举。

1939 年

上海新友铁工厂制造我国独创的新农式四罗拉大牵伸细纱厂，推广到大西南后方实际应用。该厂由张方佐、陈志舜、陈受之、龚苏民、李襄云、徐永奕等创办，汪孚礼任董事长。

中国萃众毛巾公司建成投产，推出钟牌414毛巾，几年后成为中国市场的名牌纺织品。

诚孚公司在上海法租界创办高级职员养成所（大专），后改名为上海诚孚纺织专科学校，培养出众多高级纺织技术人才。

国立中央技艺专科学校在四川乐山成立，设染织、蚕丝等学科，刘贻燕任校长。

四川大学农学院增设桑蚕学系。

四川开办省立高级蚕丝科职业学校，设蚕丝和制丝两科。

1940 年

缪云台在昆明创办裕滇纺织公司，中国银行、交通银行、云南经济委员会分别投资30%、20%和50%。

李升伯在柳州创办经纬纺织机械制造公司，1942年开始生产纺织机械。

山西铭贤学院在四川省金堂县成立，内设纺织系。

9月，八路军359旅于陕西绥德创办大光纺织厂，自造木织机。

吴中一、黄希阁等创办中国纺织染工业专科学校，学制三年。后在1946年改组为四年制的中国纺织工程学院。

1941 年

12月，太平洋战争爆发。日军军部指令上海永安第二、第四棉纺织厂将纺纱机拆毁，凑集废钢铁制造军火。

孙金峰在上海创立中国机织胶布水管厂，自造消防用水龙带。

上海云林丝织厂在沪西徐家汇建成开工，致力于生产高级花式绸缎，后在1945年首创丝织全幅被面。

吕师尧发明两层叠置式双浆槽浆纱机，获国民政府经济部专利。

1942 年

截至1942年底，重庆有豫丰渝厂合川分厂、裕华、军纺一厂、军纺二厂、申新、沙市、大明、维昌、新民、振济、富华等13家棉纺织厂，有纱锭13万枚，各厂的产量均创抗日战争时期最高水平。陕甘宁边区有（手工）纺车6.8万架、织机1.2万台。淮北解放区发展土纺车3.6万架、土布织机3000台。到1944年，全国各抗日民主根据地拥有手工纺车14.5余万架，织工6万余人，生产的布匹能自给三分之一。上海华商棉纺织厂的生产设备，纱锭由抗日战争前的111万锭减少到35.7万锭，织机由8752台减到4212台。上海毛巾被毯行业在这一年共有88家小厂开业。

由苏、浙、皖、沪、鲁、豫六区棉纺织工业同业公司赞助兴建的上海工业专科学校成立，招收初中毕业生，学制五年，后在1947年改名为私立上海工业专科学校。

章华、协新、寅丰、元丰四家精纺呢绒厂，在上海组成中国毛业公司，经营羊毛及毛纺织品。

1943 年

民营中国丝业公司在上海成立，设厂五家，向江、浙地区收茧，缫制双马牌生丝。

1944 年

荣尔仁在重庆创办苎麻开发试验工场，委派吕德宽负责。

这一年，大后方产棉纱 12.1 万件、棉布 206.6 万匹。

1945 年

1 月，大后方手工纺织业有单锭手纺车 170 余万架，年生产能力达 26 万件纱，占棉纱总产量的 61%。

8 月，中国机器棉纺织工业同业公会联合会在重庆成立，束云章任理事长。1946 年 2 月迁至上海，改由杜月笙任理事长。

12 月，国民政府行政院决定建立中国纺织建设公司（简称中纺公司）。翁文灏任董事长，束云章任总经理，李升伯、吴味经任副总经理。1946 年迁至上海，下设青岛、天津、东北三个分公司。

1946 年

1 月，中国纺织建设总公司正式迁沪。

中纺公司上海第一棉纺织厂成立。原为建于 1912~1917 年的日商内外棉公司第十三、第十四工场，1945 年 9 月由国民政府经济部接收，1946 年 1 月中纺公司派张方佐接办，规模较大，有纱锭 10.9 万枚、织机 2016 台，职工 3280 人。

中纺公司上海第五棉纺织厂成立。原为日商丰田纺绩在 1919 年、1932 年创设的丰田纺织公司第一、第二工场。

中纺公司上海第六棉纺织厂成立。原系 1921 年建成的日资日华公司第三、第四工场，有 6.5 万纱锭、阪本式自动换纡织机 1020 台，以生产兰凤牌棉纱著称。

中纺公司上海第十二棉纺织厂成立，原为 1920 年创办的日本纺绩公司大康纱厂，为 10 万纱锭、1429 台织机的大型棉纺织厂。

中纺公司上海第一印染厂成立，原为 1932 年建成的日资内外棉公司所属第二加工场。专染精元棉布（"四君子"牌黑哔叽、直贡呢）和印花布。1945 年 8 月国民政府经济部委派高公度、钱子超、杜燕孙、茅祖昀四人接收该厂。后又委派查济民为厂务主任，负责复工，1946 年 1 月经济部将该厂移交中纺公司，中纺公司委派陈维稷为厂长。"一印"位于苏州河畔，厂房高大，棉布染、印、整齐全，为当时中国第一大印染企业。

中纺公司以官商合办方式，在上海成立中国纺织机械制造公司，以月产纱锭 2 万枚、自动换梭织机 500 台为目标。

中纺公司将上海日资内外棉八厂、振华铁厂等五个单位改建为中纺第二纺织机械厂。

中纺公司青岛第一纺织厂成立，原为创建于 1919 年的日商大康纱厂，建厂时有纱锭 4 万枚，1932 年曾发展到 15 万锭、3000 台织机，抗战后存纺锭 1.2 万枚、布机 1200 台。

中纺公司青岛第五棉纺织厂成立，原为日资建于 1935~1937 年的上海纺织公司青岛工场，建厂时有纱锭 4 万枚、织机 720 台。

中纺公司青岛第六纺织厂成立，原为创办于 1923 年的日资钟渊公大五厂，1925 年建厂时有纱锭 13 万枚、织机 4400 台，抗战后存纱锭 5.5 万枚、织机 1700 台。

中纺公司青岛第九纺织厂成立，原为建于 1935 ~ 1936 年的日资同兴纺绩公司青岛工场。抗日战争后存纱锭 3.8 万枚、织机 700 台。

中纺公司天津第二纺织厂成立。原为 1919 ~ 1924 年建成的裕元纱厂，1936 年被日商钟渊纺织公司并购，改名为公大六工场，当时规模为 10.5 万纱锭、3000 台织机。抗战后存 5.7 万纱锭、2013 台织机，归属中纺公司天津分公司，仍为天津最大的纺织厂。

中纺公司天津第三棉纺织厂成立，原为创办于 1920 年的裕大纱厂和宝成纱厂，这两个华商工厂因经营不善，在 1925 年被日商东洋拓植公司并购。第二次世界大战后存纱锭 4.88 万枚、织机 1000 台，归属中纺公司天津分公司。

金州纺织厂成立。原为日商内外棉公司建于 1923 年、1927 年、1935 年的金州第一、第二、第三工场，厂房建筑面积 9.47 万平方米，有纱锭 10.8 万枚、织机 2722 台，为东北地区最大的纺织企业，并附设熊岳印染厂，抗战结束后移交中国政府。

大连纺织厂成立，原为建于 1925 年的日资福纺公司。抗战结束后移交中国政府，定名大连纺织厂。

瓦房店纺织厂成立，其前身为建于 1935 年的日商满洲制线公司，1945 年由中国政府接管。几经调整后，1949 年初恢复生产，有纱锭 4.6 万枚、织机 864 台。

4 月，石凤翔任裕华纺织厂总经理兼大华纱厂、大兴纱厂总经理。裕（裕华）、大（大兴）、华（大华）组成企业集团，7 月，"裕大华"总管理处在汉口成立。

上海文绮染织专科学校正式成立。

1946 年 2 月，公营的中国纺织机器制造公司成立，彭学沛任董事长，黄伯樵任总经理，辖中机一厂、中机一厂分厂和远东钢丝针布厂，开始调研制造自动换梭织机，并得到广泛应用。

中国纺织建设总公司开办技术人员训练班，设棉纺织、毛纺织、印染三个专业，学制两年。其后四五年共培养出 200 多名高层次纺织技术人员，很多人后来成为中国纺织工业的骨干人才。

1947 年

1 月 30 日，上海申新纺织第九厂 7500 名工人罢工。2 月 2 日，国民党政府出动千余名军警，并动用装甲车冲撞工厂大门，打死 3 名工人，重伤 40 余人，逮捕 233 人，酿成影响全国的"申九惨案"。

7 月，在中共上海地下党组织工运委员会领导下，中国纺织事业协进会作为党的外围组织成立，主要负责人为陈维稷。协会宗旨为：团结纺织界技职人员，为中国纺织事业而奋斗。

裕大华纺织公司股东徐荣廷在武汉创办江汉纺织专科学校，1950 年改名为中南纺织专科学校。

1948 年

3 月，国民政府经济部召开纺机制造会议，纺机制造专家及有关部门负责人 40 余人与会。

三、作为中国最大的传统产业进入社会主义新时代（1949～1977年）

1949年

1月，天津解放，市军管会委派刘再生为军事代表，接管中纺公司天津分公司及其所属各企业。

4月下旬，在中共上海地下党领导下，上海的大中型纺织工厂普遍组建起以上海工人协会会员为骨干的护厂队，开展反对国民党政府强迫迁运物资、破坏工厂的护厂斗争。

5月16日，武汉解放，武汉裕华、申新四厂、震寰纱厂由市军管会代管。

5月27日，上海解放。5月29日，上海市军管会财政经济接管委员会轻工业处刘少文、陈易，派出11个军代表组分头接管中纺公司本部及其所属的35个工厂。接管后刘少文、陈易兼任军管会驻中纺公司正、副军代表，顾毓泉留任中纺公司总经理。由于华东地区纺织工业比重很大，华东军政委员会于6月成立华东纺织工业部（与上海市军管会轻工业处两块牌子一个机构），曾山兼任华东纺织工业部部长。

6月2日，青岛解放。市军管会任命柳运光、钟植为驻中纺公司青岛分公司军代表。范澄川、王新元、杨樾林留任分公司正、副经理。至6月27日，青岛分公司13个工厂的接管工作完成。

7月4日，上海各纺织厂全面恢复正常生产。此时，上海在全国纺织系统举足轻重，有棉纺锭243.5万枚（在全国占比47%），织机2.75万台。

8月，中国纺织学会在上海召开第14届年会，会议决定将中国纺织学会改名为中国纺织染工作者协会，朱仙舫任主任委员。

8月，中央财经委员会在上海召开的全国财经会议，决定在全国范围调度棉花以维持上海纺织业开工生产，并决定成立由中央财经委员会直接领导的花纱布公司，统一供应棉花、收购纱布。

9月初，西北最大的公营企业雍兴公司改组为西北人民纺织建设公司。

9月下旬，中央财经委员会授权钱之光在北京召开全国棉花会议。会议决定1950年棉田扩大为5400万亩，并适当调整粮棉比价。会议并就改良棉种、建立棉花检验标准等重要问题作出长远安排。

10月初，中央人民政府建立纺织工业部。10月19日，任命曾山为纺织工业部部长，钱之光、陈维稷、张琴秋为副部长。

11月1日，中央人民政府纺织工业部在东交民巷正式开始办公。

11月12～22日，华东纺织工业部在上海召开华东直属纺织厂会议，就发展棉花资源、实行计划生产等问题作出部署，曾山、钱之光到会作指示。

11月中旬，钱之光接受政务院经济委员会委托，为在全国范围制止物价猛涨、打击投机商人，先后到上海、汉口灵活调度两地库存纱布，以便在各主要城市统一行动。在鄂、湘、粤大量抛售纱布，用经济力量平抑物价。

598

中国纺织工业发展历程研究（1880～2016）

12 月，在全国纺织工会主席陈少敏主持下，全国纺织工会代表会议通过了废除搜身制的决议。

12 月，西南军政委员会接管西南地区最重要的纺织企业——官股占 95% 的豫丰纱厂（豫丰渝厂、豫丰合川厂）。

1950 年

3 月，纺织工业部在京召开全国公营纺织业会议。

4 月，中央财经委员会决定纺织工业部成立纤维检验所，并由纺织工业部、贸易部、农业部共同制订棉花标准。

农林水利部输入斯字棉 5A、斯字棉 2B、岱字棉 15、珂字棉 100 等优良棉种。

1950 年春，国营纺织企业各厂先后郑重宣布废除搜身制。

5 月，为继续稳定物价，陈云指示：政府要掌握足够数量的纱布。因此决定适当增购棉花，扩大委托上海私营厂代纺的数量，力求在短期内增加控制纱布的实力。

为解决工商界一度出现的因商品滞销而引起的困难，包括工厂关门、商店歇业、失业增加，对华东地区的纺织工业采取国家拨给原料、私营工厂加工的方式来维持生产。

7 月，华东财委华东纺织工业部改组成纺织工业部华东纺织管理局，刘少文任局长，上海中纺公司在 6 月 30 日结束工作。

由苏联提供设备的哈尔滨亚麻纺织厂动工建设，填补了我国亚麻纺织工业的空白。

8 月，浙江麻纺织厂动工建设。同年 11 月第一套黄麻纺织设备投产，接着进行扩建，成为全国规模最大的黄麻纺织厂。

9 月，纺织工业部发出《关于次布问题的指示》，要求建立健全保证质量的必要制度。

上海各私营纺织厂决定废除搜身制度，到 11 月底各厂全部实现。

全国英雄模范代表大会开幕，纺织工业有 25 名代表出席会议。

10 月，中央规定棉、麻与粮的合理比价，使工农业生产两利。规定每斤 7/8 吋中级皮棉折粮数，华北、山东为 8 斤小米，河南、山西为 7 斤小米；青麻，华北每斤折 2 斤小米。

天津中纺公司正式改组成华北纺织管理局，刘再生任局长。

全国棉花生产丰收，共产棉 1400 万担，超过 1949 年产量的 56%。

11 月，全纺工会二次会议通过《关于加强劳动保护工作的决议》。

1951 年

1 月，青岛中纺公司改组为华东纺织管理局青岛分局，李竹平任局长。

中财委发布《关于统购棉纱的决定》，规定公、私纱厂的棉纱、棉布均停止在市场出售，由国营花纱布公司统购。

2 月，纺织工业部颁发《关于降低夏季车间温度的指示》，规定各地夏季车间温度掌握范围。全国公、私营纺织厂新建大批降温设备。

4 月，山西经纬纺织机械厂动工建设。

5 月，由我国自行设计、施工且用国产设备建设的第一批棉纺织厂——西北第一棉纺织厂、邯郸第一棉纺织厂和武汉第一棉纺织厂动工建设。

7月，华东纺织工学院成立。

纺织工业部成立新民工程公司，担负部分新建厂的设计和建设工作。

为继续保持物价稳定，中央财经委员会决定：尽一切努力保障9月底以前全国纱厂每周开工4天4夜，10月每周开工6天6夜。

8月，纺织工业部召开全国纺织机械制造会议，讨论调整生产能力，分配制造任务，制定棉纺织机械技术标准，并决定成立材料供应的联合机构。会后，上海300多家纺织机械修配制造厂接受政府成套纺织设备的订货任务。到1956年，国产棉纺织设备制造基本适应了新建厂的需要。

9月，贸易部为掌握棉花季节差价，保护棉农利益，规定新棉收购价格比去年收购价提高18%。10月，中央财经委员会公布《新棉等级差价》。

10月，纺织工业部发出《关于普遍开展郝建秀工作法的指示》。

11月，纺织工业部发出《关于推行一九五一织布工作法的指示》，这是纺织工业部和全纺工会在天津联合召开的织布工作法会议总结的先进经验。

12月，纺织工业部召开全国纺织工业会议，确定增产、节约是1952年的中心任务，并决定全国国营纺织厂自1952年起实行经济核算制，即各厂独立经营，自负盈亏。

1952 年

3月，纺织工业部与贸易部联合下达《关于1952年花纱布供销办法》，决定自1952年起，部属国营纺织厂与贸易部门由加工关系改为供销关系。

5月，纺织工业部与贸易部研究确定新的棉花、纱、布供销办法。由于纺织厂节约用棉的工作取得了显著成绩，纺织工业部提出，每件20支纱用棉定额由410斤降为395斤。

6月，中央财经委员会决定：在10月1日前，棉布上浆率降低至14%以下，8月1日前印染布一律取消上浆和简化装潢。

7月，新疆第一个现代化的棉纺织厂——七一棉纺厂正式开工生产。

8月，青岛8个棉纺织厂和私营华新纺织厂实行三班制生产。

中央人民政府任命蒋光鼐为纺织工业部部长，免去曾山的纺织工业部部长职务。

纺织工业部基本建设局成立设计公司，和直属的华北、西北、华东、中南4个建筑工程公司合并，撤销原新民工程公司。

12月，纺织工业部下达新的降温指标，规定车间温度比1951年的规定分别下降2～6华氏度。

1953 年

4月，北京、石家庄、郑州、西北四个棉纺织工业基地开始建设。

纺织工业部与全纺工会联合召开全国纺织保全会议，总结并推广《一九五三纺织机器保全工作法》。

5月，纺织工业部与全纺工会联合召开全国纺织工业劳动保护会议，贯彻"安全生产、预防为主”的方针。

8 月，钱之光向毛泽东汇报纺织工业基本情况及今后工作部署。

1954 年

1 月，纺织工业部成立安装工程公司。

纺织工业部和全纺工会发出《关于加强合理化建议工作的联合指示》，要求各地纺织局成立专门机构，设专人负责，完善奖励、审核、试验、推广等制度，各级机构要定期公布合理化建议审查、处理的情况。

2 月，中国纺织工程学会（前身为中国纺织学会）在北京举行第一次全国会员代表大会，正式成立组织机构，选举陈维稷任理事长。

3 月，纺织工业部先后颁发了棉、麻、丝、绸、绢的纺织品成本计算规程，并开始重点试行《棉纺织厂技术管理规则（草案）》。

6 月，中央人民政府委员会任命韩纯德为纺织工业部副部长。

9 月，政务院发布《关于实行棉布计划收购和计划供应的命令》及《关于实行棉花计划收购的命令》，决定自 9 月 15 日开始在全国范围内实行棉布统购统销，自秋季新棉上市时起在全国范围内实行棉花统购。

10 月，国务院任命王达成为纺织工业部副部长。

纺织工业部在青岛召开全国棉纺织技术专业会议，研究、总结和交流棉纺织厂清花、梳棉、浆纱三道工序的 26 项技术经验。

12 月，纺织工业部决定在华东、西北、东北，河北、河南，青岛、天津各地设置技工培训机构，以提高职工的技术水平。

1955 年

2 月，钱之光向党和国家领导人汇报纺织工业发展现状和今后打算，汇报中提到："一五"计划规定的纺织工业发展任务预计可提前一年左右完成。

4 月，纺织工业部和地方工业部联合发出《全国贯彻棉纺织厂技术管理规则的指示》，要求各厂在年内全面贯彻这一规则。

7 月，我国无偿援助越南建设南定棉纺织厂。

9 月，我国以贸易方式帮助缅甸建设直迈棉纺织厂。

12 月，党和国家领导人听取纺织工业部、地方工业部、轻工业部、手工业管理局的工作汇报，对纺织工业的基本建设、机器制造和纱、布、针织品、丝绸的生产等项工作，作了重要指示。

1956 年

1 月 26 日，上海市对资本主义工商业全部实行公私合营，上海纺织系统 3829 家工厂全部公私合营。

3 月，钱之光向毛泽东汇报纺织工业几年来在生产管理、基本建设、机械设备制造，以及对私营纺织工业实行统筹兼顾、全面安排的情况和基本经验。

纺织工业部在京成立建筑安装工程公司，并将北京、河北、河南、西北四个工程公司划归总公司领导。

4月，纺织工业部、商业部、地方工业部、全国合作总社和美术家协会，共同召开印花布设计、生产和销售工作改进会议。

纺织工业部召开纺织工业先进生产者代表会议，出席代表近800人。会议交流了先进经验，并选出294名代表出席全国先进生产者代表会议，推广了棉纺织5个工种的22项运转操作经验以及43项技术改进经验。

6月，我国无偿援助柬埔寨建设中柬友谊棉纺织厂。

8月，纺织工业部和全纺工会发出指示，要求各厂改善车间人工照明状况。

杭州丝绸印染联合厂动工建设，这是我国第一个现代化的丝绸印染联合厂。

我国无偿援助蒙古国建设乌兰巴托毛纺织厂。

12月，湖南株洲苎麻纺织厂动工建设，这是我国第一个现代化的苎麻纺织厂。

1957年

10月，由民主德国帮助设计和提供设备建设的保定化纤厂和北京合成纤维实验工厂动工建设。

1958年

3月，经党中央、国务院批准，纺织工业部除管理纺织机械设计和制造、基本建设设计以及部属保定、安东、北京三个化学纤维厂以外，棉、毛、麻、丝等纺织企业和所属的工程公司、中专学校、技工学校全部下放地方管理。体制下放后，纺织工业部负责全面规划、协作平衡、技术指导和督促检查四方面的工作。

我国自行设计、施工且用国产设备建设的第一批毛纺织厂——青海毛纺织厂、呼和浩特第二毛纺织厂、兰州第一毛纺织厂和陕西第一毛纺织厂等动工建设。

6月，纺织工业部通知各省、市政府，撤销原部属各纺织管理局。同时，将10个部属纺织机械厂和丹东、保定两个人造纤维厂下放归地方管理，分别归到一机部和化工部统筹安排（同年9月，纺织机械厂仍划归纺织工业部领导）。

9月，我国以无息贷款方式援建朝鲜新义州棉纺织印染厂。

1959年

2月，纺织工业部领导人向中央领导汇报纺织工业情况，中央指示制止一些地方搞土纺土织。

北京纺织工学院成立。

7月，纺织工业部在西安召开全国纺织工业提高产品质量、加强企业管理经验交流大会。会议针对当时生产上的某些混乱现象，强调加强企业管理，并提出了办法和原则。

8月，国务院任命荣毅仁为纺织工业部副部长。

11月，全国群英会召开，出席群英会的纺织工业代表共360人。

1960 年

2 月，中央发出《关于停止棉花的土纺土织的指示》，指出这是一种落后的生产方式，既费原料，又费人工，不应发展。

2 月，由于棉花收购的减少，纺织工业部、商业部向中央提出：调整棉纱生产和棉花分配调拨计划，要求各地按调整后的计划组织生产；减少 150 万棉纺锭制造任务，改制化学纤维等设备，并将原计划建设的 240 万锭中的 120 万锭推迟到第二年建设。中央批转了该报告。

化工部、纺织工业部向中央提议：将人造纤维工业划归纺织工业部管理，原下放地方的丹东、保定两个化纤厂收归纺织部领导；全部人造纤维资源由纺织部统一分配；发展人造纤维的设备由纺织工业部统一安排。中央批准了该报告。

5 月，国务院任命李中一为纺织工业部副部长。

9 月，中央批转纺织部党组《关于纺织工业发展方针的请示报告》，指出：实行发展天然纤维与化学纤维同时并举的方针，是正确的、必要的。

1961 年

1 月，黏胶短纤维设备全部试制成功，先在上海安达化纤厂试用。随后，用国产设备建设的第一批黏胶纤维厂——南京化纤厂、新乡化纤厂、杭州化纤厂、吉林化纤厂相继动工建设。

3 月，中央为了回笼货币，平衡购买力，决定对绸缎、高级针棉织品采取"提高价格、敞开供应、不收布票"的方针。

纺织工业部在京召开 16 个市计划处长会议，要求按"三统一优先"（统一规划生产、统一调拨原料、统一分配产品，集中在设备好、技术水平高、用料省、成品质量好的企业，优先开工）的方针，安排当年二、三季度生产任务，以及精梳机、捻线机、宽幅织机的设备改装计划。

4 月，我国以贷款方式帮助阿尔巴尼亚建设纺织印染联合厂。

中央决定对收购重要经济作物实行奖励粮食的政策，每收购一担棉花奖励 35 斤粮食。

1962 年

5 月，纺织工业部颁发试行《纺织工业企业设备维修管理制度（试行草案）》。

9 月，纺织工业部党组织向中央作《关于支援农业的报告》，提出纺织工业支援农业的任务是：一方面，尽可能多生产纺织品供应农村，逐步解决农民穿衣问题，发展工农业产品交换，活跃城乡经济；另一方面，积极发展化纤工业，减轻农业负担。

10 月，上海安达化纤厂正式投入生产。

11 月，纺织工业部颁发《纺织工业企业生产技术管理规则》。

1963 年

3 月，党中央、国务院决定提高棉花收购价格。1963 年各地的棉花收购价格平均提高 10%，同时恢复产棉区地区差价。

7 月，在全国工业交通企业经济工作座谈会上，襄樊棉织厂和嘉丰棉纺织厂受到表扬，并被推荐为全国 5 个勤俭办企业的红旗厂之一。中央领导接见了这五个先进厂矿的代表。

10 月，从日本引进成套设备的北京维尼纶厂动工建设。

1964 年

1 月，国务院批转纺织工业部《关于一九六四年棉纺织企业复工方案的报告》，确定在 1964 年内复工棉纺锭 170 万枚、织机 5.2 万台。

4 月，国务院任命张永清、李竹平为纺织工业部副部长。

5 月，南京化学纤维厂建成投产。国家经委在南京化纤厂召开全国基本建设现场会议，推广该厂建设工作的经验。参加会议的有国务院 14 个部和 50 个重点企业的领导干部。

8 月，国务院批转纺织工业部《关于 1964 年第二步复工和提前建设一部分续建项目的报告》，确定再复工棉纺锭 38 万枚、织机 1.05 万台。

党中央、国务院决定在工业、交通部门分行业试办托拉斯。先由中央各部试办第一批 12 个托拉斯公司，其中包括纺织工业部所属纺织机械工业公司。国家经委同意纺织工业部提出的《关于试办中国纺织机械工业公司（托拉斯）实施方案》的提议，并要求立即进行试办。

1965 年

1 月，党和国家领导人对纺织工业的基本建设、技术改造、挖潜增产等工作作了重要指示。根据这个指示，纺织工业部确定 1965 年的基本建设项目为：棉纺 200 万锭，印染厂 6 个，绢纺厂 3 个。

7 月，中国纺织机械工业 5 个迁建项目全面开始建设。包括：由上海印染机械厂搬迁设备，筹建黄石纺织机械厂；由上海远东针布厂和青岛纺织机械厂搬迁设备，筹建甘肃白银钢丝针布厂；由上海纺织专件厂搬迁设备，筹建常德纺织机械厂；由上海纺织专件厂搬迁设备，筹建邵阳纺织机械厂；由青岛纺织机械厂搬迁设备，筹建渭南纺织机械厂。

8 月，国务院批转农业部、纺织工业部、农垦部、全国供销合作总社关于长绒棉的生产方针、收购价格等问题的报告，强调采取"巩固现有面积、积极提高质量"的方针，并规定了长绒棉的纤维品质标准。

9 月，新乡化纤厂长丝系统顺利投入试生产。至此，我国在 1960 年开始建设的 8 个化纤厂已全部投入生产，总规模为 2.28 万吨。

10 月，国家经委同意成立陕西棉纺织公司，按托拉斯办法进行管理。

11 月，纺织工业部与全纺工会举办学习班，推广石家庄国棉二厂织布工人仇锁贵掌握机器性能、预测机器故障的工作经验。

从英国引进设备的兰州化纤厂动工建设。

1966 年

1 月，王雨洛任纺织工业部副部长。

3 月，纺织工业部党组向党中央作《关于纺织工业生产进一步面向农村的报告》。

5 月，焦善民任纺织工业部副部长。

全国纺织工业技术革新展览会在上海举办。周恩来陪同外宾参观展览，并在展会现场对纺织工业的生产建设工作作了重要指示。

经国家计委批准，上海纬纶毛纺厂迁往西藏，改建为林芝毛纺厂，这是西藏第一家现代纺织厂。

1967 年

10 月，军代表小组进驻纺织工业部。

1968 年

7 月，纺织工业部成立革命委员会。

1969 年

5 月，由我国自行设计、施工且用国产设备建设的湖北化纤厂动工建设（后来在 1973 年建成投产），这是我国第一个专门生产强力黏胶帘子布的大型工厂。

6 月，纺织工业部将中国纺织机械工业公司上海分公司及其所属的 9 个纺织机械厂全部下放给上海市，由上海市纺织工业局领导。

10 月，纺织工业部在江苏南通召开全国纺织工业"抓革命、促生产"棉纺细纱高速经验交流会。

12 月，纺织工业部决定从 1970 年起，将南京、新乡、丹东、兰州化纤厂和开山屯化纤浆粕厂交所在省革命委员会领导。

1970 年

7 月，原第一轻工业部、第二轻工业部、纺织工业部合并为轻工业部，钱之光任部长。

10 月，轻工业部将部属北京化纤工学院下放给北京市继续办校，该校于 11 月由江西搬回北京。

轻工业部将原部属轻纺机械厂，全部下放归地方管理。

1972 年

国家计委与轻工业部、燃化部、商业部、外贸部共同研究：为充分利用我国石油、天然气资源，向周恩来等党和国家领导人报告：引进成套化纤、化肥技术设备。周恩来批示同意毛泽东圈阅。其中化纤项目有上海石油化工总厂、辽阳化纤总厂、四川维尼纶厂、天津石油化纤厂。

1973 年

5 月，轻工业部在长沙召开全国纺织工业"抓革命、促生产"交流会。会上传达、学习有关发展纺织品出口的指示，讨论挖潜增产的措施，提出学赶先进的目标，组织地区之间开展互帮互学的"对子"。

10 月，轻工业部组织技术革新调查组，对几年来各地棉纺企业中涌现的技术革新进行系统调查，确定有计划、有步骤、成龙配套地推广各工序的技术成果 24 项。随后，又确定了西北国棉一厂和三厂、郑州国棉四厂、邯郸国棉一厂、石家庄国棉五厂 5 个厂为推广这批成果的试点厂。

12 月，周恩来与加拿大总理谈到我国出口加拿大的大格绒布衬衣的质量问题，并要求轻工业部注意质量，做好出口商品生产。轻工业部当即组织有关人员讨论研究，采取措施解决这些问题。

为加强工贸联系，适应发展对外贸易的需要，外贸部纺织品进出口总公司和轻工业部生产三组协商建立工贸联合办公会议制。

1974 年

1 月，上海石油化工总厂动工建设，主要设备从日本、联邦德国引进。

2 月，遵照中央领导的有关指示，轻工业部、外贸部联合召开出口纺织品上海现场会。

8 月，辽阳石油化纤厂动工建设，主要设备从法国、联邦德国、意大利和日本引进。

四川维尼纶厂动工建设，主要设备从法国、日本引进。

12 月，全国纺织系统科学研究、技术革新经验交流大会在上海召开。

1975 年

7 月，轻工业部继 1973 年第一次棉纺织企业技术革新调查后，又组织了第二次调查。在原定 24 个推广项目的基础上增补了 9 项，总计 33 项。

8 月，国务院在上海金山召开现场会议，总结推广石油化工总厂的建设经验，以推动全国重点基建项目的建设。

1977 年

9 月，天津石油化纤厂动工建设，主要设备从联邦德国和日本引进。

11 月，轻工业部举办的全国纺织工业科技革新展览会在上海展出（1978 年 3 月迁武汉继续展览，前后共计观众达 30 余万人次）。

轻工业部先后在上海和江苏南通召开全国纺织工业科学研究、技术革新经验交流会。会议交流了经验，检阅了成果，讨论了纺织工业科技发展规划，表彰了在科学实验中作出成绩的 51 个先进单位、77 个先进集体、133 名先进个人，并颁发了光荣册。

12 月，中央决定，轻工业部分为轻工业部和纺织工业部。

四、改革开放造就纺织大国崛起（1978～2000 年）

1978 年

1 月 1 日，根据中央决定，轻工业部（由原先纺织工业部、第一轻工业部、第二轻工业部三部合一的广义轻工业部）分为纺织工业部、轻工业部。两部分设后，钱之光任纺织工业部部长、党组书记。胡明、谢红胜、焦善民、陈维稷、郝建秀、王瑞庭、寿汉卿、李正光任副部长，其后，又增补李涛、朱致平任纺织工业部副部长。

2 月，纺织工业部颁发《纺织工业企业设备维修管理制度》。

在"四大化纤"建设得到落实的情况下，钱之光适时提出建设 100 万吨化纤产能的目标，得到中央领导的支持。最后确定：建设仪征石油化纤新基地，并开展上海石油化工总厂的第二期工程，列为"六五"国家计划重点建设项目。

3月，纺织工业部宣布恢复纺织科学研究院。

4月，国务院发出《关于棉花生产的几项政策规定》的通知，决定从1978年8月1日起，提高棉花收购价格，全国平均提高10%左右。

5月，纺织工业学大庆会议先后在天津和北京举行。大会授予18个企业和单位"全国纺织工业大庆式标兵"称号，授予82个车间、科室和班组"全国纺织工业学大庆先进集体"称号，授予28位同志"全国纺织工业劳动模范"称号，授予160位同志"全国纺织工业学大庆先进生产（工作）者"称号。

9月，中国纺织工程学会正式恢复活动，成立第三届理事会筹委会，并召开会议。国家科委纺织专业组和化纤专业组同时宣布成立。

11月，纺织工业部成立安装工程公司，设在江苏仪征。

12月，王达成、李竹平恢复纺织工业部副部长职务。

1979年

2月，根据党的十一届三中全会精神，国务院决定从1979年新棉收购之日起提高棉花收购价格，全国平均提价15.2%。

3月，法国时装大师皮尔·卡丹应邀来华，在北京民族宫举办法国时装表演，从而带来了"时装"和"品牌"的概念，并推动中国社会服饰的多样化。

7月31日，国务院批示，同意纺织工业部、劳动总局联合提出的《关于拟在纺织企业中实行"四班三运转"的意见》。批示要求采取积极慎重的态度，有计划、有步骤地加以推广。

8月，国家经委、计委、科委发出通知：恢复纤维检验局，归国家标准总局领导；恢复地方纤维检验机构，归本省、市、自治区标准局领导，在业务上接受国家标准总局纤检局领导。

9月，国务院表彰工交基建战线全国先进企业和全国劳动模范。纺织系统受表彰的先进企业有10个、劳动模范21名。

10月，纺织工业部和国家劳动总局，向各省、市、自治区纺织工业局、劳动局发出《关于纺织企业实行"四班三运转"的意见》。

国务院召开全国棉花生产会议，提出增产棉花的政策措施：（1）全面执行"以粮为纲，全面发展，因地制宜，适当集中"方针；（2）认真落实棉农口粮不低于邻近产粮区水平的政策；（3）从1980年新棉上市起，棉花收购价格在1979年提价的基础上，全国平均再提高10%，超购加价30%的政策不变；（4）认真实行棉田管理责任制，贯彻按劳分配的原则。

香港企业家曹光彪在珠海建立全国第一家"三来（来料加工、来样加工、来件装配加工）一补（补偿贸易）"工业企业，取得意想不到的示范效应。"三来一补"为沿海省市发展经济积累了宝贵的原始资金，并有效地推动了外贸出口。

1980年

1月8日，国务院决定对轻纺工业实行"六个优先"的原则，确保轻工业加快发展的步伐。六个优先是：原材料、燃料、电力供应优先，技术改造的措施优先，基本建设优先，银行贷款优先，外汇和引进新技术优先，交通运输优先。

3月14日，国务院批转国务院财贸小组《关于成立丝绸公司的意见》，同意成立全国性丝绸公司，把茧、丝、绸生产过程和流通过程有机结合起来，实行产供销一体化。

3月28日，纺织工业部和国家劳动总局联合发出通知，确定在全国54个毛织企业、24个毛纺企业中推行"四班三运转"劳动体制。

3月，物价总局、供销总社通知：从1980年新麻上市起，黄麻收购价格提高16.8%。

4月，河南平顶山帘子布厂动工建设，主要设备从日本引进。上海石油化工总厂第二期工程正式动工建设。

7月，经国家经委批准，中国纺织机械总公司正式成立，对所属企业的产供销、人财物实行统一管理。

9月，纺织工业部决定成立纺织发明评选小组，陈维稷任组长。

12月，纺织工业部在京召开全国纺织工业科技成果汇报会。会议总结交流了三年来纺织科技工作的成绩和经验，研究部署了今后的纺织科技工作任务。会上奖励了340项比较重大的科技成果，向全国推荐推广193项。

浙江海盐衬衫厂厂长步鑫生，以改革精神探索生产车间"联产计酬制"，打破"大碗饭"的局面。经人民日报重点报道后，引发了全国各行各业学习步鑫生的热潮。

1981 年

3月，第五届全国人民代表大会常务委员会任命钱之光为国务院顾问，免去纺织工业部部长职务，任命郝建秀为纺织工业部部长。

7月，纺织工业部部长郝建秀和副部长胡明、寿汉卿，就纺织工业生产情况和1982年的打算，向中央领导汇报。8月，纺织工业部在京召开部分省市纺织工业厅局长座谈会，传达贯彻中央领导的指示。

10月，纺织工业部、共青团中央、全纺工会在河南郑州联合召开全国棉纺织青工操作技术交流会。会议表彰了出席会议的青年操作能手代表126名，并颁发了奖状。

外国投资管理委员会批准纺织工业部和中国国际信托投资公司合资建设仪征化学纤维总厂，并立即动工建设。

香港唐氏家族（唐翔千）与上海纺织局在浦东合资开办上海联合毛纺织有限公司。从而开启了纺织行业发展"三资企业"的先河。

1982 年

纺织系统成立中国纺织企业管理协会。旨在推动纺织企业管理体制改革，并从中国纺织业实际出发，致力于推广全面质量管理（TQC）、企业社会责任（SA8000）、工业工程（IE）等现代化管理方法。

广东新会涤纶厂引进全国第一条涤纶长丝高速纺丝生产线，为我国大规模发展涤纶长丝生产开辟了道路。

纺织工业部建立中国纺织职工思想政治工作研究会，开辟了探索行业思想政治工作科学化的先河，推动了纺织系统"两个文明"的建设。

在钱之光、荣毅仁的共同努力下，江苏仪征化纤一期工程通过中信公司发行日元债券在日本融资，开辟了借外债办大企业谋求发展的新思路。

2月，根据国务院领导的指示，对涤纶混纺布实行限产。原计划1982年生产32亿米，限产后指标为26亿米，减产6亿米。

3月，国务院常务会议通过任命郝建秀为纺织工业部部长，王瑞庭、何正璋为副部长，胡明、李竹平、李正光为顾问。

纺织工业部颁发《纺织工业生产管理工作暂行条例》。

5月，上海市纺织工业局和上海石油化工总厂，按最终产品组织"一条龙"，联合起来开发化纤产品。中央领导肯定了这一做法，并认为这个办法对整个工业新产品的开发都具有普遍意义。为贯彻此指示，纺织工业部召开12省市纺织部门代表会议，学习并推广这一经验。

6月，我国向泰国泰美纶纺织厂出口的13万棉纺锭、1020台织机的全套棉纺织设备，全部安装完毕，一次投产成功。

7月，纺织工业部与机械工业部商定：纺织机械的生产由纺织工业部归口管理；需要机械工业部承担的纺织机械，由纺织工业部提出清单，机械工业部组织定点生产，并纳入两部的规划。

8月，全国规模最大的苎麻纺织厂——洞庭苎麻纺织厂动工建设。

9月，在中国共产党第十二次全国代表大会上，纺织工业部部长郝建秀当选为中共中央书记处候补书记。此后，由吴文英接替郝建秀在纺织工业部的领导工作。

纺织工业部在石家庄召开全国纺织新产品会议，贯彻中央领导关于工业部门要抓好品种质量的指示。会议讨论了九大类产品的发展方向、措施以及今后的科研任务。

10月，为进一步开发适销对路产品，纺织工业部在纺织系统设立了9个产品调研中心。

12月10日，全国人民代表大会批准国民经济和社会发展第六个五年计划（1981～1985年）。对纺织工业提出的主要指标为：五年内增加棉纺能力470万锭，1985年产纱359万吨、布153亿米；五年内新增毛纺产能47万锭，1985年生产呢绒1.8亿米；1985年生产蚕丝近3万吨、丝织品10亿米；五年内增加麻纺产能9万锭；五年内新增化纤产能38万吨，1985年生产化纤78万吨，化纤原料可以基本满足国内需求。

12月，中共中央、国务院下发关于降低化学纤维纺织品价格和提高棉纺织品价格的通知，以解决化学纤维纺织品同棉纺织品比价不合理的问题。

1983年

新华社报道：国务院领导同志认为纺织工业部的体制为行政改革提供了经验。纺织工业部的体制为：一抓计划指导，二抓生产手段，三抓技术政策，四抓全行业的管理。

6月15日～7月15日，纺织工业部在北京举办规模巨大的全国纺织新产品展销会。开馆29天，观众达40余万人次，有力地推动了中国纺织品、服装的内需消费和外贸出口，并开启了"会展经济"的先河。

纺织工业部政策研究部门会同生产司、财务司，在认真分析纺织品产、供、销、库存的现状后，与商业部会商多次并取得共识，共同上报国务院，提出因势利导停收布票、纺织品敞开供应的建议。国务院领导采纳这一建议，决定以商业部的名义，在1983年12月1日发布停收布票的通知。由此结束了实行整整三十年的凭证购买棉布的供应制度。

1984年

7月5日，《经济日报》报道，全国棉布的人均年消费量从1952年的5米多增加到现在的10米多，而且这种增长是在人口增加近1倍的情况下实现的。

纺织工业部作出"减少指令性计划指标，扩大指导性计划指标和市场调节的范围"等下放七项权限的决定。由此，开始改变计划经济的传统做法，推动企业适应社会主义市场经济的发展环境。

国务院第55次常务会议决定：放手搞工贸结合，肯定青岛纺织品出口公司（青纺联）的形式。由此促进了工业直接面向国际市场，了解国际市场，有效地推动了纺织品、服装的外贸出口。

纺织工业部设立纺织工业经济研究中心，从各个业务司局抽调一批专家，组成以研究纺织业实际问题见长的研究队伍。其后几年间先后提出了"纺织工业应致力于深加工，发展服装、家纺、产业用纺织品三大最终产品"和"支持乡镇纺织企业有序健康发展"等政策研究成果。

1985年

纺织工业部政研会在中宣部支持下，创办中国纺织政治函授学院（中国纺织政工干部业余进修学院）。第二年获国家教委正式批准，纳入国家教育函授系列。学院成立十年间，培养大专毕业生13000多人，培养了一大批具有大专水平的企业管理干部，并促进了纺织系统"两个文明"的建设。

1月，纺织工业部机关刊物《中国纺织》正式复刊。

1986年

4月，正式颁布第七个五年计划（1986~1990年），纺织工业的指标为：五年内增加化纤产能87万吨，1990年生产化纤145万吨；棉纺织五年内新增气流纺42万头、新型织机1.3万台，改造棉纺设备250万锭，1990年生产纱2150万件、布162亿米；毛麻纺织工业重点发展混纺毛织物、粗毛纺织物；丝绸工业着重增加品种，提高质量和加工深度；针织工业努力提高针织产品在整个纺织品中的比重；服装工业1990年产量达到28亿件，比1985年增长65%。

纺织工业部采取"引进、消化、创新"方式研制出年产1.5万吨大型涤纶成套设备，并于4月2日在江苏仪征化纤公司通过国家鉴定。设计合理，运行稳定，产品质量和主要运行指标都达到当代国际水平，由此打开了化纤制造业大型成套设备国产化的局面。

5月，纺织工业部经济研究中心召开全国纺织工业发展战略讨论会。会议邀请于光运、吴明瑜、苏星、季崇威、陈锦华等有关领导和学者，就原料结构、产品结构、技术政策和技术进步、对外贸易、消费和生产预测，以及体制改革、横向联系、人才培养等问题进行了研讨。

经国家新闻出版总署和国务院编制办批准，纺织工业部创办《中国纺织报》，以适应纺织工业迅速发展和改革开放的新形势。吴鹤松、陈义方分别担任社长和总编辑。1985年10月试刊，1986年1月正式创刊。

10月，国务院121次常务会议专题讨论扩大纺织品出口、振兴纺织工业问题。会议指出：纺织品是我国今后一个时期增加出口创汇的重点，必须采取切实有效的措施，尽快把纺织品出口搞上去。

纺织工业部认真贯彻执行国务院决定，于10月22日提出全国纺织品出口总额的设想：从1985年的55亿美元（包括服装、丝绸）增加到1990年的100亿美元；再用五年时间，争取超过200亿美元。

国务院决定，将服装工业由手工业系统划转纺织工业部实行行业管理。服装行业由此进入大工业生产序列，发展速度加快，并迅速走向现代化。

1987年

西北国棉五厂以发展宽幅纺织品为目标，从日本、比利时引进227台2.6～2.8米宽幅织机，从德国、瑞士引进祖克浆纱机和大卷装整经机，一举形成了国内最大、最先进的宽幅织物生产基地。

纺织工业部将已有二十多年历史的北京化纤学院改建扩建为北京服装学院。中国第一所全国性的服装科学、工程、艺术为主体的高等学府诞生。

1988年

6月，我国纺机制造业中规模最大的企业集团——北京宏大纺织机械制造（集团）公司在北京成立。

7月，纺织工业部和贸促会共同主办的第一届中国国际纺机展览会在北京举办。田纪云、宋任穷、荣毅仁等党和国家领导人出席开幕式，有来自世界20多个国家和地区的580家厂商参展。

1989年

中国首届最佳时装模特表演艺术大赛在广州花园酒店举办，此举标志着中国纺织服装业逐步与世界接轨。

1990年

1月25日，江泽民复信石家庄第二印染厂职工。信中指出，全心全意依靠工人和广大人民群众是我们党的力量所在。希望中国的工人阶级在社会主义两个文明的建设中，继续发挥主力军作用。

纺织工业部直属企业仪征化纤工业联合公司全面建成投产，具有年产50万吨聚酯生产能力，为特大型化纤骨干企业，国务院致电祝贺。

1991 年

国务院纺织机械引进和国产化领导小组成立。以自动络筒机、无梭织机为重点，开展技术引进国产化、技贸结合工作，卓有成效。

上海、深圳证券交易所开业不久，上海市即安排上海第二纺机股份有限公司、上海嘉丰股份有限公司、上海联合纺织实业股份有限公司正式挂牌发行股票，在沪、深上市。

12 月 10 日，中国服装协会在京成立。李鹏、薄一波、陈慕华、雷洁琼分别为协会题词。李鹏的题词是"发挥协会的桥梁纽带作用，促进鞋帽服装行业的发展"。

1992 年

2 月，中国丝绸博物馆在杭州落成开馆。国家领导人为该馆题词"弘扬古丝绸文化，开拓新丝绸之路"。

1993 年

5 月 14 日，在第一届中国国际服装博览会（CHIC）开幕的第二天，国家领导人在中南海接见世界著名服装大师瓦伦蒂诺、吉安弗兰科·费雷、皮尔·卡丹。这是中华人民共和国成立以来中国最高领导人首次接见国际服装界人士。

6 月 23 日，中国纺织总会成立大会在人民大会堂隆重举行。

8 月 3 日，国务院办公厅发出通知指出：中国纺织总会是国务院直属单位，国务院授权其对全国纺织行业进行行业管理。

1994 年

1985～1994 年的 10 年间，中国服装出口由 1985 年的 20.5 亿美元上升到 1994 年的 237 亿美元，在世界服装出口总值中的占比由 5% 上升到 13.2%，居世界第一。

2 月 5 日，新中国现代纺织工业奠基人钱之光在北京逝世，终年 94 岁。

5 月，上海市纺织工业局改制为上海纺织控股（集团）公司。

11 月，全国纺织系统第一家以品牌和现代企业制度运行模式组建的上海三枪集团成立。1999 年 1 月，"三枪"被认定为国家驰名品牌。

1995 年

经过 1985～1995 年的快速、持续发展，中国纺织品、服装出口总额由 1985 年的 52.9 亿美元上升为 1995 年的 379.7 亿美元，居世界第一。

1997 年

90 年代中期，许多国有企业不适应市场经济要求，陷于困境。12 月 9 日召开的中央经济工作会议正式确定"以纺织行业为突破口，推进国有企业改革"。在国务院领导亲自关怀下，纺织行业开始了三年压缩淘汰 1000 万棉纺锭、分流 120 万职工、实现全行业扭亏为盈的攻坚战，并全面启动了中国纺织工业的战略大调整。

1998 年

国务院决定成立经贸委管理的国家纺织工业局，取代中国纺织工业总会。1998 年 4 月 16 日，国家纺织工业局正式挂牌，杜钰洲任局长、党组书记。

11 月初，国家纺织工业局决定，今后三年纺织工业的技术进步要以服装为龙头，以面料为突破口，抓关键技术，把国产面料顶替进口面料作为近期的主攻目标。由此，形成了纺织品生产与服装制造紧密结合的发展方针。

1999 年

12 月 31 日，纺织行业国有企业改革脱困三大目标（压锭、减员、扭亏）基本实现。1997～1999 年的三年间，压缩落后棉纺设备 906 万锭，分流下岗职工 121 万人。1999 年全行业实现利润 8 亿元，扭转了连续六年亏损的局面。

2000 年

全国纺织品服装出口 520.8 亿美元，占全国货物总出口的 20.9%。实现贸易顺差 381.9 亿美元，占当年全国贸易顺差的 158.5%。

五、建设纺织强国，致力建设全面小康（2001～2016 年）

2001 年

2 月 19 日，按照加强综合管理、取消专业管理的改革思路，国务院决定撤销包括国家纺织工业局在内的九个专业管理局，组建行业协会。中国纺织工业协会（简称中纺协）与棉纺织、毛纺织、麻纺织、丝绸、针织、印染、化纤、服装、家纺、产业用纺织品、纺机等专业协会，以及贸促会等综合性协会，组成一个国家纺织协会体系，杜钰洲任第一届会长、党委书记。中国纺织业全面登上社会主义市场经济历史舞台。

8 月 25 日，世界贸易组织 WTO 和中国纺织企业高峰论坛在北京举行。

12 月 11 日，中国正式加入 WTO。借助世贸组织主导的《纺织品与服装协定》，使深受配额限制之苦的中国纺织业得以释放纺织品、服装外贸的能量，在其后的一些年迅速扩大了出口创汇。

全国棉花会议决定，建立适应社会主义市场经济的棉花经营机制和管理体制。包括：放开棉花收购，打破垄断经营；实行社企分开，储备经营分开，走产业化经营的路子；加强国家宏观调控，加强棉花市场管理，加强棉花质量监督。

中国纺织工业从 2001/2002 年度开始，每年发布《中国纺织工业发展报告》，用于指导全国各地、各纺织企业的生产、经营和建设。

2002 年

为促进纺织产业集群健康、有序地发展，中国纺织工业协会开展以产业升级为核心内容的纺织产业集群试点工作。12 月 24 日，命名了 19 个县（市）、19 个镇为试点地区。其后经过 6 年的发展，到 2008 年试点地区扩大为 145 个县（市）、78 个镇，145 个试点地区共有 17 万户纺织企业、800 万职工，经济总量占全国纺织经济总量的 40% 以上。

中国纺织工业协会正式向浙江省政府提交 20 万字的《浙江纺织工业竞争力研究》。

中国纺织品服装贸易展览会在纽约贾维茨中心成功举办。18 个省市的 170 家企业参展，三天展会成交 1.2 亿美元，有 4700 个专业买手登陆展会咨询平台。

2 月 1 日，化纤仿毛技术获得国家科技进步一等奖。

10 月 5 日，由上海迁回北京的《中国纺织》杂志正式改版发行，并成为中国纺织工业协会会刊。

2003 年

3 月，由中国纺织工业协会主办的全球纺织经济论坛于北京举行。论坛以"合作、发展"为宗旨，以"后配额时代、创造共赢的未来"为主题。

5 月，第 83 届世界纺织大会在上海世贸商城举行，这是世界纺织大会首次在中国召开。

9 月，中国棉花协会在北京成立。

2005 年

1 月，世界纺织品服装配额取消，中国和欧盟、美国分别达成纺织品贸易协议。

3 月，第二届全球纺织经济论坛在北京举行。杜钰洲在会上指出，中国纺织工业将围绕质量、创新、快速反应三个方面进行攻关，坚持走新型工业化道路，加快产业升级，积极参与维护纺织品国际贸易的秩序。

12 月，波司登、雅戈尔集团等 10 家纺织企业获 2005 中国纺织十大品牌文化荣誉称号。

2005 年底，香港桑麻基金会颁奖典礼在浙江理工大学举行。世界第一张家蚕全基因框架图获首个桑麻纺织科技大奖。

2006 年

1 月 9 日，在全国科学技术大会上，"化纤长丝纺丝机机电一体化关键装置""全自动电脑调浆系统"等四个纺织项目荣获国家科技进步二等奖。

3 月，第三届全球纺织经济论坛在北京举行，会议主题为"合作发展与公平贸易"，来自十几个国家、地区的嘉宾和代表共 400 余人次与会。

6 月，国家发改委与中纺协在北京联合发布《纺织工业"十一五"发展纲要》。强调坚持自主创新，切实转变经济增长方式，提高科技贡献率和品牌贡献率。

9 月，中纺协第二届会员代表大会在北京召开。选举杜钰洲为中纺协会长，许坤元、王天凯、陈树津、杨东辉、高勇、张延恺、孙瑞哲、徐文英为副会长，杨纪朝为秘书长。

11 月，中纺协主办，中国贸促会纺织行业分会、中国服装协会和德国卡尔斯鲁厄会展公司共同承办的首届中国纺织品、服装展览会（德国），在德国卡尔斯鲁厄会议中心隆重开幕，近百家中国企业携优质优价的产品亮相。

12 月，国家人事部、中纺协在人民大会堂召开全国纺织工业劳动模范、先进工作者和先进集体表彰大会。表彰了 500 名全国纺织劳模、先进工作者和 100 个先进集体。

2007 年

年初，来自全国各地 50 多家知名纺织服装专业市场的代表汇聚广州，成立了中国纺织服装专业市场联盟。这一年全国各地具有数据信息的纺织服装专业市场的总销售额已突破8000 亿元，成为我国纺织品、服装内销的重要载体。

1月，《纺织辞典》首发式在北京举行，收集词条万余条，全面反映了 20 世纪 90 年代以来纺织工业的新材料、新工艺、新设备和新产品。

2月，国家科学技术奖励大会在北京举行。"年产 4.5 万吨黏胶纤维工程系统集成化研究"项目获国家科技进步一等奖。

3月，第四届全球纺织经济论坛在北京举行。中纺协提出的"科学技术、品牌与国际合作"主题，在行业内形成了广泛共识。

中国名牌产品暨中国世界名牌产品表彰大会在北京举行。纺织服装行业有 142 个产品获中国名牌称号，至此，全国纺织服装行业已拥有 404 个中国名牌产品。

2008 年

3月，中纺协安排 6 个调研组，分赴重点产业集群地浙江、江苏、山东、广东、福建以及河北等地进行调研。

4月，杜钰洲应邀出席中国工业经济联合会召开的社会责任高层论坛，并作了专题报告。会上发布了由工经联与中纺协 11 个行业协会联合发布的《中国工业企业及工业协会社会责任指南》。

12月，首家上海纺织品牌街在制造局路开张营业，入驻品牌有三枪、海螺、民光、菊花、皇后、钟牌 414、迪士尼、鹅牌等。

2009 年

2月，温家宝在天津就经济运行情况进行调研。在考察天津高新纺织工业园、天纺公司纺纱车间后，语重心长地说，纺织工业是我国的传统支柱产业和重要民生产业，关系经济发展的大局。在当前的困难面前，除了国家支持外，更需要大家知难而上。并提出三点希望：及时调整产品结构；努力提高产品质量，降低成本，提高企业竞争力；内销与外销并举，积极开辟多元化市场。

6月，温家宝在山东就经济工作进行调研时，十分关心民营企业的发展，考察了魏桥创业集团，勉励纺织企业在应对国际金融危机的关键时刻，还要加把劲，继续努力。

中美两国棉花协会在 2006 年签署《合作谅解备忘录》，建立了中国棉花协会 CCA 与美国棉花协会 NCC 之间的交流合作机制。2008～2009 年，美国每年向中国出口棉花 500万～800 万包。

2010 年

十二类新型纺机入选工信部、科技部、财政部和国资委联合发布的《重大技术装备自主创新指导目录（2009）》。包括精密碳纤维预浸生产线，废塑料基复合材料综合利用技术装备等。

11月，在巴西圣保罗举办的国际纺织制造商联合会 2010 年会上，王天凯当选为国际纺联副主席。

2011 年

8月 14 日，胡锦涛到广州 T.I.T 纺织服装创意园进行考察。同园区负责人、服装设计师和前来订货的客户深入交谈，询问服装设计、品牌培育等情况，倾听他们对发展中国纺织服装业的建议；希望园区内的企业充分发挥智力优势，努力打造具有国际竞争力的中国服装品牌，推动我国从服装制造大国向服装制造强国迈进。

12月，温家宝到江苏省常熟、昆山和苏州工业园区考察，深入常熟服装城、红豆集团、无锡第一棉纺织厂进行调研，并与企业负责人座谈。针对纺织行业利润过低、技术投入较少的问题，温家宝提出，国务院将采取三条扶持政策：资金支持，防止资金链断链；保持出口政策稳定；包括技改在内的扶持政策，支持企业加快技改、更新设备、增强发展后劲。

2013年

5月，中国纺织工业联合会发布《建设纺织强国纲要（2011～2020年）》，提出：到2020年建成世界纺织强国的重大战略目标和科技创新、品牌建设、可持续发展、人才培养四大发展任务。

11月25日，习近平考察山东如意科技集团。

2014年

5月，第三届中国工业大奖表彰大会在人民大会堂举行。鲁泰纺织股份有限公司获得本届"中国工业大奖"。

10月，国际纺织制造商联合会（ITMF2014）在中国举行。中国纺织工业联合会会长王天凯正式接替约书亚·戈麦斯，出任新一届国际纺联主席。

11月，在第20届亚太质量组织会议暨全球卓越绩效奖颁奖大会上，鲁泰纺织股份有限公司荣获本届"全球卓越绩效奖"（世界级）荣誉称号。

2015年

1月，中共中央、国务院在北京隆重举行国家科学技术奖励大会，有6项纺织科技成果获奖。由山东康平纳集团、机械科学研究院总院、鲁泰纺织股份有限公司通过"产学研用"深入合作，历时八年研制成功的"筒子纱数字化自动染色成套技术与装备"项目荣获2014年度国家科学技术进步一等奖。在创新能力增强的新形势下，时隔五年纺织系统再夺国家一等奖。

11月，意大利米兰举行全球最具影响力的第17届国际纺机展（ITMA2015），共有691家企业参展，其中中国纺机企业184家，相比上一届的83家，参展企业数大幅增加。

12月，恒力石化（大连长兴岛）隆重举行"恒力石化炼化一体化项目"开工典礼。

2016年

纺织工业"十三五"发展规划公布。要点为：牢固树立并贯彻"创新、协调、绿色、开放、共享"五大发展理念。

工信部、中纺联和中轻联联手，共同致力于消费品工业领域实施"三品"战略，即增品种、提品质、创品牌。

在"一带一路"倡议驱动下，江苏、浙江、广东、山东等一批大型纺织企业在新疆投资建厂，或与当地合作办厂。一大批对口援助项目相继签约、奠基、投产。不仅推动了新疆的经济，还为国家"一带一路"建设作出了贡献。

9月，中纺联召开会员代表大会。中纺联第四届第一次理事会选举产生124位常务理事，孙瑞哲当选中纺联会长，高勇当选秘书长，杨纪朝、夏令敏、徐迎新、陈大鹏、李陵申、端小平、杨兆华、孙准滨当选副会长。

12月，国资委机关党委根据中纺联党委的请示，批准高勇担任中纺联党委书记。

附录三 中国纺织工业不同时期各类数据统计表

附表 1 纺织工业在国民经济中的地位

年度	企业单位数 纺织工业(万家)	企业单位数 全国占比(%)	从业人数 纺织工业(万人)	从业人数 全国占比(%)	工业总产值 纺织工业(亿元)	工业总产值 全国占比(%)	税利总额 纺织工业(亿元)	税利总额 全国占比(%)	社会消费品零售额 纺织工业(衣着)(亿元)	社会消费品零售额 全国占比(%)	主营业务收入 纺织工业(亿元)	主营业务收入 全国占比(%)	外贸出口 纺织品服装(亿美元)	外贸出口 全国占比(%)
1950													0.3	4.7
1952			127.0		94	27.4	7.2	19.3	50.8	19.3				
1960		16.8	210.4						129.0	21.7			6.6	35.3
1962					154	18.1	22.2							
1965	3.32													
1970	2.46	12.6			324	13.4	70.5	15.4	170.2	23.4			6.0	26.3
1980	3.74	9.9	472.7	12.0	871	17.4	179.8	16.9	413.7	23.0			49.5	27.1
1990	5.06	10.0	882.0	16.6	3325	16.1	219.3	13.5	1182.2	16.3			149.4	24.1
2000	1.94	11.9	758.5	13.3			601.8	4.5			8339.4	9.9	530.4	21.3
2005	3.65	13.7	994.8	14.7			1288.9	5.1			20110.1	8.1	1175.4	15.4
2010	5.46	12.1	1151.9	12.1			4393.2	5.1			46608.3	6.6	2120.0	13.4
2014	3.83	10.4	975.3	10.0			5734.7	5.1			67220	6.1	3069.6	13.1
2015	3.91	10.2	972.6	10.0			4243.4		13484	4.5	70713	6.1	2911.5	12.8

资料来源：1950~1995年为中国科技出版社《纺织统计手册》，2000年起为中国纺织工业协会《纺织工业统计年报》。

注　1. "全国占比"指全部工业中的占比。

　　2. 企业单位数、主营业务收入、从业人数、税利总额，2000年起均为"规模以上企业"数据，因此，出现2000年起多项数据减缩现象。

　　3. "外贸出口"根据海关统计。

附表2　中国纺织工业"产业链"分行业产值比重（行业构成）

项目	工业总产值（亿元）（分期不变价，纺织工业部系统）				工业销售产值（亿元）（规模以上企业）		工业总产值的行业构成（%）				工业销售产值的行业构成（%）	
	1952年	1965年	1980年	1990年	2010年	2014年	1952年	1965年	1980年	1990年	2010年	2014年
全部纺织工业	104.5	247.0	763.5	2312	45703	62947	100	100	100	100	100	100
化纤制造		4.2	49.8	254.0	4868	6975		1.7	6.5	11.0	10.65	11.1
纺织工业	94.3	212.3	616.9	1668	27973	35447	90.2	86.0	80.8	72.1	61.15	56.3
棉纺织印染	73.7	137.5	438.9	696.1	15458	22533	70.5	55.7	57.5	37.0	33.82	35.7
毛纺织	1.4	9.1	34.7	94.1	1623	2242	1.3	3.7	4.8	4.1	3.55	3.5
麻纺织	2.1	2.8	10.0	26.4	285	515	2.0	1.1	1.3	1.1	0.62	0.8
丝绢纺织	3.0	15.3	45.8	100.9	1488	1224	2.9	6.2	5.9	4.4	3.26	2.0
化纤织造及其印染						1062						1.7
家用纺织品制造					4083	2472					8.9	3.9
产业用纺织品制造						2332						3.7
针织物												
针织服装	3.6	11.3	63.9	111.1	5036	3582	4.3	6.3	9.9	9.2	11.0	4.9
服装工业	10.2	30.5	96.8	390.0	11992	19382	9.8	12.3	12.7	16.9	26.24	30.8
纺织专用设备制造					870	1143					1.9	1.8

注　2014年针织服装统计数，此表包含在"纺织工业：针织业"内。

附表3 中国纺织工业设备规模总表

类别	项目	1950	1955	1960	1961	1962	1970	1972	1980	1990	1995	2000	2003	2005	2008	2009	2010	2015
棉纺织	棉纺锭（万锭）	513		1006			1294		1780	3882	4191	3444		7500			12000	
	有梭织机（万台）		51.1	38.3			37.9		53.9	86.0	91.3	59.45		64.92			67.25	
	无梭织机（万台）								0.49	1.69	4.26	6.09		29.69			58.75	
毛纺织	毛纺锭（万锭）	11.9		21.4			31.4		60.1	265.9	399.1	358.8				385		
	精纺（万锭）	5.7		11.6			18.7		29.5	101.0	156.6	178.6						
	粗纺（万锭）	6.2		9.8			12.7		30.6	164.9	242.5	180.2						
	毛织机（千台）	1.9		2.8			4.5		8.3	33.5	40.5							
麻纺织	黄麻纺（万锭）	2.2		4.8					11.6	33.2	27.3							
	亚麻纺（万锭）		1.4	1.5					1.9	10.8	18.4	18.6	36.2		80			65
	苎麻纺（万锭）	0.8		2.0					4.6	55.8	50.3	36.3	33			65		33
丝绢纺织	桑丝缫丝（万绪）	13.9		29.9			47.6		88.7	202.7	420.0	260.9	199					
	其中：自动缫（万绪）			2.9			5.4		12.8	1.8	63.1	79.3						
	绢纺（万锭）	2.5		4.7			11.1		12.4	21.9	29.3	46.3						
	丝织机（万台）	4.1		3.2			3.0		6.0	17.9	23.5	19.3						
印染	滚筒印花（台）		67			93	136			320	439							
	圆网印花（台）									169	309							
	平网印花（台）									166	310							
	连续轧染机（台）		28		61		239		351	465	630							

中国
纺织工业
发展历程研究
（1880~2016）

	项目	1950	1955	1960	1961	1962	1970	1972	1980	1990	1995	2000	2003	2005	2008	2009	2010	2015
针织	棉毛车（台）				3087		4972		11142	23677	33634							
	台车（台）				2972		4161		6084	20696	23317							
	纬编大圆机（台）								580	6447	7544							
	经编机（台）				67			246	1938	3884	3833							

附表4 中国棉、毛、麻、丝绢纺织工业及纯化纤制品主要产品历年产量

年度	棉纺织工业			毛纺织工业		麻纺织工业			丝绢纺织工业				纯化纤制品	
	棉型纱（万吨）	棉型布（亿米）	印染布（亿米）	呢绒（万米）	毛线（万吨）	苎麻布（万米）	亚麻布（万米）	麻袋（万条）	蚕丝（千吨）	绢丝（千吨）	真丝绸（万米）	蚕丝被（万条）	长丝织物（亿米）	无纺布（万吨）
1950	43.7	25.2		488	0.13	37	13	15	3.1	0.3	5200			
1960	109.3	54.5	32.2	2646	0.95	995	2487	80	6.2	2.1	10100		1.76	
1970	205.2	91.5	53.0	5776	2.17	4062		184	10.8	4.7	36800			
1980	292.6	135.6	80.7	10093	5.73		1965	2097	26.3	9.1	24500		5.14	
1990	462.6	188.6	91.6	29505	23.79	9852	7119	2733	45.3	10.6	49000		12.2	
2000	660	277	171	27832	39.6									5.82
2005	1451	484	362	32960	38.7									35.0
2010	2973	800	602	56630	30.1	31085	26365		162.0	55.1	77446	1980		175.8
2011													370	
2015	3538	893	509	63326	40.5	57857	36536		172.1	9.8	62411	2328	433	442.9

注 1950～1990年的统计口径为纺织工业部系统（乡及乡以上企业），2000年以后的统计为规模以上企业，2000～2010年销售收入500万元以上企业，2015年销售收入2000万元以上。

附录

附表 5　中国化纤制造业主要产品及衍生产品发展历程

类别	年度	化纤总产量（万吨）	再生纤维（万吨）				合成纤维（万吨）							衍生产品			
			合计	黏胶短纤维	黏胶长纤维	醋酯纤维	合计	涤纶	锦纶	腈纶	维纶	丙纶	氨纶	化纤长丝织物（亿米）	非织造布（万吨）	轮胎帘子布（万吨）	再生纤维浆粕（万吨）
全球	1950	167.6	160.7				6.9										
	1955	254.8	228.2				26.6	1.6	18.4	2.8							
中国	1960	1.1	1.0				0.03							1.76			
	1965	5.0	4.5				0.5	0.01	0.3	0.01							
	1970	10.1	6.5				3.6	0.13	0.7	0.02							
	1975	15.5	8.9				6.6	1.8	1.5	0.51							
	1980	45.1	13.6		13.6	31.41	11.8	3.2	5.8	1.03			5.14				
	1985	94.8	17.7		17.7	77.06	51.6	7.1	7.3								
	1990	164.8	21.6		21.6	143.2	104.2	10.4	12.2		22.4		56.43				
	1995	341.2	32.3		41.2	308.9	174.1	25	23.4		82.6						
	1998												53.69				
	2000	695	54		51.2	640	518	40.4	47.4					5.82	20.8		
	2005	1665	111		111.5		1497	1211	71.7	74.1					35.01	31.8	
	2010	3090	217.4		183.5	29.0	2852	2513.3	161.8	65.7	6.0	33.8	27.4		175.75	50.7	188
	2011													370			
	2015	4832	385	317.7	25.9	36.4	4446	3918	287.3	72.0	10.0	25.9	51.2	433	442.94	78.5	171.9

资料来源：1950～1995 年为中国科技出版社《纺织统计手册》，2000～2005 年为中纺联《中国纺织工业改革开放 30 年》，2000～2005 年为中国纺织业协会《纺织工业统计年报 2014/2015》。

中国
纺织工业
发展历程研究（1880～2016）

附表 6　中国化学纤维制造业发展水平的国际比较

单位：万吨

国家和地区		1960年（不含PP）化学纤维	合成纤维	人造纤维	1980年（不含PP）化学纤维	合成纤维	人造纤维	2000年（含PP）化学纤维	合成纤维	人造纤维	2005年（含PP）化学纤维	合成纤维	人造纤维	2010年（含PP）化学纤维	合成纤维	人造纤维	2014年（含PP）化学纤维	合成纤维	人造纤维
全球	产量	330.5	70.5	260.0	1373.0	1048.7	324.4	3389.4	3199.4		4246.0	3998.4		5166.8	4839.3	327.5	6653.1	6152.0	502.9
中国大陆	产量	1.06	0.03	1.04	45.03	31.31	13.62	694.2	629.5		1817.7	1712.1		2983.3	2808.2	175.2	4352.5	4017.0	335.6
	占比（%）				3.3	3.0	4.2	20.5	19.7	54.0	42.8	42.8	53.5	57.7	58.0	53.5	65.4	65.3	66.7
美国		77.4	30.7	46.7	360.8	324.2	36.6	475.1	459.2		410.0	405.1		248.6	246.1	2.5	254.5	252.0	2.5
西欧								430.9	385.2		461.9（全欧）	411.3（全欧）		224.2	183.2	41.0	196.9	156.6	40.3
德国		28.1	5.2	22.9	83.1	72.0	11.1												
英国		26.9	6.1	20.8	43.4	28.8	14.6												
法国		16.4	4.5	11.9	25.8	19.2	6.6												
意大利		18.6	3.4	15.2	41.9	35.5	6.4												
印度		4.3		4.3	20.3	13.2	7.1	180.0	150.2		225.2	195.7		378.3	343.3	35.0	456.7	414.6	42.1
印度尼西亚														155.4	116.3	39.4	190.1	139.5	50.5
中国台湾		4.0		4.0	63.6	55.8	7.8	341.1	326.9		287.4	275.9		250.3	240.5	9.7	220.6	208.1	12.5
日本		55	11.8	43.2	175.4	135.7	39.7	161.2	147.3		120.2	113.5		87.0	80.7	6.2	83.4	77.1	6.3
韩国					56.4	43.7	2.7	278.1	277.5		182.9	182.1		168.6	168.6		165.5	165.5	

资料来源：1960年、1980年据中国科技出版社《2000年纺织统计手册》，2000～2015年用的是国外权威统计，与我国的统计略有出入。

注　PP指聚丙烯纤维（丙纶）；为进行国际比较，2000~2015年纺织工业发展报告（2015/2016）》，中纺联《纺织工业统计年报 2014/2015》。

附
录

623

附表7 中国棉、毛、丝、化纤织物（表观）人均分得量

年度	全国人口（万人）	棉织物				毛织物				真丝织物			化纤长丝织物			
		产量（亿米）	进口（亿米）	出口（亿米）	分得量（米）	产量（万米）	进口（万米）	出口（万米）	分得量（米）	产量（万米）	出口（万米）	分得量（米）	产量（亿米）	进口（亿米）	出口（亿米）	分得量（米）
1950	55200	25.2		0.28	4.5	488				5200			0.1			
1960														1.76		
1980	98710	81.1		14.95	7.3	10093		1563		24500		13225		5.14		
2000	126747	277	14.89	29.69	20.7	27832	5900	3662	0.2			13043				
2005	130756	484	15.64	54.93	34.0	32960	7037	9933	0.3			28830				
2009											26213					
2010	134091	800	8.59	78.77	54.4	56630	4914	8707	0.39	77446		0.39		12.96	95.1	21.5
2011													370			
2014											15624					
2015	137462	893	5.78	83.09	59.3	63326	3449	7317	0.44	62411		0.37	433	9.2	116	23.7

附表 8　中国棉、毛、麻、丝、化纤织物年产量及人均水平

年度	棉型布（亿米）	化纤长丝织物（亿米）	真丝绸（亿米）	呢绒（万米）	苎、亚麻织物（万米）	全部织物	
						年产量（亿米）	人均（米）
1950	25.2		5200	488	50	25.77	4.7
1960	54.5	1.76	10100	2646	3482	57.94	8.8
1970	91.5	0.64	36800	5776	*2500	96.64	11.6
1980	135.6	5.14	24500	10093	6027	144.60	14.7
1991	188.8	12.2	49208	29505	9852	209.85	18.4
1995	260.2	51.4	94850	65392	17797	334.40	27.6
2000	277	46.92		27832	12045	327.9	26.9
2005	484	77.74		32960	21568	567.2	43.4
2010	800	300*	77446	56630	57450	1112.2	82.9
2015	893	433	62411	63326	94393	1347.4	98

* 匡算数。

注　1. "规模以上企业"的界定标准: 2000～2010 年,为年销售 500 万元以上的企业; 2011 年起,为年销售 2000 万元以上的企业。

　　2. 未列针织物产量,因内销针织品的坯布均作为半制品。但近年直接出口的针织物(针织坯布)数量很大。

　　3. 化纤长丝织物的产量,传统上均与真丝一道计入丝织物数。

　　4. 1950～1995 年均为纺织工业部统计口径,从 2000 年起,除棉布为全社会统计口径外,其余均采用"规模以上企业"统计口径。

附表 9　世界主要国家棉纺织工业规模　　　　　　　单位: 万锭

国家	1950	1960	1970	1980	1990	1997	2000	2005	2010
全球	10034	12296	13584	16185	16554		15691	18834	24357
中国	513	1006	1294	1780	3882		3444	7500	12000
美国	2179	1991	1986	1706	985		333	143	67
英国	1031	688	350	180	50				
德国	543	590	379	251	137		48	27	9
法国	676	569	362	229	71	29			
意大利			412	331	198		147	121	121
巴西			359	447	800		544	450	479
墨西哥				341	355		350	354	354
日本	433	1321	1176	989	768		376	180	98
苏联 / 俄罗斯	859	1080	1470	1707	900		238	170	48.5

国家	1950	1960	1970	1980	1990	1997	2000	2005	2010
土耳其				309	377		555	642	650
印度	1022	1371	1800	2108	2665		3770	3414	4535
巴基斯坦				388	545		857	1027	1063
印尼				204	450		850	800	882
泰国				116	300		372	381	362
孟加拉							247	484	728
埃及							260	222	189
越南							89	194	366

附表 10 中国棉型纱、棉型布和印染布历年产量

年度	棉型纱（万吨）	棉型布（亿米）	印染布（亿米）
1950	43.7	25.2	
1955	72	43.6	27.5
1960	109.3	54.5	32.2
1965	130	62.8	35.9
1970	205.2	91.5	53
1975	210.8	94	58.9
1980	292.6	135	80.7
1985	353.5	152	75.3
1990	462.6	188.8	91.6
1995	542.2	260.2	136.5
2000	660	277	171
2005	1451	484	362.2
2010	2573	800	601
2015	3538	892.6	509.5

资料来源：1950~1995年据中国科技出版社《纺织统计手册》，2000~2015年据中纺联《纺织工业统计年报》。

注 统计口径：纱、布为"全社会"数据，印染布自2000年起为"规模以上企业"数据。

附表 11　中国毛纺织工业设备和生产规模

年度	毛纺锭（万锭）			呢绒产量（万米）				毛线（绒线）（万吨）	毛毯（万条）
	合计	精梳毛纺	粗梳毛纺	合计	精纺呢绒	粗纺呢绒	长毛绒		
1950	11.9	5.7	6.2	488	155	291	8	0.13	49
1955	13.6	7.2	6.4	1027	495	394	90	0.37	78
1960	21.4	11.6	9.8	2646	2163	931	285	0.95	206
1965	27.7	18	9.7	4240	2846	869	246	1.10	242
1970	31.4	18.7	12.7	5776	4046	949	323	2.17	445
1975	41.6	26.3	15.3	6943	4457	1631	414	2.66	513
1980	60.1	29.5	30.6	10093	6748	2332	339	5.73	884
1985	135.6	60.7	74.9	21816	10607	9661	511	12.59	2015
1990	265.9	101	165	29505	13703	14728	243	23.79	2296
1995	399.1	156.6	243	65392	22643	24805	8933	51.38	3776
2000	359	178.6	180	27832				39.62	
2003	385								
2005				32960				38.69	
2010				56630				30.05	
2015				63326				40.47	

注　统计口径：1950～1995年为纺织工业部统计，2000～2015年为全社会"规模以上企业"统计。

附表 12　中国麻纺织工业设备和生产规模

年度	苎、亚麻纺锭（万锭）			苎、亚麻织物产量（万米）			黄麻纺织业		
	合计	苎麻纺锭	亚麻纺锭	合计	苎麻织物	亚麻织物	纺锭（万锭）	织机（台）	麻袋产量（亿条）
1950				50	37	13	2.2	872	0.15
1955	2.9	1.5	1.4	1619	82	1537	3.1	1340	0.53
1960	3.5	2.0	1.5	3482	995	2487	4.8	2174	0.86
1965	3.1	1.7	1.4	2711	1299	1412	4.5	2174	1.25
1970									1.84
1975	4.3	2.5	1.8	2513	729	1814	8.9	4978	1.91
1980	6.53	4.59	1.94	6027	4062	1965	11.6	6059	4.25
1985	23.77	20.56	3.21	6198	3936	2262	20.4	9892	6.27
1990	66.56	55.8	10.76	16971	9852	7119	33.2	18646	7.4

年度	苎、亚麻纺锭（万锭）			苎、亚麻织物产量（万米）			黄麻纺织业		
	合计	苎麻纺锭	亚麻纺锭	合计	苎麻织物	亚麻织物	纺锭（万锭）	织机（台）	麻袋产量（亿条）
1995	68.65	50.3	18.35	17797	12063	5734	27.3	16079	7.17
2000	54.9	36.3	18.6	13000	8949	4051		66	0.9
2003		33	36.2						
2005	69.2			21568					
2008	170	90	80						
2010				57450	31085	26365			
2015	98.0	33	65.0	94393	57857	36536			

注　统计口径：1950～1995 年为纺织工业部统计，2000～2015 年为社会"规模以上企业"统计。

附表 13　中国丝绸纺织工业历年产量及出口量值

年度	蚕丝（千吨）	绢纺丝（千吨）	真丝绸（万米）	蚕丝被（万条）	出口量值					
					蚕丝		丝纤维纱线		丝绸	
					吨	亿美元	吨	亿美元	万米	亿美元
1950	3.1	0.3	5200		1546				821	
1955	6.5	1.2	9400		3334				3780	
1960	6.2	2.1	10100		2380				12650	
1965	6.7	2.4	19600		2850				9500	
1970	10.8	4.7	36800		4283				8423	
1975	17.0	6.0	17600		4853				11620	
1980	26.3	9.1	24500		7731				13225	
1985	34.6	4.2	29500		10893				11304	
1990	45.3	10.6	49000		8594				20282	
1995	80.4	22.5	94800		12710				18800	
2000	77.3				17309	3.31	10804	2.35	13043	3.62
2005	132.5				15733	2.76	16737	3.39	28830	7.21
2010	162	55.1	77446	1980	10014	3.67	9417	2.81	27379	9.93
2015	172.1	9.8	62411	2328	8049	3.57	4888	1.89	11178	7.25

附表14 中国化纤长丝织物产量及进出口量值

年度	化纤长丝织物产量（亿米）	出口 合计 亿米	出口 合计 亿美元	出口 涤纶长丝织物 亿米	出口 涤纶长丝织物 亿美元	出口 锦纶长丝织物 亿米	出口 锦纶长丝织物 亿美元	进口 合计 亿米	进口 合计 亿美元	进口 涤纶长丝织物 亿米	进口 涤纶长丝织物 亿美元	进口 锦纶长丝织物 亿米	进口 锦纶长丝织物 亿美元
1960	1.76												
1975	2.78												
1980	5.14												
1990	12.2												
1995	56.43												
1998	53.69												
2009		66.06	52.85										
2010		75.95						14.3					
2011	370	95.08	94.06	83.8		1.99		12.96					
2012	395	95.8	99.64	84.08	88.14	2.12	2.73	11.72		5.22		3.81	
2013	420	106.54	112.74	93.45	99.65	2.33	3.1	10.94		4.87		9.88	
2014	425	113.32	116.86	99.11	102.3	8.55	13.4	9.32	18.78	3.48	5.75	4.27	8.63
2015	433	115.92	116.04	110.75	100.2	3.3	4.19	9.18	16.58	3.86	7.67	3.3	5.13

注 化纤长丝织物本来是丝绸行业的一项"补位"产品，在1950～2010年无完整统计数据。

附表 15　纺织纤维加工量

年度	全球	中国		美国	日本	印度
	万吨	万吨	占比（%）	万吨	万吨	万吨
1950	1000	88.5	8.9	285.3		
1960				290.9		
1970				421.1	193.3	
1978		276	10	521.2	202.8	158.4
1990	3846		19.5	635.5	203.1	252.7
1993		750				
1998	4573	1050	23	794.4		
2000	5760	1360	23.6			
2005	7127	2690	37.8			
2007	6770	3530	52.1			
2010	8080	4130	51.1			
2012	8850	4530	51.2			
2013	8750	4850	55.4			
2014		5000	54.4			
2015		5300	54.8			

附表 16　世界主要国家（表观）人均纤维消费量　　　单位：千克／（人·年）

国家和地区	1950	1960	1970	1974	1975	1980	1990	1998	2000	2008	2010	2014	2015
全球	4.0						7.3		8.7		11.8		
中国	2.0			3.2		4.1	4.8		7.8	15.0	18.0		18.3
美国	18.2	15.9	22.4	21.9		21.0	26.2		39.6	36.0	35.2	34.5	
日本	2.5	8.0	13.9	14.5		16.8	21.9						
印度				2.1		2.1	2.8						
德国				17.3		22.3	26.0						
英国				15.3		13.7	18.9						
法国				13.1		14.3	16.8						
意大利				10.8		10.5	18.6						
土耳其				8.0		7.9	12.9						

国家和地区	1950	1960	1970	1974	1975	1980	1990	1998	2000	2008	2010	2014	2015
苏联				14.4		15.4	15.4						
墨西哥					5.6	6.6	6.6						
西欧				14.0		16.0	19.1	20.9					

资料来源：中国科技出版社《中国及世界纺织统计手册》；中纺联《纺织工业统计年报》。

注 依据联合国粮农组织和社会发展部 EST/FAO 1983 年规定的计算公式，人均纺织纤维消费量［千克/（人·年）］为［工厂（工业）使用纤维总量 + 进口折合纤维量 – 出口折合纤维量］/ 当年人口。

附表 17 中国服装制造业历年生产规模　　　　单位：亿件

年度	服装产量	梭织服装				针织服装		
		合计	西服	衬衫	羽绒服	合计	棉针织	毛针织
1960						5.43		
1965	7.81	3.85				3.66		
1970	9.84	3.66				6.18		
1975	13.99	6.73				7.26		
1980	21.62	9.45				12.17		
1985	37.9	12.67			0.11	15.23		
1990	46.89	31.74			0.06	15.15		
1995	113.3	82	5.57	12.87	0.75	31.3	17.73	13.57
2000	72	37				34		
2005	148	71				77		
2010	285.21	121.05	5.7	10.71	2.79	164.17		
2015	308.27	164.62	5.94	10.8	3.46	143.65		

注 1960～1995 年为纺织工业部统计口径；2000～2015 年为"规模以上企业"，2000 年统计数缩减，是由于统计口径变化。

附表 18 中国化学纤维进出口量　　　　单位：万吨

年度	进口量						出口量					
	总计	合成纤维				再生纤维	总计	合成纤维				再生纤维
		合计	涤纶	腈纶	锦纶			合计	涤纶	腈纶	锦纶	
1950	0.05					0.05						
1960	3.51	0.03				3.48						
1970	4.27	1.28	0.64	0.13	0.51	2.99						
1980	40.71	32.99	25.1	5.18	2.71	7.72						

年度	进口量						出口量					
	总计	合成纤维				再生纤维	总计	合成纤维				再生纤维
		合计	涤纶	腈纶	锦纶			合计	涤纶	腈纶	锦纶	
1985	55.6	48.97	25.8	22.6	0.32	6.63						
1986							0.02					
1990	61.02	49.33	21.6	21.6	1.84	11.69	0.1					
1994							0.19					
1995	129.32	124.87	75.6	37.4	4.95	4.45						
2000	104.2	99.6	62.2	35.3	0.89	4.68	2.23	1.98	0.24	0.08	0.06	0.25
2005	89.6	83.6	34.6	46.5	1.35	6.01	26.72	24.88	20.92	0.21	0.35	1.84
2010	47.0	36.75	14.3	19.6	1.3	10.24	74.37	64.33	59.56	0.44	0.69	10.04
2015	55.43	33.96	12.68	15.85	1.19	21.47	125.81	103.82	95.79	1.95	0.72	21.99

附表 19　中国产业用纺织品制造业发展历程　　　　　　单位：万吨

年度	1997	2007	2011	2012	2013	2014	2015
产业用纺织品纤维加工量	132	544	910	1010	1130	1230	1341
在纺织行业加工量中占比（%）	13.2	15.4	21.1		23.5	24.6	25.3
医疗及卫生用纺织品	20.0	42.6	80.5	90.6	102.7	115.7	132.9
过滤与分离用纺织品	12.6	36.4	64.9	74.0	85.3	96.8	110.8
土工用纺织品	2.5	13.8	53.5	59.7	68.2	75.8	85.4
建筑用纺织品	0.7	22.4	40.8	45.6	51.7	56.5	62.4
交通运输用纺织品	2.5	16.3	46.3	49.8	56.3	61.6	65.4
安全与防护用纺织品	3.3	16.2	24.5	26.4	28.9	31.7	34.4
结构增强用纺织品		6.0	68.5	86.5	99.8	107.3	116.2
农业用纺织品	2.5	13.5	54.6	57.7	62.3	66.9	72.1
渔业、水产用纺织品	8.0	28.2					
包装用纺织品	5.0	55.6	70.6	74.8	81.1	87.3	94.1
文体与休闲用纺织品	2.5	20.5	28.2	29.7	32.0	34.6	37.5
篷帆类纺织品	10.0	108.3	164	176.5	194.8	210.4	227
合成革用纺织品	17.0	51.9	77.9	90.0	101.2	105.4	107.8
隔离与绝缘用纺织品	1.3	15.5	27.9	31.1	35.0	38.3	41.7

中国
纺织
工业
发展历程研究
（1880~2016）

年度	1997	2007	2011	2012	2013	2014	2015
线绳（缆）带类纺织品	6.6	18.1	46.5	51.0	56.8	61.8	67.7
工业用毡毯（呢）类纺织品	3.0	14.0	29.5	32.7	36.9	40.0	43.5
国防用纺织品	3.0	7.5					
其他	2.5	19.7	32.0	34.2	37.2	40.6	43.1
无纺布和轮胎帘子布发展历程							
无纺布（非织造布）	29.3	61.1	185	236.5	257.3	361.4	442.9
轮胎帘子布	20.0	43.1	56.7	57.1	87.4	83.7	78.5

注 其他年份产业用纺织品纤维加工量：1988 年 53 万吨，占 8.2%；1993 年 86 万吨，占 11.5%；1998 年 155.5 万吨，占 14.8%；2000 年 173.8 万吨，占 12.8%；2001 年 190 万吨，占 12.7%；2002 年 208.1 万吨，占 11.9%；2003 年 261.8 万吨，占 13%；2004 年 318.5 万吨，占 13.2%；2005 年 365.4 万吨，占 13.6%；2006 年 453.7 万吨，占 14.8%。

附表 20　中国纺织品服装出口总值及贸易顺差　　单位：亿美元

年度	出口		占比（%）	进口		贸易差额	
	全国	纺织品服装		全国	纺织品服装	全国	纺织品服装
1950	5.5	0.26	4.7	5.83	1.3	−0.33	−1.04
1960	18.56	6.56	35	19.53	1.62	−0.97	4.94
1965	22.18	5.6	25	20.17	2.31	2.01	3.59
1970	22.6	5.96	26.4	23.26	1.56	−0.66	4.4
1980	182.7	44.1	24.1	195.5	8.6	−12.8	35.5
1990	620.7	138.5	22.3	533.5	27.9	87.2	110.6
1995	1487.8	379.7	25.5	1156.9	118.8	330.9	360.9
2000	2492.1	530.4	21.3	2250.9	138.9	241.2	391.5
2003	4383.7	804.8	18.4	4128.4	155.9	255.3	648.9
2004	5933.6	973.9	16.4	5613.8	168	319.8	805.8
2005	7620	1175.4	15.4	6601.2	170.9	1018.8	1004.4
2006	9690.8	1470.9	15.2	7916.1	180.5	1774.7	1290.3
2007	12180.2	1756.2	14.4	9558.2	187.4	2622	1568.8
2008	14285.5	1896.2	13.3	11330.9	186.5	2954.6	1709.8
2009	12016.6	1713.3	14.2	10056.0	169.2	1960.6	1544.1
2010	15779.3	2121.0	13.4	13948.3	203.2	1831.0	1916.8
2011	18986.0	2541.2	13.4	17434.6	231.6	1551.4	2309.7

年度	出口		占比（%）	进口		贸易差额	
	全国	纺织品服装		全国	纺织品服装	全国	纺织品服装
2012	20489.4	2625.6	12.8	18178.3	248.0	2311.1	2377.6
2013	22100.2	2920.8	13.2	19502.9	275.5	2597.3	2645.3
2014	23427.5	3069.6	13.1	19602.9	273.8	3824.6	2795.8
2015	22765.7	2911.5	12.8	16820.7	265.4	5945.0	2646.0

注 1.1950~1970年，纺织工业部统计口径的进出口数字均为"纤维品"，包括"纤维"和"纺织品、服装"。其后年度的统计口径均为"纺织品、服装"。

　　2.统计数据为海关口径。

附表21　中国纺织工业各类产品内外销比重　　　　　　　单位：亿元

项目	2010 年			2014 年		
	工业销售产值	其中：出口交货值	外销占比（%）	工业销售产值	其中：出口交货值	外销占比（%）
全部纺织工业	45703	8363	18.3	62947	9209	14.6
化学纤维	4868	331	6.8	6975	479	6.9
棉纺织品	15458	1510	9.8	22533	1668	7.4
毛纺织品	1623	208	12.8	2242	285	12.7
麻纺织品	285	37	13	515	50	9.7
丝绸	1488	152	10.2	1224	128	10.5
化纤织物				1062	125	11.8
家用纺织品	4083	957	23.4	2472	601	24.3
产业用纺织品				2332	429	18.4
针织织物	5036	1756	34.9	3067	637	20.8
针织服装				3406	1215	35.7
梭织服装	11362	3152	27.7	15063	3242	21.5
鞋帽	630	192	30.5	913	271	29.7
纺织专用设备	870	68	7.8	1143	79	6.9

注 统计数据为"规模以上企业"。

附表 22　世界主要纺织品、服装出口国的消长

单位：亿美元

项目		1960	1970	1972	1980	1990	1995	2000	2006	2010	2014	2015
全球	纺织品、服装	64.3	172.0		955.5	2129.8	3077.4	3527.0	5292.0	6069.4	7973.6	
	纺织品	52.0	123.2		553.5	1043.5	1503.0	1548.8	2186.1	2524.5	3140.8	
	服装	12.3	48.8		402.0	1086.3	1574.4	1978.2	3105.9	3544.9	4832.8	
中国	纺织品、服装	5.5	5.0		44.1	168.9	379.7	522.1	1440.6	2066.9	2982.7	2911.5
	纺织品	3.0	3.4		27.6	72.2	139.2	161.4	486.8	768.7	1116.6	1152.6
	服装	2.5	1.6		16.5	96.7	240.5	360.7	953.8	1298.2	1866.1	1758.9
欧盟27国	纺织品				254.6	507.9	604.9	568.2	738.5	680	748.3	
	服装				154.9	407.8	479.2	562.4	914.4	1001.6	1265.9	
美国	纺织品		6.0		37.6	50.4	73.7	109.5	126.7	121.6	143.7	
	服装		2.3		12.6	25.7	66.5	86.3	48.7	46.7	61.1	
印度	纺织品				11.5	21.8	43.0	55.9	88.8	128.3	183.4	
	服装				5.9	25.3	41.1	59.7	95.6	112.3	177.4	
韩国	纺织品			18.0	22.1	60.8	123.1	127.1	101.1	109.7	119.1	
	服装			44.0	29.5	78.8	49.6	50.3	21.8	16.1	22.5	
日本	纺织品	12.0	17.4		51.2	58.7	71.8	70.2	69.3	70.9	63.9	
	服装		4.6		4.9	56.6	53.0				6.2	
土耳其	纺织品		0.3		3.4	14.4	25.3	36.7	75.9	89.6	125.2	
	服装				1.3	33.3	61.2	65.3	120.5	127.6	166.8	

附

录

项目		1960	1970	1972	1980	1990	1995	2000	2006	2010	2014	2015
巴基斯坦	纺织品				8.8	26.6	42.6	45.3	74.7	78.5	90.8	
	服装				1.0	10.1	16.0	37.6	39.0	43.0	49.9	
孟加拉	纺织品					3.4		3.9	14.9	12.6	23.6	
	服装					6.4		50.7	83.2	156.6	145.8	
越南	纺织品							3.0	10.6	30.6	52.6	
	服装							18.2	55.8	103.9	195.4	

附表 23　中国棉、毛、麻、丝纺织原料年产量与历年进口量值

年度	棉花	绵羊毛（原毛）			羊绒	麻类				蚕茧		进口棉花		进口羊毛		进口亚麻		进口黄麻	
		合计	细毛	半细毛		合计	亚麻	苎麻	黄麻	合计	桑蚕茧								
	万吨	万吨	万吨	万吨	吨	万吨	万吨	万吨	万吨	万吨	万吨	万吨	亿美元	万吨	亿美元	万吨	亿美元	万吨	亿美元
1950	69.3	3.4			765		1.74	2.47	7.9	3	3	13.4		0.13					
1960	106.3	6.2			3200		6.52	3.48	20.2	8	6	9.4		2.1					
1970	227.7	8.8			3434		3.76	2.89	31.4	17	10	8.1		0.46					
1980	270.7	17.57	6.9	3.46	4005	143.6	17.49	3.76	109.8	32.6	25	8.97		3.74					
1989							21.29												
1990	450.8	23.9	11.95	4.42	5751	109.7		8.9	72.6	53.4	48	41.67		5.61					
2000	441.7	29.25	11.74	8.49	11057	52.9			12.6	54.8	50.1	8.4	0.86	30.07	10.37	6.01	1.07	0.55	0.014
2005	571.4	39.32	12.79	12.31	15435	110.5			8.3	78	71.3	265.28	32.21	28.45	13.96	13.16	2.28	8.22	0.26
2010	596.1	38.68	12.32	11.49	18518	31.7			6.9	87.3	68.9	293.69	57.06	33.02	20.35	14.22	2.36	10.4	0.8

年度	棉花 万吨	绵羊毛（原毛） 合计 万吨	细毛 万吨	半细毛 万吨	羊绒 吨	麻类 合计 万吨	亚麻 万吨	苎麻 万吨	黄麻 万吨	蚕茧 合计 万吨	桑蚕茧 万吨	进口棉花 万吨	进口棉花 亿美元	进口羊毛 万吨	进口羊毛 亿美元	进口亚麻 万吨	进口亚麻 亿美元	进口黄麻 万吨	进口黄麻 亿美元
2014	617.8	41.95	12.49	14.23	19278	23.1			5.6	89.5	81.9	254.01	51	34	24.94	16.65	4.37	3.37	0.19
2015												156.1	26.54	36.2	25.58	18.4	4.39	2.38	0.15

资料来源：1950～1970年据中国科技出版社《纺织统计手册》，1980～2015年据中纺联《纺织工业统计年报》。

附表 24　大纺织行各业进口机器设备历年用汇与纺织机械制造业出口各类机器设备历年创汇合表

单位：亿美元

年度	进出口总值 进口总值	进出口总值 出口总值	纺纱机械 进口	纺纱机械 出口	织机 进口	织机 出口	染整机械 进口	染整机械 出口	针织机 进口	针织机 出口	化纤机械 进口	化纤机械 出口	工业缝纫机 进口	工业缝纫机 出口
1995	25.53	1.45												
2000	19.13	2.90												
2005	35.56	8.71	5.18	1.46	6.16	0.27	6.94	2.23	7.97	2.48	3.52	0.34	2.64	4.74
2006	42.29										3.79	0.90		
2007	49.08	15.28	7.84	2.39	9.18	0.50	8.02	3.46	12.99	4.37	1.92	0.59		
2009	25.98	12.11	3.68	0.93	2.59	0.76	4.16	2.36	8.49	4.59	4.60	1.40		
2010	43.20	17.61	7.58	2.04	6.42	1.05	5.37	3.17	10.19	4.79	7.27	2.04	2.09	7.34
2011	53.64	22.46	9.80	2.66	6.95	1.63	6.75	3.40	11.43	6.13	9.32	2.80	2.09	7.34
2012	42.18	22.42	8.97	2.40	4.84	2.24	5.20	3.55	5.84	5.69	8.22	1.95	2.80	8.15
2013	42.20	25.19	7.22	3.79	7.27	2.44	5.57	4.15	5.60	6.51	9.65	1.74	1.04	9.85
2014	38.95	31.48	6.70	5.15	5.04	3.95	5.08	4.86	4.78	8.48	5.36	1.69	1.74	10.71
2015	29.50	30.89	5.90	3.55	4.09	4.30	4.08	5.55	3.79	9.13			1.15	9.64

附录四　本书涉及的纺织计量单位及其换算

1. **亩**　即市亩，1 亩 =60 方丈 =666.7 平方米 =6.667 公亩。

2. **公亩**　1 公亩 =100 平方米 =1/100 公顷。

3. **顷**　即市顷，1 顷 =100 亩。

4. **公顷**　1 公顷 =100 公亩 =10000 平方米 =1/100 平方公里。

5. **担**　即市担，1 担 =100 市斤 =50 公斤。

6. **市斤**　1 市斤 =0.5 公斤。

7. **公斤**　1 公斤 =2 市斤 =1000 克 =1/1000 吨。

8. **吨**　即公吨，1 吨 =1000 公斤 =2000 市斤。

9. **磅**　1 磅 =0.9072 市斤。

10. **尺**　即市尺，1 尺 =10 寸 =1/3 米　10 尺 =1 丈。

11. **米**　即公尺，1 米 =100 厘米 =1000 毫米 =3 尺。

12. **码**　1 码 =3 英尺 =0.9144 米。

13. **英尺**　即呎，1 英尺 =12 英寸 =0.3048 米 =0.9144 尺。

14. **英寸**　即吋，1 英尺 =12 英寸。

15. **英支**　棉纱线在公定回潮率时，1 磅纱线所具有的长度占 840 码的倍数，即为英制支数，简称英支。纱线越细，英支越高。

16. **公支**　1 克纱线所具有的长度米数，即为公制支数，简称公支。纱线越细，公支越高。

本书撰稿及支持人员

导言　杜钰洲

前言及各篇导读　陈义方

第一篇　总论

第一章　从"实业救国"到社会主义的支柱产业　陈义方

第二章　执政为民：中共中央、国务院高度重视纺织工业发展问题　陈义方

第三章　远远超过人们预期：中国纺织工业在社会主义条件下的大发展　陈义方

第四章　以史为鉴，铭记中国纺织工业百年发展历程的宝贵历史经验　陈义方

第二篇　中国纺织工业的历史传承

第五章　彪炳世界史的中国手工纺织业　薛庆时

第六章　机器纺织业的兴起（1880~1936 年）　薛庆时

第七章　抗日战争期间苦难与壮举并存的中国纺织业（1937~1945 年）　薛庆时、任小犀

第八章　"二战"后纺织工业的有限复苏和新困境（1946~1949 年）　薛庆时、任小犀

第三篇　奠定中华人民共和国纺织工业深厚基础的"前 30 年"

第九章　进入社会主义新时代（1949 年）　吴鹤松

第十章　难忘的纺织工业三年恢复时期（1950~1952 年）　吴鹤松

第十一章　以棉纺织为起点和重点的纺织工业大规模建设（1953~1957 年）　吴鹤松

第十二章　坚持实事求是原则，保持纺织工业健康发展（1958~1960 年）　吴鹤松

第十三章　国民经济调整时期和"文革"时期的纺织工业（1961~1976 年）　吴鹤松

第十四章　全党工作重点转移到社会主义现代化建设，纺织工业率先告别"短缺经济"
（1977~1984 年）　吴鹤松

第三十八章　兴办纺织业与办教育同步　薛庆时

附录